改变，从阅读开始

Timothy Tackett
[美] 谭 旋 著

黄丹璐 译

The Coming of the Terror in the French Revolution

暴力与反暴力

法国大革命中的恐怖政治

山西出版传媒集团 山西人民出版社

法国三级会议召开时的情景

攻占巴士底狱

法国民众庆祝君主立宪制的建立

剑子手砍下路易十六的头颅拿来示众

DÉCLARATION
DES DROITS DE L'HOMME
ET DU CITOYEN,
Décretés par l'Assemblée Nationale dans les séances des 20, 21
23, 24 et 26 aoûst 1789, acceptés par le Roi
PRÉAMBULE
ARTICLE PREMIER
AUX REPRESENTANS DU PEUPLE FRANCOIS

《人权宣言》

网球场宣誓

大革命中游行的妇女组织

大革命中，取缔教会的法令颁布后，教士、修女可以自由结婚

法国大革命大事记

1789 年

5 月 5 日	三级会议召开
6 月 17 日	第三等级自行组成国民议会
6 月 20 日	国民议会代表进行网球场宣誓
7 月 9 日	国民议会改称制宪议会
7 月 14 日	巴黎人民攻占巴士底狱，标志着法国大革命的爆发
8 月 4 日至 11 日	通过八月法令
8 月 27 日	公布《人权宣言》
10 月 5 日	巴黎妇女赴凡尔赛大游行，十月事件爆发。随后，王室及制宪议会迁至巴黎
11 月 2 日	通过没收全部教会财产的法令
12 月	下令发行指券

1790 年

3 月 17 日	通过出售教会产业案
6 月 19 日	废除贵族头衔
7 月 12 日	通过教士公民组织法
11 月 27 日	公布教士宣誓法

1791 年

6 月 20 日	法国王室出逃，后被截回
9 月 3 日	通过《1791 年宪法》
10 月 1 日	制宪议会解散，立法议会开幕

1792 年

2 月 7 日	奥、普二国缔结反对法国之联盟
8 月 10 日	巴黎公社成立。同日，巴黎民众和结盟军成员攻入杜伊勒里宫，国王路易十六被推翻，吉伦特派掌权
9 月 2 日至 5 日	处死大批贵族与反革命分子
9 月 20 日	瓦尔密战役胜利
9 月 21 日	国民公会开幕
9 月 22 日	法兰西第一共和国成立

1793 年

1 月 1 日	国防委员会成立
1 月 21 日	路易十六被送上断头台
2 月 1 日	法国向英、荷两国宣战
3 月 7 日	法国向西班牙宣战
3 月 10 日	旺代发生农民暴动
4 月 5 日至 6 日	救国委员会成立
5 月 4 日	颁布谷物最高限价令
5 月 18 日	由吉伦特派成员组成的十二人委员会成立
5 月 24 日	十二人委员会逮捕了巴黎公社副检察长埃贝尔及疯人派的多位领袖
5 月 31 日至 6 月 2 日	巴黎人民包围国民公会，要求解散十二人委员会，

	并将吉伦特派驱逐出国民公会。吉伦特派就此倒台，雅各宾派（山岳派）专政确立
6 月 10 日	颁布分配公社土地令
6 月 24 日	通过《1793 年宪法》
7 月 13 日	马拉遇刺身亡
9 月 17 日	颁布嫌疑犯法令
9 月 29 日	颁布全面限价法
10 月 16 日	处死王后玛丽 – 安托瓦内特

1794 年

3 月 24 日	埃贝尔派的主要代表人物被送上断头台
4 月 5 日	处死丹东
7 月 27 日	热月政变
7 月 28 日	罗伯斯庇尔、圣茹斯特、勒巴等被送上断头台

法国大革命中的主要政治派系

雅各宾派：1789年“宪法之友协会”成立，因其在雅各宾修道院集会，人们习惯地称它为雅各宾俱乐部。

斐扬派：1791年7月16日　雅各宾派的“三巨头”——巴纳夫、杜波尔和亚历山大·拉梅特，带领主张温和立场的成员出走，在斐扬修道院另立山头，被称为斐扬派。

革命早期，斐扬派在议会中占主导地位，1792年8月10日，巴黎人民起义推翻君主制度，斐扬派随之消亡。

吉伦特派：吉伦特派也是从雅各宾派中分裂出来的——由布里索及围绕其身旁的一批雅各宾派成员组成，因大多数人出身于吉伦特省首府波尔多，因而被称为“吉伦特派”。

1792年8月10日，随着斐扬派的倒台，吉伦特派取得政权。

1792年10月12日，布里索被开除出雅各宾派，随后，吉伦特派成员都离开了雅各宾俱乐部。

1793年5月31日至6月2日，巴黎人民包围国民公会，要求解散十二人委员会，并将吉伦特派驱逐出国民公会，吉伦特派就此倒台。

山岳派：1792年春天，雅各宾派领袖罗伯斯庇尔及其追随者，因在议会大厅中就坐于最左侧最高处位置的习惯，被人们称为“山岳派”。

1792 年 10 月，随着吉伦特派从雅各宾派中分裂出去，山岳派成为雅各宾俱乐部的主人。

平原派：国民公会中的中间派，因其座位在会场最低处而得名。

目　录

序　言

革命的进程

对于生活在 1793 年至 1794 年间的法国民众来说，这一时期无疑充 1
满了纷争和恐惧。四年前，他们目睹了一场革命的发生——这场革命彻
底改变了他们的国家以及统治阶级与民众间的关系。国民议会在人民主
权的旗帜下应运而生，推翻了千年来根植于法国的封建君主专制，同时
宣布了一系列基本人权：言论及出版自由、宗教宽容、以对个人才能的重
视取代血统论、法律面前人人平等。随后，国民议会还着手起草了欧洲
大陆第一部成文宪法。日益丰富的自由平等概念促使革命者不断扩充个
人权利的内涵：男性获得普选权、女性权利扩大、奴隶制度被废除、普遍
性的教育体系和社会保障制度被作为目标确定下来。然而，到 1793 年中
期，革命的阴暗面逐渐显露。日趋独裁的政府实行高压政策，监督委员
会四处缉拿“嫌犯”并清洗所谓的“叛变者”。数千民众被逮捕，另有数
百人在“革命法庭”的审判中因无权上诉而被立即处决；过去备受民众敬
仰和爱戴的国王及主要政治领袖被控犯有叛国罪而被送上断头台。悲惨
的是，在被判处死刑的民众中，有部分人至死仍坚称自己是革命的忠诚
拥护者。仅 1794 年一年，被处决或死于狱中的国民公会议员就不少于 82 2
人，占议员总人数的 10%。[1] 正如该时期人们常说的那样，恐怖已成为“时

代的主题”。

这是如何发生的？1789 年的宏大理想为何到 1793 年却变成了暴力和恐怖？时任议员兼部长的多米尼克·加拉这样写道：“我们的后代将同时惊诧于我们的恐怖罪行和美德。我们做出的愚蠢之举与所奉行的行为准则大相径庭，这将是最令人费解的部分。”[2] 两百多年来，历史学家一直在试图理解大革命中这一古怪的两极化现象。如何解释大革命后形势迅速演变为国家主导的排异和镇压？革命者们为何开始自相残杀？在与这个时代相关的所有问题当中，恐怖的起源或许是最难厘清也最不为人知的一个。

在整个 19 世纪里，历史学家和许多法国政客都曾试图向他们的暴力过去妥协。弗朗索瓦·基佐（François Guizot）、阿道夫·梯也尔（Adolphe Thiers）、阿尔方斯·德·拉马丁、亚历西斯·德·托克维尔、埃德加·基内（Edgar Quinet）、维克多·雨果（Victor Hugo）和让·饶勒斯（Jean Jaurès）对这场革命均有过详尽的叙述。进入 20 世纪后，三代杰出的历史学家——从阿尔方斯·奥拉尔（Alphonse Aulard）、阿尔贝·马蒂厄（Albert Mathiez）和乔治·勒费弗尔，到阿尔贝·索布尔和米歇尔·伏维尔（Michel Vovelle）——在解释暴力恐怖时，则着重强调诸如外敌入侵和让革命领袖疲于应对的反革命浪潮等强大的突发事件的影响。[3] 在自由主义进程陷入暂时性停滞的革命早期，直到危及新政权存续的威胁被彻底克服和粉碎之前，暴力恐怖都被普遍认为是一个深思熟虑的过渡选择。但另一派更为保守的史学家——依波利特·丹纳（Hippolyte Taine）、奥古斯丁·柯钦和弗朗索瓦·傅勒（François Furet）——则从意识形态和内政角度出发解释革命中的暴力恐怖。在启蒙运动思潮的深刻影响下，1789 年的爱国者们天真地设想出基于理性的自上而下改革社会的“乌托邦式”计划，但实践过程中的一无所获迫使他们“转而依靠一些基本原则”，其中最主要的就是让－雅克·卢梭的政治理论，而当中影响最大的当属“公意”理论。根据对这一理论的不同阐释，[4]任何政治上对公意的反抗和任何概念下的政治多元主义，从本质上而言都被认为是有害的、反革命的。这样看来，1793 年的暴力实际上早已根植在 1789 年的意识形态中。正如 3
诺曼·汉普森（Norman Hampson）所形容的那样，那一年的国民议会“为恐怖谱写了前奏”。[5]

21 世纪之初，一众历史学家试图跳脱出“形势”与“意识形态”这一单调的二分法体系。阿尔诺·梅尔（Arno Mayer）、戴维·安德烈斯（David Andress）、让－克莱芒·马丹（Jean-Clément Martin）、唐纳德·萨瑟兰（Donald Sutherland）、丹·埃德尔斯坦和玛丽莎·林顿（Marisa Linton）等学者对恐怖本身及引发恐怖的系列事件做了全面而深入的分析。[6]基于这些学者的著述及数量可观的文献，本研究试图从根源上重新审视这个问题。尽管可以从多个维度定义“恐怖”，但在此它首先指代 1793 年至 1794 年间的国家政策——运用制度化的暴力和死亡威胁来惩罚和恐吓所谓的国家公敌。[7]本书将从宏观上解读从革命伊始到罗伯斯庇尔统治崩溃这一时期内的主要事件，并主要着眼于领导阶层内部暴力政治文化的兴起及革命领袖对此的心理状态和精神面貌。它们早在“恐怖”之前，就已经使“国家支持的规模空前的暴力行动”变得不可避免，甚至是必然。[8]尽管本书在一定意义上仍是对法国大革命的宏观反思，但与前人着重分析法国人如何变成革命者不同的是，我们将尝试理解他们是如何变成恐怖实施者的。[9]

在正式叙述前，本书有三个主要研究维度需要事先阐明。首先，我们主要关注大革命的进程以考察暴力政治文化的起源。要理解革命者并不容易，难处在于其价值观、洞察力和意识形态均随着变动的现实而发展和改变，而这种改变通常不可预测。大革命时期是一个异常革新且变化无常的时期，整个进程中几乎没有任何一处行动是事先安排好的。新的观点和理解不是从大量旧有的材料中拼凑而来就是完全独创的；说辞的内涵飘忽不定，因为词汇与其所指事物之间的关系发生了改变；很多领袖本人具有反复无常的特质，在对待工作时更是优柔寡断；甚至社会身份及
4 其价值观基础都时常被重新审视乃至重构……因而实际上，在动态的革命进程中，没有任何一个因素能始终不变地施加影响。相反地，大革命的演变过程因自身变化而呈现出不规则态势，这些变化往往发端于无法预料的危机或事件，并最终展现出清晰的因果图景。

多年来，许多历史学家和社会学家武断地把革命的开端和暴力恐怖直接联系在一起，既认为这一跳跃性思维的准确性毋庸置疑，又毫不重视前因后果和先后顺序。在对各项因素的解读中，不仅应涵盖宏观的意识形态和阶级斗争及微观的突发事件，还应建立一个“中间纽带”以探究暴力恐怖的内在逻辑在多大程度上源于革命本身。曾任国民公会议员及救国委员会成员的军官拉扎尔·卡诺对此有过精练的总结：“没有人生来就是革命者，革命者是被造就的。”[10]

第二，本研究除了全面考察法国城乡社会状况外，尤其关注政治精英。对“政治精英”的定义具有一定弹性，此处指的是1789年后当选为全国性、区域性或地方性公职人员的男性或政治俱乐部成员。前两代学者的著述已阐明：占据大革命中大部分领导职位的是波旁王朝统治时期的城市中产阶级，这些非特权阶级的男性既非贵族又非神职人员，也不从事体力劳动。诚然，部分贵族和牧师在大革命中保有一定的政治地位，在巴黎任职的国家公职人员与区域、城镇或居委会的公职人员在构成上也有诸多差别——市政精英中可能包含少数手工业者和小商人，而村级干部则主要为富农。此外，处于较低社会阶层的一些个体也在革命进程中被推向了权力中心。然而，在大部分情况下，组成大革命政治阶层的主要是“有一定社会地位的城市专业人士和商人”，他们大多生于18世纪40和50年代，并都受过良好的教育。[11]即便是社区管理机构或活跃

在巴黎的平民团体领袖也都主要来自受过教育的中产阶级。[12] 这种阶级 5
主导性在社会精英群体内部丝毫不令人意外。在 1792 年间，只有缴纳了高额最低赋税的男性才有资格当选公职；此后的当选者也大多是无须为生计奔波的、有充足时间投入到公职和具备实用读写能力的人。实际上，在革命前夕，全国仅有一半男性人口在结婚登记时会写自己的名字，而接受过学校教育并有能力担任公职的人口比重更是少之又少。总体而言，有能力当选公职的人口数量仅占革命时期巴黎男性人口总数的 1/5，但仍远高于法国其他地区的比例。[13]

至于女性，所有阶层毋庸置疑地都在紧跟革命的步伐。她们通过写作、加入社会团体、参与示威和抗议对革命进程产生了显著影响。在此，我们特别关注的是 1793 年上半年声势浩大的“女权觉醒”——在巴黎及较大的城镇，大量女性的政治意识和激进主义倾向达到了前所未有的高度。在数年抗争后，她们被赋予诸多在 1789 年根本无法想象的社会和经济权利，但女性并未获得选举权，也不能担任公职——因其鲜有争取这一部分的权利。尽管女性的诉求越来越得到重视，但大革命中的男性领导制度始终是焦点所在。

第三，本研究关注的不仅是精英阶层的政治行动，还有这些行动背后不断变化的心理动因。要理解暴力政治文化的形成与发展，就必须对革命领袖——而不仅仅是大众——的心理进行剖析。在引入这一主题时，我们不再把已有的理论框架作为研究方法。“心理”作为一个宏观概念，在此指代革命时期人们的精神面貌和情绪状态。历史学家时常假定革命领袖的行为都是理性且深思熟虑的，并倾向于认为这些领袖在重建国家与社会、实现个人升迁或施行连贯的意识形态时都有基于理性的自洽逻辑。然而，情绪的作用不可忽视，因其会对个体的决定和行动产生巨大
影响，而没有亲身经历过革命的人很容易忽视充斥该时期的惊惶、不安 6
和痛苦情绪，甚至认为这些不值一提。在那个任何既定的认知都有可能

被推翻重塑的时代，焦虑、恐惧、愤怒、复仇的欲望、羞愧与耻辱感都可能在个体和集体行为中施加关键影响。因此，在巨大的压力下，不管是政治精英还是普罗大众都处在情绪波动期，甚至在愉悦与痛苦、同情与憎恨的两极情绪中反复，这些都是再正常不过的事情。

另外，不得不强调的一点是：法国大革命是完全出乎人们意料的。至少在 1787 年之前，接管权力并有志于规划新政权蓝图的青年们，在很长一段时间内都在设计连贯的政策和意识形态中上下求索。虽然大众在宏观的“自由”“平等”目标上已达成共识，并对新兴政权能够实现这一目标怀有坚定不移的狂热信念；但是，在一个事实上与这些价值观格格不入的社会里，想要植入并践行这些原则并非易事。自由边界的不确定性、平等的局限性以及在旧制度的余晖中建立新政权都将是严峻的考验。任何重大革命无一例外都伴随着动荡不安，因为革命势必破旧，同时在冗长的过渡期中，尽管旧制度的声誉已彻底败坏，但新政权合法性的建立仍在艰难进行中。更糟糕的是，当反革命浪潮兴起时，新制度下的新价值体系更难以立足，破旧立新任重道远。而在广大革命者群体中，只有少数人是忠贞不渝的革命信徒，更多人的革命信念会因怀疑、无常和不信任而动摇。

社会心理学家和神经系统学家都强调人类行为中认知与情感、理智与感性之间的紧密联系。人们的情绪会在一定的文化规范和社会期望中自行调试，并在密切的人际交往中以“情感共同体”* 为整体单位不断改变。此外，群体情绪也是流言传播的一部分，充斥于其产生、扩散和变换的过程中。在巨大的压力氛围下，这种以情绪为表现形式的“流言”足以超越社会文化中的阶级界线，并在原本各自独立存在的情感共同体之间传播。因此，大众情绪中的恐惧、怀疑和愤怒能传递至革命精英阶层，

---

* 详见芭芭拉·罗森文（Barbara Rosenwein）对此概念的阐释。

并影响其决策和行动。[14]

并非所有学者都忽视了情绪在恐怖前夕的巨大影响。杰出的历史学家乔治·勒费弗尔就十分重视情绪的重要性，而近来的学者中，威廉·雷迪（William Reddy）和苏菲·瓦尼克（Sophie Wahnich）也在其发表的文 7
章中对这一话题做了深刻讨论。[15] 但与当今大多数研究不同的是，本书将关注特定种类的情感冲动——而非无差别的情绪所产生的影响，如革命中的狂热与激情、强烈而坚定的信念以及自由与平等所具有的“超自然影响力”等，其中尤为重要的一种情绪是恐惧。而本研究也将特别关注引发恐惧的诸多偶发事件。事实上，恐惧是革命暴力源起中的核心情绪——人们因有被入侵的危险而恐惧，因无序与混乱而恐惧，也因无止境的报复而恐惧。此外，研究还发现，革命的心理动因越来越为对阴谋活动的恐惧所主导，精英阶层的革命者内心的愤怒和憎恨由此生根发芽，并最终引导革命转变为国家主导的暴力排异和镇压行动。到 1793 年，这种“多疑的政治风格”* 已不再是为应对证据确凿的反革命个案而采取的间歇性应对手段，而是成为在“随处可见的巨大阴谋”前自导自演的恐惧常态。革命者克服诸多困难的过程实际上由少数几位全能领袖在幕后操纵主导，[16] 因而若要理解大革命中的恐怖事件，我们势必首先要理解：恐怖实施者如何感受到了恐怖威胁。[17]

任何致力于从理智和感性两方面入手以剖析革命者行为的历史研究无一例外都会面临一手资料匮乏的问题。本书在研究过程中参考了大量手稿和印刷文件，如议会辩论记录、报纸和宣传册等，其中最重要的是同时代的一系列来往信件和日记——这一部分资料来自七八十位亲历大革命的个体。在同类研究中，以来往信件作为一手研究资料的学者并不多见。通常情况下，历史学家在援引第一人称史料时多倾向于选择自传

---

* 理查德·霍夫施塔特（Richard Hofstadter）的词。

类作品或该时期的回忆录。诸如塔列朗、亚历山大·拉梅特、伯特兰·巴
雷尔、保尔·巴拉、玛丽–简·罗兰以及费里耶尔侯爵等人的自传在 19、
20 世纪的历史研究中作为史料被多次引用。由于这类作品既有的叙事逻
辑相对成熟，通过理解它们进而重构革命的部分或全貌也就变得相对简
8 单。在本研究中，这类作品也占据着一定篇幅。[18] 但遗憾的是，大多数自
传的完稿时间在革命事件发生二三十年后，这意味着这些经过数十年发
酵的记忆已不是原貌，其中绝大部分被笼上了革命恐怖时期和拿破仑时
期的阴影。[19]

因为来往信件的情况有所不同，在研究中运用它们，其难度要大得多。书信的话题通常广泛得漫无边际，间或夹杂关于家庭和健康状况、当地逸闻轶事和农业及商业领域情况的个人见解，但这些内容也使我们得以一窥通信人对当时亲历的政治事件的直观感受。特别在无法预知局势的情况下，通信人在各个时期的丰富见解为本研究揭示大革命的变迁和动力提供了多元视角。与此同时，这些信件也是帮助我们理解革命时期情绪影响力的颇为珍贵的一手资料。18 世纪是书信往来的黄金时期——与我们身处电子媒介的时代不同，书信在当时是朋友、爱人和亲人之间相互联系的主要方式。通信双方以持续对话的形式交换观点，当中自然流露出情绪信息和事实信息，其重要性不言而喻。[20]

当然，不同人之间的往来书信也有所不同，主要取决于通信双方的关系。遗憾的是，我们往往只能读到单方面的信件。总体而言，本研究优先选择密友、同事或亲人间长期持续的来往书信记录作为一手资料。除此之外，若要对比不同见证者在同一事件中的观感和反应，“成系列”地阅读这些信件是一种尤为有效的方式。经过整合，这些书信向我们展现了宏观革命全景之下的微观景象，这些交谈中的“微观历史”无关现实存在的某一空间，却与通信人的亲身经历及情感体验有关。

本研究选取的书信样本来自不同的社会群体——男性和女性、平民

和贵族、巴黎人和外省人。他们当中有议员、地方法官、出版商、商人、退休人员、官员的妻子和正要上前线的士兵。在这些通信人中，除了乔治·库东、皮埃尔·韦尼奥和吉尔贝·罗默之外，其余人都过着相对普通的生活，多半绝迹于历史著作。尽管他们或曾在某些事件中扮演过积极的角色，但仅仅是事件的旁观者而非幕后操纵者。而像罗伯斯庇尔、
丹东、巴纳夫、圣茹斯特、巴雷尔和布里索等主要革命领袖，尽管他们 9
的影响不容忽视，但他们留存于后世的私人信件为数不多，因此本书主要将历年来出版的上述群体的传记作为首要参考的资料。[21]

首先，本研究选取的巴黎样本尤为丰富。其中有四位通信人，他们的书信往来从波旁王朝末期开始贯穿了整个大革命时期，这些样本将在后文叙述中多次出现。阿德里安－约瑟夫·科尔森是为巴黎某贵族家庭服务的一名地产代理人，他每周给位于法国中部贝里省的朋友或商业伙伴写两到三封信。在离巴黎市政厅不远的私人公寓里，科尔森数年如一日地在给友人的信中实时跟进政治事件的发展态势，同时在字里行间清晰地展现了塞纳河右岸精英阶层的舆论风向。而在河对岸，小出版商尼古拉·吕奥定期与诺曼底一位担任堂区牧师的兄弟通信。吕奥参与编辑出版了大量伏尔泰的著作，是伏尔泰的狂热崇拜者，同时也是启蒙运动的忠实拥趸。在左岸叛逆激昂的思潮中，吕奥在信件中洋洋洒洒的长篇论述自有一方天地。住所离吕奥不远的是罗莎莉·朱利安，她的丈夫是未来国民公会的一名议员。朱利安接受过良好教育，颇通文法，在巴黎和位于东南部省份多菲内的夫家轮流居住。在巴黎时，她就以紧密的书信往来与丈夫和长子（二人均名为马克·安托万）保持联系。无论何时，只要未能与家人团聚，她就一直保持这一通信习惯。吉尔贝·罗默，数学教师和科学爱好者，他与孩提时代的朋友——居住在奥弗涅的吉尔贝·杜布尔（Gilbert Dubreul）——终其一生保持着书信往来。在圣彼得堡担任了七年的家庭教师后，罗默于 1786 年回到巴黎并进入政坛担任公

职，直到 1795 年于狱中自杀。[22]

在我们选取的样本中，作为革命见证者的巴黎人绝不仅限于上述群体。例如：尼古拉－塞莱斯特·吉塔尔·德·弗罗利拜恩，一位退休的地主，他在圣叙尔比斯广场附近的一处私宅里保存着他的私人日记，不远处还有他常光顾的、著名的普罗可布咖啡馆；以杜桑及其女儿阿德莱德为代表的玛鲁家族，他们在右岸经营着一家剧院；以及在校生埃德蒙·热罗，他经常给在波尔多的父亲写信。另一位举足轻重的见证者是高产的剧作家、小说家以及后来的公会议员路易－塞巴斯蒂安·梅西耶，尽管其存留于世的书信少之又少，但其极富个人思考的巴黎“民族志”仍是我们研究大革命和恐怖时期的宝贵文献。[23] 上述人物无一例外都是大革命的忠实拥护者：罗默和吕奥随后加入了雅各宾派；梅西耶和热罗支持吉伦特派；科尔森、吉塔尔和杜桑·玛歌参与社区政治，并在年龄许可时加入了国民自卫军；罗莎莉·朱利安和阿德莱德·玛歌经常参加政治集会，总体上支持激进派。

然而，与丰富的巴黎样本不同的是，同等通信频繁度的外省样本十分匮乏。几位贵族女性代表——来自阿尔萨斯的巴比耶－施洛芬伯格男爵夫人、普瓦图的梅德尔夫人、里昂周边的黎思乐桦夫人和布列塔尼的奥杜安·德·彭博里夫人，她们的信件虽然事无巨细地展现了地方贵族的生活风貌，但大多基于保守视角。[24] 皮埃尔·韦尼奥和菲利克斯·法尔孔，这两位分别来自波尔多和普瓦捷的未来议员在移居巴黎前留下了大量的珍贵家书。而法尔孔有不少来自法国西部的亲友，他们的许多回信也留存了下来。此外，许多国民议会议员与家人、朋友和选民们的来往信件能反映出地区内的其他状况。在本研究所收集到的来自第一届国民议会议员的通信样本中，属于让－弗朗索瓦·高缇耶·德·比奥扎（来自奥弗涅）、泰奥多尔·韦尼耶（来自弗朗什—孔泰）和洛朗－弗朗索瓦·勒让德（来自布列塔尼）三名律师的来往信件尤为丰富。此外，普瓦捷的杰出法官皮埃尔－玛丽·易尔兰·德·巴佐热的信件也在此列。本研究还收集了立法议会和国民公会时期丰富的通信样本，这些信件属于但不限于：来自克莱蒙—费朗的乔治·库东和安托万·拉比松－拉莫特、佩里戈尔（Périgord）的雅克·皮内特、普罗旺斯的内科医生弗朗索瓦－伊夫·胡波、布雷斯特的码头工人克劳德－安托万·布拉德、南特的富商艾蒂安·沙戎以及普瓦图的农民皮埃尔·迪布勒伊－张巴尔代。

除以来往信件为代表的手稿外，有两类印刷类出版物同样意义重大。其一是报纸上刊登的由记者撰写的周期性评论，它们可作为来往信件的补充材料。部分评论撰写者甚至是革命立法机构的成员，其中具有代表性的有如下三位：路易－马里·普鲁多姆［《巴黎革命报》（*Les Révolutions de paris*）］、孔多塞侯爵［《巴黎纪事》（*Chronique de paris*）］和多米尼克－约瑟夫·加拉［《巴黎日报》（*Le Journal de paris*）］；其中孔多塞和加拉的评论作品每日更新，普鲁多姆的则是每周更新。三人的评论共同组成了关于法国大革命的分析性历史作品。此外，米拉波伯爵 11
的《普罗旺斯日报》（the *Journal de Provence*）、雅克－皮埃尔·布里索的《法国爱国者报》（*Le patriote français*）和雅克·杜劳尔的《每日快讯》（*Le Thermomètre du jour*）同样影响重大。[25] 其二是以法国特定地区或城镇为关注点的二次研究作品。在本书选取的大量二次研究作品中，尽管有部分是近期研究，但其余作品最早可追溯至20世纪初“实证主义”在地方史研究中大行其道的时期。在与革命相关的地方史研究中，代表人物如下：研究普瓦图的德鲁侯爵（marquis de Roux）、研究弗朗什—孔泰的让·吉拉尔多（Jean Girardot）、研究布雷斯和比热的尤金·杜布瓦（Eugène Dubois）、研究上朗格多克地区的查尔斯·祖利维（Charles Jolivet）和研究凯尔西的尤金·索尔（Eugène Sol）。这些出色的描述性历史研究再现了诸多书信及其他手稿的内容，并以丰富的细节描写充实了我们对大革命时期各省风貌的想象。[26]

读者在阅读过程中将会发现，本书可大致分为两部分：第一部分为第一章至第六章，主要关注大革命的起源，以及 1789 年革命爆发后的头三年间革命心理变迁的一系列议题：革命责任感的强化、旧制度合法性的崩溃、反革命潮流的冲击、恐惧和互疑氛围的扩散、党派之争的泛滥以及城市工薪阶层的政治和情感文化的影响。尽管将 1792 年奥地利和普鲁士联军进逼巴黎作为大革命的关键时刻无可争议，但值得探究的是，早在战争爆发前，精英阶层内部暴力政治文化萌芽的条件已经成熟。第二部分为第七章至第十一章，与分析为主的第一部分不同，这一部分的内容主要以叙事方式呈现，从 1792 年革命心理状况的视角出发，以细节展现暴力机制如何成型以及恐怖事件的实施过程。由于绝大部分暴力机制在巴黎发端，因而这一部分将尤为关注首都事态的发展。本书主要着眼于探究恐怖的起源而非研究恐怖本身，因而研究的主体部分时间截止至 1793 年秋季恐怖机制趋于固化和大革命时期第一场“作秀公审”——吉伦特派被公开审判并处决之时。第十二章为本书尾声，详细叙述了大革命后期的恐怖气氛，以热月政变和罗伯斯庇尔之死告终。

12 如同罗马帝国的覆灭和第一次世界大战的爆发一样，尽管对于恐怖的起源可以有诸多简化的解释，但采用单一因果理论对其进行解释则是不可取的，因为像大革命的恐怖统治时期一样复杂多面的历史现象鲜有因单一因素诱导而起。然而，这并不意味着我们只能按照时间顺序叙述这些事件而不加总结。历史学家的任务是，将基于能够通过实证研究证实的现存证据的可解释因素分离出来，并特别关注事态随时间的发展而产生的变化。本书希望通过这一方法，对法国大革命时期的恐怖系列事件与发生在不同时期、不同地点的其他主要革命中的恐怖事件的对比研究，做出贡献。[27]

最后，笔者必须承认，本研究并未探究法国大革命时期民众为何采取暴力行径以及在何种形式下实施暴力，同时也未对这些民众的暴行——

哪怕是明显为道德所不容的罪行——表示强烈谴责，此为本研究的不足之处。他们在想什么？这些善良甚至高尚的个体为何犯下恶行？“施暴者”和“受害者”的身份为何能同时存在于他们身上？ 如果不能回答这些问题，我们就需要思考：当我们的身体和情感状态与当时的他们一致时，我们是否会做出不一样的选择。这些是历史研究中的基本问题，可能也是生活在政治动荡时期的民众所面临的最重大的问题。

第 一 章

1789 年的革命者和他们的时代

1789 年的革命者们在当时从未想到：革命的星火在随后几年竟将以 13
燎原之势席卷整个法国乃至西方世界的大部。在此之前，这群在旧制度中成长的革命者实际上过着相当安逸的生活。除了少数贵族和神职人员以外，革命者中大部分为“第三等级”平民，如律师、法官、医生、公职人员、商人和手工业者。[1] 他们当中的大部分也是城市居民，长期浸润在 18 世纪的城市生活中并坚守着应有的文化习俗和生活步调。对于一些人来说，生活等于巴黎——这座大都会坐落在塞纳河岸，容纳了超过 60 万人口；另一些人的生活轨迹发生在地区级城市，如里昂、马赛、波尔多或者南特，这些城市的人口在 10 万左右；但绝大部分人生活于遍布全国的大小省会和市镇——这些拥有数千人口的城镇承担着在司法和行政上管理周边农村地区的职能，同时为满足治下民众的商业需求而服务。

在这些未来的革命中坚人物中，几乎没有真正富裕的人，大多数是事业刚起步的青年，等待继承家业并挣扎着出人头地。未来吉伦特派的领袖之一皮埃尔·韦尼奥在决定从事何种职业时颇为踌躇，从天主教神职人员到最终决定投身法律耗时数年。1789 年，作为辩护律师的韦尼奥在事业上小有起色，但在生活上仍需精打细算，既需要维持事务所的日常运营，又需要为添置衣物留出预算从而维持着装标准以招揽客户。韦尼奥未来的政治对手马克西米连·罗伯斯庇尔的经历也并无二致。在母
亲去世、父亲失踪后，罗伯斯庇尔被位于阿拉斯的亲戚养大，革命爆发 14
之时，他刚在地方省份立足并从事简单的法务工作。罗伯斯庇尔的旧日

同窗卡米尔·德穆兰，日后雅各宾派的著名记者，因为严重口吃而难以在法律界立足。在巴黎，生活窘迫的德穆兰只能依赖于父亲，并在同时期开始转向写作。相似的例子还有安托万·巴纳夫、拉扎尔·卡诺、让－
15 路易·普里厄（Jean-Louis Prieur）、让－保尔·马拉和雅克·布里索等，正是这些频频在自我定位上受挫的青年拥护并鼓动了1789年的狂热思潮，最终使大革命走向激进。[2]

但是，经济状况不足以解释大革命为何日趋激进。实际上到1789年，在未来革命中起中流砥柱作用的精英阶层已经成型。[3]其中，商人群体直接受益于18世纪期间法国蒸蒸日上的殖民贸易；而大多数的非商人群体
16 则因其拥有的土地、资本和工作收入而免受通货膨胀的冲击，并始终维持着相对舒适的生活状态。在未来的雅各宾派成员中，诸如伯特兰·巴雷尔、菲利克斯·法尔孔、弗朗索瓦－玛丽·梅纳尔·德·拉·瓜耶、让－弗朗索瓦·高缇耶·德·比奥扎和雅克·皮内特等人无一不是地方要员，他们继承父辈的衣钵并享用着世代积累的家族财富。虽然在疾病和低出生率面前，这些家庭与普通家庭一样对可能带走爱人、孩子和其他亲人的厄运无能为力，但总体而言，他们并未如绝大多数民众一样在阶段性经济危机中遭受巨大打击，他们当中哪怕是最不富裕的那一部分人仍有能力在旧制度末期的消费者革命中追求珍宝华服和昂贵的家居陈设。他们无一例外头戴扑粉假发、穿着及膝短裤和银搭扣靴子，这些都是他们作为精英阶层的符号。

此外，这些未来革命领袖的命运早在受教育阶段就已相互联结。他们同处金字塔顶层——这一阶层仅占总人口的1%—2%——并完整地接受了法国中学教育，这一情况在革命领袖中间几乎没有例外。[4]由耶稣会创设的人文教育体系依旧流行，尽管其创设者已于18世纪60年代被勒令解散。在这一体系中，学生主要研读和翻译拉丁文古典著作，以恺撒、西塞罗、贺拉斯、普鲁塔克和塔西佗的作品为主，男孩们被要求熟记并

背诵这六七年中所学的课程内容。后来的国民公会议员路易－塞巴斯蒂安·梅西耶对其学龄时期有如下生动的描述："刚开始学习时，我读关于罗慕路斯与狼、罗马都城与台伯河的故事；布鲁图斯、加图和西庇阿的名字出现在我的睡梦中；西塞罗的文字堆砌在我的脑海里……而我对自己是法国人抑或巴黎人有概念则是数年之后的事情。"[5]

来自这些精英家庭的年轻女性——亦即此后革命者们的妻子和女儿，则很少能像同阶层的男性一样精于术业，但她们同样接受过大量古典著作的熏陶，也曾在家中或女修道院接受过教育。玛丽－简·罗兰和罗莎莉·朱利安，此后雅各宾派的狂热拥护者，在其来往信件中时常引用先贤著作。实际上，这些镌刻在她们脑海中的古典故事和引文将成为革命者们——无论男女——熟练掌握的共同语言，并成为写作讲稿和宣传文 17
案的语料库。当然，古典著作（如《圣经》）中的文字可被用于论证多样甚至矛盾的观点，因而此类训练并不必然对革命者建立系统的意识形态有所助益，但值得注意的一点是：革命时期的报纸所刊载的演讲稿中，西塞罗的作品被引用的次数是同时代哲学家让－雅克·卢梭的十倍有余。[6]

除受古典著作的熏陶，许多革命领袖也都曾接受过法律训练。他们当中的大多数在法国的大学里取得了法学学位，随即在律师事务所或王室法庭担任学徒。在当时的法国，仅有 1% 的人口接受过大学教育，而大多数革命者均属此列。[7] 所有日后当选为议员的律师和法官以及大部分公职人员都曾接受过法学教育，[8] 法学学位在一定程度上是社会地位的象征，哪怕学位持有者最终从事商贸、新闻或农业。在革命初期的三届立法机构成员中，众多议员不仅从事与法律相关的工作，还出版法学专著。这些议员尤为受人瞩目，如：阿芒－加斯东·加缪、麦尔兰·德·杜艾、杜朗·德·迈兰、让－德尼·朗热内、雅克·布里索和伊曼纽尔·巴斯托雷，这些重要的革命领袖的法律著述均曾闻名全国。此外，曾作为出庭辩护律师而在全国或地方范围内名声赫赫的激进分子有韦尼奥、罗伯斯庇尔、塔尔热、加代、让索内、高缇耶·德·比奥扎和韦尼耶。由此可见，法律意识的觉醒是革命领导阶层最具代表性的品质之一。

尽管这些未来的革命领袖具有共同的经济、社会和教育背景，但他们在多大程度上意识到他们属于一个群体并以群体一员的身份发声？他们在多大程度上认同他们所处的更大范围的平民精英集体的凝聚力？实际上，群体内部一致认可的身份认同感在这里并不存在，当出现分歧时，他们倾向于自我标榜为“可敬的人”或“正确的人”。革命序幕一经拉开，这些领袖便不断向“第三等级”民众靠拢，尽管他们当中的一些人为了将自己和普罗大众区分开来，将很快以“第三等级”中的优越者自居。
18 他们有时自称“资产阶级”，这个词在 18 世纪有多种含义。在一些城镇，这个词指具有法律认可的公民身份、享受市政税收优惠并有权参与市政选举的民众。革命开始后，其含义随即发生了翻天覆地的变化——不仅变成彻底的贬义词，更成了“反革命”的代名词。而在 1789 年革命开始前，这个词原本只用来指代城镇或城市中过着安逸生活的阶级中非贵族、非神职人员的那一部分民众，这种用法更接近于现代。巴黎出版商梅西耶和尼古拉·吕奥频繁地使用该词，他二人也与巴黎的资产阶级过从甚密。吕奥曾这样描述其在“正直的资产阶级”家中庆祝主显节的愉悦之情：“这些巴黎人是法国最好的人，因而也是世界上最好的人。”他将巴黎社会中的资产阶级与工人阶级区分开来，并将自己划归为资产阶级。[9]

尽管后世社会学家将这一时期的革命精英阶层划归为“中产阶级”，然而“中产阶级”这个词在 18 世纪从未被使用过，因而难免有误导之嫌，它不同于现代意义上的“中产阶级”，大革命领袖在当时所处的阶层也绝非社会财富分配意义上的“中产”。在王朝时期的收入分配图中我们可以看到，他们所处阶层的收入远高于绝大部分人口，因而实际上处于阶层分布的一个极端。另外，这一阶层在 1789 年法国 2800 万人口中仅占一小部分——在城市居民中或占 10%，在农村居民中所占比重只会更小。[10]

在绝大多数城镇中，这些未来的革命领袖因所处圈子太小，因此大多互相认识——可能是朋友或亲戚，也可能是死敌。

但在另一方面，这些未来的革命领袖的确自认为是“中产阶级”。因为如果从全球视角看待他们的位置，他们的确处在社会两大阶层——贵族和平民之间。[11]

贵族阶层

贵族本质上是一个社会阶层，其存在和特权既有法律为依据，又以父系血统为基础。不管在法律意义上是否为贵族，当时的人们都会花费 19
大量时间和金钱去追溯家族历史用以编写族谱。旧制度下的法国，贵族阶层并不是封闭的，平民只要有足够的财富和关键的人脉也能进入该阶层——一般通过购买一处有贵族渊源的房产就可做到。在革命爆发前的两个世纪里，数百个家庭通过这种方式进入了贵族阶层。[12] 但实际上，通过这种方式获得贵族身份的“新贵族”会遭到传统贵族——即贵族身份已沿袭了数个世纪的家族——的鄙视，后者因凌驾于前者之上而倍感优越，平民提升社会地位的动力由此被不断削弱。这种由上至下层层递推的“鄙视链”在旧制度的社会中极具代表性，而大部分未来的革命者都没有如此雄厚的财力以这种方式获得贵族身份。[13]

在法国贵族阶层内部，根据威望和财富的高低不同，贵族之间也分为三六九等：从时常出入凡尔赛宫的国王的近臣——即与国王有血缘关系的亲王、世袭贵族、公爵和伯爵——到过着相对简陋的乡村生活的没有头衔的贵族。到旧制度末期，大部分贵族男性，不论其财富多寡，都自认为属于武士阶层。在当时，每个贵族家庭都至少有一个儿子入伍参加陆军或海军，这两个军种因 18 世纪法国频繁与他国交战而伤亡惨重。此外，另有少数贵族在王室法庭担任法官，这使得其家族获利颇丰。这些“身穿长袍的贵族”在最高法院抑或是在十余个主要的上诉法庭和次等级的王室法庭把持着政治影响力巨大的职位。

在职业发展方面，与平民相比，法国贵族的优势十分显著。大部分政府和社会机构的要职只能由贵族担任。例如：主教、修道院院长和宗教人士；军官；如大臣和地方行政长官等官僚体系中最高级别的管理者；以及最高法院的法官。能够出任这些职位的人无一例外全都来自贵族阶层，越是谱系久远的贵族家庭就越有资本在谋取这些要职时拔得头筹，“贵族阶层”遂得以固化。

20 尽管不同贵族家庭之间收入水平差距巨大，但贵族阶层总体上生活富足，在社会财富分配方面，相较于平民家庭，其具有碾压性优势。他们的部分收入源于其古已有之的“封建领主特权”，即有权向其所辖区域的民众征收税款和其他费用，具体数目因地区而异。同时，大多数贵族还可以依靠私有土地获取巨额收入，即向当地农民出租土地以收取租金。此外，许多贵族还通过间接参与粮食贸易、矿业、制造业、殖民地种植园经济和奴隶贸易获利，尽管法律明令禁止他们参与商业活动。家产丰厚的贵族——这一群体甚至比中产阶级还庞大——充分研究了市场策略并参与到资本活动中，并从中获取巨额财富。另一方面，贵族阶层还享有税收优惠。尽管所有贵族均需向王室纳贡，但他们却无须像大多数民众一样烦恼于加诸自身的沉重负担。因此，尽管贵族家庭之间各有不同，但作为整体的贵族群体显然是富裕和特权阶层。在1789年的三级会议中，贵族议员的人均收入是同时期第三阶层民众人均收入的10至15倍。[14]

贵族除了享有财富和名望并手握关键人脉外，在旧制度末期的法国社会仍然盛行的“庇护体系”中，他们同样扮演着重要角色。这一时期，所有未来的革命领袖都曾向诸如封建领主、王室管理者或神职人员等贵族寻求过庇护，以谋得一官半职或获得晋升。菲利克斯·法尔孔曾依靠数位贵族才得以在普瓦捷出任地方法官一职；马克西米连·罗伯斯庇尔在一位贵族修道院院长的帮助下才获得了奖学金以支撑其在巴黎的学业；吉尔贝·罗默和马克－安托万·朱利安都曾给贵族家庭的孩子当过私人教师；皮埃尔·韦尼奥则得到过多位贵族庇护人的资助，并时常到庇护人的庄园度假。[15]

旧制度下的贵族与未来的革命领袖在某种程度上出身于共同的文化背景，大部分贵族男性都曾在私塾或中学里接受过数年古典著作的熏陶。在一些最负盛名的学校里，贵族家庭的男孩和中产阶级家庭的男孩甚至同处一堂。一些贵族子弟为了按照既定的人生轨迹顺利地进入宫廷任职， 21
在受教育阶段也提前接受了法律训练。相当一部分人因自身博学而倍感骄傲，其中既有终其一生都生活在豪宅中的长袍贵族和朝臣，也有安居在乡村宅邸的牧师和庄园主。他们阅读面极广，文风严谨并深受启蒙运动影响，且创作了诸多诗歌和其他文学作品。[16] 基于他们所取得的这些个人成就，有历史学家提出：旧制度末期的这些贵族与资产阶级同属于"精英阶层"；另一些学者甚至认为基于他们所共有的文化背景和价值体系，他们同属一个"阶级"。[17]

但总体上，贵族与大多数未来的革命者成长于非常不同的文化环境。贵族家庭中大部分男性早在青少年时期就加入军队训练，因此鲜有机会完整地接受中学教育乃至高等教育。他们中的一些人被送往军校接受训练，另一些人则在陆军或骑兵营服役——这一部分人被称为"系着围嘴的军官"，因为他们被派遣外出时不过十三四岁。虽然有少数人试图通过自行阅读或到地方院校及其他教育机构进修来弥补其教育缺陷，但对大部分人而言，接受教育并继承启蒙运动的文化遗产是他们穷其一生都未能做到的事情。曾有几位贵族在革命前夕对整个贵族阶层缺乏教育发表过评论。作家和三级会议代表之一勒泽－马内西亚侯爵为尚武的贵族阶层的命运感到遗憾："他们在童年时期疏于照管，入伍时目不识丁，退伍时依然如故。”在革命爆发之初，一些贵族曾抱怨因对常识无知和不具备语言技巧，以致他们无法对抗“第三等级”的进攻。[18]

而在贵族秩序的形成与固化过程中，军队文化一直产生着潜移默化的影响。随着贵族成员不断在家庭内部受到熏陶，再加上个人在陆军或海军参军数年的经历，绝大多数贵族男性认同以等级制为基础的价值体系，并有着强烈而不容置疑的个人荣誉感。他们当中的大多数接受以“种族论”和“血统论”为核心的意识形态，并打心底里相信自己生来就比其他社会成员要高贵——这种观点从根本上与启蒙运动的主张相冲突。
22 在革命爆发之际，贵族地位受到威胁，他们的这种信念更是有增无减。[19]

贵族文化中的这种特性从他们对决斗的痴迷就可以看出——这一倾向被“文明开化”的表象粉饰得貌似体面无害，直到旧制度末期，贵族男性仍对在所谓“荣誉场”上互相残杀保有非凡的毅力和热情。一位历史学家称此为法国贵族阶层的“兽性”。[20] 这种倾向不仅存在于军中的贵族身上，也存在于作为国王近臣的贵族身上。据蒂利伯爵所说，“法国是决斗之国……我从未在其他地方见过像这样一发不可收拾的敏感倾向，人们常常多疑地认为他人侮辱自己并要求补偿，最终却往往证明这只是一厢情愿的设想”。[21] 法国政府急于叫停决斗行径，并出台禁止决斗的法规，然而这一法规显然形同虚设，仅 18 世纪就有 800 人因参与决斗而被记录在案。同时，鉴于逍遥法外的决斗者们善于掩盖事实，这一数字必然远低于真实发生的决斗事件数目。[22]

诚然，并非所有贵族都尚武好斗。一小部分贵族，如拉法耶特侯爵、拉罗什富科公爵、米拉波伯爵和拉梅特兄弟这几位法庭任职者，则更倾向于到革命群体中碰碰运气。当中几个贵族直到革命激化都坚定地站在革命者一边，甚至支持革命者对贵族和王室实施制裁。[23] 然而，大部分贵族对革命者推行的变革都保持缄默，并多在随后移居国外或支持军方的反革命行动，这一部分人里既有“文官”也有“武士”——即上文所述的两类贵族，他们对挑战其世袭贵族荣誉的革命者态度强硬，相应地，“贵族”这个词也迅速被划归至革命的对立面，革命者及拥护革命者视贵族为死敌。

广大民众

和贵族阶层不同的是，旧制度的社会体系并未给未来革命精英阶层“以下”的群体下一个合法的身份定义，精英群体与非精英群体之间并没 23
有清晰的界线。和“中产阶级”模糊的定义相类似，较低阶层民众的身份被不同的称谓定义着，如“下层民众”“暴民”“低下的第三等级”以及最常见的“广大民众”。[24] 不管用什么称谓定义这部分人口，未来的革命领袖都清楚地知道这部分人口与自身所处的阶层相比，在经济状况、生活水平和文化背景方面的差距大得不可逾越。在当时的法国，最庞大的社会阶层——农民——生活在遍布全国的四万余个村庄，其人数占到总人口的 80%。不同地区的农业形态、住房种类、分配方式、语言和文化风俗均有所不同。因而尽管大多数革命者与农民阶层在不同程度上建立了联系，但这种联系仍十分有限——革命者始终是城市居民，而在革命过程中，他们也的确在动机和行动上与农村民众产生了诸多近乎不可调和的分歧。

相反地，革命者与城市工薪阶层的联系则更为密切。总体而言，城市中的富裕群体和贫困群体居住在不同区域；但在大部分较大规模的城镇里，这种隔离是垂直化的——生活优渥的群体居住在较低楼层的宽敞公寓里，而生活简陋的群体则住在前者楼上的小房间或阁楼里。因此，未来的革命者在日常生活中有大量机会接触到这部分群体，他们当中有工匠、店主、车夫、行李搬运工、洗衣女工和刚入行的日工。此外，未来的革命者还可通过其家仆与下层民众建立联系——约 10% 的城市人口在优渥的城市家庭中充当仆人。

但不管是城市还是乡村的工薪阶层，他们与未来的革命精英阶层都有着本质区别。与精英们不同，这些劳动民众用他们的双手挣着血汗钱，二者迥异的生活形态在旧制度时期就已根深蒂固。在经济状况最糟糕的时期，尽管一小部分经营商铺的劳动者仍可依靠往日收入度日，但绝大部分人都处在贫困边缘，过着不确定的生活。对于这部分人来说，糟糕的生活条件意味着他们随时有可能跌入赤贫。实际上，18 世纪末的经济
24 繁荣非但没有给劳动民众带来像中产阶级获得的庞大财富，反而让他们倍感焦虑——他们收入增加的幅度根本赶不上飞涨的物价。不管是革命爆发之前还是之后，大部分民众最关心的问题都是如何获得更多的粮食和衣物、如何让自己和家人住得更舒适，这种难以维持生计的不安全感是中产阶级所无法感同身受的。

另一方面，首都巴黎以外的大多数平民都是功能性文盲，他们也许能在出生证和结婚证上签名，但却读不懂报刊和革命宣传册。这一情况在整个社会的女性群体中更为严重，因为她们大多不如男性有文化，同时主要生活在以口头交际为主的环境中。革命精英与较低阶层民众之间的沟通也十分有限，尤其当乡村民众说着与革命精英所说的标准法语截然不同的语言或方言时，这一现象更为明显。

此外，工薪阶层中不论男女都有明显的使用暴力的倾向，这让未来的革命者们感到不安和震惊，二者的关系也由此变得微妙。纵观整个 18 世纪，各种各样的大小叛乱共有数千起，[25] 其中将近 2/5 的叛乱因各种形式的赋税而起，其余的则起源于粮食供应短缺、王室官员和封建领主的专制压迫和与工作或宗教相关的问题。这些叛乱的频率在旧制度倾覆前的最后 30 年间大幅上升，而未来的革命者们在该时期正好处于入学或入职的阶段。在此数十年间，爆发在城镇的集体暴力事件平均每年多达

50 起。

尽管像这样的暴乱在全国任何地方都可能发生，但首都巴黎和周边农村是暴乱集中发生的区域——1789 年革命爆发前的数十年间，巴黎及周边地区爆发了数百起暴乱。正如一位历史学家所描述的那样，“整个城市被戾气笼罩，任何琐碎的原因都可能成为攻击整个统治阶层的导火索”。[26] 梅西耶曾就旧制度末期的巴黎社会写过十余本著作，他认为：如果没有完善的警察和间谍系统，首都巴黎的情况势必更加糟糕。他在1783 年的著述中写道：“一旦镇压力度有所缓和，混乱和无序的状况将 25
无法控制；这些叛乱者将采取最暴力的方式，而没有任何力量可以阻挡他们。”[27]

并非所有的暴力都是集体性和政治性的，个体之间也有由私人动机驱使的暴力行径。在工薪阶层的男性群体中间，武力通常是解决私仇的首选方式。在大多数城镇，几乎每天晚上都会发生不计其数的纷争甚至斗殴，有的是个人之间的冲突，有的是酒醉后两个小群体之间的冲突，还有的是家庭成员间和行会帮工之间的冲突。[28] 街道上、庭院内和酒铺里发生着无止境的争执和对抗，这些矛盾时常但并不总由酒精激发。矛盾或起于所有权纷争，或起于女人，或起于言语上的侮辱（现实存在的或想象中的），或起于长久以来的蔑视和虐待所催生的报复欲望，或起于对个人荣誉的捍卫。一位做窗户买卖的巴黎生意人雅克 – 路易·梅内特拉的自传中说道：每 50 起斗殴中，有约 2/3 起于帮工之间的宿怨，其余大部分则起于女人。大部分斗殴者以拳头、棍棒或随地捡来的各种可充当武器的东西为械。但在斗殴中使用小刀、剑和马刀的工薪阶层男性——不论是城镇居民还是农村居民——数量惊人。在旧制度的最后数十年间，甚至有证据证明在巴黎随身佩剑有“民主化”倾向。[29] 一些情况下，为了捍卫个人“荣誉”的决斗是事先约定好的，通常发生在巷道和码头，并有他人从旁相助。在这种意义上，工薪阶层男性文化中对荣誉的重视与贵族阶层十分类似。[30]

许多未来的革命者曾对旧制度下平民窘困的生活状况表示同情。18世纪70年代，吉尔贝·罗默对法国农民悲惨的生活以及封建领主制度下的诸多不公有过深入思考。18世纪80年代，罗伯斯庇尔、佩蒂翁和高缇耶·德·比奥扎也设想过改变这一现状。梅西耶曾在著述中为挣扎在贫困线上的巴黎民众辩护，强烈抨击因“严重的社会财富分配不平等而导致斗殴之风盛行，如同内战一般”。[31] 革命爆发后，最为激进的革命领袖极力称赞平民——尤其是巴黎民众，他们当中的一些人甚至为民众塑造了神秘而高大的形象并公开赞美他们的高尚品质和政治智慧；然而，在提
26 及民众的集体暴力时，这些革命领袖却又不可避免地极尽合理化之能事。但在大多数情况下，这种同情心十分罕见，大多数精英认识到：在自身和普罗大众之间存在着经济、文化上无法跨越的鸿沟，而这注定了他们无法对民众的情况感同身受。1789年革命前夕，法尔孔对农民“生来注定的”困窘生活发表过一些诋毁言论。梅西耶则称从这些愚蠢的、容易轻信他人的平民身上，他只看到了不理智的情绪和易煽动性：“他们认知里的现实世界完全是其想象出来的。”在文末，他这样总结道：“愚蠢和对政治一无所知是巴黎平民的基本共性。”[32] 另外两位身处巴黎的见证者，吕奥和阿德里安·科尔森，对城市中的贫困人口持鄙视态度，并认为这些人无法与“正经人”“实诚人”相提并论。[33] 吕奥在描述1789年7月的社会状况时强调了他所属的巴黎“资产阶级”与包括工匠、日工在内的“广大民众”的显著区别，并对后者持警惕和怀疑的态度。[34] 总体而言，大众群体呈现出显著的暴力倾向，他们即使在面对最荒谬的谣言时仍然极易被煽动。如何从这样的面貌中把握大众的思想和行为倾向，成为1789年后革命者们始终面临的严峻挑战之一。

敢于求知

就许多方面而言，革命领袖所属的中产阶级在此前的一个世纪里几乎没有任何变化。他们所接受的古典教育，以及他们对法律意识的重视与他们的曾祖父母所接受和重视的程度并无二致。同样地，他们与贵族和平民两方交好的传统也是世代相传下来的。尽管如此，他们的人生观和世界观，以及对自身在世界上所处位置的认知，毫无疑问与他们百年前的先祖存在明显差异。

差异之一是空气中四处弥漫的乐观主义情绪。人们探究世界复杂性的热情日益高涨，同时对个人可能所面临的未知变化多了几分自信和底气。许多人开始扩大自己的阅读面、接触不同领域的知识，这与他们偏爱宗教作品和祷告词的先祖有所不同。他们阅读各种信息数据，并订阅当时刚刚在巴黎和省级主要城市开始发行的报纸；他们收藏岩石，并尝 27
试给当地的动植物群分类；他们还参加各种各样的社会志愿组织。那时候地方已经出现了教育机构、文学社团、博物馆和书友会。公共图书馆也在该时期首次出现，他们得以借阅到许多无力购买的书籍和期刊文章。农业社团也在此时出现，他们时常在其中讨论土地利用的优化方案和最新的种植栽培技术。许多像这样的社会组织尽管由王室管理者牵头创办，其成员不乏贵族和神职人员，但绝大部分成员却是平民中的精英阶层，也往往是他们主导了组织中的每一次讨论。[35]

越积极的组织成员越不限于参加会议和组织讨论，他们的思想还以出版物的形式传播开来。数量庞大的印刷书籍和宣传册在此时出现，这些出版物的类别包括但不限于科学、地理、经济、历史、文学和诗歌。一些渴望向公众分享观点并在文学界占据一席之地的人，则频繁参加各教育机构主办的写作比赛——在旧制度覆灭前的最后40年间，这样的教育机构在全国就有1400余所。尽管每年都会有新的关注话题涌现，但总体趋势则朝着实用主义的方向发展。诸如科学、科技和经济话题的热度不断上升，而文学、哲学和伦理学的热度则大不如前。[36]另一些既无时间也无天分出版书籍和写作长文章的人则倾向于向当地报纸的编辑部写信，他们的许多贴近生活的思考为解决世俗问题提供了建议，像如何最科学地安装避雷针、如何改善街道照明、如何缩小杂工群体等问题。他们偶尔也会引入更宏大、更重要的讨论议题，如教育改革、扶贫事业和农业及制造业的新技术，等等。[37]

对高生活质量的探索与思考同样出现在未来革命者的身上。在给最亲密的好友的信中，吉尔贝·罗默介绍了其在巴黎学习的五年间阅读了不少于177本书——其中大部分属于他所感兴趣的科学和医学领域，也有历史、地理、经济、文学、教育学和宗教等多个领域的作品。[38]无独有偶，法尔孔也经常和朋友在通信中互相讨论他们所读过的不同学科的书和文章。法尔孔、吕奥、罗默、韦尼奥和科尔森尽其所能密切跟进着法国和
28 世界其他地区发生的大小政治事件，他们谈论着欧洲君主继位、法庭上的案件和他们牵涉其中的无休止的争斗。[39]其中几位痴迷于最新科技成果，尤其是在巴黎和省城新出现的热气球。韦尼奥曾为波尔多的一个热气球写过一首诗，而法尔孔则为“航空器”着迷——这一兴趣起源于一位巴黎朋友在信中的详细描述。他甚至想是否在不久的将来，民众就能够搭乘飞行器在一天之内从普瓦捷飞抵巴黎。所有这些都受到热气球这一崇高象征符号，以及下面这一想法的激发：人类有能力利用自己发明的设备实现飞天。[40]

写信人偶尔也会在信中提及他们期望在未来看到的社会变革。吕奥曾在信中讨论促进法国人口增长的改革措施，其中他尤为主张在法律上放宽对私生子的限制；法尔孔的密友之一让·特谢尔则关注不同省份之间

相互独立的法律所带来的法律体系松散问题，并主张建立全国统一的标准化法律体系；法尔孔则关注赋予新教徒平等的公民权的议题，并认为应完善法律体系以使最大部分人口的正义得到伸张。[41]

但他们对社会变革的期望有明显的局限性。在提出对司法改革的建议后，法尔孔随即下结论称如此伤筋动骨的改革几乎不可能在现实世界中发生："这些反思有其积极意义，但我无法想象有任何方法可以消除现存的暴虐和不公现象。我们必须学会承受无法避免的事情。"另一个例子是多米尼克－约瑟夫·加拉，未来的议员和大臣。他认为任何巨变都几乎是不可能的，人们只能期盼通过逐步改革让情况好起来。他这样写道："在古老的年代，人们可以直接了解到最全面的真相，因而变革接踵而至；但在当代，只有经过足够长的时间，真相才能克服偏见。"[42]

在法国历史上这一特定的时期里，普遍存在的自信、好奇和乐观氛围——与启蒙运动息息相关——以及探索世界的热忱和思考变革可能性的激情，都十分明显。引发这种情况的原因可能有二：一是，该时代一扫
往日经济的低迷，走向繁荣的经济状况使社会普遍处于乐观情绪中，身 29
处其中的人们有更多余力享受生活，书籍和期刊的市场也就不断扩大；二是，同时期发生的"科学革命"和识字率的普遍提高促使民众对印刷物的需求不断扩大，由此也导致了 18 世纪法国出版的期刊、报纸和书籍等印刷品数量大幅增加。[43]

从未来革命领袖们的大量往来信件中，我们很难总结出一套单一而连贯的思想体系。多年来，一些史学家试图将 1789 年大革命与 18 世纪的识字率变化趋势联系起来，并论证后者对革命的一代人施加的重大影响；而另一些学者则认为革命者们的思想是由"启蒙运动"所塑造。此外，让－雅克·卢梭的政治理论、感伤主义小说、詹森主义的说辞和天主教道德神学所引发的新潮流也都被认为在一定程度上塑造了革命者的思想。[44]

这些观点的问题在于：它们通常武断地给旧制度精英的阅读模式做出

预设——这种预设背后的隐性逻辑是将18世纪的某些思想理论特权化，认为它们天然凌驾于其他思想理论之上并处于主导地位。这些观点把18世纪乃至各个时期的读者们的阅读过程——选择性吸收读物、课程和讨论内容的过程——看得过于简单。读者在阅读过程中接触到的内容不等于其接受和认可的内容。[45] 实际上，该时期种类繁多的作品之间时常在行文方式和基本的政治哲学观点上相互矛盾。一些作者强调写作风格应当理性严肃，并以科学严谨的态度对待知识，而另一些作者则盛赞直觉与情绪是当代作品中稀缺而珍贵的特质；一些作者认可从王室和统治阶层发起的自上而下的变革，而另一些作者则强调必须以舆论和公意为先；一些作者大力抨击天主教廷和宗教本身，而另一些作者则宣扬将人文理性、自决意识与天主教教义结合在一起的“天主教启蒙思想”；一些作品由文学和哲学思维贯穿始终，而另一些作品则主要关注政治经济学议题；一些
30 作者拥护“公意”为新权威，而另一些作者则始终对是否存在一个整体的“公众”概念存疑。[46]

实际上，深受法国启蒙运动影响的几位著名作家在其整个职业生涯中并没有始终连贯的主张和见解。伏尔泰、卢梭和狄德罗在面对不同的具体问题及不同的表述对象时可以有迥异的立场。他们的作品中固然有严密而富有激情的逻辑论述从而使个中思想熠熠生辉，但行文中时常呈现出的“顾左右而言他”的面貌又在一定程度上让这样的思想变得模糊而黯淡。根据当时的出版书籍名目、书商推荐的书目以及18世纪精英阶层的私人藏书名目，我们可以得知当时读者涉猎甚广，而启蒙思想家的著作在当中仅占很小的一部分。法律和历史、诗歌和小说、地理和旅行文学、自然历史和科学理论以及神学和祷告词——再加上一定数量的色情文学和法庭轶事——共同构建了18世纪法国读者们的文化生活。根据已收集到的样本，我们可以得出这样的结论：大多数读者阅读是为了增长专业知识、在业余时间娱乐消遣以及满足其对世界的好奇心和求知欲，

至于形成新的世界观乃至研究出具有可行性的社会变革方案则几乎无人关心。[47]

尽管我们无法清楚地剖析并重现每一个未来的革命拥护者们的思维体系及启蒙过程，但通过生活在旧制度下的数位未来的革命者们的来往信件，我们或可以对这一群体的兴趣、态度以及文化交流的方式建立起粗浅认识。[48] 其中的一个例子是：巴黎的书商和出版商、未来的雅各宾派成员尼古拉·吕奥明确宣称拥护启蒙思想，他喜欢自我标榜为哲学“圣殿”前虔诚的信徒，崇拜伏尔泰、狄德罗、达朗贝尔和布冯。吕奥曾参与出版一部早期的伏尔泰书信集，因而在与兄弟的通信中，他喜欢模仿伏尔泰式的讽刺语气并对现行机构和社会团体发起激烈的反传统攻击。他强烈谴责天主教廷“臭名昭著的暴虐统治”，并大肆批评贵族“骑在我们的背上压迫我们”。他甚至抨击国王路易十六，并坚称国王的统治不善 31
和王后的出格行径——即在著名的“钻石项链事件”中，王后被认为肆意挥霍了巨款——使其二人的名誉不复以往。然而，从吕奥个人的政治观点来看，相比起卢梭主张的民主道路，他更为推崇伏尔泰主张的精英统治道路，前者的名字在吕奥的书信中甚至连一次也没有被提及。实际上，对路易十六政权以及当时普鲁士腓特烈大帝和奥地利约瑟夫二世的“开明专制”，尼古拉·吕奥均表示十分赞赏。

然而，吕奥的书信是在他位于左岸出版业集中区域的中心地带阿乐普大街（Rue de La Harpe）的办公室写成的，这片区域在随后很快发展成全国最激进的地区。而其他留下书信资料的未来革命者们的兴趣各不相同，也没有明显的证据表明他们被某种特定的文化传统联系在一起。不管是法尔孔、罗默、科尔森、韦尼奥，还是罗莎莉·朱利安都不曾对贵族阶层有过非议。他们都辞去过时任公职，并各自在人生的一些阶段接受过贵族的接济和帮助。同样地，他们当中也没有人批评过君主。包括吕奥在内的所有人的通信活动本质上只是在传递他们听到的诸如王室通婚、怀孕和分娩以及国王行踪等消息。未来激进的共和党人韦尼奥称路易十六是一位起榜样作用的长者；科尔森和法尔孔均认为“钻石项链事件”是匿名消息，不足以有任何特定的政治含义，因而这一事件也不足以让国王和王后的形象有所折损。

尽管这些书信人中没有一个人笃信宗教，但他们中的一些却与宗教持续保持着联系。科尔森在革命期间定期参加弥撒；早年信奉詹森主义的罗默直到旧制度尾声仍坚持认为宗教应得到重视；罗莎莉·朱利安和丈夫、未来的雅各宾派拥护者马克·安托万共同阅读了福音书；而联系更为紧密的法尔孔和韦尼奥，后者早年曾在神学院接受教育，前者曾请求两位担任修女的姐妹为自己祷告——这一行为足以证明其虔诚与真挚。[49]

32 我们所有的见证者，以及所有未来的革命者们或多或少都直接或间接地了解过诸如孟德斯鸠、伏尔泰和卢梭等启蒙思想家的著作。然而，这类权威性启蒙思想家的著作仅占他们阅读总量的一小部分。当他们提及伏尔泰和卢梭的作品并对此大加赞赏时，他们更多关注的是此二人深厚的文字功底——此类作品如伏尔泰的史诗和卢梭的小说《新爱洛伊丝》（*La nouvelle Héloïse*）。在韦尼奥数量庞大的私人藏书中，仅有极少数是“哲学类书籍”，其余藏书以法律和文学作品为主——这与他个人从事法律工作和爱好诗歌密切相关。至于法尔孔，尽管我们不清楚他的藏书内容，但当他被问到最喜欢的作家时，他提到的是17世纪的剧作家拉辛和在现代鲜为人知的18世纪剧作家托马斯·德·埃勒。加拉称他最喜欢的作家是孟德斯鸠和维吉尔。罗默和朱利安夫妇则是卢梭在《爱弥儿》（*Emile*）中论述的教育理论的支持者。不过，罗莎莉·朱利安同时喜欢17世纪甚至更早期的作家，如费讷隆和拉·方丹，而罗默则倾向于阅读科学著作。总体而言，后者鄙视“单纯的文学”。罗默曾这样描述他的阅读体验：“我的缺点在于阅读的内容过于庞杂，任何引起我兴趣的读物都足以让我沉迷。”[50]

罗默此言或许会引发同代人的许多共鸣。每一个未来的革命者都有其独特的兴趣爱好——或与职业相关，或仅是闲暇时的消遣。但总的来看，他们阅读的广度、对知识的追求和对各领域书籍的普遍热情都让我们印象深刻。驱使他们阅读的动力是自身对知识的渴望，以及全身心地投入到书海当中的兴奋之情。显然，当中的许多读者不仅想要观察并探索世界，而且还在反思变革社会，以使自己过得更好。然而这些设想大多规模太小，同时牵扯到生活的方方面面并可能影响人们在生活中的处境。而敢于设想大规模变革的人则少之又少，他们当中的许多人毫无疑问都曾思考过贵族特权（如税收减免）及随之而来的社会不公问题。[51]
这些人相信不同个体“术业有专攻”，并主张社会应当给这些人施展才能 33
的机会，而非仅凭其出身就对他们下定论。[52] 但在大部分情况下，像这样的异见大多温和且小心翼翼，他们对成效显著的变革不抱希望。在 18 世纪末期，批判性思维实际上与社会顺从心理并存。

如果这就是启蒙，那么它只是一场运动，只是认识论层面的革新，而不是一种全新的意识形态。这是一种态度、一种让人们理解求知为何物的思维路径，也是各人发挥理性、以求知为由而批判看待事物的一种自决与自信。这就是广义上的“启蒙”，也是 18 世纪哲学家伊曼努尔·康德所定义的“启蒙”。这一时代的格言——正如康德在一篇著名的文章中写道的——用拉丁短语“Sapere aude”来概括最为合适，亦即“敢于求知”。正是这种果敢——而非任何其他意识形态或事件——促使 1789 年的男性意外地获得权力时选择拉开革命的序幕。

对暴力的模糊态度

未来的革命者们在旧制度中的经历和见闻是否影响了他们对恐怖政

策的态度？一种观点认为：与“中产阶级”精英相比，贵族阶层和工薪阶层的暴力倾向要明显得多。“中产阶级”精英甚少参与决斗和酒馆斗殴，也不像贵族和工人那样在意“捍卫个人荣誉”[53]——18 世纪的平民精英们普遍谴责决斗行为，因而也甚少参与其中。梅西耶谴责这种“为虚无的荣誉感而像动物一样互相厮杀的行径既野蛮又无意义”。[54] 在 1789 年，城市精英阶层递交了大量陈情书，呼吁将决斗定为违法行为；而同一时期贵族递交的陈情书中则并未涉及此类行为。[55] 革命期间，几乎所有国民议会议员之间所发生的决斗纠纷都与贵族成员相关，后者坚持认为政治异见的表达就是对个人的不满和侮辱：普瓦亲王向蓝伯提伯爵下战书；皮
34 伊赛伯爵（the count de Puisaye）和骑士卡扎莱斯决斗；拉梅特伯爵接受凯吕公爵的挑战；拉・塔 – 莫布尔侯爵和米拉波子爵决斗……这仅仅是一小部分极富戏剧性的决斗案例。甚至在革命初期，拉・加利桑尼亚伯爵曾提出要以如下方法解决政见不合的贵族议员之间的争端：两队排列整齐的佩剑武士在“荣誉场”上相对而立，并为荣誉而战。第三等级的议员则普遍对这种夹杂着荣誉感的政治观点感到吃惊和不解。[56]

在旧制度末期，绝大多数未来的革命领袖对任何形式的集体暴力没有任何好感，一部分人尝试通过研究来理解大众阶层中暴力者的动机。梅西耶提出了一套社会经济理论以解释 18 世纪 80 年代发生在巴黎的多起暴乱。他和吕奥都强调富人和穷人之间的阶级差异，以及治理一个像巴黎一样庞大的城市的诸多难处。另一部分人也许同情穷人阶层，并认为居高不下的失业率和严重不足的粮食供给迫使他们发起暴动。[57] 然而，哪怕是这些试图探寻暴力根源的人，也并未因暴力的发生而对暴乱者心生同情。科尔森强烈谴责“危及我们自身的暴力行径”，并称其有“日益严重的趋势”。[58] 1789 年 4 月，巴黎发生了通宵骚乱，两名贵族因漠视粮食供应短缺的言论而遭到暴乱者袭击。对这一事件的所有评论矛头都指向事件的参与者，也即暴乱者，他们被十分尖锐地谴责为“暴民”“无

赖”“野蛮动物”。在这一时期的来往书信中，未来的革命者们或曾提及此事，但却无人对在随后的军事镇压中死伤无数的巴黎市民表示同情。[59]

革命者们对 1789 年 4 月巴黎暴乱事件的态度总体上反映出革命阶层偏好惩戒性而非无差别屠戮的解决措施。在 18 世纪的革命者著述中，许多作品对当时的死刑制度持批评态度。孟德斯鸠、伏尔泰、爱尔维修、卢梭以及《百科全书》的作者们均强烈反对对仅犯有偷窃罪的犯人处以死刑，并谴责当时的法律重判威胁财产安全的犯罪而轻判威胁人身安全的犯罪。[60] 梅西耶因公开处决偷盗者的“可怕场面”而痛心：“如果一个因饥饿而走投无路的人凭着一腔孤勇用手枪瞄准我，我会因为他的不幸而原谅他。”吕奥则为这类罪犯在被处决过程中遭受的折磨而愤慨。[61] 另有一些作家将这个问题扩大至反对任何形式的死刑，包括对犯有谋杀罪 35
的犯人。持有这一观点的代表人物是在法国影响力巨大的意大利法学家贝卡里亚，其多部作品被译为法语传入法国。贝卡里亚称：“一名公民的死亡既没有用处也没有必要。”他认为以终身监禁的刑罚取代死刑将在全社会形成更强的威慑力，由此也更为公正。[62]

然而，有一类特定情况除外。哪怕是在反对死刑问题上呼声最高的人也坚持认为犯有叛国罪的人应当被处以死刑，这一普遍认知在大革命期间影响重大。与伏尔泰和卢梭所持观点一样，贝卡里亚明确表示在涉及“危害国家安全罪名”时必须采用死刑。布里索、马拉和巴斯托雷，以及革命立法机构中的所有成员和在著述中反对死刑的作者，都同意对“密谋危害祖国安全”的罪犯实施死刑合乎正义。[63] 对于有时间和意愿阅读这些文字的未来革命者来说，这些文字所传递出来的信息非常明确，大部分接受过法律训练的人对此也一定非常熟悉。因此，当时普遍认为唯一一种应受死刑惩罚的罪名是叛国，即危害国家安全与存续。[64] 而这项罪名也正是后来在恐怖时期大多数被处死的人——包括布里索——所被冠以的罪名。

此外，与上述 18 世纪的改革倡导者不同的是，许多有影响力的法律学者直到旧制度末期仍支持对一系列罪名实施死刑甚至酷刑。丹尼尔·尤斯，该时期因著作而为人所熟知的法律学家，具体地指出“残酷的死刑能有效威胁潜在的罪犯，从而避免一些最危险的犯罪情况发生”。[65] 在大革命之前的十年间，位于巴黎的法国最高法院平均每年判处数十例死刑。这些死刑的执行方式多为绞刑，鲜有更为残酷的斩首或车裂之刑。[66]

同样地，未来的革命者中也有相当一部分人认可死刑的存在。在整个 18 世纪，精英阶层普遍被笼罩在对犯罪的恐惧当中。科尔森于信中一再提及在巴黎的守法公民遭偷盗甚至谋杀的危险，而一些群体也普遍认为公开处决是一种行之有效的威慑方法。[67] 实际上，“恐怖”（terror）这个词在一些时候道出了执行死刑的内在逻辑和用意。18 世纪的法学家让·拉维耶支持用死刑来“威慑”（terrorizing）罪犯。[68] 与之意思相近的
36 词语也被采纳并促成了“恐惧”在全社会范围内的扩散——若要以威慑减少犯罪，那么在民众当中鼓吹恐怖就十分必要。由此看来，尽管此类惩罚的本质富有戏剧性，但惩罚本身却已被合理化了。这类惩罚通常是公开的，如鞭刑、烙刑以及死刑。在巴黎，每年被判处鞭刑和烙刑的有数百人。而死刑犯在行刑前则需身穿白衣和手举火把，身上挂着所犯罪名的标志，在被双轮马车载着游街示众的沿途多次下跪并忏悔。死刑犯的游街消息早已提前传遍了全城，观看公开行刑的民众可达数千。尽管有许多民众在行刑过程中大声要求对已经忏悔的犯人从轻发落，但此举从未成功过。[69] 在更大的城市里，公开处决和游街示众组成了旧制度下城市生活的一部分，这让公众对于犯罪和惩罚始终保持较高的敏感度。

旁观行刑场面的除了广大民众外，还有相当数量的上层和中产阶级人士，其中许多人还为获得诸如高层窗户和屋顶等更理想的观看位置而付钱。梅西耶在著述中曾指出：“上流社会”和包括各阶层妇女在内的“广大群众”同时出现在这类场合里。尽管科尔森个人宣称从未观看过公开

处决，但他也从未对他人的旁观而感不安，甚至他还向在场的朋友们打听现场情形。[70] 诚然，并非所有未来的革命者们都认可富有戏剧性的公开处决方式；但在 1789 年的城市精英看来，死刑总体上有存在的必要。1789 年凡尔赛宫收到的所有诉冤状中，没有任何一份提出完全废除死刑的要求——尽管有部分状词呼吁死刑的适用范围应有所缩减。[71]

直到 1791 年 5 月，罗伯斯庇尔和几位同僚才上书请求无条件废除死
刑，但这一议案被大部分议员否决，哪怕是梅西耶也认为当前不是“放
松恐怖力度”的合适时机。[72] 尽管死刑判决数量越来越少，处决过程中
任何形式的酷刑在随后也被废除——取而代之的是“快速而无痛”的
断头台斩首，但适用于谋杀、造假和极具弹性的“危害国家罪”（lèse- 37
nation）——任何反对革命政权的阴谋——的死刑判决仍被保留。同样意
义重大的是，这些代表人物也坚持死刑犯被处决前必须游街示众。[73]

此外，既然所有未来的革命者都在不同程度上可以接受国家主导的对某些犯罪的暴力惩戒机制，那么可以推断：战争这种国际暴力行动在某种程度上也是他们所能接受的。诚然，反战和反军国主义是诸多启蒙运动的文学作品的共同主题。[74] 伏尔泰在《哲学词典》（*Philosophical Dictionary*）和《老实人》（*Candide*）中对战争有着深刻的讽刺和控诉。而卢梭和狄德罗在其后期的作品中同样对总体上的战争行为表示谴责，同时反对在征服殖民地民众和推行奴隶贸易时使用武力。“我们每年花费三四百万英镑在愚蠢而无用的战争上。”梅西耶这样写道。但哲学家的这种和平主义倾向有其局限性——伏尔泰同时歌颂亨利四世、黎塞留元帅和路易十四高超的军事技艺，并为上述人物著有长篇诗集和史学论著。在这一时期，所有作者实际上均认同在自卫情况下进行的战争是“正义的战争”。[75]

在这些书信中，未来的革命者似乎对一些情况下的战争行为十分赞同。法尔孔在信中用大量篇幅论述了 1787 年法国军事入侵荷兰的可行性：

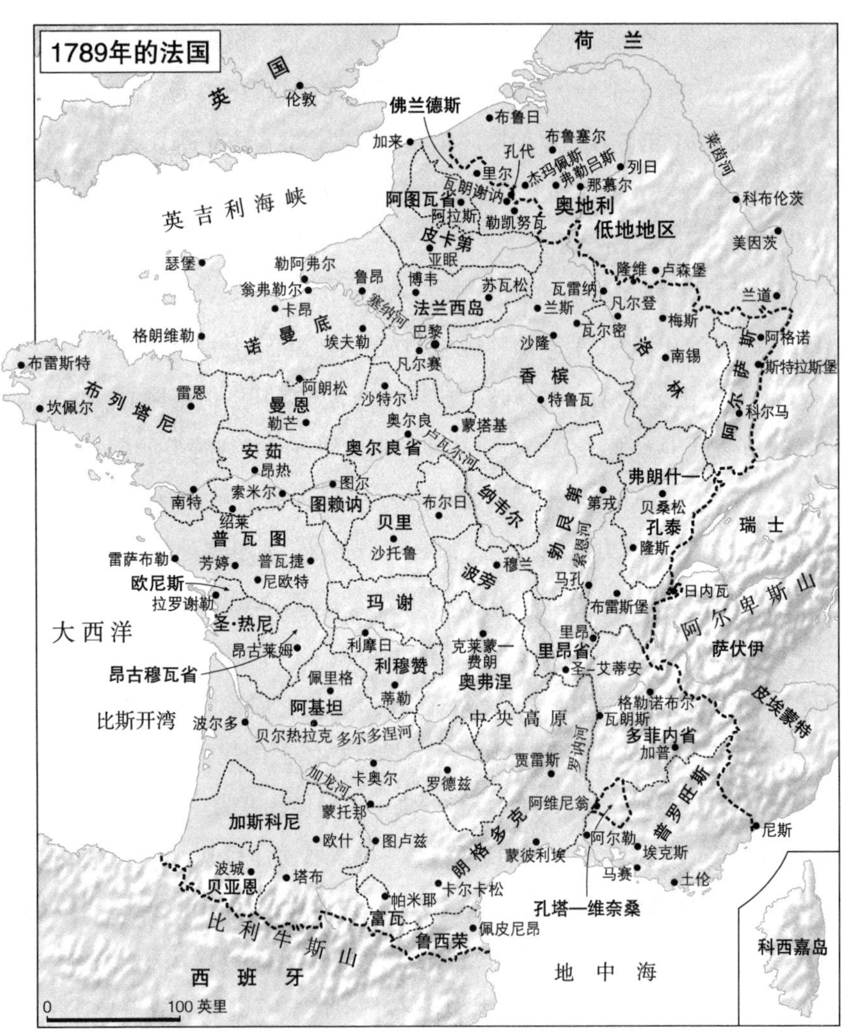
1789年的法国
荷　兰
英　国
伦敦
佛兰德斯
布鲁日
布鲁塞尔
加来
孔代
莱茵河
里尔
杰玛佩斯
弗勒吕斯
列日
瓦朗谢讷
那慕尔
英吉利海峡
阿图瓦省
阿拉斯
勒凯努瓦
奥地利
低地地区
科布伦茨
皮卡第
美因茨
亚眠
瑟堡
勒阿弗尔
鲁昂
博韦
隆维
卢森堡
翁弗勒尔
苏瓦松
瓦雷纳
凡尔登
兰道
卡昂
塞纳河
法兰西岛
兰斯
梅斯
诺曼底
巴黎
瓦尔密
阿格诺
格朗维勒
埃夫勒
沙隆
洛
斯
布雷斯特
凡尔赛
南锡
斯特拉斯堡
香槟
林
萨
布列塔尼
雷恩
阿朗松
特鲁瓦
坎佩尔
曼恩
沙特尔
阿尔
科尔马
勒芒
奥尔良
蒙塔基
卢瓦尔河
奥尔良省
安茹
昂热
弗朗什一
图尔
南特
索米尔
图赖讷
布尔日
纳韦尔
勃艮第
第戎
贝桑松
孔泰
瑞　士
绍莱
贝里
普瓦图
索恩河
隆斯
雷萨布勒
沙托鲁
芳婷
普瓦捷
穆兰
欧尼斯
尼欧特
波旁
马孔
日内瓦
拉罗谢勒
阿尔卑斯山
布雷斯堡
大西洋
圣·热尼
玛谢
萨伏伊
里昂
昂古莱姆
利摩日
克莱蒙一
费朗
里昂省
昂古穆瓦省
利穆赞
奥弗涅
圣-艾蒂安
佩里格
皮埃蒙特
格勒诺布尔
蒂勒
阿基坦
中央高原
瓦朗斯
比斯开湾
波尔多
多菲内省
贝尔热拉克
多尔多涅河
罗讷河
加普
贾雷斯
加龙河
卡奥尔
罗德兹
普罗旺斯
阿维尼翁
蒙托邦
加斯科尼
朗格多克
欧什
图卢兹
尼斯
阿尔勒
蒙彼利埃
埃克斯
波城
塔布
马赛
土伦
贝亚恩
帕米耶
卡尔卡松
孔塔—维奈桑
比利牛斯山
富瓦
佩皮尼昂
科西嘉岛
鲁西荣
西　班　牙
地　中　海
0
100 英里

1791年革命中的法国
荷兰
英国
莱茵河
奥地利
低地地区
里尔
英吉利海峡
加来海峡
塞纳省
北部省
塞纳—
瓦兹省
下塞纳省
索姆省
埃纳省
鲁昂
瓦兹省
阿登省
芒什省
卡尔瓦
多斯省
厄尔省
塞纳河
沙隆
默兹省
摩泽尔省
巴黎
塞纳—
马恩省
下莱茵省
斯特拉
斯堡
布雷斯特
菲尼斯
泰尔省
北海滨省
奥恩省
默尔特省
伊勒—
维莱纳
马耶讷省
安德尔—
卢瓦尔省
奥布省
孚日省
莫尔比
昂省
萨尔
特省
奥尔良
卢瓦雷省
上马
恩省
上莱
茵省
卢瓦尔—
谢尔省
卢瓦尔河
约讷省
上索
恩省
下卢瓦尔省
曼恩—
卢瓦尔省
安德尔—
卢瓦尔省
科多
尔省
南特
第戎
杜省
涅夫
勒省
谢尔省
瑞士
旺代省
德塞夫勒省
安德
尔省
索恩—
卢瓦尔省
索恩河
汝拉省
维埃纳省
阿列省
安省
克勒
兹省
阿尔卑斯山
大西洋
下夏朗德省
夏朗德省
上维埃
纳省
罗讷—
卢瓦尔省
多姆山省
里昂
萨伏伊
中央高原
伊泽
尔省
比斯开湾
吉伦特省
多尔多
涅省
克雷兹省
康塔尔省
上卢瓦
尔省
皮埃蒙特
波尔多
多尔多涅河
上阿尔
卑斯省
加龙河
洛特—
加龙省
洛特省
阿韦龙省
洛泽
尔省
罗讷河
德龙省
下阿尔
卑斯省
朗德省
加尔省
沃克吕兹省
热尔省
塔恩省
图卢兹
埃罗省
罗讷河口省
瓦尔省
下比利
牛斯省
马赛
上加龙省
阿列
日省
奥德省
比利牛斯山
东比利牛斯省
科西嘉岛
上比利牛斯省
地中海
0
100 英里
西班牙

“尽管我不是战争这一危害人类文明的祸患之源的鼓吹者，但事实上，这场战争因一些恶性情况的存在而不可避免。”科尔森，和同时期的许多巴黎人一样，渴望加入北美战场，并庆祝法军和美军在约克镇的大捷。而吕奥，伏尔泰作品集的出版商和其个人拥趸，对基督教国家之间相互残杀的行动却保持沉默，并大力鼓吹向土耳其人使用武力的必要性。[76] 同样地，当法国于 1792 年向奥地利宣战时，革命者对奥地利敌人们的说辞自然与吕奥对土耳其的说辞无异，因而自然也鲜有反战声音出现。有限的反对意见主要来自罗伯斯庇尔和他几位亲密的同僚，但这种反对并非出于反战本身，而是考虑到战备状态的诸多问题及引发内乱的危险。

在下一章，我们将主要论述：恐怖时期并非在 1789 年就预先注定，
38 国家主导的日益频繁的暴力行动实际上源于大革命本身。同样明确的是，平民精英在革命前夕对暴力所持的态度实际上模棱两可。他们一方面对群众暴动和各阶层的武力决斗表示零容忍，并对战争——至少是欧洲国家间的战争，进行符合时代潮流的谴责，另一方面却心安理得于为威慑罪犯、镇压非法暴乱和挫败危害国家的阴谋所使用的暴力惩戒机制。在自卫或维护国家利益的情况下，战争行为似乎变得无可非议。

第 二 章

自由精神

近代史上很少有比 1789 年法国大革命更具变革性和更富有戏剧性的 39
事件。在春夏之交的短短几周内，中断了 175 年的三级会议单方面宣告自身为国家主权的代表，声称拥有税收制度的最终决定权并宣布将起草宪法。随后，它还签署从根本上改变法国政治和社会结构的“八月法令”，紧接着又通过了足以作为全世界民主改革纲领的《人权宣言》。这一系列的变革若放在两年前根本难以想象，也正是这些变革为社会注入了欢欣和热情——这种近千年一遇的狂热情绪让爱国者们团结在一起，并足以在日后的动荡中始终保持强大的凝聚力。但几乎是从革命爆发之初起，暴力行径就始终如影随形——这种暴力在某种程度上不为革命者所理解和控制。在这一时期，欢欣和热情始终与恐惧和不确定共生共存。

革命前夕

法国大革命的起源始终是历史上最具争议性的议题之一，这一议题不仅困扰了革命一代，而且让此后数代史学家为之着迷。[1] 目前看来很清
楚的一点是：1789 年革命的内在驱动力并非思想斗争或阶级斗争，而是 40
法国君主政体的财政和金融危机——这一危机本质上是法国君主政体参与其中的地缘政治斗争的产物。几乎在整个 18 世纪，欧洲列强都深陷于旷日持久而代价高昂的世界战争中，为争夺欧洲大陆乃至遍布全球的殖

民地领土打得不可开交。在 1778 年至 1783 年的美国独立战争中，法国介入并与西班牙结盟，而荷兰则在全球范围内与英国交恶。

美国独立战争得到了法国民众的普遍支持。本研究提到的几位未来的革命者——韦尼奥、罗默、科尔森和吕奥——在其书信中均表达出对这场战争的浓厚兴趣。科尔森在备忘录中多次提及法国军队在战争中的机遇，并将法军称为“我们”——这是早期民族身份认同感的清晰显现。但这些通信人中没有一个使用与意识形态相关的术语来描述这场战争，甚至没有人提及这是一场“革命”。他们无一不将战争置于欧洲背景之下理解，认为这是法国早前在七年战争中败于英格兰后的一次复仇机会。[2]但这场胜利让法国君主政体元气大伤——仅派遣至大西洋对岸直接参与作战的部队就达到六千余人；而为了与英国海军相抗衡，法国海军在规模不断扩大的同时也在频繁更新换代，巨额的军事支出背后是大量贷款，最终将王朝推向破产的边缘。

原本就很糟糕的预算状况在此后更是雪上加霜。首先，运作了数个世纪的税收稽征系统极其松散低效。税收种类名目繁多，各地税收系统各行其是，原本应当作为整体运行的财政系统被私有化分割，大部分间接税目并未流入国库。此外，阶级和地方特权进一步弱化了这一税收体系，导致国家税收过分依赖于底层民众。而在革命前夕的最后两场战争中，王朝的军费支出又极大地依赖于国际金融巨头所提供的高利贷。法国王朝的这种财税结构现状与当时英国的状况截然相反——英国的财政系统更为公正、透明和高效，而同时期英国海军乃至总体军力能够占据
41 优势地位近一个世纪，应当说健康的财税体系功不可没。[3]第二，法国王朝尽管曾为改革税制做出努力，但无一不在最高法院受挫。在几乎整个 18 世纪里，巴黎最高法院的执法者——这群在巴黎最富影响力的人物——始终坚称其拥有驳回王室法令的权力。长此以往，包括法官在内的上层阶级依旧无须承担更重的财政负担，王室主导的税制改革声浪也

越来越弱。第三，失败的领导使法国政权日渐羸弱。尽管波旁王朝的末代国王路易十六并非缺乏才智——相反，这位国王对待国家政事的态度相当严肃——但他个人在社会中的地位十分尴尬，总体上极度缺乏自信。在统治初期，路易十六极大地依赖于莫尔帕伯爵和韦尔热讷伯爵两届大臣，其中韦尔热讷伯爵在担任外交大臣期间的运筹帷幄在美国独立战争中挫败了英国。但两人在 18 世纪 80 年代相继去世，此后，路易十六的喜好及决策就变得反复无常——既没有始终重用的大臣，也没有始终如一的施政内容。面对严重的财政和金融危机，路易十六在强硬与温和路线之间摇摆不定。在施政手段总体开明自由的时期里，为了压制反对意见，他甚至会支持一系列激进乃至“革命性”的改革措施。在这种情况下，法国民众的脑海里逐渐被植入暴力变革的概念，而专制王朝在这一过程中实际上起着主导作用。

到 1786 年，法国社会陷入了前所未有的危机。时任财政部部长的查尔斯 – 亚历山大 · 德 · 卡洛讷向法王提交了法国历史上第一份总预算，证实了当时法国国家财政的确处于濒临崩溃的状态。卡洛讷随后起草并提交了一份税收改革议案，意在规范税收体制并试图设立更为统一的税收标准。其中最具变革性的一项措施是将全体民众置于一项无差别的税收政策之下——不论是贵族还是平民，民众所应缴纳税款的百分比是相等的，而税款数额的多寡则取决于各人所占有土地的多少。这份议案还提出要取缔国内关税、推行粮食自由贸易及成立地方民选机构以监督和评估税收。然而，在这些改革措施得以推行之前，这份议案必须在最高法院获得通过。为此，卡洛讷在 1787 年初召开了一次特殊的“显贵会议”，希望与会人员——有影响力的贵族、宗教人士和少数平民——对改革方案做出正面评估并推动其在最高法院通过生效。[4] 为了让这些显贵意识到情况的严重性，卡洛讷采取了非常大胆的方式——他事无巨细地公开 42
了国家财政的具体状况，这些内容本应是国家机密。这些显贵对庞大的财政赤字感到震惊，但又不愿意放弃自身的税收特权，尤其是在他们无法确信这些税款会被合理使用的前提下。最终，这些显贵拒绝了国王的诸多提议，卡洛讷也因此被解雇。在此后一年里，卡洛讷的继任者继续为缓解危机而斡旋。改革的推动者起初仍寄希望于在最高法院通过法案，而在尝试失败后，1788 年 5 月，法王同意废除多个地方最高法院，取而代之的是松散的法院系统，以保证改革的前路畅通无阻。然而，这一反对者口中的“政变”在数周之后就难以为继，因债权人停止提供短期贷款，从而导致国库完全空虚。[5]最终，近乎绝望的法王路易十六任命了新的财政部部长，并清楚地认识到：只有获得三级会议的支持，改革才有可能继续推行。三级会议这一代表制实体是法国当时与英国议会最为相像的机构。在此前数个世纪，法国君主警惕于海峡对岸议会势力的渗透，因而竭尽所能削弱三级会议的职能并避免其召开。但现在，1789 年春天，中断了 175 年的三级会议即将重新召开。

最初，危机仅仅引发了社会最上层民众的重视，政府高层与法国贵族、教士和地方法官频频就此议题开展谈判即是典例。但随着政治矛盾激化、经济和金融形势日益严峻，国王的激进改革方案逐渐为大众所知，越来越多的民众意识到这一议题事关切身利益并参与其中。[6]但由于皇家行政的不透明性，大多数法国民众并不清楚召开“显贵会议”的原因。阿德里安·科尔森尽管意识到此事非同小可，但对于其召开的目的、时间和与会人员构成情况均一无所知。他几乎在给友人的每一封信件中都提及关于“显贵会议”的各种小道消息——这些消息或出自报纸，或是坊间传闻——但许多都是谣言。尽管如此，这些证据足以表明政府的经济形势十分糟糕，同时国王也面临着来自贵族的强大压力。到春天时，巴黎的科尔森和尼古拉·吕奥、普瓦图的菲利克斯·法尔孔及其通信人
43 在来往书信中用了越来越多的篇幅以叙述和讨论国王和贵族之间的矛盾。此后，从他们在书信中的口吻可以看出，他们不再将自己看作局外人，

而是站在公民的角度就此议题各抒己见。一些人支持国王，另一些人则支持高等法院，尽管他们的立场和意见很可能随着瞬息万变的情势而变化。参与其中的社会阶层日益扩大，支持高等法院的游行示威频繁发生，领导者主要是年轻的书记员，他们害怕因地方最高法院被废除而丢掉工作。[7]

法国民众的政治意识觉醒发生在1787年至1789年间的“革命前夕”，并在各省议会召开后进一步激化。三个等级中的民众——教士、贵族和第三等级的平民——在地方选举中选出各自的代表，这些代表与担任地方行政长官的王室官员合作以管理地方和征收税款。每个议员无论产业多少，均无差别地各有一票表决权，而之前的三级会议是按产业份额分配投票权的。对于长期以神的名义、依靠专制官僚体系施加统治的君主来说，此举无疑是惊人的变革。而它也为将在后来的三级会议中出任议员的许多代表提供了践习代议制政治的机会。[8]

1788年7月，三级会议被重新召开。新任财政部部长、瑞士银行家雅克·内克尔向法国民众抛出了一个问题：何为三级会议的合理组织结构？他写给全国各市政部门的信函极大地激发了数百个城镇议会和临时性公民组织的活力。它们讨论的议题不仅包括三级会议该如何组成和运作，还包括如何解决国家当前面临的诸多问题。更具体的问题随之出现，例如：议员名额在不同“等级”之间应如何分配？议员应以何种方式投票表决——是与地方议会一致，实行一人一票表决，还是与1614年召开的最近一次三级会议一致，实行按产业份额分配投票权？三级会议中的投票制度至关重要，属于特权阶层的第一、二等级（教士和贵族）毫无疑问将更希望投票权与产业份额挂钩，因为这能让他们处于主导地位。

在一些地区，自称“爱国者”的民众跳脱出内克尔的引导，开始在 44
地方组建自己的议事组织。在法国东南部的多菲内，市民和贵族相互妥协并共同致力于推行全国范围内的变革。而在法国另一端的布列塔尼，贵族和市民势同水火，第三等级民众坚决不做任何让步。在同一时期的巴黎，一群较为自由化的有影响力的贵族和少数市民聚集到一起——史学家称之为“三十人委员会”——提议推行一系列自由化改革并尝试对即将到来的选举施加一定影响。[9]

铺天盖地的政治宣传单将民众的政治热情推向高潮。反常的政治事件层出不穷，国王显然试图通过放宽审查来鼓励民意表达。这样一来，受过教育的市民的关注重心不再局限于国家经济状况，还包括引发国家动荡的其他问题。他们从近一个世纪来的纷繁意见中整理出与现状相适应的解决措施，提出自己的改革方案并对他人的方案提出建议。他们的身上有着“敢于求知”的改革精神，这种精神曾在数年前鼓舞了为消除贫困和改善农业及街道照明而奔走者。

诸如法尔孔、高缇耶·德·比奥扎、罗伯斯庇尔、热罗姆·佩蒂翁和安托万·巴纳夫等未来的革命者们都曾在政治宣传单上发表过政见，但他们的言论并不激进——至少比之后的革命话语缓和许多。[10]他们当中几乎所有人都呼吁扩大第三等级市民的权利，同时主张在选拔政府及教会职员时选贤举能而不以血统论高下。许多人大力抨击贵族阶层，但其中不乏王权的狂热拥护者。至于如科尔森和吕奥一样从未为政治宣传单执笔的人，他们对社会议题的辩论兴趣也同样与日俱增。科尔森经常在位于巴黎市中心的王宫前驻足，并在报刊亭购买每天最新出版的印刷品。[11]

45 1788年末至1789年，改革的反对势力开始成型。1788年9月的巴黎市议会和12月的第二次“显贵会议”支持三级会议中主张维持原有等级秩序和贵族主导局面的群体。曾经支持自由化改革的一些贵族，害怕第三等级一些代表的激进措施，转而支持保守派阵营。1788年末，其中一位名为杜瓦尔·德佩梅尼尔的贵族在巴黎组建了一个反革命“俱乐部”，时常出席的成员为百余名贵族，他们积极地在即将到来的三级会议选举中推举保守派候选人。毫无疑问，这个“百人委员会”在法国贵族阶层的影响力远大于此前的“三十人委员会”。到1789年初，“爱国者”阵营和“贵族”阵营两厢对立的局面初步形成。[12]

国民议会的成立

1789年3月，召开三级会议的事宜终于提上日程。国王和议会同意将第三等级的代表人数增加至原有的两倍，即与教士和贵族代表的人数之和大致相当。[13]尽管实施过程繁复且各地情况不一，这仍是当时欧洲历史上最具代表性，也最民主的选举之一。在第三等级中，任何依法纳税的平民——无论缴纳税款多少——均有参选资格。不同级别的行政区划各有选举，因而全国三级会议的候选人此前必定已经在三轮甚至四轮选举中获胜，这种经历让候选人变得经验丰富。在绝大多数情况下，当选者多为接受过良好教育且口才了得的城市职业阶层和商业阶层人士。而贵族代表的选举情况则有所不同——选举仅在单一级别进行，当选者多为同时期最有名望的贵族人士；同时贵族中的保守派成功地用“恐吓战术”极大地削减了自由派代表的人数。至于教士代表方面，大多数参选教士明显划分为贵族主教和平民牧师两个群体，但
此处选举法较为民主，因而有2/3的三级会议教士代表为普通的平民 46
牧师。

除选举代表之外，另外值得注意的一点是：按照规定，各级别会议中的各等级均需递交“陈情书”。这一要求并非当时创举，而是沿袭自数世纪前的三级会议。但在当时大规模动员和宣传之下，此举促使公民反思其所处现状，并就国家金融状况等与民众生活息息相关的社会经济议题进行公开辩论。一些会议广发宣传册，鼓励民众跳脱出当地民生并思考

更宏观、更“自由化”的议题。在这样的风气下，整个社会——尤其是第三等级的民众——期望高涨，并真切地认为他们的一些希望——或长久以来的，或新近“觉醒”的——终将实现。

三级会议正式召开于 5 月 5 日，来自教士阶层、贵族阶层和第三等级的多达数千名代表在位于巴黎市区以西约 15 公里的王室大本营——凡尔赛的大道上列队前进。并非所有代表都出席了游行——巴黎的部分选举结果仍未公布，偏远省份及海外殖民地的部分代表仍在赶往巴黎的途中。大部分代表均身着代表其等级的服饰，这在 18 世纪的法国文化语言中象征着国家统一，以及民众对建立各阶层广泛参与的社会秩序的期望。所有描述当天景象的文字无不充满诗意，梅纳尔·德·拉·瓜耶这样写道：“空前绝后的盛大游行淋漓尽致地展现了法兰西的形象，全世界都将惊叹于它的美丽。”[14]

在当时，几乎没有人能预想到数周后将会有怎样的混乱接踵而至。[15]实际上，历史学家也时常对当时的第三等级代表在如此短的时间里变得激进和极端而感困惑。一方面，代表们的观念因其在过去两年省级议会的议政经历及在宣传刊物中的攻辩而发生了巨大变化。也正因此，平民
47 代表学会了采取策略，坚持在各等级代表就同场议事和一人一票投票制达成共识后，才履行议政职责并组织会议。另一方面，国王的作为——更确切地说是不作为——促使这些代表变得激进。国王路易十六从未对代表们将遵循何种投票制度进行过规范，这大概是其智囊团内部意见无法统一的缘故。另外，三级会议的职权范围十分模糊。尽管从理论上说，三级会议仅仅是一个为政府推行税制改革建言献策的顾问机构，但有了两年议政经历后，第三等级的诸多代表则想当然地认为自己被赋予了远大于仅就国家财政问题进行讨论的权利。如果国王能在早期介入并明确代表的权利和义务，也许到后来大部分代表就能够接受一定程度上的谈判妥协。然而，国王长期以来无意以任何形式介入三级会议，平民代表

由此默认这位贤良的君主希望他们自行讨论各项议题并得出解决方案，这种极大的自主性助长了第三等级代表日趋激进的气焰。

这种激进趋势尤其表现为第三等级代表的自我意识觉醒。他们对贵族等级的代表越来越不满，不仅因为贵族代表拒绝任何形式的妥协退让，还因为双方打交道时其傲慢而轻蔑的态度——这极大地消磨了他们对贵族阶层的耐心，从而促使其奋起反抗贵族特权。另外，第三等级代表的态度和主张深受他们所代表的广大民众的影响。巴黎及凡尔赛市民在日益频繁的议会选举、以阅读宣传册的方式进行的公开议政和遍布全城的非正式政治辩论等参政经历中变得极度政治化。民众中不论男女均狂热地崇拜着平民代表——当他们在街上时会被拥抱，当他们坐在咖啡厅内时会收到花，当他们聚集在议事厅时会收获民众的欢呼和鼓励。在未掌握军队调用权的情况下，从前仅仅依靠单薄的政治主张而存在的第三等级欣然接受了民众的支持：他们所有的会议均向公众开放，这与贵族和教士阶层的秘密会谈形成极大反差。一名代表这样说道："真正纯粹的选举应当从民众的参与和公共意见中汲取动力。"[16] 这是革命精英第一次依赖于大众阶层，而这种复杂的依赖关系将在之后的整个大革命时期长期存在。

对第三等级代表来说，会议开始的头几天堪称激烈的"智识体验"。 48
会议刚开始时极度混乱——代表们在议事厅内漫无目的地闲逛或是站在椅子上发表即兴演说，随后逐渐变得井然有序。尽管这些代表一开始不同意任何形式的组织，但他们很快发现指派一名主事人以使会议模仿议会议事的程序进行十分必要。至 5 月和 6 月相交之际，第三等级代表开始就三级会议的主旨及他们力图达到何种目标进行激烈辩论。一些代表显露出过人的演讲才能，他们在交锋的同时互相学习；而那些不善于表达的成员则全神贯注地充当听众。在代表们与亲友的往来书信中，许多人提及他们感受到的"论辩的力量"，以及在耳濡目染中他们自身变得日益激进的趋势。参与这些会议对他们而言像是一次次教学体验，这些会议是名副其实的“革命学校”。[17]

5 月 20 日，布列塔尼代表领导的一小撮激进的第三等级代表提议召集另外两个等级的代表举行共同会议，尽管另外两个等级拒不出席，但会议仍将照常进行。该提议发表之初即遭大规模反对，反对代表坚持与教士和贵族代表进行持续谈判以达成共识。但到 6 月初，在近一个月无实质动作之后，第三等级同时面临着日益增大的公众压力和贵族阶层拒不配合的强硬姿态，一大部分第三等级代表随之转向了布列塔尼人的提议——当中，西耶斯神父的演说起了一定的推动作用。6 月 10 日，一份包含三个等级所有代表姓名的正式名单在第三等级的议事厅被当众宣读，意在召集所有代表以举行共同会议。然而，仅有三名教士响应号召并加入第三等级代表的队伍。6 月 17 日，在冗长的辩论后，第三等级代表出人意料地单方面宣布其自行组成拥有最高权力的“国民议会”，并声明现行税制违法，将在新的财政系统建立之后予以废除。这两项声明放在数周之前甚至是不可想象的，但在当下却获得了几乎全体一致的认可。代表们以上帝、国王和民族之名对这一决定起誓，称将忠实地履行其作为国家代表的职责。6 月 19 日，一大部分教士在平民牧师的领导下投票脱离了其所在等级的会议，加入新成立的“国民议会”。

49 保守派贵族持续向国王施压，要求国王采取强硬措施迫使第三等级配合。经历了 6 月 17 日第三等级出人意料的声明和 6 月 19 日部分教士的倒戈后，路易十六终于被保守派说服采取行动。路易十六计划亲自出马，发表对三个等级的演讲，并以布置演讲场地为由关闭了国民议会的召开场所。6 月 20 日，因议会被封锁而倍感愤怒的第三等级代表在民众的声援下转移到了一个室内网球场。在那里，他们进行了网球场宣誓，称无论被驱赶至何处，国民议会都将存续至法国宪法起草为止，以彻底履行其对国民的义务。

6 月 23 日，“御前会议”召开，路易十六与保守派贵族采取同一立场，否认“国民议会”的合法性、规定必须以投票方式通过绝大多数议题、禁止任何阶层在未取得贵族阶层同意时触及其既得利益，并表明若第三等级违抗这一命令将不惜解散会议。会议结束后，平民代表坚守此前誓言因而坚持不肯离场。身处旁听席的吉尔贝·罗默这样描述当时的情景：“令人钦佩的勇气下，每个人的脸上表现出极力克制的沮丧和悲痛。”[18] 在随后一系列振奋人心的演讲中，诸如米拉波、巴纳夫、西耶斯、加缪等口才出众的代表宣称，即使是国王也没有权力解散“国民议会”，代表们将一如既往地坚守其立下的誓言。随后，他们以投票方式赋予其自身豁免权，即任何试图逮捕第三等级代表的行为都将以死罪论处。革命至此进入了空前的白热化状态。

绝大部分第三等级代表在私人信件中对急转直下的局势表示焦虑，
而路易十六的强硬态度加剧了他们的不确定感。这些代表尽管因米拉波
等代表的演说而备受鼓舞，但出了会场后再次被不确定感和恐惧感笼罩。
他们情愿相信路易十六是被误导了，或是没有得到正确的建议，因此，
总有一天他会明白“民心所向”。与此同时，他们又不确定是否接受国王
的“妥协”会更好。尽管如此，新成立的国民议会仍然获得了来自社会
各方的鼎力支持：在巴黎和凡尔赛，但凡代表们踏足之处，不管他们是以
工作身份还是私人身份，都会受到当地民众的热烈欢迎。与此同时，在 6 50
月 19 日倒戈的教士在国民议会大厅遭到官方封禁后成为第三等级的坚强
后盾，凡尔赛的教堂也成了代表们的临时庇护所。随后，在 6 月 25 日，
47 名自由派贵族在深刻的自我反省后加入国民议会的阵营中，他们当中
不乏家世显赫的贵族成员。每一位新加入的贵族成员在踏进议会大厅时 51
都被隆重地单独介绍，现场雷霆般的掌声经久不息。

然而，直到 6 月 27 日下午，三个等级的全部代表才最终被召集到一

起。再一次改变了立场的国王命令异见人士、贵族和神职人员一起列席联合议会。路易坚持称其为“三级会议”——意在凸显三个等级代表之间的差别。一些贵族和神职人员因与平民平起平坐而怒火中烧。一部分人甚至愤而离开凡尔赛，要求先回到地方获得其所在“选区”选民的批准，否则将拒绝列席议会。但是，对于大多数代表和大多数国民来说，这似乎是一个伟大的胜利。新国民议会主席让－西尔万・巴伊宣布休会两天，巴黎和周边地方的民众热烈庆祝。对于许多观察者来说，革命似乎已经结束了——事实上，当时一些记者和代表首次开始使用“革命”这个词来描述当前发生的事件。当代表们重新回去开会时，他们将选出一个委员会来制定宪法。在他们的预想中，一部可靠的宪法将应运而生。

然而，革命远未结束。爱国者们非常愿意说服自己：国王已经扭转了立场，因为他终于明白了国民的正义要求。但实际上，有证据显示此时的路易仍然深受保守派顾问的影响，而6月27日的决定只是缓兵之计——让他能够有充足的时间去谋划一场军事政变。在接下来的一周之内，每个人都意识到大量的雇佣军——其中大部分人说着德语——已经悄悄地集结在巴黎和凡尔赛周边。紧接着在7月11日，一个令人恐惧的消息扩散开来：雅克・内克尔和其他御前会议的自由派成员全部被清除出了权力中心，取而代之的是保守派成员。无论国王和他的顾问们意欲何为——当代历史学家们对路易在此事上的动机争论不休——有一点可以确定：革命从此刻开始将不可避免地转向暴力。[19]

攻占巴士底狱

事实上，在前一年的大部分时间里，整个国家已经处在动乱的边缘。这一系列的麻烦最早可以追溯到恶劣的气象事件，非常巧合的是，如命

中注定般，恶劣的气候一直持续到革命爆发之前，仿佛是革命的前奏。 52
1788 年 7 月 13 日，正当国王召集代表们参加三级会议时，一系列可怕的风暴横扫了法国北部。正如人们所描述的那样，一场名副其实的“飓风”——裹挟着冰雹的狂风，将大部分还未收割的麦田夷为平地。成熟的小麦七零八落，在田间腐烂。在一些地区，谷物的收成与往年相比减少了至少三成，这对一个以面包为主食的国家而言无疑近乎灭顶之灾。科尔森很快意识到此次气象灾害的严重程度，以及它对国家政局稳定程度的潜在影响：“我们担心可能会发生骚乱。”他在 8 月初写道，“面包价格即将上涨”。与此同时流言四起，称有大量军队驻扎在巴黎地区以防止即将出现的动荡。到了秋天，巴黎和法国大部分地区的面包价格已经大幅上涨。[20]

1788 年至 1789 年这个悲惨的冬天使情况变得更加糟糕——这可能是 18 世纪最寒冷的一个冬天，阿尔萨斯的一个女人称这个冬天的寒冷程度“史无前例”。[21] 从 11 月下旬到 1 月的第二个星期，整个国家被极端寒冷的气候所笼罩。到 12 月底，香槟区的平地上有三英尺厚的积雪；卢瓦尔河上结了三到四英尺厚的冰；法国的塞纳河、索恩河和罗讷河全都冻结了。果树因无法承受极端寒冷而劈裂；葡萄园遭到严重破坏，甚至已无再生产能力；葡萄酒瓶在酒窖中冻结和爆裂。塞纳河上的冰块不仅使所有粮食运输受阻长达 40 天以上，而且还使所有研磨器无法运转，已收获的谷物无法转化为可利用的粮食。当吉尔贝・罗默在 12 月前往巴黎时，他想起了刚刚离开的俄罗斯北部的冬天。更糟糕的是，许多城市的饮用水管也冻结了，饮水和做饭成为难题。到 1 月下旬终于开始解冻时，大块的浮冰又摧毁了钢厂、桥梁和河边的工厂，同时又造成了大面积的洪灾。部分地区的冬小麦据称已经“完全被摧毁”。人们担心春季作物会比平时晚发芽，由此推迟收获期并进一步抬高了面包价格。[22]

业余学者们在历史档案中搜寻到了关于这个冬天更糟糕的记录。数以千计的人死于寒冷或诱发的饥荒——这是“人类所见过的最可怕的饥荒”，正如特鲁瓦的经典作品所描述的这样。因寒冷而引发的疾病笼罩了整个巴黎，科尔森写道：“我们听到了咳嗽的悲伤交响乐，到处都是。”[23]
53 和所有饥荒到来时出现的情景一样：传言有富商和面包店囤积粮食，以发灾难财。到了隆冬，随着面包价格的不断上涨，几乎所有乡镇都因粮食而爆发起义。在贝里，莱麦格尔（Lemaigre）报道称：面包价格的上涨使暴力的恐惧蔓延全境。在鲁昂，民众闯入面包店并向面包师们“宣战”。在恐惧和谣言的一再催化下，数以百计的大大小小的粮食骚乱在全国各地爆发。有时，骚乱者会将矛头对准社会中的特定群体——贵族或神职人员。但在大多数情况下，起义还是集中在粮食问题，以及连带着出现的商人和面包师的无良行径上。正如一位历史学家所说，这场冬春之交的暴动是 18 世纪乃至法国历史上最大规模的生存暴力浪潮。[24]

到处都有人担心大批穷困潦倒的流民将因为食物短缺而袭击他们的村庄。据称，强盗团伙四起，通过盗窃和敲诈勒索村民。尽管这些故事真假难辨，但确实有衣衫褴褛的陌生人宣称他们如果没有在食物或钱财上得如所愿，那么农民的粮仓必将遭殃。1788 年 12 月，身处法国中部的莱麦格尔写道：“我们在这里遭遇了强盗，被洗劫一空。”到次年 4 月和 5 月，全国一些地方出现了小规模的恐慌，因为传言有一些“匪徒”极为活跃，大行烧杀掳掠之事。面对这样的动乱，王室政府建立了一个不允许上诉的特殊法院制度，旨在简化起诉这些闹事者的程序。此后，这一特殊制度的某些方面也被沿用至 1792 年至 1794 年间的革命法庭。[25]

次年 4 月至 6 月，矛盾相对缓和，[26] 这是因为三级会议代表的选举吸引了民众的视线。与此同时，地方陆续起草声明，向上传达当地民众的不满情绪。这一举措使最默默无闻的公民也得以参与政治，民众们对凡尔赛将给予什么样的回应寄予厚望。但是，随着三级会议议程因为各种原因无限拖延，同时粮食价格也在此时达到了本世纪最高水平，民众们的期待和恐惧与日俱增，两种情绪的混合使每个人的神经都始终处于紧绷状态。这种状态到 7 月和 8 月将呈白热化，并将爆发席卷全境的暴乱和恐慌。这一次暴力浪潮的严重程度将远甚于春天的暴乱，甚至可以 54
说：这种量级的暴乱自 17 世纪以来还是头一次在法国发生。

对于聚集在凡尔赛的国家政治精英来说，他们所能感受到的最直接威胁来自巴黎当地出现的暴乱。这个城市在革命前的数年里一直比较平静，自 1775 年以来，从未发生过大规模的集体起义。然而没有任何人比巴黎人更习惯于政治事件的发生——典型的例子包括发生在詹森主义者和反詹森主义者之间长达多年的宗教动荡，以及巴黎公民与君主制之间几十年来公开的斗争。后者使巴黎市民愈加质疑权威，在某些情况下甚至敢于将矛头指向国王。此外，所有历史观察者都同意巴黎人具有暴力倾向，这一特点在工匠和工人阶级的男性中表现得尤为明显。[27]

在 1788 年 7 月"飓风"发生后的数周内，尽管巴黎内外都驻扎了军队，且直到次年春天这些军队才撤走，但正如科尔森所担心的那样，巴黎部分地区仍发生了小规模的粮食骚乱。1789 年 4 月末，一起规模较大的暴乱在巴黎爆发，当时正值三级会议代表的选举阶段——这比法国地方的选举晚了整整一个月。两名选民私底下嘲笑普通百姓食不果腹的不端话语被流传开来，进而被夸大乃至曲解。这让位于巴黎东部圣 – 安托万的数百名男女愤而上街抗议。圣 – 安托万地区本就不太平，此事一出，抗议者甚至袭击了选举人雷维永的府邸，导致数名士兵和上百名抗议者死亡，他们或在暴乱发生时丧命，或在随后的严厉镇压下身亡。[28]

另一方面，在 5 月和 6 月，巴黎公民同时密切关注着凡尔赛的辩论和选举，并经历了与代表们并无二致的情绪波动。在 7 月的头几周，越来越多的雇佣军集结在巴黎周边，他们即将袭击国民议会和城市的谣言在巴黎疯传；与此同时，面包价格持续上涨，普通民众的生存焦虑几乎变得无法忍受。科尔森在几乎所有的信中都详细转述了可怕的谣言，说面包很快将全数售罄、内战可能会在任何一天开始。[29]

7月12日上午，内克尔遭解雇、保守派将取而代之主导权力中心的
55 消息传遍巴黎，引发了广泛的社会动荡。巴黎人既忧心新国民议会的未来，又害怕武装部队的入侵。为了抵御任何可能的武装突袭，男人们在夜间堵住了街道，妇女们挖出了铺路石，把它们运到屋顶上，这样他们就可以在敌人出现的时候用其反击。另一些更为大胆的民众——主要是激进的精英领导——主动袭击了派驻在巴黎的巡视部队。他们还在各个海关关口制造骚乱，袭击任何有囤积谷物嫌疑的个人和修道院。此外，正如罗默所述，几次派遣来阻止起义的王室部队转而倒戈，站在了他们原本被命令镇压的民众一边，“他们对指挥官的命令充耳不闻”。最终，经过一天的暴动，“资产阶级”领导人，这些在后续还将出现在巴黎议会选举中的代表，采取措施制止了混乱进一步扩大。他们进而控制了巴黎政府，架空了他们不信任的旧政权的官员，实现了一场名副其实的巴黎市政革命。与此同时，这些领导人着手整顿并大力扩张巴黎的“资产阶级”民兵，并利用这股全新的武装力量来维持街头秩序。[30]

7月14日下午，一小撮民众对巴士底狱——这座位于城市东部边缘、由八座巨型石塔组成的中世纪城堡——发起进攻。最初，民众们以和平呼吁的方式表达其对取得城堡里的武器和弹药进行自卫的诉求，但紧张的城堡驻军向城下的民众开了火。很快，双方就进入了全面的交火状态，一方是数百名手持武器的工匠、店主，另一方是人数占劣势的官兵。关键时刻，民众得到了一批刚到场的专业士兵的协助，其中一些人在吊桥前放置了一门大炮。眼见无力抵抗，城堡指挥官随即决定投降。[31]

然而，巴士底狱的攻陷并没有终结暴力——接近一百名巴黎人在城堡脚下被杀，复仇的声浪越来越高。[32]时任城堡驻军首领和数名守卫在民众攻占巴士底狱的过程中被杀害。这几名象征着官方威权的头目被害

后，他们的头颅被暴乱者用长矛挑起——这是一种原本为防御骑兵而设 56
计的尖锐武器——高举着游街示众。其他可疑的敌人以及可疑的抢劫者也受到类似的对待。家住附近的科尔森深信这是戍守士兵们背叛巴士底狱的阴谋，因而很乐意为这次杀戮辩护。对这一事件，罗默这样描述："任何有嫌疑的个人将立即被带到市政厅，如果他被判有罪，即被立即处决。武装劫掠者为他们的所作所为付出了在头上承受一颗子弹的代价。"[33] 此外，巴黎平民和贵族之间的信任也开始瓦解，贵族们被普遍怀疑曾参与策划对国民议会和巴黎市进行袭击，因而被禁止离开这个城市，许多人只能恐慌地待在他们的府邸。民众复仇的渴望，连同与日俱增的恐惧与愤怒，将在未来几年的大小事件中起着至关重要的作用。

在民众攻占巴士底狱后，议会代表们——此时正齐聚在离巴黎市中 57
心约二十公里的凡尔赛——被焦虑的情绪淹没：他们既不确定暴乱群众的目标，也不确定新上任的市政领导能够容忍多大程度的暴力。然而，一切似乎都在 7 月 15 日上午发生了变化：在两名兄弟和一小队卫兵的陪同下，国王突然出现在议会大厅。和代表们一样，路易对在巴黎发生的事件同样感到焦虑和不安，王室军队内部越来越频繁的哗变也让他焦头烂额。路易当即宣布接受"国民议会"的存在，并发誓将为拯救整个国家和全体国民而殚精竭虑。两天后，国王动身前往巴黎，迎接他的是民众们如雷霆般的掌声和欢呼。在议会方面，内克尔被重新召回到部长职位，那些在 6 月 27 日以后抵制议会的贵族代表也表示愿意合作。事态发展至此，想必绝大多数爱国精英都会宽恕 7 月 14 日的暴力事件，这是一种令人遗憾的必然。民众在当中的暴力倾向则会被以另一种方式诠释："巴黎人完全是出于拯救国民议会的初衷才揭竿而起。"

然而即使在国王与革命者们结成统一战线之后，暴力依然存在，这对爱国精英来说甚至不可理解。一个典型的事件发生在 7 月 22 日，财政大臣福隆和他的女婿、巴黎的行政长官德·索维尼，因据称在饥荒时期参与囤积粮食被公开处以极刑。在市政厅旁边的广场上目睹了这一事件的代表们称被“残暴的野蛮行为”“难以想象的残忍暴行”吓了一跳——二人都被斩首，福隆的心甚至被掏了出来，带进议会的会议厅。[34]普鲁多姆，一位曾极力歌颂七月事件的激进记者，目睹了这起公开处刑后立场似乎有了动摇，对于愈演愈烈的暴力事件他似乎难以像过去一样理直气壮。他描述道：“在革命的骚动之后，国民性格已经消失，正常善良的人变得凶狠野蛮。”他呼吁同胞：“法国人……你们的仇恨是非常可怕的……这样的极刑是对人性的挑战，让人不寒而栗。”[35]

然而，不管爱国者如何竭力平息巴黎的暴力，混乱和无政府状态已经在整个法国蔓延开来。[36]各省的人们最初只获知了关于攻占巴士底狱的混乱和零碎的消息——他们只了解到这是一起有威胁的恐怖事件。此外，关于国王和王后可能遇害、四散的流寇将从巴黎扑向地方的谣言也
58 不胫而走。包括罗默在内的众多巴黎人也有意无意地参与了传谣。罗默在给法国中部友人的信件中说道：武装流寇已经被巴黎国民警卫驱逐、四散到地方，并将给其他地区带来暴力和恐怖。[37]在巴黎和法国北部的其他几个城镇还出现了这样的传闻：一大群“强盗”——他们实际上从未存在过——受雇于贵族，将到地方村庄摧毁已成熟的粮食作物，这些都是贵族意在挫败革命和惩罚民众的阴谋。实际上，民众惶惶不可终日并非因为贵族阴谋，而是因为可预见的权力动荡乃至崩溃以及流寇来袭。这将是历史上最大规模的社会恐慌之一，同时代的民众和历史学家们称之为“大恐慌”。

流寇来袭的传言已经蔓延了数月，甚至早在1789年的春天，地方民众就已非常恐慌。而到了7月下旬和8月，恐慌情绪从一个村到另一个村、从一个城镇到另一个城镇，绵延数百公里，最终影响了近3/4的王国。从北方传来的一波恐慌甚至直击巴黎中心，谣言称一伙匪徒自北而下，扫

荡过圣德尼北部郊区并将向香榭丽舍大街进发。许多时候，这种恐慌迫使民众离开故地，逃亡到附近的树林、洞穴或最近的城镇避难。还有许多孕妇因为长期承受着谣言带来的恐慌而不幸流产。但是在其他情况下，民众面对他们预想中的袭击和动乱并非毫无作为，而是尽其所能地组织防守、想方设法地武装自己。他们用路障筑起防线，甚至列队巡逻并通过对抗假想敌来自我训练。特别是在城镇里，公民们试图建立当地的民兵团体以保护自己，甚至试图取代或重组在他们看来不作为或不爱国的市政府。因此，一波“市政革命”悄然发生，有时甚至直接模仿巴黎的事件，其暴力程度因地区和民众性格而异。然而必须承认的一点是，在大多数情况下，所有集结起来的社会团体的初衷都是试图阻止混乱的蔓延，新上任的市政领袖和民兵代表中既有当地的贵族和神职人员，也有平民。

然而，有一些地区并不像上述地区那样团结。除了多米诺骨牌般传
递的恐慌之外，有七个较小的地区还发生了暴力农民起义，尽管这些起 59
义脱胎于“大恐慌”，但细观其发展路径会发现：这些起义实际上跟“大恐慌”已相去甚远。在下诺曼底、埃诺、阿尔萨斯、弗朗什—孔泰、马孔内、多菲内和维瓦莱的部分地区，数以千计的农村人口因对社会不公的积怨已深从而起义，他们选择进攻的对象通常是贵族。在这些地区，数十座城堡遭到袭击，甚至被烧毁——因为起义者的目的是惩罚这些生活富足的领主，更有甚者希望借此完全摧毁领主制度。在一些情况下，起义者听信了某些谣言，称自己是顺应了国王的命令去打击贵族；与此同时，起义者也可能顺带将矛头指向曾经压迫过他们的群体——当地的神职人员、税收人员、皇家行政人员、市政官员、犹太人、小工厂的所有者，或中产阶级的地主和放债人——都可能成为他们的讨伐目标。[38]

兴奋与焦虑

国民议会的代表，同时也是全国各地的市政领袖，为平息在整个王国蔓延的暴力和无政府状态而苦不堪言。正如各省平民时常被巴黎的事件误导和迷惑一样，身居凡尔赛高位的爱国领袖也很难准确地知晓农村中实际发生了什么。“大恐慌”中，民众的恐惧从一开始就被和农民的叛乱联系在一起，这使许多民众倾向于认为整个国家都烽烟四起。7 月下旬至 8 月初，代表们就如何结束混乱的议题进行过大规模辩论，无论是通过压制还是绥靖政策，抑或两者兼而有之，都让不同立场的代表之间分歧日益扩大，导致爱国群体内部出现第一次主要的派系分化。最后，在 8 月 4 日晚，代表们投票达成一致，同意用调解的手段来实现国家和平。

而早在 8 月初，一些激进人士就已经开始讨论是否有可能减少或取消一些领主的特权和相应的义务。[39] 8 月 3 日晚，由“布列塔尼俱乐部”，一个非正式的由各地自由派议员组成的小团体，和与之会面的布列塔尼代表团共同敲定了有关上述事宜的计划，并决定由一位自由派贵族作代表出席议会，公开提出放弃其本人的领主特权。与此同时，另外三名平
60 民代表将具体阐释领主体系之恶，并进一步呼吁废止领主特权。在 8 月 4 日晚间议会的例会上，一切按此计划顺利进行。但出人意料的是，听了三名代表的呼吁后，整个议会——就像米拉波所说的那样——仿佛被“电动旋风”席卷：许多代表纷纷冲上前来提出对各种旧制度的不满。除所有的领主特权外，领主法庭、领主狩猎权、盐税和其他消费税、奢靡的办公场所、王室行政管理系统以及什一税等多方面的特权都被一一批判，并定为应当废除的糟粕。同样重要的是，名目繁多的省级和市级特权也同时被废除，议员们认为今后一定会实现的愿景是：每一个法国公民享有

同样的平等权利。这一场会议犹如旧制度的祭礼，所有参会人员——不管是激进分子还是保守派贵族、神职人员抑或平民，史无前例地感受到了团结。他们首先被恐惧驱使而来到了会场，进而被每一个个体的慷慨感动，同时深深地浸润在民族友好的感情当中。[40] 到了凌晨两点，在这场盛会到达尾声时，16 篇放弃和废止特权的文章在欢呼和掌声中被草拟出来。

事实上，许多最具戏剧性的“压制”将会在此后长达一年多的过渡时期才逐渐显现。尽管代表们宣布“废除了封建主义”，但仍有一部分领主权利被视为“领主财产”，农民被要求以巨额代价换取自由。然而，当下的热情和灵感不可低估。记者普鲁多姆这样描述当时巴黎的情景：当八月法令第一次传播开来时，民众在各大街道和桥梁上聚集在一起，向路人大声呼喊庆祝；“欢乐的喜悦迅速蔓延到每一颗心。我们祝贺对方，我们满怀热情地将这些议员们奉为‘国父’；新的一天似乎正在到来……到处都有兄弟情谊，亲爱的兄弟情谊。”当高缇耶·德·比奥扎试图回家写作时，他发现自己对这一变化的威严和美丽“不知所措”。他说，此刻他无比希望自己是一名诗人。[41]

两周之后，国民议会就在新政权的框架内开始讨论权利的一般性问
题。然而，这时的讨论远比 8 月 4 日的辩论更为艰巨且富有争议性，议
程也因此拖延了近一周。虽然大多数代表都同意许多基本的“人权”，但 61
是一些贵族和神职人员坚持在此基础上必须加上“义务宣言”。议员们试
图据理力争，但以失败告终。代表们还对某几项条款的确切措辞进行了
长篇辩论。最有争议的是有关宗教宽容的议题：天主教是否应该被视为正
式的国教，是否应该平等对待新教徒和犹太人。最后敲定的措辞仍然模
棱两可：“没有人会因为他们的不同意见，甚至是不同的宗教信仰而感到
烦恼。”可以说，这个决定既不自由，也不保守。另外有几项条款也被认
为是暂时性的，将在之后大会稍空闲的时候重新审议修订。尽管如此，《人

权宣言》迅速成为革命的第二个纲领性文件，深受所有爱国民众的推崇。

在现存的关于1789年法国社会的革命和反革命、个性与共性以及因与果的学术研究作品中，学者很多时候忽略了亲历者的情感体验。无论是直接参与大会的代表，还是听从指引的平民——这些同时代的人们内心无一例外都充满了欢乐和惊喜。1789年夏天的信件满是万花筒般的印象，讲述者虽无法系统地阐述新近发生的变化，但他们将碎片化的图像、回忆乃至情绪毫无保留地倾注在了信件中。坎马博士写道："后代将很难相信今年发生的事情。"他们深信自己在如此短暂的时间内取得了飞跃成就，许多目击者用"沧海桑田只在须臾"作为隐喻。正如一位观察者所说，独独一个7月却取得了"整整一个世纪的进展"。多米尼克·加拉颇为不知所措。他说："两年前，我们刚开始听到那些非凡和感人的话——'个人自由''民族自由''宪法'；而在这两年里，我们当中又出现了很多革命性的新见解，人们可能会说整个时代已经过去了。"[42]

8月4日晚的例会和《人权宣言》的颁布是所有变化中最出人意料的，几乎没有人想到它们可以成真。尽管这些法令中的观点早在上个世
62 纪就有一些学者提出，但在那个夏天到来之前，革命派成员几乎无人敢想象这种总体性的变化居然有实现的可能性。国民议会的声明远远超出了绝大多数法国人民的要求——即五个月前他们在无数陈情书中表达的不满情绪和诉求。布里索称这是一个"完全出人意料的事件"，普鲁多姆称这是"从天而降的馈赠"。对于吕奥来说，"人们仿佛突然惊醒，发现樵夫在几个小时内就把整个森林都砍走了"。几年后，加拉回忆起此事时说："只有在1789年的夏天，我才开始希望并相信……那些到目前为止似乎只是梦想的想法，真的可以在地球上实现。"[43]

许多人相信，他们目睹的变化只能由神的干预来实现。正如议员泰奥多尔·韦尼耶在8月份写的："所有这些发生的事情显然都是天意。"[44]当新法令传到各省时，地方领导人下令举行特殊的教会仪式，在教堂唱

《感恩赞》——这是感恩节的传统仪式。在其他地方，民众聚在一起，庄严宣誓坚持国民议会的所有法令。这一宣誓浪潮不仅让民众更为团结，而且是主权下放至整个社会的有力象征。[45]

许多见证者在书信中反复回顾了从那个夏天的非凡事件中浮现出来的一个新时代和一个新公民团体的形象。“现在一切都将改变。”吕奥在7月下旬写道，“道德、意见、法律、习俗、管理制度……很快，我们都将是新人”。罗默详细阐述了国家新概念的新颖性：虽然其他国家的政府大多都建立在“武力、野心和无知”的基础之上，但法国人“想要建立一个基于理性和正义的政权，这是自由和人的自然权利的唯一保证”；以及革命事件如何完全统治了他们的生活：“它完全吸引了我们的注意力，占用了我们的时间，任何其他活动几乎都变得不可能。”[46]没有什么比这更能说明革命时期情绪力量的急剧变化，它推动着变革进一步加快，比任何人在几个月前想象得都快。对许多人而言，这个夏天的经历以及随后 63
对新的政治价值体系的承诺，其影响之广、力量之大堪比一场宗教改革，其中充斥的情绪与250年前的新教改革一样强烈。

在这个伟大的时刻，许多革命党人呼吁对那些显然难以接受新的价值体系，难以接受作为一名“新人”所应具有的自由和平等精神的同胞公民（特别是贵族和上层神职人员），表示耐心和容忍。雅克·布里索和拉法耶特侯爵敦促对过去所有反对革命的人都保持宽容。在大会上，爱国人士代表支持和解和博爱，许多人希望随着时间的推移，顽固贵族们可以“放弃他们所接受的教育给其带来的偏见”。7月份，他们鼓励贵族和文职代表参与到大会辩论中。正如一位参会者回忆的那样：“第三等级的演讲者暂时交出了讲台，他们说，应该允许贵族说出自己真实的想法。”地方领袖也在当地提倡类似的政策。安托万·克莱尔·伊博多援引了普瓦捷当地爱国者的言论：“贵族公民们，你们的思想暂时走错了路，但你们的心却没有。在革命中你们将一无所失。”[47]

然而，爱国革命者的耐心和忍耐力并不是无限的，谈判和妥协也总是有一定的条件。因为曾经尝过新的自由和平等的制度，他们再也不可能回到专制政府或以出身论高下的等级制社会。如果他们对保守派迅速变得不耐烦，这种不容忍的态度恰来自他们的热切信念：这些价值观是他们所设想的新社会所需要的，爱国者必须做好必要的准备来挽救革命。也正是在这种精神的感召下，法国公民们开始宣誓：“不自由，毋宁死！”。

总体而言，在1789年和整个大革命期间，对变革的热切期望和对未来的畅想总是与恐惧和焦虑相结合：恐惧革命带来的混乱、恐惧遭剥夺了
64 特权的阶层报复。在三级会议开幕前夕，对未来的不安和焦虑已经显而易见。1789年3月，科尔森和他在贝里的朋友分享了其见解，他写道：“法国面临着一个可能非常幸运或者非常不幸的未来。在过去的一个世纪里，还没有出现过这样的危机——年底之前的这一场危机，要么把国家提升到权力和宏伟的顶峰，要么把她拖向极度的灾难和破坏之中。”[48]

随着夏季到来，恐慌和暴力浪潮几乎波及全国各省，焦虑和波动加剧。到了8月，几乎所有人都清楚地看到：绝对君主制已经崩溃，国家面临着一个绝境，除非新的政治和行政机构能够适时地建立起来。以吕奥为例，尽管他对政治变革充满了热情，也衷心希望能够涌现出越来越多的“新人”，但他一次又一次地回到这个主题：“最难完成的是同时同地进行拆毁和重建，在间隔期间，人们必须住在街上或帐篷中。”这正是一切特权，包括王权在内彻底崩溃时整个法国社会呈现出来的面貌。8月下旬，罗莎莉·朱利安向她在法国南部经商的丈夫表达了她的焦虑：“我们被这么多潮流所推动，我们受到各种激情的激励……那就像旋风般的冲击和暴风雨中的碰撞。”[49]旧制度倾倒的危机，以及民众对无政府状态的恐惧，将持续至少数月，并为革命和革命者带来一系列困扰。

十月事件

8 月和 9 月，暴力仅仅有所缓解而非完全消除。尽管动荡的高峰期出现在 7 月，但是“大恐慌”连同农民起义将农村地区的不安情绪带到了秋天，一些流寇团体依然活跃在法国各地。[50]8 月初，科尔森在贝里的同事——他们都是为地方贵族家庭服务的代理人——受到了农民的威胁，因而不得不用拘禁的方式将他保护起来。9 月份，有报道称沙托鲁、维耶尔宗和奥尔良地区发生持续不断的骚乱。甚至在巴黎市内也出现了无休止的动乱，爆发了一系列“面包暴动”和劳工抗议活动。市政府的革命派成员受到威胁，甚至有传言称要用私刑处死新任国民卫队司令拉法耶 65
特。报纸上不断出现大批贵族拥入城市的报道，传言称其中的一部分人意在绑架国王并发动反革命政变。与此同时，粮食短缺问题引发的社会忧虑再次抬头。科尔森、吕奥、朱利安以及凡尔赛的许多国民议会议员都强调粮食问题十分严峻：为了获得一个面包，人们不得不于凌晨四点在面包店排队；许多人抱怨面包质量太糟糕，乃至让他们生病。基于此，城市被迫动员国家卫队保护面包师。9 月中旬，科尔森参加了他在教区教堂举行的特殊的 40 小时祷告会，恳求上帝让这个城市和整个王国恢复和平与繁荣。[51]

也是在这一时期，国民议会正在展开一场关键性的辩论，讨论在新宪法中将赋予国王何种权力。[52]温和派由约瑟夫·穆尼耶和他的许多来自多菲内省的同事主导，主张保留强大的王权，希望以此为核心对地方形成强有力的管束作用；同时，他们还主张王权凌驾于立法权之上——国王对立法机关的任何法律享有绝对否决权。这一温和派团体被历史学家称为“王政派”。作为议会中最有组织的政治派系，温和派定期举行晚间会议来确定战略并维持投票纪律。不久之后，这个团体既在较为温和的神职人员中间吸引到了一些追随者，又与某些反动贵族结盟，后者试图通过用打入民主进程内部的方式来挫败激进分子的革命计划。在王权问题的辩论中，主张国王应被赋予绝对否决权的代表与主张国王不应被赋予任何否决权的代表最终各退一步，同意国王将被赋予“暂时否决权”。然而，这样的结果使国王有能力阻止任何法律施行长达六年之久，这引起了许多代表的极度不满。而对于议会中的“左派”而言，这个问题更令人不安，因为路易至今尚未正式接受八月法令，也没有签署通过《人权宣言》。[53]

议会中的派系斗争是导致巴黎持续动荡的另一个原因。从8月到9月，每天都有群众聚集在巴黎市中心的皇家宫殿，听各种自命不凡的演讲者站在桌子上自我吹嘘。日趋白热化的暴力袭击不仅针对贵族，同时还针对王政派。有的异见者甚至要求将所有主张国王应被赋予绝对否决权的
66 代表驱逐出去。到 8 月末，这些激进分子甚至试图在凡尔赛游行，以向国王和议会表达自身诉求。这一运动在得以成行之前就被拉法耶特和国民自卫军挫败了。

然而，游行的想法一直在巴黎民众内心挥之不去，而另一个重要事件将民众的愤慨情绪推向高潮：在国王召开的见面会中，有王后在场的情况下，贵族官员们公然侮辱革命派的标志——“三色徽”，当时所有爱国者都佩戴着这一徽章。由于深受凡尔赛最近发生的动荡所扰，同时厌烦于每天起早在面包店前排队的生活，10 月 5 日上午，一些巴黎妇女自发地动员起来游行。据科尔森所述，他看到妇女们从窗户下面的街道上走过，大笑着嘲笑那些在路旁对她们指指点点的男人，而这些男人也以讽刺回击。同样，梅西耶也强调了此时弥漫街头的狂欢般的气氛：“这种暗流涌动般的繁荣和喜剧般的兴奋令人难以置信……到处都充斥着呼喊和喧嚣，仿佛是古罗马时期农神节的场景。”除了表现出极度的愤怒和暴力

倾向外，这些妇女显然也非常聪慧。她们中的许多人配备着诸如小刀和短剑等简单武器，她们将第一个目标定在市政厅，也是由于能在那里得到更多武器。同时，在市政厅，这些妇女威胁称她们将动用私刑处死在附近发现的一位牧师。[54]在少数男人的陪同下，妇女们穿过城市一路向西，越过农村，朝着位于凡尔赛的皇家城堡前进，即使是一路的倾盆大雨也未能动摇她们的决心。前进途中，她们主动招募了和她们一样热情高涨的妇女同伴；而对于并不情愿加入的妇女，她们则采取了强迫的方式。当最终抵达凡尔赛并闯入国民议会时，她们浑身上下都被雨水浇透了。[55]尽管是对粮食的迫切需求让她们集结起来，但除此之外，她们显然具有强烈的政治意识——她们侮辱并威胁了几位君主主义代表。随着数千名男性、由拉法耶特率领的国民卫队以及其他无组织的巴黎人到来，情况变得更加复杂和危险。

最后，议会领袖们带着一个妇女代表团面见国王。国王在王宫接见
了她们，并承诺考虑她们对粮食的迫切诉求。但第二天一大早，在雨中
度过了一夜的男女群众又一次变得不守规矩。几名宫廷卫兵遭到袭击和
杀害，数百人闯入宫殿。尽管国王和王后安然无恙，但是路易本人因此
受到了巨大的惊吓。现在他不仅同意将尽其所能增加面包的供应，而且 67
还接受八月法令和所有宪法草案中的条款。同样重要的是，他答应将其住
所搬到巴黎市中心卢浮宫西翼的杜伊勒里宫。此后不到一周，国民议会就
跟随国王，在离杜伊勒里宫数百米远的一个室内马术体育馆内自行安顿
下来。自此，国王和议会都将安顿在法国全境最政治化的城市中央。

10 月给每一位亲历者留下了深刻的印象，许多议会代表和巴黎中产 68
者都深受震动。暴乱中，他们首当其冲，这样的经历堪称持续性创伤。
一名神职人员甚至出现精神崩溃的症状，数周内无行为能力。另外一些
人则对他们曾经熟知的“人民”之行为深感失望，现在“人民”似乎变
得陌生、不可理解起来。罗莎莉·朱利安就这一系列事件表达了不安的

情绪，在给丈夫的信中，她写道：“我悲伤不已。”她一直留在家中，主宰她思绪的并非个人得失与安危，而是对国家安稳未来的极度渴望。[56]

其他革命精英——他们中的大部分在将来都是革命中的激进分子——把人民的暴力行径视为一种令人遗憾的必要。议员古皮鲁对这场“二次革命”的结果感到满意：国王被迫屈服、贵族受辱。记者布里索也强调了这一事件的积极成果。他写道：为了不“减少这难忘的一天的喜悦，他们必须用爱国作为遮羞布来掩盖最近发生的血腥事件”。另外一些人则把暴力归咎于人民的苦难。而罗默的观点更为大胆，他在信中写道：我越来越相信暴力本身在法国社会变革中起了一定的作用，单纯依靠理性辩论并不够。如果他们要将全体人民变成革命的拥趸，那么“理性也许需要恐怖相伴”。[57]

这是非凡、繁荣和动荡的一年。对于大多数市民来说，8 月的伟大宣言、封建制度的废除和“人权”的界定，仍将铭记在每个法国人的心中，正如这些被镌刻在全国市政厅牌匾及俱乐部内墙上的宣言文字一样永垂不朽。巴黎的橱窗制造商雅克·梅内特拉称终其一生都不会忘记那个“引导我们走向自由，给予我们伟大人民以法律”的夏天——“这是所有人团结一致、互为弟兄的时候。”[58] 对于许多民众而言，身份认同似乎在 1789 年发生了变化。对自我、民众之间、民众与国家之间认知的刷新，是每一位“新人”的共性，对上述问题的阐述也遍布这一时期的书信。这种全新的认知和个人形象足以唤起某种兄弟情谊，乃至国家认同感；这
69 也是“自由精神”的重要组成部分。在我们收集到的亲历革命者的书信中，通信的语气和特征似乎在短短一年间就发生了根本变化。科尔森的备忘录变得更加政治化，从前他对热点事件顶多只发表寥寥几行的评论，现在则动辄长篇大论。同样，吕奥早期的“伏尔泰式”讽刺和故作冷漠的疏离态度也被更加严肃和热情的风格所取代。法尔孔也敏感地意识到自己的散文出现了类似变化：“我既无法在心里感受到，也无法用文字表达出这种

狂喜和愉悦，但我的作品确实因为这种情绪而变得更丰富、立体。”在这样的情形下，“但凡善良的人都会用深沉的色彩来描绘当下的局势”。[59]

1789 年的法国社会当然存在阴暗面。每一位曾经经历过这几个月事件的亲历者，心中必定被这种极强的不确定感所扰，这让亲历者时常陷入深深的焦虑和怀疑之中。诚然，正如广为传颂的那样，1789 年是自由的年份；但同时它也可以被称为“可怕的一年”，开始于所有人都记得的那个最可怕的冬天。[60]之后是数百起粮食暴动和数以千计的饥饿死亡案例；再之后就是那个暴力席卷了巴黎和各省的混乱的夏天，以及随之蔓延全境的恐慌。这是“恐惧的一年”，直到 19 世纪中叶，人们仍然记得这一点。[61]这一系列事件揭露了将在此后数年持续困扰革命的核心矛盾：权力真空、反革命势力的抬头、新的理想、爱国阵营派系的分化，以及群体性暴力事件的周期性爆发。

第 三 章

政权的崩溃

在之后的几年中，新国民议会——如今自称“制宪议会”，花费了大 70
量精力去制定宪法，并在旧制度的废墟上建立了新的政权。新政权的创造者们，从很多方面而言都是十分出色的。他们中的一部分人是杰出的演说家，能够通过逻辑和修辞的力量影响整个议会，其中就有热情的演讲者、作家和记者米拉波伯爵；时年 28 岁的来自格勒诺布尔的年轻律师安托万・巴纳夫；来自法国最有名望的贵族家庭之一、参加过美国独立战争的老兵亚历山大・拉梅特；拥有磁性嗓音的新教神父让－保尔・拉布・圣－艾蒂安；两位坚定的庶民保护者热罗姆・佩蒂翁和马克西米连・罗伯斯庇尔。此外还有很多如今名字仅为学者所了解的人们，他们至少和上述人物一样富有影响力，同样在委员会议幕后和立法机构的地板上不分日夜地工作。

议员们不仅终止了 8 月 4 日晚上所废除机构的工作，也创立了全新的行政、税收和法律体系，以及新的民事和刑事法规，并借此实现了军队、警察和宗教人事的全面变革。随着爱国者代表们的改革视野持续拓展，新的革命瞬间不断涌现：计划在 1789 年 11 月实现教会财产国有化，在 12 月实现新教徒的解放，在 1790 年 2 月废除教规戒律，同年 6 月废除贵
族制。做出上述决定的立法机关冗员多得离谱而且经常运转不灵，这让 71
人气馁：立法委员有将近 1200 人，而现代美国众议院有议员 558 人，参议院仅有议员 106 人。[1]

这段时间里，几乎所有的爱国者都希望他们能够与国王同舟共济。

作为核心，国王维系新国家之团结的作用受到了广泛认同。1789 年 3 月，国民议会所收到的全国各地民众的申诉书，以及此后的来信中，无一例外的主流意见是：不管怎样，君主制是法国民众唯一所知的统治形式——在现在的情况下，几乎没人去想没有国王的国家是什么样的。[2] 1789 年 9 月，国民议会最早的一些制宪决定认为法国应保有一位父系继承的世袭君主。直到本年年末，像让 – 保尔 · 马拉这样的狂热分子依然在赞美国王。[3]

通过回顾我们知道，国王从 1789 年 6 月之后便对革命的发展态势十分不满，尤其是在十月事件之后：那段日子对路易十六和他的随从而言十分痛苦，令人不安。十月事件后不久，他在写给堂兄、西班牙国王的密信中，郑重地拒绝承认从秋天攻占巴士底狱之后国民议会通过的一系列行动。他认为这些行动是恐吓勒索的结果，他所信奉的仍旧是传统的独裁王治。在他看来，他所试图进行的必要的改革努力，被激进派的小小阴谋歪曲了，而这些人并不能代表法兰西全体臣民。此后，他就只能继续这个最糟糕的政策，并寄希望于颁布一系列无法实施的法律之后革命分崩离析。[4] 然而爱国者们并不了解路易十六的内心想法，他们更愿意相信，国王的用意本质上是好的，而且他现在已经进行了自我调整以适应革命进程。

无政府秩序的边缘

随着新中央政府的宪法框架开始在巴黎成型，整个国家被一种国人人生中从未经历过的权力危机横扫。国民议会的设想是，暂时保留旧制度的大部分机构，使其持续运转到一系列新的机构被创立并代替它们。
72 但在革命的第一个夏天之后，照常运转几乎已不可能，很多旧有机构很快就濒于崩溃。作为绝对王权行政支柱的监察官制度，在革命开始的两年前就已经被严重削弱了，尤其是在监察官们被迫与地方议会分享权力之后。[5]但在1789年7月，巴黎监察官贝蒂埃・德・索维尼的惨死将恐惧植入了皇家行政官员的内心。在这之后，数不清的监察官辞职或弃官，作为他们下属的当地代理人也是如此。“所有的监察官，”尼古拉・吕奥描述道，“抛弃了他们的职位，逃离了他们的办公室，以最快的速度溜之大吉。”即使是那些留下来等到1790年夏天才被官方解职的监察官，也实际上失去了行政权力，差不多只是在传达国民议会的法令。[6]

然而，监察官并不是唯一经历了合法性丧失过程的皇家官员。征税吏、警察，还有那些负责谷物供给的官员，要么四散逃生，要么在整个夏季，甚至此后很长一段时间隐居起来。[7]司法系统也受到很大影响。八月法令废除了领主法庭这一在乡村行政区中最为重要的司法形式。尽管领主法官应当继续断案直到他们被代替，但他们在很大程度上已经被无视和忤逆了。甚至这片土地上最高的司法机构——高等法院，作用也大不如前。在巴黎，高等法院的法官们在7月危机中停止了一切活动，并再也没有作为一个整体召开过会议。国民议会命令他们在夏季休庭后永久“休假”，此后他们的职责由一个小规模的假日值班室或由巴黎本地的沙特莱法院承担。下级法院的法官们被指责在旧制度下听从权贵阶级的指令而被广泛无视甚至鄙视。他们当中很多人不再进行判决，尤其是在没有可靠的警察来执行其判决的情况下。他们也对大批民众组成的治安队的活动非常警惕，比如那些在巴黎残杀了皇家官员的人。在1789年11月，司法部部长尚皮安・德・西塞注意到了任何试图违背民众认知去裁决的法官都面临的困境：“迫使他们去承担会让他们送命的职责，不管怎么说都是残忍的。”[8]

国民议会清楚地知道，全国大部分地区的政府机构已经瘫痪。米拉 73
波为当前的局势感到痛惜：他意识到，所有的统治机构均停止工作了。“不再有一位国王，”阿德里安・迪凯努瓦写道，“也不再有法院、军队和警察……所有的权利和义务都被弃之不顾……无政府主义情绪正在上升，而且会持续上升。”[9] 在这种局势下，因为急切地想要维持国家团结，国民议会和皇家部长们不得不临场发挥。他们尽最大可能和各省议会的协调委员会，以及任何仍在运作的旧制度残余机构进行沟通。[10] 他们也鼓励代表个人将法令和宣言等直接送达之前已建立并保持联系的地方选举议会和联络委员会。很快，他们就发现，唯一以某种合法性稳定运行的行政机构是市镇政府。

诚然，全国的市镇政府时常处于动荡或不稳定的状态，7 月始于巴黎的“市政革命”持续扩散，各地居民试图改变在旧制度下寡头世代控制市镇的状况，甚至不惜推翻他们。在大恐慌时期，因为害怕想象中的“强盗”和不断恶化的乡村骚乱，法国各地民众成立了应急委员会去接管本地事务，以进行自我保护。这种变革常常开始于省会城市，进而作为样板传播至更小规模的市镇，有时是通过暴力反抗，但更多的是通过各种形式的劝服和胁迫。原先的市镇领袖被迫靠边站，或与爱国者们联合，或至少在相当程度上改变原先的行事方式并拥抱自由民主的革命价值观念。有些时候，这些新的“临时委员会”直接成立于最初在 1788 年形成的爱国者组织的基础之上，而这些组织的形成早于三级会议的召集。[11]

每一个改革后的市镇政府，第一个举措几乎都是宣誓对国民议会忠诚。在 1789 年最后的几个月里，上百封书信涌入了国民议会。在这些书信中，正式的效忠声明大多会伴随着全体居民——男人、女人和小孩——的宣誓，他们会在市镇广场或市政大厅前举行夸张的典礼来进行宣誓。
74 效仿着代表们在 1789 年 7 月宣誓或在 8 月 4 日宣誓遵守法令的情景，各地居民都举起他们的右手，宣誓对“国家、法律和国王”忠诚。[12] 城镇居民表达出来的对国民议会充满奉献与热忱的感情基础，在 1789 年夏季之后的危险的权力真空期，对维护国家团结有着不可估量的重要价值。

从短期来看，革命的“市镇化”也有其缺陷。虽然市镇居民对制宪议会宣誓效忠，但一些市镇变成了名副其实的迷你共和国，在摆脱旧制度官僚机构统治后急切地主张自己的独立性。一些市镇进而未经允许就征税、逮捕嫌犯、以“公共安全”和人民主权的名义发布通常只有主权实体才能发布的“训令”和“声明”。面对周边乡村的骚乱，他们也创立了准军事意义的“国民自卫军”，以镇压乡村和城镇起义，并保证全体市民的谷物供应。[13]

身在巴黎的代表们了解到这种情况的危险性后，决定创立一个能够维系国家统一的新行政系统，并将此项工作摆在了重要位置。经过 1789 年秋季到第二年开春的漫长讨论，他们建立了从上到下四个层级，即从省到区，由区到县，由县再到市镇的行政体系。[14] 对新政权的司法需求进行了解后，他们又制定了从区到省，从省再到国家的三级司法网络。司法机构和行政机构都要经过当地民众的选举产生。在界定选民的问题上，大部分代表做出了灾难性的限制普选权及将潜在官员人选划为“积极公民”——即缴税超过最低额度的人——的决定。这种将公民划分为“积极公民”和“消极公民”的作法遭到了一小拨由佩蒂翁和罗伯斯庇尔领导的代表的强烈反对。对于男性公民普选权的要求将很快变成议会中激进派和温和派最主要的争执点之一。

1790 年 2 月，正式政府的选举开始了，以代替临时市镇政府。这是革命的一个标志性时刻：民主选举现在不仅仅开始在市镇实行，也在之前从未被这种改变触及的全国各个乡村实行了。尽管只有“积极公民”才
能参选，但这教导了民众参与民主和自治管理。然而，上层行政机构的 75
创立需要相当长的时间。和市镇相比，省级和区级没有旧有机构可以替代。特派长官被任命去监督确定拥有资格的候选人名单、组织选举和调解在省份内部有竞争关系的市镇之间经常会出现的斗争。[15] 直到 1790 年夏天，新官员们才就任，甚至很多人在 1790 年后半年或者 1791 年才当选，但他们通常在旧制度法庭解散后的几个月就开始工作了。

整个系统一运转起来，这些入选的官员就展现出了对其职责的极大热忱。他们大部分人都坚定不移地相信革命理念，并竭尽全力实施议会的法令。但阅读和理解几乎每日都有更新的一大批新法律并不是一项简单的工作。这些法律涵盖了方方面面，从税收系统、选举、教会财产的出售到重修市镇和教区的边界、组织国民自卫军和监督给被革命废除的旧政权官员的补偿工作，等等。对于认真对待工作的行政人员而言——几乎所有人都很认真——这极大地消耗了他们的时间和精力。[16]

地方领导层还需要面对一系列内部权力斗争。新到任官员并不是在真空中，他们不可避免地会受到本地政敌的影响。这些敌意有的可追溯到旧政权时期，有的则可追溯至近一年的过渡期：社会团体和个人在这一年中培养出了自决的志趣。因为被授予了可观的权威，新的行政精英惹恼了其他当地要人，尤其是失去了往日权力的那些。有些区域出现了官员连续辞职的现象，其中一些人因无法服众而感到沮丧，而另一些人则担心自己的人身安全。[17]

从理论上讲，新政治系统的权力路径是非常清晰的：权力从部长一路下至省、区和市镇官员。但实际上从上一级向下贯彻法律和行政命令是极端困难的，这中间会出现无数对上级命令拒不服从、消极抵抗和公开反对
76 的例子。在一些情况下，尤其是在更加保守的问题上——例如教会改革和移民诉讼——地方当局很可能选择性不作为，或根据自身的政治及意识形态设计新的政策。[18]不止如此，当不同层级的机关同驻一地时，情况可能变得更糟。在超过 80 个地区，省、区、市镇三级官员同驻一地，他们或者在中央广场两侧遥遥相望，或者就在同一栋楼里，每级机关都有着不同的日程安排，面向不同的选民。数不清的抱怨之辞涌进巴黎，诉说着由这种竞争引发的互不服从和执行困难。[19]

追随着 19 世纪作家亚历西斯·德·托克维尔所下的结论，历史学家和社会科学家经常强调旧制度的专制政体与革命晚期和拿破仑时期强烈

的中央集权趋势之间的连续性。然而，我们不能漏掉夹在中间的 1789 至 1793 年，这四年之中，分权是革命的重要特征。[20] 在这样的情境下，毫无疑问，试图弄懂谁在一个特定地点、特定时刻主要负责什么会是一件极其困难的事情，而这将促使一种不确定和不信任氛围的出现。[21]

民主的起伏

然而，政权的瘫痪不仅源自机构的瘫痪，也源自革命者不断改变的态度。自由和民主的价值观念迅速地渗透进整个社会，并导致了民众对权威的怀疑，以及在每一级机关均有出现的传统权力关系的非合法化倾向。很多年后，制窗匠梅内特拉回忆起在巴黎，革命最初令人飘飘然的时候，他和他的朋友所体会到的紧张与兴奋。那时“‘自由’二字被重复了太多次，几乎让爱国者们对此走火入魔”。[22]

国民议会最初的法令和《人权宣言》将自由和自决的理念提升到了基本原则的地位。这些理念通过议会所创立的出色的选举文化进一步灌输给了民众。很快，可观比例的民众便不仅拥有了选举他们的代表和地 77
方官员的权利，也拥有了选择他们的地方法官、治安推事、教区神父和主教的权利。一位历史学家这样描述道，“选举规则成了新政权击垮旧政权堡垒的破城锤……从那以后，没有任何机构能够从公众同意的制裁下脱身”。[23] 实际上，“自由”和“公众同意”的概念未经检视，以致没有人真正清楚这些概念的界限。米拉波很快对潜在的危险进行了估量：“如果所有的旧有界限都被扫除”，他发现，“那在这之后需要一段时间才能发现并遵从新的界限”。[24]

新的自由文化的双重影响在迅猛发展的报业中表现尤为明显。在旧制度时期，期刊的数量受到了限制——尤其是与英文出版物相比——

并需要服从政府的强有力管控，进行上报和审批。虽然有几种从境外进入法国的报纸可以逃避审查，但数量可观的报纸读者还是依赖于官方或半官方报纸获得信息，例如《巴黎日报》《法兰西信使》（*Mercure de France*）或者在各省印刷的地方报纸。一直到 1789 年 7 月，报纸审查制度才最终崩溃，在此之后，报纸的种类呈井喷式增加，雄心勃勃的作家和出版商一拥而上，为自由投资，希望能在新的形势下占据一席之地。仅在 7 月，就有 30 种新报纸在巴黎面世，8 月则有 28 种，到年末已经出现了不下 140 种，其中 59 种是日报。很快，又有数十种报纸在乡镇出现了。因为编辑们希望自己的报刊在激烈的竞争环境中脱颖而出，所以他们很快进行了一系列关于创作题材和形式的实验，试图探索新闻写作的方式。一些报纸一丝不苟地报道“事实”，其中包括谨慎编辑的国民议会辩论摘要，只有很少甚至没有编辑本人的评论。另外一些出版物以训导的口气，解释最新发布的法律，并教导各行各业的民众——例如城市工人、妇女和农民——民主的真正含义。[25]

然而，这段时间也见证了党派报纸的出现和崛起，记者——有些时候是议会代表自己——捍卫政治谱系里从激进的平均主义民主派到反革命贵族各种派系的立场。[26] 在出版审查被废止、新的诽谤法尚未实行之时，编辑会将夸大之辞、流言和对政敌的激烈抨击排进版面。对于记者
78 梅西耶来说，出现这些极端言论是不幸的，但它们可以被“市场”的力量所限制，因为公众会停止购买那些内容中带有谎言的报纸。而长久以来支持出版自由的吕奥，逐渐对市场失衡和毫无根据的炮轰失去了耐心，“所有这些记者——有的狂热地支持、有的则狂热地反对我们的革命——都会因出版业这座火山的爆发被扫除。我们唯有同时可怜他们的憎恨和狂热”。[27]

这种对自由的“走火入魔”也成了为争取更高的工资和更好的工作环境而大规模爆发工人抗议活动的根本原因。需要确定的是，在旧制度

下便已有工会之下的工人组织，此一组织历史悠久，在 1789 年夏末及之后的一段时间里，其主导了大规模的集会、游行和罢工。在 8 月末，阿德里安·科尔森被希望创立单独组织、选举组织领导人并要求更高工资和更短工时的巴黎工人的数量所震惊。[28] 在接下来几个星期，熟练裁缝和假发制作人、铁匠和鞋匠、挖煤工、马车夫、木匠和排字工人都要求建立组织，改善处境。甚至在旧制度下没有组织传统的一些工种也联合起来，提出要求：例如政府大楼里的文员和全国的家庭佣人群体。[29] 值得注意的是，这些活动通常和表达对新政权支持的集会活动一同进行。1790 年 1 月，挖煤工三人一排，列队向巴黎市政大厅进发，宣告他们对新当选的市政府的支持。这之后不久，中央市场的搬运工也进行了同样的活动。这里面大部分工人都很快将革命话语运用到了他们的经济抗争中。比如，排字工人要求从他们雇主所强加的“专制锁链中解放”。他们也着手建立一个代议制政府，以及由从不同印刷厂选举出的代表组成的“立法议会”。令科尔森深感意外的是，在 1791 年，工人们开始以“所有人在法律和自然面前都是平等的”这一标准，要求不考虑收入状况的完全的政治平等。[30]

对权威的同样的怀疑也渗透进了法国军队，士兵、水兵以及下级军官——他们都出身庶民——发起了对他们贵族长官的进攻。在 1789 年夏天，潜在的不服从情绪已经十分明显，数百名士兵拒绝服从命令去镇 79
压巴黎的爱国民众们。士兵们对革命起因的同情和对上级命令的公开反对成为早期革命成功的根本原因。时有发生的不服从情况一直持续到了 1791 年，反映了士兵们对他们微薄薪水和严苛纪律的长久不满。这些抗议者们无疑也受到了爱国庶民们的影响，怀疑占据着军队指挥官职位的贵族军官们的动机。爱国团体邀请士兵们驻守在他们的城镇，并参加他们的俱乐部会议。很快支持革命的委员会在军事单位中成立，谋求更高的工资和更好的住宿环境。据一位年轻的士兵约瑟夫·诺埃尔所言，军官们被指责让士兵们处于“被奴役”的境况之中。[31]

1789 年 8 月到 1791 年 10 月之间，发生了接近五十起士兵不服从或反抗指挥官命令的事件，其中大部分发生在前线和港口。[32] 尽管其中很多抗议规模较小，但也有几起发展成了激烈的暴力冲突。那段时间最为戏剧性的冲突发生在 1790 年 8 月的东北部城市南锡，几百名士兵发动叛乱，指责他们的指挥官在公款使用中说谎。重骑兵和大炮被用在血腥的叛乱镇压中。在接下来的战斗中，超过 200 人被杀，约 30 人被报复性地绞死，另有超过 80 名来自瑞士沙托维厄（Châteauvieux）雇佣兵团的士兵被当作囚徒送上桨帆船做苦役。国民议会的大多数代表，现在越来越担心战争的威胁，并对大范围的军队无纪律感到不安，因此授权进行了严厉的镇压。很多巴黎激进人士对此发起抗议，轰动一时的南锡事件，成了革命精英们分裂为激进派和温和派的重要原因。[33]

最大规模的反抗传统权威发生在乡村。从 1789 年春天开始并零星持续到 1793 年，几乎法国每个角落的农民都参与到了各种抗议活动中，矛头直指那些在旧制度下统治他们的机构和社会团体。大部分抵抗活动采取了消极抵抗和不合作的方式，但在一些省份也出现了起义。虽然 1789 年春天爆发的骚乱主要由不断上涨的谷物价格和对饥荒的恐惧所引起，但在这一年夏天之后，农民们的抗议活动频繁集中在了领主制度上。国
80 民议会于 8 月 4 日晚间通过的“废除领主制度”的法令只是暂时缓和了局势，很快，许多亟待解决的问题又浮出了水面。[34] 立法机构将大部分封建租税划定为一种财产形式，所以农民有望通过财产补偿的方式从“财产权”中赎得自由。但几乎在各处的农民都把“废除”解读成立即停止所有费用的收取。经过对普瓦图、弗朗什—孔泰、布雷斯、维瓦莱和凯尔西的细致研究，历史学家们很难发现一个地区实行了法令规定的“赎回”政策。1790 年初，法律一得到进一步解释，一些地主便通过法院发起诉讼，强迫他们原先的“附庸”缴纳赎金。但是广大农民综合使用抗诉、

消极抵抗和威胁使用暴力——或真的诉诸暴力——等各种方式，回敬任何试图收取费用的人。在很多情况下，不服从策略得到了当地官员和国民自卫军的支持。[35]

不仅如此，农民所不服从的远远不止租税一项。整个国家的人民开始进入并开垦私人领地及其他属于贵族和教士的未经开垦的土地——也包括国王的皇家林地。期间出现了数百起关于农民在私人领地砍伐树木、捕杀动物、捡拾水果、捕捉鱼类的申诉，其所得物品不仅供自己使用，也在集市上出售，而国民议会和下属委员会无力制止这种行为。早在 1789 年 7 月，苏瓦松的一位警官就注意到大型猎物——鹿和野猪——忽然出现在了集市的屠宰场里。位于尚蒂利的皇家林地在革命当年就被偷猎者们糟蹋殆尽。这段时间也出现了道路两旁和广场上的树木在夜间被偷偷砍倒的报告。那些试图控制这些行为的猎场看守和农村警察遭到威胁甚至虐待。在一个案例中，农民们甚至试图强迫领主退回革命开始之前收取的偷猎罚款。[36]

与拒绝缴纳租税同时，很多农民——甚至包括一些城市居民——很快停止缴纳税款。1789 年 6 月 17 日，国民议会颁布了第一个正式举措，宣布因其未被国民接受，所有的旧制度税收均不合法。尽管代表们迅速规定，税款必须继续缴纳，直到它们被更为公平的税收体系所代替，但一大批人——基于痴心妄想或假装无知，倾向于认为所有的税收都已完 81
全废除。很快，收取任何种类的公共税款都不再可能。国家的所得税、增值税、特许权税、市政税以及教会的什一税迅速缩水。如果农民们被要求为自己的欠税行为做出解释，他们会将原因归结为之前几年的谷物歉收、由商业活动中断导致的经济下滑，以及现在主要由权贵阶级缴纳的数额可观的税款——他们会叫嚷道，已经够政府用得了。这种拒绝缴纳一切税款的行为受到了国民议会和地方精英的强烈反对。乡镇官员不仅担心革命得不到足够的财政支持，也担心依赖着入境费、摊位费和其他本地税费的地方财政难以为继。他们签署了“法令”要求农民缴税，并动员国民自卫军试图去贯彻法令。但是至少到 1791 年初，国家最终废除了旧制度的税收制度并采用了新的税收制度之时，危机仍在持续：任何试图征收税款的税吏都将冒极大的人身危险。[37]

农村的抵抗也可能采取暴力叛乱的形式。1789 年夏季，这种叛乱局限于七个特定的区域。然而，一系列农民起义将持续发生到 1792 年，并最终扩散到几乎每一个地区。尽管在 11 月之前，巴黎的谷物生产危机在很大程度上已经解决，但其他省份仍会发生谷物短缺，而将谷物从一地运输至另一地引发的大规模群众反对让形势变得更糟。很多骚乱都针对来往于区域运输的装满谷物的马车和驳船，但是粮食不是引发叛乱的唯一原因。其他骚乱涉及税收和税吏、基督徒和天主教徒之间的斗争、国民自卫军分队间的长期失和，以及对什一税的攻击，尤其是在 8 月 4 日晚间国民议会“废除”了这些宗教税收，但直到 1790 年末仍要求支付过渡性费用的这一时期。[38]

也有一些规模较大的叛乱是针对领主的。1789 年末到 1790 年初，第一波暴乱席卷了法国西南部，因为秋收已过，很多领主试图强迫农民以金钱或实物的方式缴税。暴乱在利穆赞、凯尔西、阿基坦和鲁埃格等地蔓延，而这些省份大部分并没有被去年夏天发生的叛乱所波及。农民们
82 认为国民议会已经废除了这些税目，所以，他们进攻贵族们的城堡，也攻击住在里面的贵族。领主制度的标志，比如由贵族拥有的领主城堡上的风向标和教堂的长椅，受到了更多的侮辱。很多时候，这些暴力活动类似于“糙音乐”——一种传统的、喧闹的表达群众不满的仪式。农民们以一种喜悦的、在庆典活动上才使用的行为方式，拆掉风向标，或将教堂里属于领主的长椅推出去，用其点燃篝火。[39] 这种针对个体的暴力活动，在贵族们试图联合起来保护其财产的地区，声势最为浩大，甚至会演变成小规模的内战。然而在早些时候的动乱中，村民们会将几种不

满混淆在一起，而向哪个群体发难则要看特定群体的社会动态。所以他们可能将怒火发泄在教士、官员、城市富民，或新教徒身上。在阿尔萨斯，他们攻击了犹太人，将犹太人四散逃命后留下的住所洗劫一空。[40]在法国中部的一个乡村，暴动的农民强迫他们的教区牧师起草一个申诉书，类似于一份陈情书，其中包含了一系列诉求：在私人领地狩猎和砍伐树木的权利、更为完善的佃农权利、什一税额度的立即降低，以及巡视当地富人的谷仓以确保不会出现囤积行为的权利。[41]

面对没完没了的暴力活动和暴力威胁，城市精英竭尽全力去控制局势。他们调动当地的国民自卫军，指挥旧制度下的警察和法庭。但是卫队士兵时常会同情叛乱者并拒绝出动，而法庭早已被民众无视，甚至自身难保。城镇官员除了眼睁睁地看着暴乱发生，祈祷不会有事和向国民议会发出恳求外，几乎做不了什么。“在这场将农村毁灭殆尽的无政府浪潮中，充斥着诸多阻碍，”1789 年末，贝桑松的领袖们申辩到，“怎么还能期望一个市镇政府履行它的职责呢？”吕奥总结出了他的恐惧：“仅凭借‘自由’二字，人们就可以在广大农村烧毁房屋、城堡和村镇，造成无可挽回的破坏。”[42]

权威的分裂

随着革命的不断发展，一些能够互相匹敌的政治力量开始出现，而这些组织本身及其人事结构都是由国民议会创制，或以国民议会为范本。其中三种力量给革命政权带来了巨大麻烦：国民自卫军、巴黎的街区议会 83
和群众爱国协会。

国民自卫军最初由市镇政府于 1789 年夏季试图在混乱的局势中维持秩序而建。危机一解除，国民自卫军成员便把大量时间花在操练上，他们身着盛装，扛着军旗，伴着音乐和鼓点齐步走，为各种爱国活动提供仪式感。[43]几乎在每个地方，其主要组成人员都是中产阶级家庭的年轻人，因为只有他们才有操练的闲暇和购置装备的闲钱。的确，1790年6月，国民议会颁布的试图规范近年成立的各种应急民兵组织的法令，明确规定只有“积极公民”可以参与国民自卫军。自卫军小队以居住地划分，有时也根据年龄划分，男青年和年长的男性居民分别有各自的小队。[44]最初，只有相对较少的成员配备了火器，大部分人装备的是佩剑、老式狩猎装备和形状各异的农具。但在危急时刻，政府会为他们分发武器库中的火枪，而这些火枪在后来很少交还政府，所以很多小队都积累了数量可观的武器。到1791年，由于谣传会有一系列外敌入侵，小镇瓦雷纳和周边城镇都储备了充足的武器。这样，这年6月，当国王试图经过此地逃跑时，城镇领袖便能将他抓住，并向其展示城镇令人惊叹的强大武装。[45]

随着时间的推移，很多国民自卫军连队变得极其激进。并不是所有的居民都拥有持续定期参与政治活动的意愿，而国民自卫军中充斥着那些信仰自由精神的最虔诚的民众。凭借着对爱国事业的强大信念和装备的武器，他们自封为革命的先锋队。不管是否有理论上的上级市镇政府的支持，他们都对从前的权贵阶层或其他真正的或是假想的革命敌人虎视眈眈。国民议会的研究委员会收到了来自市镇政府的数不清的投诉：国民自卫军成员拒绝服从他们的命令。有些时候是因为私仇，旧制度时期
84 的权力斗争延续到了市镇领袖和国民自卫军指挥官之间。在布列塔尼，一些连队单方面进军乡下，攻击住在乡下的贵族和可疑的教士。在凯尔西他们发起了一系列针对城堡的侮辱活动，直到被市镇政府制止。在朗格多克，国民自卫军内部根据宗教信仰分为两派，更加激进的新教徒连队和亲天主教的连队矛盾频发，有时甚至演变成武装对抗。早在1789年11月，司法部部长已对国民自卫军的我行我素提出了抗议：“我无法让国

民自卫军服从命令，也无法命令他们遵守法律，更无法以足够的武力去压制他们。”[46]

在巴黎，国民自卫军的产生过程有些许不同。正如其他地方一样，巴黎的自卫军成员最初是出身于中产阶级的志愿者。律师科尔森和编辑吕奥每周都会为他们提供几次志愿服务。但是鉴于代表们希望在巴黎，也就是他们所居住的地方维持秩序和法律，国民议会尤其留意对巴黎各连队的控制。国民自卫军的首任司令官拉法耶特侯爵，本人就是一名代表，总体而言，自卫军可以指望他来与议会进行密切合作。除了志愿者，拉法耶特还招募了一批长期以来仅对他个人忠诚的职业雇佣军。从 1789 年秋到 1790 年，年轻的指挥官指挥着自卫军，马不停蹄地在城市各处镇压骚乱和调查可疑的反革命活动。[47]

然而，随着时间的推移，当民主的冲动触及很多其他机构时，巴黎的民兵组织也受到了影响。国民自卫军成员被允许选举他们自己的军官，所以政治活动就可能成为军官选举的考量因素。很多当选的军官参与了周边地区的活动，并鼓励部下更激进和更独立。1791 年 4 月 18 日，发生了戏剧性地违抗军令的一幕：国民自卫军成员抗拒了由拉法耶特直接下达的命令，阻止路易十六全家离开杜伊勒里宫。[48]

另一个巴黎的机构在革命开始之后展现出了更强的独立性，那就是
60 个街区议会。[49] 作为三级会议的基层选举机构，它们在选举结束后拒 85
绝解散，并迅速自立为基层民主的核心机关。在 1789 年到 1790 年的权力真空期，它们承担了一系列社区功能并有效地运行，包括食物供应、市场和取水池的运行，以及对慈善机构的管理。它们也直接监视着可疑分子和反革命分子，并很快开始与市镇政府和拉法耶特本人争夺在本街区组织起来的国民自卫军队伍的指挥权。[50]

一些街区的领袖们发展出的那套人民主权的理论，比法国其他地区走得更远：他们开始推行直接民主的概念。1789 年 9 月，在关于皇家否

决权的辩论中，一些街区展现了他们的强硬政治立场，其中两个街区议会提出，除非经由街区讨论，否则，国民议会不得做出最终决定。[51] 一些街区的领袖开始攻击“消极公民”的概念，并开始支持男性公民的普选权和加入国民自卫军的权利。1790 年春，他们试图组建一个更加独立也更加民主的中央委员会，而这个委员会将对官方的巴黎市政府的权力产生威胁。[52] 最终，在 5 月，国民议会试图通过完全重组街区管理机构来制止这种无法无天的行为。这 60 个街区被拆解替换成了 48 个“区”（section），并从此仅仅承担选举职能。国民自卫军仍然由旧有街区负责组织，这使得新成立的区很难对自卫军进行有效控制。在一些情况下，国民议会似乎有意对街区进行不公正的划分，将激进街区的中心打散，使之与更温和的街区合并。但是在持续到 1790 年春天的行政混乱中，这种街区独立的精神迅速在新区中卷土重来。区议会很快就变得像不复存在的街区议会一样，经常集会——但并不仅仅以选举为目的——并选择了强硬的政治立场。[53] 尽管他们不再控制国民自卫军，但他们仍然可以动员大规模群众集会，并向国民议会请愿，让国民议会在某些议题上听到他们的声音。到 1791 年夏季，这些区已经成为让未来所有革命政府都不敢忽视的政治力量。

很多加入了国民自卫军的人也会同志同道合，致力于支持国民议会
86 和新宪法的人一起定期集会。其中一些组织十分松散，例如那些在巴黎和其他大城市咖啡馆里碰面的群体。巴黎人吉塔尔·德·弗罗利拜恩形容他自己是巴黎普罗可布咖啡馆的一名“成员”，他在那里参加定期集会，讨论政治话题，有时也起草请愿书，或派遣代表团与议会代表见面。[54] 比这些组织有影响力的是群众爱国协会：它们通常被称为“俱乐部”。其中的一些俱乐部与旧制度下诸如共济会和读书沙龙有关联，还有一些可以追溯到 1788 年秋天在城镇中动员起来的政治团体。这些协会最早于 1789 年下半年就在几个大城市分别创立了。到 1789 年末，大概有 20 个

协会在波尔多、里昂、第戎、里尔、南锡和其他几个主要城镇建立，其中最有影响力的是大约在同一时期建立于巴黎的“宪法之友协会”。因为他们在雅各宾修道院集会，人们便称其为“雅各宾俱乐部”。雅各宾俱乐部由一群国民议会的激进代表创立，所以很快就获得了能够反映议会左派呼声的半官方地位。其中最重要的领导人有巴纳夫、拉梅特兄弟（亚历山大和夏尔·拉梅特）、佩蒂翁以及罗伯斯庇尔，俱乐部的最初成员就有来自三个等级的政见各异的代表。[55]

很快，巴黎雅各宾派的做法启发了各省类似的爱国协会的创立，这些新创立的爱国协会也很快与雅各宾派建立了稳定的通信往来。截止到1790年末，超过三百个类似组织宣告成立，到1791年6月数量超过了八百个：在国家的每个省份都至少有一个类似组织。[56]尽管巴黎的雅各宾派是其中最负盛名的，但它在革命最初的岁月并不能做到像后期那样占据主导地位。来自外省协会的信件表明，他们和许多在国家各处的其他协会交换信件和演讲稿，创立了一个稠密而权力分散的思想理论的通信网。波尔多、图卢兹、马赛和普瓦捷是通信网的几个中心，在这些地方进行的讨论成了附近小城镇俱乐部的范例。[57]

与经常成为其盟友的国民自卫军一样，俱乐部由城市精英主导。会费维持在相对高位，也只有那些生活相对舒适的阶层才拥有参加定期聚会的闲暇时间。为了履行民主的承诺，他们会将内部讨论向群众公开，
所有居民，包括女人，都被邀请坐在旁听席或讨论室外的其他地方，列 87
席整个议程。在波尔多，有数目固定的非俱乐部成员称自己为“旁听席的固定成员”。工匠、小店主以及士兵们似乎也规律地参加雅各宾派的讨论，并在其间发出喝彩或嘘声。[58]俱乐部成员认为，俱乐部的中心目的是支持由国民议会起草的宪法；1791年夏天以前，他们几乎从未站在过国民议会的对立面。另外，大部分俱乐部都承担着一定的教化功能，它们订阅了一大批报纸，供成员阅读，并讨论最重要的法令。许多俱乐部

也向农村传播新的思想观念，传播简化的法律条文，并将法令文本用当地的土语和方言进行解释。通过这些方式，俱乐部帮助新形势下处于“学徒”阶段的普通民众转向了民主和革命。[59]

正如国民自卫军的发展轨迹一般，随着时间的推移，群众协会的政治立场也变得更为激进。最初，巴黎的雅各宾派吸纳了一大批政见各异的爱国代表，其中包括温和派的拉法耶特和塔列朗。但到 1790 年中，他们开始吸纳很多非代表成员，这其中的很多人更加热切地支持革命，而对温和派立场愈加不耐烦。内部会议越来越充满激情而又嘈杂不已，其中很多参与者逐渐转向更加民主的立场，在这种情况下，大部分温和派代表离开了俱乐部，或选择不再参会。同样的激进化趋势可以在很多附属的外省协会中发现。[60]

1790 年也见证了很多更加温和的俱乐部的创立，其中最令人注目的很可能是八九年俱乐部。八九年俱乐部由一群具有影响力的代表和杰出学者组建，其中包括拉法耶特、米拉波、伊曼纽尔 – 约瑟夫 · 西耶斯和哲学家孔多塞。[61] 比他们更右的是 1790 年创立的“保王派俱乐部”，该俱乐部自觉地站在了雅各宾派的对立面。到 1791 年中，大约有 50 个保
88 守俱乐部在全国各地成立，它们以巴黎的王政派为例，取了诸如“国王之友”“和平之友”这类的名字。这些俱乐部在支持宪法的同时，也寻求更为精英主义的政治路线，并试图加强国王的权力。然而，大部分这样的组织很快便在群众示威和怀疑他们具有反革命倾向的当地政府的压力下被迫解散。[62]

其他甚至比雅各宾派更左的俱乐部也在巴黎成立了。“真理之友俱乐部”，从一个更早的半秘密社团“社会俱乐部”演变而来，他们最初在皇家宫殿的右偏殿碰头，并将城中很多激进的学者聚集在一起。[63] 更有影响力的是“人权之友协会”，该组织通常被称为“科德利埃俱乐部”，继承了在 1790 年被国民议会废除的科德利埃街区议会的衣钵，将城中很

多最激进的记者和政治人物聚集在一起。它的几位成员——乔治·丹东、卡米尔·德穆兰、让－保尔·马拉、弗朗索瓦·罗伯特、路易－斯坦尼斯·弗雷龙、法布尔·代格朗汀和皮埃尔·加斯帕尔·肖梅特——将成为之后国民公会和恐怖统治时期的领袖。和雅各宾派不同的是，没有一个科德利埃俱乐部的成员担任国民议会代表，所以最初这个机构与立法机构没有直接的联系。因为其成立初衷就是反对国民议会解散街区的法令，所以他们从未和雅各宾派一样对议会一直毕恭毕敬，他们认为自己最重要的使命是让《人权宣言》得到充分实现。如果所有人在法律面前一律平等，那么所有人都应该有投票的权利，而不仅仅是那些拥有财产和缴税更多的人。如此说来，国民议会起草的宪法有着严重的缺陷。总体而言，他们视自己为下层人民的守护者：反对扩大国王的权力、鼓励激发士兵和船员的参政意识，并支持解放有色人种。然而，他们也在一些问题上和雅各宾派看法一致：两者都怀疑从前的特权阶级，并都关注这些人密谋反对革命的可能性。[64] 对此，俱乐部标识上那只警惕的大眼睛可以佐证。

同雅各宾派在全国建立一个附属俱乐部系统一样，科德利埃派创立了一个包括坐落在巴黎各区的30个类似“兄弟俱乐部”的网络。下层
民众被鼓励参加这些组织，其中的一个俱乐部甚至称呼自己为“穷苦兄 89
弟俱乐部”。同样值得注意的是，这些组织鼓励女性参与。科德利埃俱乐部自己就鼓励女性参会，并经常让女性发表演说。由科德利埃派成员弗朗索瓦·罗伯特和他的记者夫人路易丝·盖拉里奥所大力支持的“两性兄弟俱乐部”，赋予女性成员同等的待遇，如发言权和担任职务的权利。[65]

很快，仅仅由女性参加的俱乐部也开始出现。在全国范围内，至少有60个这样的俱乐部建立起来，有一些有几百名成员。英国特工威廉·米利报告称，城市各个街道上都“有女人聚集并讨论政治议题”。[66] 尽管罗

莎莉·朱利安受到了1789年动荡和喧嚣的惊吓，但她很快就适应了新的民主文化，坐在制宪议会的旁听席中，并参加她所在阶层的会议。她也和两三百名妇女一起，参加雅各宾派的讨论：她们中一些人为了有位置坐，提前三个小时赶到会场。[67] 随着1791年到1792年声势浩大的街道游行的发展，她的激情不断高涨。到1792年夏天，她已经完全被政治吸引了："国家事务"，她写道，"是我心中所系。我所思考、所梦想、所感受到的，都是它们"。[68]

很多女性现在找到了新的职业方向——革命记者和作家。的确，在这段时间能看到越来越多的女性作者出版书籍、发表文章、制作宣传册。[69] 奥兰普·德古热是其中最为激进者之一，在1789年之前她是一位小说家和剧作家。德古热采用自由平等的内在逻辑写成了《女性与女性公民权宣言》，希望帮助女性走出困境。她有力地控诉了男性向女性施加的"无休止的暴政"，宣称"女性生来，也将一直和男性一样享有自由，并与男性平等"，所以她们应当享有投票权，并应"按照她们的能力获得荣誉、职务，担任政府官员的权利"。[70] 还有一些作家，包括孔多赛侯爵，质疑女性是否如同西方文化长久假设的那样，天生处于弱势地位；或是仅因为她们没有受过和男性相同的教育而处于弱势。诚然，只有很少一部分受过教育的女性才要求女性普选权及与男性一样的政治平等权，大部分仍愿维持某种程度的由性别划分的等级关系；然而，母亲和妻子们关于平等
90 的继承权、财产权和对孩子拥有同等教导权利的呼声不断高涨，这是另一种自由和平等观念传播的证据，也是在社会各领域出现的质疑权威的表现。

群众爱国协会、街区议会和国民自卫军等堪称"平行势力"的团体在这一时期十分活跃。它们曾一度是革命的坚强后盾和精神起源，在此刻逐渐演变为动荡和分裂的源泉。当能言善辩的雅各宾派变得激进，当科德利埃俱乐部中的"兄弟情谊"，以及"兄弟般的"男性和女性社会团

体日益风行，国民议会中的大多数代表感受到了越来越大的忧虑和不安。很快，这些团体的监察职能扩大到国民议会所通过的法令本身——一些法令被称为“极大谬误”，虽然还没有被称为反革命的产物。[71]这种相互猜疑到了1791年国王出逃时就演变成了公开的对立。

“友爱”的局限性

尽管在革命的第一年，法国社会的各阶层都经历了不安和恐慌，但不断增长的乐观情绪成为1790年晚春和初夏的基调。充满希望的情绪四处传播，人们相信，一旦新的政府机构代替行将就木的旧制度建立起来，骚乱将会平息，革命可能将会完成，1789年的“自由精神”中不可或缺的自由和平等观念将被所有人共享。

1790年2月，当路易十六出现在国民议会并承诺他对新政权的支持，敦促代表们协助他维护国家统一、恢复国家秩序时，革命似乎受到了巨大推动。尽管国王的演讲稿很可能是内克尔写的，而且并不能反映国王内心的矛盾，但代表和民众们却深信国王欣然接受了新政权，并为此欣喜若狂。对于科尔森而言，国王的露面标志着君主和国家的新的联盟。在接下来的星期日，他的教区神父甚至在布道坛朗读了国王的演讲辞，而参加礼拜的民众致以热烈的掌声并高呼“国王万岁”。“我为人民的喜悦而喜悦”，吕奥写道，“也为我们即将友爱和睦地共同生活、所有 91
仇恨在和平统治中烟消云散而喜悦”。这一事件也引起了又一轮庄严的宣誓：最初在制宪议会内部——这也是从7月17日至今代表所做的第三场类似宣誓——之后便出现在首都和全国各地。[72]在这种兴高采烈的氛围下，国王和他的家庭从十月事件之后第一次被允许离开巴黎，到位于巴黎西边的圣－克鲁城堡过复活节假期。

高涨的乐观和喜悦情绪的另一标志是扩散到整个国家的“结盟”运动。大部分历史学家在描述这一趋势的时候，都将注意力放在了1790年7月14日攻占巴士底狱一周年之际在巴黎举办的大型庆祝活动。但实际上，这些活动最早可追溯到1789年秋天，一系列基层组织试图在各省促进人民团结。在大恐慌之初，皇家机构和警察崩溃之时，一些城镇和小的区域开始在当地缔结盟约，维持法律和秩序，保证粮食供应。大部分联盟都在法国东部和南部，距离巴黎较远。在弗朗什—孔泰、维瓦莱、勃艮第、上加斯科涅和很多其他区域，各种团体相互组织并协调他们本地民兵的行动，旨在让周边农村保持和平和安定。例如，在比利牛斯山脚下，1789年9月末，小镇拉沃尔与24个临近市镇共同签署了一份“联合协定”，它们将成立一个“联盟”去应对“肆意蔓延的、危害公共秩序的无政府状态所带来的灾难性后果”。协定所援引的事例不仅包括形式繁多的煽动性言论，还包括民众未能按时缴税的事实。在之后的几个月中，类似的运动也出现在从布列塔尼直到罗讷河谷的很多其他地区。[73]

随着时间的推移，这些联盟的动机和精神内核逐渐改变。它们的重点不仅放在了维护法律和秩序上，而且也放在了表达友爱和对革命和祖国的奉献上。11月，贝桑松的自卫军成员组成联盟；1月，瓦朗斯的自卫军组成联盟；2月，安茹和布列塔尼的自卫军组成联盟。在最后这次事
92 件中，演讲者们宣称从此以后他们“将不再是布列塔尼人和安茹人，而是法国人！”截止到春天，几乎全国的每一个角落都进行过联盟典礼。[74]旗帜招展，锣鼓喧天，为了给众多市镇领导展现盛大的阅兵，当地民兵被聚集起来。宗教频繁地在仪式中扮演中心角色：仪式中包括一段对旗帜的正式祷告，还有一段在教堂内或即兴在祭坛外演唱的弥撒曲。另外，也有爱国演讲、鸣炮致敬，还有自卫军成员拔出佩剑进行的庄严宣誓。宣誓中，一些人说出了他们的希望：“法国人民从此以后将有且只有一种灵魂。”他们宣誓保护人民的权利，维护法律与秩序，促进谷物的自由流

通，并在必要时刻消灭祖国的敌人。在这之后，包括妇女和儿童在内的所有在场民众将重复一遍誓言。整场仪式将以友好的握手和“文雅而友爱的贴面礼”收尾。这之后便是宴会、露天剧场、烟火表演以及持续到深夜的露天舞会。在整个法国南部，庆祝活动经常以欢乐的法兰多拉舞结束，自卫军成员、军官、士兵、神父以及大部分民众，男男女女手拉着手，跟随鼓点和各种民间乐器的伴奏，在城里歪歪扭扭地跳着。[75]

国民议会的代表们和巴黎市政长官们追随着在各省举办庆祝活动的热潮。1790 年 6 月 19 日，也就是网球场宣誓一周年纪念日的前一天，构建友爱同盟的热潮传到了国民议会。在一个极富戏剧性的晚间会议上——很多人将其与 8 月 4 日那个晚间相比——代表们投票废除法国的等级特权制度。对于大多数爱国者，包括一部分长久以来支持革命的自由派贵族而言，新法令达成了《人权宣言》的愿景，[76] 为一个真正平等博爱的共同体的诞生走完了最后一步。在接下来的夜晚，来自巴黎和凡尔赛的爱国者在布洛涅森林公园组织了一场盛大宴会，以庆祝他们对革命的博爱精神的支持和整个国家所有人民获得的自由。基于团结的精神，人们甚至向国民议会中被称为“黑党派”的保守派代表祝酒，向“贵族们的转变”祝酒。这是一种真正普世而又包容的博爱。[77]

7 月 14 日，巴黎出现的意义重大的节日庆典，被认为是对以往几个月中不同省份结盟运动的全国性总结。来自所有 83 个省份的下辖城镇的国民自卫军成员被邀请到首都参加节日庆典。带薪工人和无薪志愿者劳动了数个星期在巴黎西边的战神广场上建造了一个宏伟的纪念碑——一 93
个举民众之力建造的彰显友爱之情的标志。科尔森不寻常地花费很多笔墨来描述当时的情景：一队队码头工人、煤矿工人、假发制作学徒、学生，“成群结队的教士”，主宫医院的修女，以及来自社会各个阶层的妇女，“以男人般的力量和热情”，推着独轮车，铲起泥土。“这里弥漫着快乐、欣喜和满足的情绪。”[78] 从法国各地向巴黎进发去参加庆典活动的国民自卫

军成员们，自己也感受到了同样的热情。那个时代的旅行者描述了上百
94 名年轻人拥上通往首都道路的景象，他们中很多人之前从来没有离开过自己所在的城镇和村子，而这场有时需要徒步几百公里的旅途本身则意味着一种特权：他们是第一批真正与“国家”打了照面的人，此后，这将塑造一种新的认同。[79]

一些代表和市政官员担心，反革命势力可能会借节日之机发动政变。这一天，马和马车被禁止驶入街道，也不允许男人们携带手杖和棍棒。[80]但实际上，庆典进行得十分顺畅。在狂风大作和时有小雨的天气下，成百上千名群众忘情地欢呼，官员、士兵、自卫军成员，甚至是国王自己都宣誓效忠新宪法。在这一天，庆典活动不时被新近出现在城中的快活而又乐观的小曲儿打断：“Çaira！ Çaira！”——“会好的，一切都会解决的。”[81]在巴黎的结盟庆典和在全国各村镇的类似庆祝活动同时进行，并将持续一个星期之久。各地官员的创造性发明层出不穷：露天演唱的致祖国的弥撒；由乐队、铃铛和排炮合奏而成的音乐会；旗帜、烟火以及夜晚由火炬和蜡烛组成的图形；身着白衣的女人围着三色围巾，小男孩儿穿着国民自卫军制服站在密集队列中行进；那段时间出生的孩子受洗时往往取名“自由”和“战神－胜利”。[82]

很多法国人热切地期望，结盟节将革命带入尾声；受到国王支持并将很快被写入宪法的新政权，最终将让国家回归平稳运行；同时代人重新拥有了新时代，所有人都因此而变得更开心、过得更美好，国王、天主教和旧贵族在新政权中也将有一席之地。

然而，几周之内，这种和睦友好的氛围就烟消云散了。从夏入秋，最初几个星期以辩论为特色的国民议会，充满火药味儿的政治斗争将会加剧。很多重要问题亟待解决：国家债务、新货币形式和教会组织尚未确定，军队缺乏组织纪律，农民持续拒绝缴纳税款和地租。[83]尽管政权机关的权力真空随着新官僚机构的建立而消失，但合法性危机依然存在，

表现在重新建立公民纪律和划定自由和自治的界限上。即使在更加令人 95
激动的充满友爱之情的时刻，法国人民仍被外敌入侵和内部阴谋的恐慌困扰着。

很多在朝和在野的保守派贵族和教士其实对结盟节并不热情，因为它象征着国王对爱国议程的接受。让科尔森感到伤心的是，有那么多巴黎贵族，包括他所服务的那位贵族，拒绝参加结盟节并离开巴黎，因为他们甚至都不想看到“联盟”的存在。很明显，这些贵族并没有被国家所排除，而是他们自己排除了自己。[84]

1791 年前六个月，新出现的不安情绪将给国民议会的工作带来很大困难，并激化正在增加的怀疑和不信任感：初现端倪的宗教分裂，越来越多的贵族移居海外。比上述问题更严重的，则是国王路易十六想要抛弃以他之名建立的君主立宪制。

第四章

反革命势力抬头

从 1790 年末到 1791 年后半年，国民议会继续将精力放在起草宪法 96
上。随着旧制度的瓦解，民主和分权的精神传遍了法国各地，代表们遭遇了一系列让他们始料未及的问题和责任：农民暴动、国民自卫军内部冲突、工人运动以及军队哗变。1790 年之后，他们还面临着各殖民地有色人种和奴隶的叛乱，而这些叛乱的起因也与法国大革命所强调的自由精神有关。在巴黎，代表们发现他们处在各区和各种爱国协会和俱乐部日益壮大的压力之下。国民议会的一场大辩论可以让成百上千的男男女女走上街头，包围议事厅，挤满旁听席，在演讲期间嚷出他们的观点。但最困扰全国各地爱国者的，是各种形式的、试图阻碍或破坏革命的行动。如果不将这些反革命势力纳入考虑范围，我们将很难去理解革命精英们。

无疑，每一场大张旗鼓的革命运动都会招致那些原有社会和政治地位受到威胁的人，以及那些价值观念受到质疑的人的抵抗。法国大革命中，这种反抗最早可以追溯到 1789 年。尽管以拉法耶特和拉梅特兄弟为
代表的一部分旧贵族选择支持革命，但大部分旧贵族从根本上反对并公 97
开表达对革命的厌恶。他们所信奉的价值观念和新兴的革命文化截然不同。从他们的家庭出身和生活经历来看，他们仍然相信“社会应该是不平等和有阶层差异的”这种从根本概念上讲就存在“阶级歧视”的理念。

诚然，要在 1789 年确立一个统一的反革命政治立场有些强人所难。正如革命者那般，这些反对新政权的人将逐渐发展出一套清晰的意识形态，这种意识形态吸取了 18 世纪的很多想法和理念，并将它们拼凑在一

起为反革命行为提供合理化依据。和革命者一样，他们有时也会使用一些来自启蒙运动的元素。他们的文本中闪现着“理性”“自然”和“幸福”这样的口号，认为由激进者推进改变是极其不理性的，也只会导致混乱。他们也会援引卢梭的著作，但更喜欢采用这位复杂有时也自相矛盾的思想家的更为温和之理论路线。反革命运动也受到了 18 世纪晚期“反启蒙运动”的影响。几十年来，一群受到索邦大学、高等法院和法国教会支持的富有影响力的天主教辩护者们，猛烈地抨击启蒙运动中最著名的哲学家们的观点。其中最恶毒也是在反革命运动中被反复援引的攻击，是由原耶稣会教士巴里埃尔和其他作者联名发表在保守刊物《文学年鉴》上的一篇文章。在整个 18 世纪 70 年代到 80 年代，这几个人都在鼓吹存在这样一个阴谋：哲学家、新教徒和共济会一起密谋要推翻君主制，并破坏教会。此外，保守派贵族也受到旧制度下“游吟诗人文化”的启发——这些很大程度上被当代学者所忽视的历史故事和诗歌赞颂了中世纪的骑士们。保守派将自己打造成勇敢而受人尊敬的战士，誓将在这场圣战中为他们的国王和上帝夺回法兰西的神圣领土。[1]

这段时间几乎没有人表达不满，但在 1789 年 3 月一份由个别贵族撰写的不满声明，揭开了一个总体极端保守的组织的面纱：他们几乎反对社会制度的任何改变，并通常不愿意放弃其拥有的征税特权。然而，即使是由那些被派往凡尔赛宫的贵族，甚至有时候由那些健谈的少数自由派
98 贵族发出的更为人所知的不满，也要比平民发出的不满保守得多，尤其是对待社会问题上。[2] 的确，在临近革命的几个月，尤其是在杜瓦尔·德佩梅尼尔位于巴黎的“委员会”的影响下，这种反对逐渐变得理论化。凡尔赛宫的会议宣布开幕后，保守派的坚定分子此前一直宣称的——如果按照爱国庶民们的意见行事，他们所有的贵族特权都将受到威胁——毫无疑问为他们争取到了更多第二等级代表的支持。到了 1789 年 6 月，大概只有 1/6 的贵族代表支持爱国者的立场。[3]

革命开始后，爱国者和贵族之间显著的态度差异从辩论修辞的不同上就可见一斑。爱国者们被革新和“新公民”的概念所吸引，而贵族们则吹捧传统和文化遗产；革命者们起草了《人权宣言》，而贵族们坚持要有一个“义务宣言”。[4]很快就显而易见的一点是：许多反对革命的贵族，将以同革命者自身一样的信念和道德热忱去捍卫自己的立场。爱国者们宣誓“不自由，毋宁死”，而其反对者也明确表示，他们同样宁愿死去，也不愿接受旧制度和它所代表的价值观念被推翻。

贵族的反抗

巴士底狱陷落后几天，第一批持不同政见的贵族开始发动攻势。[5]他们中的很多人追随国王最小的弟弟阿图瓦伯爵，来到了在其岳父治下的皮埃蒙特—撒丁尼亚王国。9 月，年轻的伯爵已经组织起了第一个有着明确推翻革命政府的目的的反革命委员会。在接下来的 15 个月中，他们试图挑起各种形式的叛乱。在几乎对革命性质和内容完全不理解的情况下，他们以为所有最近发生的改变都是一小伙人强加于人民的，而他们自己振臂一呼，民众就会群起响应，欢迎旧制度的回归。他们很快制订了多起密谋，与身处朗格多克、普罗旺斯和里昂等南部地区的持不同政见者取得了联系，其大多数计划是为了“解救”身处巴黎的国王。第一起密谋发生在 1789 年底，很可能由国王的二弟普罗旺斯伯爵支持，事泄后，其同伙法夫拉侯爵被捕并遭处决。另一项更为雄心勃勃的密谋被安排在 99
了 1790 年 12 月，意图解救国王并在全国掀起一场大叛乱。但很快也被革命警察揭穿，并直接引发了数次逮捕行动。

这些早期“逃亡人士”的努力长期被阿图瓦伯爵与其他加入进来的大贵族之间的内部争吵所阻碍。很快，伯爵也和无意凭借自己小领地的力量推翻法国革命政权的岳父闹翻。1791 年 1 月，这一小群反革命分子被迫离开意大利，向德国北部进发，最终在莱茵兰落脚。在这里，这群人得到了来自查尔斯－亚历山大·德·卡洛讷的更为有效的领导。他是前财政部长，并很快成了伯爵的总理大臣。具有一定政治才能的卡洛讷开始与欧洲的一些主要国家进行协商，试图赢得他们的支持，向法国发起一场大规模反攻。这些反革命分子也组建了自己的反革命军——实际上是三支不同的军队，因为不同“逃亡”派系的斗争仍在持续。

现在看来，起源于法国以外的大部分早期反革命运动都蹩脚得惊人，甚至有些可笑。但是革命者们自己不敢肯定这些阴谋的范围有多大，影响有多强。毕竟，大贵族主导了法国社会几百年，他们设想能够和从前一样掌控局势的想法也是符合逻辑的。制宪议会很快就有了煽动起义行为的确凿证据。当代表们花费大量时间进行辩论的时候，关于这些密谋的消息被泄露给了公众，并不可避免地在巴黎和全国各地引起了恐慌。关于这类活动的流言引发了笼罩在首都街道的周期性恐慌。[6]

议会和民众也受到了来自公开的、在法国内部的反革命者的影响：保守团体公开反对、要求改进甚至试图打倒新政权。巴黎的爱国者们尤其注意到了公开反对的三种力量：国民议会内的反革命代表、反革命报刊以及种类繁多的保守派俱乐部。尽管保守主义和反革命之间总有一线之隔，但这三类力量的参与者很快都开始公开地对代表革命的一切进行毫不退让的反对。

100 对于国民议会中来自原先特权阶层的代表——即贵族们以及由主教们代表的“上层”教士和其他贵族教士——而言，1789 年的夏天总体上是令人痛苦的。[7] 三个等级的被迫结合，8 月 4 日的领主制度和什一税的废除，以及大多直接针对他们的群众性暴力活动的发生，都让他们十分沮丧，备受威胁。一大批贵族代表甚至在 7 月和 8 月离开了议会，一些人回到家乡和他们的选民进行协商，另一些人则计划着离开法国。[8] 短期来看，这些代表中的大部分选择顺应这些变化。毕竟，是国王下令让他们参与国民议会的。而议会的示好也在极大程度上安抚了他们的情绪——议会决定将尊重和保护他们的领主“财产”，并监督他们原先的仆从付清欠款。他们一度选择去接受新的游戏规则，并在这个制度下工作，试图减缓甚至逆转革命的步伐。很多人也努力在新的行政系统中为他们所代表的城镇争取利益，尤其在各省省会和各区治所的选择问题上。到 1789 年末，坚定的保守派贵族易尔兰·德·巴佐热表达了自己的愿望：“在新秩序下，我仍可以从事公务。”[9]

保守派和反革命代表们也开始组建政治性组织。[10] 与相对温和的“王政派”结成同盟之后，右派得以在议会中赢得了几个议席，在 1789 年秋季，他们有时能够左右议会两月一度的主席和秘书选举结果。让保守派的诸多派系团结一致的中心议题很可能是教会和教士的命运。贵族无疑包括了一部分自然神论者和离经叛道之人，但作为一个阶层，他们和天主教正统关系密切，并很快与议会中的大部分教士代表结成同盟。如果我们可以相信戈维尔男爵的言论，那么关于《人权宣言》中宗教宽容问题的讨论第一次将他们团结在了一起，并让他们一同坐到了议事厅的右侧。[11] 的确，这个联盟很快有了一个臭名昭著的称呼——“黑党派”，这无疑得名于其中数目可观的身穿黑衣的教士。十月事件后，议会迁到巴黎，反革命代表们开始在塞纳河左岸格兰斯—奥古斯丁的修道院内举行定期聚会，商讨辩论策略。他们当中涌现了一批捍卫自己观点的天才演 101
说家，其中包括莫里神父、卡扎莱斯爵士、雷诺·德·蒙洛西耶（Reynaud de Montlosier），以及富科·德·拉赫迪马里侯爵。其中尤其引人注目的是莫里——他用令人瞠目的辩论技巧，奚落爱国者，质疑了几乎每一个革命举措，预言这一场实践将很快失败并归于沉寂。

1790 年头几个月，一名代表这样描述两极分化的议会：“两支剑拔弩张的军队”，不断进行激烈的言语交锋。[12] 其中最富戏剧性也最激烈的一场辩论发生在1790年4月中旬，而且议题又是宗教问题。去年11月、12月的折中投票业已通过了卖出一部分教会的土地来偿付可能会将革命推翻的巨额国家债务的方案。然而，买卖的细节被故意处理得非常模糊——很多人也认为仅仅是教派教士的土地才会被卖掉。而现在，爱国领袖们要求拍卖几乎所有的教会财产。很多教士代表深感被议会背叛，认为此前自己曾获得过保留教会土地的承诺。在辩论当中，一位支持革命的教士代表，本着消除保守派恐慌的想法，倡议正式宣布天主教为国教。但是大部分爱国者代表拒绝了这个提议，认为这与宗教自由的准则不相适应。“黑党派”成员的愤怒爆发了，他们高举双手，慷慨激昂地宣誓以生命捍卫天主教会。[13]300多名保守派代表聚集在附近的卡普尚修道院，着手起草一份正式的抗议书，否认议会多数表决制的合法性，并在全国范围内分发了上千份传单谴责这个决定。尽管各省大部分爱国者团体都拒收了这份传单，但它的确激化了法国南部部分地区的天主教—新教的紧张矛盾。[14]在爱国者看来，这个策略是少数保守派意图激起暴力反抗革命的明证。

发生在1790年4月的事件标志着很多贵族代表在议会中的态度第一次发生转折。易尔兰对这个决定大发雷霆，并越来越觉得和议会的政治合作是不可能实现的：“这是对辩论、理性和语词的多么不可思议的滥用！”写到这里时，他指出这个决定对他而言是对天主教信仰肆无忌惮的攻击，“这世上从来没有人做过这样的事情”。[15]对于像易尔兰这样的贵族来说，更加让人沮丧的是议会紧接着在6月19日通过决议：完全废
102 除贵族等级制度。无论对于爱国者而言这是多么激动人心的时刻，报复无疑也是使决定通过的一大原因：他们报复贵族们在4月份对多数表决制的反对，报复贵族们对几乎所有革命措施坚定不移地反对，报复在旧制度下贵族长久以来的傲慢和优越感。“最终我们复仇了”，一位庶民代表写道，“为我们不得不忍受的这些傲慢小爵爷们的羞辱”。尼古拉·吕奥

描述了巴黎人民的反应："人们为废除贵族等级制度的法令欢欣鼓舞……因为他们受够了这些贵族傲慢无礼的姿态。""这种报复情绪"，他继续写道，"并没有因此而结束"。[16] 爱国者们在去年夏天所表现出的耐心和妥协到现在已经基本上不存在了。

可以想见，许多贵族心中燃起了熊熊怒火。一些从未在议会发过言的贵族代表站出来充满激情地提出抗议。他们宣称，贵族地位事关血统和"出身"。议会竟然废除了上帝赋予贵族的特权和优越地位，这种行为无比荒唐，也让他们备受折辱。富科·德·拉赫迪马里"奋不顾身"地抗议道，这个法令推翻并毁灭了一切，并将在各种情势下引发民众骚乱。而对于迪斯卡赫伯爵而言，"在这个世界上，没有哪种权力可以阻止我将仅由上帝授予的贵族头衔传给我的继承人"。[17] 在接下来的一个月中，上百封来自全国各地的贵族抗议书涌进了保守派的舆论阵地，谴责和驳斥这项法令。尽管大部分原来第二等级的成员已经完全被劝服放弃他们理论上可以获得赔偿的领主权，但他们的底线是贵族地位的"荣光"。因此许多人不再参加会议甚至完全退出了议会，宁可选择逃亡也不愿留在一个被革命者主导的国家。[18]

1790 年夏天过后，国民议会中的反对声音逐渐平息，但在保守派的舆论阵地，剧烈的反对声一直持续到君主政体末期。[19] 正如爱国者报刊一样，在巴黎有 8—10 个体裁、版式和政治立场各异的右派期刊。其中有比较古板和温和的《法兰西信使》，它与议会中的王政派立场相近；有着绝妙讽刺风格的《使徒行传》，由一群保守派撰文，其中很多撰稿人是 103
议会代表；另外还有一系列比它更加尖刻的刊物：法米扬创办的《巴黎公报》；若埃如神父创办的《国王之友》，以旧制度刊物《文学年鉴》的继承者自居；以"小高缇耶"闻名的高缇耶·德·西欧奈创办了《城乡记闻》。这些刊物的作者构成复杂，其中几位来自旧制度下的"寒士街"，而"寒士街"也培育了大量的爱国记者。他们中的大部分人开始是支持革命的。

但不管是真心皈依还是觉得为反对派报刊撰稿有利可图，在十月事件之后，他们很快成了右派。在1791年，反对派报纸宣称他们在巴黎和外省总共有10万份的订阅量，以及数量更为可观的读者。可以确定的是，其读者大部分为从前权贵阶层的贵族和教士，其中大概有1/5为女性读者。

在1790年上半年之前，保守派记者都将革命描述为一场彻底的灾难。他们认为尽管革命话语充斥着理性和逻辑，但具有悠久历史的机构被捣毁，其工作人员被杀戮和由此造成的混乱，以及四处蔓延的残忍和刻毒，都拜革命所赐。事实上，恰恰是那些关于自由和平等的理念才极其愚蠢，因为“不平等是这个世界所固有的”，而且“从属关系是社会的基本关系，也是人类社会的灵魂所在”。[20]不受管理的庶民只是凶残的野兽，想要拯救法兰西，核心要务是完全恢复国王的权力并充分认识到庶民自治是不可能的。对于《国王之友》的撰稿人及一些记者而言，革命和人民主权完全无关。援引巴里埃尔神父在革命前的预言，他们宣称革命只是一小群哲学家、新教徒和共济会员的杰作。很快，一些反对派报纸不仅开始攻击革命，而且积极鼓励推翻革命。他们要求其他欧洲国家入侵法国并推翻雅各宾派——他们通常如此称呼“宪法之友”——且积极鼓励逃亡贵族们参加反革命军队。彬彬有礼的老骑士形象经常被拿来宣扬这场斗争：他们是“出发去夺回先辈土地的圣战者”，《巴黎公报》这样描述道。从前那些声名显赫的战士而今也被没完没了地搬出来，如杜·盖克兰、贝亚德和蒂雷纳。[21]虽然，有那么几次，巴黎民众进攻报社并殴打了对
104 革命提出强烈斥责的编辑们，但在大多数情况下，对出版自由的保护占了上风，保守派报纸一直被允许发行到1792年8月，直到君主制宣告结束。

最为激进的保守派记者的言辞之暴力，轻轻松松就可以和马拉和弗雷龙这样极端革命者的暴力言辞不相上下：他们都对个人进行残忍的人身攻击，都呼唤复仇和流血运动。“人得有勇气去认清事实，”小高缇耶写道，

“法兰西在浴血后才能重生。你得抓住命运的铁剑，但这把剑可不认什么王国或是革命。”[22] 正如那些极端爱国者一样，他们把其政敌描绘为嗜杀成性的“怪物”，准备炮制一个新的圣巴托罗缪之日——圣巴托罗缪大屠杀指 16 世纪晚期巴黎对新教徒的屠杀。爱国者们和反革命记者们很明显读过对方的文章，[23] 他们相互竞赛，相互攻击，两边都发展出一套摩尼教的二元逻辑，将他们的政敌妖魔化和非人化。极端报社之间越来越激烈的语言暴力预示着很快将爆发席卷全国的暴力冲突。不管怎样，极右报刊在让爱国者意识到反革命威胁的存在及其危险性上，发挥了巨大作用。“支持贵族制、保卫王权以及反对爱国者的小册子比以前更多也更来势汹汹了，”吕奥在 1790 年初写道，“内战的种子已经在民众心中埋下。上帝保佑，不要让人们付诸实践！”[24]

对于保守派俱乐部而言，它们中的大部分严格来说都不是反革命的。例如，巴黎的“君主宪法之友俱乐部”，正如其名字所暗示的那样，倡导在宪法框架内赋予国王更大的权力。然而爱国者们很快就起了疑心，尤其是在了解到其成员由原权贵阶层主导，并开始向贫苦人民做慈善之后，因为这被认为是为博取民众支持的阴谋。代表勒让德担忧道：“在一个看似正当的名头下，一群群贵族正在集会密谋。”[25] 巴黎的很多普通民众显然也认同这种观点，很快，一群民众袭击了俱乐部，并强制其关停。

然而，有着不同背景的保守派在咖啡厅、成员家中或在杜瓦尔·德佩梅尼尔、迪斯卡赫夫人或是布维尔爵士的“沙龙”中继续着他们不那么公开的碰面。实际上，布维尔是所谓法兰西沙龙的首要组织者之一，而这个沙龙很快成了坚定反革命派的聚居地。它似乎成立于 1790 年春， 105
并有曾在议会支持确立天主教为国教这一失败决议的代表参加。正如雅各宾派一样，很快就有大批非代表成员加入该组织——有报告显示其成员多达 600 人。除了组织对国民议会法令的一系列正式抗议活动，在布维尔的协调下，沙龙也与阿图瓦宫廷以及在德国的逃亡者建立了通信联系，并很可能参与了早期试图让国王逃出巴黎的阴谋，也有可能参与了1790年末东南部那场失败的起义。它也成为1791年2月28日国王生命受到威胁的谣言传出后，年轻贵族们拥向杜埃勒里宫前的聚集点。几个月后，随着其大部分成员移居海外，法兰西沙龙在很大程度上停止了定期集会。之后，留在巴黎的那一小部分成员组成了法国最早的情报网络之一的中坚力量。它秘密地将有关革命情报——有些时候不太可靠——传送给在意大利的昂特赖盖伯爵，再由其将上述情报与外国势力分享。这个情报网由在旧制度下有着丰富秘密工作经验的原詹森派的皮埃尔－雅克·勒梅特领导，直到1795年大恐怖时期之后才被警察发现，停止工作。[26]

最后一根稻草：宗教

大革命的宗教政策不仅仅在保守派代表中引起了不满，也在更广大群众中引起了不满。拒绝将天主教立为国教，给予新教徒和犹太人平等权利，以及选举一位新教牧师（拉布·圣－艾蒂安）作为国民议会主席，这些举措都将招致抗议。在朗格多克和阿尔萨斯等有大量非天主教信徒的省份，很多天主教徒认为路德和加尔文的信徒已经控制了议会。1790年，这种恐慌在南部蒙托邦和尼姆演变成了宗教暴力事件。发生在尼姆的冲突尤为严重，造成了三百多名天主教支持者的死亡。同年8月，作为尼姆惨剧的回应，信奉天主教的两万名国民自卫军成员在朗格多克北部的贾雷斯高原上聚集，其参与者效仿爱国者们的“结盟”运动，将帽
107 子上的三色帽徽替换成了红色十字。然而，这场集会并不是团结和协商的表现，仇恨和意欲复仇的暗流不断涌动。在接下来的一周，贾雷斯联盟的几位领袖与阿图瓦伯爵以及逃亡者军队建立了联系。[27]

大概在同一时间，另一种完全不同的宗教和政治力量，在接近罗讷

河口的教皇飞地引起了一场公开内战。这场内战的冲突双方是阿维尼翁所支持的法国革命同情者和居住在周边城镇的教皇支持者。这场冲突因为阿维尼翁阵营内部天主教温和派和反教会权力的激进派的争斗而变得更加复杂。1791 年 10 月，超过 60 名信奉天主教的居民被极端激进者残忍杀害，并被抛尸于教皇宫殿的格拉谢尔塔中。“格拉谢尔屠杀”成了一个巨大丑闻，在国民议会和全国范围内被热烈讨论和强烈斥责。[28]

当国民议会通过对天主教会进行重组的法令，即《教士公民组织法》（颁布于 1790 年 7 月 12 日）之时，某些省份的宗教形势已然十分紧张。尽管代表们坚称他们无意将手伸向天主教信仰本身，但他们改组教会结构的举措可以说是非常激进了。在废除了教派教士、宣布出售大部分教会土地之后，他们现在又废除了所有不直接负责圣典的教士的职位——教区教士、专职教士以及非常驻的领圣俸人员，都在领取小额养老金后退休回家。主教和教区的高级教士都变成了“公务员”，从此之后由国家支付薪水，由辖区民众选举产生，不再由罗马教皇任命。主教教区的边界依照行政区边界进行了重新划分——因此废除了超过 50 个主教辖区及其主教；主教的圣俸被大幅度削减，而在不远的将来，主教将从教区教士而非从前般从势力庞大的贵族家庭中选出。同样激进的是，代表们仅仅将新的法律通知了身在罗马的教皇，而没有请求他的许可和祝福。[29] 在 16 世纪宗教改革之后，还没有一个欧洲国家敢于单方面在教会进行如此彻底的改革。

局势在 1790 年末变得更加复杂，国民议会投票通过一项规定，所有的“教会公务员”必须宣誓效忠新宪法，包括《教士公民组织法》。一小 108
批教士开始公然抨击改革的某些部分，而代表们也愈加不耐烦起来。“对这些人（教士们）很难有恻隐之心，”泰奥多尔・韦尼耶，一位年轻时曾考虑进入教会的代表写道，“我们曾对他们宽容过，但现在，是时候去了解这些人到底尊不尊重这个国家了。”[30] 事实上，立法机构在 11 月通过的这个规定，针对的是主教这一群体。规定通过时他们本以为会激起教士的强烈反对，不过，很快就发现大部分教区教士也是国民议会代表，因此他们中的大部分都会对此表示遵从。而且，任何拒绝“单纯而无条件”进行宣誓的教士都将被从他们的岗位上撤下。

1791 年初的几个星期中，法国全境的教士都被迫站在圣坛上，举起右手，进行庄严肃穆的宗教宣誓。当有两位主教拒绝宣誓时，政治领袖们毫不意外；但当五万名教区教士中的接近半数都拒绝宣誓时，他们震惊了。事实上，教区教士和他们的助手在宪法及其对教会的意义上，存在很多歧见。他们中有很多人热情地接受了革命立法机构，相信新的法令将给天主教的精神复兴带来必要的改革；而另一些人则认为在没有将其限定在民事范围的情形下，他们不会宣誓。国家必须尊重宗教事务的独立和神职人员对罗马教宗的忠诚。这个决定也因普通信徒施加在教士身上的压力而变得更加复杂。在一些地区，宣誓典礼演变成了一种关于是否尊重所有革命政策的公民投票，尤其是对那些在当地宗教文化下很难被领会的政策。教区居民的积极参与也许可以解释宣誓过程的地区分歧。例如，在以新教徒为主的朗格多克和阿尔萨斯，很多天主教徒相信革命者在强迫他们成为加尔文教徒或者路德教徒，故而可能会攻击任何试图宣誓的教士。同样地，在王国边境的大部分地区——从布列塔尼、诺曼底、安茹、西边的普瓦图一直到北部边境省份洛林、弗朗什—孔泰以及一部分的比利牛斯地区——教士们经常被鼓励不要去宣誓。旺代省——这
109 也是 1793 年大规模反革命叛乱的发生地——的第一场群众性反革命抗议就可以追溯到这个地区的宣誓仪式。相反，在整个大巴黎盆地以及中部、西南部和东南部的一大片省份，教士和教区居民基本上都支持宣誓。在这些地区，当地居民甚至会对拒绝接受新法令的教士动武。[31]

巴黎的爱国领袖们，对宣誓过程、教区居民的施压，以及精妙的神学理论等复杂情形几乎毫无了解。对他们而言，宣誓实质上是一个政治

性而非宗教性的仪式，他们对“不听话”地抗拒这一措施的教士行为大为不解。1791 年上半年，没有其他内容如此这般地占据着代表们同家人和朋友的通信。在几乎每一封信中，高缇耶·德·比奥扎都就宗教危机进行了长篇论述。在他的家乡奥弗涅省，许多教士拒绝遵从法令，其中一些还是他的朋友，他对此感到十分痛苦。他整理了所有支持宪法的论述，找出了教士拒绝遵从法令的两种可能的原因：“恐惧的作用”和“出于良知的小心翼翼”；他对教士们仍抱有一线希望，期待他们很快改变想法并承认新法令的好处。弗朗索瓦 – 约瑟夫·布歇特并不是唯一被迫与反对宣誓的家庭斗争的代表，他的姐姐一直将他支持宪法的行为指责为“缺乏信仰”。[32]

与议会代表们相比，各省官员对这些不服管教之人的态度只会更不耐烦。对他们而言，基本事实十分明显：教士拒绝遵守宪法，这表明了他们的反革命立场。而这个局面在一小撮教区教士的行为下急剧恶化。他们积极地为自己因拒绝宣誓而即将面临的被驱逐出教区的境况进行争辩，他们攻击“宪法派”教士，认为这些教士是被派来取代他们的亵渎神明的入侵者，这些人所主持的圣礼非但没有效力，还会使教区民众的灵魂罚入地狱。他们也被认为可能利用布道和忏悔的机会抨击国民议会和革命本身，尤其是在那些大部分教区教士拒绝宣誓的地区，当地官员十分震怒，并担心教士之举会降低他们的权威，并破坏新政权的合法性。官员们开始着迷于这部分教士和反革命分子之间可能的联系。他们知道有 110
几名主教逃到国外，并与逃亡到莱茵河对岸的王子们建立了联系；他们也知道是这些人将教士们批判宪法和最近任命的主教的信件偷运入境；他们还知道反动刊物要求对革命发动“圣战”，以拯救“真正的信仰”。

最初，在宗教自由的名义下，大部分国民议会代表支持宗教宽容政策。主张将不听话的教士晾在一边，甚至在他们不介入政治、不破坏稳定的情况下可以被允许主持圣礼。但很多地方的政府拒绝接受来自中央政府的这种立场：在他们看来，议会代表们对现实操作中的问题毫无概念。在广大农村，这些教士被视为一切骚乱和反对意见的秘密源头。“他们将很快建立一个影响力超过良好公民的小集团，”埃纳省的官员们写道，“以此来使谨慎小心的民众们产生恐慌。”[33]很多省份都签发了如雪片般的众多政令，要求所有不服管理的教士迁出他们原先的教区，或迁到那些国民自卫军可以监视他们的市镇，甚至还出现了几个教士被囚禁的事件。到 1792 年，至少有 28 个省份签署了这样的政令，而这些政令在技术上均为非法。尤其是在法国西部、阿尔萨斯－洛林、中央高原地区，教会危机造成了爱国城镇居民和十分保守的农村居民之间更为严重的两极对抗。[34]这次发生在天主教内部的分裂将持续十余年，并使群众对革命的总体态度发生重大转变。

逃亡潮

在教士们对抗《教士公民组织法》和宣誓活动时，法国贵族们发现自己正处在一系列大伤脑筋的两难困局之中。他们中的大多数——可能包括数十万人——还生活在各地的乡间城堡或城镇别墅中。和他们的平民邻居一样，他们最初也试图对凡尔赛和巴黎正在发生的事情进行了解。根据现存的通信资料，他们中的很多人被革命事件搞得不知所措。他们认为自己被围攻了，因为他们关于社会的基本认识被猛烈抨击，就连他
111 们自己甚至也变成了怀疑和憎恶的目标。1789 年夏天，住在朗格多克北部乡间别墅的玛丽－亚历山德拉·黎思乐桦夫人，被焦虑困扰着。当地农民的起义以及人们忽然拒付租税“使我彻夜难眠，抽泣、哀叹和祈祷，连日不绝。我被这些阴暗又可怕的怀疑弄得惊慌失措”。他们为讨好新“主子”而感到恐慌和屈辱，因为这些人中很多都是“社会的渣滓”。“只有

贵族，”生活在阿尔萨斯的施洛芬伯格男爵夫人悲叹道，“才不得不强颜欢笑，保持沉默，上交所有被命令上交的东西。不然，他们就会被冠以‘地主’的名号，并被由一个裁缝、一个屠夫、一个木匠和两个农民组成的，以统治贵族为乐的村级议会屠杀。”[35]

很多贵族家庭选择尽自己所能蛰伏起来，隐居在乡间或城市，以宗教来自我慰藉。[36]但对于年轻贵族而言，蛰伏不在他们的选择范围内，他们受保守派报纸、现役军队中军官间的谈话、逃亡国外的贵族的信件等鼓动，越来越多的人产生了逃亡和武装斗争的念头：毕竟自己曾接受过作战训练，更何况推翻革命这一恶魔的统治，值得以生命为代价去抗争。到 1790 年末，在巴黎街头公开表示“希望迅速地开展反革命运动”的贵族数目之多，使英国大使高尔伯爵都为之震惊。很快，反动刊物《巴黎公报》发表了宣誓为解放法国“付出生命”的军官的“神圣名单”。[37]

法国贵族的逃亡活动可大致分为几轮。第一次大规模逃亡开始于 1789 年夏，阿图瓦伯爵和其他宫廷贵族在这期间翻越国境线逃亡。第二次逃亡高峰是在 1790 年 6 月国民议会废除贵族制之后，对很多贵族而言，这一法令的颁布意味着他们与革命的决裂。最大的一次逃亡潮发生在 1791 年夏季至秋季。该年 6 月，全部军官——他们中的绝大多数是贵族——被强制宣誓效忠宪法，这一宣誓和几个月前教士群体的宣誓别无二致。很多军官已经对大革命非常不满，几个月来，他们不得不面对不听号令的军队：越来越多的士兵参加革命俱乐部，并有时公开反抗指挥官的 112
命令。正在他们斟酌是否应该宣誓之时，却获悉国王自己正尝试逃离巴黎、逃离法国。综合来看，要求宣誓和国王出逃引发了新一轮的逃亡潮。[38]

对于那些正在军队服役的贵族，离开法国相对容易。他们中的很多驻扎在边境附近，只需要骑行一小段距离就可以跨越国境，而且，大多数服役贵族相对较年轻，也没有结婚，因此没有很重的家庭负担。根据一项估计，截止到 1791 年末，约 3/4 的军官已经选择弃职。大概在同一时间，驻扎在布雷斯特的约相同比例的海军军官没有归队。[39] 居住于王国内陆的贵族们，感受到了巨大的逃亡压力。“那些还留在国内的军官，”拉·塔·迪潘侯爵夫人回忆道，“收到了来自已经逃亡的军官的信件，指责他们懦弱，对王室不忠。”关于勇敢忠诚的骑士应顺应天命、保卫国王和教会的话题越来越多地出现在每一封信件中，也出现在法国贵族间的每一次谈话中。很多年后，安托万－克莱尔·伊博多生动地描述了他在 1791 年离开普瓦图时遇见的贵族们：“他们把自己想象成了年迈的、凭借荣耀之翼启程的‘圣骑士’，吹嘘自己很快就会如雷霆般回归，促使爱国者们就此醒悟。”[40]

但那些年老的贵族和那些从未在军中服役，或已经退役多年拖家带口的贵族，下决定就没那么容易了。阿尔萨斯的巴比耶家族，正如大多数地位更低微的贵族一样，单单因为经济原因而放弃了逃亡计划。男爵夫人向她已经居住在奥地利境内的儿子解释道，他们所拥有的仅仅是地产，一旦逃亡他们将失去一切，再无经济来源。“我们别无选择，只能将未来交给上帝，耐心等待祂的指示。”然而很多贵族认为，不管经济和家庭状况如何，都必须要离开。梅德尔夫人描述了在普瓦捷附近的情况。作为一位退役军官，她的丈夫需要做出艰难的决定：“除了他们之外，甚至是那些最明智的人都被这种逃亡潮所裹挟，无人能够幸免。逃到国外后，他们一贫
113 如洗，悔恨万分。有 3/4 的逃亡者抛妻弃子，置田产于不顾，并因此而倍感忧愁。”梅德尔的丈夫最终也选择逃亡，直到她 1799 年去世，丈夫都在远方为反革命势力而战。[41]

到 1791 年末，至少一万人离开了。他们来自法国的各个地方。讽刺的是，在几乎没有受到教士反叛潮波及的地区，大量当地贵族也选择了离开。[42] 国民议会以及随后的立法议会的代表们不断收到大量贵族取道巴黎去往边境的消息。截至年末，超过半数的曾在第一届议会中任职的贵族已经逃离了法国，当中绝大部分投身于莱茵河沿岸日益壮大的反

革命队伍。[43] 易尔兰·德·巴佐热，这位过去从未参过军，甚至从未扛过枪炮的贵族，在此时沦为反革命军队中的一名普通士兵。[44] 法国民众，尤其是革命领袖们都注意到了这波逃亡浪潮，也都隐隐感觉到了它的可怕。许多贵族从收拾行装、离开其各自居所，到穿越首都一路向西直达德国的路途中丝毫不掩藏他们的真实意图。[45] 此类行径均显著地表明由贵族阶层主导的反革命势力不断壮大，并随时可能卷土重来挫败当前如火如荼的革命。同时，这也引起了大环境对于隐藏在幕后，仍在法国国内的，未表态的贵族们的无差别怀疑，他们中的任何人都有可能与境外贵族里应外合，并策划对当前革命不利的内部起义。

国王出逃与 1791 年“恐怖”

与法国全境正因教士反叛、贵族出逃而倍感焦灼同时，一个惊人的消息不胫而走：法国国王路易十六消失了，他被认为可能已经逃往境外。1791 年 6 月 21 日，不光是路易十六本人，甚至整个王室家族都离开了杜伊勒里宫，不见踪影。

路易十六长期以来深受革命所困，他无法接受旧制度和王权就此分崩离析。路易的一位幕僚在回忆录中写道——如果这份材料可信——国王与革命者的妥协和合作仅仅是假意，实则在等待这一尚在襁褓中的新政权因其不现实的行动纲领而自行崩溃。[46] 早就坚持出逃方案的王后玛 114
丽·安托瓦内特此时该是松了一口气，这位奥地利公主早在 1789 年就极力劝说路易十六离开巴黎。1790 年末，她和情人“朋友”——瑞典伯爵埃克瑟·冯·费尔森——为国王制订了严密详尽的出逃计划，目的地是奥地利。路易十六起初极力反对出逃，一方面担心王室成员的安全，另一方面因其生性犹豫而迟迟无法下决断。直到 1791 年春天，他才最终采纳了这一意见。路易的惶惑有迹可循：他对《教士公民组织法》极为不满，经幕僚极力劝说才勉强同意通过；同年 4 月 18 日发生的一起事件让他的愤怒到达峰值——连同其本人在内的王室成员被巴黎民众团团围住，致使前往圣 - 克鲁城堡过复活节的计划泡汤。在这一事件中，民众怀疑路易已同倒戈的教士合谋，出游圣 - 克鲁也被怀疑是出逃的幌子。反对旧制度的行动层出不穷，使路易如临四面楚歌之境，尽管如此，他仍存幻想：以巴黎为大本营的一小撮极端的雅各宾派成员只是暂时控制了国家政权，只要他去外省，绝大部分民众仍然会支持他的统治。

出逃发生在 6 月 20 日至 21 日夜里，起初进展非常顺利。出逃的目的地是东北部边境，在那里，路易十六将受到布耶侯爵军队的庇护。同时，驻扎在边境的奥地利军队也蓄势待发，准备必要时随时支援国王。在费尔森伯爵的帮助下，国王、王后、他们的两个孩子以及一小撮随从成功地从王宫秘密逃出，并离开了监视严密的巴黎。当天黄昏，他们已经到达东北部香槟区的平原，一行人假装成俄国贵族，坐在由两名护卫骑马护送的两辆大篷马车里一路驰骋。尽管有几次国王被路人认出，但由于觉得兹事体大且难以置信，因此没有做出任何阻拦举动。然而由于各种原因，出逃的马车在路上耽搁了数小时，负责接头的部队以为国王并未前来所以撤退了。

当晚近 8 点，当国王一行行进到洛林大区边缘的圣梅内乌勒镇时，被再次认出。这一次的目击者是曾在凡尔赛担任骑兵的边境驿长德鲁埃。行迹败露后，国王一行仓皇驾车逃跑，德鲁埃立即通知市镇议会采取行
115 动，与此同时，德鲁埃本人和一名随从快马加鞭赶上并控制住了车队。在瓦雷纳，德鲁埃和随从成功聚集起了一群义愤填膺的爱国者和国民自卫军成员，在他们的包围下，路易十六夫妇最终被迫停下脚步。当天晚上，路易十六和市政官员进行了漫长的谈判。但在民众的施压下，尤其当代表制宪议会的信使也到达当地后，路易一行不得已只好调转方向，在数

百名国民自卫军成员的陪同下返回巴黎。当车队进入巴黎时，成千上万的围观民众挤满了巴黎街头，现场死一般寂静，民众甚至没有脱帽致敬，对这位出逃国王的不满溢于言表。

此后三周，国王和王后被软禁在王宫，制宪议会的代表们焦头烂额，急于寻找一个万全之策平息此次危机。他们不再一厢情愿地认为国王是 116
被“绑架”，尽管一些人在最初坚称如此；但同时他们又对未来的不确定性感到恐惧，尤其是在处置王室和废立宪法这两件事情上更是如此，毕竟在过去近两年间，在王权领导下的宪法编纂工作已经进入正轨。最终，大多数代表说服自己相信路易十六又一次受到谏言者的蛊惑。7 月中旬，制宪议会投票通过继续起草宪法的决定，并将这一议案提交给国王。他们设想如果路易十六签字同意并遵守这一承诺，他也将继续保有统治权。如若不然，议会将设立摄政机构，直到路易十六年幼的儿子在革命派导师的教导下有能力继承王位。

这一决定引起了保王派和部分保守人士的不满，他们认为制宪议会管得太宽、僭越王权：国王本人有权根据其个人意愿出行，而将国王本人软禁在杜伊勒里宫是对神圣王权的极大冒犯。保王派出版物狠批制宪议会，其中一份出版物更是号召有志者代替国王夫妇充当“人质”。数百名旧贵族言辞恳切地上书，希望“牺牲自己”以换取路易十六和玛丽·安托瓦内特的自由。[47]

但对大部分法国爱国者而言，国王出逃的企图所带来的震惊久久未能散去。在制宪议会，全国各地民众的信件蜂拥而至，无一不表达着他们的极度震惊。此前鲜少关心政治的彭博里夫人在信中这样描述家乡布列塔尼的景象：“在这里，就像其他地方一样，我们被这个可怕的消息震惊了。每个人在感到后怕的同时在心里不停地问自己‘如果国王真的逃出去了会怎样’‘他为什么要逃走’‘之后的形势会如何发展’。这个消息影响之大震惊了每一个法国人，就算是平日里不关心政治的人也都夜不能寐，思考着局势，也思念着革命以来失去的朋友。”[48] 在大约一个月的时间里，路易十六被软禁，制宪议会迟迟未能得出统一的解决方案，而整个法国，上至市政厅和地方议会，下至民间团体和临时成立的公民委员会，都在激烈讨论他们各自面临的形势。爱国民众尤其愤慨，在他们眼中，国王出逃无疑传递了这样一种信息：路易十六并不承认他过去通过的、宣誓遵守的一切革命法令。许多民众相信如果国王出逃成功，紧接
117 着他们将看到外来势力的强力干涉和革命的胎死腹中。路易十六在全国民心骤失，对国王本人的刻薄辱骂乃至将国王描绘成猪、傻瓜、酒鬼的讽刺漫画一时间充斥了整个法国。在制宪议会收到的数百封信件中，国王被描绘成了背弃宪法神圣承诺的叛国者和欺骗者。许多民众宣称他们此后唯制宪议会马首是瞻，不管议会决议如何都将无条件拥戴。相当一部分人甚至表示他们乐于看到路易十六被废黜。更有甚者，一小部分人主张废除君主制、建立共和国。地方议员高缇耶·德·比奥扎在信件中承认收到了奥弗涅地区民众的大量来信，信中均强烈要求“将路易十六以叛国罪论处”。[49]

当然，最为戏剧化、组织最为严密的对国王的声讨发生在巴黎。[50] 在路易十六出逃失败后的几天内，以科德利埃俱乐部为首的数个民间团体在巴黎大街小巷组织了声势浩大的游行示威，数千名男女手挽手，大声呼喊他们的诉求：废黜国王，建立共和国。很快，众多媒体工作者如雅克·布里索、路易斯·盖拉里奥、让-保尔·马拉和前任孔多塞侯爵都参与到声讨活动中，支持民众对建立共和国的诉求。出乎他们意料的是，制宪议会非但无视他们的请愿，还决定如果路易十六签署通过宪法就“不计前嫌”。鉴于此，示威者计划于 7 月 17 日在战神广场集中请愿示威。成千上万的巴黎民众在这个温暖和煦的周日下午齐聚广场，一部分人签署了要求“建立新政权”的请愿书，另一部分人则是静观其变。大部分议会成员在此刻敏感地嗅到了动荡的前兆——民众在极力推动一场剧烈

变革的到来——最终失去了耐心。时任巴黎市长巴伊和巴黎市政厅向议会施压，后者随后宣布紧急军事戒严。大批国民自卫军成员被派遣至战神广场平息示威活动，愤怒的民众则向他们投掷石块。而自卫军，出于恐惧或愤怒，向人群开了火，随后又出动了装备有刺刀的骑兵。数十乃至上百名平民在混乱中被枪杀、刺杀或死在马蹄的踩踏下。此次流血事件恰好发生在 1790 年结盟节庆典活动一年之后，地点也相同。

第一次，议会中大多数爱国代表为国家主导的暴力行径背书，他们 118
强烈要求驻扎在巴黎的军队以武力平息这次动乱。在之后的整个 7 月到 8 月，代表们极力推行镇压法案，这被认为是迈向恐怖统治的第一步。[51] 议会的监督委员会加大力度继续追捕意图分裂国家和挫败革命的反革命分子；而对于另一拨“企图挑战议会权威”的“共和派”，议会同样没有放松警惕。紧急戒严一直未被解除，官方在巴黎全城大肆搜捕可疑人员，许多人甚至未经起诉就被逮捕入狱。国民自卫军和便衣警察接到指令，在大街小巷夜以继日地巡逻并阻止任何示威或集会。新闻审查陡然加强，达到了 1789 年初以来的高峰。大量出版人和记者——不论他们来自保守派阵营还是激进派阵营——被逮捕入狱，抑或是被迫隐姓埋名，法米扬、马拉、德穆兰和盖拉里奥均在此列。许多温和派议员打着“一石二鸟”的算盘：既希望平息动乱和永久消除其后续影响，又希望顺道排除异己，使异见团体再无质疑议会政策的可能。

这种以官方为主导的暴力镇压行动不光发生在巴黎，就连地方政府也采取了类似措施，而且其残酷程度较之巴黎有过之而无不及。身份未明的旅人、转发煽动性言论的民众……任何“看似可疑”的个体都有可能被逮捕且未经起诉就下狱。所有与可疑人员相关的往来信件都将被监督人员拆阅，以期从中发现能定其罪的证据。在地方政府主导的“排除异己”行动中，首当其冲的是反叛教士和旧贵族。在过去的数周里，地方政府已经被教士的反叛问题搞得焦头烂额，而国王出逃的消息也触发了新一轮贵族外逃潮。各地的国民自卫军和警察倾巢而出，在全国范围内搜查私宅和宗教场所以阻止任何可能造成社会动荡的活动；不服从管理的教士被包围，哪怕他们从未参与煽动社会不稳定的活动。在一些地方，贵族成员甚至被软禁在私宅中，或是被圈禁在特定的城镇。一封从利摩日市政府寄往议会的书信描绘了当时的情境：地方官员们抱怨数量庞大
119 的退休官员和王室护卫成员取道他们的城市前往巴黎——他们中的许多人随身携带着来自莱茵河对岸逃亡贵族的信件，信件中不乏激烈的言辞，鼓励这些人团结起来反抗，否则将蒙受“莫大的耻辱”。总体而言，正如利摩日市政官员所说：“我们的贵族和那些不安分的教士愈发胆大妄为，他们是革命的绊脚石。”[52]

另外，路易十六出逃的危机还造成了雅各宾派内部的极大分化。实际上，早在 1791 年春天，大部分雅各宾派议员眼见激进立场难以为继，就已经趋向温和态度并打算促成革命平息。正如激进派议员巴斯奇亚・德・穆格里耶在 5 月末所说：“是时候走向缓和了，专制的时代已经成为历史。我们现在必须在全体民众中求同存异，在团结和平的基础上走向自由。”[53] 然而就在国王出逃后的几天里，许多不在议会中任职的雅各宾派成员变得激进，要求推翻国王和建立共和国。这样的言论惹恼了大部分立场温和的成员。7 月 16 日，被誉为“雅各宾派的青年土耳其党人”的巴纳夫、杜波尔和亚历山大・拉梅特“三巨头”，带领着主张温和立场的成员——几乎是所有雅各宾议员——决然出走，在斐扬修道院另立山头，新成立的“宪法之友协会”主张拥护宪法的温和立场。只有少数成员，包括佩蒂翁、罗伯斯庇尔和格雷瓜尔在内的不到十人拒绝离开原俱乐部。自此，雅各宾俱乐部一分为二——温和的斐扬派和激进的雅各宾派，二者都宣称自己才是代表雅各宾俱乐部的合法机构。[54]

接下来的数周内，在佩蒂翁的主导下，留在原俱乐部的雅各宾派成员极力促成与斐扬派和解。在分裂后，两派各自都曾发表过言辞恳切的

请愿书，希望重归于好。尽管约 60 名成员最终回到了原俱乐部，但激进派与温和派的分化已成定局，个中不可调和的分歧让两派在此后变得水火不容。巴斯奇亚极力抨击坚持留在原俱乐部的“伙伴”，认为他们“眼睛只盯着选票而不是国家的未来”。他号召所有真正的爱国者“抛弃这个浮夸风盛行，致力于哗众取宠而弃国家于不顾的组织，不能任由它将整个国家拖入动荡的深渊”。言辞更为激烈者，如布歇特，更称这些激进派成员是被外国势力收买的代理人，意图挫败革命：“据说从国外流入的资金是为了在全国范围内推行共和……其实是为了引发一场内战。”而那些
留在原雅各宾俱乐部的成员，从他们的角度来看，早已对人数占绝对优 120
势的温和派在议会中的“一家独大”感到不满。显然，他们在战神广场屠杀前夜陡然表现出来的分离倾向绝非偶然，因为次日发生的流血事件由在议会中占多数的斐扬派成员主导。这些曾经为创造一个更好的世界而并肩作战的伙伴们，现今将矛头对准了彼此，争相谴责对方为叛徒。[55] 瓦雷纳危机后，在雅各宾派成员内部发生的此次分化无疑为此后绵延数年的派系斗争埋下了祸根。

虽然经历了严重的分化，但国民议会仍然砥砺前行：保守派议员继续抵制议会，激进派议员陷入一片混乱，重担则由斐扬派扛起——他们主导着宪法编纂工作，希望法案最终能获得国王的认可，也希望国家早日从动荡的革命中解脱出来回归和平。9 月初，在“腹背受敌”的情况下，主导宪法编纂工作的代表宣布宪法的终稿已经完成，同时也已经呈交给国王审阅。大约一周后，路易十六宣布通过宪法。9 月 14 日，路易十六亲自前往议会大厅，正式签署通过宪法并宣誓。在国王的支持下，议会颁布大赦法令，命令全国监狱释放此前所有因政治原因被捕的“反革命分子”和“亲共和派”。全法的爱国上层人士纷纷致信议会，宣誓效忠于新政权。[56]

尽管官方已经宣布革命结束，然而，弥漫在全国的猜疑和恐怖氛围

远没有消散。在许多民众看来，那些煽动社会动荡的“危险分子”和出逃的贵族仍然是巨大的威胁。而从爱国精英的角度来看，尽管他们无比希望国王从此安分守己，但他们的内心始终存有疑虑：国王此前不是已经背弃三四个誓言了吗？那么如何相信他不会背弃这一个？勒内·雷瓦索这样描述 1791 年秋天的社会氛围：“尽管大家都在谈论和平、统一，以及友爱，但却都清楚时移世易，因而口是心非。”[57] 1791 年 10 月 1 日，国民议会——更准确地说是国民制宪议会正式解散，通过新一轮选举当选的议员们组成了新的立法机构：国民立法议会。看似平静的社会，因每个人心存怀疑和猜忌而孕育着更大的动荡。

第 五 章

希望与恐惧之间

在改革国家的过程中，理性从一开始就在革命党人的心中占据着特 121
殊地位。同样，在自由平等的基础上，法国的社会和制度也得到了合乎理性的重建。这一时期革命党人的诸多制度创新将对法国和西欧大部分地区产生深远影响，因而其价值不应该被低估。然而，革命时代毕竟与往常不同。自 1789 年起的社会变革激起了一系列的情绪，这些情绪潜移默化地影响着社会精英们的行为和观念。在将目光放到革命第二阶段——国民立法议会时期之前，我们首先需要评估法国男女在这一时期的思维演变过程。

国民议会的创立、巴士底狱被攻陷，以及 1789 年 8 月的革命法令，无一不激起一众法国公民的兴奋和喜悦。这些早先在人们看来其有生之年几乎不可能发生的改变，现在却成了事实，它们让这个富于变化的世界充满了希望——在这个世界里，“新人”们终于能够掌握自己的命运，并一同建立起一个基于理性、平等和普遍友爱的社会。尽管抱有这种革命信仰的人最初只集中在巴黎和王国的主要城镇，但在接下来的几年中，这种信念逐渐渗透到人口众多的农村，主要借由普选、民兵制度和众多文教活动传播开去：民众参政热情高涨，他们有权选举地方官员和法官；
出身草根阶层的男性公民只要缴纳了足够的税款就可能当选为军官；革命 122
党人极力在思想开化方面教化民众——众多节日庆典和聚会中均新增了宣誓环节，意在在全社会面前彰显民主风气。[1] 革命男女所呼喊的“自由、平等、博爱”口号的影响即便很容易被忽视，但它确实构成了全新的价值体系，成为这个新社会的基石，也是革命党人所坚信的将永远改变世界的楔子。

然而，直到三级会议拉开帷幕，希望和热情都与恐惧和不确定感共存。从 1789 年春天起，科尔森、吕奥和法尔孔相继表达了他们的担忧，即试图进行重大改革反而可能导致混乱和无政府状态的出现，正如科尔森所说，（将会）“引发灾难和破坏”。1789 年夏天，这种焦虑情绪增加了十倍：原属于旧政权体系的诸多机构伴随着恐慌和暴力的扩散而陆续崩溃，由此出现的权力真空却未能被及时填补；事实上，当下成立的新政府机构远未能取代这些旧机构的职能，因而也无法维持社会的正常运转。而且，革命进展之神速始终让爱国人士们对其真实性心存疑虑，并担心过去得益于旧政权统治的精英将竭尽全力反扑，推翻 1789 年的所有成就。这种不安全感事实上也得到了印证：一场由武士阶层领导的反革命运动正在萌芽，从本质和宗教的角度出发为不平等的贵族制度摇旗呐喊。如此矛盾情绪的复杂混合——激情与恐惧、乐观与悲观的共存在这一时代十分显著。来自布列塔尼的律师让 – 皮埃尔・布雷写道：“你们看到了，怀疑让我多么痛苦，焦虑吞噬了我……在希望与恐惧之间。”来自法国中部小镇的辩护律师安托万・杜兰德描述了同样的感受：“一切的一切，都在善与恶、痛苦与希望、快乐与悲伤之间飞速流转。”[2]

的确，在整个革命过程中，大众的情绪随着事件变化而在两种极端情绪之间左右摇摆。例如在 1790 年春夏之交，革命党人确实发自内心地感到他们的革命事业胸有成竹——一旦实现了转型、实施了宪法、新政
123 府开始了运作，一切事务都将回到正轨，新的自由时代将永久确立。在联邦庆祝活动席卷全国的过程中，这种自信心与日俱增，并在攻陷巴士底狱一周年的隆重纪念仪式上达到了顶峰。作为这些庆祝活动的重头戏，集体宣誓仪式让人们产生了强烈的归属感和朝着共同目标奋勇向前的动力。而这些情绪也被同时期的创作者以最鲜明动人的词汇记录了下来。

然而，这种庆祝活动的影响最多持续了数周，革命党人就发现自己面临新的危险。在1791年春天，尤其令人感到不安，当时，聚集在德国的逃亡军不断地扰乱革命军心，炫耀性地宣布他们即将重新掌权。更令革命者沮丧的是，反革命分子，尤其是仍然居住在农村的数万名贵族以及大批教区牧师拒绝宣誓效忠宪法。在这些要员被取代之前，革命者无时无刻不在担心整个农村可能将被策反。

1791年底，根据革命见证者的书信记录，焦虑情绪带给他们的精神压力甚至表现在梦境中。10月，一向很少提及内心情绪的吉塔尔·德·弗罗利拜恩在日记中记述了一个噩梦。梦中，他从高墙上掉落，沉入一个巨大的水盆。“亲爱的上帝，”他大声说道，“可怜我吧！”无独有偶，几个月后，罗莎莉·朱利安同样叙述了一个梦。梦中，她漫步在苍白月光笼罩的旷野，并突然坠入深渊。[3]诸如此类的紧张情绪在此后的革命进程中还将愈演愈烈，而背后的催化剂则是如下两者：谣言和告发。

革命中的谣言

谣言，毫无疑问是一种普遍存在于每个社会和每个时代的现象。在古罗马时代，诗人维吉尔将“谣言”描述为半人半神的女性，阴险地在暗中将人类社会搅动为“事实和谎言混杂”的乱局。[4]而在当代，谣言最普遍也看似更无害的表现形式，则是街坊邻里之间茶余饭后的闲言碎语，人们以窥探和传播他人私生活细节为乐。根据梅西耶对旧制度下人们日常生活的描述，人们“渴望以最新的八卦为食……甚至不惜为此耽误和家人共进晚餐的时间；他们对在街道正中央交换废话表现出极大的热 124
情”。科尔森经常向居住在农村的朋友们透露传遍城市大街小巷的未经证实的传闻，其中真假混杂——国王的姐姐伊丽莎白夫人即将加入修道院、某位王室女眷怀孕、王后单独和孩子在一起……这些传闻不胜枚举。科尔森的消息来源非常之广，大多是日常活动中有所接触的各行各业的人士，例如街对面的葡萄酒商，或是他认识的在凡尔赛宫工作的厨师，又或是楼下房东的未婚女儿。除了口头传播外，更吸引眼球的、恶意诽谤的丑闻被手抄或打印在纸上全城派发，当中一些毫无疑问地算得上是色情小报。[5]

谣言的影响绝非如表面般无足轻重，实际上，谣言的潜在负面效应不容小觑。社会学家普遍认为，在充斥着不确定性和危险的社会中，民众对处在信息传播环节上的个体、机构普遍缺乏信任；[6] 在这种情况下，人们的意见乃至行为极易受谣言摆布。从这个意义上说，谣言开创了新的新闻形式——“即兴新闻”，这也是处在动荡社群中的个体在应对不确定情况时做出的合理反应。在旧政权时期，因为政府的良好保密工作和严格的审查制度，几乎可以肯定，所有散播开来的谣言都是被夸大的，因而要从中梳理出真相无异于痴人说梦。我们常常忘记的一点是：某一时代的公众所能实时接触到的、真实而详尽的上层决策实际上少之又少。

在高度紧张的时期，巴黎及其他城市必然会因为“即兴新闻”而动荡不安——可能是涉及面包价格攀升的所谓内幕消息，或是迫近的战争威胁，又或是警方又在何处采取了何种行动……这些消息“诞生”于面包生产线上工人们交头接耳的瞬间，又或是出现在一个个庭院中和喷泉边，民众的口口相传使谣言以极快的速度传遍全城街道和家家户户。小贩、船夫、面包师和家庭佣人在传播谣言的过程中扮演了举足轻重的角色，他们中的任何一人都能轻易听到同一个谣言的几个不同乃至矛盾的版本。谣言在层层传播的过程中通常会被篡改得五花八门、面目全非，这种篡改一方面是由于紧张时刻的误解，另一方面则是因为传播者个人
125 试图通过夸大已知危险的程度来合理化自己的恐惧——表明他们的恐惧

并非源于个人弱点或怯懦，而是源于真正的恐惧。[7] 另外，为了让信息更易于记忆和扩散，这种篡改通常表现出“简化”的趋势：模糊了细节上的差别，同时夸大了矛盾和对立。典型的情况是“非黑即白”：所谓的英雄人物被赋予了无瑕的人格，而“恶棍”们则被贬低得一无是处。此前被谣言触及的社群，其态度也进一步影响了谣言的内容：个人可能会巧妙地在故事内容上添油加醋，以合理化对长期敌对势力的怨恨。人们更容易被最夸张的谣言吸引，也更容易在夸张的谣言上做文章，尤其是当某个谣言涉及积怨已深的对象时。正如历史学家马克·布洛赫（Marc Bloch）所说：“我们很容易相信我们需要相信的东西。”[8] 此外，谣言不仅传播了“新闻”的解释版本，同时也传播了情绪和感受：贵胄秘密囤积粮食，或警察不当执法引发暴动的传闻毫无疑问裹挟着愤怒、恐惧或普遍焦虑的情绪，将传遍大街小巷。[9]

随着革命的到来，谣言的性质和强度都发生了重大变化。1789年7月，首都发生事件的消息，在农村流传时不断发酵并引发恐慌，这种恐慌最终蔓延至法国大部分地区。在巴黎，根据见证者的信函，谣言网络一如旧制度时期高速运作，区别在于此时的谣言变得更加政治化。与革命事件密切相关的谣言取代了早期信件中占据主要篇幅的社交八卦和轶事。“即兴新闻”经过一系列信息交换和传播场所的加工后激增——集会、国民自卫军和社区俱乐部都与这个城市流传的最新故事有关。而这些故事随时经由数百份未经审查的报纸和小册子出版物被进一步夸大流布。面对这些丰富的“作品”，又由于在评估言论自由方面缺乏经验，许多识字的公民也只能将印刷媒体一视同仁地视为另一种消息来源。

此外，报摊小贩的活动让情况变得更加混乱。报摊小贩通常不识字，但他们每天都在街头流窜，想尽一切办法吸引顾客，因而他们的叫卖声
中充斥着各种即兴创作的“头条新闻”。议员弗朗索瓦描述了这样一个奇 126
观：“从早晨7点到中午、从下午5点到午夜，数千个咆哮的嗓音无休止

地轰鸣着，有时慷慨激昂地宣布一项重大法令或一次伟大的胜利，有时则煞有介事地‘揭露’一场贵族和教士的阴谋或接连发生在一个又一个城镇的叛乱……这些消息甚至具体到人名和地名，然而却又总是与事实真相大相径庭。”久而久之，一些报纸编辑也受到了“感召”，并为获取更高销量，开始编写短小精悍的头条文章为受众提供二次加工的机会。这种情况屡见不鲜，梅西耶对蔓延全城的谣言和谎言的影响力感到震惊：“非正式的提案经过传播就变成了正式的法令，民众在陷入无休止的争论的同时又对未曾发生的事情充满恐惧。尽管人们被这样的虚假消息误导了一千次，但下一次他们仍然深信不疑。”[10]

谣言的力量在巴黎大众阶层中尤为强大。一方面，当中的许多人并不具备完全的读写能力，因而使口头文化的参与者和受众群体变得十分庞大；另一方面，受过教育的人们则对街头秘闻持有更加模糊的态度。科尔森时常以居高临下的姿态描述这些谣言，他嘲笑那些显然不真实，甚至荒谬的谣言，并对平民百姓的轻信进行了嘲讽。他写道：“消息与寓言混合在一起，毫无疑问这是不真实的。”[11]有时，他甚至试图验证谣言：曾经有消息称市政厅附近发生了一场骚乱，他急忙跑去所谓的现场以验证消息真伪（最终证明这一消息完全没有根据）。但是，如果谣言反映出的焦虑情绪足够极端，或是事态紧急，又或是消息本身被反复提及——重复会增加可信度——这些未经验证的谣言甚至会被那些通常对口头消息持怀疑态度的人接受。因此，当谣言涉及科尔森熟悉的，或是对他而言尤其重要的话题，而且没有其他信息可资验证时，他有时就会跳过验证步骤将谣言当作事实。同样的情况也出现在罗莎莉·朱利安的身上，她向丈夫写信汇报的“新闻”有不少是她从公寓窗户边听到的，显然是街上路人用最大音量有意让每个人都听到的消息。也正如多米尼克·加拉所说，“当我们目睹周围的每个人都或多或少地被谣言左右时，我们自己也很难坐得住”。[12]

伴随着革命的发展，谣言在巴黎的影响越来越大。英国间谍威廉·米 127
利对 1791 年春天笼罩在谣言阴影下的巴黎做出如下评论：“在所有这些被广为传播的故事中，其中一些可能确实发生过，而另一些则纯属无稽之谈；然而荒谬的谎言在传播中变成了真相，眼下它让民众陷入困扰，长远来看它亦将彻底动摇民心。”这一隐患也深深地困扰着米拉波。对他而言，问题的核心并不在于这是目不识丁者自导自演的、荒唐的闹剧，而在于这些已经散布各处的谣言极有可能使法国社会各个社群之间的友好纽带断裂，使不同阶层之间的文化鸿沟变得不可跨越，并动摇整个社会的根基。米拉波这样写道：“特别是在这个动荡的、灾难的时期，在观察者眼中，这种群体行为可以说是让人触目惊心：人们一接触到吸引人眼球的消息就一拥而上，毫不怀疑其真实性的同时又添油加醋地传播。人们似乎忘记了要先判断事件发生的可能性……然后，我们就像孩子一样，成为最骇人听闻的故事的忠实拥趸。”[13]

在巴黎和全国其他地区流传的谣言数量和性质不得而知。这些故事大部分经口头传播扩散开来，其源头和流布轨迹并无书面记录可寻。然而，我们仍从当时的报纸文章以及见证者的书信和日记中了解到更多令人不安的谣言。显然，7 月份的巨大恐慌仅仅只是一个开始。10 月，有传闻称强盗团伙谋划在夜间袭击民宅，消息一出，人心惶惶。科尔森写道：“这个可恶的阴谋已经在整个巴黎引起了恐慌，尤其在女性群体中，她们紧张的神经快要濒临崩溃。”10 月 10 日，迫于公众压力，市政官下令夜间全城保持亮灯。所有居民都被告知要在自家窗台上放置蜡烛或灯笼，以便警察和国民自卫军巡逻和盘查。[14] 一个更令人不寒而栗的消息在 12 月初蔓延开来：偷盗者和杀人犯正合谋从内部突破巴黎监狱，逃狱成功后他们将大肆烧杀掳掠——这一消息是科尔森从其房东处得知的，而窗外报摊小贩的叫卖声似乎进一步“印证”了传闻的真实性。据称有人用白色和红色的十字符号标记城市内的房屋，以区分哪些是将被抢劫的人，哪些是将被抢劫并杀害的人——这显然是 16 世纪圣巴托罗缪大屠杀的翻版。不久之后，又有传言称数百名贵族秘密获得了国民自卫军的制服，
128 并计划在圣诞节当天对革命派发动袭击，杀死所有爱国者领袖。迫于谣言的压力和为了缓解民众的恐慌情绪，市政官员在圣诞夜又一次下令全城保持亮灯。风波过后，明白圣诞节阴谋是无稽之谈的科尔森，再一次对轻信谣言的民众大加嘲讽。然而，通常更具有批判精神和谨慎态度的吕奥在此次风波中却对谣言信以为真，并将风波的平息归功于市政府和国民自卫军的及时制止。[15]

这些谣言之所以能够对社会产生如此深远的影响，一部分原因在于精英和群众的某种共识，即他们普遍认为早期革命的混乱及权力真空必然引发犯罪浪潮。[16]盗窃和谋杀案件是否真的增多？即便增多又是否真的与革命有必然联系？这些问题的答案都难以确定；但是，科尔森在革命头两年的书面记录中多次提到伴随着革命而诞生的犯罪浪潮，巴黎许多民众也都发自内心地相信犯罪浪潮是真实存在的，是革命的直接结果。谣言的流布甚至使某些街区频繁出现警察动用私刑处死嫌疑人的案件。1790 年 5 月至 1792 年 2 月期间，已知在巴黎发生的动用私刑案件就有不下 13 起。[17]

1791 年 6 月，路易十六试图出逃之后，谣言变得更加扑朔迷离。一波席卷巴黎的谣言称反革命者即将逃离监狱并对革命党人发起袭击，这又一次引发了不小的社会动荡。与此同时，地方上也因一起谣言而出现了多米诺骨牌般愈演愈烈的恐慌情绪——有传言称奥地利军队正向法国行进，并对途经之地进行大规模的烧杀抢掠。这一谣言最初在法国北部蔓延开来，经由一个个村庄和城镇，最终蔓延至巴黎郊区，传闻中的入侵人数从最初的数百名士兵被夸大至数万名士兵。[18]在之后的革命进程中，谣言的主题将越来越频繁地与反革命阴谋联系在一起。

告发

除了谣言所产生的无止尽的“疑神疑鬼”之外，在革命的最初几年里，盛行的告发之风进一步恶化了恐惧和不信任的氛围。从最初的几个月起，爱国精英们就积极鼓动告发之风，称这是一种为了巩固 1789 年革命成果而必须进行的有益行为。鉴于革命党人寻求实现的变革将会是翻天覆地的新变化，他们自然也不可避免地产生出极度的不安全感和 129
脆弱感。早在 1789 年 7 月，一位自称“国民检举人”的记者就向读者发出警告，称必须警惕贵族的阴谋诡计，即便是现在的统治者也随时可能因“腐化”而倒戈，因而所有公民都必须“把注意力集中在每个人和每件事上”。[19] 同样，精英们早在中学时期就深受拉丁文演说家卡托和西塞罗的告发文本的影响——这些文本在当时的中学教育中是强制背诵的篇目。众多政治宣传册和演讲中都讲述了西塞罗如何挫败喀提林的阴谋并保全了罗马共和国。也正是在这些文本的基础上，卡米尔·德穆兰提出了“告发者权利宣言”，肯定了民主体系下每个公民都有搜寻国家敌人的权利和责任。若想实现革命理想、消除反革命威胁，那么，人们就必须时刻警惕自由的敌人，无论他们是谁：“目前情况下，推动大规模的告发之风至关重要。”这一理念得到了米拉波的肯定，他曾在 1789 年秋天赞扬这种行为：“在专制统治下，大肆鼓吹告发行为毫无疑问将是令人厌恶的；但在此时此刻，当我们身处危险之中，它必须被视为我们——新生自由制度的捍卫者们——美德中最重要的部分。”[20]

然而，革命者们起初并不确定告发的形式乃至其后续成效。许多革命者仅仅希望通过这种形式让每位公民都对政治形势保持高度敏感，由此在“民意法庭”做出的仲裁也将对潜伏于暗处的反革命势力形成足够威慑。[21] 这一时期新闻出版业的几位有志人士响应了这一号召，刊发批判性文章的同时不断敦促读者保持警惕。1789 年 7 月，雅克・布里索为他的报纸定了基调，此后每期《法国爱国者报》的报头都有这样一句话："自由的报刊是人民的警惕哨兵。"堪称告发艺术第一人的，无疑是"人民的朋友"让－保尔・马拉。自他的报纸首次发行以来，"指控"就成了所有报道的基调。"我是人民的眼睛，"他在 1789 年 9 月写道，"你们不
130 能一如孩童般无知，不能看不到真相，人民的朋友将始终替你们擦亮双眼。"他鼓励公民直接向他告发和控诉，以方便其将告发内容直接刊登在报纸上。倘若他强烈怀疑某些官员有不可告人的阴谋，他甚至可能杜撰一封"给编辑的信"。[22]

当然，爱国者们也意识到不择手段的人可能会因谋取私利或出于报复而做出诬告，因而设想中所有的指控和告发都将是公开和实名的，这意味着检举人需要在告发文章中附上手写签名。假如一项控告并不属实，又或是告发人出于敌意而诬告，被检举人也同样不会有任何麻烦——在全体公众面前为自己辩护，自然就会真相大白。[23] 基于这种高效而无害的设想，公开检举和告发的必要性已经成为共识，同时，也是实现新闻出版完全自由的最有力论据之一。1790 年 8 月，高缇耶・德・比奥扎承认"这种自由确实在一些时候纵容甚至鼓吹了诽谤"，但他同时又表示，在目前革命根基未稳的情况下，这种夸大必须得到容忍："好不容易结束了长期的奴役，自由终于重新确立，因此很多时候矫枉必须过正。"[24]

当然，并非所有的爱国人士都对这种指控性做法充满热情。激进派报纸《巴黎革命报》提醒公众：有失偏颇的告发和谴责将使民众对时代的信心遭到毁灭性打击，导致个体之间相互猜疑，并合理化了那些出于私心而报复的行为。如果告发之风不受控制，任何人都不会想担任公职。一些议员，如布勒东・勒让德（Breton Legendre），对来自公众的无休止告发感到非常不满。科尔森则很快对马拉鼓吹的"时代挽歌"感到厌倦，

他甚至怀疑这位“人民的朋友”是否被贵族收买用以在社会上制造持续大规模的恐慌，倘若这样，他的报纸就应该改名为“人民的敌人”。[25]

将检举和告发内容引入报刊也是出于经济利益的考量。报刊编辑们面临着激烈的竞争压力，如果他们能够借助天然具有极强煽动效果的告发性内容这股“东风”，报刊的高销量乃至高知名度都将不成问题。显然，记者们已然清晰地感知到普遍存在于民众之间的焦虑情绪；也清楚地意识到随着谣言的愈演愈烈，许多原本子虚乌有的阴谋很可能成真。此外，报纸并非革命初期唯一承担着“告发职能”的机构，在许多爱国俱乐部
内部，告发和批判之风更盛。如果一个人真是宪法的支持者，那么他就 131
不应该局限于理解和支持宪法的内容和愿景，而应该竭尽所能地挫败任何企图摧毁宪法的敌人。许多社会团体都将监察和批判作为团体存在和发展的根基，它们也成为每位成员的基本义务。例如，在马赛，每位加入团体的新人都将做出承诺：“我将以我的财富和生命起誓，保卫每一位有勇气与自由的敌人、祖国的叛徒做斗争的公民。”他们同时还被警示：“永远不要将视线移开，始终对公共事件保持高度警惕；甚至是官员们的私生活也应被关注，这样才能保证没有任何官员以权谋私。”以土伦为代表的许多地方性雅各宾派成员，佩戴的三色徽章之上还另添了一只眼睛，以此作为警惕的象征。[26]这种做法实际上出自科德利埃俱乐部，后者的每一份出版物上都贴有“监视之眼”；科德利埃成员还被要求对前特权阶层保持高度关注，并对存在反革命阴谋这一可能性始终保持警惕。[27]

1790 年 2 月，巴黎的雅各宾派组织章程中并没有涉及告发行为。但到了 1791 年春，他们在一些地方俱乐部的带领下宣誓：“我们将检举和告发所有叛国者，即使以我们的财富和生命为代价也在所不惜。”[28] 1791 年末，他们向全国各地的雅各宾成员发布了一封通函，要求他们上报当地的任何可疑活动。“我们邀请你，我们的兄弟和朋友，”他们写道，“尽可能详细地向我们反映你所在区域内任何事关公众安全的消息。”自此，几

乎每次雅各宾派集会时，秘书都要逐份阅读对各地相关团体或个人的检举书信。[29]

这种来源于公民社会和新闻媒体的强大力量在法国西南部的大西洋港口波尔多市尤为显著。[30] 1791 年春天，“波尔多宪法之友”组织响应巴黎雅各宾俱乐部的号召，要求成员们宣誓成为“祖国的哨兵”，告发一切他们认为可疑的人和事。在接下来的两年里，俱乐部收到了来自会员和非会员的共 200 多封检举信函，毫不意外，一些告发直指贵族、神职人
132 员以及他们在当地的庇护者。当提到“革命敌人”时，旧贵族和神职人员不可避免地成为头号嫌疑犯，不断有消息称他们举行秘密集会——哪怕无一人目睹，这些人的反革命嫌疑也因为铺天盖地的指控而逐渐坐实。

在“波尔多宪法之友”所收到的所有指控中，大约 3/4 的指控并不针对贵族和教士，而是揭发了其他平民的可疑行为。这些平民行为许多都被批判为“恶行”，从对反革命者的同情到担任公职而不作为。更有甚者，一些民众因为加入了与“宪法之友”存在竞争关系的保守派俱乐部“法律之友”而受到告发。即使在后者被勒令关停之后，“宪法之友”的成员仍对“法律之友”的成员穷追不舍，称他们过去的错误政治立场是“洗不清的罪孽”。更多的公民则因为使用不平等的旧时代称呼而屡被教育，如称某人为“先生”（Monsieur）而非“公民”（Citizen）；又或是使用“傲慢的腔调”“习惯性地认为自己高人一等”。一名平民因为沾沾自喜地骑着一匹白马出门而被讥讽为“炮灰英雄”。平等观念犹如一记惊雷让爱国民众炸开了锅，每个人都近乎着迷地追逐“平等”。

随着时间的推移，越来越多的指控直指俱乐部的其他成员。“雅各宾派的兄弟们”被指责在会议期间以管理者身份自居，言辞不当，又或是“在爱国主义面具背后躲躲藏藏”。很多时候，这样的指责实际上针对的是“不正确”的政治取向。尤其是在立法议会和公会召开期间，人们明显发现俱乐部内一分为二，吉伦特派和山岳派互不相让、互相告发。这

种趋势并非微不足道，相反，这是未来的不祥征兆：到 1792 年秋季，波尔多的雅各宾成员已经不再告发神职人员和贵族，而是将矛头转向彼此。

在“波尔多宪法之友”的公开平台进行的指控和告发给整个社群造成了震动。成员们开始抗议，称但凡有一官半职的人都会被一双双眼睛严密监视着，而他们面临的诸多指控却全是细枝末节的。“这种指控、告发和谴责是否存在边界？”一名抗议成员这样写道。在原本视为“兄弟”的公民面前，许多人，尤其是一直以来支持革命的爱国者们，因为莫须 133
有的指控感到无比愤怒，并陷入被羞辱的巨大痛苦之中。他们声泪俱下地书写自白书，言辞恳切地否认指控，称指控搞错了对象，又或是指控者曲解了他们的言辞和行为。他们在自白中历数自己为革命做出的贡献，并以一系列的宣誓作结——承诺与祖国的敌人不共戴天，承诺将毫无保留地捍卫革命。这些誓言和控告者的誓言并无两样。许多人开始抱怨告发风气的负面影响，尤其是对整个革命团体的士气造成了极大打击。正如一位作家所说：“这些告发不但给我的家族造成了麻烦，更重要的是，让我身处其中的集体陷入极大混乱。”

截至 1791 年，革命派始终认为敌人潜伏在“爱国的面具”之后，这也是告发矛头总是指向革命团体内部的原因。自马拉于 1789 年 11 月首次提出“爱国的面具”这个说法之后，布里索也不断强调革命团体内存在反动势力的危险性：“比起手持利刃的敌人，我更害怕的是伪装成自己人的阴谋家。”[31] 革命党人时常强调：那些藏在暗处的敌人十分谨慎，几乎不会留下任何蛛丝马迹让我们窥知其真实动机。“这已经成为一种共识，”普鲁多姆写道，“阴谋不可能借由书面证据来证实，因为只有傻瓜才会留下书面证据为人掣肘。既然书面证据不可得，人们就转而借助主观观察并对大小事件的内涵进行推敲，这些观察和推断一样能够串联成证据。”[32] 一些记者甚至为公众详细介绍了辨别忠心耿耿的爱国者和暗中谋划挫败革命的反革命分子的技巧。如雅克·杜劳尔所说，“假意爱国的反革命分子”必然“对革命有着矫揉造作的狂热，时常指点江山，积极参与革命斗争，却无时无刻不在为挫败革命做准备”。[33]

除了上述堪称“舆论法庭”的民意审判之外，各种监督机构在革命党人的指引下陆续建成，旨在核查检举并将被告发人逮捕入刑。早在1789年7月28日，也就是革命爆发后的第一个夏天，国民议会就设立了一个特殊委员会来调查有关反革命活动的指控。几个月后，巴黎市政府
134 随即成立了自己的研究委员会，并向公众开放检举渠道。作为当时市政委员会的一员，布里索对这一举措表示期待：“巴黎是法国的眼睛。”他肯定地说，“巴黎公民的每一双眼睛都紧盯着敌人的阴谋诡计”。[34]

在制宪议会研究委员会存在的两年间，革命派收到了数百封来自全国各地的检举信，揭发或真实或虚构的阴谋活动。检举人包括行政人员、公民团体、国民自卫军成员和普通个人。[35]与此同时，新上任的市政官员极其重视这些检举和告发。1790年7月，瓦兹省收到了第一份检举信，提醒当局警惕反政权势力：“他们不会公开唱反调，而是会以倡议者的姿态建言献策，并夹带他们的阴谋诡计，其最终目的是彻底摧毁我们苦心经营的革命成果。一定要留心他们别有用心的暗示和讽刺。”[36]随着贵族人口的外逃和越来越多的神职人员阻拦革命进程，表达抱怨和焦虑的信件每天如潮水般涌向研究委员会。1791年6月，埃纳省披露了对行政部门内部可疑人员的独立调查，并在各区召开了特别会议以便收集公民的检举意见和建议。[37]一些管理人员甚至准备参考未经检举人签名确认的匿名告发。他们辩解称：“在这样的危险时刻，没有人能够完全按规则行事。”一名来自拉罗谢勒的公民说：“我们知道匿名检举可能是恶意的；然而，当这可能涉及国家的生死存亡时，没有什么是卑鄙的。”[38]

最终，在有关量刑和警方监视制度的新法案中，匿名检举问题始终模糊不清。可以确定的是，法律将正式合法化公民检举：“任何人只要目击了针对他人、公共安全乃至自由制度的袭击，必须立即向当地警方报

告。”这项内容也将被编入新的刑法中，所有公职人员则需要宣誓，将对任何可能的阴谋零容忍。检举信通常需要检举人的亲笔签名以证实其可靠性，倘若检举人不愿透露姓名，警方则有权对信中所述进行调查，以避免任何潜在危机。[39] 在这种情况下，“拯救国家”也就成了最无懈可击 135
的理由。

通常，行政人员乃至委员会的职能范围仅限于调查指控，并向法庭提出司法行动的建议。在 1791 年之前，这种形式上的相互制约使实际定罪的案例少之又少。[40] 然而此后，爱国者们越来越相信：这些出身于旧政权，在 1790 年后重新上台的法官们打从心底里不愿意审判嫌犯并给他们定罪。革命派俱乐部和激进报纸纷纷抱怨当地的市政治安官员没有认真对待他们的检举，并因证据不足而释放了“罪犯”。很快，人们开始怀疑这些法官本身就是潜伏在革命阵营中的反革命势力，认为仲裁机构，连同此前备受关注的旧贵族、前神职人员“组成了企图挫败革命的三方同盟”。[41]

波尔多的情况和各地方的形势大致相同，无止境、无边界的检举和告发造成了旷日持久的混乱。由于害怕被告发，许多人更加精力充沛地先发制人，告发他们的邻居。雅克·梅内特拉在巴黎被一名邻居告发，为此，他感到愤怒和沮丧：“我在过去的 57 年生命中从未与人交恶，然而现在，我怎么也不敢相信，一个一直自称是我昔日旧友的人居然会告发我。”梅西耶认为，告发是革命中最具毁灭性的做法之一：“它引起了怨恨、仇恨、背叛和嫉妒，甚至家庭的纽带也受到影响。”[42] 而另一方面，无论这些告发是出自真心还是仅仅作为削弱政敌公信力的战术，在派系领袖看来，他们的竞争对手毫无疑问就是反革命的共谋者和假爱国者，并背信弃义地企图破坏革命。[43] 恐惧情绪和谣言的肆虐，再加上甚嚣尘上的检举和告发，整个法国社会陷入了“日复一日的恐怖”当中。这种产生于社会基层的相互窥探和猜忌形成了恶性循环，并在某种程度上预示和形塑了 1793 至 1794 年间的制度性恐怖。[44]

风靡当时的“阴谋论”

如何具体评估焦虑情绪、谣言和告发对革命领袖心理状况的影响？
136 自 1789 年夏天以来，越来越多的革命者陷入癫狂，走向了告发的极端：怀疑一切、否定一切。[45] 关于这种“偏执的政治文化”何时成型，又以何种面貌影响着革命精英，学界始终争论不休。[46] 毫无疑问的是，早在旧政权时代，法国民众就极易被各种阴谋论吸引，并陷入相互猜忌的惶惑之中。回看历史我们不难发现，每当发生出乎意料的事件，最为流行的解释一定是“阴谋论”，即认为事件必定由人力或超自然力量刻意造成。以如下事件为例：在 18 世纪，当人们谈起罪犯，必然会联想到不法分子恶意囤积面包以报复公众，这种近乎本能的联想就是所谓的“饥荒阴谋逻辑”。[47] 这种逻辑在此时也同样主宰了全体民众的心理——既然该时期民众生活完全由王室、贵族和教会势力掌控，这种出于不安全感的猜测也并非全无道理。同时，大多数检举的所谓证据实际上早已被主观想象力改造：他们当然不愿意承认自己也可能是不幸事件的始作俑者，也当然不愿意相信不幸事件的确事出偶然——这听起来太荒谬可笑了；因此他们必然会将矛头指向他人。在他们一厢情愿的设想中，阴谋家被塑造成了“一根筋的恶棍”；正如一位人类学家所说，“与混乱不堪的现实世界相比，经由民众推断得出的阴谋家的邪恶计划，要合乎逻辑得多”。[48]

即便是受过教育的人，也未能避免这种思维方式的侵害。在旧政权时代末期，一众作家——包括伏尔泰和许多詹森主义者——都坚信耶稣会会士正密谋摧毁宗教体系和君主政体，即使是前任耶稣会神父巴里埃尔也持同样观点。[49] 然而，这种猜疑潮流在 18 世纪的法国作家圈子中是个例外，绝大多数法国作家从不使用“阴谋”一词，即使有人使用也是用来指历史事件。孟德斯鸠认为，“阴谋”早已是罗马和希腊时代的事情了。对于民众就面包价格居高不下背后原因的“阴谋论”讨论，狄德罗刻薄地嘲笑道：“因为既穷又饿，人们只知道小麦必须保持低价，但他们不知道，也永远不会知道，要让庄稼的收成始终与需求成正比是多么困难的事情。”事实上，到 18 世纪末期，上层社会已经形成了一套客观分析政治和经济事件的机制，这一机制排除了任何主观意志的影响。这种
机械主义世界观脱胎于科学推理和对自然因素的信仰，对精英阶层看待 137
事物的因果观念产生了深远影响。得益于这种逻辑，18 世纪的思想家在理论化地梳理世界政治和经济发展脉络方面取得了显著进展。[50]

至于未来的革命党，他们在旧政权时期的书信中也丝毫没有提及“阴谋”。到了革命前夕，在 32 位编著政治宣传册的第三等级代表中，只有一位——马克西米连·罗伯斯庇尔——提出了“偏执心理”的分析，[51] 其他人的著作则表达了对革命前景的美好祝愿。他们虽然的确严厉批判贵族，但更希望贵族能克服自身“偏见”，被爱国事业感召，最终成为革命的忠实追随者。这种舆论风向在 1789 年早期城市精英阶层上交的陈情书中可见一斑。尽管这一时期他们一丝不苟地践行部长问责制，并时刻要求政府财政支出向公众保持透明，但从未有人提出过“阴谋论”的猜想。[52]

然而，从 1789 年夏天开始，对于阴谋的恐慌迅速在精英阶层和平民阶层中间蔓延开来。紧张而动荡的社会局势往往伴随着谣言的扩散，而“阴谋论”又往往裹挟其中。在危机时代，焦虑实际上更容易应对——只要事件最终能够归咎于某个群体或个人，并将他们绳之以法。[53]1789 年 7 月的系列变动让人们切实地感受到了“阴谋”的存在：一批雇佣军在巴黎周边集结，财政部部长内克尔被免职，取代他的是极端保守派成员。正是在 6 月末至 7 月初这段时间里，我们收集到的众多书信中不约而同地首次出现了关于“阴谋论”的猜想。例如，这一时期科尔森与友人的通信中首次出现了对“推翻国民议会和袭击巴黎”这一阴谋的推测；同一时

期，吉尔贝·罗默和弗朗索瓦·梅纳尔·德·拉·瓜耶也尤为关注“阴谋”的走向；尼古拉·吕奥则在给兄弟的家书中详细推论了王室假意求和，实则谋划推翻议会的阴谋；记者普鲁多姆在其刊发于8月的文章中写道：“每天都有新的罪行被揭露出来，潜藏的阴谋也逐渐浮出水面——我们都将成为阴谋的受害者。”国民议会火速设立了调查委员会，称“阴谋者正在密谋反对国家”，阿德里安·杜波尔强硬地表示调查委员会必须成
138 立，“没有人可以有任何疑问”。[54]

在接下来的几个月里，“阴谋论”所掀起的恐惧浪潮持续不断地影响着巴黎大众阶层。[55]正如谣言所推测的那样，社会上层的精英们始终保持缄默，其立场也似乎模棱两可。[56]而在国民议会内部，“阴谋论”的推测更多时候是总结性而非预示性的——大多数猜测都是对已发生的反革命活动的推理，例如，1790年8月，信仰天主教的国民自卫军的集结事件，以及当年12月在里昂挫败的反革命阴谋。1790年—1791年冬春之交的社会动荡被普遍认为与贵族的逃亡潮和《教士公民组织法》息息相关。然而，这一时期的大多数议员在往来书信中保持了谨慎的措辞——他们当中的很多人是律师或受过专业训练的检察官。他们非常警惕没有证据的指责，并绞尽脑汁地希望通过无可辩驳的事实去证实或证伪传闻。1790年春，高缇耶对那些言之凿凿但从未发生的阴谋做出如下评价：“我从来没有真正相信过这些消息，你也看到了……（这些消息）是完全没有根据的。”[57]

尽管如此，“阴谋论”不可避免地因为国王出逃事件而再一次在革命精英团体中甚嚣尘上。当议员代表们收到路易十六谴责革命，并申明他过往的合作不过是权宜之计的手写声明时，无论如何国王的背信弃义都被坐实了。[58]随着议会的各个调查委员会愈加深入的调查取证，数十名目击者的证词和在宫廷中发现的一系列文书都证实了这是一场谋划了数月的大阴谋，参与者有政府要员、军官以及已逃亡德国的贵族。毫无疑问，

这是由曾经宣誓“宪法至高无上”的国王本人主导的彻头彻尾的谎言和
阴谋。虽然在过去的两年里，已经有许多关于此事的阴谋论推断在巴黎
流传，诸如马拉等新闻记者也都曾预言过这样的阴谋，但议会领导层和
大多数革命精英都认为这些推论是不负责任的诽谤，因而不予相信。[59]
但到了 1791 年 6 月，所有看似不可思议的推断都成真了，“阴谋论”逻
辑自此大范围地扩散开来。自革命开始以来，从未有过如此宏大而清晰 139
的阴谋得到证实，其流行之广、影响之深不言而喻。

这是法国人第一次遭到他们所钦佩的人的背叛，当然这不会是唯一一次。革命精英们深感愤怒和羞愧——一方面由于被信任的对象愚弄多时，另一方面因为在危机来临时深陷被动、措手不及。这也是议员马克 - 亚历克西 · 瓦迪耶的体会，这位强硬的雅各宾派成员在几周前才刚向他的选区承诺：所谓“国王出逃”的阴谋不过是恶意诽谤。然而，真相无疑令瓦迪耶羞辱异常，极度愤怒之余，他为过去的盲目而后悔。同样，布列塔尼议员代表勒让德也处于一样的境况：他长期以来一直告诫选民要对“阴谋论”的解释持批判怀疑态度，但现在连他自己也确信阴谋无处不在。正如他所说，敌人“遍布首都”，“很快就会在巴黎内部发起第一轮袭击”。[60] 很快，各省的信件涌入议会，来信的行政人员、公民组织和团体无一不言辞激烈地谴责国王的“背叛”，以及他与逃亡贵族和外国势力合谋推翻革命的邪恶意图。在 10 月初刚刚当选的立法议会的代表们看来，国王出逃毫无疑问说明了国内外乃至革命党内部确实存在着巨大的阴谋。

妖魔化他者

在立法议会召开会议之时，绝大多数革命精英仍然坚信自由和平等的价值观是“自由精神”的核心，如往常一样，他们继续参加集体宴会

和重复往日的誓言。即使到了1793年—1794年的恐怖统治时期，革命者们在这一点上也始终没有动摇。然而，革命领导层在1789年6月的自信和镇静，以及对迅速建立新秩序的乐观期待，在革命的头两年，被极大地破坏了。

革命中的不确定性和焦虑推动了谣言、告发和越来越盛行的“阴谋论”的产生和发展，它们与革命精英阶层心理状态的微妙转变互为因果。
140 在一个社会中，集体性愤怒和仇恨的出现总是一个复杂的过程，必然伴随着更为复杂的情绪。从历史的角度来看，仇恨的出现往往是因为遭遇背叛，或是所坚信的价值观被摧毁，又或是感受到了或真实或虚幻的威胁。社会心理学家认为：对于个人乃至群体而言，仇恨与恐惧相生相伴，而谣言甚至印证了这种恐惧——不管真假，都进一步促成了仇恨情绪的产生。百年前的威廉·莎士比亚曾经说过：“当我们深陷仇恨之时，我们往往也感到无比恐惧。”[61]

革命者团体中，最能说明此类转变的一个例子是：日益将反对派的形象妖魔化。到1790年，爱国者对“被迂腐观念阻碍了进步的贵族们”已经失去耐心；在他们看来，革命的反对者不光是错误的，而且还是邪恶的。罗莎莉·朱利安在1790年春天的书信中明显地表达出了对贵族的愤怒：“贵族们设置了这么多的障碍，用这么多的诡计，策划了这么多的恐怖，正义的一方却只能干坐着生气而拿他们一点办法也没有……他们无疑就是弥尔顿作品中所有恶魔的化身。”在国王出逃事件发生两个月前，议员弗里考将所有的贵族比作恶魔，并称自己“现在比任何人都憎恨我们国家的贵族”。马赛的雅各宾派则认为“贵族阶层”生来邪恶：“他们是‘吸血鬼’，长着鹰身女妖哈耳庇厄一般的爪子、吸血鬼的舌头和秃鹫的心，他们像老虎一样残酷。”[62]到了1791年初，声势浩大的告发“赋予”了贵族无法洗清的原罪。

同样的言辞也直指神职人员。在旧政权时期信仰天主教，并曾对神职人员表示过同情的议员皮埃尔－弗朗索瓦·勒普特，现在断言神职人员中的顽固分子是“我们国家内部最大的敌人”，并称“他们比外部敌人更让人害怕”。高缇耶则谴责他们“不公正且邪恶”。立法议会议员万森·柯贝尔坚信“顽固的神职人员参与了谋杀和投毒，无恶不作。这些邪恶的人将继续以宗教的名义，以和平和爱的名义践踏社会”。[63]

这只是这出悲剧的一部分：很快，反革命阵营的出版物开始反击，并使用了同样妖魔化的修辞来刻画爱国者。一份保守派报纸称雅各宾派是“追名逐利的强盗”，“在粗鄙者中间煽动暴力”。《巴黎公报》敦促欧洲所 141
有主权国家“尽快加速消灭革命‘病毒’”。不久后的另一篇报道则直指革命者为“恶魔”：“这些谋杀者疯狂地追求暴力流血，并正在策划针对神职人员和贵族的，现代版的圣巴托罗缪大屠杀。”[64]

就像并非所有人都疯狂痴迷于“阴谋论”一样，诚然，每个人对“妖魔化”言辞的偏爱程度也有所不同。一些革命领袖似乎比其他人更容易受到影响，但它们的流行趋势是动态的，取决于社会形势的紧张与否。1791 年之前，“妖魔化”趋势仍主要集中在爱国者和贵族之间、革命者和反革命者之间；但在新成立的立法议会中，这种极端的言辞将越来越多地被爱国者们用来指代同属革命阵营的敌对派别。然而，不可否认的是，在革命之初，敌对阵营间越来越暴力的攻讦反映出人们的愤怒已经接近质变临界点，这种深厚的矛盾源于四处弥漫的恐惧、铺天盖地的谣言、不绝于耳的告发以及切实存在的反革命威胁——多种因素作用下的民众心理状态已经昭示了恐怖统治时期或早或晚终将到来。

第 六 章

派系林立的法国

经历了 1791 年夏天的创伤和暴力之后，大多数法国人无疑希望恢复 142
平静，结束剧变和革命。9 月，国王接受新宪法的庆典在巴黎举行，留存了文字记录的见证者们无一不欢欣鼓舞。当路易十六在议会前宣誓效忠新宪法时，如科尔森所描述的，现场爆发出“喧嚣的喜悦”和“国王万岁”的呼声。而吉塔尔则为形形色色的庆祝活动和绚丽的灯光装饰而着迷——数以百计的波斯灯笼装点了整个杜伊勒里花园、香榭丽舍大街和其他主干道。10 月 1 日，新立法议会的代表全数抵达会场，此时，他们中的多数人都认为其所掌握的“权力”足以推动一个稳定的宪政政府开始运作。“巴黎不希望再经受革命，”刚刚抵达的布列塔尼代表如是说。来自克莱蒙—费朗的一位代表同样希望，宪法的出台将建立起一个捍卫“全体公民之间团结与和谐”的新兴政权。[1]

然而，新宪法所带来的和平假象在不到十个月后就将被第二次革命打破，而这一次革命将更为血腥暴力，并将以激进的方式把法国推向共和时代。1791 年“和解”中最大的纰漏，也是根本性的、悬而未决的问题出在路易十六本人身上。尽管路易十六郑重地宣誓效忠于宪法，其本人仅保留行政权力；然而，他所掌握的实权却不比当代经选举产生的美国总统的权力小。事实上，路易十六夫妇仍在继续他们的“双面游戏”：暗中鼓励欧洲各国对新政权进行干预和破坏，从而结束这个他从未真正接 143
受的政权，并恢复王室和贵族阶层往日的特权。国王没有接受宪法，也不承认自己的权力受到限制，这将是君主立宪制尝试中的致命缺陷。

一个不可靠的君主的存在并不是立法者们所面临的唯一危机。代表们在此后将会发现：他们不仅面临反革命的威胁，而且还必须应对巴黎激进武装运动的兴起和此后蔓延至各省的民众暴力浪潮，以及爆发于法属最富有的美洲殖民地的大规模奴隶起义。次年春天，这些事件将把国家推向战争，并使新政权在这一过程中面临重重困难。派系斗争在议会内部乃至全国革命精英群体内部愈演愈烈，动荡、猜疑和争斗也将成为这一时期的主题。

144 地方派系与斗争

1791 年—1792 年秋冬，革命初期出现的多股势力的混战日益加剧，当中的诸多问题实际上源于革命本身。例如，自由制度被过分神化、民主的边界无法确定、质疑权威的声音越来越不受控制等。这些问题在第二次国民议会时期持续激化，使新政权行使权力的尝试频频受挫、社会持续动荡。拒绝向封建领主交税的公民同样拒绝向新政权交税；工人不断抗议以要求更高的薪水；农民持续袭扰公共或私人林地；士兵拒不服从军官的命令……诸如此类事件层出不穷。在 2 月的实地考察中，议会代表胡波哀叹道："所有部门都充斥着不满的声音，所有城市都被煽动性言论淹没。政府的权威在任何地方都不具有威慑力，法律因屡遭侵犯而在事实上荡然无存。"显然，所有人都不受控地踏向骇人的命运之旅。[2]

虽然这种"无政府状态"大部分是非暴力的，但骚乱同样激增，并在 1792 年春季达到顶峰，其频率和强度都与 1789 年夏季的暴乱并无二致。1792 年夏天，炎热的天气让法国中部和西南部旱情严重，进而引发了民众对饥荒的恐惧。[3] 同样，对粮食供应短缺的恐慌也受到国民议会自身政策的影响：议员们大力推动的自由贸易让民众担心大量粮食出口会造成本地粮食的短缺。虽然立法机关最终停止了跨国贸易，但地区之间的流通却未被禁止，谷物商人也因此得以追逐更高的利润。[4] 此外，由于大革命时期新发行并流通的指券并不稳定，整个局势变得更加复杂。长期以来，法国人一直对纸币持怀疑态度，再加上担心 1792 年初可能即将爆发战争，于是，纸币币值开始暴跌。在巴黎，大批民众抛售纸币，这使贬值的情况进一步恶化。正如科尔森所说，“这一时期纸币的不稳定性极大地加剧了人们的焦虑，使得每个人都渴望借购买各种商品和偿还债务之机让自己手中的指券数量降到最少”。由此产生的通货膨胀扰乱了当地经济，给下层民众，尤其是下层城镇民众带来了相当大的经济困难。[5]

1789 年，大规模叛乱主要针对的是各种涉嫌操纵市场或暗中囤积谷
物的人，如富有的地主、政府官员，以及神职人员。但现在，愤怒的民 145
众将矛头直接对准了封建领主。对于领主们仍然有权向农民征收“封建租税”且有权起诉拒绝缴税的农民这一情况，民众的愤怒愈演愈烈。自 1790 年 6 月国民议会高调宣称废除贵族制之后，残存的“封建租税”制度就一直饱受诟病。在 1792 年上半年，贵族阶层成为群体性暴力事件的主要目标，民众袭击酒庄的事件在全国范围内层出不穷。[6]

民众的暴力行为让爱国者尤感不安；与此同时，他们还面临着持续的反革命威胁。在秋季，有消息称大批贵族正前往边境，更有甚者，这些贵族公开宣称他们将加入逃亡者组织的反革命军队。[7] 巴黎人敏锐地意识到大批贵族正穿过首都前往奥地利或德意志，议员克劳德轻蔑地称这些贵族为“堂吉诃德式的反革命者”。据吕奥所说，共有数千名贵族在 10 月和 11 月穿越了巴黎，其中一些人在杜伊勒里宫前驻足以向国王夫妇致敬。还有报道称，城内墙上神秘地出现了一些海报，逃亡贵族誓言将很快回到巴黎，以处决革命领袖，结束“叛乱”。[8] 虽然在吕奥看来这一切都是空洞的吹嘘，但许多巴黎人确实因此变得焦虑。事实上，逃亡国外的贵族和仍在国内的贵族之间正谋划着不可告人的阴谋的确证据确凿。

例如，议会揭露了由里扎迪耶赫男爵率领的“普瓦图联盟”计划在法国西部进行一场起义的阴谋。[9]面对这些证据确凿的反革命威胁和不断拥向边境的贵族人口，来自卡奥尔的议员皮埃尔·拉梅尔强作镇定，称既然这些人是“毫无价值的公民”，那么对其离开也不用可惜。不过，他同样承认：“这些反革命计划使法国人民感到不安，使他们丧失了新宪法本应给予他们的安全感。”[10]

除此之外，爱国者们同样警惕来自守旧的神职人员的威胁。到1791年秋季，大多数拒绝向宪法宣誓效忠的神职人员已被效忠者取代。然而，部分地区的神职人员几乎全数拒绝宣誓，很难找到候补人员取而代之，只能暂且保留这些人的职位以保证宗教日常事务得到妥善安排。即使是
146 那些被褫夺权职的顽固分子，也依然被坚持宗教自由的法律允许待在教区，并在附近的教堂或修道院举办“保守的”弥撒。

地方爱国者们对这种“反宪政”活动十分警惕。即使祭司在布道和公开声明中对政治问题闭口不谈，他们也担心其在私人谈话中、在忏悔室中、在孩子们的教义课上的言辞。在瓦尔省，爱国者得出的结论是：所有顽固分子都“憎恶宪法，并在暗中鼓动更多人反对宪法”。[11]为此，革命派俱乐部和国民自卫军竭尽全力动员民众反对这些神职人员，当教区民众在教会宣誓中立场不同时，顽固派的支持者与反对者之间随即爆发暴力冲突，这种情况在多地均有发生。继领主压迫和生存资料短缺之后，宗教冲突成为1791年和1792年暴力冲突的第三大导火索。[12]

在这场冲突中，一个全新的矛盾逐渐显现出来，即：革命精英之间激烈的派系争斗。派系竞争长期以来一直是城镇和乡村政治生活的一部分，根据不同情况可能表现为：家庭或邻里之间的冲突、宗教派别之间的冲突（在新教徒和詹森主义者所在区域尤为典型）以及诸如帮会、行会以及共济会分会等不同社会组织之间的冲突。这种竞争和冲突持续了好几代人。[13]革命开始之后，城镇生活被高度政治化，新的管控体制又

未能迅速建立起来，这让旧有矛盾被重新激活，一系列新的矛盾又伴随而生。事实上，每个社群都因复杂的背景有其自己的派系演变史。[14] 1789 年下半年的市政革命浪潮在各个社群都埋下了敌意的种子——前朝的“权力代理人”不情愿地离开岗位并不甘心就此退出权力舞台，因而对后来者始终抱有怨恨。同时，城市革命的煽动者时常寻求与工人和农民等弱势群体结成联盟。这样，伴随着“出局者”和“新当权者”之间的权力争斗，社会层面的分化也成为不可逆转的事实。[15]

随着相互制约的部门、市政当局乃至区域相继成型，局势进一步复杂化。在许多地区，省部级的规章制度日趋保守和谨慎，与法律条文保持高度一致。相比之下，地区和市政领导人的立场却日益激进，对国民 147
议会和其直接上级的仁慈感到不耐烦。这种对立因何而生并没有确切的答案，也许是因为低级官员长期在一线直面守旧的神职人员和顽固的贵族，认为上级机构脱离实际；[16] 也许还在于市政管理人员中有相当一部分来自社会下层，与省部级官员的出身可谓截然不同。[17] 然而不管怎样，省级部门与地区和城镇之间的政治分歧已经成为全国范围内十分典型的“常态”。雅各宾派议员米歇尔・阿泽玛敦促他的部下不要遵循其他行政官员的“贵族式”政策，而要首先听从市政府和党派的意见。[18] 1791 年的局势如勒让德所言：“不同级别的行政系统之间很不幸地形成了分化和对立，这已经成为让整个局势最终恢复平静和安宁的最大障碍。”[19]

然而，再多政见分歧的存在也阻挡不住地方团体的“站队”——地方派系纷纷“傍上”影响力更大的全国性党派，向他们靠拢。在许多城镇，诸多公民社团相继成立，每个都代表着特定的社群及话语体系。[20] 而如果某个团体的政见和立场与巴黎雅各宾派所提倡的政策相对立，由此引发的冲突将尤为激烈。这些异见者通常受到巴黎保守派的启发，主张加强君主制和法制并在大众阶层中施行严格的规章制度以维持社会秩序，他们的领袖也大多是革命开始之后被驱逐下台的政客。[21]

到 1791 年，公民社团之间的争斗已然演变成“俱乐部战争”。在第戎、利摩日、欧什和朗格多克的许多城镇陆续发生了不同俱乐部成员间的打架斗殴事件。土伦中央广场发生了俱乐部成员间的流血冲突并造成人员死伤，事后，行政官员这样评价：“无政府状态已经成为常态……当局必须与反革命势力持续斗争，也必须时刻警惕煽动叛乱的势力，无异于腹背受敌。”[22] 在位于比利牛斯山麓的小镇帕米耶，产生于 1789 年市政革命的两个对立“政党”——它们分别追随革命中的赢家和输家——迅速组建了自己的团体，并分别与国民议会中的激进派和保守派建立了联系。随后，国民议会中出身于帕米耶的雅各宾派议员瓦迪耶，积极干预当地政治，并将那些曾参与推翻旧政权时期寡头统治的人收入麾下。[23]

148 1791 年 7 月，雅各宾派和斐扬派决裂。两派随即向地方附属团体发出多封信函，强调自己才是“宪法之友”的真正代表。面对两派分立的局面，原本同属一个阵营的成员被迫选边站队——最终，多数人选择了雅各宾派。但主张强君主制同时对民众持怀疑态度的斐扬派得到了地方温和派和保守派的支持。[24]

1791 年夏季结束时，市民为选举新立法机关的代表而聚集在一起。此时，雅各宾派和斐扬派的对立已经非常明显。可以肯定的是，与会者们对这种派系斗争感到不耐烦，并急于宣布与任何派别均无瓜葛，决心保持独立。有些选举似乎相对平静，没有被派系斗争渗透的迹象；[25] 但有一些地方选举则截然不同——地方团体之间频发的冲突直接或间接地与巴黎的两个主要党派联系在一起。在第戎和蒂勒，几乎整个代表团成员都出身于雅各宾派。与之相反，在特鲁瓦、土伦和沙托鲁，斐扬派占据绝对优势。在加尔省，甚至有国民议会议员直接干预选举，以确保斐扬派在选举中占据主导地位。[26] 在帕米耶，议员瓦迪耶所直接干预的长期斗争以雅各宾派的胜利而告一段落，这也是瓦迪耶本人所期待的结局。[27] 诸如此类地方政治中出现的分歧和不信任将对 10 月 1 日召开的立法议会产生极大影响。

立法议会中的派系

在新议会的选举中，742 人当选为新任议员。整个议员群体与此前大为不同，这是因为早在 5 月，新颁布的一项法令规定禁止个人在议会中连任。新议员代表更年轻，上任时平均年龄只有大约 41 岁，而此前制宪议会的议员上任时平均年龄为 47 岁。[28] 大多数新议员代表出身并长住于城镇和农村，只有 5% 居住在巴黎，而制宪议会时期则有 18% 的代表居于巴黎。[29] 后世的一些历史学家认为：新任议员群体政治上不成熟、普遍缺乏作为立法者的经验，是此后立法议会无法长时间存续的部分原因。149
不过，虽然大部分议员从未担任过国家层面的要职，但他们当中的绝大多数在地方政治方面都有相当丰富的经验。近 4/5 的议员在过去曾经当选为地方大区或市镇层级的行政或执法人员。[30] 比以上各方面更为显著的区别在于议员群体的阶层背景。在最初的国民议会中，有一半以上的议员代表来自“第一等级”，即贵族和神职人员所在的特权阶层。但在 1791 年宪法实施后，社会人员不再以“等级”划分，新议员中只有约 10% 曾是神职人员或贵族，[31] 而且当中无一与王室有亲缘关系，也无一担任过旧政权时期主教及以上的职位。所谓“贵族”不过是最近才获封的名分，而神职人员也都是宣誓效忠新政权的国民。总的来说，新任议员群体较其前任“同质化”程度更高；也正如他们在选举过程中所承诺的，会更全心全意地致力于革命。

然而，极具讽刺意味的是，立法议会很快就沦为派系斗争的前线，早前国民议会中爱国者和贵族的分裂和对立再次上演——在短短几天之后，不同立场的议员们自觉地分散并聚集在会堂的左侧、右侧或中央，重现了 1789 年时的对立和分化。[32] 至于哪些议员属于哪个派别——主要有雅各宾派和斐扬派两大阵营，确切的数字很难确定，因为一些议员在不同阵营之间摇摆不定，这种情况在第一周尤为明显。截至10月初，约有130名代表归属巴黎雅各宾派，但名单仍在增加；截至1791年冬天，又有200余名中间派议员及俱乐部成员加入雅各宾阵营。[33]在雅各宾派看来，立法议会开幕之初，斐扬派并未迅速集结成一派。虽然在11月选举议会主席时，右派——即主张君主制的斐扬派——议员代表已充分动员，并作为一个整体进行投票，[34]但只有到了12月初，领教了雅各宾派在秋天的强烈攻势之后，斐扬派才开始举行公开会议以招贤纳士。[35]此后，约有260名议员归属斐扬派。几个星期后，激进分子袭击斐扬派会场并扰乱了会议，斐扬派的公开活动就此中断。但即便如此，许多议员仍在私下保持了密切联系，直到1792年8月君主制最终垮台之前都保持了一定程度上的团结一致。[36]

150 随着时间的推移，两大阵营的力量对比陷入胶着。截至12月，支持斐扬派的人数已然超过了支持雅各宾派的人数。但在冬春之交的几次重要辩论中，雅各宾派又争取到了诸多中间派的支持，因此对斐扬派而言仍然危机四伏。衡量两大派别相对实力的一个标准是每两个月举行一次的主席选举。从10月到次年2月，雅各宾派总能在选举中胜出。但从3月中旬到8月初，斐扬派却大有迎头赶上之势，多次以微弱优势胜出。[37]年轻的雅各宾派议员克劳德·巴吉尔抱怨称斐扬派“现在都能够直接指派主席了”。记者普鲁多姆在2月写道：“国民议会中的一大派别背叛了人民的事业，而这一派别每天都在壮大。”[38]

1792年初，立法议会的统一性已经名存实亡，两大阵营的议员一旦碰面就会争论不休。拉比松·拉莫特在一封家书中描述了议会的日常场景：“他们互相侮辱、互相指责，争斗双方像发疯了一样。”而在胡波看来，整个议会大厅仿佛在举办“一场诡异的酒神节”，互相推搡的人们就像酗酒后的行尸走肉一般。据报道，一些代表甚至将手枪藏在大衣内带进会场。[39] 在这样的形势下，绝大多数代表被迫在左右两派间二选一——无论此前他们是否属于两大阵营之一，在票选时必须与其中一方保持一致。[40] 至于那些迟迟未表态并在明面上始终保持中立的代表，则被施以巨大的压力：议员们愤怒地谴责中立者，并提醒他们：“就算是那些拒绝站队的公民，到了最后关头也一定会做出选择的。”[41] 1792 年夏天，势均力敌的两大阵营的对峙陷入了僵局，引发了全国范围内的危机，这种形势下最大的受害方是立法议会本身——平息不下的派系斗争极大地削弱了立法议会的权威性。

这种近乎疯狂的对立因何而起仍然是革命时代最令人费解的问题之一。诚然，两派在宏观层面的社会观念，尤其是在“大众应在政治生活中扮演何种角色”这一问题上存在诸多分歧，但雅各宾派强调人民主权的原则，通常更同情平民的困境，也天然地更擅长用极富感染力的言辞获得大众的支持。“人就是一切，”阿泽玛写道，“我们就是人民。如果我们不能够听取人民的心声和为人民服务，我们将什么也不是。”[42] 相比之下，斐扬派则对大众群体更为谨慎，时刻警惕任何可能的大众起义给国 151
家稳定带来威胁。他们多番指责雅各宾派一味迎合老百姓，助长了无政府状态，从而破坏政府的稳定。在写给母亲的信中，路易－米歇尔·狄梅多次抨击雅各宾派，称他们“鼓励混乱和无政府主义的存在和发扬”“赋予食人族为所欲为的权力并将此称为‘自由’”。[43] 总体上，雅各宾派关注公民团体以及在他们看来极具责任感的大众群体的权利，而斐扬派则关注特权和普遍意义上人之为人的权利。对前者来说，如若面临“国将不国”的情况，他们可以做出妥协，甚至将法律条文抛诸脑后；而后者则坚持不论在何种情况下，都必须依法行事。事实上，斐扬派一直自豪地宣称自己是宪法和君主立宪制的捍卫者，同时谴责雅各宾派蓄意削弱宪法的权威性、动摇君主立宪制的根基。他们声称雅各宾派试图破坏宪法。正如斐扬俱乐部宣言所说：“宪法，我们唯一信奉的是宪法。”[44]

然而，在涉及法律框架和政权架构等原则性问题时，两派之间的分歧远小于此前国民议会中爱国者和“第一等级”之间的分歧。过去双方的分歧主要集中在政体，然而这一分歧在新任议员当选之时已经不再显著。在捍卫宪法和君主立宪政体的决心方面，雅各宾派议员和斐扬派议员一样坚定。雅各宾派议员吉尔贝·罗默在 11 月给朋友的信中清楚地阐明了这一点：“从今以后，服从法律和捍卫宪法将成为我们所有行动的出发点和目标。”即便是雅各宾派领袖雅克·布里索也表示共和主义在当前只是一个遥不可及的梦想。[45] 此外，两大阵营都对旧政权下的社会结构以及贵族特权深表反感，也都对国王路易十六的诚信持怀疑态度。[46] 此外，当议会对严加管控逃亡贵族和守旧的神职人员、不同肤色和种族的民众要求得到平等权利，以及战争等诸问题进行票决时，投票结果往往都是一边倒。这意味着尽管两大阵营在诸多具体的议题和政策上存在分歧，但毫无疑问的是，就以上这些原则性问题，两派意见基本一致。[47] 对于斐扬派和雅各宾派以及后来的吉伦特派和山岳派而言，意识形态的差异远不足以导致对立和冲突，甚至算不上是派系斗争的重要原因。

152 通常情况下，个人过往的政治经验将决定这个人效忠于哪个阵营，而这些经验根植于地方斗争，仅与国家政治问题间接相关。我们已经看到，大革命爆发前在地方发生的市政革命的“输赢双方”如何推动了地方政局的分裂——基层官员更为激进、上层官员趋于保守，这种分裂形势一旦蔓延至立法议会，就促成了斐扬派和雅各宾派的对立。通过比较斐扬派和雅各宾派议员的集体传记不难看出：尽管两派议员的平均年龄相差无几，[48] 但前者的政治生涯多起步于大城市，而后者的政治活动重心多在市镇级别。[49] 许多立法议员在就任之前就已经有了明显的派别归属：来自奥弗涅大区的乔治·库东和吉尔贝·罗默在地方任职时就已明显倾向于雅各宾派的政治主张，在到达巴黎就任议员后遂顺理成章地成为巴黎雅各宾俱乐部的一员。甚至在上任之前，基于已知的政治立场，两人已经将未来的同事进行了亲疏划分——他们将要团结的同事是“遵循正确原则的人”，与之相对的则是“听命于部长的弱者、傻瓜”，后者被他们欣然归入“敌人”之列。[50]

当议员们就不同议题进行辩论时，个人品性，尤其是领导者的品性也对各自派系的形成起到了重要作用。在斐扬派一方，立法议会成立后的最初数周内，极其有效的领导成果得益于几位留在巴黎的前任议员。“三巨头”安托万·巴纳夫、阿德里安·杜波尔及两位“拉梅特”（夏尔·拉梅特和亚历山大·拉梅特）在1791年夏天时仍然是君主立宪阵营的中流砥柱，他们奠定了斐扬派对国王、议会政策的基调，凭借自身的政治影响力给他们的雅各宾派对手造成了不小的麻烦。然而，他们的领导权威时常受到拉法耶特的挑战——一直到1792年8月君主制倒台之前，这位著名的将军都是右派阵营中最受敬仰的人物。议员中，福布朗伯爵维耶诺、马修·仲马和拉蒙·德·卡尔博尼埃凭借其过人的演讲才能崭露头角，虽然这三位尚不足以成为极具个人魅力的领袖人物。总体而言，与雅各宾派议员相比，斐扬派议员并不都是能言善辩之士。[51]

雅各宾派成员中，雅克·布里索无疑是最为突出的一位议员。布里索经历了一段作家和哲学家的艰难生涯，其间曾辗转于英国、瑞士和美 153
国之间，此后回到巴黎成为革命派记者并活跃在巴黎政坛。在布里索的政治生涯中，始终有一个亲密的熟人圈子环绕着他。[52]最早的“布里索派”是由一小撮有才华的朋友组成，他们要么相识已久，要么在任职立法议员后彼此熟识。“布里索派”每周都会召开数次会议，开会时间通常选定在立法议会召开前的清晨。[53]当中最突出的成员是皮埃尔·韦尼奥、阿尔芒·让索内、埃利·加代、让－弗朗索瓦·迪科和前孔多塞侯爵。除孔多塞以外，其余人均出身于吉伦特省首府波尔多，因而这群人通常被当代人称为“吉伦特派”。在这个小圈子里和整个雅各宾派中，布里索具有极强的感染力。许多观察家都评价过他的乐观精神和“语重心长”的感染力，还谈到了他对其所提倡政策的强烈自信、对反对自己的人的急躁情绪以及对“荣耀”的热爱。玛丽－简·罗兰与丈夫经常招呼布里索和他的朋友到家里做客。据她评价，布里索“极其自信又非常从容”。在另一位同样熟知他且信奉加尔文主义的牧师埃提安·杜蒙看来，布里索是整个阵营的“领袖”：“布里索不是在忙于写作就是在四处奔走、召开会议，他主导了所有行动。”[54]

我们至今并不清楚布里索和他的追随者在1791年秋天时的最初目标。起初，“布里索派”与雅各宾派总体上并没有任何意识形态方面的分歧，他们也不主张推翻君主制。如果他们确实有一个核心战略，那大概是尽可能获得更大的政治权力——这种观念根植在他们内心，他们也确实认为这是拯救国家的最佳方式。1791年至1793年间，为了扩大自身影响力，他们对立场和目标都做出了诸多修正，甚至出现了自相矛盾的情况。[55]例如在1792年春，布里索为了推举数名友人进入王室任职而采用了不正当手段，作为知情人之一的杜蒙对此感到无比震惊。[56]不可否认，布里索和吉伦特派成员在1792年春天盛极一时，和他们过人的语言感染力和个人魅力相比，雅各宾派议员在此时则逊色不少。

1791年夏天之后，所有政治阶层之间如病毒一般传播的恐惧和猜疑
154 让立法议会内部的派系对立形势日益严峻。[57]尽管这种恐惧在上一届议会时期很大程度上事发偶然，但在新议员群体内部，对于阴谋的恐惧迅速膨胀。他们比以往任何时候都倾向于相信任何蛛丝马迹都是一个“宏大阴谋”的一部分，并认为其策划者们里应外合——不光存在于政权之外，也存在于议会甚至是王室内部，且听命于少数几个“操纵者”。立法议员日益频繁地在演讲和私人信件中提及这些阴谋。例如，在吉尔贝·罗默看来，在革命中发生的几乎所有“意外”都能够追溯到一个单一源头；这些“意外”——如叛乱者们的狂热、粮食价格的暴涨、指券的贬值、席卷农村地区的骚乱以及议会内部的派系分裂等——在他看来都是有计

划的，由一小撮“渗透到社会各处，甚至到爱国者团体和议会内部的敌人”在幕后操纵。克劳德·巴吉尔则认为：“我们被阴谋者包围了，他们蠢蠢欲动……的确存在，因而我们必须严厉谴责那些与更大阴谋相关的具体事件。”[58] 以罗默和巴吉尔为代表的这类观点最初不光在雅各宾派成员中极为普遍，而且，许多斐扬派议员和其他持温和保守态度的立法者们也越来越多地加以接受。例如，中间派议员科代越来越确信“渗透到政权内部的阴谋者始终与其外部盟友保持联动”。到 1792 年 3 月，斐扬派同情者胡波和奥贝尔－杜巴耶也同样确信他们正与一个无形的、宏大的阴谋相对抗。[59]

这种猜疑文化迅速主宰了议员们的思维，同时也影响了立法议会中不同派别之间的相处模式。1791 年 7 月至 8 月，国民议会中占主导地位的斐扬派策划了对巴黎激进分子和共和立场人士的严厉镇压，加上其间发生的血腥暴力事件“练兵场惨案”，彻底激怒了雅各宾派，并让两派的互信机制产生裂痕。而一些斐扬派领袖与王室人员过从甚密更是加重了雅各宾派的疑虑。1791 年秋季，许多雅各宾派议员相信：他们的斐扬派对手正是策划阴谋的幕后黑手。在他们看来，这个“部长党”与环绕在国王身边那些首鼠两端的行政长官们以及王后都有洗不清的关系，甚至就是一个赤裸裸的“奥地利委员会”。雅各宾派议员皮埃尔－约瑟夫·康朋报告称斐扬派“密谋挫败国民议会”；纪尧姆·科思非常确信“存在着 155
许多披着斐扬派伪装的贵族”。[60] 但与之相对，斐扬派代表同样声称雅各宾派背信弃义。斐扬派对雅各宾派早期与共和主义者的异常亲密早就心存芥蒂，而雅各宾派试图动员群众以实现自身目标的行为更让斐扬派深感怀疑。西奥多·拉梅特——亚历山大·拉梅特和夏尔·拉梅特的弟弟——断言布里索等人“被英国人收买，与国民中的渣滓为伍”。[61]

1792 年冬春之交，雅各宾阵营内的分化使得派系对立的局面变得更为复杂。当中最核心的矛盾发生在两位最具影响力的雅各宾领袖之间：布里索和罗伯斯庇尔。两人都拥有强烈的自尊感和自信心，也都倾向于将自己视为激进革命中的灵魂人物。罗伯斯庇尔，这位前任议员新近当选并任职于巴黎刑事法庭，他在演讲中强有力的论断和过人的抽象化语言表述能力使众多雅各宾派议员为之倾倒。多年后，曾在国民公会时期与罗伯斯庇尔共事的勒内·雷瓦索这样评价他："他冷静，没有欲望，似乎没有任何个人诉求，也不贪恋金钱，唯一的野心就是赢得好名声，成为最好、最诚实的公民。"同样了解罗伯斯庇尔的多米尼克·加拉则强调了他的高度自尊和敏感，以及他近乎偏执的多疑。[62]罗伯斯庇尔和布里索二人的不和始于 1791 年 12 月，面对第一次反法联盟的成立，立法议会中就法国是否应战产生了巨大分歧：布里索主张直接向列强发起进攻，而罗伯斯庇尔则激烈反对。双方的交锋最初是和平的，直到布里索和吉伦特派成员开始对罗伯斯庇尔进行一系列直接攻击，声称他们因为最理解法国民众，故而民众是其坚强后盾。相比之下，他们的对手罗伯斯庇尔则大失众望。对此，罗伯斯庇尔，这位长期以来自视为民众的发声者、平民的代表人的领袖怒不可遏。此后，双方的争论从就事论事演变为人身攻击，曾经是朋友和战友的两人，连同他们各自的支持者，而今因一系列激烈冲突形同路人。[63]

从短期结果来看，布里索和他的支持者们成功地粉碎了议会中的反战阵营，同时也尽其所能地羞辱了罗伯斯庇尔，让他在雅各宾派内部抬不起头。即便如此，后者在雅各宾派仍拥有强大的号召力。随后，尤其
156 当战争双方愈发胶着之际，罗伯斯庇尔在立法议会中赢得了少数人的支持。[64]1792 年春天，他的追随者们开始被称为"山岳派"，得名于他们习惯坐在议会大厅中最左侧最高处的位置。与斐扬派和雅各宾派忙于给彼此扣上叛国罪名同时，"布里索派"和山岳派也在做同样的事情：布里索和加代暗示罗伯斯庇尔在不知不觉中推动和平主义，目的是破坏备战，从而创造有利于奥地利人的局势。[65]罗伯斯庇尔方面很快就对吉伦特派

提出了类似的指控，指责他们是“反革命者”，是“奥地利委员会”的附 157
庸。几乎在同一时间，罗伯斯庇尔的盟友卡米尔·德穆兰出版了名为《撕开布里索的伪装》的政治宣传册。[66] 1792 年 3 月，4 名吉伦特派核心成员升调至国家部门，这让他们与山岳派之间的嫌隙和相互猜疑变得彻底不可调和，这时候的法国民众都知道议会中有三个而非两个对立阵营——斐扬派、吉伦特派和山岳派。议会内部也因三大阵营间极不稳定的关系而陷入动荡。

当然，政治上的虚张声势乃至散布谣言也在一定程度上推动了派系之间的冲突。如果杜蒙的观察结论属实，到 1792 年 3 月，吉伦特派已经
完全陷入到了“怀疑”的疯狂当中。与吉伦特派成员会面时，杜蒙的观 158
察是：“他们只谈论贵族的逃亡和‘奥地利委员会’的阴谋，以及王室的背信弃义。”[67] 派系对立的糟糕局面让多米尼克·加拉回想起他在古代历史著作中熟读的桥段：“对立双方乃至多方纷纷谴责对手意图摧毁国家政权，不过是为了铲除竞争者以方便自己一家独大”“这些指控最初可能仅仅是猜疑，源于愤怒以及伴随而来的仇恨和侮辱；但最终，它们在反复的自我强化中日益加剧”。这一时期议员们在私人信件中清楚表达了对背叛和阴谋的恐惧，他们认为：阴谋已经使法国内外交困，更可怕的是，它已经渗入到议会当中。[68] 他们对事件的理解和揣测也已然走入极端——在他们看来，派系竞争者并非单纯地误入歧途或头脑迟钝，而是从骨子里就背信弃义和道德败坏。

无论革命者们出于何种原因将自身归属于某一阵营，一旦他们对所属“派系”产生了情感上的认同感，忠诚随之而生。派系对抗的核心是争夺权力，甚至关乎生死存亡。1791 年 10 月，康朋写道：“斐扬派和雅各宾派的主要目标是摧毁彼此。每一方似乎都以‘他们所反对的’而非‘他们所支持的’来定义自己。”[69] 人们渴望复仇又恐惧复仇，身处不同阵营的对手之间相互诋毁和妖魔化彼此，以往对贵族和顽固神职人员的

愤怒和仇恨现在转嫁到了彼此身上。[70] 左派代表称斐扬派为“黑人”“部长党”，这是第一次国民议会时期出现的情绪化的侮辱性绰号。雅各宾派成员马拉西斯和卡维利化用了之前议会上右派阵营中最强硬的三名代表的名字，称对手为“我们的莫里、我们的卡扎莱斯、我们的马鲁耶”。[71] 此外，在左右翼极端新闻媒体的推波助澜下，暴力语言迅速蔓延，相互间的谴责和批评无异于人身攻击，对敌对派别的妖魔化也被无限放大。

在任何政局中，派系的形成都是一个复杂的过程，涉及阶级、意识形态、个人魅力、语言和文字的简单化以及偶发事件等多种因素。而在法国革命时期，这种对立关系又因为其他因素——如两派领袖各自斩钉
159 截铁的承诺、真正的反革命势力的抬头、政权转型过程中产生的权力真空——而加剧，此时的法国政局被不确定的氛围和深刻的忧虑情绪笼罩。再加上路易十六出逃事件后，议员们对国王的忠诚始终持怀疑态度，这让整个局势变得更加紧张。[72] 也许正是这种根植于革命进程本身的对阴谋的恐惧，使每个人在全身心地忠于己方阵营的同时又理直气壮地贬低和妖魔化对手。由此产生的派系林立且相互不可调和的形势将最终导向暴力——他们已经做好了与“敌人”拼个你死我活的思想准备。

巴黎激进分子的武装动员

立法议会之外，代表们所居住和工作城市中的政治氛围也变得越来越激进。政治激进主义最初以政治运动的形态出现在大革命早期的各个派系内部，如科德利埃俱乐部、雅各宾俱乐部以及各种不成体系的“兄弟社团”，当时正值革命派与温和派决裂。科德利埃俱乐部中的许多领导人在 1789 年以前还是被社会边缘化的作家或记者，到了革命时期开始崭露头角并成为焦点人物，[73] 当中的一些人注定将在此后的议会乃至公会，

或是整个巴黎政坛搅动风云。此外，左岸的诸多出版商和学者——包括尼古拉·吕奥在内——经常出入政治俱乐部，同行的还有许多当地商人和店主。[74]激进主义潮流在邻里社区中蓬勃发展。然而，直到1792年夏天，只有“积极公民”才有资格担任社区领袖，因而这些团体多由相对自由的职业者主导，如以投资维生的“资本家”、商人、相对富裕的匠人以及店主，他们当中的大多数拥有自己的生意并雇用了许多帮工，因而有足够的闲暇参与政治运动。[75]

自1790年末以来，经常接触政治圈子的受过教育的精英们声名鹊起，并受到了民众的拥戴，他们主张真正的民主必须包括整个社会的所有男性成员，也意识到他们需要更多的支持者来壮大队伍，以期与逐渐 160
扩大政治话语权的温和派中产阶级相抗衡。这些团体内社会阶层较低的新成员最初被简单地称作“人民”，但他们很快就有了一个新的名称——“无套裤汉”，因为这些人通常穿着工人的长裤而非更时尚的紧身短套裤。“无套裤汉”也由此成为一个明确的社会类别。罗莎莉·朱利安在言语之间将自己和这些人做了谨慎而明确的区分：她属于生活更优渥的“资产阶级”，而对方则是“衣衫褴褛”的人。[76]当然，“衣衫褴褛”仅仅是一种修辞。然而毫无疑问的是，在她的窗户前游行的男女穿的正是这种工人的衣着。在词义演变过程中，“无套裤汉”最终也会包括那些号称与“人民”同一战线的激进分子。从这个意义上说，这个词并不单纯指某种根据社会财富划分的阶层，也指孕育于革命中的一个全新的社会政治联盟——乔治·勒费弗尔称之为“大众阵线”。这在旧政权时期的政治文化中从未出现过。[77]

巴黎平民的政治化是一个复杂的过程，我们难以把握这一过程的发展脉络，因为这些人很少使用书信或日记来记录他们的生活。[78]在1789年的政局中，“大众阵线”已经能够占有一席之地。但他们的积极性并非主要出于对新国民议会的支持，而是源于对饥荒以及雇佣军来袭的恐惧。

在加入了分散的公民团体、列席俱乐部分部会议之后，这些民众的政治意识获得了更大程度上的觉醒——这正是政治精英们成立公民团体所期待看到的结果。[79] 此外，他们还是在巴黎流通的报纸和政治宣传册的目标受众。尽管大多数人并不具备识字能力，无法直接查阅这些书面材料，但他们能够在巴黎市内数百间夜总会和咖啡厅听识字者大声朗读报刊上的内容，并与社区内的发言人进行激烈辩论。[80] 梅西耶称他们为“街头演说家”：“他们在集会时谈论着议会中激进的议案，又或是争相揭露潜在的阴谋诡计。”当然，道听途说的消息很可能有失偏颇，毕竟报刊小贩时
161 常为了扩大销量而即兴创作“头条新闻”。[81]

慢慢地，综合了工人阶级的诉求和激进中产阶级的目标后，巴黎激进分子的意识形态逐渐成熟。科德利埃俱乐部的愿景是将 1789 年的理想变为现实：建立一个全面的民主制度，激发全体民众的政治参与积极性，并赋予所有男性选举权和被选举权。有些成员甚至主张建立直接民主制，即所有公民都有权通过或否决所有提案。在瓦雷纳危机之后，许多激进分子转而支持共和主义，主张人民作为一个整体成为国家的主人。总的来说，抛开激进程度的差异，这一时期大多数法国民众，尤其是巴黎民众，都向往“人民”所代表的理想化愿景。固然这种理想在某种程度上受到了让 - 雅克 · 卢梭著作的影响，但究其根本，这种理想来源于民众亲身参与政治生活的经历。自革命开始以来，巴黎民众一直都是革命事业的强大后盾；也正是巴黎民众在 1789 年 7 月和 10 月两次扶大厦之将倾。在议员皮埃尔 · 索邦尼看来，人民是法国人口的基本组成部分，“是生养我们的人，为我们保驾护航，是国家的真正力量”。普鲁多姆则将人民的形象神化：“人民就像上帝一样，世间的任何事情都逃不过他们的慧眼，他们无处不在……人民是不朽的，尽管他们有时会被误导、被束缚、被蒙蔽。他们并非无敌但却不朽。”朱利安和许多人一样引用古罗马谚语来赞颂人民：“人民的声音就是上帝的声音。”[82]

然而，这些理想化的观念也掺杂了一些世俗的诉求。“无套裤汉”需要为生计而奔波操劳，某种程度上，他们的政治诉求仅仅是受到激进派革命精英的启发。与实现民主理想相比，他们也许更关心面包的价格。在他们看来，必须严打任何囤积谷物和操纵价格的行为，货币的价值甚至需要通过实行固定价格来稳定，进而制止降低了他们的生活水平且使他们感到焦虑的通货膨胀。此外，长期以来被各种或精巧或荒谬的传言环绕的经历，使渴望复仇和诉诸暴力的意愿在巴黎民众的观念里根深蒂 162
固，甚至已经成为一种政治文化。[83] 囤积谷物者、造假者以及恶意操纵经济的人在他们看来毫无疑问都应该被处决。在他们眼里，政治阴谋家人数众多且极其危险，也应当归入被处决之列。如果王室不能够迅速行动，那么人民将时刻准备着亲自动手。尽管激进分子中的精英可能偏向于采取和平手段，但他们的下层盟友却随时准备诉诸暴力，或者至少是威胁说要使用暴力，以实现目标、恐吓敌人并挫败其阴谋。激进分子和“无套裤汉”的联盟让对理想主义的憧憬与恐惧、愤怒和对复仇的嗜好融合共生。

1792 年冬春之交，巴黎激进分子和其“无套裤汉”盟友采用了一系列身份标识以让他们之间的联盟更为紧密。最先在受教育的中产阶级中流行起来的红色“自由之帽”——弗吉尼亚无边便帽，源于古罗马时期获释奴隶所佩戴的圆锥形帽子。布里索在 1792 年 2 月自己发行的报刊中对这一概念大加赞赏。3 月 15 日，雅各宾派的几名成员头戴这种帽子参加俱乐部会议；不出几日，超过半数成员争相模仿。很快，这股潮流也蔓延到了立法议会乃至剧院——当时正在巴黎一家大型剧院演出《恺撒之死》的剧团成员在谢幕时戴上了“自由之帽”，矗立在剧院门厅的伏尔泰雕像的胸前也被挂上了这种帽子。然而可以肯定的是，并非所有精英都追随这股潮流。罗伯斯庇尔不赞同这种穿着方式；吕奥因帽子本身“太过古板”而拒绝佩戴。年长的吉塔尔·德·弗罗利拜恩认为这一切就像是“化装舞会”：“这看起来很怪异，十分荒唐。”最终，市长佩蒂翁和雅各宾派领导人出面制止这种群体行为，表示三色徽章已经足以表明个人的爱国主义精神。然而，即使大多数精英不再佩戴“自由之帽”，这种群体热情在大众阶层中间仍然长盛不衰。很快，“自由之帽”取代了普鲁多姆口中的“奇怪的三角帽”，成为“无套裤汉”的标志性头饰。[84]

至于另一个由此衍生的符号——自由之树，它出现在巴黎的确切时间不得而知，但可以肯定的是它最早很可能出现在外省。到了 1792 年春夏，各种种植仪式在巴黎就已十分流行。通常情况下，每棵树的树梢都挂着一
163 顶红色的“自由之帽”，并装饰着三色丝带以及诸如“不自由，毋宁死”“团结就是力量”等标语。议员马拉西斯在 1792 年 6 月的一封信中说道：“巴黎人在过去一周一直忙于在每条街道上种植自由之树。”据他的同事柯尔贝描述，左岸的一个国民自卫军小组发起请愿，要求在立法议会的门口种植这样一棵树——一棵挂着红色帽子的自由之树。“来参观典范的自由之帽吧，”小组发言人呼吁，“它的光辉甚至让王冠黯淡无光。”柯尔贝认为这种运动象征着当下席卷全社会的、面貌一新的爱国主义精神。[85]

更具威胁性也绝不仅仅是象征性的现象是：为了应对可能到来的战争，部分巴黎民众响应号召而武装起来，组成了一道自成一体的防线。由于步枪供应短缺，武装者只好以长矛为武器。这种长矛末端配有钩状刀片，最初由瑞士人设计并被投入使用到早期的战争中。[86]在希腊和罗马民兵的启发下，布里索首先提出武装民众的设想。这个想法在当时具有相当重要的政治意义，因为它这是动员以往被禁止加入国民自卫军的“被动公民”的有效途径。由于整个议会乃至巴黎全城都充满了对阴谋的狂热恐惧，长矛也就成为恐吓内部敌人和外部反革命势力的理想工具。许多激进分子都曾提及这种武器的威力，如库东所说，它将产生“有益的恐怖”，就像“农民在他们的作物中放置的稻草人，害虫将因恐惧而四处逃窜”。很快，巴黎的数个团体都开始独立制作长

矛。在一群爱国妇女的号召下，他们甚至募捐到一笔数量相当可观的资金以补贴武器生产。[87]

尽管激进分子和其支持者具备以暴力手段“恐吓”敌人的能力，但他们同样使用了非暴力的方法进行动员，其中一个创举是革命初期就已流行起来的“兄弟聚会”——数百上千名男女甚至孩童都被邀请参加野外聚餐。聚餐的场所可以在街道、公园，也可以在公共广场——“聚会本身十分简朴，但与会者情同手足”。在聚会中，有乐队奏乐，武装领袖发表演讲，所有人为各种各样的爱国情感举杯欢呼。其中一次聚会发生在 1792 年 4 月，丹东、市长佩蒂翁和其他一些激进领袖在席间发表了讲话，人们举杯敬自由、敬国民议会，也敬爱国者群体；同样也为暴君的垮 164
台和奴隶贸易的结束而干杯。[88]

为了让自己的理念更为人所知，激进分子频繁地出入立法议会。长期以来，立法议会议员们始终希望给公众留下“公正透明”的印象，因而开放了一定数量的旁听席，以先到先得的原则欢迎社会人士列席。到 1792 年春季，旁听席上似乎总有成群结队的民兵，他们强烈拥护最激进代表的立场。当有重要提案被提交到议会进行辩论时，聚集的人群远超会场所能容纳的人数，数百甚至数千人聚集在会场外，在代表陆续到场时齐声高呼自己的诉求。1792 年 1 月，就在国王否决了处置贵族逃亡者和顽固的神职人员的法令后不久，会场外聚集了一大群民众，他们高呼：“否决无效！”此外，当议会就是否宣战的议题进行辩论，以及当布里索在 5 月发表揭露反革命阴谋的讲话的时候，聚集的人数要比平时多得多。斐扬派领袖福布朗伯爵维耶诺回忆起其中的一个场景：“不光是大会旁听席挤满了人，就连议会大厅走廊、庭院、附近的街道都被挤得水泄不通。许多人甚至坐在或站在窗沿上。”[89]

这些声势浩大的群体行为并不具备清晰可见的发展脉络，同样也没有明显事先谋划的痕迹。然而毫无疑问的是，各团体和革命俱乐部确实都在一定程度上推动了群体行为的发生，尤其是大规模的街头游行，这让巴黎人印象深刻。[90]脱胎于宗教游行的传统，这种游行活动天然地具有强大的号召力，因而足以吸引成千上万的民众从全城各地赶来。于是就出现了这样的景象：中产阶级的激进分子和“无套裤汉”聚集在一起；同一社区或是同一职业的男女老少站在一起，手挽手一起行进；他们喊着口号、跟着鼓点齐唱革命歌曲，并且展示各种各样具有象征意义的标志物，如巴士底狱的模型、《人权宣言》的复印本、挑着“自由之帽”的长矛。人群到达议会大厅外之后，他们的代表带着请愿书进入会场并在议员们面前宣读。在极个别的例子中，游行者甚至被允许穿过议会会场，连同他们的歌声、横幅和象征性的标志物。

165 游行和请愿在路易十六出逃事件之后成为巴黎抗议运动的主要形式。在战神广场屠杀事件之后，这种形式在相当一段时间内没有出现。[91]然而，在 1792 年冬春之交，国王的否决令让民愤再一次汹涌，以致在当年 4 月爆发了一场大规模的游行，目的是庆祝 40 名于一年半前在南锡叛乱并被判以重役的瑞士士兵得到赦免。在激进分子看来，这些士兵敢于反抗贵族指挥官——指布耶伯爵（此人系路易十六出逃事件中的重要参与者）——是专制制度的受害者。重获自由的瑞士士兵被民众簇拥着进入巴黎，迎接他们的是公共野餐、舞蹈、街头庆典以及一场热闹的游行——情绪高涨的民众欢呼着穿过议会，高举着“无套裤汉”群体的标志物。大部分庆典似乎都是由雅各宾派和武装团体组织的，后者负责编排舞蹈和为游行队伍马车的装饰材料筹措资金。[92]对于参与其中的民众而言，这些行为的政治含义是显而易见的。斐扬派则坚决反对这一系列活动，并想方设法阻止民众进入议会。[93]因为当事态发展至此，激进的武装分子及其“无套裤汉”支持者与议会中的雅各宾派同仇敌忾是有目共睹的，也自然与斐扬派势不两立。这些武装群众已经一跃成为巴黎政坛不容忽视的一股势力，他们的影响力在此后数月还将急剧扩大，尤其是在法国被卷入战争之后。

突如其来的战争

立法议会成立初期，随着宪法编纂和革命的“完成”，许多代表认为终于可以开始将他们的诸多改革设想变为现实，例如改组教育系统、完善民事司法法典和努力改善农业等。但事实上，正如此前的国民议会未能触及上述问题的核心，立法议会代表们的主要精力始终用在了捍卫新政权，以保护其不受任何潜在威胁上。这些议员代表始终对潜在威胁十分警惕，甚至下意识地认为某些威胁确实存在。这种思维习惯与其过往的政治经历不无关系：在当选为议会议员之前，他们大多是各省的行政官 166
员和治安官员，处理由顽固的神职人员和两面三刀的贵族所带来的问题就是他们的日常工作。在10月和11月的议会辩论中，代表们通过了一份针对逃亡贵族和顽固的神职人员的处置法令，而路易十六随后的否决让代表们极其失望。议会还设立了一个全新的监督委员会和一个特别高等法院，以搜捕和惩处共谋者。然而很快，代表们发现自己应当将目光放到国外，因为战火即将蔓延到法国，这一外交形势比一切内部矛盾都要紧急。

革命爆发初年，法国人几乎不关心外交事务，因为他们将全部精力放在了变革政权和重塑社会的宏伟计划上。科尔森在1789年底给朋友贝里的一封信中对这个问题罕见地发表了评论：“对我来说，‘战争’这个词从不会跟法国联系在一起。我们甚至从来不关心法国甚至是巴黎以外的地方和国家发生的事情。”[94]唯一一次让沉浸在国内革命的爱国者们把目光转移到国外的事件是，1790年5月发生在英国和西班牙之间的外交危机——两国就位于北美大陆太平洋沿岸的一块土地产生了领土争端，法国政府迅速派出一支舰队援助其西班牙盟友。各种消息引发了国民议会就国王和立法机关在战争与和平问题上的权力的激烈辩论。这次辩论还通过了一项重要声明，即法国不会发动进攻性战争。[95]

1790年危机平息后，一些议员代表偶尔会在信函中表达他们对于战争前景的设想。[96]然而，次年发生的国王出逃事件使战争成为迫在眉睫的威胁。对此，国民议会领导召集了军队领袖并成立了紧急委员会；国民自卫军中的志愿兵匆忙地加入正规军；几名议会代表被派往前线视察部队和防御工事。而在地方，甚至早在巴黎代表到来之前，惊慌失措的公民委员会已经开始动员自卫军士兵和加固城墙。最终，战争没有如期而至，[97]但这次“演练”让革命者极为振奋，使其民族自豪感和自信心从未有过地高涨。他们深信，如果战争的阴云再一次笼罩在法国上空，他们将毫不犹豫地进行军事反抗。[98]

167 当立法议员在10月份正式就职时，外国介入干涉法国事务的可能性大大减弱。布列塔尼代表巴戈特写道：“与邻近大国爆发战争的可能性越来越小。”[99]然而，到底是什么原因让法国人的观念在短短数月之内发生了天翻地覆的变化？在让·饶勒斯看来，这是当时最让人难以置信的谜团之一：“这是怎么发生的？在1791年秋天，革命者们突然发现自己具有战士的灵魂？”[100]实际上，这种观念的转变某种程度上源于逃亡贵族和顽固的神职人员制造的威胁。当时，位于德意志地区莱茵河畔的两个小邦国，据称在奥地利的支持下窝藏了发动反叛的路易十六的兄弟以及将用于入侵法国并推翻革命的军队。这一消息让立法议员无比愤怒。正是在这个时候，布里索和其盟友愈加频繁地谴责“奥地利委员会”——其所指包括许多现任和前任部长，以及出生于奥地利的王后本人。布里索在他的第一次重要讲话中表示，如果两个德意志邦国拒绝驱逐逃亡贵族，那么法国可能将对其发动进攻。到同年11月末，长期以来对战争轻描淡写的库东也开始认为：战争确实迫在眉睫。[101]

此外，带有沙文主义色彩的民族主义的兴起同样滋养了好战情绪。法国民族主义并非始于革命。[102] 但的确自 1789 年以来，强烈的法国身份认同感迅速在民众中蔓延，典型的表现是热情高涨地宣誓效忠国家，以及在解放巴士底狱的一周年、两周年时举行的“庆祝国家统一”活动。此外，诸如“自由之树”、三色旗等标志物，以及革命歌曲《必将胜利》都在一定程度上强化了民族主义情感。许多民众自豪地宣告：法国是“领先于全世界”的模范，指引着人类社会的未来。例如，科尔森写道：“现在全世界都必须把目光投向我们，而我们只能把目光投向自己。”普鲁多姆则说：“哦，你是法国人！多么非凡！和整个历史长河中的任何人都不一样。”[103] 这种民族主义情绪对议员们自身的影响从 1791 年 10 月 4 日的宣誓仪式可以略窥一二：在会议开始时，每位议员都自发地举起双手并高声呼喊“神圣的承诺”——“不自由，毋宁死”，这个简单而响亮的口号 168
在瓦雷纳事件之后传播甚广。热烈的呼喊声持续了五分多钟，旁听席上的观众也热烈地回以相同口号。[104]

很快，与德意志邦国的战争性质发生了转变；不仅仅是出于自卫，更是出于对法国国家荣誉的捍卫。“一个伟大国家永远不会允许它的尊严有失”，议员达迪夫在致选民的一封信中这样说道。[105] 到了年底，布里索和吉伦特派成员越来越把战争作为他们政治野心的基石，在此基础上，他们又扩充和丰富了自己的政治愿景。另外，许多居住在巴黎的外国移民——特别是普鲁士爱国者安那查西斯·克鲁茨——同样为爱国主义和民族主义的情绪推波助澜。在此影响下，民众开始要求向奥地利宣战，并表示要将革命成果带到整个欧洲，“解放所有被奴役的人民”。布里索在 12 月中旬写道：“‘到战场去，到战场去’，这是所有爱国者的呼声。新一轮‘十字军东征’的时代已经到来，自由将跟随我们的大军传遍世界。”[106]

这种带有鲜明“吉伦特派”色彩的言论在 1792 年 1 月中旬达到高潮，

一位接一位的发言人慷慨激昂地发表演说。来自波尔多的律师加代在1月14日的一次激动人心的演讲中呼吁全体民众宣誓："面对遍布欧洲的敌人，法国人民将誓死捍卫宪法。"在场的所有议员都被其狂热的言辞和信念所感染。甚至在某一个瞬间，派系仇恨被搁置，所有人都高举双臂、反复地大声呼喊："是的，我们将誓死捍卫宪法！"目睹了这一情形的科尔森认为这比两年半前的网球场宣誓更激动人心。[107] 四天后，另一位波尔多律师皮埃尔·韦尼奥在演讲中历数奥地利的罪状，并呼吁向奥地利开战："武装！为了捍卫祖国的荣誉，为了拯救我们的祖国，我们需要武装！"甚至曾经支持永久和平理论的哲学家、记者孔多塞此时也以为全人类带来自由之名为战争辩护。[108]

与法国全境宣战情绪高涨同时，奥地利和普鲁士也认为开战的可能性越来越大。在法国大革命爆发的最初两年，奥地利和普鲁士两国的统治者十分乐于看到地处西方的强大对手陷入政治动乱，这让他们能够专注于对土耳其的长期战争。与此同时，波兰将会进一步分裂的前景几乎
169 是板上钉钉的事实。[109] 但是在1791年8月，奥地利、俄国和土耳其之间最终签署了和平协议。瓦雷纳事件之后，逃亡贵族和法国王室进一步向神圣罗马帝国皇帝、奥地利大公利奥波德二世施加压力，要求其加快步伐对法国进行干预。这时，法国国内，革命派的观点日益成熟，即主张政治合法性应以人民主权为基础——这也是法国对外单方面兼并原属于罗马教廷的阿维尼翁城以及罗讷河以东领土的依据。面对日益壮大的法国革命势力，欧洲各君主国越来越焦躁不安。1791年8月，利奥波德和他的外交部部长考尼茨与宿敌普鲁士和解，两国联合公布了《皮尔尼茨宣言》。此份联合声明承诺欧陆国家将对法国采取干预措施，以"恢复法国国王的完全自由并巩固君主制"。[110] 实际上，奥地利促成与普鲁士和解并公布这一联合宣言的初衷在于警告革命者不可动摇君主制根基，并敦促其恢复路易十六和玛丽·安托瓦内特——利奥波德的妹妹——的人

身自由，因为当时瓦雷纳事件刚发生数周。然而讽刺的是，奥地利人错误地认为他们的威胁已经奏效，他们将法国革命者于 1791 年 9 月还政于路易十六看作是这份宣言的功劳。基于这种错误的认知，他们未来还将用类似的恐吓手段试图“驯服”革命领袖。[111] 在接下来的几个月中，这种胁迫和恐吓的手段实际上正中法国主战派的下怀。到冬天时，法国和奥地利之间的持续僵持无时无刻不让革命代表们的国家荣誉感受到冒犯，群体性爱国主义情绪也因此变得尤为高涨。另外，这个例子也揭示了这样一种现象：该时期参政的大多数法国革命者似乎难以理解微妙的传统外交辞令中隐晦的真实意图。皮埃尔·拉梅尔在该时期将奥地利的做法评价为“阴险狡诈的外交手段”，并称奥地利“刻意用模糊的语句来掩盖他们真实的意图”。[112]

随着法国国王和大多数斐扬派领袖主张开战——他们都认为参战将对己方阵营有利，法国通往战争的道路几乎已是畅通无阻了。除了巴纳夫从始至终都坚持反对外，拉梅特、杜波尔和拉法耶特都赞成开战，右派的大部分议员代表也陆续支持这一主张。[113] 当国王宣布军队将由拉法耶特和罗尚博这两位在北美战场上取得赫赫战功的将军指挥时，议会大厅爆发出经久不息的欢呼。鲁巴描述道：“一个自由的法国不畏惧任何敌人。你无法想象这个由议会和国王共同做出的决定到底给巴黎人民带来了多么强大的信心！”[114] 然而，尽管最终几乎所有参政者和团体都陆续对参战主张表示支持，但罗伯斯庇尔和他的一些亲密盟友仍然持反对立 170
场。在他看来，内部阴谋的威胁远远大于任何外部威胁，他宣称：“邪恶的源头不在科布伦茨（逃亡贵族的主要聚居地），而在我们中间。”[115]

吉伦特派以及其盟友却对此不以为意，他们嘲笑罗伯斯庇尔的观点，并回击以战争势在必行的一系列理由。在他们看来，战争能够解决国家当前的所有问题，消除所有的恐惧和不确定感；战争将会给逃亡贵族致命一击，使其不再威胁到革命；战争也会给列强，特别是给奥地利一个教训，让它们从此不再抱有干涉法国内政的幻想；战争将在全世界面前展现革命的法国捍卫荣誉的决心；战争还会给世界各地受奴役人民带来期盼已久的自由；战争更将给法国无止境的混乱画上句号，并将全体法国民众团结在祖国的土地上，激励他们遵守法律、依法纳税、接受指券作为新货币；同时，战争也会暴露所有在暗中威胁国家的阴谋者和在革命派内部鼓吹猜忌的煽动者。韦尼奥说："这种不确定性、谣言和不祥的预兆，在我看来，要比实际的战争状态可怕和有害得多。"[116] 1791 年底，雅各宾派中曾经对战争持怀疑态度的库东彻底改变了主意："现在，战争是我们唯一的选择。为了我们的国家利益，为了我们的荣誉，为了我们的辉煌，我们必须开战。"亲斐扬派的拉比松·拉莫特表达了相似的观点："只有当我们在欧洲各国中重建优势，我们才能在国内消除动荡、恢复和平。"[117]

1792 年 1 月 25 日，议会投票通过了对奥地利的最后通牒：限利奥波德二世在三周内放弃所有针对法国及其宪法的要求，否则，法国将对奥地利宣战。此后漫长的谈判过程持续了两个月——代表们对此十分懊恼，他们深信这是部长们为阻挠革命者所热切期待的战争的到来而使用的伎俩。[118] 然而，吉伦特派在 3 月的选举中取得了重大胜利：包括罗兰、克拉维埃、西尔万和吕穆矣在内的多名吉伦特派中坚人物被升调至各个国家部门，使得吉伦特派的话语权陡然提高。3 月，利奥波德二世逝世，其子弗朗茨继位，新皇帝与他的父亲相比要鲁莽得多。奥地利的形势使法国对其宣战的可能性进一步加大。1792 年 4 月 20 日，路易十六亲自来到
171 国民议会会场，提请议会就向奥地利宣战这一提案进行表决。最终结果显示：仅有七名议员投了反对票。[119]

在战争开始之初，参战各方都认为这将是一场速战速决的战事，且己方必将取胜。在逃亡贵族和德意志军官们看来，法国革命军不过是一群乌合之众，甚至可以戏谑地称之为花拳绣腿的"律师队伍"，因而德意志军队在不久之后就能够突破法国防线、直捣巴黎。[120] 然而在革命党看来，

革命军是一支强大的、不败的人民军队，他们为捍卫法国自由和新宪法而战。甚至一些人以古希腊打败强大的波斯帝国的故事为例，预言自己的胜利。[121] 雅克·皮内特在致贝尔热拉克选民的信中写道："战争毫无疑问会成功。"同样，库东与他来自克莱蒙—费朗的朋友分享了他对胜利的期待，他认为，欧洲列强的"加冕首脑"对法国的攻击只会使其暴政以令人厌恶的面貌暴露在他们各自的人民面前。至于法国，在拥有充足资金和一支"数量和质量都很强大的军队"的情况下，战争自会以胜利而告终。另外，伊斯纳尔还提到，法国拥有"两千五百万团结一致、意志坚强的国民"，因而除了获胜没有别的可能。[122]

事与愿违的是，1792 年春天爆发的战争实际上将以不同形式持续近 1/4 个世纪长，不难看出，此役对于法国和欧洲的影响尤为深远。怀疑、不信任和恐惧早在 4 月 20 日正式宣战之前就已经存在于法国各地，但这绝非这些情绪最为盛行的时期——随着战争陷入无止境的僵局，诸如此类的情绪将不断膨胀和蔓延。

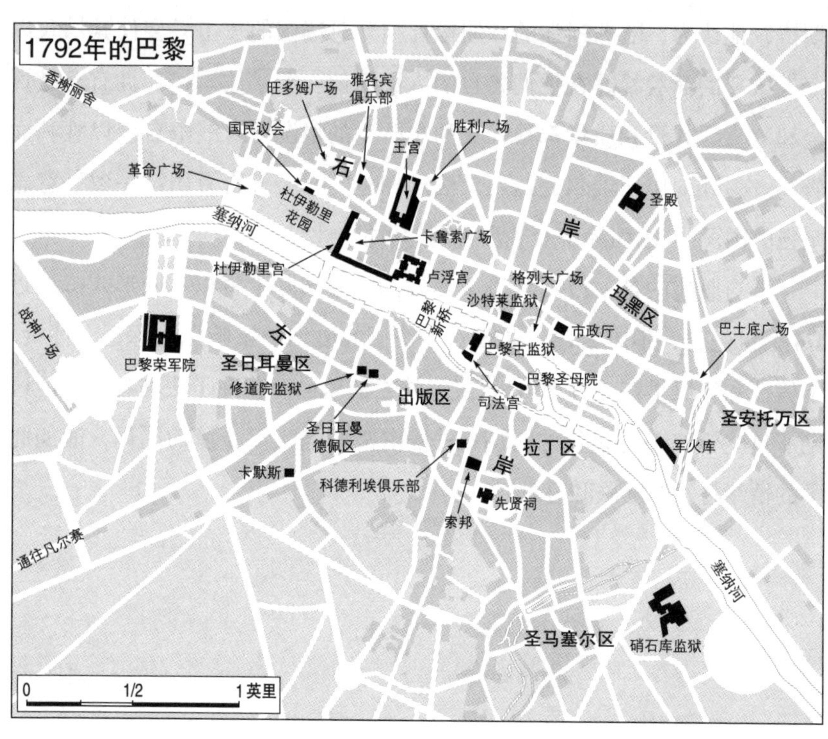
1792年的巴黎
香榭丽舍
旺多姆广场
雅各宾
俱乐部
国民议会
胜利广场
王宫
右
革命广场
杜伊勒里
花园
圣殿
塞纳河
卡鲁索广场
岸
杜伊勒里宫
卢浮宫
格列夫广场
沙特莱监狱
玛黑区
巴黎新桥
战神广场
左
市政厅
巴士底广场
巴黎古监狱
巴黎荣军院
圣日耳曼区
巴黎圣母院
修道院监狱
出版区
司法宫
圣安托万区
圣日耳曼
德佩区
拉丁区
军火库
卡默斯
岸
科德利埃俱乐部
先贤祠
索邦
通往凡尔赛
塞纳河
圣马塞尔区
硝石库监狱
0
1/2
1 英里

第 七 章

君权的末日

到 1792 年暮春，首都巴黎乃至地方的许多城镇的气氛和三年前相比 172
已然大相径庭。在社会各个阶层，当局的权威已经受到严重侵蚀；再加上莱茵河两岸反动势力里应外合、对革命成果虎视眈眈，此时的全体法国人精神紧绷，深陷于相互猜疑之中。尽管如此，对可能实现变革的信念、“自由精神”仍然广泛存在。此外，此时越来越多的人要求进一步推动这场革命，即要求将“自由”和“平等”赋予全体男性公民。就在这一时期，巴黎激进民兵与工人阶级紧密结盟，为巴黎政局注入了激进的血液——如必要，完全可以诉诸暴力以确保敌人受到应得的惩罚。与此同时，曾经团结一致的爱国者阵营也已经分裂成诸多派系，不同派系之间的敌意之盛并不亚于革命派对反革命势力的敌意。上述这些产生于革命进程中的危险苗头，将在未来随战争的爆发而不断激化。爱国者们还将遭受“心腹”的背叛，这使得局面最终变得无可挽回。

关于这一时刻革命是否已经注定不可逆转，人们争论不休。然而可以确定的是：从 1792 年夏天开始发生的一系列事件都带有经典悲剧色彩，它们像一股不可阻挡的力量捆绑着整个法国，使其冲向悲惨的恐怖政权时期。

1792 年 4 月，伴随着关于战争的最后一场辩论的结束和正式宣战， 173
兴奋、期待和忧虑混杂在一起，笼罩于法国民众心头。在此后的数周里，数十个团体及个人前往议会给予或道义上、或金钱上的支持。许多商人、工匠、学徒工、妇女，甚至学生都为身处前线的士兵送上爱国捐款。来自巴黎数个分区的大批自卫军成员和公民集结在议会大厅声援革命军。[1]其中，来自左岸戈博兰区约6000名工人阶层的出现给人留下了非常深刻的印象：当行至议会主席面前时，他们高举长矛、干草叉或三叉戟，整个大厅里充斥着他们的口号声——“国家万岁！暴君倒台！”[2]

然而很快，法国的作战形势急转直下，或者更确切地说，它从一开始就没有任何进展。由吉伦特派支持的外交部部长查尔斯－弗朗索瓦·吕穆矣曾试图通过与欧洲各国单独结盟以孤立奥地利，结果非但不如他所愿，而且使法国革命派面临的形势陡然严峻起来：普鲁士与奥地利签署了一项条约并制订了共同入侵法国的计划；此前流传甚广的比利时将发生声援法国的起义也没有一丝动静；而法国军队首次踏上奥地利低地领土时的行军也过于束手束脚，导致两军刚开始交火时，没有经验的法国军队索性直接放弃了这个据点。其中一些士兵随后谋杀了两名自己的指挥官——他们出身于贵族并被指控叛国。此后，法国的军官们拒绝进攻，罗尚博辞职；而拉法耶特对巴黎激进主义的兴起深感不安，转而与奥地利秘密谈判，希望两国休战，并重整军队以应对任何可能发生在巴黎的意外情况。[3]

从政治领导人的角度看来，军队在战争爆发后最初几周的惨淡表现令人震惊。拉比松－拉莫特写道：“很难形容国民议会和首都的公众受到多大影响。”过去一度主宰人们思想的“内部敌人阴谋论”再次成为大众关注的焦点。各种谣言席卷了整个城市：国王即将再次逃亡；王冠已经被
174 秘密送至德意志；一位王室官员正在焚烧文件；一些顽固的神职人员混入国王的贴身护卫中，正在策划谋杀革命领袖……[4]每个人都开始“看到可疑的陌生人在城内徘徊”。激进派记者预测一场新的圣巴托罗缪大屠杀不日将降临到革命者头上。罗莎莉·朱利安再一次感受到了1789年夏天那种可怕的混乱情绪，她描述道：“恐怖、同情、崇拜、喜悦、欢快、悲伤……以及随时都会如暴风雨般袭来的危险，这些情绪在每个人的心头混乱地搅动着。”她和她的许多邻居甚至不敢离开住所，朱利安恳求丈夫从南方

回来："我就要被焦虑折磨致死。"[5]

这场似是而非的危机很快就对局势产生了切实影响：此前所有人对于速战速决的期待都落空了，立法议员们的希望被粉碎，并转而将矛头指向彼此。此前在备战热情的影响下，斐扬派和雅各宾派之间曾经有过短暂的和平甚至是合作；但现在，两派之间的猜疑和仇恨迅速升级。此外，雅各宾派成员比以往任何时候都更加分裂：吉伦特派和山岳派成员相互斥责对方为叛徒和阴谋分子。雅克・皮内特描述道："此刻，'宪法之友'面临着前所未有的危机……（我们的组织）为成员们的四分五裂感到遗憾和痛心。"[6]

布里索和吉伦特派不得不面对其主战政策带来的惨败[7]——在这种情况下，将失败归咎于内部阴谋者的破坏确实极具吸引力和可操作性。5月23日上午，布里索和让索内在立法议会发表长篇演讲。他们声称当前存在一个巨大阴谋，这个阴谋的最终目的是摧毁议会并挫败革命本身。根据他们的说法，奥地利是阴谋的幕后主导者，与亲近国王的"奥地利委员会"——包括出生于奥地利的王后以及几位前任和现任部长在内——里应外合策划了整个阴谋。尽管布里索承认当前只有间接的证据证明这个阴谋的存在，但他又补充道：阴谋之所以是阴谋，正因为它无迹可寻，也不会留下任何书面记录。阴谋者们戴着支持革命的面具，高喊着革命宣言，但背地里却紧锣密鼓地策划反革命阴谋；布里索表示，如果一味等待"合法证据"来揭露他们的行径，想必会为时已晚。[8]

演讲在立法议员乃至全体巴黎民众中引起了轰动，演讲中透露的阴谋论似乎证实了大家已经相信的东西。现场旁听的朱利安宣称：只有一个"粗俗的蠢人"才会看不到这些由国王亲信所策划的"野蛮阴谋"的证据。
甚至布里索的许多斐扬派对手也认为他们必须认真思考这些指责的合理 175
性。拉比松－拉莫特写道："此时，双方讨论的议题总是围绕着阴谋。"一到晚上，在白天密切跟进议会讨论的成千上万的巴黎民众就把目光锁定在杜伊勒里宫，以防国王再次出逃。[9]

在接下来的几天里，巴黎民众和立法议员陷入了真正的恐慌当中。5月28日，议会投票决定设立常设会议——至少有一些人将全天候出席，以应对随时可能发生的政变。整个巴黎连续几个晚上亮如白昼：人们被要求在窗边点起蜡烛，以便大家迅速揪出在暗处准备发动袭击的阴谋者。此前一直非常冷静的吕奥因为整个议会乃至巴黎全城的“思想和观点的混乱”感到焦虑：“到处都有人听到国王背叛了我们、将军背叛了我们的消息，到处都有人说我们不应该相信任何人。”当他向他的兄弟描述这一形势时，无比希望自己不是一个单个的人，而是数千个团体，这样或许还能在谣言四起的当下力挽狂澜。[10]

与此同时，议会左派利用这场危机推动拟定了一系列新法令以应对未来的不测。[11] 其中一项是解散国王的贴身护卫队，因为这些成员已经被广泛认为是反革命阴谋的帮凶。这项变革的结果是：巴黎国民自卫军获得了更大的权力，他们中的许多人直接或间接地听命于区领导，这无疑是激进派的一大胜利。[12] 议员们还通过了战争部长的提议，从全国各地的国民自卫军成员中挑选出两万名志愿者负责巴黎全城的防卫工作。至于顽固的神职人员，他们在此前民众关于阴谋论的讨论中已经成为众矢之的，被认为与阴谋和众多动乱有说不清的关系；立法议会最后针对这些神职人员通过了一项新法令，规定任意一个行政区内的牧师，只要被20名积极公民告发，就将被驱逐出境。即使是亲斐扬派的路易－米歇尔·狄梅也对神职人员失去信心，称他们“只会鼓吹仇恨、愤怒和复仇”。[13]

在顾问的建议下，路易十六最终接受了解散其贴身护卫队的法令（尽管路易十六在暗中继续支付他们薪水），但他却否决了其他两项关于将志愿者集结至巴黎和针对神职人员的法令。然而在法国地方，许多行政官员根本不理会国王的否决，依然派志愿者前往巴黎——仿佛议会的法令是唯一的铁律。一些省份在未经国王授权的情况下擅自采取针对顽固

176

派神职人员的措施。[14]吉尔贝·罗默在他的选区鼓励这种“非法”行为。他写道：“在当前情况下，循规蹈矩地遵守法律显然是不合适的。”[15]可以确定的是，此时在法国诸多地区，路易十六已经完全失去了合法性。从大多数人的角度来看，此时，挽救国家和革命于水火的重要性远高于对王室意志的尊崇。

在数名吉伦特派部长公开抗议国王的否决后，路易十六于6月12日做出回应，免去这些部长的职位，以更容易操纵的——当然也是保守派——部长取而代之。在去年3月这些吉伦特派部长上台之时，爱国者民众们受到了极大鼓舞，并对国王的这一任命决定大加赞赏；此时，免去这些革命派部长的职位所带来的舆论影响自然不亚于去年3月任命时的影响。一些人把路易十六的行为与他在1789年7月辞退内克尔的做法相比较，同时许多人都相信这一决定背后必然有图谋不轨的王后在煽风点火。到6月中旬，许多巴黎人的紧张和愤怒已经显现出来。科尔森形容他们“极端狂怒”，而吕奥则是感觉到愤怒在整个巴黎以极快的速度“可怕地发酵”。对于激进分子而言，当前已经可以断定的是：国王和整个王室是问题的核心。根据吕奥的说法，国王已经“失去了所有的尊重和所有的诚信”。[16]

6月16日，巴黎各区的领导人聚集在立法议会和杜伊勒里宫前进行示威抗议以表达他们的愤怒，他们要求国王撤销其否决并重新任命被撤职的几位吉伦特派部长。6月19日晚上，最终的规划会议在来自圣安托万激进社团的国民自卫军领袖桑泰尔家中举行。佩蒂翁市长随后被告知了行动计划，但由于缺乏精确的行动细节，最后下达给全国各地国民自卫军的关于应对后续变化的命令有诸多自相矛盾之处。[17]

6月20日上午，示威活动开始。数量庞大的武装和非武装男性公民，以及一大批妇女，从圣－安托万区向西，从左岸的圣马塞尔区向北行进。当他们汇集到巴黎市中心时，整个游行队伍因为沿途群众的加入已经变得十分庞大。吕奥和朱利安都目睹了这一场景，吕奥估计游行总人数约

为两万五千人。他们在右岸的狭窄街道上行进，最终停在位于议会北部
的旺多姆广场。当示威人群的代表随后被允许与议员们直接对话时，发
言人当众宣读了一份控诉国王路易十六的檄文，谴责路易十六在不久前
177 的两项否决决议以及撤销革命派部长职位的决定，并认为国王应对法军
在前线的完全不作为负责。他援引《人权宣言》，称公民天然被赋予了反
抗压迫的权利，并表示法国人现在已经觉醒了，法国人不会允许自己被
“行政权威”背叛。这份公诉还提出：国王的行为必须受到议会的限制和
管束，如果君主不能够履行对其国民的承诺，那么这位君主“将不再为
法国人民而存在”。[18]

左右两派在议会激烈辩论后，游行队伍被允许取道议会大厅。大约下午一点，一些斐扬派议员厌恶地离开大厅，大游行随即开始。在游行队伍中间，一个小型的军乐团在看台上反复演奏革命歌曲；身穿职业服装的数千名卫兵和男女公民拥进大楼，行进在议员们前方——这些来自各行各业的人此时都“本着平等的、兄弟般的精神聚集在一起”；[19] 示威者们还携带了一系列武器，如步枪、长矛、军刀、手枪和剑，以及包括旗帜和横幅在内的象征性标志，如一面写有《人权宣言》的展示板、被插在长矛上的一颗寓意为“贵族之心”的小牛心脏。当游行队伍行进至议会大厅内斐扬派一侧时，一些示威者朝斐扬派议员挥舞拳头并大声谴责。[20]

根据此次游行示威领袖的计划，队伍将前往附近的杜伊勒里宫，但是不知道队伍中有多少人曾预先设想过进入这座戒备森严的宫殿。巴黎的议员代表侯德埃也曾提醒立法议会注意游行者与国王正面对抗的可能性。[21] 起初，示威者在王宫门口停下来，正如吕奥所看到的，数名游行示威的领袖上前与戍守在入口处的卫兵交谈；[22] 随后，不管是否接到了命令，卫兵最终站到了一旁，给示威者们让出道路。大批人群顺势冲进其中一扇宫门，拥上楼梯进入宫殿。这些突然冲进宫殿的示威者们手持火

枪和长矛，还有一组人甚至拖拽着一双大炮跟在人群之后。他们很快在一个房间里发现了路易十六，他身旁环绕着一小群贵族人士；显然没有任何力量能够阻止蜂拥而至的人群，国王很快就被逼至窗前。虽然国王的人身安全并未受到威胁——法国王权的古老神秘感似乎仍然存在——但示威者们愤怒地嘲弄路易十六和他的政策，并要求撤销他的否决决定。
他们逼问路易十六在当前的战争中是否站在法国一边，质问他是法国民 178
众的国王还是莱茵河对岸逃亡者的国王。有一名示威者用刺刀挑着一顶红色的“自由之帽”递给国王，国王尴尬地将它取下戴在头上。另一名示威者将一杯酒塞到国王手里，国王则顺势而为，欣然为全体民众祝酒。尽管如此，路易十六仍然非常平静，并态度强硬地以时机不合适为由拒绝与示威者讨论他的政策。又过了一会儿，人群强烈要求面见王后，他们甚至为此破坏了两扇大门。当民众最终见到玛丽王后时，她正怀抱着尚在襁褓中的王位继承人。[23]

与此同时，示威者闯入杜伊勒里宫的消息传到了那些集结在附近的议员耳中。他们火速冲回议会大厅召开紧急会议，并派出一连串的代表团前往王宫调停。大约两个小时后，国王面对示威者的态度仍然十分镇静，议员们也不断以慷慨激昂的演说对他们进行安抚，示威人群的狂热最终得以消减。截至当天晚上八点到九点，所有示威者都已退去，杜伊勒里宫再一次恢复了平静。

然而，发生在6月20日的戏剧性事件，尤其是国王与巴黎武装分子的直接冲突所产生的影响在全国范围内持续发酵。在接下来的几个星期里，数百封信涌入立法议会，有些要求严禁民众进入杜伊勒里宫，有些则持相反意见；争论甚至波及到国王本人——部分信件甚至开始讨论国王的废立问题。尽管不同个体对这一问题意见不一，但确实存在以地域为单位的意见倾向。法国北部和巴黎周边地区倾向于同情国王；而法国南部，特别是东南部则更普遍地支持示威者，并严厉谴责国王。[24] 实际上，这次事件无异于一次“全民公投”，极大地加剧了地方的派系分裂：高层领导人更可能以保王派自居，而地方市镇的参政人士则猛烈抨击君权。若我们把目光放到巴黎，不难发现巴黎本身正在变得越来越两极化。一方面，武装分子态度强硬地为自身行为辩护；另一方面，巴黎发起了反对激进分子的运动，约两万名巴黎民众签署了一份声明，谴责示威者对王室的“愤慨”。吉塔尔对这起事件的潜在危险感到震惊：“只需要再有一次擦枪走火，毫无疑问，巴黎就将深陷于内战之中。”[25]

而在立法议会内部，派系分化也日益变得不可调和。在乔治·库东等山岳派成员看来，示威只不过是民众和平表达诉求的合法途径——公
179 民们前去“面见国王”，告知国王自己的看法，然后“高高兴兴地唱着《必将胜利》，和平地离开”。但是，亲斐扬派的胡波却持不同观点：“国民议会的权威被藐视，王室尊严受到玷污，国王本人遭到冒犯，王宫被随意践踏……法律何其神圣，却没能让国民感到敬畏，甚至被一群强盗一般的暴徒凌驾其上。”[26]

此外，左派议员代表，特别是激进的山岳派，甚至已与巴黎武装分子达成协议。如雅克·皮内特所说：路易十六这个“现代版皮格马利翁”，既对法国的对外战争横加阻挠，又秘密支持逃亡贵族和外国军队，无疑犯下了叛国罪行。在他们看来，革命的存续与君主的存续不可兼得，因而必须关注宪法的精神而非拘泥于宪法文本，对“人民合乎宪法精神的违宪行为”给予大力支持。[27]此外，他们也愈加确信：始终支持国王和部长们的斐扬派也是国家的叛徒。面对这样的对手，他们更不可能做出任何妥协。皮内特引述拉·方丹的话：“要让一个邪恶的人变得诚实，就像试图将一条蛇变成一只鸽子一样，不过是天方夜谭。”[28]对于右派而言，6 月 20 日事件似乎也为他们提供了更大的合法性以将此前并未明确表态站队的议员代表收归麾下。在拉比松－拉莫特看来，国家当前面临的最大危险并非来自国王，而是来自激进分子们“不合乎宪法的极端主义思

想”。他认为，这些激进分子将让国家变得四分五裂，经济凋敝，并使无政府状态蔓延至整个国家。胡波对激进分子的行为既愤怒又恐惧，他越来越确信这些人的最终目的是动员整个巴黎的武装分子来推翻国家。[29]

左右两派相互妖魔化之下，吉伦特派发现自己进退维谷。此前，因数位吉伦特派部长被解职，已使他们疏离了权力中心，为此，他们正忙着在政坛上“收复失地”。一般情况下，吉伦特派成员支持左派，布里索和罗伯斯庇尔之间甚至有过短暂和解。然而，他们又不希望国王就此倒台——只有君主才能让他们重回权力巅峰。在韦尼奥的一封家书中，他吐露自己的心声：不能排除国王被错误地引导的可能性；同时，巴黎武装分子的活动也让人感到不安。在他看来，国王的否决令引发的民众愤慨是可以理解的，然而“这种情绪可能会让事态变得不受控制，直到权力机关和法律都无法约束暴动的民众”。[30] 正是在这种情况下，韦尼奥、加 180
代和让索内暗中联名致信路易十六，称只要国王能够让 6 月 12 日被解职的吉伦特派部长官复原职，他们承诺将竭尽全力捍卫君主制。[31]

然而 6 月底，一场政治风波让事态变得更加严峻。正如罗马共和国时期，恺撒不顾自己将被视为叛国者的危险，带兵渡过卢比孔河一样，原本应当身在前线的拉法耶特将军突然现身立法议会——其部队仍在前线待命，并发表演说。在简短的演讲中，他要求起诉 6 月 20 日事件的“肇事者”，摧毁雅各宾派“这个教派”，恢复国王至高无上的权力。他提到，他的军队在这一问题上坚定地和他站在同一战线——这无疑是一种隐晦的威胁，即如果立法议会拒不接受其提议，内战将一触即发。[32] 斐扬派因拉法耶特的演讲而兴奋不已：当拉法耶特穿过大厅并就座于大厅右侧时，斐扬派爆发出雷鸣般的欢呼声。对此，左派议员极其愤怒，并且在更大程度上，感到幻灭。此时的皮内特被痛苦和悲伤淹没：“我曾经多么相信他全心全意地捍卫着自由。但此刻我不得不面对现实。我很害怕，同时又有满腔仇恨，因为他是一个叛徒——他以爱国主义为幌子，聪明地把我们所有人引向万劫不复的深渊。”[33]

当天晚些时候以及整个夜晚，拉法耶特都在试图动员他曾经领导过的巴黎国民自卫军对雅各宾派发起袭击。但时移世易，拉法耶特受到全体巴黎人尊崇和爱戴的日子已经永远地成了过去。无论他在保守派中呼声多高，他从自卫军成员中所能得到的回应只有怀疑。更糟糕的是，国王路易十六以及王后——这两位将在此后永远厌弃他的人——也拒绝他的解救计划。拉法耶特的努力全数落空，只能在第二天返回前线。然而对激进的革命党来说，这无疑是一个可怕的时刻。长久以来他们所怀疑的摧毁革命和国家的大阴谋现在终于找到了事实上的凭依，拉法耶特本人显然就是阴谋者，是“奥地利委员会”打入革命团体内部的“间谍”。此刻，革命者如临大敌：如果连最信任的人都可以背叛你，那么还有谁值得信任？长久以来披着爱国者外衣的“假革命者”又怎么会吐露真相？[34]

马赛人，马赛曲

尽管立法者们发现在许多内部问题上——特别是在如何处置国王方面——越来越难以达成共识，但在对外问题上，他们都认为战争形势将
181 越来越糟。普鲁士军队也已对法国宣战，在法国东北部开辟第二战场也只不过是时间早晚的问题。7 月 11 日，议会几乎全票通过了一项声明，宣布法国正处于危难之中。每位议员都对局势的严重性进行了评估，投票结果公布之后是一段不寻常的沉默。[35] 十天后，一份名为《祖国处于危难之中》的声明在巴黎的所有公共场所被循环宣读；在白天，塞纳河岸的一门大炮每一小时都会鸣炮示警；巴黎各地紧急设立了许多征兵点，大批青年男子前往登记个人信息以自愿参军。已经年迈的吉塔尔·德·弗罗利拜恩作为旁观者目睹了这一席卷全城的浪潮，感到十分惊奇：“民族主

义席卷了整个城市，每个人都陷入了疯狂。这种压倒性的爱国热情前无古人……在征兵点依次登记的所有年轻男性无一不表现出非凡的狂热。”[36]

尽管如此，巴黎本身显然不足以抵挡奥地利和普鲁士的联合军队。吉伦特派战争部长西尔万此前已经预见到了这一问题，并敦促立法议会紧急召集全国各地的国民自卫军志愿者；此刻，他们有了一个新的名字——“结盟军”。此前，国王路易十六曾否决了这项提议，新任斐扬派内政部长遵从国王的命令严令地方卫队按兵不动。但在 6 月 20 日之后，国王的态度发生了巨大转变——可能是为了回应巴黎民众对杜伊勒里宫的“访问”，又或是为了获得已经启程的自卫军成员的支持。7 月 2 日，立法议会通过了一项新法令，要求来自全国各地的国民自卫军志愿者前往巴黎参加 7 月 14 日的“攻占巴士底狱三周年”庆祝活动；庆典之后，他们将前往巴黎东北部苏瓦松附近的一处军营驻扎以拱卫京畿。这一次，路易十六通过了这项法令。[37]

7 月 14 日之前，数百名志愿军士兵已经抵达巴黎。皮内特自豪地陪同来自他的家乡贝尔热拉克的一队士兵前往议会，他甚至早在国王改变立场之前就对这些士兵赞不绝口：“这些无所畏惧的年轻人是这个国家勇敢的捍卫者。”[38] 按照原计划，这些志愿兵在参加完庆典活动之后本应动身前往苏瓦松。但显然，他们当中很大一部分人并没有这样做。俱乐部和地方领导都极力要求他们留在巴黎。罗伯斯庇尔在 7 月 11 日的一次演讲中向结盟军发起呼吁，称他们在巴黎不仅是捍卫“处于危险中的祖国”，还捍卫了“被背叛的祖国”。皮内特同样鼓励他所陪同的士兵们留 182
在城内，并拜托他在贝尔热拉克的朋友们帮忙垫付这些士兵在城中的日常花销。[39]

截至 7 月底，超过 5000 名年轻士兵抵达巴黎，其中许多人确定将留在城内。这些士兵来自法国各地，有的来自法国西部的昂热、雷恩以及南特；有的来自东部的贝桑松和第戎；有的来自东南部的里昂、蒙彼利埃和土伦；还有的来自西南部的波尔多、拉罗谢勒和昂古莱姆。霎时间，巴黎的街头巷尾到处都是操着各色口音、穿着多种制服的士兵。一些蓄着长八字胡的南方人最初令巴黎人感到古怪；但很快，这种胡子就成了革命士兵的标志。[40] 在过去的三年里，几乎全国各地的卫兵都受到了激进思潮的影响，他们与地方的雅各宾派俱乐部保持着密切联系，他们当中的很多人还是雅各宾派成员。他们已经把自己看作地方革命的推动者，积极地参与到地方对反革命分子的镇压活动中去。而此刻正是他们渴望已久的——响应国民议会号召，帮助祖国抵御并消除内外威胁的时刻。当他们抵达巴黎之后，大多数士兵立即与武装分子和“无套裤汉”结成同盟。结盟军中央委员会随即成立，并在每天夜晚召集所有地方卫队代表，连同雅各宾派、科德利埃俱乐部以及其他社团成员一起进行会谈。结盟军中央委员会迅速成为组织武装叛乱、迫使国王退位的指挥中心。[41]

尽管这支结盟军由来自法国各地的卫兵组成，但人数最为庞大的两个卫队实际上来自法国边城。7 月 26 日，从大西洋沿岸的港口城市布雷斯特启程的四五百名布列塔尼卫兵抵达巴黎，未来几天预计还将有数百人从布列塔尼出动。[42] 四天之后，数量更为庞大的志愿兵从法国东南端的马赛和普罗旺斯抵达巴黎，整个卫队如同皮内特所描述的那样“全副武装”，甚至带来了枪炮等武器。尽管大多数地方的国民自卫军成员主要来自中产阶级，但马赛的卫队却主要由工人和手工业者组成。[43] 早在数周之前，特别是在《祖国处于危难之中》的爱国宣言被广泛传诵后，巴黎武装分子就已经翘首以盼马赛志愿军的到来，而他们的到来也给这座城市留下了难以磨灭的印记。当他们穿过圣－安托万区并抵达巴士底广场时，他们开始放声齐唱几个星期前创作于斯特拉斯堡的《莱茵军团战
183 歌》，亦即后来的《马赛曲》。这首曲子饱含的爱国激情如飓风般猛烈，仿佛在向全世界宣告：很快，他们将用叛徒、苟活者和邪恶国王——这些敌人的鲜血来浸透祖国的土地。[44]

国王必须退位

来自马赛和布雷斯特的志愿兵充满了活力和激情，两队卫兵很快就明确表示，他们无意在解决国王的问题之前前往前线。几天之后，他们向议会递交了一份请愿书，要求废黜君主：“‘路易十六’的名字现在对我们而言等同于‘背叛’。”[45] 到 8 月初，来自马赛和全国各地的志愿兵们已经成为巴黎民众、立法议会和整个法国关注的焦点。

从 7 月下旬到 8 月初，巴黎各区官员陆续加入请愿行列，要求路易十六退位；许多类似的请愿书据称从各省“涌入议会”——主要来自地方的雅各宾派俱乐部，也有的来自地方市政管理人员。8 月 3 日，佩蒂翁市长向议会提交了来自巴黎 40 个分区的相同请愿，而当时巴黎总共有 48 个分区。请愿者称路易十六在革命期间存在诸多疑似背叛革命的行为，特别是他曾数次公开宣誓忠于宪法和革命又旋即食言。在他们看来，国家已经给予了路易十六足够多的“好处”，但其所作所为却只有赤裸裸的“谎言、背叛和阴谋”，即“与人民为敌”。人民在过去赦免了他于 1791 年出逃瓦雷纳的罪行，但“赦免不等于忘记”。现在，他们确信，国王显然是导致革命破产的“反革命链条中的第一个环节”。[46]

当市长佩蒂翁在议会发表演讲时，巴黎民众了解到，数天之前，路易十六收到了一份名为《不伦瑞克宣言》的文件。该文件由一名逃亡贵族起草，以普奥反法联军总司令的名义发出，实际上是致巴黎人民的一份公告。这份宣言试图恐吓巴黎人：如果杜伊勒里宫遭到袭击、王室成员受到侮辱或是在暴力冲突中有所损伤，那么反法联军将让巴黎成为“堪称典范的复仇之城”，并给巴黎民众带来“终生难忘的记忆”。然而，这份文件似乎没有起到计划中的威慑作用，巴黎激进分子反而被进一步激怒。吕奥咬牙切齿地斥责这份声明“傲慢至极”，他认为“这只会让我们184 更有勇气”。在圣马塞尔区，民众在广场上公开焚烧了一份宣言复印本。[47]

8月6日，由结盟军中央委员会和巴黎各区组织的又一次盛大示威游行在整个城市举行。游行队伍列队走过市区，在走近战神广场时放声歌唱。正是在一年前国民自卫军朝当时的示威人群开第一枪的地方，数千民众聚集在一起，再一次共同签署了一份请愿书——密密麻麻的签名长达55页。不同于一年前，此时的国民自卫军是请愿队伍的坚强后盾，为武装人士和“无套裤汉”保驾护航。民众的请愿共有13项，包括废黜国王，成立并召开新的宪法大会，给予全体男性公民选举权，严厉处置囤积和垄断粮食者，让此前遭罢免的爱国者部长官复原职，更换“存在嫌疑的”保王派官员以及对拉法耶特提起公诉。这份请愿书随后由一个特别代表团递交至立法议会。[48]

然而，立法议会本身却因派系分裂而无法统一立场。从7月下旬开始，要求废黜国王的请愿书纷至沓来，负责审议的代表们承诺将很快把此事提上议程，但拟议的讨论日期却不断推迟。议会中的山岳派强烈支持废黜国王，斐扬派对此表示强烈反对，吉伦特派和持有摇摆票的温和派议员则陷入了犹豫不决的境地。[49] 吕奥强烈反对议会的拖延策略，但他同时也非常理解议员们的困境——就算眼下国王被废黜，下一步又该如何？应该让路易十六作为一个单纯的公民留在法国，还是将他押解至边境，抑或监禁他？应该谋求建立一个共和国还是将权柄交给路易十六的继承人？如果继续保持君主制，那么在路易年幼的儿子成年以前，谁又能胜任摄政王一职？[50]

在巴黎民众的不断施压下，议会最终承诺在8月9日讨论废黜国王的问题。但当这一天来临时，负责向立法议会指导委员会报告的孔多塞只提交了一份精湛的对宪法文本的分析以及诸多仍有待解决的难题。最终，这个问题如同烫手的山芋再一次回到了委员会手中，并迟迟未有答案。与此同时，关于拉法耶特将军所作所为的辩论达到了白热化的地步。左派议员一直认为拉法耶特应为在战争中擅离部队，胁 185
迫议会就范而被起诉。但在 8 月 8 日的辩论中，斐扬派议员慷慨激昂地为他们的英雄辩护，而温和派则担心在战争期间罢免一位将领可能让原本就已不容乐观的战况迅速恶化。最终，议会以 406 票比 226 票通过了对拉法耶特的信任投票。而立法议会既不讨论废黜国王的问题，也不起诉拉法耶特，这最终使大多数巴黎民兵忍无可忍。“我们对国民议会感到失望和愤怒，”科尔森写道，“所有人都认为拉法耶特毫无疑问是一名叛徒，但议会居然坚称他是无辜的。”[51]

在公众大力谴责路易十六的同时，王权的支持者也一样活跃。拉法耶特和前任拉罗什富科－利昂库尔公爵都提出了将国王转移到地方的详细计划。[52]但是，王后对于将其家人交给利昂库尔或拉法耶特的主意十分抗拒，因为他们都曾在 1789 年站在革命者一方对抗王权。最终，路易十六拒绝了所有此类建议，称这样做必将引发内战——这的确会是必然结果。[53]

最后，法国王室只能采取被动防御的策略，开始修筑杜伊勒里宫的防御工事，并召集尽可能多的士兵戍守王宫。[54]即便是这样的准备工作都已经非常困难了，因为此前为了消除反革命势力抬头的可能性，立法机构已经解散了大部分供国王直接调用的武装部队。王室的贴身护卫队早已于 5 月解散，而大部分原本戍守在巴黎城中的常设部队也已被派往前线参战。作为替代，部长们召集了数百名宪兵并组建了新的巴黎国家卫队——后者中的许多人来自巴黎西部较为保守的分区；此外，近千名瑞士卫兵可供法国国王自行支配——这一捍卫君主制的传统可以追溯至 16 世纪；还有两三百名志愿贵族，当中许多是被解散的贴身护卫队成员。总而言之，到 8 月初，大约有 4000 人驻守在杜伊勒里宫周围。尽管未来发生的事件将证明这批戍守士兵不过是外强中干，因为宪兵和卫队成员对国王的忠诚是完全存疑的，[55]但此时，巴黎民众并不清楚国王此举意欲何为。8 月 9 日晚上，圣马塞尔国民自卫军领袖夏勒·亚历山大秘密造访杜伊勒里宫，他惊奇地发现整个宫殿守备森严且充满活力。他无法设想：若有朝一日他们要与这样的一支王室卫队为敌并发生武装冲突，究竟谁会占据上风。[56]

186 面对这样的情况，民兵群体为难以废黜国王而倍感苦恼。他们过去一直希望能够通过在请愿书中表达诉求，通过立法议会的行动，和平地实现这种转变。即使是马赛人在议会发表讲话时也敦促必须采用非暴力手段。他们表示：必须将法国从“邪恶国王”的手中解放出来，但“不是通过暴力叛乱，而是通过和平地施加国家意志”。[57]然而，他们怎么也不可能对充斥街头巷尾和小报中的消息充耳不闻——有消息称王室正在密谋对爱国者进行大屠杀。他们旋即产生了许多疑问：国王是不是已经把他的宫殿变成了一个可以轻易发起袭击的武装营地？如果要把法国从王室的阴谋中拯救出来，除了他们自己成为“反阴谋”的阴谋家外是否还有其他选择？罗莎莉·朱利安得出了这样一个明白无误的结论：“国王的背叛对革命的成功、国家的荣耀而言无疑是灾难性的，这迫使我们必须做出选择——要么温顺地迎接为我们准备的镣铐，要么摧毁它。”[58]

猛攻杜伊勒里宫

整个 1792 年 7 月，巴黎各区的政治形势风云变幻，各种法令层出不穷，而民众也十分活跃。也正是在这段时间里，为了时刻观察辖区的最新政治动向，议会批准巴黎各分区有召集人员召开例会的权利。根据具体情况的不同，他们甚至获得了对国民自卫军更大的控制权。到月底，一个意在协调所有分区政策的“中央局”被设立。此外，许多分区主动摈弃了过去“积极公民”和“消极公民”的划分，邀请全体人民（有时包括妇女和青少年）列席区级会议，甚至投票。[59]

由此，巴黎各区在要求路易十六下台的问题上得以施加更大的影响力。由于议会一直搁置废黜国王的议题，再加上他们投票赦免了拉法耶特，巴黎民众最终决定：他们必须先发制人迫使路易十六下台。他们可以凭借
手中握有的巴黎国民自卫军的力量，以及来自各省结盟军的力量与国王谈 187
判和采取强制措施。如有必要，他们甚至可以诉诸武力，进行全面起义。

1792 年 8 月 9 日，一场精心策划和早已广而告之的巴黎动员拉开帷幕。当晚，所有分区代表聚集在一起召开会议；同时，大部分分区也都派遣“委员”到市政厅协调决策。临近午夜时分，科德利埃教堂敲响了“警钟”——这种持续而紧促的声音预示着危机的来临。很快，巴黎城中其他教堂的钟声也纷纷响起，此起彼伏的钟声形成了某种进攻节奏。午夜，整个巴黎无人入眠。罗莎莉·朱利安在一封深夜写就的书信中向她的丈夫描述了当时的情景：“警钟长鸣，到处都是动员武装的呼喊声，恐惧正在迅速席卷整个巴黎。”所有的街道都站满了人，许多女人在窗边不住地颤抖。“大约 80 万人在此刻深陷痛苦和恐惧当中，黑夜也在无形中平添了许多恐怖。”国民自卫军迅速列阵，随时准备采取行动。吕奥整晚都和他的分队戍守在一座桥边，尽管黎明时他将被轮换下岗，且不会参加次日白天的事件。[60]

清晨五时许，天刚破晓，武装分子攻占了位于巴黎东部的王室军火库，并将武器分发给自卫军和结盟军成员。临近早晨七点时，在与市政委员会仅有一墙之隔的市政厅，区长官们宣布他们将接管市政厅并设立一个“巴黎公社”。许多亲斐扬派的市政顾问试图抗议，却被告知“揭竿而起的人民将为自己夺回一切权力”。此后不久，负责杜伊勒里宫防御工事的王室卫队指挥官被民兵逮捕并被带到“公社”前。在被押送至监狱的途中，行经市政厅台阶时，他被不明分子开枪击中头部，当场死亡——

也正是从这一枪开始，暴力革命的帷幕缓缓拉开。[61]

在起义军攻占军火库和市政厅的同时，一批激进的自卫军成员、枪兵以及来自各省的结盟军士兵从不同的社区出发，最后在杜伊勒里宫东侧的卡鲁索广场集结，[62] 他们将在那里等待三个多小时，因为起义军正
188 与阻止他们前进的各部队进行谈判。如果带领圣马塞尔区卫兵以及布列塔尼结盟军部队的亚历山大所言不虚，谈判过程中并未爆发一起武装冲突——起义者的目标确实是解除杜伊勒里宫的武装并确保国王和平下台。起初，起义进行得十分顺利：大多数戍守庭院和入口的卫队成员和宪兵陆续被说服，并站到了“人民”一边；一些瑞士士兵也陆续“归降”并放弃了他们原本的职责。显然，事态的发展远超杜伊勒里宫方面的想象，也引起了王室的巨大恐慌。尽管国王和王后仍然考虑留在宫中，但一名巴黎官员说服了路易十六离开王宫，这位官员表示，就算希望渺茫，他也将尽其所能保证王室成员的人身安全，直至他们顺利到达立法议会。当天早晨八点半左右，王室成员及部长们由杜伊勒里宫西侧出口离开，他们步行穿过一小段庭院后到达议会大厅，即他们的避难所。

在王室成员离开后不久，大多数瑞士卫兵和王宫内的贵族志愿者们向起义者敞开了宫门。做出这个决定的部分原因是：瑞士卫兵的指挥官已然预见到大势已去，但如若伺机逃跑，则又非常可能被起义者逮捕并枪决。但很快，外院变成了杀戮场，几十名巴黎民众和结盟军成员被来自四面八方的子弹击倒。[63] 同时，王室护卫队迅速控制了杜伊勒里宫的庭院和临近的卡鲁索广场；他们杀死和击伤了更多的起义者，意图夺取他们的几门大炮。逃离现场的幸存者四处讲述着被“伏击”的遭遇，这一消息迅速传遍了整个巴黎。这样的故事无疑证实了杜伊勒里宫的确是反革命势力的温床。巴黎武装分子和“无套裤汉”被彻底激怒了，并计划伺机报复。

一开始，瑞士人似乎占尽先机；但随后，一支庞大的新起义军队伍从巴黎东部行进而来，队伍的领袖是桑泰尔，一名新近受“巴黎公社”任

命的指挥官。圣－安托万区卫兵的组织动员速度一向较慢，但现在他们兵分三路，快速地穿过街道。科尔森透过窗户看到了其中一列卫兵经过，他描述道："一群手持长矛和其他武器的愤怒群众正朝宫殿方向走去。"[64] 最终，他们以三面环抱之势包围了瑞士卫兵，并将他们逼回杜伊勒里宫。之后，巴黎民众和结盟军成员对王宫发起强攻并最终登上王宫楼梯，使 190
用马刀和刺刀近战的双方此时已出现了大量伤亡，相当数量的贵族志愿者被逮捕并送进监狱。身着鲜红色制服的瑞士士兵很容易就成为众矢之的，人们疯狂地扑向他们为死去的战友报仇。一些瑞士卫兵成功从西边突围并穿过杜伊勒里花园逃走，另一些则冲入议会大厅，被一众议员严密保护起来，直到他们被安全押送至监狱。还有一些逃到了今天的协和广场，在那里，他们被愤怒的巴黎民众包围，最终无一生还。国民自卫军和结盟军愤怒地在全城搜捕瑞士卫兵，那些还没来得及脱掉或隐藏制服的卫兵最终都被杀死。

发生在巴黎市中心的可怕内战持续了两个多小时，最终致使超过1000人死亡——这是自16世纪以来巴黎伤亡最为惨重的一次事件。其中，死伤最为惨重的当属瑞士卫兵，约有600人死亡。此外，100多名贵族志愿者被杀，近400名起义者或死或伤。来自马赛和布列塔尼的年轻志愿兵在单次冲突中伤亡最惨——他们在猛攻杜伊勒里宫庭院时遭到伏击，几无还手之力。来自巴黎各区和法国各省的起义军士兵均有伤亡。[65]

随着枪声渐歇，烟雾消散，巴黎平民战战兢兢地从住所中出来查看情况。他们发现杜伊勒里宫一片混乱，街道上"到处散落着尸体"。此时，杜伊勒里宫内突发爆炸，尽管巴黎消防员已经竭尽所能地灭火，但大火一直持续到次日早晨才被扑灭。医学生埃德蒙·热罗称几乎不可能不踩踏到尸体而穿过街道。[66] 在整个城市，男人和女人四处奔走打听亲人是否平安回来。罗莎莉·朱利安与儿子冒险出门，目睹了许多妇女"在街道中央惶恐又庆幸地哭倒在平安无恙的丈夫怀中"。亚历山大带领着他的队伍回到圣马塞尔区，描述了类似“令人心碎的”场景：他踏进家门时，父亲泪流满面地拥抱了他，“就这样，我们回到了家人的身边，他们当中的许多人曾一度以为再也见不到我们了。我们终于从可怕的一天中解脱出来了”。[67]

191 这确实是一个可怕而又残酷的事件，亲历它的巴黎精英们对其充满了复杂的情感，因为他们试图解释和证明暴力的合法性。大约 40 年后，维克托瓦尔·蒙纳尔仍然记得当时的情景：她在房间里颤抖着，目睹了窗外逃窜的一名杜伊勒里宫卫兵被巴黎民众当街抓捕，一击毙命。然而，正如亚历山大所解释的那样：起义者非常确信，如果他们输了，对手也会这样对待他们。事件发生后，每个人反复谈论发生在杜伊勒里宫中对爱国者的伏击。玛黑区一处剧院老板的女儿阿德莱德·玛鲁在一封信中表达了她无以复加的愤慨：当时，瑞士人突然向马赛人和其他国民自卫军成员开火，“每个人都无比愤怒，每个人都想手刃这些怪物”。皮内特强烈谴责王室卫队引诱人们进入王宫后开火——无异于“恶毒的背叛”；正是在这种行为之后，“人民的愤怒才最终爆发”。[68] 几乎所有的激进分子都相信，杜伊勒里宫的暴力冲突拯救了巴黎，使之免于遭受国王和王室成员阴谋的蹂躏。“邪恶的王室终于在血泊中倒台”，巴黎公证员、未来的议员波卡勒·德·依扎尔这样描述道；同时，他也为那些没有受过任何正规军队训练的年轻起义者在与戍守杜伊勒里宫的职业士兵的交手中牺牲而感到惋惜和悲痛。对许多革命党人来说，真正的大屠杀发生在爱国者身上，而不是瑞士卫兵身上。他们将发生在 8 月 10 日的流血事件称为“圣劳伦斯日的大屠杀”——得名于天主教教廷历法中代表这一天的圣人圣劳伦斯。波卡勒甚至不敢细想，因为就在这一天，他们差点就一无所有，他只能以如下话语作结：“幸得万人敬仰的上苍垂怜，自由得以保全，平等最终获胜。”[69]

第八章

恐怖序章

所有人都清楚 8 月 10 日事件意味着什么——对于猛攻杜伊勒里宫 192
行动的亲历者和目击者而言，这场暴力冲突真正拉开了“第二次革命”
的帷幕。在事后第一份正式宣言中，巴黎公社宣布：人民“再一次恢复
了自己的权力”。阿德里安·科尔森和尼古拉·吕奥很快就在文本中开
始使用“新革命”的说法——它“让 1789 年革命黯然失色”。[1] 而另一方面，
路易十六被推翻的消息也已经传到了所有人的耳中。仅仅数天之内，包
括国王在内的王室成员成为政治犯，由重兵押解至位于巴黎北部圣殿区
的中世纪堡垒中囚禁。来自布列塔尼的议员代表让 - 巴蒂斯特·迪高特
雷在致选民的信中强调：“末代国王路易不可能再回到杜伊勒里宫，也
不可能重返王位。”吕奥则说：“太阳王路易十四如果知道自己死后不到
百年法国君权就已不复存在，该是什么样的反应。”[2]

对于大多数法国人来说，从 8 月 10 日君主制垮台到 9 月 20 日国民
公会第一次会议召开，当中的间歇期既振奋人心又令人震惊和不安。希
望与焦虑、乐观与恐惧的混合再一次成为时代特征。确实，人们厌倦了
君主制，也欣然接受君主被推翻的结果，但人们对于未来的不确定感却
不减反增。对于生活在一个延续了上千年君主制国家的民众来说，没有 193
君主是不可想象的，至少是让人惶恐的。作为巴黎雅各宾派的一名老成
员，吕奥在给兄弟的书信中表达了自己的忧虑：“对于公众来说，没有什
么比政权更替更危险的情况了，对于法国民众来说更是如此——因为他
们已经太习惯君主的存在了。”夏勒 - 亚历西斯·亚历山大，这位在猛攻

杜伊勒里宫行动中居功至伟的革命者，也表达了相似的疑虑："不管我的政治观点如何，不管我多支持革命，我都是在君主制下长大的。它的崩溃让我惊讶、遗憾和恐惧。"[3]

普遍存在的恐惧情绪还将不断加剧。法国的未来几周将比革命中的其他任何时刻都要接近无政府状态——不受控制的暴力事件频发，法律和秩序彻底崩溃。这种制度性的崩溃终将导致 9 月初发生的一系列骇人的监狱大屠杀。大部分暴力事件都是自发的，受到大部分民众的支持，同时也收获了一定数量的精英阶层的同情。用"恐怖序章"来概括这一时期可谓恰如其分。[4]

恐怖政治前的权力真空

8 月 10 日的暴力事件不仅让整个巴黎的普通民众陷入不安，也让立法议会议员受到极大震动。当包括国王在内的王室成员逃到议会大厅避难之后，议员们发现自己已经沦为束手无策的"观察员"，除了干坐着，惊惶地跟进几百米开外的杜伊勒里宫的最新战况之外，他们什么也做不了。雅克·皮内特在信中几乎是语无伦次地描述当时的情景："子弹从我们耳边呼啸而过，穿过整个议会大厅，散落在我们脚边。"议员们完全不确定哪一方将会获胜，进而担心自己随时可能出现生命危险。当一群瑞士卫兵冲进大厅时——实际上他们只是在寻求避难所——"所有人踉跄地摔倒在地，高喊着'国家万岁'，并发誓誓死捍卫自由和平等"。接近正午时分，得知起义者胜局已定，议会采纳了韦尼奥的提案，投票中止国王路易十六的所有权力；同时，议会还将召集制宪会议商讨国家未来。[5]
194 与巴黎人民所要求的不同，吉伦特派主张中止国王的权力，而非永久性地废黜国王。从此刻开始，革命阵营将再一次分化，吉伦特派也将因为这一主张而受到巴黎武装团体的强烈抨击。

但从短期来看，君主制的垮台让议会内部原本复杂的政治局势变得简单而清晰，雅各宾派——尤其是当中的吉伦特派成员成为最大赢家，因此获得了议会的绝对主导权。另一方面，许多保守派代表则不断受到民众的威胁和骚扰。[6] 在 8 月 10 日事件之后，绝大多数斐扬派议员或相约缺席议会，或拒绝参与辩论议程。在立法议会运行晚期，登记在册的 195
745 名议员代表中只有 300 人左右坚持出席并投票。让 - 马利·里瓦隆写道：“恐惧让很多代表不问政事，甚至刻意躲藏起来。”一位来自布列塔尼的走访者这样描述 9 月初的立法议会：“大厅中爱国者阵营总是人满为患，而其对立阵营则空空荡荡。大小辩论和审议早已没有了右派议员的一席之地。”[7]

可以肯定的是，部分斐扬派议员与他们的昔日敌人走向和解，并最终加入雅各宾阵营——一些人是因为恐惧或是被胁迫才做出改变，也有一些人确实是经过自我拷问和反思之后发自内心地认同左派立场。在这一过程中起到关键作用的有两大事件。一是拉法耶特——这位右派长期以来拥护的英雄——抛下整支军队并投靠了奥地利人。这一事件震惊了议会中的整个右派群体。此外，大批机密的部长级文件被起义者公开，这迫使众多右派议员重新评估自己的立场。正如皮内特所描述的：“这些文件准确无误地反映出国王正是敌对阵营的领导者和主心骨。”路易十六不仅持续挪用国家资产向已移居德意志的护卫队支付工资，还与逃亡国外的兄弟们暗中保持通信。[8] 部长级文件还提到路易十六暗中资助反革命报纸并出版反革命宣传物。过去一直倾向于斐扬派的奥贝尔 - 杜巴耶将军表示：“在杜伊勒里宫国王亲信的办公室中搜查到的这些文件，无一不坐实了王室的叛国罪行。”拉比松·拉莫特写道：“王室的罪行罄竹难书。也是在此刻，我才惊讶地意识到一个事实——任何君主都是不可救药的，换了谁都一样。”[9]

以布里索为代表的吉伦特派成员现在完全主导了议会乃至整个中央政府。[10]由于国王被监禁，其权力被中止，立法议会单独设立了一个部长执行委员会负责处理国家的日常事务。过去出身王室的大臣被全数罢免，取而代之的是由议会投票选出的六位候选人。在这六位大臣中，至少有四人公开宣称归属于吉伦特派，其中包括权倾一时的内政大臣让-马利·罗兰。[11]与此同时，出于对巴黎武装分子的善意，议会还选出科德利埃俱乐部的乔治·丹东担任司法大臣。这位充满活力且意志坚定的新任长官很快就一跃成为政府的主要领导之一，因而其所在的执行委员
196 会在一定程度上能与议会分庭抗礼。[12]议会内部，左派完全掌握了主导权并推行了大量新法令，第二次民主浪潮由此开始。8 月 10 日下午，立法议会正式召集了新的制宪会议，全面重新思考政府架构和行政权力的边界。从这次选举开始，此后的所有选举都极力推行全体男性公民“无差别的普选权”的概念，过去“积极公民”和“消极公民”的区分不再被提起。在接下来的几周里，绝大多数残余的封建领主权力都被无条件地废除，社区财产被国有化且据称将被重新分配，以贵族为代表的逃亡人群的财产都被没收充公并分批出售。

除此之外，针对教会和神职人员，议会同样通过了一系列措施。当前所有教士，不仅仅是教区主管，都必须宣誓效忠于“自由与平等”的政权，任何拒绝宣誓的神职人员都将被立即驱逐出境，对于年迈体弱者则处以拘留。大部分教堂财产均被出售，所有的宗教建筑都被清空并勒令关闭。即使是已经宣誓效忠于革命的“宪政”神职人员，也将被禁止在公开场合穿戴牧师服饰。同时，他们不再有权对公民的出生、婚配和死亡进行登记——这一系列职责今后将由市政府承担。同样引人注目的是，带有显著自由色彩的《离婚法》被推行，这在 18 世纪的基督教世界是史无前例的。新推行的《离婚法》甚至允许夫妇以“不合”为由解除婚姻关系。[13]议会早在 8 月 10 日之前就对这些措施进行过讨论，

甚至还通过了部分措施，但确实只有在国王不再具有否决权之后，进展才会如此神速。正如皮内特所说：“既然人民大权在握，议员们也就可以放开手脚、大步前进……我们必须把握良机，以完成未竟的革命事业。”[14]

虽然议会能够大刀阔斧地改革，但议会领导所面临的挑战之大同样前所未有。各种平行于议会的力量长期存在于法国社会，此刻它们比以往任何时候都更具有活力和影响力。人民主权的逻辑和未限定边界的民主制度总是会成为有效政府的极大阻碍。然而，国民公会成立之前的这一段权力真空期却比 1789—1790 年更为混乱——普遍存在的怀疑和不信任的气氛让巴黎全城乃至整个国家濒临无政府状态的深渊。巴黎公社、 197
雅各宾俱乐部，甚至是巴黎内部各个辖区……这些力量都极大地挑战了国民议会的权威。最终，没有人确定究竟谁是这个国家的统治者。

立法议会最强大的竞争对手显然是新近成立的巴黎公社。在巴黎，虽然包括市长热罗姆·佩蒂翁在内的大部分市政官员未被撤换，但一度不允许佩蒂翁离开市长宅邸，其所有实权都被移交至“巴黎公社”的常务总理事会。这个常务总理事会的组成人员几乎与当初猛攻杜伊勒里宫的起义人群一样——同样由激进武装分子，属于“无套裤汉”群体的商铺店主和工匠主导。常务总理事会的许多领导人，如埃贝尔、肖梅特、科洛·德布瓦、法布尔·代格朗汀和比尤－瓦雷纳都是科德利埃俱乐部的元老级成员，他们与议会中的山岳派有着紧密的联系，但其中最有影响力的当属罗伯斯庇尔。在几个月没有担任正式公职之后，罗伯斯庇尔于 8 月 12 日加入公社。没有人比他在激进团体中享有更高威望，也没有人像他一样具备作为政治家的几近完美的高超技艺。[15]

公社与立法议会之间从一开始就充满了摩擦。在许多武装分子眼中，既然推翻君主制的头号功臣是他们自己以及他们的“无套裤汉”和结盟军盟友，那么，在这一过程中没有起到任何领导作用的议会无论如何也不该继续保有如此大的权力。另外，尽管到目前仍坚持出席议会的代表们对 8 月 10 日的成就表示支持和拥护，但公社领导人，尤其是罗伯斯庇尔，仍然对议会持怀疑态度，因为议会只是中止了国王的权力而非彻底废黜国王。[16] 此外，公社同样不满于立法议会没有将 8 月 10 日事件中幸存的保王党人和瑞士卫兵团体绳之以法——从公社的角度看，这些人的手上沾满了起义者的鲜血。在立法议会的一次例会上，巴黎公社的一名代表公开对议会代表们进行说教："人民通过自己的努力成功自救。请各位记住这个道理：当一个小男孩变得比老师更强壮的时候，老师的指导和领导就到头了！"罗莎莉·朱利安在给丈夫的信中如是说："被代表的人民拯救了代表们，力量对比自此彻底颠倒……'民意'从现在开始将成为一位统治首都的开明暴君。"[17]

198 自巴黎公社成立的第一天起，它对整个巴黎就实行了名副其实的独裁统治，并希望将这种统治扩大到整个国家。公社的监督和情报委员会积极地在巴黎及周边地区追查和逮捕所有反对派，首当其冲的是贵族、保守派神职人员以及其他保王党。这些被捕者中有些确实是敌对势力，但另一些仅仅有敌对嫌疑。公社甚至开始向各省派出独立代表，这些公社代表与立法议会及其执行委员会不可避免地存在直接竞争。一些独立代表被派往邻近各省，意在为巴黎筹集足够的粮食和追踪反革命分子。另一些代表则被派往更远的省份宣传爱国主义，征兵和征用武器及军备以供战时使用。[18]

巴黎的情况尤为复杂，因为公社并没能如它所宣称的那样完全控制全巴黎的 48 个辖区。[19] 在政治上不再强调"消极公民"的概念、所有成年男性公民被无差别地赋予选举权，都使这些辖区的政治形势变得更加动荡和不可预测。大多数情况下，辖区的政治事务仍然由那些肯奉献并有闲暇时间担任公职的精英主导。然而，就大小议题进行的辩论使得民众的政治参与度大大提高，因而每个辖区在整个巴黎的政治形势中所扮演的角色也发生着微妙的变化。辖区被允许建立自己的监督委员会并组建自己的警察队伍，由委员会主导搜查并逮捕嫌犯，取缔被认为拥护保王党的报纸以及审查辖区剧院演出的剧本。[20]此外，他们还负责发放护照和通行许可。因为所在辖区拒绝签发通行许可，甚至外国大使有时也无法离开巴黎。[21]然而，由于各区的政治情况不尽相同，因而各区在涉及逮捕嫌犯和给嫌犯定罪等问题的政策上存在重大差异。此外，各辖区成功取得了对当地国民自卫军的领导和调遣权。然而，国民自卫军正在经历巨大的人员调整，因此许多军营在整个权力真空期都处在动荡之中。也是基于这个原因，当9月的大屠杀事件发生时，原本应当积极介入和进行干预的自卫军却面临组织混乱、武器落后的困境，因而其可靠程度大大降低。[22]

多种力量同时存在的态势让首都的政治氛围尤为动荡，而此时吉伦特派和山岳派之间不断激化的矛盾给巴黎政坛又增添了一份不确定性。在6月20日之后保王党势力反扑期间，两派的分化态势已然萌芽。罗伯 199
斯庇尔一直以来都坚信布里索及其亲信在暗中支持国王，并与国外势力有着不可告人的关系。然而，在这一时期内只有两个事件可以印证罗伯斯庇尔的这一猜想。一是整个7月间，吉伦特派对待国王的态度，以及就如何处置国王这一问题呈现出明显前后矛盾的主张。二是布里索派记者让－路易·卡拉提出了一个荒谬的提议——他主张由普鲁士陆军元帅不伦瑞克公爵卡尔·威廉·斐迪南继任法国国王，并欢迎普鲁士军队进入巴黎。[23]让两派矛盾激化的关键仍然在于制度竞争：此时的议会由吉伦特派主导，而公社则由山岳派领导。朱利安这样总结道："罗伯斯庇尔领导着公社，布里索领导着议会，两者之间开始一场战争的条件已经成熟！"[24]时任巴黎市长的佩蒂翁此刻夹在两人中间——他打小就认识布里索，同时自1789年以来又是罗伯斯庇尔的亲密战友，他在给罗伯斯庇尔的一封信中言辞恳切地说道："固然我们可能在一些具体想法上存在分歧，但我们并不是敌人……不，我们永远不会与彼此为敌，我们将永远分享相同的政治理想。”但是在山岳派看来，佩蒂翁对吉伦特派“过于有信心”。不久之后，这两位曾经的战友最终分道扬镳，佩蒂翁公开支持布里索。[25]

几乎没有吉伦特派成员像佩蒂翁一样积极地试图促成与山岳派和解。在 9 月初的监狱大屠杀中，公社的监督委员会大肆搜查了布里索的住所，甚至向布里索和罗兰本人发出逮捕令。[26] 因而布里索派有足够的理由相信罗伯斯庇尔确实想要借大屠杀之机置他们于死地，他们也越来越确信罗伯斯庇尔及其领导的公社成员才是与外国势力合谋的真正叛国者。吉伦特派的拥护者们谈及马拉和罗伯斯庇尔时，称他们意图煽动混乱以推翻革命——这是一个“由逃亡贵族、普鲁士人和奥地利人在法国国内的代理人所策动的反革命计划”。[27]

自革命开始以来，法国政权就持续崩塌，并在 1792 年夏天结束时达到了一个新的高峰。一名英国代办简要地描述了这种形势：“全民皆兵，政府疲软无力。”在大方向上支持雅各宾派的吕奥，对此同样感到震惊和惶恐：“法国已经陷入了完全的无政府状态、空前的无政府状态。”[28]

200 仇恨与恐惧中的巴黎

吕奥的担心并非毫无根据。虽然在 8 月 10 日的暴力事件结束后，巴黎在一段时间内并未发生公开的暴力冲突，但紧张和恐惧的情绪仍然四处蔓延：巴黎城中偶尔会在半夜响起莫名的枪声，教堂的钟声也间或无缘无故地响起。公社和巴黎各辖区 24 小时有人值守，并要求每家每户在夜间必须亮灯，同时还不定期关闭巴黎城门。[29] 造成这种紧张局势的原因很复杂，一方面是由于统治权威的弱化乃至分裂，但它也与广泛存在于巴黎民众中的愤慨密切相关。8 月 10 日事件刚刚平息，巴黎全城就陷入了复仇的狂热中。据记者雅克·埃贝尔所说，起义者已对整个巴黎的 4000 所房屋做了标记，一旦保王党在冲突中获胜，他们将对这些房屋发起袭击。[30] 对大部分巴黎人来说，以下事实毋庸置疑：王公贵族和瑞士卫兵背信弃义，恶毒地将起义军引诱到杜伊勒里宫的庭院并大肆开火；数十人在此役中失去生命，他们是人民的朋友、邻居或是亲人。

民众对君主制的憎恨还转化为对象征国王的标志性建筑的大肆破坏。在王室广场、旺多姆广场和胜利广场等矗立着法国君主们雕像的公共场所，民众一拥而上，合力推倒雕像，并将它们送到铸造厂回炉，重新造成大炮和炮弹。即便是圣日内维耶教堂的克洛维画像、巴黎圣母院的腓力四世画像以及在新桥中心耸立的一直以来广受民众爱戴的亨利四世的雕像也遭到破坏并不知去向。正如皮内特所说，只要人民愿意，任何人都可能在下一秒钟被打上“死刑的烙印”。而在议会大厅，墙上悬挂的路易十六的画像被《人权宣言》取代，雅各宾派更是重新打造了一尊布鲁图斯的雕像。[31] 此外，民众的仇恨从以往仅仅针对王室扩大到针对保王党——在君主立宪时期一度被奉为英雄的拉法耶特、巴伊和内克尔等人的半身像和画像也成为民众发泄愤怒的对象。[32] 过去曾经支持斐扬派候选人的人员名单被公开，同时被公之于众的还有在 6 月 20 日之后签署主张保留君主制的请愿书的人员名单。巴黎几个辖区对这些“嫌疑人”处以停职处分，甚至大肆逮捕乃至起诉这些保王派。主张共和制的吕奥对事态发展的不确定性表达了这样的忧虑：“如果所有曾经支持过国王的人都需要被处决，那我们得建造多少个断头台？！”[33] 201

民众复仇欲望的增强同样离不开激进派记者的渲染和鼓动。马拉呼吁判处所有瑞士卫兵死刑：“仅仅要求对他们进行审判远远不够。”[34] 纪念 8 月 10 日遇害公民的一系列追悼会和演讲遍布整个巴黎，死难者名单被

202 一次又一次地宣读，剧院也举办了特别演出为寡妇和孤儿筹款。仇恨的情绪和复仇的欲望就在这些纪念活动中生根发芽。[35] 在 8 月 26 日举行的一场全城范围的纪念庆典中，由官员、军队和国民自卫军组成的列队和一支庞大的管弦乐队，沿着右岸的街道从市政厅游行至杜伊勒里宫，最终在杜伊勒里花园集结。他们共同见证了一尊埃及风格的刻有所有死者名字的巨大方尖碑的奠基仪式。[36]

局势的紧张历来会加剧谣言的泛滥，1792 年 8 月也不例外。关于一系列阴谋的消息不胫而走：例如有 400 名贵族在 8 月 10 日从杜伊勒里宫逃脱，之后秘密躲藏起来伺机反攻；又如万神殿和王室宫殿的下面是反革命分子的大型军火库；又如反革命武装分子威胁袭击雅各宾派；再如破坏分子往城市补给品中掺入玻璃等。[37] 尽管在公社领导人看来，其中一些莫名其妙的谣言显然是无稽之谈，但对于当前反革命的势头，大多数人认为不容乐观。8 月 10 日，公社领导人第一次发表宣言，立誓调查“将祖国拖向深渊的一连串叛国阴谋”。一个市政监察委员会在四天后成立，意在追查并挖出所有反革命者和反革命嫌疑人的行踪，包括贵族、顽固的神职人员和其他保王党。在公社的鼓励下，巴黎各辖区也设立了类似的监察机构，这些机构向全体民众开放登记册以方便其上报和揭发任何可疑的阴谋。直到 9 月初，巴黎中央监察委员会主要都由科德利埃俱乐部的激进分子组成，其中包括记者马拉和弗雷龙，他们的名声也是在这一时期对阴谋的极力谴责中建立起来的。[38]

很快，公社发起了针对前任保王派大臣、此前制宪议会中的保王派议员——如安托万·巴纳夫——乃至保王派记者的逮捕令。大批有嫌疑的贵族，如普瓦亲王和路易十五的情妇巴里夫人，都在逮捕名册之中。在立法议会正式下令将拒绝宣誓效忠的神职人员驱逐出境之前，公社和各辖区已经抢先逮捕所有反对派人士。皮内特这样写道：“每天晚上都有大批嫌疑人被押解入狱，整个监狱人满为患。”[39] 事实上，皮内特夸大了事实——我们从研究中得知，整个 8 月只有数百人被关押到监狱中，牢房远未饱和。[40] 然而当时的人们却坚信：反革命者人数之庞大已经让监狱 203
不堪重负。

人们一方面恐惧阴谋，另一方面渴望复仇。面对监狱里“数量庞大”的反革命分子，人们越来越确信正常的法庭审判途径过于低效，[41] 民众要求“自己来主持正义”的呼声越来越大。8 月 15 日，罗伯斯庇尔代表公社在议会上发言：“沉睡的人民即将苏醒！对有罪者的审判即将降临！”在这种压力下，代表们在 8 月 17 日通过了关于设立一个新的“特殊法庭”的决议，法庭由各辖区选出的陪审团成员构成，在不允许上诉的情况下对相关政治犯案件做出裁决。该法庭将成为 1793 年至 1794 年间革命法庭的典范。所有被认为有罪者将被立即送上巴黎一处主要广场上新近设置的断头台。[42]

然而事与愿违，新法庭的行动远比巴黎民众设想中的缓慢。首先被处决的包括一名保王党派记者、负责审议国王预算的官员以及三名被判有罪的造假者，其他数人被判无罪释放。许多民众很快对此表示不满，并认为这个法庭和从前的所有法庭一样只是一味拖延、尸位素餐。“自 8 月 10 日至今只有三人（五人，编注）被送上断头台，”阿德莱德 · 玛鲁写道，“人民感到愤怒。我们似乎被所有人戏弄了！”而到 9 月初玛鲁再一次用书信记录事件的时候，事态已经发展到民众冲入监狱，自行“处决”嫌犯的地步。[43]

各省的暴力浪潮

起初，巴黎方面没有人能够确定猛攻杜伊勒里宫以及囚禁路易十六会在全国各省掀起怎样的波澜。[44] 从 8 月 10 日开始，各省代表就开始频繁地向地方寄送信件、传递法令，甚至直接到地方演讲以获得民众对后续行动的支持。整个政治宣传过程中最引人注目的环节是：代表们公开了在杜伊勒里宫中查获的秘密文件，当中暗示了国王的背信弃义之举以及与境外势力的秘密交易。此外，每个代表都竭尽所能说服各自的选民，证明推翻君主制的合法性，并称赞 8 月 10 日事件将为革命和国家的未来
204 带来积极影响。西尔万・科代解释称：“如果没有采取有力行动迅速制止内外阴谋，反革命阴谋将成为事实。”[45]

另一方面，非常显然，巴黎革命党所面临的最大威胁是仍然驻扎在边境的法国军队。8 月 10 日以后，拉法耶特将军的公然挑衅行为以及他试图影响麾下士兵前往首都“勤王”的企图，一直是所有人心头的一根刺。对此，立法议会迅速派出数个主要由军官组成的代表团赴前线向士兵解释当前局势并合理化当下举措。尽管有几名将军辞职，但两名颇负盛名且能力出众的将军——屈斯蒂纳和比隆都宣布接受废黜国王的决定。此外，拉法耶特的军队和大部分低级军官都拒绝服从他们的指挥官。事实上，尽管士兵们身处边境，但他们仍通过当地雅各宾派派发的报纸密切关注着巴黎的局势。一名来自南锡的新兵约瑟夫・诺埃尔称，8 月 10 日的消息“让我们所有志愿兵都感到愉快和欣喜”。据他所说，志愿兵们相信“必将胜利”，相信一切都会被完美解决；所有人都大声呼喊“我们再也不需要国王！不要国王！”；一位支持拉法耶特的军官试图与他们争辩但旋即受到侮辱，“雅各宾派万岁！打倒保王派！”的呼声瞬间淹没了他。也正是在这种如同高压的反对声浪下，拉法耶特和他的主要副官选择跨越边界投奔奥地利人。[46]

至于地方行政部门，一些长官最初对废黜国王的决议提出质疑甚至直接否决。最具戏剧性的事件发生在东北部边境的阿登省。该省长官响应了拉法耶特的号召，公开反对和否定 8 月 10 日事件，然而，议会迅速派出专员到达地方，就像他们对边境军所做的那样，阿登省和其他六个

行政区的长官当下就遭到逮捕或撤职。在全国大部分省份，首都代表的到来以及来自社会公众的压力迫使地方长官接受了发生在巴黎的这一既成事实。[47] 截至 8 月底，议会代表们已经获得了数百个地方区划的支持，虽然一些省份“归顺”的速度相较于其他省份要更慢些。朱利安写道：“针对 8 月 10 日事件的‘赞成函’陆续抵达国民议会。全国各地的主要城镇、主要部队和将领无不高呼‘自由平等！’”[48]

然而在许多地区，过渡期的权力真空让它们面临着与巴黎类似的权力崩溃状况。中央政府的权威摇摇欲坠，而立法议会和公社又时常发出 205
互相冲突的指示，这使地方派系之间的权力斗争更加激化。在 8 月 10 日之后的数周乃至数月里，位于比利牛斯山麓的阿列日省经历了整个革命中最动荡不安的一段时期：各级行政机构的命令相互矛盾；领导团体据说已经失掉民心，并在 8 月底被普选出来的公民大会正式罢免；法庭权威不复存在；农民拒绝加入军队；税款被一再拖欠；匪徒横行乡里。[49]

同时，从 6 月和 7 月开始出现的针对可疑阴谋者和反革命分子的民兵袭击和杀人事件持续升温。[50] 在地方城镇，首都的权力真空以及对前线战事的一无所知将使各阶层民众倾向于相信谣言，并可能像巴黎一样产生规模性的恐惧和猜疑。各种阴谋论，如暗中囤积武器和与外敌勾结，以及在公开演讲中的大胆措辞，都可能引发新一轮的谣言甚至直接点燃屠杀的导火索。从猛攻杜伊勒里宫到召集新一届国民公会这段过渡期内，至少有 93 人在 42 起单独事件中遇害。这类杀人事件在 83 个省份中的 32 个省都有发生，但特别集中在巴黎周边省份，以及罗讷河谷、地中海沿岸、波尔多南部和东部地区的城镇。受害者包括贵族、公职人员和被指控犯下一系列恶行的普通公民。然而，最主要的受害者——占死亡总人数的 1/3——是顽固派神职人员，他们被普遍认为是当下境内反革命活动的主要策划者。他们在近几个月以来早已处在风口浪尖，民众中规模性恐惧情绪的激化只会让他们的形象愈加被妖魔化。一些神职人员被以极其残忍的方式杀害，斩下的头颅和肢解的躯干被拿来示众，这种行为曾广泛存在于17世纪的暴力起义中。地方省份的一些杀人事件可能受到了发生在巴黎的暴力事件的影响，例如：九月屠杀发生仅数日之后，从奥尔良监狱转移出来的44名囚犯于9月9日在凡尔赛被全数谋杀。有些省份的暴力行动则持续到了9月甚至10月。

206 连锁反应般的恐慌随之出现，尽管在规模和程度上都远不及1789年7月和1791年6月的两次恐慌潮。例如，在东北部边境战事正酣时，有谣言称大批普鲁士或奥地利军队即将抵达边境，并将长驱直入，杀掠法国全境。不管这些故事听起来有多么荒谬——其中一些甚至从距离前线数百公里之远的村庄传出来——它们都能轻易地在民众当中引发骚动。[51]一个对战争更为直接的影响来自8月和9月期间在法国各地活动的武装团体。巴黎各辖区派遣了国民自卫军成员到附近农村地区大肆搜捕策划阴谋的反革命分子，并追查秘密军火库和囤积的粮食。这些行动在一定程度上指导了1793年“革命军”的行动。一些突袭和搜查行动持续时间极短，同时目标明确。例如8月15日，一支由巴黎卫队和“结盟军”组成的部队突袭了位于圣叙尔比斯的一处神学院，有消息称此处秘密储存了大量武器。[52]一次更为严重的行动发生在8月15日至20日之间，约200名意图不明的巴黎武装分子进入瓦兹省，宣称他们此行意在搜查当地城堡、没收武器、追查嫌疑犯以及摧毁任何残存的旧政权建筑物。然而事实上，这些武装分子也突袭了一家医院，并掳走了大量银器和银币以及两名修女。虽然两名修女后来被释放，但银器和银币最终下落不明。[53]

在其他地区，原本应该开赴前线参战的志愿兵们卷入到了各种形式的暴力活动中。在这些满怀爱国热情和抱负的年轻人中，一部分原本就是当地的公民社团或国民自卫军成员，一些没有政治经验的年轻人对这些前辈非常青睐，并热衷于追随他们。一名目击者描述了志愿军行至法国西部的场景：“一整队年轻人正在去往前线的途中，他们高呼‘自由万岁’，并‘发誓与波旁王朝为敌，要求处决叛徒’。”[54]他们装备精良，充满狂热的革命信念，同样也怀着与普通民众无异的深深猜疑。因此，任何在途中听闻的有关反革命分子的谣言或谴责都让他们深信不疑，也足以激起他们的愤怒。既然他们在启程前往前线之时曾自愿宣誓捍卫革命，“不自由，毋宁死”，那么，他们的使命感也自然而然扩大到国内事务上——打倒并铲除任何阴谋者。据了解，过渡时期发生在各省的由“民 207
间警察”主导的杀人事件，将近一半都有志愿军参与，他们或正准备动身前往战场，或正好路过当地。[55]

一支来自法国西部的志愿兵在吉索尔镇遇到了拉罗什富科公爵，他此前在自己的乡村庄园中被逮捕，正要被押解到巴黎。这位公爵曾是富兰克林和杰斐逊的朋友，并与18世纪的几位哲学家有私交，在早期革命事业中发挥了重要的积极作用。但作为巴黎省行政长官，他又以保守的君主主义立场闻名。志愿兵们早已对他在8月10日事件前的不轨行为有所耳闻——这些传闻显然夸大了他的所作所为，因而当志愿兵们发现他的身份之后，当即将他从押解队伍中拖走并处决了他。[56]

入侵法国

无论在地方各省还是在巴黎，民众的暴力行动始终与外国军队的入侵以及法军在前线的节节败退息息相关。到8月中旬，法军已经与奥地利军队在北部边境僵持了四个月。但随后，普鲁士军队加入战争，并迅速在法国东北部开辟第二战场，这让战争的天平彻底倒向了联军一方。这一时期的普鲁士军队可谓是继承了腓特烈大帝意志的胜利之师，被誉为欧洲最勇猛、作战效率最高的军队。普鲁士指挥官们对战争前景充满信心，加上法国军队主要由毫无作战经验的新兵组成，大多数原法军军官不是被撤职就是早已逃亡境外，在普鲁士看来，他们的入侵毫无疑问将一举击溃法国。许多普鲁士人预言他们将队列齐整地直捣巴黎，就像五年前不伦瑞克公爵领导的那次对荷兰的远征一样——那次他们挫败了荷兰发生的一次革命。[57]当时身处巴黎的外国观察者们大多同意这一观点。英国外交官这样写道：“法国无论如何也无法抵御国王和普鲁士的联合军队。这是由世界上最骁勇善战的将军指挥的伟大军队。”[58]

可以肯定，这支军队也有其潜在弱点。尽管声名在外，但普鲁士人在近 20 年内没有参与过重大战争，且大多数军官都已年老。普鲁士年轻的国王腓特烈·威廉二世御驾亲征，但让这位军事才能并不出众的国王介入军队事务着实不是一件好事。事实上，腓特烈·威廉二世确实对
208 不伦瑞克的决策造成了不小的干扰。此外，普鲁士方面派出的入侵法国的军队不管在规模上还是在能力上都并不突出，做出这一决定是基于对法国方面的轻视，即他们认为不费吹灰之力就能打败平庸的法国军队。与此同时，普鲁士和奥地利关注的焦点仍在东边的波兰，且在他们的预想当中，波兰再次分裂的可能性非常大。为此，他们选择在欧洲中部保留大量军队。最终，大约有 4.2 万名普鲁士士兵、2.9 万名奥地利士兵、5500 名黑森雇佣兵以及由 4500 名逃亡者组成的部队穿越边境进入法国。而与之相对，法国军队的规模比联军大一倍，这将成为法国军队一个潜在的重大优势。[59]

即便如此，交战的最初阶段，仍然如联军方面所预想的那样——法国军队接连失利。到 1792 年 7 月中旬，普鲁士军队已经以相对缓慢的步伐南下，以在沿线设置一条安全的军需供应线，这是 18 世纪欧洲战争中的惯例。联军与法国人的首度交战发生在 8 月中旬，当时联军行进到了洛林大区与卢森堡南部边境接壤的隆维。隆维是法国防御线上的一个重要要塞，该防御线由路易十四时代的军事工程师沃邦建立，旨在保护法国免受入侵。虽然没有人能够事先断定隆维的法国驻军能否在长时间的

围困中坚持下来，但事实上在 8 月 23 日，仅仅经历了三天的炮击之后，这座要塞就被普鲁士人收入囊中。之后普鲁士人继续向南推进，最终到达法国东北防御阵线的重要堡垒：凡尔登。在这里，普鲁士人同样用三天时间，同样用炮击的方式轻而易举地迫使法国驻军投降。当地许多民众非常支持投降的决定，因为他们担心长时间的围困只会给他们的城镇造成更大破坏。此外，驻军指挥官的身亡也加速了凡尔登的沦陷。据称这位指挥官是自杀，但也有消息称他是被谋杀的，因为此前他曾发誓永远不会向敌人屈服。[60]

对于法国人来说，边境防御要塞以如此快的速度被各个击破，毫无疑问是令人惊愕和恐惧的。直到 8 月底，大部分巴黎人都在专注于内政：应对各种危机、推翻路易十六以及努力赢得全国其他地区的支持。他们毫不怀疑革命旗帜下的“公民军队”很快将战胜奥地利和普鲁士的“奴隶军队”；而对于发生在北部边境的军事僵局，他们确信这是由国王和将军的叛变所造成的必然结果。面对从洛林传来的灾难性消息，他们只能 209
得出如下结论：内部的叛变程度远比他们想象得要深。谁能保证现任军事指挥官不会像其前任拉法耶特一样通敌？谁又能保证外国侵略者没有与在首都巴黎的秘密线人暗中合作？基于这样的困扰，这一时期从巴黎发出的大部分信函，民众的关注焦点始终在内部阴谋是否会让他们为战争付出的努力成为泡影。在一封长信中，议员代表迪高特雷为隆维的陷落痛苦不已，同样让他倍感焦虑的是关于第五纵队是从城墙内部突破整座城市防御工事的谣言。面对普鲁士人将畅通无阻地到达巴黎的前景，吉塔尔在其日记中总结了同胞们的感受：“自革命开始以来，巴黎从未像现在这样陷于如此深重的危机之中……敌人就要兵临城下了，未来一个月左右的战斗无疑将彻底决定我们的命运。”[61] 而巴黎方面的反应则进一步加剧了这种恐慌。在 8 月 27 日发布的一份通函中，内政大臣罗兰写道：“我们将采取任何可能的、必要的措施。国家正处在生死存亡之际，面对这样的危急时刻，我们应该竭尽全力！”然而仅仅数天之后，他便悲痛地感叹道：“腹背受敌的我们已经无路可走！”[62]

在巴黎，对反革命阴谋和背叛的恐惧促使当局在整个城市发起了大规模搜查行动，整个行动从 8 月 29 日持续至 31 日，全天候不间断地进行。在这几天里，城门紧闭，所有街道不论白天黑夜一律灯火通明，所有民众都被要求留在家中，国民自卫军和城市专员挨家挨户地走访，搜查任何可疑的秘密军火库和伺机行动的反革命分子。然而，搜查结果让人失望。他们确实收缴了数百杆火枪，但大部分只是狩猎用的猎枪或是无用的古董；此外，约 80 名顽固派神职人员被捕。这次行动本身进一步激化了民众的恐慌。吉塔尔在其日记中写道：“到处都是谣言，到处都充满了恐惧。”同样，罗莎莉·朱利安感到非常痛苦：“整个巴黎陷入了恐惧的深渊。”卫兵们日夜不停地在全城的街道巡逻，他们的鼓声以一种紧促的节奏此起彼伏地回响着——“这听起来就像雨点摔打在街道上，”她写道，“所有的女人时刻守在她们的窗前。”外界的骚动不安让所有人难以入睡，每个人如同等待命运的审判一般等待敌人的到来。人们愈加狂热地相互
210 猜疑、相互谴责，“总还是有叛国者，总还是有更多的阴谋”，朱利安继续写道，“我们的一只脚已经迈进了深渊”。[63]

这就是九月屠杀前夜整个巴黎的氛围。在这样的恐慌中，这座城市即将迎来整个革命期间最为恐怖的群体性暴力事件。

九月屠杀

长久以来，巴黎这座城市对监狱以及囚犯有一种深深的恐惧，这种情绪从革命爆发之初就展露无遗，当然其毫无疑问也可以追溯到旧政权时期。好几座国家监狱和市级监狱矗立在整座城市的心脏地带，它们如

此显眼，以致市民们随时随地都会猜测谁又被新近逮捕入狱，并且会随时监督囚犯们是否试图越狱。[64] 自 1789 年旧政权崩溃以来，关于囚犯们即将集体越狱并袭击爱国者的谣言时不时地流传开来：第一次出现在 1789 年底至 1790 年初，第二次出现在 1791 年 6 月路易十六试图出逃前后。[65] 更令人恐惧的谣言是囚犯们已经设法获得了武器，成了一支事实上的武装部队。1792 年 1 月，拉弗尔斯监狱发生多起恶意纵火事件，民众纷纷猜测这是否预示着关押其中的囚犯正计划武装逃狱并将在城中大肆袭击平民百姓。对此，吉塔尔写道："我们担心这些穷凶极恶的盗匪会放火烧掉整个巴黎。"[66]

到 1792 年春，监狱已经被普遍认为是滋生反革命势力的温床，人们担心那些被用金钱收买了的匪徒随时可能越狱并公然反对革命和袭击革命者。早在 6 月 20 日，巴黎各辖区就不断有上访者威胁称：如果法院持续不作为，那么他们就会亲自闯入监狱并处决囚犯。[67] 8 月 10 日之后，随着越来越多的"嫌疑人"——贵族、幸存的瑞士士兵和顽固派神职人员遭逮捕，许多巴黎人心中原本对于监狱的恐惧又添上了复仇的色彩，他们渴望向这场"圣劳伦斯日的大屠杀"的始作俑者复仇。过去，阴谋和监狱的传言是两套独立的"谣言体系"，而现在两者似乎逐渐合二为一。不断有消息称集体越狱事件将与外国势力入侵法国同时发生；又或是称狱中的贵族和教士已经暗地里收买了大批匪徒，只待越狱成功便会对手无寸铁的爱国者亲属发起袭击，而爱国者们那时正在前线奋勇抗击入侵者。

巴黎公社的反应则助长了谣言的传播。公社下令各辖区长官造访监 211
狱，记录关押狱中的所有"革命敌人的名字"并将名单张贴示众，以便当地民众清楚地意识到他们当前面临的危险。[68] 科代意识到了这种风险并深感不安，他在 8 月 19 日写道："监狱中有很多阴谋分子。但不出一周，很多人将人头落地。"罗莎莉·朱利安也对监狱阴谋和预防性强制行动有所耳闻："监狱里数量庞大的罪犯让我感到害怕。为了让人性的光辉在未来不至于被践踏，我们此刻必须变得野蛮；为了保全躯干，我们必须忍痛断臂。”[69] 显然，恐惧和焦虑的威力变得如此巨大，关于潜在威胁的逻辑也逐渐变得坚不可摧，以致通常情况下更为谨慎的政治和社会精英现在也开始相信关于监狱阴谋的谣言。

9 月 2 日，隆维的陷落已成事实，凡尔登也即将被攻下。与此同时，公社紧锣密鼓地在全城范围内张贴标语：“现在就武装起来！敌人就在门外！”随后，巴黎市级领导人向各辖区派遣专员以商讨应对措施。除了加固城墙和紧急征兵之外，许多辖区还讨论了先发制人以挫败“监狱阴谋”的必要性，毕竟在此时的大多数人看来，这些阴谋已经是事实。因此，在巴黎市中心的普瓦索尼区，公民决定他们必须“立即行动起来，打倒监狱中所有的阴谋者”，而这个决议也被立即传到其他各区。[70]

当天晚些时候，杀戮开始了。先是塞纳河桥上响起轰鸣炮声，随即整个城市的教堂也敲响了钟声。紧接着，民众扑向一群原计划要被转移到圣日耳曼德佩区附近的修道院监狱的囚犯，并杀害了他们。[71] 随后，人们依次闯入了修道院监狱和附近的卡莫监狱，系统地处决了“反革命”分子，包括贵族、神职人员、瑞士卫兵以及被认定已被反革命分子收买的普通罪犯。在接下来的几天内，从 9 月 2 日至 6 日，巴黎市区的其他监狱大多数都遭到袭击，包括巴黎古监狱、硝石库监狱、沙特莱监狱、贝纳丹监狱和圣 – 费尔芒监狱，连同两处拉弗尔斯监狱以及城南的比塞特医院监狱。共有 1100 至 1400 人在这一系列屠杀事件中遇难。

212 面对这一系列突发的大规模暴力事件，原本就已松散的权力机构试图控制局势但都未果。立法议会先后派出两个代表团试图制止暴力事件，但均以失败告终，甚至代表们本人的人身安全也受到威胁。无奈，代表们只得发表措辞模糊的宣言，敦促各方保持冷静和团结。事实上，这一时期整个议会的关注焦点始终在前方战事，代表们想方设法阻止外敌入侵，因而只有十分有限的精力投入到平息城市暴动之中。[72] 而在巴黎国民自卫军方面，整个自卫军在过渡时期始终处于无组织状态，因而无法有所作为——甚至可以肯定的是，许多自卫军成员直接参与了屠杀或至少支持屠杀。[73] 9月3日，公社监察委员会（马拉和弗雷龙都是其成员）印发了一份通知，将这一系列群体性处决行动歌颂为正义行为，称“这对于以恐怖手段消除大批内部叛徒来说是不可或缺的”，并表示希望“整个国家都效仿此法以维护公共安全”。[74] 可以肯定的是，尽管公社和监察委员会并非屠杀的策划者和领导者，但其成员和其他许多精英一样，对监狱阴谋的谣言深信不疑并确信有必要先发制人以消除威胁。公社和监察委员会对这种行为的绝对支持让屠杀行动在此后数天愈演愈烈。

许多公社成员确实也担心民众可能会不分青红皂白地杀死所有囚犯。因此他们派代表前往监狱，不是立即制止处决行动，而是组织起简易法庭，对“无辜者”和“有罪者”进行适当的筛选分流。一些“审判”现场有公社代表列席，甚至由他们直接担任法官。[75] 那些作为债务人被监禁的囚犯，以及因家庭纠纷或轻微民事违法行为被监禁的囚犯通常被赦免，大多数女性囚犯也是如此。法庭外的人群对无罪释放者报以欢呼和拥抱。至于那些被认定为“反革命分子”的人（所有顽固派神职人员、瑞士卫兵和大多数贵族）以及被认定为反革命帮凶的人（犯有盗窃罪、造假罪或谋杀罪的囚犯），一概被推出门外，在毗邻的庭院或街道被当场处决。处决由志愿者执行，处决工具可能是剑、斧头、长矛甚至是棍棒。[76]

在后世称为“九月惨案”的事件中，我们永远不会知道到底谁是屠
杀的凶手，但很多执行者无疑都是巴黎国民自卫军和“结盟军”成员，213
他们自7月份或8月初抵达巴黎后就一直留在这个城市。英国间谍乔治·门罗目睹了这次屠杀，据他所言，所有凶手“要么是马赛人和布雷斯特人，要么是巴黎国民自卫军成员”。这些来自巴黎、普罗旺斯和布列塔尼的人们大部分在三周以前冒着生命危险直接参与过猛攻杜伊勒里宫的行动，并且很快就要启程前往前线与联军对抗。如革命领导人法布

尔·代格朗汀所说，“8 月 10 日进攻杜伊勒里宫的人和现在闯入监狱的人是同一批”；[77] 也许在这些人看来，屠杀一方面是报复行动，另一方面也确保了民众的安全，让他们得以毫无牵挂地奔赴前线。吕奥记录下了在屠杀期间与数位亲历者的对话，对话中，屠杀参与者向吕奥吹嘘了自己在白天处决的人数。[78]

无论凶手是谁，可以肯定的是，在当下的焦虑氛围中，巴黎精英阶层的大部分人要么支持屠杀，要么将其视为必要之恶。不管是激进派还是温和派报刊，几乎没有任何一份出版物批评屠杀；同样，不论是吉伦特派还是山岳派，抑或是持独立立场的人，没有人对屠杀持完全谴责的意见。立场温和的报纸《法国邮报》（*Courrier français*）认为：“人们承担起了清除罪犯的责任，这样也就不必担心我们的妇女和儿童会被越狱者袭击。”山岳派成员奥杜安在《环球报》（*Journal universal*）撰文：“监狱里的囚犯无恶不作，他们长期以来一直在密谋。而在复仇的时刻来临之际，他们被人民的正义之剑就地正法。”亲吉伦特派的戈尔萨称屠杀行动“可怕但必要”。[79]

在该时期的往来书信中可以看到，各政治立场的革命派人士也得出了类似的结论。在亲山岳派的皮埃尔·迪布勒伊－张巴尔代看来：“顽固教士这个邪恶的种族已经得到了应得的惩罚，因而有理由相信在巴黎之外的其他地区，他们很快也将不复存在。”斐扬派成员皮埃尔·拉梅尔也对事件表示接受：“对于那些被杀害的无辜人士来说，这是不幸的。但是屠杀者应该被怜悯，不该被指责。”“被迫采取这种极端措施是令人痛心的，”年迈的吉塔尔写道，“但正如他们所说，与其任人宰割，不如先发制人。”在给丈夫的一封长信中，罗萨莉·朱利安尽管对所描述的事件感到痛苦，但最终得出结论，表示这种“残酷的必然性”无法避免：“被愤
214 怒冲昏了头脑的人们固然可怕，但他们确实对三年来策划阴谋的反革命者进行了有效的报复；而现在，法国得救了。”[80]

大多数人之外，也有个别人士从一开始就谴责杀戮。“哦，这是犯罪！多么可耻！”吕奥在写给兄弟的信中说道，“这无疑是极端恐怖，一起臭名昭著的政治事件！所有的囚犯在最后几天都被残忍地屠杀，这些刽子手却毫无怜悯之心，也毫不悔恨。”年轻的山岳派成员克劳德·巴吉尔同样感到愤怒和震惊：“面对这样骇人的灾难和危机该如何保持镇静？可见要继续留在政坛需要多大的勇气。”然而值得注意的是，与我们大多数其他的革命见证者不同，吕奥和巴吉尔都直接目睹了屠杀：巴吉尔是立法议会早前为了阻止杀戮派遣至修道院监狱参与调停的代表之一；而吕奥曾两次踏进同一座监狱，在血泊中跨过一具具尸体，为他的一位“等待判决”的邻居求情。[81]

然而，这些个例并不影响我们得出一般性结论，即在当下的情绪氛围中，所有巴黎公民，无论处于什么派系，无论政治立场为何，都相信了监狱阴谋论的谣言；所有人都认为此种杀戮并无不妥，要么认为这是积极之善举，要么视其为必要之恶行。[82] 直到数周乃至数月之后，随着谣言逐渐消退，许多巴黎人以新的眼光回顾屠杀事件，这才对所发生的事情表示震惊和恐惧。[83] 从这个意义上说，九月屠杀并非由被边缘化的、愤怒的底层民众主导的暴力事件，而是从一开始就得到了大多数巴黎民众的广泛支持。

到 9 月 6 日，大规模屠杀已经接近尾声。此时，巴黎大多数监狱空无一人，除释放了一些囚犯外，其他囚犯被全数处决。在屠杀行动快结束时，公社介入到了事件当中。面对成片的血泊和成堆的尸体，常务总理事会的许多成员似乎都受到了震撼。随后，武装部队被派遣至未被血洗的一两个监狱进行值守，以防类似事件再次发生。[84]

蔓延整个法国的紧张和恐惧气氛绝不会因为屠杀的落幕而画上句号。整个 9 月，各种谣言继续在巴黎传播：敌军日益迫近巴黎，新的贵族阴 215
谋即将被策动，另一波大屠杀即将到来。皮内特写道：“我们能够想象到人类所具有的每一种情绪，现在都已出现并作用于整个局势。”阿德莱德·玛鲁担心抢劫事件将会频发：“我们始终处于可怕的恐慌状态。我们经常受到威胁，我们担心所有的商店很快就会被洗劫一空。”正是在这个混乱时期，一群胆大妄为的盗贼设法潜入一处王室仓库并偷走了王冠上的宝石，包括后来闻名于世的“希望钻石”。许多巴黎人相信，这些犯罪团伙瞅准这段混乱时期正在巴黎掀起新一轮犯罪浪潮。[85]

整个巴黎的局势变得尤为骇人，许多富有之家开始逃离巴黎。有传言称像教士一样被处决的命运很快就会降临到前贵族的头上，科尔森的雇主，这位始终支持革命的前贵族为保全自己和家人，不得不思考迁出巴黎的必要性，为此他痛苦不堪。从首都通往外界的道路上挤满了男男女女，他们急于在各省寻找避难所，行进方向往往与志愿军的方向相反。据一位前往奥尔良的旅行者说，他一路上不停地遇到一辆辆大小各异的马车，这些车队载着一大批人远离巴黎，这些人的眼中除了深不见底的、难以言喻的恐惧之外空无一物。而在坚持留在巴黎的人看来：农村比巴黎更加危险。前斐扬派议员胡波考虑到路途太过危险，决定暂时不返回普罗旺斯的家中：“如果我们终将一死，那么我更希望这发生在公寓里，而不是在荒郊野岭。”与此同时，他向兄弟讲述了他对未来的焦虑：“一面是一触即发的动荡，一面是令人沮丧的恐怖，任何人之间不再相互信任——这就是我们在巴黎所处的境况。”[86]

整个 9 月份的恐怖氛围随着秋季的到来而逐渐消退，有明显迹象表明暴力事件正在减少，“第一次恐怖时期”也接近尾声。总体上，在 1792 年末的几个月里，农村骚乱和叛乱的数量有所下降。同样，在九月屠杀之后，许多省级屠杀浪潮也随之消失。在巴黎市内，游行示威和骚动远不像夏天般如火如荼，现在也没有人以暴力方式戕害他人。[87]“巴黎变得
216 平静多了，”迪布勒伊在 11 月这样写道。到了 12 月，玛鲁家族也发现情况已经日趋稳定，于是他们的剧院再次开门营业。[88]

在多种原因的共同作用下，“第一次恐怖时期”走向终结。一方面，领主特权几乎绝迹无异于让农村人吃下了一颗定心丸。另一方面，来自巴黎和各省的大量年轻志愿兵最终融入了正规军，紧张局势由此也得到缓解。此外，暴力潮的消退还得益于两方面事态的新变化：其一是战争局势的大逆转让联军无法继续对法国形成威胁；其二则是国民公会作为全新的中央权力机构终于成立，它主导了恢复秩序的工作，让整座城市恢复了往日的秩序和安宁。

第 九 章

国民公会与公审路易十六

1792年9月初，整个巴黎犹如混杂了各种情绪的大熔炉。一位来自 217
布列塔尼的爱国者这样描述这座城市：“整个巴黎每天都在交替上演着不同的情绪主题：有时候是激烈的狂喜，到了第二天又会神奇地转化成深切的悲伤。各种情绪真实可感却又都转瞬即逝。”[1]这就是广泛存在于革命时期的矛盾和不协调的另一个迹象，外化为整个夏天的群体性相互猜疑和暴力行为，以及爱国者们随时准备自我牺牲的爱国热情。许多观察家敦促他们的同胞对整个9月的骇人暴力“保持缄默”，这种看似冷酷的忠告也只有结合当时内外交困的状况——外有普鲁士入侵、内有反革命阴谋——才能理解。路易－热罗姆·戈伊尔在9月3日的一封信中明确表达了他的观点：“我们必须把目光从这些事件（屠杀）中移开；我们必须，也只需要关注的是整个国家的处境及其所面临的危险。”同样，他的同事万森·柯尔贝也认为：“目前，国民议会必须承担起专注于国防的军事委员会的职责，其他事务大可以暂且搁置。”[2]

从8月到9月，来自全国各地的大批志愿者拥向前线。皮埃尔·吉莱此时正从南特前往巴黎的国民公会，正如他所说，路途中总能遇到“多得令人吃惊的年轻人正无休止地朝前线进发”。[3]当这些准士兵们途经巴黎时，整个城市都被他们的巨大热情所感染。曾经作为民众袭击监狱的冲锋号角的炮声和教堂的钟声，此刻也不断鼓舞着这些士兵的斗志，敦促他们紧张备战。与此同时，设立在城市各处的征兵点也十分热闹。

学徒、短工，甚至一些已婚男子都争相响应征兵的号召，尽管他们 219

当中的大多数人在过去甚至连枪都没有碰过。科尔森透过窗户看着两个新编排的士兵小队从街上经过，说："他们的热情是如此高涨、如此富有感染力，可谓前所未有。尽管大多数新兵还没被派发军服，但他们已经自豪地佩戴上自己的火枪和佩剑，大声呼喊着'祖国万岁'，列队行进的人群洋溢着激动和欢乐的情绪。"几乎每天，新编部队都被邀请列队穿过国民议会大厅，向着议员们大声呼喊爱国口号。[4]其中几名年轻人在家书中描述了他们列队穿过圣－马丁大门前往前线的场景：他们被巴黎民众团团围住，有人朝他们欢呼，有人眼含热泪地唱着爱国歌曲。他们在书信中一再向父母表达对祖国的深切热爱。"与其成为奴隶，不如拥抱死亡！"一名年轻人这样写道。另一名年轻人说："为了国家，我们愿意从容地、充满勇气和激情地直面任何危险。"[5]

而那些年龄超过了入伍要求的男性则被收编进由辖区临时成立的警卫队伍中。科尔森曾听到窗外有组织者号召所有60岁以下的健康男子报名应征。应征者中甚至有吉塔尔——他当时已经快70岁了，他和其他满怀爱国热情的忠诚的公民一起列队前往卢森堡公园，参与了三次正式游行，并接受长官的检阅。这些年长的男性大多被安排戍守城墙或保卫城市中的其他防御工事。与此同时，包括毯子、衣服在内的大量军用补给品以及备战资金源源不断地被送往议会和战争统筹部门。教堂栅栏被拆除并重制为能够在战场上使用的长矛；已入土的棺木被挖出并制成枪托；全城的马匹都被征用来运送大炮或是成为骑兵的战马。一些富人在乘马车回家途中经常被迫转而步行，因为他们的马匹时常被爱国士兵们解套，然后拉走以作军用。[6]

瓦尔密战役：扭转战局之役

尽管整个巴黎正在热火朝天地备战，但事实是：如果普鲁士人不停止入侵的脚步，所有这些爱国热情都是杯水车薪。一旦不伦瑞克公爵的部队突破了隆维和凡尔登的防御阵线，他们无疑就会将目光投向巴黎，并开始向西进发。[7]不管普鲁士军队行军速度有多缓慢，这支有条不紊的军队兵临巴黎城下是迟早的事情。在拉法耶特将军逃至奥地利后，保卫法国西北边境的艰巨任务就落到了查尔斯－弗朗索瓦·吕穆矣的肩上，这 220
位在仅仅延续了一个春天的吉伦特派政府担任外交大臣的将军，是从七年战争开始就征战沙场的老将。普鲁士人对这位 53 岁的军队首领十分不屑，并嘲笑他为“政客将军”——据称他从未在任何竞选活动中有过出色表现。一些法国士兵也有严重的疑虑，一位士兵如此写道：“我们现在就是这样，将军只有一位，这一位也仅仅是差强人意。”[8]结合 9 月上旬的战事来看，这样的评价实在是再合理不过了：起初，吕穆矣在阿尔贡森林这道阻挡普鲁士人进入巴黎的最后一道天然屏障的山丘上安营驻扎，并建造起防御工事。但是不伦瑞克极具创造性和胆识的军事策略却将法国人打了个措手不及——普鲁士人在格朗普雷的中央大道上以巧妙的佯攻吸引了一大部分法军士兵对其追击；与此同时，另一支庞大的普鲁士部队则穿过阿尔贡森林推进至北部，转头从侧翼包抄了法军。虽然吕穆矣最终在南部重整了队伍，但他们很快发现自己腹背受敌：由于追击过深，法军正面面对的是普鲁士军队的大本营；而其背后，即阿尔贡森林的西北方，普鲁士军队在地形上切断了他们与巴黎的联系。幸运的是，吕穆矣的军队在最后一刻等到了援军：盖勒曼率领着由 27000 名士兵组成的正规军从东部边境后撤，帮助他们从困境中解脱出来。也正是这批正规军，在 1792 年 9 月 20 日于瓦尔密与普鲁士人进行了一场史诗般的决斗，而吕穆矣麾下的志愿军则呈现出高开低走的态势，甚至毫无用武之地。

尽管普鲁士人对法军进行了 11 个小时连续不断的炮火攻击，并数次派遣步兵试图推进，但法军仍然在盖勒曼的领导下凭借着较高的地理优势稳住了地盘。尽管在后来的革命战争中将会发生更激烈、死伤更为惨重的战斗，但作为当时世界上战斗力最强的军队之一，法国人和普鲁士人的交战仍然给亲历者留下了极其深刻的印象：一天之内，两军共计有一百多门大炮发射了数千发炮弹。身处普鲁士一方的作家歌德这样描述："地球都在颤抖。密密麻麻的炮弹在空中碰撞爆炸，发出如雷般轰鸣；此起彼伏的号叫和军哨声震耳欲聋。"[9] 当天晚上，法国人再次重整队伍，他们已经准备好迎接第二天的殊死搏斗。然而到了第二天，双方却只爆发了小规模的骑兵对抗，因为此时普鲁士人在心理上已经遭受了重大打击。按照歌德的说法，战斗前夕，普鲁士人普遍认为法国人一旦受到严重的打击就会崩溃——正如在隆维和凡尔登所发生的那样——由此普鲁
221 士人将轻而易举地将法军步步逼退。但是，普鲁士人多次试图打开突破口的进攻均以失败告终，这无疑给他们带来了极大的挫败感。歌德写道："普鲁士军中每个人都在沉重的惊愕中无法自拔，每个人都垂头丧气，也没有人有心情和伙伴们交谈，鲜有的交谈也无非是恶狠狠的发誓和咒骂。"[10]

战争已经持续了一周有余，尽管普鲁士人仍大体占据上风，但他们所面临的困境也逐渐显现出来。数周的降雨让整个战区泥泞不堪，普鲁士人早先在法国北部设置的火车供应线路陷入瘫痪，不管是士兵还是马匹都因此饱受饥饿和疾病的困扰丧失了活力。吕穆矣此时清楚地意识到这是天赐良机，于是着手与普鲁士人谈判，毕竟在普鲁士人看来，略施小惠以笼络这位将军，使之为反革命阵营所用也未尝不可。与此同时，吕穆矣继续集结更多士兵，并在地形上对敌军形成弧形包围圈。最后，在将近十天毫无进展且情况变得愈发不利之后，不伦瑞克下令全面撤退，全军返回德意志地区。[11] 此时，普鲁士人不再像此前那样秩序井然、信心满满，他们因饥饿和疾病而饱受煎熬，同时又害怕法国人在后方突然发动进攻。哪怕是在主动撤退、未被敌方追击的情况下，这支陷入恐慌的军队也已经彻底崩溃，秩序荡然无存。在歌德的描述中，马车、逃亡者一团混乱；到处都是垂死的马匹和因伤重而羸弱不堪的士兵。来自南锡

的新兵约瑟夫·诺埃尔心情复杂，当他所在的小队试图追击普鲁士人时，沿途所见皆是士兵和随军妇女的尸体——这些尸体散落在沟渠和树林里，多数衣不蔽体。“总而言之，普鲁士人的状况非常糟糕，”诺埃尔说道。[12]

整个瓦尔密战役时常被形容为“法国大革命的马拉松”。[13] 尽管来自巴黎和各省的新兵在战斗中几乎没有派上用场，但他们为正规军提供了巨大的精神支持，法国军队最终度过了艰难的防守阶段，并开始在各个战场上不断推进。10 月，凡尔登和隆维相继收复，士兵们一扫阴霾，兴奋地看着普鲁士人慌忙撤出法国领土。“看起来，法国军队再一次充满了无限的能量，”德尼·贝罗在给父亲的信中写道，“这种狂热足以让所有的专制君主颤抖。哦，自由！哦，平等！哦，我的国家！这是多么美妙的转变！”[14]

接下来的数周内，共和国军队捷报连连。他们越过莱茵河，迅速向北推进并最终攻下了美因茨和法兰克福；他们推进至瑞士联邦的主教辖区波朗特吕，并最终进入日内瓦；在南部，他们袭击了此前与奥地利和普鲁 222
士结盟的萨伏依，并横扫了整个南部法语区。从东南部边境一直到阿尔卑斯山巅都成了法军的势力范围，此外，他们还攻占了地中海沿岸的尼斯。[15]

最令人惊叹的进展当属法军在三周之内攻下原属于奥地利的低地地区，即今天的比利时。出身于法国北部边陲的吕穆矣一直以来都梦想着夺取低地地区，他在 10 月中旬频繁在公会及雅各宾俱乐部露面，并“以一种高傲的自信”表示很快将进军布鲁塞尔。[16] 11 月初，趁普鲁士军队疲软之际，吕穆矣派出四支独立部队向北突进。规模相对较小的奥地利部队选择在蒙斯附近的杰玛佩斯与法军交战。相比起瓦尔密战役，参与杰玛佩斯战役的法国志愿军人数更为庞大，他们高唱着《马赛曲》和《卡马尼奥拉》，挥舞着火枪、刺刀甚至是短刀向敌军发起进攻。当他们的进攻热情似乎有所消减时，吕穆矣和沙特尔公爵（亦即未来的国王路易 -

菲利普）亲自到士兵中视察并敦促他们乘胜追击。随后，法国人迅速占领了布鲁塞尔。截至 11 月底，法国人的势力范围已扩张至那慕尔、列日、安特卫普，并直抵荷兰共和国边界。随着法国革命军的不断推进，寄居布鲁塞尔的大批法国逃亡者仓皇逃离。[17]

整个法国的爱国者都疯狂了。布列塔尼议员克劳德·布拉德写道："当我听说了发生在杰玛佩斯的种种，我的眼里充满了泪水。我们的军队就是一支自由之师！""我们势头正好！"博耶－丰腓德自豪地说道，"法国正在经历她的黄金时代！"吕穆矣一夜之间成了民族英雄。来自罗德兹的议员路易·卢谢对这位将军过人的军事才能和为共和国鞠躬尽瘁的精神盛赞不已。埃德蒙·热罗则对这位将军信守了此前的诺言，即于 11 月 15 日攻下布鲁塞尔而感到惊奇。[18] 法国全境举办了各种各样的庆典活动以庆祝最近的战果。在法国中南部的卡奥尔，当地行政人员、国民自卫军和普通公民一起庆祝瓦尔密和杰玛佩斯大捷，人群中回荡着此起彼伏的《马赛曲》，教堂里传出了《感恩赞》。马恩河畔的沙隆高调庆祝了普鲁士人最终完全撤出法国，以及法国军队在瑞士取得的进展。10 月 14 日，在巴黎革命广场（即今天的协和广场）举行了庆典活动，以庆祝尼
223 斯和萨伏伊被成功攻下。整个庆典围绕着一尊手持长矛的自由女神像举行，同一个地方曾经矗立着路易十五的骑马雕像。在攻下比利时后不久，士兵们带回了从图尔奈钟楼掠夺而来的一座巨大的哈布斯堡雄鹰塑像，用铁链将它捆绑起来并在巴黎的街道进行公开巡游。这样的仪式不禁让人想起古罗马的胜利游行。[19]

这是一次惊人的逆转。革命军所攻下的地盘远远超过了路易十四扩张时期所取得的成就，整个法国自一千年前查理曼时代以来就从未像现在这般占据广袤的领土。截至 11 月，革命党人都在复兴法国"自然边界"的理论，即以莱茵河和阿尔卑斯山为界划定法国领土。[20] 总之，这一连串的胜利对爱国者们的信念产生了巨大影响。长久以来对共和国是否能

够存续抱有怀疑态度的尼古拉·吕奥现在确信：“一旦伟大的人民推翻了凌驾于他们之上的君主，从此再也不会有任何势力可以阻挡他们走向辉煌和胜利。”前立法委员弗朗索瓦·胡波也一改此前的悲观态度，来自格拉斯的他这样描述与家乡仅一河之隔的尼斯被法军顺利攻下：“这是我们前所未有的最高兴的时刻。所有的反对派在我们的胜利之师面前都只会溃不成军。”雅克·皮内特也很兴奋：“腐朽的暴君对自由人民的力量一无所知。”[21]

短短数周，爱国者们的自信心达到了巅峰，他们坚信自己是不可战胜的胜利之师——这种堪称傲慢的心态也将主导他们在接下来几个月中的行动。吉伦特派此前在春天做出的预测，到了夏秋之交居然都成为现实，这让他们比以往更加确信：他们的自由之师早前所经受的挫折和失败一定是阴谋者从中作梗；如果革命军在未来再次受挫，同样也只可能是受了反革命势力的阴谋。

国民公会与战争

国民公会正式接管国家事务之后，法国民众的信心和安全感都有了极大提升。8月10日之后，立法议会召集全体代表并宣布国民公会将接下权柄，主导新宪法的起草工作，并解决当前名存实亡的君主立宪制的诸多遗留问题。国民公会也因此顺势成为受到民众认可的、能够拯救国家于水火的人民主权机关。国民公会成员的选举在8月下旬至9月初在 224
全国各地迅速展开。同一年前一样，投票分两个阶段进行，首先投票选出基层成员，紧接着进行次级选举。随着“消极公民”身份的取消，几乎所有21岁以上的男性公民都具有选举权和被选举权。然而，尽管选民人数众多，但参与率似乎相对较低。君主制的强烈支持者往往因为本能的排斥或是受到激进派的恐吓而缺席，许多公民则可能因连绵的战事引发的焦虑情绪而持观望态度。[22]

新当选的国民公会成员的年龄构成、出身地区和阶层与前任议会议员大体相同，这一点通过查阅公会成员传记档案可知一二。然而与立法议会不同的是，国民公会成员中省级领导人的人数少得多。激进分子显然仍对这些老派官员的保王主张持怀疑态度，这种不友好的态度也对选民的选择产生了直接影响。从这一次选举开始，排他原则正式被废除——超过 1/3 的新代表曾在前几届大会中任职，其中曾在第一届国民议会任职的代表有 83 人，曾在立法议会任职的有 194 人。[23] 罗伯斯庇尔和布里索以及他们各自的支持者也都将重返政坛。另外值得注意的是，约有 17 名激进派巴黎记者当选，他们中的很多人将在未来的辩论中崭露头角，如马拉、德穆兰、弗雷龙、卡拉和戈尔萨。[24] 总的来说，这是一个非凡的群体，他们在一系列问题上有着足够成熟的想法，同时在地方或中央都有着相当丰富的政治经验。他们将成为欧洲历史上最受欢迎的，又或是最臭名昭著的一个群体——各人政治立场不同，观点当然也会不同。

9 月 20 日，尚未完全成形的公会团体在杜伊勒里宫集结，就像远在 200 公里开外的战场上与普鲁士人交战的可谓“散兵游勇”的法国军队一样。次日中午一点，公会成员穿过杜伊勒里花园到达礼堂，正式宣布国民公会从此取代立法议会。[25] 随之，他们的第一个主要法令面世——一致投票决定废除君主制，建立法兰西第一共和国。这是许多激进分子长期以来梦寐以求的梦想。在上一届议会中，谨慎的吉伦特派一再试图避免这样的结果，对国王的处置仅限于“废止”其权力，这在当时让巴黎民兵颇为恼怒。然而，现在整个公会全票通过了废止法令，随之，“祖国
225 万岁”的呼喊声持续了好几分钟。皮内特写道：“大厅似乎都要被雷鸣般的掌声震垮。”[26]

在接下来的几个月里，国民公会开始着手制定宪法，尽管他们所面

对的是波谲云诡的政治形势和困难重重的对外战争。代表们很快成立了宪法委员会，然而基于他们对“人民主权”的承诺，最终文件将需要经由全体人民批准才能生效。同时，公会以此前几届议会为模板设立了一系列其他委员会，如金融、商业、农业、教育等。此外，他们还采取措施平息“第一次恐怖时期”遗留下来的混乱状况以恢复巴黎和各省的治安。理论上，由全体成年男性普选而成立的国民公会被赋予了极大的合法性，这极大改善了 8 月 10 日以来立法机构的疲软状况。公会代表们迅速行动起来，他们向人们保证：“所有个体和财产都将被置于国家的保护之下。”[27] 在未来几周内，他们将限制戒严令、终止审查制度和废除 8 月 17 日成立的革命法庭。公会也将设立一个特别委员会以对巴黎监狱实行严格监管，并确保每一名被处死并埋葬的囚犯得到公正对待。此外，他们还通过了一系列措施来限制巴黎公社的权威。事实上，当国民公会的议程进入正轨，巴黎公社再也无法扮演统筹一切事务的中央政治机构的角色。尤其受到制约的是公社的监察委员会——该委员会在九月屠杀中发挥了重要作用。同时，公社领导人被强制要求提交他们的账户流水，公会代表国家审核公社成员申领国家补助的资格。而在 11 月下旬，国民公会举行了新一轮投票选举，这也正式宣告了巴黎公社的终结，这个成立于 8 月 10 日，曾经辉煌一时的组织最终被解散，其所有职能被国民公会完全取代。[28] 与此同时，负责监督政府日常运作的中央临时行政委员会也采取措施加强对军队和地方的控制。内政大臣罗兰紧锣密鼓地操持宣传工作以扩大新政权的群众基础。此外，一些私人代理也被招募到共和国的服务队伍中来。[29]

然而，所有这些措施都并非结束自夏天以来的混乱局面的治本之策，起关键作用的仍然是法国军队在对外战场上能否取得胜利。在国民公会
成立的最初两周里，代表们不断致信选民，敦促他们即使巴黎沦陷也要 226
继续战斗，不要失去信心。而在得知普鲁士人确实处于撤退状态之后，

代表们一改往日颓态，兴奋地描述着这一连串的成功。在10月的第二周，蒙托邦的新教牧师让邦·圣－安德烈不无自豪地描述，“继承了腓特烈大帝意志”的普鲁士军队现在“像群羊一样仓皇地躲避牧羊人手中的曲柄杖”。[30] 此刻，在代表们看来，法国之所以在此前六个月都没能取得胜利，必然是因为王室领导下的反革命势力的阻挠。而一旦君主制被废除，一切阻碍都不复存在了。里法尔·德·圣－马丁写道：“君主制的结束似乎标志着我们所有困难的终结。”[31] 到9月末，在国民公会的渲染下，《马赛曲》已经在事实上成为共和国国歌——代表们在每一场会议结束时都会齐唱此曲：“武装起来同胞！把队伍组织好！奋进！奋进！用肮脏的血做肥田的粪箕！”[32]

随着法国军队在各方前线持续推进，国民公会发现急需制定政策来合理处置新占领土。整场辩论以新近被“解放”的尼斯和萨伏伊代表的发言开始，这些母语为法语的代表们提出将上述两地并入共和国，使其成为下辖省份。面对对方主动加入共和国的要求，代表们一时间手足无措。一些代表对此持保留态度，他们强调革命党此前一直承诺决不会进行扩张战争。然而，此前确有教皇国飞地阿维尼翁于1791年9月被并入法国的先例。最终，在公会主席格雷瓜尔发表了激动人心的讲话后，代表们几乎一致投票决定设立“勃朗峰省”，其管辖地区将覆盖萨伏伊的大部分法语区。依扎尔写道：“从此以后，法国人民又有了一个新的兄弟省份，是我们的信仰和勇猛带给了他们自由！”[33] 革命派这一决议事实上挑战了旧有的国家主权的定义——国家的边界不再拘泥于王朝之间的条约，而是由民众投票来决定。

对于萨伏伊和尼斯主权归属问题的辩论，再加上法军成功攻占比利时的消息，无疑刷新了法国人的视野：他们将推动一场世界范围内的革命，法兰西共和国将把共和思想传播到全世界，封建君主将不再有立足
227 之地。在已经过去的1月，布里索和吉伦特派就曾宣告：革命的最终目

标是解放整个欧洲大陆。而这一时刻现在似乎已经来临。公会代表菲利普·勒巴写道："现在正是摧毁整个欧洲君主暴政的最佳时机。"[34]布里索在给吕穆矣的一封信中强调，当下的法国人一定不能，并再也不会像旧政权下的大臣一样选择谈判和签订条约来解决问题："大臣们可悲又可耻的心思无论如何也无法与法国人民所领导的全球性革命相比较。"同时，他还预测法军将在明年攻破柏林。记者普鲁多姆总结了国民公会对战争逻辑的理解："我们参与的战争是一场神圣的战争，这与过去发生的任何战争都不一样……每个人都是自愿参加战斗，每个人在去往前线的时候都有足够的觉悟——你知道你为什么要战斗，你代表着你自己。"[35]

革命者的野心似乎空前高涨。人们不断谈及"解放"波兰、那不勒斯和西班牙，革命者也已经雄心勃勃地准备好要解放整个欧洲。最近的事件毫无疑问地证明了人民的力量：自由的人民有能力打败欧洲大陆最强大的军队，并给"所有暴政政府带来噩梦一般的恐怖"。韦尼奥以慷慨激昂的言辞极力主张用一场战争来结束所有争斗："在每一场战斗中都有伙伴离我们而去，但总有一天，不会再有任何人战死。我以你们所创造的普世博爱的名义向你们发誓，我们当下所进行的每一场战斗都是通往和平、博爱和幸福的阶梯。"[36]

到 12 月中旬，革命者就如何看待战争及欧洲列强的讨论达到了白热化的状态，皮埃尔 - 约瑟夫·康朋的发言很好地体现了这一点。这位来自尼姆的布料商人、新教徒迅速在发言中引入了"革命战争"的说法。与此同时，康朋作为财政委员会的主要成员，肩负着监督国家财政的职责，也认为这样的解放战争有百利而无一害：被解放的地区显然会非常愿意向法国中央政府交税以支持革命者的进一步行动，法国同时也有充分的理由在这些新纳入的领土上推行本国货币，这样，革命时期的指券就有望成为强势货币。康朋的这一发言在公会辩论中几乎得到了所有代表的支持。在皮内特看来，这是"一个美好的、革命的提案，它的力量等同于几支军队”。由此，欧洲范围内的战争也变得几乎不可避免。[37]

228 吉伦特派与山岳派

在国民公会成立前夕，一些观察员乐观地认为此前数届议会中的派系分争问题将得到彻底的解决。普鲁多姆在9月初写道：“现在，再也没有你我之分，我们将团结一致。这种非常理想的必要的统一将让我们事半功倍。”[38]然而，在公会成立后的几天内，吉伦特派和山岳派代表们就开始相互攻击，此前国民议会中斐扬派和雅各宾派对立的态势再次重演。在头几个月里，这种对立仅涉及少数代表。1793年1月，据维内描述，“各有约五十人”就座于整个公会大厅两端，绝大多数保持中立的代表则就座于会场中央，因此他们也被称为“平原派”。[39]然而，敌对代表中的许多人将在后来成为公会辩论中最积极的发言人，他们的相互仇恨也将给整个公会带来深远影响。

吉伦特派的核心领导仍然是此前主导立法议会的那几位，包括布里索和三位来自波尔多的律师——韦尼奥、让索内和加代。来自马赛的充满激情的年轻演说家夏勒·巴巴卢，以及两位前任代表热罗姆·佩蒂翁和弗朗索瓦·比佐也加入到了吉伦特派的阵营中，后两位都曾是罗伯斯庇尔最亲密的合作者。[40]同时，内政大臣让－马利·罗兰也是核心人物之一，他和妻子玛丽－简的公寓是吉伦特派的主要聚会场所之一。[41]此外，一众新当选为代表的记者——卡拉、戈尔萨、卢韦和杜劳尔——与布里索本人一起，帮助维持吉伦特派在巴黎出版物中的正面形象。罗莎莉·朱利安的丈夫是一名坚定的山岳派成员，她为山岳派失去了如此多曾经的战友而感到悲伤。其中，尤其让她感到痛心的是雅各宾派曾经的领袖之一、巴黎市长佩蒂翁的“叛变”；“好人佩蒂翁”已经不复存在，她感叹道，

“这样的好人怎么会突然变得如此邪恶？”[42]

另一方面，山岳派的领导核心主要由来自巴黎的激进分子组成，其中大多数是巴黎公社和科德利埃俱乐部的退伍军人，如丹东、马拉、德穆兰、科洛·德布瓦、比尤－瓦雷纳，当然还包括罗伯斯庇尔。一小部分省级代表也加入了山岳派阵营，如第戎的克劳德·巴吉尔、阿图瓦的 229
菲利普·勒巴以及以脾气火爆著称的让邦－圣－安德烈。几周之后，来自克莱蒙—费朗的罹患偏瘫的律师乔治·库东以及来自阿图瓦的面容冷峻的演说家安托万·德·圣茹斯特也成为山岳派的中坚力量，后者是公会中最年轻的代表。与此前立法议会时期一样——山岳派坐在大厅里位置较高的一侧，正对着大厅另一端的吉伦特派。[43]尽管许多山岳派成员私交甚笃，但他们的聚会并不像吉伦特派那样是私人“沙龙”，而是在雅各宾俱乐部的公共场所举行。由于雅各宾派已无法再沿用“宪法之友”之名——因为此前的宪法已经作废，他们转而采用了“自由与平等之友”的名字。到 1792 年 10 月，许多成员都佩戴起红色的“自由之帽”，并与巴黎劳动人民站在了同一阵线。[44]

正如雅各宾派和斐扬派早先的分裂一样，通常很难说清个体加入其中一方，或是大多数人试图避免站队的具体原因。在成员的年龄和职业分布上，两大阵营都极为相似。[45]也许最显著的区别在于成员的籍贯。公会中的山岳派成员几乎来自全国各个角落，只有 4 个省份没有代表。至于吉伦特派成员，极大一部分来自距离巴黎相当远的大西洋和地中海沿岸地区以及法国边境城市，多达 28 个省份没有代表。但总的来说，两派成员并不像许多人所猜想的那样集中来自主要的商业城市；实际上，不管是山岳派还是吉伦特派，成员中来自大城市和小城镇的人数比例不相上下。

在所有人的设想中，各个阵营之间是求同存异的，各派之间大体上是密切合作的关系。例如，在 9 月 21 日，所有派别都对废黜君主的决定表示赞同，尽管吉伦特派作为立法议会的主导势力对这一决议持保留态度。又如，两大阵营都声称支持人民主权的一般原则，主张镇压逃亡贵族和顽固派神职人员，并坚定不移地支持对外战争。[46]但论及两派的核心分歧，其中一点就在于对待巴黎平民的态度。两大阵营在这一问题上的分歧实际上是此前议会时期的遗留问题。受雅各宾俱乐部及其激进
230 派选民的影响，山岳派极力歌颂人民。皮内特称山岳派是“当毫无保留地信任着他们的人民的权利受到侵犯时，将拒绝妥协并愤而反抗”的群体。[47]与之相对，布里索和其他吉伦特派成员则对巴黎群众表现出了反感，无论他们曾经获得过多少来自民众的支持。山岳派对人民的歌颂在他们的眼中无疑是对暴徒的逢迎，他们大力批评山岳派为“无政府主义者”“混乱者”和“九月屠杀的追随者”。佩蒂翁用文字勾勒出一群无知野蛮人的形象：“当前的斗争是光明与黑暗的斗争，是无知与知识的斗争。”布里索强烈谴责山岳派要求无差别的、完全平等的社会主张。[48]随着时间的推移，以及派系斗争的日益激化，吉伦特派似乎将自己放在了山岳派所有主张的对立面，正如过去斐扬派在很大程度上通过反对雅各宾派来定义自己一样。

在国民公会举行第一次会议的两天后，十几名吉伦特派成员对他们的对手发起了精心策划的正面攻击。[49]攻击的焦点在于九月屠杀，吉伦特派强调山岳派和公社成员应为此事负责。尽管在大屠杀中，不少吉伦特派成员也支持或至少默许了这些杀戮事件，但他们现在声称对此感到愤怒。这种意见上的变化很大程度上由布里索和罗兰驱动，他们对公社在9月初向其发出逮捕令一事耿耿于怀，甚至认为这是一种谋杀的企图。韦尼奥、布里索、巴巴卢、比佐、拉索斯、朗热内等吉伦特派成员相继发表演讲，他们谴责屠杀事件并称罗伯斯庇尔、马拉和丹东在当中起了煽动作用，以期借暴民之手来铲除竞争对手，好让自己成为独裁者。甚至有人暗示山岳派领导层与外国政府秘密结盟。以巴巴卢为首的吉伦特

派成员号召各省的有志之士在巴黎举行游行，但不再像过往那样是为了支持巴黎民众和推翻君主制，而是为了保护国民公会免受巴黎暴民的威胁。随着辩论的深入，布里索等人提议成立一个特别调查委员会，以期逮捕罗伯斯庇尔、丹东和马拉，并将其驱逐出公会。

起初，面对这样猛烈的攻势，山岳派领导层显得有些束手无策。罗伯斯庇尔和丹东尽其所能地一一驳斥了对手的指责，否认了所谓的独裁
统治计划和在屠杀事件中的任何串通共谋行为。包括塔里安、法布尔·代 231
格朗汀、巴吉尔和比尤－瓦雷纳在内的数名山岳派成员都起身辩护自身的主张。丹东甚至小心翼翼地与马拉划清界限："我担心他长期居住在下水道的生活已经在一定程度上腐蚀了他的灵魂。"[50]

尽管双方在9月份的争论中没能分出高下，但在接下来的几周里，争论迅速扩大成为一场舆论的混战。从秋天开始，布里索通过各种出版物直接向国民控诉山岳派，而担任内政大臣的罗兰则利用职权之便直接向各省下令发动针对对手的攻击。[51]同时，吉伦特派还威胁将从各省召集国民自卫军，这一威胁显然十分奏效。很快，在未经公会批准的情况下，第二代"结盟军"部队从普罗旺斯和布列塔尼抵达巴黎。10月下旬，一支来自马赛的队伍也抵达巴黎，并在街头游行。他们高呼"罗兰万岁"的口号，并要求处决罗伯斯庇尔、马拉和丹东。[52]雅各宾俱乐部的反击是开除许多吉伦特派重要成员，然而事实上，当中的大多数人从去年夏天就已经不再参加雅各宾俱乐部的常会了。[53]在公会中，山岳派很快将其竞争对手称为"右派"或"黑人"，这些术语曾在制宪议会时期用于指代"贵族"，在立法议会时期被扣在斐扬派的头上。[54]

不管是什么原因造成了如今争执不下的局面，双方日益将对手妖魔化。让－巴蒂斯特·卢韦于10月下旬在公会大厅对罗伯斯庇尔的攻击尤为引人注目。卢韦说道："法国只有两个派别，第一个（吉伦特派）由哲学家组成，第二个（山岳派）由强盗和杀人犯组成。"在代表们的演讲

和信件中，这种道德化的谴责言辞十分常见。吉伦特派成员柯尔贝称其对手为“残酷的、极具煽动性的危险怪物”。[55] 山岳派方面自然也采取了相同的论调。罗伯斯庇尔的二分逻辑并不亚于卢韦，他向选民宣告：“共和国只有两个党派——优秀公民党和邪恶公民党。前者代表法国人民的利益，后者只关注自己的野心和私利。”山岳派指责吉伦特派“披着爱国主义的外衣来掩饰他们的贵族本质”。[56] 双方都认为并相信他们的竞
232 争对手是暗中密谋通敌的叛国者。[57] 双方积怨之深使得和解的可能性几乎为零。巴巴卢拒绝了所有与对手握手言和的可能性，并明确表示“罪恶与美德不可共存”。当皮内特的选民劝他尝试和解时，他的回答也相当类似：“罪恶和美德永远不可能成为盟友……因为邪恶的人永远不会从良。”[58]

尽管大多数代表避免直接参与到两派斗争当中，但在最初，多数人似乎更同情吉伦特派，[59] 而国民公会最初由吉伦特派主导的情况自然也并不让人感到意外——布里索和其他吉伦特派成员在最初的选举中成功占据了公会主席和 6 个秘书的职位，9 月 20 日票选出的 7 位秘书中有 6 位是吉伦特派的中坚成员。截至 1793 年 1 月中旬，吉伦特派占据了公会中的 28 个职位，而山岳派代表仅占 10 个席位。在 10 月初对制宪委员会成员的选举中，吉伦特派同样取得了压倒性优势。[60]

尽管在整个 10 月至 11 月期间，吉伦特派获得了众多代表的支持，但他们却始终没能做到将山岳派领导人驱逐出国民公会，当然也无法逮捕他们。11 月初，罗伯斯庇尔发表了措辞谨慎的演讲，这让大多数代表得到了安抚，意见天平似乎再一次回到了平衡点。其中一位代表的悲叹很好地反映了大多数人的共识：“既然君主制已经彻底崩溃，况且我们的自由之师早晚也将征服世界，那么在神圣法律的庇护下，我们的国家又何以会变成一个斗兽场呢？”[61] 许多代表开始对吉伦特派无休止的批评和未经证实的谴责感到厌倦，尤其在当前有更重要的问题亟待解决的情

况下。好几位曾经支持吉伦特派谴责罗伯斯庇尔和马拉的代表现在转而支持山岳派。甚至是亲吉伦特派的杜朗·德·迈兰也开始认为吉伦特派对山岳派无休止的未经证实的指责弊大于利：“（吉伦特派）把（山岳派）视为有罪，但却没能证明这一点。这只会激起山岳派的敌意，除此之外一无所获。”[62]

越是无法将“万恶之源”的山岳派一击打倒，吉伦特派就变得越沮丧。11 月下旬，在给吕穆矣的一封信中，布里索痛苦地抱怨了当前这种情况。尽管他希望全心全意地投入到“全世界的革命事业”中，但此刻却不得不深陷于与山岳派的内部斗争泥潭：“我们在这里受苦，不得不被这 233
些可悲的无政府主义者牵着鼻子走。”[63] 也许，吉伦特派在派系斗争中的无力感，在一定程度上能够解释他们在接下来的 12 月和 1 月大部分时候左右摇摆的立场——在这两个月内，审判路易十六成了国民公会的主要议题。

公审路易十六

在公会成立的头几个月里，路易十六和其他王室成员一直被关押在圣殿塔中——一座最初由圣殿骑士团建造的伟大的中世纪堡垒。尽管国王、王后和他们的两个孩子受到重兵监管，但他们的日常起居丝毫未被怠慢，甚至有一个专门的仆人和厨师团队来满足他们的需求。然而随着时间的推移，巴黎坊间不断有传闻称阴谋者将策划解救国王，拘禁条件因而变得日益严苛。路易被迫搬到较小的房间，与王后分开关押；同时，他的大部分贴身随从都被遣散。即便这样，国王每天也要花很长时间阅读以及指导他的小儿子学习地理，他仍然希望有一天这个儿子能够继承王位。[64]

在刚成立的数周内，国民公会并未将注意力放在国王的身上。相比起处置国王，吉伦特派更关心来自山岳派和巴黎武装分子的威胁；此外，所有代表都为当下正在进行的战争倍感忧虑。[65] 直到 10 月中旬，国民公会才正式委托下属的立法委员会审查国王的情况并整理出处置国王的提案。11 月 7 日，来自图卢兹的法学博士让 – 巴蒂斯特・迈勒言辞激昂地向委员会做了报告，他认为国王必须受到公会的审判，因为路易十六毫无疑问犯有叛国罪行，并且是 8 月 10 日对人民进行暴力镇压的幕后推手。人们不再认同 1791 年宪法所赋予国王的“不可侵犯性”，认为存在一个凌驾于王权之上的“自然法”。与此同时，迈勒还将这样的判断与国际形势联系在一起。在他看来，既然法国军队很快就将在整个欧洲大陆掀起翻天覆地的反君主制的革命，公会必须在对待路易十六的问题上“以身作则”“给其他国家树立一个榜样”。[66]

一周之后，基于这份报告，公会代表们就审判的具体程序进行了旷日持久的辩论，[67] 每位代表都各执一词：他们援引此前宪法、现行宪法、
234 各种“自然法”以及确实存在或想象中的人民的诉求。还有人提出可以效仿 17 世纪对英格兰国王查尔斯一世的审判。包括雅克・皮内特在内的数名代表把对路易十六的审判与法国反对欧洲暴君的全面斗争联系起来。皮内特在致选民的信中表示：“要想捍卫所有人的自由，就必须惩处路易十六。这是对君主专制的最后一击，它将拉开整个欧洲大陆君主制全面崩溃的序幕。”[68] 只有一小部分人——当中大部分是吉伦特派的支持者——继续坚持“国王不可侵犯因而不可被审判”的观点；山岳派中同样也有一小部分人——包括罗伯斯庇尔和圣茹斯特在内——表示既然国王已经被人民认定为有罪，就不必再审判。而更为主流的意见则是坚持《人权宣言》中规定的法律面前人人平等，即便是国王也不例外。此外，一些代表认为在君主和人民之间存在某种“契约”，而路易十六此前显然已经背弃了太多对人民的誓言。另外一些认同迈勒观点的代表们则极力主张“自

然法”应当凌驾于司法机关施行的“相对法”之上。在这一系列辩论之后，路易十六被宣布犯有“反人类罪”，因而不应该通过寻常的法律程序对其进行处置。现如今，我们很难断定代表们的这些措辞是从何习得的——也许是在其学习法律的过程中习得，也许是从早期的关于战争和君主暴政的演说中习得，又或是单纯借用了迈勒所做报告中的措辞。不管代表们有多少种解读“自然法”的逻辑，这一概念都足以成为挑战此前宪法中所规定的“君主具有不可侵犯性”的绝佳理由。[69]

在辩论进行到白热化阶段时，内政大臣罗兰公开了在杜伊勒里宫国王的保险箱中发现的秘密：有充分的证据表明革命的伟大盟友米拉波此前收受了国王的贿赂，并给国王提供操纵国民议会的策略性建议。由此，继拉法耶特之后，又一位革命英雄的丑恶面目被揭开。这一消息一经公布，雅各宾派立马将米拉波的半身像从会议厅中移除，并将他的骨灰移出先贤祠。“事实就是这样，”吉塔尔在日记中写道，“我们曾经万分歌颂和敬仰的伟人现在被我们唾弃。”这一发现极大地刺激了革命者的神经，就算是最狂热的革命者，骨子里也可能是叛徒。[70]

不管怎样，保险箱里的内容极大摧毁了国王的声誉。虽然没有确凿 235
的证据表明路易十六公然叛国，但个中文件充分表明了国王本人是反革命势力的支持者，与逃亡贵族一样期盼着旧政权复辟。加上猛攻杜伊勒里宫事件中所获得的材料，这些证据似乎足以抹杀掉“怀有善心的国王不过是受到了智囊团的误导”的可能性。代表克劳德－安托万·布拉德在给选民的信中写道：“现在你们可以看到，我们的好国王并不愚蠢，他比我们想象的要邪恶得多。”[71]

秘密文件披露之后，代表们在公会中重新交换了意见并重申了路易十六在 8 月 10 日背信弃义的观点，他们在信件和演说中对国王的评价性措辞也变得愈发尖刻。路易十六被描述成一名招呼普鲁士人和奥地利人侵入人民土地的阴谋“叛国者”；他是必须被绳之以法的“凶猛野兽”；他

"野蛮的双手沾满了同胞的鲜血"。[72] 单是"怪物"一词在 12 月初代表们所发表的 102 场演讲中就反复出现达 60 次之多，成了名副其实的君主代名词。[73]

最终，绝大多数代表投票决定将国王送交国民公会进行公审。此时的国民公会在事实上同时扮演了陪审团和集体法官的角色，尽管 1791 年的《刑法典》严令禁止这种程序。[74] 1792 年 12 月 10 日，来自诺曼底的代表、未来的救国委员会成员罗贝尔·兰代宣读了一份正式的起诉书，系统地控诉了国王阴谋背弃法国人民，犯有叛国罪行，并对路易十六自 1789 年至今的所有行为进行了重新解读。

次日，即 12 月 11 日，路易十六本人被传唤到国民公会面对所有指控。近四个月来这是他第一次被允许离开圣殿塔，从圣殿塔到国民公会大厅一路上都有重兵把守。进入公会大厅后，路易被带到了发言者所站立的"围栏"内。正对着他的是公会主席和布鲁图斯的雕像——这位罗马时代的英雄曾领导了反抗罗马帝国末代皇帝的起义。[75] 让每个人都感到惊讶
236 的是，路易丝毫不质疑公会审判自己的权力。当代表向他宣读各项罪名并问他是否认罪时，他简单而直接地否认了所有罪行。据他所说，他被指控的诸多罪行发生在宪法生效之前，那时他还保有完全的王权；而其他行为则是大臣所为，他对此无须承担责任。当被问及王宫中秘密的保险箱时，他声称对此一无所知；而他对立法议会通过的所有法令具有否决权是宪法赋予的权力。

毫无疑问，路易的出现让相当一部分代表的态度有了微妙变化。不管他们此前谴责国王的言辞有多么尖刻，此时相当一部分人对国王产生了同情。此前曾信誓旦旦地要求处死国王的吉伦特派成员布拉德此时承认："我不否认，我下意识地产生了怜悯之情。"坚定的雅各宾派成员莫内斯蒂耶描述道："路易·卡佩就那样站在围栏里，衣着朴素，面色平静，没有一丝愠怒、恐惧或是希望。"库东则强迫自己不要被国王看似配

合的表象所迷惑，当路易甚至拒绝确认文件上的签名是否出自本人之手时，库东怒不可遏。前议员胡波只能从报纸上了解到审判的最新进展，他为这位曾经的强者沦落至此感到震惊：“如果一百年后仍有国王，今天所发生的可怕事件就是血一般的教训，告诫他们自己有可能沦落到何种地步。”[76]

公会绝大多数代表投票批准路易有权要求律师协助辩护，尽管有一小部分山岳派成员极力反对这一提议。[77]这足以说明国王本人引起了众多代表们的同情。三位旧政权时期杰出的法学家——马尔泽布、特龙谢和德赛兹——同意接下这个案子，他们有两周时间准备辩护。12 月 26 日开庭当天，三位律师的辩词与国王在 12 月 11 日的回答并无太大差别。在长达两小时的辩护中，他们对法庭和审判的合法性提出质疑，指出国民公会无权审判被告人的动机；若论被告人的行为，在他们看来，路易所为并无半分违法。同时他们强调：根据 1791 年宪法，国王人身神圣不可侵犯。在辩护律师发言完毕后，国王再一次对公会发表了简短的陈述。他再一次强烈否定了所有的指控，重申了他对“我的人民”的热爱，并否认他对死难同胞负有任何责任。[78]

在辩护律师们尽了最大的努力之后，最终判决权就落在了代表们身
上，但他们迟迟未能做出决定。在整个庭前辩论和国王两次露面期间， 237
吉伦特派和山岳派之间时常爆发冲突。而此刻，两派之间的敌意变得比以往任何时候都更加激烈。12 月末，吉伦特派火速通过了一项提案，即国王的命运最终将由人民来裁决，也就是要求全体男性公民对公会的决定投票支持或反对。以布里索为首的吉伦特派也许希望由此将自己塑造成人民主权的真正拥护者，从而使他们在与山岳派的斗争中重新夺回主动权。然而具有讽刺意味的是，布里索本人此前极力反对让人民来决定任何事务，他在 10 月份的辩论中依然强调：让民众掌握决定权只会导致
混乱和无政府状态。[79] 12 月 27 日，沙勒、塞尔和巴巴卢这三名吉伦特派 238

成员在事先沟通好的情况下联名支持这一提议。在接下来的几天里，吉伦特派中许多最有才华的演说家，如布里索、韦尼奥、让索内、佩蒂翁、拉布·圣－艾蒂安以及卡拉，陆续对这一提案表示支持。他们宣称为了阻止那些极力主张处死国王进而认为自己能够接管中央权力的山岳派成员，全民公投在某种程度上是必要的。如卢韦所说，这些人已经被“英国人的几尼”收买了。[80]

作为回应，山岳派动员了阵营内最出色的演说家发表反对意见，当中包括圣茹斯特、罗伯斯庇尔、让邦－圣－安德烈、约瑟·勒基尼奥以及迪布瓦－克朗塞。他们也趁此机会攻击对手，谴责吉伦特派为“犯罪团伙”“聚集了人民公敌的阴谋集团”；并称其所为无非是看似好意地提出一项解决措施，实则希望将审判拖延数月好有机会拯救这位有罪的国王。在他们看来，许多农村地区的潜在选民都是文盲，因而无法获得足够全面的信息和证据，也无法做出正确的选择。倘若将审判的最终决定权交给人民只会损害公会的合法性，引发混乱甚至是内战。这场辩论以伯特兰·巴雷尔的精彩演说作结——这位制宪议会时期的代表和记者一直以来都与山岳派保持距离，但现在却完全支持山岳派，反对全民公投的主张。[81]

根据12月下旬的所有文字资料，此时的派系争斗变得异常残酷甚至暴力。“参加例会的代表们剑拔弩张，”极力保持中立的代表高缇耶这样写道，“任何一方都在想尽办法鼓动我们站在他们一方，为了达到这样的目的甚至不惜误导我们。”吉伦特派成员一度无法控制自己的满腔怒火，巴巴卢、卢韦和其他数十名盟友从座位上猛地站起，试图穿过大厅中部的座席把坐在大厅另一端的山岳派成员教训一顿。据一份报道所说，这些吉伦特派成员的口袋中都装有手枪。皮埃尔·迪布勒伊于1月写给儿子的信中描述了另一场混战：“在任何讨论结束时你都可以轻易地感受到混乱，以及双方都是多么缺乏诚意。数十个人同时用最大的声音朝彼此大吼：‘啊，你们这些该死的混蛋。你们统统都该被杀！’”[82]

此后的 1 月初，让索内、加代和韦尼奥这三名吉伦特派领袖人物于此前的 8 月 10 日前夜与国王暗中联系的事情被公之于众，一位名为博兹的前任宫廷画家证实了这一指控。三人承认了这一事实，但坚称他们如此行事只是为了让忙于对外战争且战况不佳的法国无后顾之忧。然而，239
在米拉波的两面派手法被揭露不到一个月后吉伦特派就东窗事发，其影响无疑是毁灭性的。这一消息显然表明了吉伦特派对法国国民军队的勇气没有任何信心，同时也更让人相信许多吉伦特派成员是隐藏在人民中间的保王派。此时，山岳派回想起吉伦特派在已经过去的夏天中摇摆的立场，以及他们在 8 月 10 日做出的“中止国王权力”的决定。所有的事件一瞬间都有了新的解释，甚至有些人怀疑布里索等人也许已经不止一次尝试过暗中解救路易十六。[83]

关于如何处置国王的辩论不仅发生在公会内部，就连巴黎民间的许多社会团体也加入到了这场混战当中。年轻的希腊学生康斯坦丁·史坦马替对舆论环境之紧张感到惊讶：“路易十六的审判引起了每个人的关注。所有公民都自由地发表自己在这个事件上的意见——有些人极力主张严惩路易十六，另一些较为温和的人则更乐于见到他被流放。”剧院老板杜桑·玛鲁也观察得出了相似的结论。然而，尽管他本人以及大部分朋友都希望国王能够保住性命，[84] 但巴黎武装分子持续施压，要求对这位主导了 8 月 10 日屠杀行动的国王以牙还牙。12 月 30 日，来自巴黎 18 个辖区的代表集体向国民公会请愿，要求即刻处死这位“暴君”；和他们一起的还有八月起义中的伤员，以及一群携带着死难家属血衣的妇女。[85]

1 月 15 日，在两派无止尽地相互谴责之后，国民公会成员开始正式投票。尽管人们此前已经从不同代表的演讲稿或是宣传册中了解到众多代表的意见，但没有人确切地知道投票结果将会如何。迪布勒伊写道：“大多数代表并未透露他们的意向，这只有他们自己知道。”[86] 接下来的五天时间里将有四轮单独的投票，每轮投票都以唱名表决的形式进行，整个过程昼夜不息地进行着。最终，尽管国王和他的律师一再充满激情地做无罪辩护，代表们仍然一边倒地以 693 票对 0 票的结果判定路易犯有叛国罪，另有 26 名代表投了弃权票。第二轮投票是关于国民公会的审判决定是否应该由人民进行最终决断。这一次的结果并不像上一轮那样呈现出压倒性态势，一些山岳派成员甚至相信吉伦特派的主张将占据上风。[87]
240 然而最终结果是：425 人投出了反对票，286 人投出了赞成票。显然，几乎所有山岳派成员都否定了这一提案。皮内特为山岳派得到了如此多优秀共和者的支持感到由衷欣喜："我不由自主地流下了喜悦的泪水。"而对于此前预测将获得大多数支持的吉伦特派来说，这是一场惨败，也是一场彻底的灾难。[88]

全民公投的提案被否决之后，公会紧接着就对国王处以何种刑罚进行投票。代表一一站上发言席宣布自己的主张并简短地陈述理由。有几个代表左右徘徊，试图为自己或同事的意见做辩护；有些代表则言简意赅地宣布了自己的主张，例如"死刑！"；但绝大多数人都至少用了几句话来解释自己的立场。[89]此时在代表们的言辞中，国王不再被频繁地称为"怪物"，也没有人再以"自然法"为依据论证国王无权受到任何法律的保护，[90]绝大多数的主张背后都有逻辑严密的论证做支撑。尽管代表们对于国王有罪这一议题已有共识，但对其施以何种刑罚最为合适，代表们对此莫衷一是。在一部分人看来，这十分简单明了。例如，卢谢认为国王是"祖国的食言者、叛国者和谋杀者"，根据《人权宣言》中的平等原则，他应该受到法律规定的惩罚。另一部分人尽管承认国王有罪，但同时也认为处决他不合情理，主张监禁或是流放，这也许还能够让一些外国势力在反法战争中保持中立。来自利穆赞的博尔达认为："考虑到国王的生死与国家安全密切相关，不应对国王采取司法刑罚，应该采取政治补救措施。"包括布拉德在内的其他代表则认为这样的策略非常糟糕，因为欧洲列强的目的并非拯救路易十六，而是拯救君主制。[91]

相当一部分代表强调这是一个令人痛苦的两难抉择。让·德布里讲述了他在这一窘境中的“焦虑”：“我对这个问题感到痛苦，即使当我站在发言席的时候，我仍然在权衡我的投票动机。”同样，勒巴在致信父亲时讲述了这一困难的抉择：“这可怕而漫长的一周让我的身体彻底崩溃。”梅西耶则说：“思考这个问题让我发了两天烧，我的脑海中闪过无数的可能性和无数个念头。我病得很厉害。”[92]

当投票结果在1月17日晚上最终尘埃落定时，双方仅有一票之差： 241
在721名投票者中，有361人主张处死路易十六。如果将主张“死刑缓期执行”的代表也计算在内——正如国民公会最终所做的那样——“死刑”的支持者将更多。次日，许多吉伦特派成员为保全国王性命做了最后一搏，他们要求对“死缓”进行投票，并促成了第四轮唱名表决。然而，当1月20日凌晨三点进行最终投票时，这一决议也未能获得多数支持。它只让所有人进一步确信：吉伦特派就是国王背后的支持者。[93]

21日上午，现在被称作“路易·卡佩”的前任国王被从圣殿塔带到了革命广场，有八万至十万人围观行刑。[94] 当断头台面向着广场西侧被拉起时，一场寒冷的冬雨淅淅沥沥地落了下来。国王花几分钟做完最后的忏悔之后就勇敢地走上了断头台。然而当刽子手粗暴地抓住他，脱下他的外衣并将他的双手绑在背后时，他再也无法保持镇静。国王开始与刽子手周旋，要求松绑，并试图与人群交谈。然而行刑官下令即刻击鼓行刑。只有最靠近断头台的人们听到了国王最后的话，他说：“先生们，我是无辜的。我原谅所有把我送上死路的同胞。我祈求上帝，法兰西从今以后永远不要再有流血。”当他伏于断头台上时，他显然为即将到来的命运终结感到恐惧。随着刀片落下，他的尖叫戛然而止。[95]

随之而来的是所有人的静默，片刻之后，很快就有人喊道：“祖国万岁！共和国万岁！”一名观察者注意到一群男学生挥舞着帽子，刽子手按惯例开始叫卖路易十六的头发，许多商贩则开始“在被斩首的尸体旁兜售蛋糕”。目睹了这一具有划时代意义的事件的梅西耶忍不住想起17年前路易十六加冕典礼时的情景，当时路易十六“被千千万万的欢呼声围绕着，每个人都像崇拜上帝一样崇拜他，他所说的每一句话、所做的每一个动作都被奉为至高无上的命令”。史坦马替写道：“现在，这场悲剧已经走到了尽头，但结果会是什么？只有上帝才会知道。”科尔森仍然对
242 未来感到焦虑，但他毫不怀疑处决路易十六将被载入史册，这个故事将“回荡在世界的每个角落，回荡在时间的尽头”。[96]

一条不归路？

胡波在给兄弟的新年贺词中回顾了整个1792年：“没有任何一年像过去的这一年这么漫长，也没有任何一年发生过如此翻天覆地的变化。又有哪一年会像1792年这样将被载入史册？现在我们终于告别了它，我们应该欢呼还是哀叹？”[97]

胡波并未在贺词中具体说明过去一年中有哪些事件让他印象深刻，但他必定回想起了充满暴力和恐怖的整个夏天以及国民公会刚刚成立的头四个月。君主制的倒台和共和国的建立是法国历史上的重要时刻，这一成就在三年前几乎是不可想象的。随后几周，法国军队在与普鲁士和奥地利联军的战役中取得了一系列胜利，共和国军队横扫了德国、比利时、瑞士和萨伏伊。事态的突然转变让包括胡波在内的所有爱国者为之振奋，不管他们的政治立场多么不同。解放整个欧洲、消灭世界范围内的所有“暴君”甚至成为许多人的世纪愿景。同样，人们对国王的看法以及描述国王的措辞也受到了影响。他们更加确信是路易的背信弃义让法国军队此前在前线处处受阻，这也成为合理化处决路易十六的关键因

素之一。

新年过后不久对路易十六的处决并不是政府对政治犯做出的首次死刑判决。早在1792年夏天“第一次恐怖时期”，几个“反革命分子”就被送上过断头台。但是处决国王显然具有更大的象征意义，其情感影响也更为深远。在民众心目中，法国国王一直是近乎神一般的存在。即使18世纪的大多数精英已经不再相信国王具有超自然力量，但路易十六仍然保持着父亲一般的形象。这种形象在革命初期甚至一度被强化；直到出逃瓦雷纳以失败告终，路易十六才开始被拉下神坛。[98]

如让·德布里所说，毫无疑问，许多公会成员希望“暴君的终结将 243
给我们的仇恨画上句号，给派系林立的局势画上句号”。然而，1月21日的处决显然让仇恨愈演愈烈。如果人们杀死一位父亲般的国王可以被视为正当，那么人们对任何确信其心怀不轨之人的杀戮，都可以被视为正当。1793年处决路易十六给所有人带来了“前所未有的震惊甚至是创伤”，它消除了人们观念中政治暴力“有所为”和“有所不为”的边界；甚至在道德意义上，它也说明没有什么事情是不可接受和不可想象的。[99]路易十六被处死之后，阴谋论者比以往更加关注爱国者内部潜藏着的革命敌人。梅西耶的评论一针见血：“那是因为他们已经成功砍下了路易十六的头颅，现在他们更有胆量去砍下同胞的头颅。”对国王的处决并没有直接导致后来的恐怖统治。但可以确定的是，当恐怖统治时期到来后，处决路易十六成了“杀戮文化”的一个关键先例——不光要镇压、监禁或是驱逐敌人，还要彻底消灭敌人。[100]

就像注定的那样，国王行刑前一天所发生的另一起暴力事件进一步加剧了派系之间的仇恨。1月20日晚，公会成员勒佩勒提耶·德·圣－弗尔戈在“平等花园”——亦即前王宫所在地——用完餐结账时遭到六名男子袭击，一把匕首直插他的胸口。第二天清晨，就在国王行刑前七个小时，这位代表因伤重不治身亡。[101]尽管出身于显赫的贵族家庭，但勒佩勒提耶是一名真正的山岳党人，并在判处国王死刑的投票中投了赞成票。正是他贵族阶层变节者的身份引起了保王派袭击者的愤怒。公会代表们长期担心自己的生命安全可能也会受到威胁，尤其是吉伦特派成员，他们多番抱怨在街上曾被路人威胁。同样，包括罗伯斯庇尔、夏波和德鲁埃在内的山岳派代表也声称受到了死亡威胁。[102] 这些均表明此时没有任何人的生命安全是有保障的。

勒佩勒提耶的葬礼将已经分崩离析的公会暂时团结在了一起。这场颇具“古风时代”色彩的葬礼由伟大的画家雅克－路易·大卫组织，在场的吉塔尔称这是他见过的最宏大的仪式：按照罗马时期的风俗，死者全身赤裸地平躺在一块木板上，人们抬着木板穿过大街小巷；据称死者胸口
244 处“三指宽”的血腥伤口仍然清晰可见。上述仪式过后，革命官员发表了演说，几位著名歌手吟唱了赞美诗，所有的这些都营造出一种“宗教色彩笼罩下的深刻的悲痛”。在葬礼的末尾，所有代表都宣誓“抛弃所有私人恩怨，共同拯救祖国”。库东写道：“愿上帝保佑，我们的誓言将不再徒然。”[103]

然而，代表们在勒佩勒提耶的葬礼上所表现出的近乎肤浅的团结十分短暂。很快，几名山岳派成员公开指责吉伦特派谋杀了他们的同志。阿马尔甚至嘲笑吉伦特派对生命威胁的恐惧不过是装腔作势：“现在我们非常清楚地看到杀人的利刃握在谁的手中。”勒巴写道：“（吉伦特派）这个臭名昭著的阴谋集团，此前千方百计地保全路易十六，试图促成专制复辟，后来又公开污蔑并煽动谋杀勒佩勒提耶。现在，这种流氓的统治到头了。”[104]

第十章

九三年的危机

如山岳派所愿，他们已经审判并处决了一位国王。而在距离会议厅 245
仅几步之遥，反革命的刺杀行动让他们失去了一名同伴。在接下来的数
周和数月里，国民公会的成员终于可以践行他们的初衷——编写一部拥
护共和政体的全新宪法。然而，推翻所谓的“暴君”让许多潜在的问题
浮出水面，同时也在议会乃至整个国家掀起了某种极端狂热的情绪，这
给整个 1793 年埋下了动荡和混乱的种子。

和第一届国民议会的议员一样，公会议员不仅仅承担着一个“选举机构”成员应该承担的职责——他们将起草新的法案以重组陆军和海军、革新教育制度和改革税收制度及社会福利体系，他们还将多番介入行政事务。理论上，政府的日常运作由临时成立的经国民公会任命的执行委员会负责，但在委员会内任职的大臣时常被怀疑以权谋私，或是参与到两个敌对派系的党争之中。因此，议员们认为有必要对这些大臣进行监督，这也使得大臣实际上处于分管相应部门的公会委员会的约束之下。在 1793 年初，国民公会还设立了“国防委员会”以统筹大革命战争的各项事务。

在日常职责方面，议员必须参加公会的每日例会——这些例会经常
长达 12 小时以上。不仅如此，议员同时需要列席各个委员会、撰写报告、 246
与各自选区保持紧密联系，并不定期地到地方考察。只有极少数议员有
经济能力聘请秘书或是将他们的家人带到巴黎。他们经常抱怨“被工作
压得喘不过气来”，并过着“筋疲力尽的生活”；他们时常在公会工作到大

半夜，回家以后还要面对“每天必须阅读的”议案、报纸和“源源不断的来信”。[1]

此外，议员群体的内部文化也有了微妙的变化，不管是对新民主理念的解读，还是在潜意识里——至少一部分议员如此，他们都越来越向大众阶层靠近。许多议员开始改变他们的穿着方式。布里索在此前一直强调议员应当尽可能地穿着朴素，并摈弃旧政权时期贵族阶层奢华的装束，后者曾一度代表了权威人士的审美和潮流。“如果朴素是一个自由个体的典型特征，”他写道，“那么礼仪，尤其是穿装朴素更能彰显个体的自由和进步。”在1789年后的数月间，扑粉假发、及膝短裤、银色搭扣的皮鞋和讲究的背心马甲被许多革命者认为是糟粕从而被摈弃，取而代之的是长筒皮靴和粗糙的外套——这些衣物多数已经在猎场或是战场上被磨损得非常严重了。不过，仍有一些激进者保持了原有的装束。比如罗伯斯庇尔，他终其一生都保持着佩戴假发和穿着及膝短裤的习惯。在皮埃尔·坎马于1792年写给妻子的一封信中，这样描述山岳派同事的衣着：“我们现在穿得像个乞丐。靴子和破烂的衣服就是我们时下流行的装束。”当中一些人也开始佩戴红色的“自由之帽”，前一年10月，这一潮流在雅各宾派重新流行，而在当下成为普通民众帽子的首选。[2]

这一时期的另一个特征是，人们在日常交流中更多地使用“tu”（你）这个代词来指代彼此，而不再用“vous”（您）这一旧政权时期流行的尊称。这一理念首先由以路易斯·盖拉里奥为代表的左派学者于1790年提出，并在雅各宾派推翻了旧政权后流行开来。到1792年末，甚至在一些正式场合下，人们也开始使用“tu”以彰显无差别的平等。罗伯斯庇尔在与友人的交往中同样采用了这种表述方式。而在国民公会，这种表述
247 方式首先出现在争辩和辱骂的语境中。2月，议员托马斯用其指责马拉的一次情绪爆发：“闭嘴，你这个蠢货！”5月，山岳派议员菲利贝尔·西蒙同样不客气地用这个词指责了时任公会主席的吉伦特派成员。到秋季，

本书引用的所有书信样本中均使用了“tu”，类似的情况甚至出现在了革命党议员下发的正式指令中。[3]

总的来说，这一时期国民公会的“主旋律”仍然是吉伦特派和山岳派之间无休止的争斗。虽然对国王的审判让不少议员看到了消除政治分歧的曙光，但事实证明，两派之间的分歧在审判后的数月之间愈演愈烈。如尼古拉·吕奥在写给其兄弟的信中所说：“吉伦特派和山岳派对彼此恨之入骨，这种恨意与他们对王室的恨意相比有过之而无不及。”如果你是“雅各宾派中的‘老人’”——吕奥认为自己正是这样——那么在有吉伦特派成员在场时你甚至不敢说话，否则“必然会招致强烈反驳，这太可怕了！”[4]

征服世界

国王刚被处决后的一段时间里，山岳派一度处于权势巅峰。山岳派成员极其擅长展现他们的对手和王室之间千丝万缕的联系——例如一大部分吉伦特派成员曾极力反对处决路易——并由此赢得许多平原派成员的支持。[5]在2月初到4月初这段时间里，山岳派赢得了五次公会主席选举中的四次，以及几乎所有秘书职位的选举。法国政局天翻地覆，须知国王被处决前在政坛上取得压倒性优势的是吉伦特派。[6]1月到4月初的国会辩论中，山岳派在最重要的几役中同样表现不俗。吉伦特派试图重提九月屠杀——这一事件毫无疑问是山岳派的痛点，但吉伦特派的计划被屡屡挫败，因为山岳派此时已经成为部队改革和民主化进程中的绝对主导力量。2月，他们成功地喊停由吉伦特派主导的宪法起草工作，因为在他们看来，这份宪法草案无疑仅为精英服务，因而与大众无关也于大众无益。[7]对于山岳派在公会取得的压倒性优势，许多观察者曾发表过评论。“他们（山岳派）在平原派当中非常受欢迎，整个平原派就是他们的票仓，”朱利安这样写道，“毫无疑问，在他们的主导下，大部分人将走向绝对的团结。”[8]

然而在这一时期，吉伦特派依然在扩张战争这一议题上握有主导权，
248 毕竟对战争的极力主张是让吉伦特派于1792年一跃登上权力顶峰的立身之本。因此当他们发现自己在国内问题上被迫处于防守状态时，便迅速将关注点转向国外，极力鼓吹向荷兰和英格兰正式宣战。当然，这时候的国际形势已经不可避免地让法国与英国处于敌对状态。英国政府早就对君主制在法国的倒台深感不安，而法国在对外战场上的节节推进已经在事实上威胁到了荷兰的边境。1792年12月，英国开始动员海军并准备采取军事行动。[9]

面对这种情形，布里索派故技重施，像一年前那样大力煽动战争。而此后秋天法国再次取得的胜利则进一步合理化了吉伦特派的主战说辞，并成为他们引以为傲的谈资。1月初，曾参与美国独立战争的资深海军上校、吉伦特派的支持者阿尔芒·盖尚发表长篇讲话，谴责英国人在当前战争中自欺欺人的中立立场：“在国王和人民的战争中，每一个人不是朋友就是敌人。”在他看来，没有任何中间立场可选。随后，他表达了对战争的非凡构想，即当法国顺利解决与英荷两国的战事之后，他们将着手解放这两大强国所有的海外殖民地：“亚洲和美洲都在呼唤我们。”而且为什么不将革命带到葡萄牙和巴西呢？1月12日，布里索本人也传递出类似的信息：法国现在在财力、人力以及战船的数量上与英国相比都占据绝对优势，英国只剩下了“一个大国的空架子”——毕竟它仍未从此前的战争中完全恢复过来。当然，在革命者的设想中，与英国的战争也将给印度带去自由。[10]

路易十六被处决后，英国王室下令驱逐法国驻伦敦特使。这一事件成为战争的导火索。英国此举无异于是对法兰西民族的“侮辱”，吉伦特

派无法坐视不管，再一次提出对英国正式宣战。2 月 1 日的会议中，布里索和两名吉伦特派代表相继提出了这一主张。当有人试图提出其他议题时，卢韦大喊：“战争，战争！唯一的主题就是战争！”布里索的主战论调和 1792 年时的并无二致，他宣称：不仅仅是为法国而战，而且是为了更崇高的目的——将整个欧洲从暴君的手中解放出来——他们必须与英国和荷兰作战。尽管扩大化战争的主张由吉伦特派提出，但它得到了各派所有代表的支持，这一提案在国民公会获得了一致通过。一些山岳派成员同样极力主战。[11]

尽管每位代表对“不得不战”的解释多种多样，但似乎所有人都十 249
分确信法国很快就会横扫整个欧洲。在 2 月至 3 月初这段时间里，代表们致信爱国团体、家人和朋友，无一不充满自信地预测共和国军队将速战速决，取得压倒一切的胜利。在公会代表中，无论是吉伦特派、山岳派抑或是平原派，无不蔓延着一种非凡的乐观情绪。坚定的山岳派成员乔治·库东说：“我毫不怀疑，只要我们想，我们完全可以在 6 个月内解放欧洲，将邪恶的君主制连根拔起。”布里索的朋友波卡勒完全同意这一观点，并预测即将到来的战争将是一场“足以结束所有战争的战争”。吉伦特派的年轻商人博耶 - 丰腓德认识到横亘在面前的巨大挑战，但他依然坚信法国能够获得最终的胜利。“不再沉寂，不再满足于虚假的和平，不再为似有若无的恐惧所扰。我们拒绝任何妥协之念。我们终将拯救这个国家，”他总结道，“只要我们永不回头。”[12]

在这种极度膨胀的自信心下，代表们开始着手将此前由他们的“胜利之师”攻下的领土并入共和国疆域。当然，每一处领土的兼并都是以尊重民意为前提的——至少是部分民意。在3月的第一个星期内，比利时、尼斯、莱茵河右岸地区、瑞士部分地区以及位于洛林且此前已经独立的萨尔姆公国飞地均已确定并入法兰西共和国。[13] 雅克·皮内特对此欣喜若狂：“此后，法国和比利时将成为一体，不分你我。两国国民将如亲友般团结在一起。”莫内斯蒂耶甚至已经在思考给新加入共和国的比利时一个新的行政区划名称，并认为“北方平原区”（Plaines du Nord）再合适不过。[14] 也正是怀着这样的自信，3 月 7 日，国民公会一致同意向西班牙宣战：“法兰西将征服又一个敌人，为自由带来又一次胜利！”[15]

当然，若要在法国所有边境以及公海上开拓前线战场，毫无疑问，需要更多的军队乃至一次全面的陆军及海军重组。与此同时，代表们也已清楚地认识到：1792 年应征入伍的许多志愿兵只是暂时参军，现如今许多人已经离开前线回到家中。尽管如此，代表们仍乐观地认为这些志
250 愿兵一定会响应祖国的号召，再一次拿起武器为国牺牲。2 月中旬，迪布瓦－克朗塞为军队改组制订了全面计划。经过仔细的计算，他确定法国将额外需要约 30 万名士兵以填补多线作战的兵力空缺。因此，一项法令下达至地方：每个省份乃至城镇和农村都被要求承担相应的配额，但所有承担公共职务或是参与军工生产的个体可以获得豁免——这一规定将免除大部分中产阶级的参军责任。国民公会此举有意避免大规模征兵，正如皮内特所解释的那样：大规模征兵“并不适合自由的人民”。但最终采取何种征兵模式由各地方当局自行决定。[16]

总体而言，扩充军队在大多数人看来并不是一件难事，因为这一时期法国人口庞大，青壮人口比其他任何一个欧洲国家都要多。其次，1792 年夏天年轻人响应征兵号召的热情还历历在目——来自法国各地的国民自卫军成员和志愿兵拥入巴黎，争先恐后地要求入伍。“我们非常乐观，”克劳德－安托万·布拉德向布雷斯特的友人吐露道：“毫无疑问，‘祖国正在生死存亡的关头’的号召将为我们带来数量上远超预期的捍卫者。”普鲁多姆对此表示强烈同意，他写道：“我们会有足够多的志愿兵，他们很快就会再一次奔赴前线。”而志愿兵们也将了解到他们是为整个欧洲的爱国者而战。[17]

然而，这一次，在祖国未被侵略、巴黎并未面临陷落的危险之际，

爱国者们是否还会鼓起同样的热情为整个欧洲的同胞而战？此外，热情最为高涨的许多年轻爱国者——他们当中大多数人是城镇居民——已经在军中服役；若要征兵数达到预期，意味着必须有相当多来自中下阶层，尤其是农民阶层的人入伍。然而正如国民公会很快就会发现并为之痛苦的那样：许多法国人，特别是许多农民，根本不愿意打仗。

“疯人派”与女性意识的觉醒

当国民公会的代表将注意力集中在征服世界上时，巴黎武装分子内部的政治文化也经历了相当程度的变革——一方面基于与国民公会的“互动”，一方面基于其内部动因。出身于中产阶级的激进武装分子不断地在 251
科德利埃俱乐部、雅各宾俱乐部以及巴黎各辖区委员会召开会议，始终在武装群体内部发挥着领导性的作用，这一点自革命爆发以来就从未改变过。但随着男性公民选举权的普及，越来越多出身于平民阶层的爱国者加入这一阵营中，主要表现为新一代“街头民兵”的壮大，他们中的每个人都在争夺权力和影响力。工人阶层当中具有高超的演讲技巧和组织能力，并且具有领导野心的个体很快就在竞争中脱颖而出，一跃成为即将到来的政治激进主义舞台上的佼佼者——而他们此前从未有过登上政治舞台的机会。当他们在咖啡馆或是街头辩论场所遇到彼此，又或是在辖区和国民自卫军的会议中参与辩论时，总会掀起一次次雄辩甚至是相互谩骂和诽谤。每一次的相互攻讦都引发了一定程度上的社会恐慌；更重要的是，这让不同社会团体之间的敌意日益激化，变得不可调和。[18]

在政治权力和政治声望的竞争中，一些地方领导人大力鼓吹更为激进的政策。[19] 一些人要求严格控制食品价格，并对生活必需品实行“最高限价”制度；一些人开始谈论重税甚至是劫富济贫。此外，以暴力手段来解决一系列政治和经济困难也获得了越来越多的支持，具体而言即通过攻击一系列潜在阴谋者来煽动猜疑文化。在这一点上，中下阶层男性群体中的暴力倾向被发挥得淋漓尽致，这种普遍存在的暴力习惯早在革命爆发之前就已生根发芽。当中最极端的一群人自称“疯人”，他们自豪地佩戴起“自由之帽”，许多人开始蓄起八字胡——这在旧政权末期十分鲜见，但将很快成为男性武装分子的另一个象征。在6月初大众起义期间，代表们会提到控制国民公会大门的是一群“蓄有八字胡的男人”。然而，这些激进派群体从来没有一以贯之的政治立场，而是频繁地相互竞争，或是与较为温和的派别争夺主导权。

随着“疯人派”和“无套裤汉”在民众中的呼声越来越高，许多中产阶级激进分子也开始模仿他们的服装和粗犷的言辞乃至口音。记者兼市政官员雅克·埃贝尔出身中产阶层，但却通过在他的报纸发表诸多内
252 容丰富而粗俗的白话文——据说由一名名为迪歇纳神父的炉匠主笔——在广大中下阶层民众中备受赞誉。到1793年中期，公会中许多激进的代表也逐渐自称“无套裤汉”，穿戴起他们的服饰并开始使用他们独有的语言；当然，当中少不了“tu”的使用。

最迟在1791年之后，激进派已经逐渐将“人民”理想化，将他们尊为革命的核心和灵魂。因而一个必然的论调在此时出现：许多富人是“利己主义者”，比起人民的公利和国家的救赎，他们更关心私人财富，也因此有可能为各种阴谋所蛊惑。“富有的资产者”越来越经常被拿来与逃亡贵族和顽固派神职人员相提并论，三者被共同划归至革命的对立阵营。罗莎莉·朱利安写道：“自私、自利以及腐败，这三个由贵族、牧师和富人所共有的怪物，一直压在穷人的头顶。”[20]“无套裤汉”领袖弗朗索瓦·昂里奥在辖区的演说中直言：“富人已经主宰法律足够长时间了，现在该由穷人取代他们了；这样才是富人和穷人之间真正的平等。”[21]这位领袖因为早前在国民自卫军中的突出表现而一路高升，他的父亲是巴黎郊区的

一名农民。

1793年初，巴黎武装分子继续努力向公会施加压力——正如他们以前试图影响立法议会的辩论一样——在街道和礼堂附近举行示威活动，在获得代表许可的情况下带领游行队伍穿过公会大厅。另外，国民自卫军新近的变化给巴黎民众带来了更深远的影响。自1792年夏末以来，国民自卫军已经逐渐与各辖区的警卫队合并，并处于各辖区的领导之下。[22]因此，发生在1793年春季和夏季的多次面向国民公会的示威活动中，许多示威者装备着诸如长枪和步枪等武器。到5月末至6月初，巴黎武装分子将通过武力威胁的方式将他们的意志强加于国民公会。

此外，年初的这几个月也见证了女性在政治舞台上的崛起。[23]必须肯定的是，自革命爆发以来，女性就密切关注并参与了大小政治事件。但是现在，大批出身于中产阶级乃至大众阶层的女性愈发强调她们参与政治的权利。引发这一变化的部分原因在于不断上涨的粮食价格，而妇 253
女在传统意义上始终扮演着粮食供应者和监护者的角色。在1793年2月的巴黎骚乱浪潮中，女性将成为主要参与者之一，她们抗议包括面包、咖啡、糖和蜡烛等一切生活必需品价格的居高不下，其中许多洗衣女工尤其强调肥皂和苏打价格的节节攀升。据吉塔尔所说，这些妇女首先试图通过现有的政治途径，即向辖区乃至国民公会表达其诉求，当发现没有人在意她们的呼声后，她们才宣布自己将采取行动。在2月25日至27日，大批妇女与全城的面包店主和杂货铺主对峙，威胁道：除非这些商贩降低货品价格，否则等待他们的将是私刑。女性们的这次行动也获得了大批男性身体力行的支持。在一些情况下，他们会直接拿走商品，留下他们认为恰如其分的货款。和1789年10月的凡尔赛宫游行相比，参与1793年2月骚乱的女性人数要多得多。[24]

女性参与政治的另一个主要推动力在于：越来越多的男性离开家庭，去往前线参与战斗。许多妇女相信：既然她们的丈夫和兄弟响应号召到前方作战，那么国民公会自然就有义务为她们的家庭提供援助。因而当她们发现期待落空时，大批女性自发动员起来，坚决维护自身“权利”——她们的主要诉求是加大对富人的征税以补贴家用。另一些女性则将男性公民的缺席作为合理化其参与政事的理由。她们宣称：从此之后将会有十分明确的社会分工，男性负责在前线对抗外敌，而她们则专注于剿灭内部敌人。到了春天，许多女性活跃在辖区会议中，经常要求逮捕吉伦特派成员以及潜伏在人民中的“阴谋者”。[25]

5月初，一些最激进的女性共同组成了一个名为“革命共和妇女团体”的新组织。尽管此前就有女性参加男性俱乐部，就座于楼厅旁听会议甚至是组建女性团体的先例，但这个新团体比此前任何组织都要激进得多。团体中的成员与“疯人派”和科德利埃俱乐部有着紧密的联系，并吸取和采纳了两者的诸多激进思想。她们还要求在国民自卫军中成立一个由女性组成的分队。很快，巴黎街头的游行队伍中开始活跃着这些妇女的身影，她们眼神犀利而冷静，大声呼喊着口号，高举标语，甚至身着希
254 腊神话中亚马孙民族的服饰。吉塔尔曾惊讶地目睹两三百名妇女在城市及郊区巡游，据他所说，这些妇女“头戴士兵或警卫式样的头盔”，一些人“打着鼓并高举着某种旗帜”。不久，吉塔尔的文字中就提到女性经常参与地方政治：当他所在的辖区向国民公会提出请愿时，示威人群三人一组，手挽手前进——一名女性站在两名男性中间。[26]

伴随着女性愈发频繁地参与政治生活，女性在政治生活中乃至整个社会上的地位都有了极大提高。很难说这些妇女中有多少人听说过奥兰普·德古热的《妇女权利宣言》，因为德古热本人是知名的保王派，显然“共和国妇女”不会赞赏她，罗莎莉·朱利安的书信中就从未提到过她。然而，朱利安在书信中的一些记录让我们得以对这一时期中产阶级女性政治意识的觉醒程度进行评估。1792 年，朱利安还只是所有政治事件的旁观者——透过窗户或是通过与小儿子一同上街获知 8 月 10 日叛乱的情

况；只有极个别的时候她会出席国民议会或是到雅各宾俱乐部旁听。但到了 1793 年春天，她已经成了国民公会旁听席上的“常客”——旁听辩论并为身在地方省份的大儿子记录会议笔记，有时候甚至会为精彩的意见喝彩或大声喊出她的评论。

最初，她的出席仅仅是为了支持刚刚当选公会代表的山岳派丈夫：“我渴望看到我的丈夫，我渴望时刻在他身边……我对公共事务的热爱与我对他的热爱紧密相连。”[27] 然而随着时间的推移，她开始参与得更多。在一次偶然的餐桌谈话中，她丈夫的同事伯特兰·巴雷尔断言巴黎妇女既不喜爱革命也不关心共和——这句话迫使罗莎莉主动参与到谈话当中。她回应道：“我认识的所有女性都是爱国者，也都是共和国的支持者。你可以说她们不关心所有的喧嚣和混乱，但不能说她们不支持革命。”巴雷尔的错误在于他所讨论的“女性”实际上只是贵族阶层的女性。事实上，罗莎莉宣称：“我由衷地为我是女性而感到快乐，这比从你们身上获得的快乐要多得多。你们男人拥有一切，但又太过骄傲自满；而我们女人，人类灵魂中最敏感也最富有爱心的一部分，却往往被遗忘。”她相信，已经有许多女性成了真正的斯巴达勇士、罗马共和精神的传承者，她们当中的许多人甚至比男性更具有共和精神和美德。[28]

朱利安在国民公会中的积极参与同样揭示了这一时期巴黎政治文化 255
的另一个新变化：就座于楼厅旁听席的民众，不论男女，愈加频繁地在口头上干预辩论和会议。然而在早前的 1792 年 9 月，国民公会明令禁止旁听席的公众在会场发出任何声音。起初，代表们也一致努力让听众保持安静。这一规则一直持续到 1793 年初。2 月 1 日，当旁听的公众因布里索的演说爆发出欢呼声时，这一行为仍被认为是不合适的。但当场有一名代表大声说道：“在这种情况下，旁听席的听众应该因为勇于打破规定而受到赞扬！”第二天，当公会正式宣布尼斯将并入法国时，整个议会大厅再一次爆发出了欢呼声。[29] 此后，旁听的公众通常被允许可以自由发表意见，尤其是在山岳派成员担任公会主席的时期，很快，绝大多数与会者就明显地更乐于拥护山岳派。

吉伦特派的意见则恰恰相反，他们屡次抗议旁听席的“暴政”。据布拉德所说，4 月中旬当公会就拟定的对马拉的起诉状进行唱名表决时，每个投赞成票的人都遭到旁听者一片嘘声的侮辱，甚至受到一些民众的直接威胁。[30] 布里索和他的朋友们希望公会大厅的搬迁会让事态有所缓和——按计划，国民公会将于 5 月初搬进原先法王居住的杜伊勒里宫并在其内议事。在新的大厅中，旁听席所在的楼厅离大厅中心更远，并由竖栏隔开。同时，他们也会尽量将一些最靠近发言台的楼厅预留给从各地方省份远道而来的来访者，这些来访者大多被认为是吉伦特派的拥护者，持有特殊的入场通行证。在新大厅启用的第一天，身处靠近发言台楼厅的朱利安这样描述当时的情景：一大批“贵族”和她站在同一个楼厅内，如果这样的规则被确定下来，那么“狭小的楼厅将成为反革命的温床、布里索派走狗的巢穴”。然而，“革命共和妇女团体”的成员很快控制了这些楼厅的入口，她们拦住所有持通行证的人，宣称这种行为违背了平等原则。几天后，当一名携带通行证的年轻人试图入场时，这些妇女掀起了一阵骚动，使得当时正在进行的辩论不得不中断，直到此人被安全护送出去才得以继续。[31]

面对吉伦特派对旁听民众的攻击，朱利安为民众在革命中所扮演的
256 角色做了充满激情的辩护：与会者只不过是“对支持人民的演说者”表达了拥护和支持，对“他们的对手”表达了愤慨而已；此外，与会者也只是效仿立法者们，“用和他们一样的方式来表达赞同及反对意见”——旁听席在事实上远比“参议院”冷静和温和。在她看来，公会的旁听席现在已经成为政治进程中不可或缺的一环：“它（旁听席）就像一把利刃，敌人的任何阴谋在它面前只有被粉碎的命运。他们（旁听席的民众）是共和国最诚挚、最优秀的爱国者。”[32]

最初，2 月出台的新征兵法获得了巴黎激进分子和大众阶层民众的强烈支持。据报道，大多数辖区征得的兵员数量远超配额，有些甚至超过了两倍。和 1792 年夏天一样，在去往前线之前，大批青年男子再一次在公会大厅里狂欢，他们大声欢呼并高唱爱国歌曲。[33] 然而，当民众意识到许多中上阶层的人拒绝应征入伍时，他们被激怒了。一些工人阶级的民众宣称：除非所有阶层都响应号召，否则他们不会动身——至少要让富人支付高额税款以贴补穷人家用。据朱利安所言，富人十分抗拒到前线作战，而与之相对，"勇敢的"无套裤汉"坚持不愿意孤身上战场"。这一矛盾一直发酵至 4 月和 5 月，并使各个辖区的温和派和激进派之间产生了不小的裂痕——而前者正是吉伦特派长期以来极力拉拢的人群。吕奥在给兄弟的信中说道：许多衣冠楚楚的人在香榭丽舍大街上聚集，他们"非但不应征，还要大声抗议"。甚至有传言称有些人高喊"共和国倒台"。这些传言进一步证实了朱利安的猜想，即上层阶级无疑与反革命分子有说不清道不明的瓜葛。[34] 整个夏天，巴黎各辖区贫富阶级的对立将愈演愈烈。

残暴的内战

征兵问题上的纠纷不仅是新一轮巴黎动乱的起因，而且还将很快诱发许多地方省份的全面暴动。到 1793 年，地方政治形势已然变得空前复杂和动荡。国民公会内部的派系分化又使权力进一步下放成为必然——这一时期，公会代表们频繁质疑同事的政策甚至是忠诚，并在家书中大 257
肆批判竞争对手。各省对国民公会的决议和法令不以为意，自行解释甚至置若罔闻的情况十分普遍；下级行政区划时常拒绝服从省级命令；这种情况到了基层城镇和农村就演变成不听从任何上级的指令；各级行政人员都尽可能拖延执行他们明知道不受欢迎的法令。各省、各镇都面临着不同的分化和敌对问题，因此亦很难从中总结出共同的规律。

在国民公会成立的头几个月里，各种各样的问题共同促成了各省的动乱。秋天，法国各地爆发了新一轮粮食骚乱，曼恩、诺曼底、图赖讷以及南方部分地区的骚乱情况尤为严重。[35]另外，宗教动乱也是1793年初的一大问题，尤其多发于教区牧师聚居区。1792年8月的驱逐令颁布之前，许多拒绝宣誓效忠于共和国的牧师仍被允许保有神职；[36]但在驱逐令生效后，压抑不满情绪已久的各地民众迅速驱逐或逮捕了所有牧师。在法国西部农村，由于远离权力中心，事态发展尤为紧张而不可控制——聚居此处的神职人员尤其顽固，而地区精英们则是尤其凶悍的反宗教人士。当城镇管理人员派遣自卫军进入村庄时，愤怒的火焰被点燃：民众不光逮捕了所有神职人员，同时严厉惩罚了支持这些牧师的普通村民。[37]1793年初，旺代省雷萨布勒多洛讷区的一位行政人员对局势的演变感到沮丧，他写道："绝大多数人民完全被狂热的情绪腐化，他们不断抱怨自革命爆发以来，他们承受不公正的压迫已经太久太久。"[38]

国民公会在2月出台的旨在招募30万名新兵的征兵法令将引发1789年以来最激烈的暴动浪潮之一。[39]截至1793年，最具政治觉悟的年轻男性——其中大部分来自城镇，都已经应征入伍；而剩下的适龄男性中，绝大部分人又有资格免除兵役。此外，在设置各地配额时，法令将过往的征兵情况也纳入了考虑范围，这意味着在此前征兵中表现最不积极的省份现在被强制要求召集数量最多的新兵。巴黎和一些规模较大的城镇很
258 容易征满足够人数的志愿兵，[40]但在远离巴黎和前线的地区，情况则不容乐观。在许多村庄，甚至没有一个年轻人愿意挺身而出。当地领导人被迫使用各种形式的游说甚至是强制手段，包括通过抽签和投票的方式来决定谁应该去往前线。不幸的是，正如布拉德猜测的那样，这些地区的民众很容易将现行征兵令与旧制度时期的征兵法联系在一起，而他们

不满后者已久。到 3 月初，国民公会也已经意识到多个地区的征兵进程陷入瓶颈，这种缓慢乃至停滞显然“令人绝望”。[41]

在许多农村民众看来，革命已经带走了他们的牧师、杀害了他们的国王；革命者通过的法令也并未减少他们的税费——在某些情况下甚至不降反升；那些从城镇派遣来的负责执行法令的卫兵傲慢而粗暴。而现在，国民公会又希望他们为革命献身，投入到距离他们家园数百公里远的战争当中；那些鼓吹和挑起战争的人却又稳坐在管理者的位子上，悠闲地计算税收和挥斥方遒。一位暴动领袖解释道：“征兵法令挑战了所有人的底线，人们自革命爆发以来积压下来的不满情绪在这一瞬间得以爆发。”[42]

不久之后，法国各地相继传出了暴动的消息，包括阿尔萨斯和洛林、弗朗什—孔泰、勃艮第、奥弗涅和朗格多克，以及一些一般站在爱国立场的城镇，如格勒诺布尔、波尔多、昂古莱姆、奥尔良及图卢兹。暴动有时候伴随着挑衅行为，如高喊反对共和国的口号、砍伐自由之树，等等。[43] 各地的大多数抗议活动很快就被来自城镇的国民自卫军成功镇压，但在法国西部省份，即卢瓦尔河南部和北部地区发生了真正的叛乱。征兵令是在 3 月的第二周到达这里的，几乎是在同一时间，叛乱民众揭竿而起。许多令人恐慌的消息涌入国民公会，如布列塔尼、诺曼底、安茹、曼恩以及普瓦图西部的诸多城镇被农村民众包围；更糟糕的是，包括布雷斯特和南特这两个重要港口城市在内的诸多城镇完全与外界隔离了。巴黎派驻布列塔尼大区首府雷恩的代表受到惊吓，他们报告称：“几乎整个农村地区都在以战争状态逼近我们。村民们在有才能的领导者带领下俨然成了一支军队。”[44]

直到当代，学界一直对引发法国西部大规模叛乱的原因争论不休。但可以确定的是，相当数量的地方贵族，以及重新回到国内的逃亡贵族
在这一年多的时间里相当活跃，而这样的叛乱也是他们期望已久的。好 259
几位农民叛军的领袖曾是 8 月 10 日猛攻杜伊勒里宫事件中意图护卫国王

的人。[45]但在大多数情况下，是农村民众主动招募这些贵族来领导他们，他们当中许多人都是佃农，他们的赋税压力在革命爆发之后反而更为沉重——新税法允许地主提高土地租金，因为佃农的什一税以及向封建领主缴纳的税金已被废除。[46]

然而，让几乎所有西部叛乱者团结起来的核心因素是他们对革命党宗教政策的极度愤慨和不满。在这些叛乱的地方，绝大多数教区牧师都拒绝宣誓效忠于共和国宪法。可想而知，许多在地方享有较高声望的神父，如拉沙佩勒迪热内的伊夫－米歇尔·马歇，他们在布道的时候会用何种尖刻的语言批判革命，这些神职人员始终崇拜着“受上苍祝福的先王”，也始终铭记着“君主时代的记忆”。这些神父当中的大多数本身憎恶暴力，因而不会公开鼓吹叛乱。[47]然而法国西部的宗教传统与其他地区很不一样。从宏观角度来看，这一时期的宗教复兴思潮让宗教文化尤其盛行。当革命当局勒令关闭农村教堂时，盛行的朝圣和宗教游行无疑受到了冲击，不过，民众依然坚持，马歇神父就对革命爆发之初民众对朝觐仪式的异常坚持感到意外。后续革命党对大量神职人员进行驱逐进一步激怒了当地民众。据观察者叙述，整个 1793 年间，法国各地都能听到关于宗教的呼喊：“我们要我们的神父归来！我们是自由的，我们不愿参战。但如果我们必须献出生命，请让我们死在我们的家园和田野上。”[48]显然，西部的许多叛乱者受到了 1789 年革命理想的影响：叛乱者很快声称他们拥有自决权，并视叛乱为革命的一部分。旺代省的一名叛军领袖写道：“你们这个所谓的共和国政府高举人民主权的旗帜。好！这个主权国家的人民渴望有一位国王，渴望能够自由地信仰宗教——这一直是人民的意愿，但你们却鄙视它。现在，所有人民都挺身而出，彻底向暴政宣战。”[49]

此外，许多人因为对革命和革命者本身的不满而加入叛军。被围困
260 的大多数城镇最后都能抵挡农村叛乱者的攻势，但那些陷落城镇中的爱

国者却可能面临激烈的报复甚至是屠杀——如果爱国者在自卫交火的过程中杀死一些叛乱者，那么事态将更为严峻。在蒙泰居、莫尔塔涅和马谢库等市镇，有数十名乃至数百名爱国者遇害。宣誓效忠于宪法的牧师以及国民自卫军卫兵一旦被逮捕就会被就地处决，或是在临时搭建的监狱中遇害。来自旺代边界一处布列塔尼教区的神父弗朗索瓦·谢瓦里为他教区居民的暴力行为感到悲伤，尽管他十分支持叛乱事业，也愿意担任叛军的牧师。在小镇马谢库，他在回忆录中写道："恐怖已经开始，并四处蔓延。这是一场人们几乎无法想象的大屠杀。"村民们向他宣称："为了实现和平这是必要的！要实现和平，就不应该让这帮所谓的爱国人士留在法国土地上。"谢瓦里总结道："人们挣脱了枷锁，也不再保持沉默，他们将这种令人难以置信的愤怒全数宣泄在爱国者身上。"[50]

因此从一开始，甚至早在国民公会得到消息之前，西部的叛乱就迅速导致了"蓝白内战"——前者指代来自城市的爱国者，后者指代来自农村的叛乱者。双方都有极其庞大的群众基础，这些支持者也都同样狂热，以致双方的战斗呈现出极其凶恶和暴力的面貌。[51]爱国官员们在描述他们的理想和信仰时有多生动而热切，围困他们的叛军在信念的驱使下对其就有多残暴。此外，迅速传播的谣言进一步激化了双方的恐惧和仇恨。一些爱国者对汹涌而来的规模庞大的叛军感到害怕，尤其是在他们意识到这些叛乱农民犯下了多么可怕的屠杀暴行之后。他们惊恐地逃到了较大的城镇，事无巨细地向人们讲述叛乱者的暴行以合理化他们的恐惧——当然这种讲述有时候是夸大的。[52]

很快，周边地区如利穆赞、普瓦图东部、波尔多和图尔的国民自卫军成员向西进发，他们一方面要帮助陷入困境的兄弟们突出重围，另一方面又担心叛军可能会转而袭击自己所在的城镇。从行动伊始，爱国阵营就已经准备好以暴制暴。3 月，爱国阵营的军事指挥官向叛军宣布："公民们，你们将领导权交给了牧师和贵族，而他们又将你们带入歧途……

对于不可避免的流血牺牲，我们感到很遗憾；但如果你们执迷不悟，我们
261 将把你们屠至最后一人。”[53] 早在 3 月 13 日，被围困的南特就自发设立了一个革命法庭，叛乱分子一经逮捕，立刻就被送上审判台，没有片刻耽搁。最后，包括数百名儿童和妇女在内的大批叛军被杀害，叛军死亡人数远超阵亡的爱国者人数。但是，这种相互比较丝毫无法掩盖双方在这场悲剧中造成的恐惧。正如谢瓦里神父所说：“两边都是同胞，他们愤怒地把死亡矛头对准彼此……将人性彻底抛之脑后。”[54]

最终，爱国者成功镇压了由 3 月征兵法令引发的卢瓦尔河西北大部分地区的暴动。即使在布列塔尼这个叛军最为猖獗的地区，革命党官员和国民自卫军成员也最终击溃了叛乱者并处决了诸多叛军领袖。[55] 但在卢瓦尔河南部，包括普瓦图西部、布列塔尼南部以及安茹等后来被统称为“旺代”的地区，共和党人可谓经历了惨败。和卢瓦尔河北部地区相比，南部区域的城镇分布更为稀疏，因此原本驻扎在此处的国民自卫军成员数量就相对较少；更重要的是，驻扎在此地的正规部队的规模也远比别处要小。[56] 本地贵族以及几名有才能的平民由此得以凭借出众的军事技巧迅速组织起叛军。这支旺代叛军在行军过程中高举带有十字架和圣心等宗教符号的旗帜，并很快取得接连胜利：他们时常在灌木丛中伏击爱国者军队，这些灌木丛中满是石块和树干，更像是一堵堵墙。在此后几年里，旺代叛乱将在爱国者心中留下国内反革命运动最可怕、最可恶的印象。

三月危机与恐怖政权的前奏

各省爆发的内战、巴黎“疯人派”激进思潮所引发的动乱以及战争前线逆转的形势共同构成整个 3 月和 4 月“危机四伏”的背景，这让国民公会陷入了极大的恐慌。这场危机将促成一系列应对叛乱威胁的镇压

机构的设立，同时也将加剧革命党内部不同阵营之间的相互指责和猜疑。公会代表们在这一时期内获得的灾难性消息十分混乱，让人无法确定在巴黎，谁了解某时、某地发生的某个具体事件。由此，基于这些消息所 262
做出的决策很难说是就事论事的理性方案，还是在一知半解的情况下被恐惧驱使所做出的情急之举。但毫无疑问的是，这一时期发生在法国内外的一连串出人意料的事件直接威胁到革命的存续，政治领导人上一秒还在畅想的和平未来在这一秒就化为了泡影；而在应对这些意外事件过程中所采取的措施都是随后到来的恐怖政权的前奏。

在法国北部的战争前线，一系列灾难开始降临到革命军的头上。在前一年的 11 月，每个人都预想法军将很快踏平比利时——也正是这一设想让革命党人敢于计划对外输出革命。以比利时为跳板，革命党人能够进军荷兰甚至跨越整个德国。事后回顾 1792 年比利时的局势时不难发现，革命党人并不见得能够将比利时稳稳收入囊中，然而，当时仍沉浸在愉悦中的国民公会没有意识到这一点。吕穆矣将军迅速在这片原属于奥地利的低地建立起革命机构，他们的力量因为比利时本国革命者的回归而得到加强——后者于 1788 年逃离比利时。法国革命军试图出售比利时教会的土地并没收其器皿以充实法军军备，这让许多天主教徒和神职人员感到失望。因此，到了冬天，比利时数个城市爆发了骚乱。此外，法军在军备供应方面也遇到了严重的困难，这是由于从旧政权时期沿袭下来的制度过于冗杂笨重，以致无法跟上进展迅速的法军步伐。也许最严重的问题在于：相当一部分法国士兵在冬天陆续离开战场并返回家园，因为这些志愿兵原本并未计划参加秋后的战役。大量志愿兵的离开也是次年 2 月推行征兵法令的主要原因。[57]

正当法军进攻荷兰并希望如预想中那般实现速战速决之时，关于奥地利人将发起新一轮攻势的消息传到巴黎。3 月 1 日，在亚琛附近，法军的防守右翼遭到大规模袭击，并很快濒临崩溃。让指挥官吕穆矣感到愤怒的是，他被责令从荷兰撤军并重整部队。随后在内尔温登，吕穆矣再一次战败。此时法军几乎已经丧失了此前在这一战场上取得的全部优势。而在德意志战场，法军无力抵挡奥地利与普鲁士的联合攻势，最终只能选择全面撤退。[58]

263 最初，公会代表似乎有意无视这些消息，他们很难摆脱“自由之师无往不胜”的既定看法。布拉德把北方战场的形势描述为能够被轻易克服的“小挫折”。虽然不断有令人不安的消息从比利时传来，但国民公会仍一如既往地谋划向西班牙宣战。[59] 直到3月8日，当丹东和德拉克罗瓦从前线回到巴黎，向国民公会提交关于战争形势的详细报告时，公会才意识到局势的严峻程度。皮内特讲述此事时，语气中难掩震惊的情绪：“比利时的混乱和由此带来的恐惧太彻底了。我们听到这个灾难性消息的时候心里只有悲伤。”仅仅两周之后，法军在内尔温登败局已定，被迫撤出比利时。国民公会这时处于进退两难的尴尬境地，须知不久以前法国在国民公会的主导下才刚正式兼并了比利时。很快就有评论指出：比利时是法国的领土，现在它被侵犯了。“我们必须奋起反击！”丰腓德号召道，“我们要给那些袭击我们同胞的敌人以沉重的打击，我们必须收回属于我们的列日和亚琛！”[60]

然而，几乎与内尔温登惨败同时传到巴黎的是各省因征兵引发暴动的消息。3月末那几周对于代表们而言无疑是恐怖的：国民公会每天都收到大量信件，这些信件无一不在讲述外部战事如何惨烈、内部叛军如何不受控制。代表们原本正在研究采取紧急措施以支援北部边境的战事，但此时他们不得不转而应对叛乱地区要求支援的诉求——更糟糕的是，仿佛一夜之间，叛乱在全国各个角落爆发。来自布列塔尼各个市镇的信件如潮水般涌入公会，所有人都哭诉道他们已被“强盗”包围。[61] 那些来自叛乱地区的代表们尤为紧张，好几位代表慌忙而又绝望地给当地家人写信问询家中近况。来自南特西部一个小城镇的艾蒂安·沙戎在经历了好几天的焦虑之后才得知他的长女已经成功带着兄妹渡过卢瓦尔河，到达了潘伯夫。然而潘伯夫同样被叛军围困，其长女向他述说了一些流言，如叛军在当地进行了骇人的掠夺乃至屠杀。沙戎写道：“到目前为止，也许我的所有个人财物已经不复存在了，但至少我的孩子们脱离了危险。”由于最初没有人能够准确评估叛乱的严重程度，有家人和朋友居住在叛乱地区周边的代表们同样深陷忧虑。当听说帕尔特奈也爆发了叛乱，迪 264
布勒伊立刻担心居住在帕尔特奈以南地区的家人会受到叛军的侵扰。坎马甚至担心叛乱将会蔓延到数百公里外的中央高原，因而敦促家人立刻逃往阿尔比。[62]

事实上，从 1793 年 3 月至 5 月，代表们在家书中一直谈论的主要话题是内部叛乱和反革命运动的发展。他们的一位同事——莱昂纳尔·波登——被派遣到奥尔良执行公务时遭到反对征兵的暴民殴打，几近丧命，所有人无不为之震惊。[63] 他们确信，这场遍布法国全境的暴动毫无疑问是事前经过仔细谋划的阴谋。奥地利和普鲁士联军在北部发起的新一轮攻势，与法国各地的暴动几乎在同一时间一齐爆发，这显然不是巧合。每个人都确信是贵族和神职人员在背后煽风点火，否则那些在他们看来已经在革命中受益良多的农民又怎么会揭竿而起？山岳派和吉伦特派在这一问题上达成了共识：反对征兵只是一个幌子，背后一定隐藏着更大的阴谋。他们认为：“革命的敌人里应外合，意图挫败自由制度、击溃国民公会。”[64]

在这一系列的灾难性事件之后，又一个令人震惊的消息给革命党人以沉重打击——革命军北方战场的总指挥官吕穆矣于 3 月末背叛了共和国。尽管一些巴黎武装分子早就对这位指挥官的忠诚有所怀疑，但不论是吉伦特派还是山岳派都认为这种指责是无稽之谈因而不以为意。皮内特于 3 月 13 日写道：“整个国民公会都愤怒了。”[65] 吕穆矣指责雅各宾派和国民公会未能全力支持军队，应为战事逆转负有全责，这一批评引发了关注。最后，面对法军在内尔温登的失利，国民公会不得已派出四名代表以及国防大臣与这位指挥官当面对质。然而，吕穆矣却先行与奥地利军队达成协议。当这些被派遣的专员到达前线时，吕穆矣将他们全数逮捕并送往奥地利监狱——他们将在狱中度过好几年。随后，吕穆矣宣布他将把军队前进的方向对准巴黎，推翻国民公会并拥护路易十六的幼子登上王位。[66]

事实上，怀有强烈爱国情怀的共和国士兵始终不完全信任他们的指挥官，因而拒绝服从吕穆矣的命令，后者最终也将被迫叛逃到敌方阵
265 营——正如拉法耶特在 6 个月前所做的那样。此事对革命党人的影响是毁灭性的。此前，革命党人所深信不疑的路易十六密谋出逃瓦雷纳；曾经被奉为领军人物的拉法耶特也背弃了人民；革命者眼中伟大的米拉波居然是个首鼠两端的人……每一次遭受到的同胞背叛，对革命者而言都是一次沉重的打击。得知这一消息后，每位代表都饱含深情地给他们的亲友和选民们写信。布拉德难以相信“这位瓦尔密战役和杰玛佩斯战役的征服者、让共和国为之骄傲的将领，原来只是一个卑鄙的流氓”；皮内特羞愧地表示自己居然被蒙在鼓里却浑然不觉，自己原本应该更早认识到这一阴谋的。哪里才是背叛的终点？他们还可以信任谁？所有这些“前车之鉴”都只清楚明白地揭示了一个事实，即他们已经被叛徒包围。[67]

恐慌席卷了巴黎街头，直到民众确信吕穆矣的部下拒绝服从他的命令。然而很快，恐慌的情绪就演变成了愤怒和复仇的欲望。科尔森写道：“人民为邪恶的通敌叛国阴谋感到愤怒。这个阴谋埋藏得如此之深、伪装得如此之好。”巴黎城门随即紧闭。监察委员会成员日夜不断地轮值，许多人在突击查访住宅的行动中被逮捕。不断有传言称反革命分子谋划刺杀公会代表，由此引发的沉重气氛与去年 5 月立法议会时期并无太大差别。同样，国民公会的大厅内也日夜有代表值守。在普鲁多姆看来，他们此刻所面临的危险前所未有，尽管他始终对民众持怀疑态度，但现在

他似乎别无选择，只能回归“人民”：“勇敢的‘无套裤汉’们！你们现在是我们的唯一指望！”[68]

在这种痛苦和不确定氛围的笼罩下，革命爆发以来的所有成果似乎随时可能在顷刻之间土崩瓦解。很快，国民公会拼凑出一系列紧急措施——这些措施是此前一系列事件后应急措施的修改和完善版本。在3月的第二周，公会的首要任务就是抓紧时间填补北境兵力的空缺，加速征兵。在瓦雷纳危机之后，议会偶尔会派出几名代表执行特别任务。但现在，国民公会决定系统性地向各省派驻“人民专员”，这些专员的首要任务是帮助当地招募新兵。数周之后，第二批专员被派去监督各地军队。征兵暴动爆发的时间点恰好在专员抵达地方前后，因此他们在承担召集地方军队、征用战争物资的职责之余，通常也被授予镇压“强盗”的权力， 267
因而逐渐取得了近乎“独裁”般地凌驾于地方官员之上的权力——他们甚至可以以“维护公共安全”为由肃清地方官员。身着由艺术家雅克-路易·大卫设计的共和国“制服”，这些专员就像旧政权时代的地方行政长官一样，对地方事务拥有绝对的话语权。[69]

第一批派驻的地方专员主要由山岳派成员组成，这显然是同样由山岳派主导的公会秘书团做出的决定。不管原因为何，这批专员呈现出来的总体状态是急躁的，他们时刻准备着先发制人地镇压异见者——这也是山岳派一以贯之的行事风格。在接下来的几个月里，他们将在抑制权力下放的过程中起到关键作用，同时也正是他们在地方政治事务中首开“恐怖治理”的先河。然而同样可以肯定的是，由于大批左派代表被遣往地方，国民公会内部的权力天平将偏向吉伦特派一方——当然，这只是一种并不持久的变化。[70]

在这一时期，国民公会的关注焦点越来越集中在镇压反革命分子的行动上；而必须强调的是，巴黎民众的意见在很大程度上影响了这种导向。3月8日至9日夜间，公会派出代表与巴黎48个辖区的管理人员进行了会面，强调祖国又一次处在生死存亡的关头，并敦促各区抓紧时间以召集更多志愿兵前往比利时前线。虽然许多年轻人迅速响应号召，挺身而出，这些志愿者的人数也超过了此前设置的配额，然而，这些年轻人同样表达了离开家人的恐惧，因为当前整个巴黎笼罩在内部阴谋的重重迷雾之中。经过冗长的讨论，3 月 11 日凌晨 4 时 30 分，国民公会决定成立特殊革命法庭。就像前一年的 8 月 17 日成立并在随后解散的革命法庭一样，这一新设机构有权在不允许上诉的情况下对被告做出审判。代表们对九月屠杀记忆犹新，和那时一样，现在同样有一群志愿兵即将前往前线作战。正是在这样的背景下，丹东发表了冷酷的评论：“让我们站在前人的错误之上！我们必须变得残暴、变得面目可憎，以免我们的人民变成这样。”[71]

268 许多吉伦特派代表最初极力反对设立革命法庭，但随着征兵暴动在各地接连爆发，几乎所有人都越来越倾向于采取一系列更为严厉的镇压措施。3 月 18 日，巴雷尔代表治安委员会发表了激情澎湃的演说。在演讲中，他提到战事的逆转、莱昂纳尔·波登遇袭、征兵暴动以及“疯人派”引发的社会骚乱，并宣布出台一系列镇压法令。在他看来，革命法庭的审判效率必须提高，那些领导“反革命”行动的反对征兵的人必须在 24 小时内被送往军事委员会处决；任何无正当理由出现在法国领土上的外国人必须被驱逐出境；富人必须被课以重税以支持国防建设；所有逃亡者的财产必须被出售；任何鼓吹劫掠私人财产的人——这显然是针对 2 月末对巴黎商铺的袭击——都将被判处死刑。当巴雷尔说出“死刑”二字时，整个公会大厅在山岳派代表的带领下爆发出山呼般的呐喊：“死刑！死刑！死刑！”[72]

巴雷尔的大部分提案未经讨论就当即得到所有代表的支持，具体的操作细节在随后几天得到详细的讨论。山岳派成员卢谢非常高兴，因为即使是公会中的温和派，绝大多数也投出了信任票，他说：“他们现在愿意睁开眼睛看看横亘在我们面前的鸿沟了。”[73] 3月21日，出于对外国人的恐惧——其中一些人有特工之嫌，国民公会代表一致投票决定任何外国人都必须随身携带护照以备查验。同时，各市政府都被要求成立监察委员会以负责这项工作。这些监察委员会的职能很快就扩大到检举各种政治失当行为和可疑活动，并向革命法庭移交“嫌犯”——这种“扩大”首先发生在巴黎，紧接着是各大城市，最终蔓延至各个市镇。监察委员会实际上将检举和告发纳入合法的政治流程当中；而此前，在诸如波尔多等地，早有公民团体或个人上访市政府进行检举揭发的先例。[74]

吕穆矣的背叛激起了所有人对于过去种种背叛的痛苦的记忆，这也促使了新一轮令人痛苦而又影响深远的法令出台。几乎在吕穆矣叛逃消息传来的同时，两大阵营的代表们就开始指责对方与这位将军的“阴谋”
有洗不清的关系。经过一系列相互指责后，双方都决定废除议员豁免权。 269
这一法令在4月1日正式颁布，标志着1789年6月确立的议员豁免权正式被废除，同时也拉开了未来长达两年的时间里国民公会周期性“清洗”成员的序幕。[75]

此外，国民公会在4月初还设立了另一个机构——它将成为未来恐怖统治时期最强有力的机构之一。在几周之前，国民公会的处境并不像现在这样困窘，因而当许多代表建议在公会中建立一个单一委员会以强化中央权力时，吉伦特派均予以驳回，并公开否定这种有独裁之嫌的举
措。[76]但在吕穆矣叛逃敌方、国防体系濒临崩溃之际，建立一个“强有 270
力的政府”似乎成了必要之举，正如吉莱所说的那样。4月6日，在吉伦特派、平原派以及山岳派的共同推进下，国民公会设立了一个“救国委员会”作为凌驾于各部之上的中央权力机构。救国委员会共有9位委员——随后增多至12人，他们的会谈是完全封闭的，这一点与规模更大的国防委员会允许会外人士进入会场完全不同。最初，救国委员会由温和的山岳派主导，委员包括极具个人魅力的乔治·丹东，和去年8月至9

月一样，他处于相当高的领导地位。在往后的数月中，委员会成员将发生多次变动，最终，救国委员会在对外战争和对内镇压等大小事务上均取得了绝对话语权。[77]

6月2日清洗

伴随着新成立的救国委员会以及派驻地方的专员代表着手加强中央集权，国民公会两大对立阵营之间的矛盾乃至仇恨也日益激化。许多山岳派成员确信吉伦特派与叛逃的吕穆矣关系匪浅，甚至他们是掩藏在爱国外衣之下的密谋通敌者。每个山岳派成员都清晰地记得布里索和其他吉伦特派领袖与吕穆矣长期保持着朋友般的密切往来。在吕穆矣叛逃消息被确认的当天，罗伯斯庇尔当即公开谴责以布里索为首的吉伦特派自瓦尔密战役以来的一切作为与不作为，并要求将他们驱逐出公会。尽管如此，罗伯斯庇尔仍坚持这种清洗必须通过“合法”程序，即经由国民公会投票表决才能够执行。[78] 作为回应，吉伦特派迅速指责山岳派是叛国者。比罗多在要求废除议员豁免权时暗示了这一点；而韦尼奥在与罗伯斯庇尔口头辩论时表达得更加直白。在 4 月 13 日的这场辩论中，韦尼奥称山岳派的真实意图是拥护其昔日盟友奥尔良公爵称王，由此彻底夺取政权。[79]

在 4 月至 5 月期间，国民公会一度由吉伦特派主导。由于此前大量山岳派成员被任命为专员派驻至地方，由此产生的权力空缺使得布里索以及其他吉伦特派成员得以在辩论桌上接连取得优势。在两周一次的选举中，吉伦特派连续三次赢得公会主席的席位，而公会秘书的席位只有
271 一席旁落山岳派。[80] 卢谢向他的选民们抱怨：“山岳派现在成了少数派，我们大部分同事都远在地方。”[81] 吉伦特派开始嘲讽山岳派，称各省很快

就会派遣志愿者对他们这些“无政府主义者”采取行动。加代说：“这帮叛国者和无政府主义者很快就会被各省边缘化，他们比逃亡军和旺代叛军危害更甚。”[82]由于吉伦特派十分确信自身在各省的支持率远超山岳派，作为公会的主导力量，他们转而向巴黎各辖区发力——试图拉拢在他们看来更倾向于温和派的“沉默的多数”。在某种程度上，吉伦特派成果颇丰，尤其是在巴黎西部较为富裕的地区。[83] 5 月中旬，布里索本人在报纸上明确表态，指责山岳派无恶不作，包括谋杀反对派好让自己顺理成章地成为独裁者。据布里索所说，不少人劝说他与山岳派和解，但他回答道：“不可能！绝不可能！自由的共和国拥护者和妄图复辟的独裁者之间怎么可能握手言和？美德与罪恶之间只有无法消解的矛盾和无休止的战争！”他明确地表示，吉伦特派的目标就是粉碎山岳派：“你们无须怀疑，我们已经准备好了。”[84]

4 月中旬，由于拥有相对多数的支持，吉伦特派信心满满。他们指责马拉在最近发表的文章中煽动人民进行暴动，并计划一尝议员豁免权被废除之后的首个“甜头”——将他移交巴黎革命法庭。然而事与愿违，马拉在躲藏了几天之后主动向革命法庭“自首”，[85]但很快被判无罪释放。在支持者的簇拥下，马拉以胜利者的姿态回归国民公会，头上戴着月桂枝编成的冠冕。[86]

最终，不管是吉伦特派还是山岳派，都没能实现对对手的“合法清洗”。两派之间无休止的争执只是让代表们日益丧失权威性，让国民公会的合法性遭到质疑，这使得巴黎政局在事实上处于权力真空的状态。[87]在这种情况下，巴黎武装分子和“无套裤汉”的声势日渐壮大，并开始推动清洗。他们支持哪个阵营自不必说。早在 1 月就如何处置路易十六的辩论中，他们已经极力主张清洗国民公会中反对处死国王的代表。法军在比利时的溃败以及吕穆矣的背叛也促使激进的辖区频繁向公会请愿， 272
要求驱逐吉伦特派代表。他们通常会点出 22 名吉伦特派代表的名字并称这些人应被开除或逮捕。[88] 妇女团体同样强烈支持这一请求，她们加入男性游行队伍，到公会前提出自己的诉求，同时占领会场的旁听席为山岳派欢呼，给吉伦特派喝倒彩。一些请愿书中明确表示：如果国民公会不打算站在他们一边，他们将单独行事。[89]

面对声势浩大的谴责，吉伦特派试图反击。他们声称当前有一宗企图破坏国民公会的阴谋，并表示已经掌握了足够的证据。5 月 18 日，他们说服公会中的大多数，设立了一个由 12 名代表组成的调查委员会。我们无法得知山岳派代表是否参与了投票，但这个新成立的调查委员会的成员无一例外全都是吉伦特派成员。这个“十二人委员会”立即着手调查和镇压巴黎激进分子，缴获了巴黎公社和数个辖区的会议记录，逮捕了包括埃贝尔和其他民兵领袖在内的主要激进分子，将他们关押在修道院监狱内。当民众因之不满而抗议时，又有一些示威者，包括少数女性被一并逮捕。[90]

“十二人委员会”此举无异于授人以柄，反对吉伦特派的民众现在有了合法性；巴黎各辖区也全力反抗委员会并努力争取机会解救被关押在监狱内的同胞。然而此时的国民公会束手无策：尽管在 5 月 27 日夜间，公会召开会议废除了“十二人委员会”，但几乎所有吉伦特派成员均缺席会议；到了第二天，当吉伦特派再一次现身公会时，被废除的委员会又运转起来。新近当选为公会主席的吉伦特派代表伊斯纳尔曾公开嘲讽并威胁请愿者，他相信绝大多数法国公民站在吉伦特派一方，并预测整个巴黎很快就会被来自各省的正义力量肃清。伊斯纳尔表示：“我以整个法国的名义向你们保证，但凡有一名代表遭到袭击，整个巴黎将会被夷为平地。很快，当你们在塞纳河畔漫步的时候，就会怀疑这座城市是否曾经存在过。”[91] 吉伦特派的这种言论让局势进一步恶化，即便是日常甚少关心两派之争的吕奥也都感到愤怒，他写道：“吉伦特派疯了。这位伊斯纳尔先
273 知正在预言摧毁巴黎。他们正在竭尽所能地激怒人民，好让大家揭竿而

起反抗国民公会。”[92]

吕奥所担心的这种起义很快就变成了现实。就像1792年8月一样，起义首先由巴黎武装分子发起。起义行动的总指挥为一个临时成立的中央委员会，其成员来自巴黎各个辖区，他们议事的场所被选定在巴黎圣母院旁的一个前主教的宫殿，这也是制宪议会曾经短暂启用过的会场。在5月30日的会晤中，48个辖区有30个派代表出席，但许多非代表人员也参与了会议，其中包括大批女性和至少一名公会代表——马拉。大约共有500人席地而坐，另有100人在楼厅大声欢呼。起义的总指挥部是由25名男性组成的“中央革命委员会”，这25人的出身和职业各不相同，有曾经的贵族也有工匠，但大体上由中下阶层民众组成，这与国民公会代表主要出身于中产阶级有本质区别。他们的核心诉求是：国民公会必须废除“十二人委员会”并开除被点名的22名吉伦特派领袖。一些更为暴力和激进的人士甚至要求完全解散国民公会，并将所有吉伦特派成员“九月化”——即效仿九月屠杀处决吉伦特派。在激进人士看来，吉伦特派无一例外都是叛国者。[93]

从5月下旬到6月初大约一周的时间里，巴黎全城的焦虑情绪持续升温，日盛一日，成千上万的男性和女性游行至国民公会并包围大厅，更多人则挤在周边的街道或是挤进了楼厅。当中不少游行活动是由女性领导的。[94]在5月30日夜间，中央革命委员会正式宣布起义。警报声在凌晨两点响起，武装卫兵们开始集结，巴黎城门被关闭，塞纳河上空炮声隆隆。新上任的巴黎国民自卫军指挥官昂里奥取得了军火库的控制权并闯入巴黎公社的会场，后者曾经向他保证过会提供兵力支持。[95]谣言瞬间淹没了整个城市，普通市民根本不知道发生了什么。从公寓的窗户向外观望的吉塔尔吓坏了，他说：“我的双腿止不住地颤抖，再也站不住了。”[96]

尽管仍有少数辖区反对起义，但在动乱当中，国民自卫军以及大批

274 民众于5月31日傍晚聚集在国民公会进行请愿，一再要求逮捕吉伦特派领导人以及限定面包的最高价格，等等。许多吉伦特派代表显然并未到场。经过数轮充满敌意的辩论，伴随着楼厅上热闹的合唱声，国民公会最终投票决定废除“十二人委员会”，但是其他诉求被交由救国委员会审议。得到相对满意的答复之后，民众及武装卫兵暂时撤退并返回家中。

对于中央革命委员会的大多数成员来说，5月31日的行动是一场惨败。国民公会只听取了他们“一半的诉求”，而奸诈的吉伦特派却毫发无损地稳居庙堂。6月1日一整天，各辖区的会场异常繁忙，所有会议都异常混乱，与会者只一味相互指责。而在国民公会，许多代表依然继续值守。正如布拉德描述的那样，代表们疲惫不堪，“一连串的事情让我反应不及，我很难将我此刻的所思所想传达给你们”。[97]

6月1日夜间，革命委员会责令昂里奥带队重回国民公会，并要求逮捕吉伦特派成员，否则绝不撤退。随后，这位指挥官重整了部队，把仍支持吉伦特派的辖区卫兵安排在了远离公会大厅的地方。周日早晨，昂里奥的部队再一次聚集在国民公会前，其中包括由“革命共和妇女团体”派出的一支装备了武器的女性分队，随行的群众数量远比两天前的庞大。多数吉伦特派代表再一次缺席，而少数出席的人据称随身携带了手枪。[98]

当公会开始讨论时，从旺代传来了更糟糕的消息，进一步加剧了紧张局势，民众们更迫切地要求公会采取行动。[99]革命委员会责令巴黎公社派出的代表团在随后抵达。这一次，和5月31日不同的是，他们不再向公会提出请愿，而是发出了最后通牒：“人民已经厌倦了一次又一次的推迟和拖延……要么现在就拯救人民，要么就接受人民的制裁——我们选择自救。”几乎所有代表，包括山岳派代表都被这种威胁性语言和其他请愿激怒，一些代表担心人群当中可能存在反革命分子。最终，救国委员会做出妥协并提出了折中方案：受到指责的在场代表被迫自愿“停止他
275 们的权力”，多数代表当即接受了这一决定，但有两人愤怒地拒绝了。此

时，在僵局中，代表们意识到卫兵已经控制了会场的出口以阻止其离开大厅。山岳派代表德拉克罗瓦和巴吉尔都抱怨称，当他们试图离开会场时遭到了民众粗暴的推搡。当温和派代表布瓦西·丹格拉斯试图离开时，据说现场群众撕破了他的衣服，并用刺刀直指他的胸口。就连在附近举行例会的部长理事会成员也被团团包围，无法脱身。丹东大吼道：“伟大的人民震怒了！”当国民公会严正要求卫兵打开会场大门并勒令所有武装人员撤退时，据说昂里奥的回答是：“我他妈才不在乎你们公会！”[100]

随后，极具戏剧性地，巴吉尔说服公会代表离开大厅，直面人群。[101]我们无法得知做出这一决定的原因，亲历者对此也说法不一，但无外乎是为了驱逐人群好让代表们能够离场，或是试图在人群中排查反革命分子。当代表们正陆续退出会场时，楼厅里的妇女大声呼喊阻止他们离开，但只有极少数的山岳派代表——包括罗伯斯庇尔、马拉和夏波——仍留在大厅内。据代表杜劳尔所说，他的同事们毫无秩序地走在一起，此时所有的派系分歧似乎都不复存在。当所有公会代表都现身卫兵面前时，他们被允许离开大厅，但是不出几步，他们便发现自己被限制在了一小片区域内：他们围着公会大楼走了一圈，先是试图朝卢浮宫方向前进，然后是塞纳河方向，接着是杜伊勒里花园方向，每条路都被堵住了。据吉伦特派支持者萨拉当所说，代表们曾和昂里奥当面对峙。当昂里奥问曾经担任公会主席的山岳派代表埃罗·德·塞舍尔是否同意逮捕吉伦特派时，埃罗拒绝在被胁迫的情况下做任何回应。据说昂里奥回答道：“那么我将不能保证接下来会发生什么事情。”紧接着，他下令枪手和步兵准备开火，据称至少一些士兵确实已经将枪口对准了一众代表。[102]但当天早上随同辖区代表前往公会大厅的科尔森却给出了不一样的说法。科尔森表示：所有人都镇定自若，周围有很多妇女；尽管他们怀着满腔怒火面对这些“反革命”代表，但他们总体而言仍以“兄弟般”的态度对待国民 276
公会代表，而一些代表高呼：“我们勇敢的巴黎人民万岁！”[103]

无论真实情况如何，可以确定的是：当代表们返回大厅时，绝大多数人感到被羞辱了，同时又十分怯懦。武装人员再一次堵住了大厅出口。现在，他们似乎别无选择。经过相对短暂的辩论之后，公会颁布法令，决定逮捕包括“十二人委员会”委员在内的29名吉伦特派代表，连同两位支持他们的大臣。虽然根据原议案，这些代表应被押解至修道院监狱，但最终只被暂时软禁家中。至于那些早些时候主动提出辞职的代表，则被允许自由出入住所，只要他们不离开巴黎。我们无法了解到实际上有多少代表投票赞成这项决议——据杜劳尔所说，“相当一部分成员没有参加这次审议”。[104] 决议颁布之后，起义部队的领袖不再咄咄逼人，围堵在公会外的卫兵和群众也陆续回家。

“战栗吧，奸诈的代表们！”

1793年冬春之交在巴黎发生的一系列事件堪称革命的重大转折点之一，同时也预示了随后到来的恐怖统治。在路易十六被处死之后，国民公会代表们一度怀有前所未有的自信、一种笃定革命即将席卷整个欧洲的非凡傲慢。但是，胜利的愿景很快就随着共和国面临的一系列危机而化为泡影，这些危机接踵而至，让人无法喘息。

当我们作为后人以上帝视角回顾这段历史时，可以很轻易地说这是革命党人的过错：在疯狂地扩大战争甚至梦想着踏平整个欧洲时，他们早该意识到联军会凶猛地反扑，也早该意识到革命军兵力严重不足、军备落后，同时也早该意识到大部分农村人口根本不愿意为了一场数百公里开外的战争而远离赖以为生的土地。但事实是：大部分革命党人确实没有预料到这些。面对接连到来的危机，代表们陷入了深不见底的恐惧和不安，甚至濒临崩溃。一年多来，他们无休止地辩论、演说，始终为“大阴谋”的威胁所扰。而现在再明显不过的是：当前的内忧外患实际上是一体的，最终都是为了摧毁革命。事实上，任何一位为后人所知的代表——不管是山岳派、平原派还是吉伦特派——都十分确信这样的阴谋确实存在。他们对各省的叛乱感到尤其愤怒，感觉像是后背被捅了一刀，在他们看来这与外敌入侵没有丝毫差别。但他们也怀疑国民公会成员中存在不少自诩为“爱国者”，实际却与拉法耶特、米拉波和吕穆矣成一丘之貉的人。作为作家和哲学家，同时也是公会代表的梅西耶极精准地做出了总结：“当每天环绕在四周的除了威胁就是无休止的风雨飘摇时，几乎没有人能够保持刚正不阿。每个人都为外物掣肘却又浑然不觉；他们被彼此的狂热和激情冲刷得面目全非。”[105] 277

正是在这种狂热和不信任的氛围中，代表们试图对这一系列危机做出回应。他们试图把仍然能够运行的机构和机制拼凑起来，最终拼凑出了一个恐怖政权。他们从来没有过一个全面的系统的计划，而在接下来的几个月内，他们将继续“即兴创作”和“发明”，逐步实施并加强某些事实上仍待商榷的机制。虽然新的政权结构将让山岳派从中获利，但这是由国民公会两大阵营共同建立的。同时，新政权结构内新设立的几乎所有机构都以此前危机中的诸多应急措施为蓝本，如革命法庭、派驻地方的代表专员、监察委员会和救国委员会……这些机构都曾在瓦雷纳危机或是 8 月 10 日事件之后被设想过——有的是在国家法令中，有的是在地方当局的应急政策中。但可以肯定的是，废除议员豁免权以及此后对代表的清洗是前所未有的，虽然早在 1792 年秋天，吉伦特派就曾含蓄地鼓动对山岳派领袖的清洗。

然而，1793 年的危机不仅对日后恐怖政权中诸多机构的设立，而且对恐怖统治下人民的“心态”产生了深远影响。不管处在何种政治立场，代表们一次又一次地向家人表达这样的观点：当革命处在存亡之际，任何能够保全革命的手段都是正当的。山岳派领袖乔治·库东在 5 月初明确

278 表示：“很多措施，在一个和平而完善的政府治下可能会被视为政治犯罪，但在当前却是不可或缺的。”吉伦特派支持者艾德姆–米歇尔·培迪也提出了相同的观点：“当情况如此紧急而我们又别无选择时，我们只能抛开法律……这是我们为了保全革命所必须做出的妥协，尽管这非常可怕。”同样，现在通常处于平原派阵营的农民代表迪布勒伊也谈道：“公会再也不能一味依赖于折中办法了，必须根据具体情况做出明确回应。只有这样，祖国才能得救，那些懦弱的敌人才会被彻底打败。”[106]

此外，大多数人都确信，要从这个“可怕的困境”中脱身，最彻底的惩罚是不可避免的，因为如果他们不能将敌人一举击溃，那么敌人一定会反过来击溃他们并摧毁革命。因此，他们所暗中谋划的、所召唤的和所期待的就是死亡本身。[107]我们可以通过爱国者们使用“消灭”这个词的语境变化来一窥这种心态上的演变。最初代表们广泛使用“消灭”这个词是在谈及对外战争、消灭所有封建君主的情况下。例如，莫内斯蒂耶就曾写道：“让我们发起战争吧，我们有责任消灭所有暴君。”随后，这个词被用在了路易十六——他们自己的暴君——身上。而到1793年春天，“消灭”已经成为对抗内部反革命势力的“必备良方”。“盘踞在巴黎的各省强盗以及奥地利雇佣军很快就会被消灭，”吉伦特派代表博耶–丰腓德曾这样写道；吉伦特派支持者柯尔贝也曾谈道：“同胞们、兄弟们，让我们团结起来，彻底消灭一切敌人。”同样，随后将带领法国军队走向胜利的山岳派军官拉扎尔·卡诺也曾表示：“我们从未幻想过能够与敌人达成真正的和解，不管是内部的敌人还是外部的敌人。如果我们不能打败他们，我们就会被他们消灭；任何弱点都将是致命的。”[108]

3月末，普鲁多姆在他发行量极大的《巴黎革命报》上发表长文，呼吁当局采取镇压性措施。普鲁多姆本人确实一直是革命的热切支持者，但在此前数月之中他曾多次强调“要保持冷静”；6月2日，普鲁多姆作为吉伦特派的同情者被逮捕——这当然是不公的遭遇；而在未来数年后，

他将严厉抨击整个恐怖政权。但在这个春天，在接连到来的危机当中，
普鲁多姆失去了所有耐心，他一遍又一遍地重复着一个念头——“他们
想置我们于死地”，同时不断在脑海中想象所有敌人联合起来对抗革命的
样子。贵族、奸诈的牧师、言而无信的大臣、居住在他们当中的可疑的
外国人……所有这些人“都想置我们于死地”。他为旺代的“怪物们”保 279
留了尤为狂热的笔触：“忠于人民的治安官员和行政官员以及一些善良的
牧师已经被他们撕成了碎片。很好，既然他们渴望鲜血，那么就让鲜血
喷涌而出吧。”那些曾背叛过他们的人，包括一些公会议员，都将“贡献
汩汩的鲜血”——“战栗吧，奸诈的代表们！”他这样写道。对于所有
与革命为敌的人，他总结道：“现在，是时候让他们血流成河了。”[109]

第 十 一 章

“‘恐怖’必须成为时代的新秩序”

尽管国民公会在 1793 年的春天采取了一系列措施，但整个夏天中， 280
革命形势依然不容乐观，并充满了不确定性。在比利时、阿尔卑斯山区、比利牛斯山区以及德意志的莱茵地区等多个战区，革命党的军队均仅能对占领区进行防守，并多次败退回到本国领土。然而幸运的是，普鲁士和奥地利人更加关注双方在中欧的竞争，而非在西欧的战争。他们也仍然记得去年秋天在瓦尔密战役中的惨败，并决定此时以更加谨慎和缓慢的步调推进。然而，7 月，法军在孔代和瓦朗谢讷的陷落，以及作为德意志地区法国大革命主要支持者的美因茨的投降，都对革命造成了重大打击。截至 8 月，奥军主力距离巴黎仅有 175 公里，骑兵先头部队则距离更近。

同一时期，旺代省的农民暴动则成燎原之势。6 月，他们扫平了各个村庄并开始占领卢瓦尔河谷低地的市镇。索米尔、卢丹、希农和昂热均陷落。他们甚至夺取了大西洋沿岸的重要港口南特，一路攻入城市中心，直到遭遇爱国市民的殊死抵抗才停止进攻。在此之后，尽管革命党人组织了数次反击并取得几次小规模胜利，但其军心涣散，再加上暴动农民的不断进攻，平息暴动遥遥无期。的确，对巴黎的观察者们而言，相比
于前线战争，内部威胁耗去了他们更多的精力。“我们正处在革命的低 281
谷，”皮埃尔·迪布勒伊在 6 月初写道，“内战似乎在吞噬一切成果。”[1]

由于战争和通胀造成的经济失序，巴黎普通民众不得不继续忍受物资短缺。由于担心食物短缺，天还没亮市民们就在面包房前排起长队，

直至入夜。在6月末，洗衣妇们袭击了驶入塞纳河口的商船，强制商人对肥皂接受她们能够负担的价格。这种情势因巴黎各区间的冷战而进一步恶化：支持山岳派的激进民兵时常制造冲突，6月2日，他们驱逐了区里那些更加温和的支持吉伦特派的民众。另外，新的密谋、新的贵族势力企图切断粮食供应甚至杀死爱国者的谣言再次在城中四起。[2]

在公会内部，连续数月的骚动加剧了人们的怀疑。残酷的派系争斗侵蚀着这个机构的合法性，并引发了到底哪个派系真正控制着政府的新问题。6月2日，巴黎民兵的干涉使得29名吉伦特派代表被捕，这一行为引发了全国性不满，也成为共和国几个最大城市发生反抗公会之叛乱的最主要原因，而这次叛乱将直接威胁到革命的存亡，并成为恐怖统治到来的一大原因。

“联邦派”危机

这场被称为“联邦派叛乱”的事件发生在1793年的夏天，它的发生与地方冲突和全国政治形势均密切相关。尽管每个城市的对立情况各有不同，但对立派系往往在1789年或更早就已经产生。总体而言，更加温和的派系视自己为私有财产的保护者，而更加激进的派系则声称自己代表穷人的利益。然而，这种对立很少变成鲜明的阶层对立。如果激进派没能满足劳动阶层的需求，劳动阶层一样会转而支持温和派。但是很快，各个派系就准备诉诸暴力镇压以求彻底消灭敌人。因此，只要能够达到这个目的，使用“恐怖措施”并不会让他们有任何不安。[3]

282 然而，各个城市内部的斗争从未完全脱离巴黎政治事件的影响。从公会成立之初起，吉伦特派就全心致力于影响地方政治。布里索和他的盟友试图召集各省的“军队”到巴黎去抵抗巴黎民兵和“无套裤汉”。

1793年上半年，尤其是在巴黎各区开始要求驱逐异见者后，他们向自己的选区寄出了许多信件，警告选民革命受到了首都“无政府主义者”的威胁。巴巴卢、沙勒、博耶－丰腓德、格朗日讷夫和让索内都给家乡写了信，敦促人们准备对首都采取军事措施。韦尼奥从前很少与自己的选区联络，但在5月初起草了一封激情澎湃的信：“吉伦特省的男儿们，武装起来！让那些将我们拖入内战深渊的敌人闻风丧胆吧！”[4]这些信件被吉伦特派报纸没完没了的宣传进一步扩散，其中几封信件（尤其是布里索、戈尔萨和卡拉的信件）的内容在各省广泛流传。到5月底，一些城市已经在考虑与公会断绝关系了。在马赛，温和派逼迫雅各宾派下台，并迫使公会代表逃离城市。3月27日，在里昂发生的一场起义，以暴力推翻了山岳派支持者沙利耶在该市的统治。几乎与此同时，里昂东北方向的布雷斯堡，宣布发起叛乱，而位于诺曼底的城镇卡昂则召集了各县军队向巴黎进军。[5]

在这已然紧张的情势下，6月2日清洗的消息激起了广泛的惊恐，造成了外省精英的严重分化。约2/5的省政府很快写信支持6月2日的判决。最为支持国民公会的是战争前线附近的省份，以及那些邻近叛乱的旺代省的地区，尤其是那些最需要结成统一战线以保证自身安全的地区。然而，超过半数的省份表示反对，对29名合法选出的国民公会成员因巴黎“无政府主义者”的影响而被迫离职并被逮捕的情况表达了愤怒。各地官员召开紧急会议，讨论当前局势。他们中许多人援引时兴的主权原则来论证自己的反对意见。他们认为，国民公会不再代表作为整体的国家，而仅代表首都一小部分人的意见。[6]

实际上，大部分省份的抗议很快就被平息。山岳派动用了全部力量 283
去博取地方政权的信任，力劝他们不要在战时制造分裂，承诺尽快制定新宪法并赦免不再反对者。被派至各省的专员，也在威逼利诱当地官员的行动中发挥了一定的作用。另外，各处的精英自身也陷入了严重分化。

在很多区里，下级官员和小城镇官员拒绝跟随他们的上级进行抗议。面对来自下级的反对，很多省级官员在三思之后转变了立场。[7]

然而，还有十几个大多由对山岳派长期不满的城市主导的省份，坚持拒绝退让，甚至无视陷入内战的风险。在马赛、里昂、土伦、尼姆、波尔多和卡昂，以及这些城市周边的一些省份，官员们正式否定了国民公会的合法性。可能是在临近法国中心的布鲁日，建立新国民公会的议案被提出。会议成立了救国委员会以召集开往巴黎的军队，意图解救被捕代表，并镇压那些自认为可以辖制全国的巴黎民兵。当地的雅各宾俱乐部被关闭，山岳派支持者被投入监狱，甚至有时被处决。在某些情况下，出使当地的专员也被逮捕。[8]

很快，叛乱城市之间开始进行信息和人员往来，以保持革命热情。通过这种方式，他们让自己相信，整个法国已经准备揭竿而起，各省军队将被广大巴黎民众视为解放者。作为吉伦特派大本营的波尔多，派出了 18 个代表前往全国各地进行宣传，为自己的观点辩护。其中一个代表甚至出现在了巴黎，宣称山岳派和民兵都是试图拥立一个新国王并让罗伯斯庇尔担任他们的政府总理。[9]

最初，西边的叛乱似乎是最有威胁的，叛乱者聚集在距离巴黎大约 200 公里的卡昂。一群从首都家中逃脱逮捕的吉伦特派领导人来到这里，并加入了当地政府，以在外省继续他们的抗争。比佐、佩蒂翁、巴巴卢、
284 朗热内、戈尔萨和另外六个成员帮助他们建立了一个“中央抗争委员会”。最初，邻近的马恩、布列塔尼乃至诺曼底省份承诺支持他们的抗争。来自这些地区的一小股国民自卫军聚集于卡昂城，由一位旧政权贵族出身的将军指挥。这支两千余人的军队在 6 月底启程开赴巴黎。[10] 与此同时，马赛和里昂开始召集当地军队。里昂的军队成功联合了附近几个省份的武装，并掌控了一片长条形区域以保证城市的食物供应。马赛军队的做法也如出一辙。截止到 7 月初，马赛军队一直向北沿罗讷河行军，不断

吸收来自尼姆的支持者，并计划联合里昂的军队。波尔多也宣称将很快召集军队并向北行军。[11]

对于巴黎人而言，这场现在被称为“联邦派叛乱”的事件，以及巴黎可能受到外省军队攻击的威胁，让他们深感恐惧。他们依旧记得，1792 年 8 月，来自马赛的部队进入巴黎，以及这支军队在推翻君主制过程中的所作所为。他们从没忘记吉伦特派代表伊斯纳尔发出的威胁：外省军队将很快完全摧毁巴黎。[12]

然而，叛军也有严重的软肋。被联邦派叛军控制的地区饱受内部分裂的困扰，附近地区乃至被控制地区的很多下级官员和市政当局拒绝向叛军提供帮助。尽管叛军制订了攻占巴黎的宏大计划，但在招募军队的问题上，他们面临着和国民公会类似的问题：来自中产阶级的叛军领导层无法劝说工薪阶层和农民离开家乡并入伍参加对巴黎的作战。他们也存在缺乏军饷的问题，无法为这支军队提供制服和装备。最后，叛乱的几个中心城市没有联合在一起。位于马赛和里昂之间的罗讷河被更小的瓦朗斯市以及旁边依旧支持山岳派的德龙省所占领，这一局势又被从意大利前线撤回的共和国军队所强化。波尔多和卡昂更加孤立，并很快被先前拒绝投靠叛军、决定与国民公会共存亡的省份包围。[13]

最终，在法兰西西部的全部联邦派叛乱都宣告崩溃。这个地区的大部分官员都更加关注如何制止旺代省的叛乱，而不是支持城市精英们的党争。卡昂的小股部队被国民公会临时拼凑起来的一支巴黎国民自卫军 285
突袭并四处追击。波尔多最终招募了 400 人的军队，但这支军队仅仅离开城门 50 公里就失去了勇气，掉头返回家乡。[14] 事实上，东南方的叛乱才是最严重的。里昂、马赛和土伦的叛军都发起了严肃的军事行动以抵抗国民公会的军队。随着所受威胁与日俱增，这三个城市与山岳派的众多对头结成盟友，其中包括了保王党和反革命人员。马赛甚至尝试和英国人结盟，但是共和国军队将会在这一联盟生效之前控制这座城市。然而，土伦还是成功邀请到英国人接管港口并保护当地叛军。[15] 在国民公会面临着外敌压境、四面受敌的境况的时候，土伦的背叛以及这座地中海重要港口的易主，给巴黎人和山岳派带来了沉重一击，并激发了他们的复仇情绪。他们很快就说服自己相信，所有的联邦派分子在和欧洲“暴君”以及旺代省“土匪”一起，策划着一场重大阴谋。

山岳派主导国民公会

法国各地接连爆发叛乱让国民公会及其指派的救国委员会领导人应接不暇。6 月 2 日的暴动并没有清除公会中所有吉伦特派的支持者。三周内，大约 75 名代表联名上书，抗议对吉伦特派同事的逮捕。两名最年轻的代表，即来自波尔多的博耶 – 丰腓德和迪科曾成功为他们的友人洗清了嫌疑，并一度成为此次抗议的中坚力量。然而，大多数吉伦特派支持者选择被动应对，他们要么抵制辩论，要么一齐缺席。在大约 6 周的时间内，原本签署了抗议书的克劳德 – 安托万 · 布拉德一反常态地停止了他与家乡布雷斯特的所有信件往来。而另一方面，在 6 月 15 日，山岳派试图用唱名签到的方式强制所有代表出席，并威胁开除所有缺席代表。大多数吉伦特派成员确实出席了当天的会议，但当他们的名字被点到时，他们则用“被迫到场”（present but oppressed）“处在暴政之中”（present
286 in the midst of tyranny）等言辞回应。在 7 月 8 日举行的纪念新宪法的庆祝活动中，根据朱利安的说法，大厅左侧座无虚席，而右侧座位则空无一人。[16]

在剩下的吉伦特派成员大部分放弃抵抗的情况下，300 多名山岳派代表自此把持了国民公会。在未来一年多的时间里，每一位当选为国民公会主席的代表无一例外都是山岳派成员。而在当前这个夏天，山岳派的主要领袖很多都将陆续当选为主席。在 7 月 25 日的选举中，共有 8 名代表获得选票，他们都来自山岳派。秘书团的选举也呈现出一样的态势。山岳派的风头可谓一时无两。自 1789 年革命爆发，议会成立以来，还没有任何一个派别的影响力能与这一时期的山岳派相匹敌。[17]

然而，在取得如此优势的情况下，山岳派最初并没有立即对吉伦特派展开报复。不管他们对吉伦特派成员的猜疑有多深，绝大多数山岳派成员的注意力当时仍然停留在 6 月 2 日被民众威胁的不安和惶恐之中。同样，他们意识到必须尽可能争取更多中间派代表的支持，并时刻提防各省再起叛乱。在丹东、巴雷尔和埃罗・德・塞舍尔等温和山岳派成员的领导下，救国委员会似乎有意与6月2日巴黎武装分子的行动划清界限。此次行动 4 天后，巴雷尔代表救国委员会发表了一份重要报告。巴雷尔本人是一名出色的律师和记者，来自法国南部，自第一届国民议会起就担任代表一职。同时代熟知巴雷尔的人都盛赞他的亲切、幽默以及富有“加斯科涅色彩的个人魅力”。[18] 在过去的一年多里，他已成为国民公会最强势、最有影响力的演说家之一，现在又是救国委员会的主要发言人之一。他于 6 月 6 日发表的报告似乎极力推动某种和解——尽管首先赞扬了巴黎民众为了结束公会中派系间的混战而做出的努力，但紧接着小心翼翼地“暗示”民众未免反应过度。在巴雷尔看来，当前国民公会这个权力中心在地方各省面前合法性尽失。他不禁发问：“如果再也没有人信服公会，将会发生什么？”紧接着，他提出了一系列措施以防止未来武装分子和“无套裤汉”对国民公会实行“逼宫”，包括极力镇压组织了最近这次叛乱行动的中央革命委员会。同时他坚称 6 月 2 日对吉伦特派成员的逮捕只是暂时的，并号召议员们自愿做“人质”留在各省级城市，直到公众对吉伦特派放下偏见并让他们回到公会。对此，丹东、库东以 287
及巴雷尔本人均表示甘愿身先士卒。[19]

站在为吉伦特派辩护的立场上，丰腓德本人对人质提议持批判态度；事实上，这一提案并未产生任何影响。[20] 然而，在整个 6 月的大部分时间里，大多数山岳派领袖对这些被逮捕的代表持温和态度甚至极力安抚他们。虽然每一位被逮捕的代表都由一名宪兵看守，但他们始终被允许像往常一样在家中接待来客，甚至可以在城市中自由活动。据里法尔・德・圣－马丁所说，大约有六七十名吉伦特派支持者每天去看望被捕的领导人。加拉于 6 月中旬在让索内和韦尼奥的公寓门口同样看到来访者挤满了整个屋子。此外，国民公会仍然将他们视为正式代表，照常支付薪水。[21]

除了总体上对吉伦特派代表持宽容态度之外，委员会还致力于与地方各省进行谈判，希望改变他们的强硬态度。在夏天的头几个星期里，委员会眼中的联邦派叛乱与旺代叛乱截然不同。委员会成员乔治・库东表示，自 5 月下旬以来他们就极力促成某种和解，因为在他看来，大部分反抗公会的人不过是被误导了。他希望这场风波只是“爱人之间的争吵，双方很快就会重归于好”，正如他所说——“我所渴望的只是统一、友爱以及合作”。甚至圣茹斯特也主动请缨与加拉一起前往诺曼底进行游说。[22]

为了安抚和笼络顽抗省份，山岳派开始迅速起草新宪法，因为这项任务毕竟是国民公会存续的根本。正如迪布勒伊描述的那样，这将是“我们面对重重困难时唯一的、最好的补救办法”。[23] 由埃罗和库东主笔的这部新“宪法法案”采纳了许多由吉伦特派成员于 2 月份提出的意见，并很快得到了山岳派的批准。但与此前宪法文本不同的是，这部宪法行文十分直白、缺乏韵律，自然也不像孔多塞起草的宪法文本那样充满长篇哲学思考。整部宪法的长度只有 1791 年宪法的 1/3，完全没有君主制相关条目，也没有谈及地方机构。[24] 与之相对，《人权宣言》要长得多，它
288 用了好几个章节详细规定共和国政府的社会责任，包括致力于全民公共教育、为有需要者提供公共援助以及废除奴隶贸易。此外，新宪法将通

过基层议会的全民公投来决定是否施行，这与此前所有宪法都极为不同。

暂且不说新宪法是否争取到了地方各省的支持，它对公会中长期摇摆于两大派别之间的平原派代表产生了很大的影响。其中之一就是路易·雅克－塔乌，他极力鼓动身在翁弗勒尔的朋友们接受新宪法并与国民公会团结在一起。他写道：“是时候抛开派系之别，抛开双方在过去犯下的所有错误了。让我们团结起来，共同反抗暴政和支持暴政的反叛者。”同样，来自圣·热尼的代表皮埃尔·维内一改对此前山岳派和吉伦特派所犯错误之纠结，向选民强调“国民公会在过去的八个月里没能取得任何重大进展”。他表示：“不管怎么说，如我们希望能够平稳渡过这个内外交困期，国民公会仍然是唯一的权力中心。”被清洗的代表巴巴卢则尤为痛苦地看到：哪怕是在公会这个权力中心内部，“许多代表一面意识到国民公会存续的必要性，一面又继续与山岳派唱反调”。[25] 在此前数月，大约有 130 名代表联合起来在大小投票中与山岳派唱反调，但此时都同意将认真履行自身在国民公会中的职责并到地方积极促成和解。[26]

然而，国民公会内部总体上的缓和气氛在 6 月下旬和 7 月迅速消失殆尽——虽然此前大多数山岳派成员从内心深处并未接受这种和解。地方各省对吉伦特派和联邦派的态度迅速恶化。原来，当地方官员同意反省自身“错误”并接受国民公会的法令时，和解是容易的；但当他们拒绝谈判甚至开始逮捕公会代表，对地方山岳派成员实行“恐怖”措施时，许多代表彻底失去了耐心。在里昂的中央广场对雅各宾派信徒约瑟夫·沙利耶的处决，将对国民公会和巴黎武装分子产生尤其重要的影响。

在相对宽松的舆论环境下，许多吉伦特派成员趁此机会逃往地方，但此举无异于自掘坟墓。截至 6 月底，最初被公会除名的 29 名吉伦特派代表中，除 9 人外，其余代表连同约 10 名此前未被逮捕的吉伦特派成员 289
均逃离了巴黎。只有两名主要领导人拒绝离开——让索内和韦尼奥。[27] 更糟糕的是，几乎每一个逃往地方的吉伦特派代表都将公开支持地方叛乱：超过 17 人聚集在卡昂并支持卡尔瓦多斯地方军向巴黎进发；而夏塞和比罗多则前往里昂并支持当地暴动。[28] 当吉伦特派成员出逃并支持地方叛军的消息传开之后，许多爱国者表达了自己的愤怒。其中，原本对 6 月 2 日事件深感不满的迪布勒伊被吉伦特派“懦弱的”仓皇出逃激怒了，因为这只会让整个巴黎变得四分五裂，陷入混战。和此前态度不同，他第一次提出要对这些吉伦特派成员施以严惩：“所有这些摧毁国家团结的怪物将因他们所犯下的罪行而受到正义的惩戒。”[29]

让整个舆论急剧恶化的事件无疑是 7 月 13 日傍晚的让 – 保尔 · 马拉遇刺。女刺客夏绿蒂 · 科黛年仅 24 岁，她出身于破落贵族家庭，和姨妈一起居住在卡昂。没有人了解科黛的最终动机——虽然她在修道院长大，但并不十分虔诚；在被处决的前夜，她拒绝了教会的临终仪式。然而，从证词中可以清楚地看出，科黛本人通过阅读报纸和政治宣传册成了狂热的革命追随者，这与她那些选择加入逃亡军的大部分亲人都不同。最触动她的是 13 位著名的吉伦特派领导人——她在审判中详细列出了他们的名字——突然出现在卡昂并定居下来，与她的公寓仅一街之隔。虽然科黛的暗杀计划并非由这些吉伦特派领导人在幕后推动，但显然在一定程度上与双方的会面和交谈有关。不久之后，她独自前往巴黎，显然非常相信吉伦特派的军队很快就会从卡昂来到首都，因此她决心贡献自己的绵薄之力——杀死一个最有影响力也最受他们憎恨的敌人。在刺杀时，科黛声称有一份重要情报要提交给马拉，旋即从胸前抽出一把小刀，刺向对方胸口。马拉倒在了血泊当中，几乎是当场毙命。[30]

马拉遇刺的消息迅速席卷了整个巴黎。很快，马拉的公寓门口就聚集了大批愤怒的民众，官员们尽力将科黛保护起来，这才让她免于被民
290 众们用私刑处死。正如吕奥所说：“这一事件给“无套裤汉”们留下了极为强烈的印象。”事件也使巴黎众多辖区临时召开紧急会议。[31] 次日上午，国民公会收到了关于这一事件的正式汇报，报告者夏波情绪激动

地挥舞着谋杀所用的小刀。尽管此前大多数山岳派成员有意与不时发表激进言论的马拉保持一定距离，但马拉毕竟是他们的一员。此次谋杀，连同此前对勒佩勒提耶的谋杀以及对波登的谋杀未遂，在整个公会引发了极大的恐慌。在他们看来，此次事件毫无疑问证明了他们的生命安全正受到潜藏于巴黎内部的阴谋的威胁。皮内特写道："又一位爱国者倒在了保王党的刀下。"[32]

这位"人民之友"的葬礼在三天后举行，葬礼极具戏剧性，进一步展现了整座城市和代表们对遇刺事件的恐惧。葬礼由艺术家同时也是马拉最亲密的朋友之一雅克－路易·大卫组织。晚间的游行队伍高举火炬 291
在街道上穿梭。吉塔尔在住所附近目睹了规模庞大，蔓延着悲痛情绪的送葬队伍。两周后，他将参加第二次送葬仪式，届时马拉的心脏将被安置在卢森堡花园内。[33] 在法国各地，马拉的胸像将和勒佩勒提耶的胸像并排而立，警醒着每一位忠诚的爱国者时刻提防被刺的危险。

在大多数代表和巴黎民众看来，这起刺杀无疑是由逃往诺曼底的吉伦特派成员策划的。男性领袖们并不认为一名女性能够单独策划并执行刺杀，这种猜想随即得到印证：有证据表明科黛曾拜访吉伦特派的支持者德佩雷，并交给他一封来自比佐的书信，而后者身在卡昂。一时间谣言四起，对马拉的刺杀被视为巨大阴谋的一部分，幕后推手的目的是谋杀山岳派领袖并解救玛丽·安托瓦内特。复仇成了爱国者们脑海中的唯一念头。一份政治宣传册详细列出了应该为此次谋杀行动结束生命代价的名单；雅克·埃贝尔呼吁恢复旧政权时期的酷刑，因为在断头台上结束生命对科黛这样的"怪物"来说太容易了。库东在 7 月 14 日的公会会议中表示：此事显然可以通过"严密推导来证明"诸如比佐、巴巴卢、萨拉以及其他藏匿在卡昂的共犯就是"这个生为女人形态的怪物"的幕后指使者；这"毫无疑问是保王派的一个阴谋"，甚至与旺代叛乱有关。次日，激进的山岳派成员比尤－瓦雷纳发表了长达两小时的演说，以激烈的言辞批判所有吉伦特派成员。比尤表示，对马拉的谋杀只是吉伦特派最新的阴谋，但该派别的阴谋可谓历史悠久，甚至可以追溯到制宪议会和立法议会时期右派的种种罪行，拉法耶特和吕穆矣的叛变以及联邦派叛乱。基于此，比尤要求逮捕此前被清洗的所有代表并将他们移交审判。[34]那些没有出逃，被软禁的吉伦特派代表现在被关进监狱。两周后，他们被宣布为出逃者的共犯，而后者即使不在现场，也依然被宣布为剥夺了法律权益的叛徒。[35]

到7月下旬，任何与联邦派进行和解的想法都消失殆尽。人们早已为马拉之死而怒火中烧，而此时孔代、瓦朗谢讷和美因茨的陷落以及多位军事指挥官被指责存有异心只会让这种愤怒情绪成倍增长。就在瓦朗谢讷沦陷前数日，拉扎尔·卡诺视察了当地的防御堡垒并确信它能够抵挡长时间的围困。[36]与此同时，民众心头再次涌起了对国民公会反抗者
292 是否正在策划“大阴谋”的担忧。皮内特在家书中写道：“我们所有的将军都是这个庞大的叛国体系的成员。”“噢，我亲爱的同胞！”库东感叹道，“怎会有人流氓至此？我刚到巴黎的时候还自诩为看透人性的专家，但现在我才发现和他们相比我不过是一个孩童。”[37]

7月10日，国民公会投票决定让救国委员会中那些极力促成与联邦派和吉伦特派和解的成员“退休”。丹东、德拉克罗瓦和康朋被迫下台，取而代之的是来自马恩省的皮埃尔-路易·普里厄——此人是激进的山岳派成员。[38]影响更为重大的是委员会于两周后的选举，这次选举将罗伯斯庇尔推向了权力巅峰。自1793年春天以来，没有任何人比罗伯斯庇尔更强硬且始终如一地指责吉伦特派与“大阴谋”相关，并提议采取一切必要措施予以镇压。他本人似乎从未发自内心地认同其他山岳派成员所提出的缓和政策。他在私人笔记中草草记下了这一时期的情况，并表示十分确信自己对吉伦特派和联邦派的判断是正确的。在罗伯斯庇尔看来，结束无休止的内部混战的唯一方式是“严惩所有

叛徒和阴谋者，尤其是那些有罪的代表和行政人员；让所有人都看看，那些挑战自由权威，让爱国者们流血牺牲的流氓无赖将会落得怎样可怕的下场”。在 7 月末救国委员会的会议中，列席的大臣加拉目睹了罗伯斯庇尔如何用他强有力的逻辑和不可挑战的自信力压所有代表：“在他的言辞和原则面前，所有人只能保持沉默。”从那时起，正如巴雷尔所记得的那样，“零容忍政策成为新的社会秩序”，这也是巴雷尔本人此时真心认可的政策。[39]

8 月 1 日，巴雷尔以委员会的名义发表了另一场演说，他在这场演讲中的语气及主张的政策与两个月前发表的演讲有很大不同。巴雷尔表示，共和国所面临的威胁始终没有消减，企图推翻共和国的阴谋数不胜数，因此必须对“傲慢而狡诈”的吉伦特派成员及各省叛乱分子采取更为强硬的措施。救国委员会将派遣成员前往前线战场监督战事，并密切关注军事指挥官的动向；此时身处法国境内的所有来自敌对国的外国人都将被逮捕；委员会还将采取一系列强制措施对旺代叛乱进行清算，因为旺代起义已经成为所有内部叛乱的象征性符号。对此，委员会建议彻底摧毁叛 293
乱地区，正如巴雷尔所说：“彻底抹杀这个叛乱的种族，摧毁他们的住宅，放火烧毁他们的森林并让他们颗粒无收。”旺代叛军的所有财产都将被没收充公，用于补偿当地爱国人士在叛乱中损失的财产，也为了补贴他们的生计。理论上，只有妇女、儿童和老人才能幸免。[40]

救国委员会和国民公会对继续抵抗的叛乱城市彻底失去了耐心。8 月 4 日，一支共和国军队根据命令向里昂进军，他们将在三天之后抵达里昂城下并开始漫长而可怕的围城。与此同时，第二支军队开始向马赛进发，一路扫平叛乱并最终于 8 月 25 日进入城市。军事行动成为一系列严厉镇压手段的前奏，所有参与叛乱的人士以及所有被怀疑支持乃至同情叛军的人士都将无法逃脱惩处。

恐怖：时代的新秩序

由联邦派叛乱和旺代叛乱引起的内部混战不是促使国民公会领袖加强镇压措施的唯一因素，他们还面临着来自巴黎武装分子的巨大压力，以及到 8 月份显现出来的地方各省武装分子的强大压力。很难断定这个夏天，谣言在巴黎流传的程度是否比革命期间的其他时候更严重，但大街小巷的报纸小贩、排队等待分配救济品的民众的确在讨论着情节可怕的消息，如逃亡者藏身于妓院、罗兰已经不怀好意地回到了巴黎、英国人的马车在夜晚悄然穿过城市，以及牧师们正策划着乔装成女性刺杀爱国者，等等。9 月初，巴黎公社领袖肖梅特表达了他的担忧：“每天都会有新的叛徒、新的罪行、新的阴谋被揭露在我们眼前。巴黎人已经厌倦了自己的命运处在不确定的洪流当中。”始终存在的生计问题、对食物短缺的恐慌以及由此导致的等待救济的民众人数越来越多，都只会重新唤起民众在此前数年始终没有完全摆脱的关于“饥荒阴谋”的恐慌。[41] 有时候，人们从睡梦中醒来时就会发现城墙上被联邦派的支持者贴满了海报，宣称要报复城市。7 月 24 日和 25 日，国民自卫军被动员起来以应对
294 传闻中将发生在“平等宫殿”——即前皇家宫殿——的一起反革命阴谋。而到8月1日巴雷尔再次发表演讲的时候，新一轮恐慌已经遍布整座城市。在公众的要求下，国民公会关闭了城门，尽管这种行为本身只会进一步加剧谣言以及总体上的不稳定性。库东担心诸如突袭监狱等暴力事件会在这个节骨眼儿上爆发，因为不断有消息渲染监狱里关押着大批贵族人士。库东表示：“此时人民的愤怒已经到达了临界点；我担心，当他们渴望正义的时候，他们可能会变得可怕。”[42]

尽管形势之复杂让当局者难以厘清，但恐惧、怀疑以及“浮动在城市

中不确定的情绪”始终推动着巴黎政治生活发生转变。在7月和8月这段愤怒情绪最盛的时期，几名最为激进的巴黎武装分子标榜自己为马拉意志的继承者。雅克·鲁和让-泰奥菲尔·勒克莱尔发行的报纸，都沿用了此前马拉使用的报纸标题。每个人都试图以夸张的言论在声势、鼓吹暴力和揭发阴谋上盖过他人。埃贝尔同样不甘示弱，他的《迪歇纳神父报》逐渐与“疯人派”的极端主义靠拢。[43]

许多女性武装分子也采取了更为激进的立场。“革命共和妇女团体”在马拉的出殡仪式上扮演了重要的角色。她们高举马拉遇刺时的血衣，甚至在街上拖着马拉常年使用的浴缸。在葬礼后的第二天，一群妇女来到国民公会前，发誓要让她们的子女自小就在马拉的“福音”中长大。此后，不管是在街道示威活动中还是在面对各辖区及公会的时候，这些女性依然坚持将自己定义为“内部敌人”的主要反对者，为在前线以及旺代战斗的男性守卫大后方，这与春天时她们的立场并无不同。在克莱尔·拉孔布和波利娜·莱昂等女性武装分子的主导下，“革命共和妇女团体”的立场逐渐与“疯人派”靠拢，并得到了雅克·鲁和让-泰奥菲尔·勒克莱尔的高度赞扬。勒克莱尔很乐意与这些女性一起为她们的事业而奋斗，他本人最终也与莱昂结婚。勒克莱尔这样评价这些女性：“正是你们站在自由的前线敲响了自由的警钟。”[44]

国民公会在一定程度上正面回应了女性的需求。6月，公会颁布了一项非凡的法令，规定女性有权在村庄中投票决定公共财产的分配事宜。8月下旬，公会就妇女在婚内共同财产上应享有何种权利展开了短暂但激烈的辩论。尽管许多代表强烈反对赋予女性权利，但包括丹东、德穆兰和库东在内的一部分代表积极支持妇女权利的扩大。德穆兰表示：“男性 295
在婚姻生活中的威权是专制政府的衍生品。”[45]

罗莎莉·朱利安远不如拉孔布或莱昂那样激进，但她仍自豪地称自己为“真正的共和国母亲”的一员，如她所言，这些女性无一不具备“坚定的决心和强烈的自豪感”。1793 年夏天，朱利安参与政治生活的频率可谓其此生巅峰：她每天都会出席国民公会，就座于山岳派代表下方的区域；当她的丈夫身体抱恙时，她自觉扮演起“替代人”的角色——每天参加会议并仔细记录辩论情况，以便回家后向丈夫汇报。与此同时，她甚至制作了一本小册子并将其寄回德龙省，向家乡的亲友赞扬国民公会的智慧并严厉批评东南部的联邦派。进入出版界的朱利安向儿子坦言了自己的顾虑：“作为女性，以作家的身份出现在公众面前有悖于‘低调’的美德，这可能不是可敬的女性所应该做的事情。”但即便如此，她仍道出了内心的疑惑——如果她的偶像让 - 雅克·卢梭活着见证革命，是否会改变对女性的看法？朱利安表示：“时移世易，即使是伟大的让 - 雅克本人也可能会改变他的观点。”[46]

不管怎样，在争夺左派领袖的激烈竞争中，埃贝尔、鲁、勒克莱尔以及许多革命女性推动了一场名副其实的恐怖政治计划。所有叛徒，以及所有那些被怀疑存在不爱国思想的人们都必须被追查、逮捕乃至严惩。爱国者们逐渐得出的共识是：商人以及富人往往像牧师和贵族那样危险，因此必须被严密监视；革命法庭的职权需要被大力扩张以更有效地追捕反革命分子；死刑必须被普及到一系列一般犯罪当中，尤其是囤积和投机倒卖粮食的罪行；在此前 6 月由国民公会首肯的准军事部队“革命军”必须被动员起来，一方面负责从各地征集粮食，另一方面负责揪出藏匿在农村教区的嫌犯。在政治宣传册和演讲中，“疯人派”极端分子以及普通民众经常攻击国民公会、救国委员会和罗伯斯庇尔本人。在马拉遇刺后不久，某位姓高迪诺的人士印发了一份非典型的宣传册，上书：“现在是非常时期，我们必须采取高压行动。别再说‘不自由，毋宁死’了，我们要说‘任何胆敢阻挠我们的人都得死’。收起我们的怜悯，我们必须像他
296 们一样无情和残暴，这是我们唯一的选择。”甚至有消息称即将发生一场大规模暴动以消灭所有叛徒，且此次暴动似以九月屠杀为范本。[47]

从 7 月到 8 月初，全国各地的男性公民被赋予了空前的机会，可以直接参与到共和国的建设当中。根据 6 月 27 日的法令，国民公会给全国各个城市印发了“宪法法令”的草案。在全国城市的各个辖区中，共有 4800 个基层议会对这份草案进行研读、讨论和投票。同样，身在前线的陆军士兵以及海军士兵也都按单位收到了草案，并被要求做出表决。在投票之后，每个基层议会都需要派出一名代表携带投票结果亲自到巴黎报到，并参与 8 月 10 日举行的推翻君主制一周年的庆典活动。正是通过这种方式，国民公会履行了它在去年 9 月的承诺——以全民公投的方式确定一份新宪法。整个过程也被认为是架空联邦派的一种手段，因为国民公会此举拉拢了与一般相对保守的省级部门持对抗态度的基层行政区。这是革命时期第一次真正意义上的直接选举——它跳过了所有次级议会——也是欧洲历史上第一次全民公投。[48]

事实上，到 1793 年，法国地方的许多小市镇和大城市一样，都变得更加激进。许多基层议会都被当地最激进的革命党人控制，其中一部分甚至允许女性参与议会讨论和投票，并大力支持扩大妇女权利。可以肯定的是，并不是所有基层机构都在原定的 8 月 10 日截止日期之前完成投票。约有 10% 的基层议会没能召开会议，主要集中在旺代和土伦周边的叛乱地区；同样值得注意的是，在联邦派势力范围周边的诸多基层地方都发生了公开反抗国民公会的事件。和去年同时期相比，参与基层投票的男性公民人数大大增加。最终，几乎所有基层议会都对宪法草案投出了信任票，但仍有一些地区对宪法中的部分条文表示反对，另有一些地区提出了修正方案。[49]

基层议会投票结束后，随之而来的就是新宪法的庆祝活动。[50] 在巴黎，大批民众进入公会大厅，男男女女手挽手，共同见证最终票数的揭晓。
身处旁听席的朱利安这样描述当时的场景：有两三千人到场，他们年龄各 297
异，来自不同辖区，但齐唱着革命歌曲，偶尔还有乐队伴奏；许多人携带或佩戴着象征性标志，如自由之树、《人权宣言》乃至勒佩勒提耶的胸像。个别地区还强调了居住在本区的特殊群体，如聋哑人、失明者、在荣誉军人医院养伤的退伍军人，以及有时穿着士兵服装的男学生。“我仿佛看到了全世界人民在我面前游行，”朱利安写道，“就像在进行一场纪念自由和平等的宗教仪式。”[51]

到8月初，约有8000名来自法国各地的代表聚集在巴黎，不少基层行政区派出了不止一名代表，同时还有许多自发参加的社会团体的成员。由于最近战事失利以及旺代和东南部地区持续叛乱所造成的紧张局势仍未缓解，巴黎民众最初担心这可能成为反革命分子发起政变的契机。各俱乐部和辖区迅速颁布系列措施对这些外来者进行监管，如要求他们只能被安置在“好爱国者”的家中，所有居民必须在屋外挂上三色旗帜，上书“共和国统一不可分裂”或是“博爱、平等、自由或死亡”。[52]

由大卫组织的这场仪式以各地代表和巴黎官员的游行拉开帷幕。一行人依次路过数个标志性的革命地点，如巴士底狱和杜伊勒里宫，最终集结在共和国的圣坛——战神广场。游行队伍的行程甚至包括一处特殊的驻足点，以纪念1789年10月进军凡尔赛宫的女性。经验丰富的女性游行者坐在一门加农炮上，根据皮内特的说法，她们似乎是“受到了战争之神的感召”。当公会主席向她们颁发胜利冠冕时，这些女性大胆地宣布：“我们接受这些冠冕，我们最终也会将冠冕授予你们——如果我们认为你们值得的话。”[53]庆典结束之后，来自各地的投票结果也统计完成，结果显示有超过90%的投票者对新宪法投出信任票。

四天后，在国民公会大厅，巴雷尔代表救国委员会在应邀出席的代
298 表面前发表了演说。巴雷尔正式敦促代表们回到地方后向群众宣传“共和国统一不可分割的神圣原则”，并提醒民众“彻底消灭保王党的温床，留意联邦派的阴谋”。当中的一些代表很快会被动员为“国家代理”，充当委员会和各地区之间的桥梁。[54]事实上，和1792年夏天来自各地的志

愿兵一样，这些代表会在巴黎待上一段时间，其间作为一个集体定期召开会议，并选举一个中央委员会来为自己发声。此外，这些代表还是激进武装分子和“无套裤汉”的坚定支持者。[55]

基层代表、巴黎各俱乐部和各辖区的关键人物一起推动革命朝着下一个阶段发展：全民动员以应对战争。这些爱国领袖们提出：只要法国全民都能参与到备战中——每个男人和女人，不论老少，都有自己的任务——共和国最终一定可以以压倒性优势战胜所有威胁它的敌人。全民动员的想法最初似乎出现在7月末，由巴黎一个辖区的代表提出，但很快被俱乐部采纳，并由俱乐部提请国民公会予以参考。[56]在各辖区乃至巴黎公社的大力支持下，国民公会代表在8月23日投票通过了著名的全民征兵法案。法案由新近进入救国委员会的两名军事工程师拉扎尔·卡诺和克劳德－安托万·普里厄负责起草（此二人来自科多尔省），由巴雷尔运用史诗般的语言进行润色。“从这一刻开始，”巴雷尔宣称，“直到我们的敌人被驱逐出共和国领土，所有法国人都是法国军队的永久预备役。”单身的男青年将拿起武器战斗；已婚男性负责锻造武器和运输军粮；孩子们将负责撕出布条作为包扎伤员的绷带；老人们将被带到公共广场，负责宣传爱国演说。至于女性，巴雷尔表示，“女性必须顺应革命的潮流，在革命中扮演起重要角色。她们将放下无意义的家务，用她们灵巧的双手缝制军服、制作帐篷并在医院服务”。虽然要完成这样大规模的全民动员将花费数月时间，但在9月初，法国全民已经着手准备“全面战争”的第一次大规模备战。[57]

但是，对于巴黎激进分子和仍逗留在巴黎的基层代表来说，如果全民动员不能够与镇压内部敌人的措施并行的话，一切行动都将是徒劳的，因为他们相信潜伏在内部的敌人确实存在。由此，同样的恐惧再一次浮出水面：如果大多数人都奔赴前线，又有谁能在空虚的大后方保护妇女 299
和儿童免遭阴谋者的威胁和迫害？雅克·埃贝尔始终极力要求采取一系

列措施以镇压所有的反对派，他也始终批评国民公会和救国委员会过于仁慈和软弱。8月中旬，逗留在巴黎的地方代表开始鼓吹“嫌疑犯法令”，即迅速逮捕、审判和处决任何有嫌疑的个人。克劳德·若耶，这位来自勃艮第代表团的激进的“红色牧师”直白地说道：“如果你真的想要拯救我们的自由，那么你必须变得丑陋和可怖。”在8月底雅各宾俱乐部的讨论中，若耶提出了一句随后将在整个公会乃至整个巴黎激进人士中流传的口号：“‘恐怖’必须成为时代的新秩序。”[58]

救国委员会的“恐怖化”

也许是在巴黎武装分子和地方代表的双重施压下，从1793年夏天开始，救国委员会陆续采取了一系列高压措施以应对各省的叛乱。值得注意的是，尽管双方此时仍能采取一致行动，但代表们和武装分子之间的关系早已恶化。对于公会代表来说，6月2日的经历无异于镌刻在记忆中的奇耻大辱，在那一天他们见识了巴黎市民如何以指导者的姿态强迫他们行动。此时，尽管山岳派代表仍给予巴黎民众以极大的尊重，但他们清楚地感觉到自己是被迫听从他人的要求。9月初，整个形势因为民众的“得寸进尺”而恶化。又一波舆论促使民众插手国民公会的政事，他们要求公会领袖接受一系列激进诉求，并启用早前在春天设置的多个镇压性机构。

夏末，关于巴黎即将出现食品短缺的谣言有所增加。8月21日至9月4日期间，喧闹的游行示威和针对面包师傅的威胁挑衅行为几乎每天都在街头巷尾上演。[59]焦虑和愤怒的情绪因为另一个消息的到来而更加强烈——9月2日，巴黎人得知土伦热切期待英国海军能助他们一臂之力并决定拥立路易十六的儿子称王。背叛和阴谋似乎没有尽头。[60]两天后，在各辖区武装人员的号召下，巴黎许多工人陆续离开岗位并聚集在市政厅。在那里，人们起草了一份请愿书，要求进一步采取措施增加面包的供应量，同时铲除内部的叛徒和嫌疑人。市政领导人肖梅特和埃贝尔发表了激动人心的演说，表示支持这些提议。埃尔贝不仅要求固定生活必 300 需品的价格，更要求立即组建一支革命军——这个想法于当年春天提出，但当时并未付诸行动。这支准军事“部队”将在农村地区值守巡逻，既要迫使农民出售粮食，又负责逮捕“嫌犯”。请愿者随后决定在次日游行至国民公会大厅以表达他们的诉求和不满。当天晚上，雅各宾俱乐部对游行行动表示支持，罗伯斯庇尔本人则一再号召让国民公会以及他所在的救国委员会在不受干扰的情况下应对危机。[61]

在9月5日午后，由巴黎公社和俱乐部领导的游行队伍从市政厅出发，开始示威游行，参与者还有相当一部分“革命共和妇女团体”的成员。[62] 约2/3的巴黎辖区派代表参与了游行，那些立场温和的辖区拒绝出席。大约一小时后，游行人群到达了国民公会，并被允许进入大厅。当人群进入会场时，现场旁听席上的民众以及不少山岳派成员报之以热烈的欢迎。正如他们过去时常做的那样，游行人群就座于大厅右侧——整个大厅右侧的诸多座位已经空置许久，作为一种“希望参与政治决策”的象征行为。数百名男男女女挤在大厅的地板上，唱着爱国歌曲并高喊“共和国万岁！”还有一些人携带着写有“向暴君和贵族宣战”“打倒粮食囤积者”的标语。

请愿者的言辞比以往更加激烈和暴力。肖梅特提出倡议：身份不明的“嫌疑人”应当被立即逮捕；富人们应当被严密监视，因为这些“新领主”从“他们的前主人”的手上获得了财产，像从前的贵族那样对民众的苦难熟视无睹。一位雅各宾派发言人引用若耶神父的话：“是时候让‘恐怖’成为时代的新秩序了。”激烈的情绪在德鲁埃的发言中达到了高潮。让－巴蒂斯特·德鲁埃是公会成员，也是他于1791年在瓦雷纳逮捕了出逃的路易十六。德鲁埃表示，任何与革命为敌的人都不应该得到同情，任何被怀疑有二心的人都必须下狱；如果国家的自由处于危险之中，这些敌人都必须被毫不留情地屠杀。“我们必须成为强盗！”德鲁埃以保护自由的名义大声疾呼。请愿者所期待的无疑是九月屠杀的重演，因
301 而立刻招致大批国民公会代表的反对。此时仍是救国委员会成员的图里奥以同样激情的演说反驳道：“革命不是为了犯罪，而是为了带来美德的胜利。”

然而，主张强硬措施的声浪占据了优势。救国委员会和国民公会一整天都在忙于回应各种诉求，人群甚至一度直接冲进委员会的封闭会场表达他们的意见。代表们受尽了威胁，最终，在这一天即将结束时，巴雷尔再一次站出来发表了简短的即兴讲话。这份演说明显受到群众情绪的影响因而显得杂乱而散漫。巴雷尔最开始的言论显然是为了取悦武装分子，包括多次重复雅各宾派的口号——“让‘恐怖’成为时代的新秩序”。其后，他宣称革命法庭不仅应该针对保王党，而且也应该被用于镇压温和派。尽管如此，他依然否定了德鲁埃的提议，明确指出以正义为目的的镇压行动必须遵循法律程序，在法庭的权威下进行。从整场发言看来，巴雷尔提出的建议相对较少，仅仅提出组建革命军并要求将游散在巴黎街头的独立士兵聚集起来——此前从未有人发表过这一提议。不管怎样，巴雷尔郑重承诺，委员会将很快根据民众在公会大厅提出的诉求制定出相应的政策。[63]

又一次，巴雷尔成功安抚了群众，民众看起来都很满意地陆续离开了会场。然而救国委员会的鏖战才刚刚开始，当天委员会的会议一直持续到了深夜。这无疑是一场痛苦的会议。我们无法得知委员会讨论的细节，但可以肯定的是：成员们的意见并不统一，甚至在罗伯斯庇尔和图里奥之间还发生了公开对抗的情况。[64]但委员会中的大多数成员就革命的大方向做出了一系列决定。所有委员毫无疑问也都十分同情人民所处的

困境。但与此同时，所有委员——包括罗伯斯庇尔在内——都对群众肆意拥入公会和委员会深感不满。他们怀疑这些人可能会被阴谋者，甚至是一些武装领导人利用。因此他们确信：如果要在内外战争中取胜，一定不能容忍混乱和威胁的情况屡次发生。虽然我们并不清楚委员会是否
制定了详尽的行动方案，但几乎可以肯定，委员们对可能采取的武力强 302
制行动持默许态度，同时也积极避免未来出现大规模叛乱的情况。过去经常参与救国委员会讨论的大臣加拉这样描述委员会当前不得不寻求突破的进退维谷的困境：“当中央权力机构已然缺乏施加威权所必需的权力时，要想取得成功，唯一能做的是慎之又慎。”将之更简洁化则是：“若无政府，必不执政。”罗伯斯庇尔在日记中同样表达了建立中央集权政府的绝对必要性——“单一意志”（a volonté une）才能拯救革命。[65]

作为安抚武装分子的第一步，救国委员会决定邀请激进人士科洛·德布瓦和比尤 - 瓦雷纳加入委员会，此举无异于“招安”了两位影响力最大的批评者——二人在 9 月 5 日的行动中给予了武装分子极大的支持。[66]紧接着，他们迅速对较为弱势的武装领袖采取行动。在这一时刻，委员会显然不会选择直接与埃贝尔对抗，毕竟后者还有科洛和比尤两个强大后盾，同时又是巴黎公社的重要成员。但委员会逮捕了两名“疯人派”领袖，即雅克·鲁和让 - 弗朗索瓦·瓦尔列；同时以恐吓的方式让勒克莱尔保持缄默。数周之后，委员会解散了“革命共和妇女团体”，因为其成员与“疯人派”联系非常紧密。[67]此外，委员会领导层还竭力控制巴黎各辖区的政治活动。根据丹东的提议，国民公会投票决定终止各辖区内已存在一年有余的“常设会议”，并将会议频率限制为每周两次。[68]可以确定的是，如果贫穷的男性公民参加这样的会议将可以得到报酬——这种小恩小惠至少在表面上看起来是十分“民主”的举措；同时，公民团体将和雅各宾俱乐部和科德利埃俱乐部一起继续保持一定程度上的活跃。此后，公众对国民公会的直接干预基本消失。9 月之后，由激进的武装分

子和“无套裤汉”组织的集体游行示威活动明显减少。[69]

即便如此，委员会无法无视请愿者们在9月5日提出的诉求，巴雷尔所做出的“加强对嫌疑人的检举和告发”的承诺也必须履行。在此后数周内，救国委员会将大力振兴此前3月和4月在恐慌气氛中创设的一系列机构，意在建立起一个更有效的由国家主导的镇压体系。尽管“‘恐
303 怖’必须成为时代的新秩序”的提议从未落实为具体的法令，但从现实发生的情况来看，这句话确实已经成为这一时期国家政策的真实写照。在接下来的几个月里，这句口号将会在国民公会被重提数十次。[70]

9月9日，国民公会创立了巴黎激进分子长期以来极力要求的革命军，并落实了6月2日颁布却未实施的法律。[71] 到秋季，由武装分子组成的准军事雇佣部队在农村大肆扫荡，迫使农民出售粮食的同时将任何可疑人员控制起来。这些从巴黎下层民众中招募来的革命军士兵装备精良但纪律极差，很快就给农村民众留下了可怕的印象，并发动了对教堂建筑乃至基督教本身的攻击。通过派遣数百名这样的士兵进入农村，救国委员会和山岳派领导层成功地暂时削弱了地方一部分最活跃也最具破坏性的武装分子的影响力。[72]

然而同样重要的是，在“恐怖”逐渐被制度化的过程中，国民公会于9月17日在几乎没有进行辩论的情况下通过了臭名昭著的“嫌疑犯法令”。颁布此法的本意也许是为给“嫌疑犯”提供一个更精确的概念性定义；然而实际上，法令文本中包含了一系列弹性条款，那些“以暴政或联邦派支持者或是自由敌人的姿态出现的人”属于“嫌疑犯”，那些“不能提供充足证据表明自己具有‘公共精神’（civisme）”的人同样被视为“嫌疑犯”，然而对于“公共精神”这个词，公会或法令均未做出清晰的定义。[73] 因此，“嫌疑犯”的定义实际上完全由当地监察委员会自由诠释，这些委员会扮演着公民社团此前扮演的角色。然而这些委员会远比此前的公民社团具有威胁性，因为一旦他们做出决定，几乎没有可能通过上诉的方式影响最终

结果；同时也因为监察委员会成员本身也将经历大清洗，剩下的都是最为激进的爱国者。在此前的 6 月，巴雷尔曾经批评这些监察委员会的存在违反了《人权宣言》；但自救国委员会的立场发生明显转变之后，如科洛所说："反革命分子没有人权，只有忠贞的'无套裤汉'才享有人权。"朱利安向儿子坦言：很多时候委员会下令的逮捕行动是错误的。她描述了一位友人的情况——这位友人仅仅因为来自里昂这个叛乱的城市就遭到监禁，朱利安说："人们的愤怒已经到了如此地步，哪怕来自里昂都是滔天的过错。"但最终，她似乎还是接受了这样的情况，"这些逮捕确实偶尔会引发问题，给人造成不必要的麻烦，但为了保证国家安全，这样的措施是必要 304
的。即使是那些无辜被捕的人，如果他们真的是爱国者的话，也绝不应有所怨言"。[74] 总体而言，巴黎市囚犯的数量迅速上升，在 8 月下旬到 10 月下旬至少增加了一倍。[75]

革命法庭重点关注的就是对这些新囚犯的调查和审判。自去年 3 月设立以来，就有不少激进分子投诉革命法庭审理效率太低、纪律过于宽松。[76] 而在 9 月 5 日之后，法庭的规模迅速扩大，大量法官和陪审员应征上岗，同时还新设立了四个相互独立的部门以方便同时审理多起案件。越来越多的巴黎激进派人士成为法官和陪审团成员，其中相当一部分是工匠和商人。从 9 月到年末，提交审判的案件数量和被判处死刑的人数及比例均大幅上升。9 月末，革命法庭甚至拥有了自己的监狱，即邻近法庭的巴黎古监狱。此后，所有等待法庭审判的嫌犯以及等候处决的嫌犯都被关押在这个地方。[77]

救国委员会发起的这一系列行动获得了国民公会大多数代表的正式批准。但随着高压政策下"恐怖政权"的轮廓逐渐显现，一些山岳派成员提出了反对意见。9 月 25 日，早已与罗伯斯庇尔互生嫌隙并刚刚辞去了委员会职务的图里奥发表了言辞恳切的演说，请求当局采取相对温和的镇压方式。图里奥表示："我们必须阻止这种狂暴的洪流，它只会让我们变得野蛮不堪。”但巴雷尔和罗伯斯庇尔均认为当前的镇压手段并无不妥，同时含蓄地批评图里奥。罗伯斯庇尔以威胁的姿态表示：“任何胆敢质疑委员会的人都是国家公敌……是向我们发动战争的暴君的盟友。”紧接着，极富戏剧性的是，罗伯斯庇尔提议包括他本人在内的整个委员会不妨“退位让贤”，但国民公会直接拒绝考虑这一提案，并宣布“公会完全信任委员会”。[78]

此后，于 9 月中旬通过选举进入委员会的十二名成员将在国民公会的支持下继续担任委员一职达十个月之久。而在眼下这个秋天，救国委员会继续巩固其权力和地位。9 月 13 日，委员会被赋予提名国民公会所
305 有下属委员会委员的权力。到 10 月，它获得了指挥革命法庭进行具体调查的权力。与此同时，激进的山岳派成员把持了负责具体执行镇压政策的治安委员会，并将在今后与救国委员会密切合作。[79]

更为重要的是 10 月 10 日颁布的一项法令，这项法令正式赋予了救国委员会以行政权。早在两个月前，丹东就已提出过这种设想，但在当时遭到了包括罗伯斯庇尔和巴雷尔在内的数名成员的反对。[80] 而此时，圣茹斯特带头，极力促成了委员会如此程度的权力扩张。圣茹斯特向国民公会汇报时谈及战争和经济问题，尽管其关注的焦点始终在诸如官员变节、营私以及“过于温和”等内部问题。他宣称：“共和国的敌人在政府内部。”因而必须采取更加严厉的镇压措施以管教那些“不能也不配享有正义之人”，进而彻底消除滋生阴谋的温床。紧接着圣茹斯特主张将救国委员会正式设为法国行政机构，并在战争期间暂时“冻结”宪法的效力。他说：“法国临时政府必须是革命的，直到胜利来临。”[81]

我们很难评估代表们对待这一系列压制性集权措施的态度，因为大多数人不愿在书信中表露自己的想法——毕竟此时监察委员会和警察已经有权拆看任何往来书信。相当一部分平原派和山岳派代表可能已经感觉到自己别无选择，只能接受救国委员会享有全权。朱利安在给儿子的

一封信中提到了丈夫的窘境，作为山岳派和罗伯斯庇尔的坚定支持者，面对当前的可怕局面，这位山岳派代表“一直在身体上和心理上都备受煎熬”。朱利安写道：“敌人把我们的立法者逼得走投无路，只能泯灭人性——虽然这确实是立法者们的明智之举。”皮埃尔·迪布勒伊在给生活在普瓦图农村的儿子的一封信中透露出了类似的沮丧情绪。信中，迪布勒伊承认自己已经精疲力竭，只希望国民公会能够很快完成任务，以便他早日回到家中。但在9月期间，迪布勒伊改变了自己的想法，他表示所有“真正的爱国者”都在提醒他必须坚定不移地走下去——“你拯救 306
了祖国，但这还不够，它仍然处在危险当中。你的任务尚未完成，你必须留在自己的岗位上”。迪布勒伊现在只希望上天很快就能还法国以所有人梦寐以求的和平与安宁。[82]

吉伦特派之死

如何处置吉伦特派成员，成为最让国民公会和救国委员会头疼的一个问题。自6月2日以来，巴黎武装分子极力要求对他们进行审判和严惩，在这个过程中，没有人比雅克·埃贝尔更活跃。雅克·埃贝尔本人当然无法忘记此前5月的经历——他被吉伦特派领导下的“十二人委员会”逮捕和盘问，这对他个人而言无异于极大的羞辱。[83]然而，山岳派领导层却始终借故拖延，不愿意做出决定。因而最初对29名吉伦特派代表的软禁在他们看来只是权宜之计。7月初，受救国委员会指派负责厘清事实的圣茹斯特建议仅将当中的几名领袖移交审判，认为其他大多数人是“被误导的”因而应被赦免。在时常见到巴雷尔和其他委员会成员的罗莎莉·朱利安看来，领导人有太多其他的难题需要解决。在6月下旬她写道：“对这些优秀的绅士进行审判只会导向无止境的争吵和不合。”[84]

直到许多出逃至地方的吉伦特派成员与联邦派成员联合在一起之后，领导层的态度才变得强硬。布里索本人在穆兰被抓获，带回巴黎之后立即被国民公会送进监狱；马拉遇刺后，大多数留在巴黎的吉伦特派成员也面临同样的命运。此外，许多吉伦特派同情者也被逮捕，其中一人曾帮助佩蒂翁出逃，另一人曾作为特派专员前往地方，另两人曾在马拉遇刺之前与科黛有过短暂的会面。7 月 28 日，所有出逃者被正式宣布为“叛徒”，一经逮捕立即处决。[85] 在这一法令的风头下，吉伦特派记者戈尔萨秘密潜回巴黎与情人会面时被捕，并在 10 月 7 日成为革命议会中第一位被处决的代表。[86]

在整个时期中，国民公会在“将所有吉伦特派成员绳之以法”的问
307 题上始终面临巨大压力。巴雷尔在 9 月 5 日的演讲中曾做出这样的承诺，埃尔贝一直在他的报纸上向国民公会施压，另有来自各辖区及雅各宾俱乐部不计其数的请愿书要求国民公会迅速将审判提上日程。自春天以来，巴黎武装分子不断强调“吉伦特派是叛徒和阴谋分子”，现在他们进一步要求对吉伦特派施以严惩：“布里索及其同伙理应立刻为他们所犯下的罪行付出代价。”[87]

最终，在 10 月 3 日，治安委员会成员让 – 皮埃尔·阿马尔正式宣读了对吉伦特派成员的公诉书。逮捕名单从原先的 29 人增加至 41 人——当中只有 21 人实际上身处巴黎——其中包括两名年轻的吉伦特派代表博耶 – 丰腓德和迪科，他们此时仍坚守在国民公会议席上。[88] 委员会对被告人过去的活动进行了广泛彻底的研究，诸如他们的演讲、出版物，以及保存在家中或是在邮局被截获的来往书信。整个调查过程无异于动机不纯的恶行，要么意在诋毁特定的吉伦特派成员，要么是为了诋毁“吉伦特派”这个派系本身。此类证据包括：卡拉曾于 1792 年 7 月提出拥立不伦瑞克公爵称王这一奇怪的建议；韦尼奥和让索内几乎在同一时间致信

君主；布里索和吕穆矣众所周知的交情；以及伊斯纳尔发出的摧毁巴黎的威胁。但众人指责的核心始终在于：吉伦特派煽动或直接参与了联邦派叛乱；吉伦特派可能与马拉遇刺、旺代叛乱有关，以及可能与时任英国首相的小威廉·皮特有秘密联系。阿马尔承认，吉伦特派似乎在一些具体问题上表达过反对意见，但这是"有意为之"——"只是为了更好地隐藏他们的犯罪意图"。阿马尔称："毫无疑问，吉伦特派成员一起行动，最终目的是摧毁整个国家。"[89]

对吉伦特派领导层的控诉并不出人意料，毕竟这份公诉书在前一天晚上就已在雅各宾俱乐部内部宣读过。但出人意料的是，阿马尔要求逮捕另外 75 名吉伦特派同情者。这份进一步扩大的逮捕名单里包括那些曾签名抗议 6 月 2 日法令的所有代表，这份签名此前从未公开过，是在 7 月被捕的代表德佩雷的口袋中发现的。当阿马尔开始讲话时，大厅的大门被锁上，名单上的所有人立即被从座位上拉下来送进监狱。克劳德－安托万·布拉德同样出现在名单上，他在当天被捕时完全没有任何心理
准备。同样，路易－塞巴斯蒂安·梅西耶也被带走并关押起来。几名山 308
岳派代表要求审判他们，但被罗伯斯庇尔出面阻止。所有被捕的吉伦特派代表被关押在拉弗尔斯监狱，在那里他们将度过一年多的时光。[90]

10 月 24 日，革命法庭开始了对吉伦特派案件的审理，整个过程持续了 7 天。参与审判的是 5 名法官和一个由 14 名男子组成的陪审团，他们都是激进的武装分子，大部分来自巴黎本地。约有 1200 名群众在会场的后方或是旁听席目睹了审判的全过程，罗莎莉·朱利安也是其中一员。[91] 毫无疑问，诸如布里索、韦尼奥、让索内、拉素斯、丰腓德、迪科和卡拉等吉伦特派主要领袖的审判备受关注，其余代表相对来说不为人所知，一些人甚至是吉伦特派阵营中无足轻重的人，朱利安称他们为"小鱼苗"。这是首次将一大群身份和主张各异的个体"捆绑"为一体进行审判，这种审判模式也为接下来一年间数场主要的政治审判所采用。[92] 正如 1 月

份对国王进行审判那样，吉伦特派成员被允许拥有一名辩护律师（显然是由法庭指派），也被允许为自己辩护。但是，他们不被允许事先得知对自己不利的证据，因而也无法在审判过程中传唤证人以自证清白——审判现场由控方证人占据主导地位。在审判过程中，许多二手证词甚至是传闻，但不管被告如何反对都无济于事。负责本次审判的检察官是老道而能干的安托万·富基耶－坦维尔，但在一些时候，法官及陪审员也会发言攻击被告。[93]

主要的控方证人无一例外都是武装领袖，包括肖梅特、道布森、莱昂纳尔·波登以及最重要的领军人物埃贝尔。在诸多方面，埃贝尔实际上扮演着检察官的角色，他持续不断且情绪激动地向被告抛出指控。但布里索和让索内等人一直是国民公会内部经验丰富的演说者，特别是韦尼奥，他一度以滔滔雄辩逐一回应埃贝尔的指责。韦尼奥回顾了他过去为革命做出的种种贡献，并坚持认为他的一系列行为都不能脱离具体的历史时期和情况加以解释，且无一例外都是出于对共和国的热爱之心。作为演说的见证者，朱利安承认自己很想同情被告："我的内心备受煎熬，因为严肃的正义并不排斥温柔的人性和怜悯。"[94]

309 作为回应，强硬的富基耶－坦维尔迅速拿出韦尼奥于此前5月份给选民的信件，即那份"吉伦特省的男儿们！"的呼吁。这封信在此时难免让人认为韦尼奥是以暗示的方式鼓励民众发起反抗山岳派、反抗巴黎的叛乱。[95]然而，此时的富基耶和埃贝尔都意识到：如果此事不能迅速解决，他们将面临大众舆论的倒戈，甚至会有被当庭殴打的危险。愈发感到不安的埃贝尔在自己的报纸上，以及在雅各宾俱乐部多次要求精简审判程序；负责审理案件的法官们也直接向国民公会提出了同样的要求。他们认为，如果囿于法律规定，那么所有的被告只会无休止地反驳对他们的控诉，进而使审判结束遥遥无期。在他们看来，结论已经非常明显："吉伦特派的罪行证据确凿；我们所有人都坚信他们是有罪的。"雅各宾俱乐部成员还向国民公会代表请愿：“为了消灭这些怪物，为了维护恐怖这一新秩序，审判必须速战速决，被告人必须被定罪。”面对这样的压力，罗伯斯庇尔和巴雷尔做出“让步”，即当陪审团成员认为得出的结论对得起自己的良知时，审判就可以结束。[96]

次日，即10月30日，陪审团成员最初坚持认为他们仍然没有足够的证据，因此双方陈词环节持续了数个小时。但在漫长的午后休会之后——很可能是在法官和检察官的说服下——陪审团宣布他们准备对案件进行审议。同时期的一名观察者这样描述当时的情况：“经过了长达三小时的审议后，陪审团于晚间十点回到了法庭，同时被带到现场的还有被告人。时间似乎过得飞快，整个法庭被火把照得通明，在场的法官和旁听者早已因为长时间的讨论而疲惫不堪……所有这些都让整个气氛变得沉闷、压抑又可怕。”[97]但让气氛变得更加糟糕的是，陪审团宣布，所有21名被告都被认定犯有蓄意分裂共和国的罪行。其中一位陪审员随后对该裁决进行了解释。他宣称：有充分的证据表明被告之间长期以来一直通过夜间的秘密会议接头，共谋煽动各省叛乱分子，甚至策划进军巴黎；被告的行为已经使共和国濒临崩溃的边缘，因而控方希望对他们采取严厉的措施以儆效尤。出席了审判的朱利安似乎相信这种说法，她说：“在为期七天的审议中，尽管所有被告都能言善辩，但控方证人 311
的证词彻底揭露了被告所有解释的虚假性。”[98]

首席法官随后宣布了最终判决：被告被判处犯有“煽动分裂共和国罪”——这项罪名由国民公会于去年12月一致通过确立，21位被告将被送上断头台，次日行刑。[99]吉伦特派成员从未想过自己将会面临这样的判决结果，没有任何心理准备的他们感到无比震惊。朱利安写道：“他们的脸上充满了恐怖的神色。布里索低下了头，韦尼奥挥舞着手臂向群众抗议，让索内试图对判决提出质疑但被告知不允许再说了。”其他代表则高喊“我是无辜的！”或是“共和国万岁！”突然，所有被告都起身抗议，整个会场瞬间陷入混乱，所有人吵作一团。但被定罪的代表仍然被警察带走，关回牢房。然而，21 位被告人中有一位没有跟上，此人是杜菲舍·瓦拉吉，吉伦特派的多次私下会面正是在他的公寓内进行的。众人回头才发现，瓦拉吉用匕首刺向了自己的心脏，此时已经躺在长凳上一动不动了。[100]

第二天，也即 10 月 31 日，剩余的 20 名被告被安置在四辆囚车中游街示众，这种羞辱性的仪式与旧政权时期所实行的并无不同。囚车缓慢地从古监狱驶出，沿着塞纳河一路到达革命广场。所有这些代表都读过罗马人英勇就义的故事，他们中的大多数人也决意效仿。据说最年轻的两位代表——丰腓德和迪科——高唱着爱国歌曲。许多代表，特别是来自波尔多的代表们，早在革命开始之前就是亲密的朋友。据目击者说，他们在断头台下彼此拥抱，随后排着队，一个接一个地爬上断头台赴死。在这天之前，这台伟大的机器还从未一次吞噬过如此多的生命。

据一名在场的警察观察员的记录，许多围观群众在第六位代表被处决之后陆续离开，他们“脸色阴沉，极其惊愕”。当最后一位代表人头落地后，人群中爆发出呼喊：“共和国万岁！人民万岁！”但之后，这位观察员写道：“几乎没有人交谈。”[101] 被处决的代表中有不少为民众所熟知，甚至直到当代也还是法国历史上最具影响力的人物之一。对很多在场者来说，代表们的死亡只会让他们感到清醒，如果他们没被吓坏的话。

第 十 二 章

共和历第二年与恐怖统治

早在吉伦特派成员被处死之前，同时期人们对待自己以书面形式写 312
下的内容已经变得更为谨慎，许多人完全停止了书信往来。至于那些继续保持通信的人，他们的思想和观点也经常因为恐惧或自我约束而变得十分模糊。相当一部分人烧毁了自己的所有过往书信，并撕毁了部分或全部私人日记。[1] 阿德里安·科尔森在信中只谈论生意而不讨论政治。年迈的吉塔尔·德·弗罗利拜恩并没有停止写日记的习惯，但他通常只记述“事实”，要么是他在报纸上读到的事件，要么是他透过窗户看到的，或是在圣叙尔比斯附近散步途中的见闻。至于罗莎莉·朱利安，她曾一度保持了相当程度的直率——将信件放在一个特殊的袋子里寄给担任罗伯斯庇尔私人秘书的儿子；然而到 1794 年 2 月，迫于压力，她不得不在每一封信中都附上一行文字，请求任何中途截获信件并看到这行文字的人不要扣下这封母亲写给儿子的书信。自此，包括朱利安在内，所有见证者的文字表述都愈发生硬和抽象。在我们所有的见证者中，也许只有尼古拉·吕奥坚持坦诚的笔调；但和其他见证者相比，他寄出的书信要少得多，通常他只会在有靠得住的私人信使替他送信的情况下寄出信件。否则，正如他在给兄弟的信中所指出的那样，考虑到自身安全问题，他只能顺应当下的政治文化，采用主流的、安全的语言进行写作。[2]

从激进的改革到“去基督教化”

根据法国大革命历法（即法国共和历），1793 年 9 月至 1794 年 9 月被称为共和历第二年。在这一年中，可以肯定的是：“自由精神”，这种
313 对人类进步的理想和热忱从未消失，甚至在一些方面变得更加热烈。一系列旨在建立一个更加公正和平等的社会的措施成为这一时期的标志。1793 年 6 月，国民公会投票通过修订版的《人权宣言》，给共和国内所有有需要的人提供普及教育和公共援助；同年 12 月，公会代表宣布每个社区都应设立一所小学，教师的工资由国家支付；次年 2 月，公会通过了一笔 1000 万里弗尔的预算，用于帮助贫困人口、体弱者、老年人以及需要抚养年幼子女的未婚女性；甚至婚外所生的“非法”儿童在法律面前都被视为与其他儿童平等的存在——考虑到这一时代的偏见，这无疑是一个了不起的创举。其他措施则旨在促进农业和交通运输业的发展，这既有助于备战，又有助于改善普通民众的生活条件。[3] 试图对公共财产进行再分配，以及在 2 月底至 3 月初颁布“风月法令”，都是进行土地再分配的初步尝试。“风月法令”由圣茹斯特推动国民公会颁布，旨在剥夺所有“革命敌人”的私有财产，并分发给赤贫的爱国者。[4] 而更具划时代意义的是颁布于 1794 年 2 月 4 日的法令，它废除了所有法国殖民地的奴隶制。法国成为近代历史上第一个颁布此类法律的大国。奴隶制的结束当即在巴黎掀起了一场狂欢：成千上万的巴黎男女，以及许多生活在巴黎的非裔都参加到众多庆祝活动中。出人意料的是，就算是吉塔尔也热情无比，虽然之前他在加勒比地区的所有投资因为当地奴隶起义而化为乌有；他说：“所以现在，每一个奴隶都是自由自在的了。”为了纪念这个“值得纪念的解放日”，吉塔尔在日记中画了一幅简单的速写，画中一名黑人男子和

一名黑人女子手牵着手。[5]

此外，国民公会还为改善女性地位做出了许多努力。根据新颁布的法令，女性在家庭和婚姻关系中的权利被明确规定，包括对家庭财产和子女的权利，这让女性的地位相较于旧政权时期得到了极大提高。而随着离婚的出现，成千上万的法国女性将向法庭求助以脱离不幸的婚姻。[6]但是，国民公会对妇女的政治权利施加了诸多限制。1793 年 9 月和 10 月，由中产阶级成员主导的“革命共和妇女团体”与巴黎的工人阶级女性之间发生了一系列激烈的争吵。特别是那些在中心集市里做工的女性，当中产阶级强制她们戴红色的共和国帽或是穿特定式样的服装时，她们 314
被激怒了。10 月，工人阶级女性向国民公会抱怨，并极力要求废除“革命共和妇女团体”。而早已对该团体与“疯人派”的密切联系感到不耐烦的国民公会代表正好利用这一机会废除了它，进而废除了所有类似的女性社会团体。一些代表在演讲中毫不掩饰对女性的歧视，提出必须将自己的妻子和女儿限制在家中。但事实是，即使是不被允许创建女性社团，妇女也绝不准备重新回到繁琐的家务中——她们仍被允许在男性主导的俱乐部旁听会议和讨论。许多女性坚持如此，并积极参加国民公会和邻近辖区的请愿活动。罗莎莉·朱利安一如既往地积极参与政治生活，至少在 1794 年 7 月罗伯斯庇尔倒台之前没有明显变化。[7]

然而，国民公会关于教育和土地再分配的诸多法令未能顺利推行，甚至可以说是没有丝毫进展。外部战争和内部派系纷争不断，始终让山岳派的改革寸步难行。然而，一些分派到地方的专员在各自所在的地区实现了局部改革。以吉尔贝·罗默为例，作为特派至西南数省的专员，罗默试图利用自己的权力支持战争、镇压反革命，并确保“每人都公平地享有份额”。他努力确保所有阶级平等地获得粮食供应，即推行“平等面包”的措施，同时极力促进教育和农业的发展，并扩大对穷人和病人的援助。和许多其他代表一样，罗默始终怀有建立“一个有着合理调节机制的社会”的梦想，希望全社会像一个大家庭一样，来自任何阶层的孩子都能接受平等教育，社会内部的贫富差距将逐步缩小。[8]诚然，罗默和其他理想主义者的这些努力犹如昙花一现，诸如保护妇女权利和废除奴隶制等旨在促进社会平等的法令也未能延续到此后的政权中，但不可否认的是：这些尝试对后世民众而言是强有力的遗产，整个 19 世纪和 20 世纪的无数人在它们的鼓舞下前赴后继地为建立一个更加平等和人道的社会而奋斗。

不幸的是，共和历第二年间，这些理想并不总是包含“宽容的美德”。从革命初期开始，许多爱国者就对那些尚未准备好成为“新人”的人表现出相当程度的不耐烦。到 1793 年，一群最为激进的武装分子不仅攻击
315 反革命分子，更对那些被动依附于革命而并未表现出足够激情的人怀有敌意——被动和温和在此时均等同于犯罪。在这些爱国者看来，那些没有全面支持他们的人一定是敌人，这种激进态度尤为强烈地表现为对教会和神职人员的攻击。[9]自 1789 年以来，爱国者最为动荡的观念变革就发生在宗教事务上。随着革命的步步推进和旧政权的倒台，爱国者们不断发问：“现在难道不应该建立以理性为基础的政权吗？难道不应该抛弃对圣徒和三位一体的迷信吗？天主教那些看似具有魔力的仪式难道不是骗人的把戏吗？所有的宗教难道不都是神职人员捏造出来，以维持他们在社会中的权力和影响力吗？”

毫无疑问，在革命的最初几年，绝大多数法国人——即使是巴黎工人阶级——仍然继续保有天主教信仰。当巴黎公社的领袖试图禁止 1792 年平安夜的午夜弥撒以及 1793 年 5 月的基督圣体圣血节游行时，大多数民众完全无视他们的禁令，一如往日般大肆庆祝宗教节日。[10]然而到 1793 年秋季，随着激进武装组织在国民公会、巴黎公社和各个辖区的影响力日益增强，越来越多的人认为是时候在共和国内部彻底清除“迷信”了。9 月，特派代表约瑟夫·富歇在法国中部的两个省份强行关闭教堂、

驱逐神职人员并积极推广无神论，其他地区的特派代表很快也采取了类似措施。到冬季结束时，在法国全境已经很难再见到有牧师做弥撒的教区。而此前宣誓效忠于宪法的牧师——他们中的大多数人都坚决支持革命和共和国，此时却被告知已不需要他们了，并被要求辞职或退休。不知是出于恐惧还是真的信服，数千名牧师和神父烧毁了信徒的来信，并对他们从前的职业矢口否认。随后，其中数百人娶妻成家。

从 1793 年 10 月和 11 月开始，带有复仇色彩的“去基督教化”运动在巴黎拉开帷幕。由吉尔贝·罗默参与构思的一部全新的革命历法于 10 月通过了公会的讨论，并于 11 月末开始实施。根据这部历法，元年元月元日不再是耶稣诞生之日，而是法兰西第一共和国诞生之日——1792 年 9 月 22 日。此外，历法以更世俗化、更具季节特色的名称命名 12 个月，316
比如 1793 年 11 月 25 日现在是共和历第二年的霜月（Frimaire）5 日。更为巨大的变化是：过去的一周七天被更改为一旬十天；因而“休息日”不再是每周第七天，而是每旬第十天。为了进一步凸显变化，武装分子更改了城镇、街道和地标的名称，圣徒、圣母以及总体上与基督教相关的名称都被他们抹去——正如他们早前抹去了王室的所有痕迹一样。[11]

起初，吉塔尔所在的圣叙尔比斯教区既在共和历每旬的第十日做弥撒，又在旧历的“礼拜天”举行相同仪式以祈祷法国军队在前线取得胜利。但很快，这一行为被巴黎公社检察官肖梅特带头叫停，同时，所有教堂被强行关闭，所有形式的弥撒都在公社的施压下草草结束。[12] 该教区最后一次做弥撒是在 10 月 15 日。虽然在随后一段时间内，部分民众试图在私人礼拜堂中继续做弥撒，但这一行为不被鼓励且被认为过于危险。吉塔尔鲜有地在其日记中以大量细节描述了新动态。圣女热纳维耶芙的圣物盒以及圣叙尔比斯教堂的圣杯都被带至铸币厂回炉重铸。教区三名前任牧师在其新妻的陪同下来到吉塔尔的辖区，以炫耀的姿态烧毁了他们的圣职授任信；他们宣称，神学不过是一派胡言，事实上“他们从不相信自己所讲的，仅仅在欺骗人民”。当地武装分子以圣书和祭衣为薪，焚起了熊熊篝火，同时“一位哲学家发表演说，宣称此后再也没有宗教，再也没有上帝，一切不过是自然问题”。几乎在同一时间，巴黎主教和在公会中列席的神职人员都不再携带十字架，并公开宣布抛弃神职；为纪念一座自由女神像和一座“理性女神像”的落成，在从前的天主教堂巴黎圣母院内举行了一系列庆祝活动；随后，“无套裤汉”陆续将雕刻在圣母院外墙的哥特式圣徒的头部凿下。吉塔尔写道：“现在，在巴黎所有教堂兴起的无疑是一个新宗教，或者说是一个邪教。”[13]

尽管吉塔尔在日记中并未对上述事件做出评价，但我们从几个月后的事件中能够得知此时他十分不满。肖梅特和前任巴黎主教在数月之后被送上断头台，吉塔尔在言语之间透露出了赞许之意：“他们曾说‘世界
317 上没有上帝，人没有灵魂’，但上帝却让这些可怜人的谋划大白于天下。”[14]
除吉塔尔外，其他一些雅各宾派支持者同样早已为武装分子通过强制和恐怖手段强加的反宗教文化感到愤怒。尼古拉·吕奥确信——正如他所钦佩的伏尔泰所想——普通民众需要宗教。吕奥担心各省对神职人员的镇压和对教堂的破坏将导致负面影响，并为亲眼所见的武装分子的行为感到震惊——在吕奥的住所附近，“约百名武装分子像泼皮无赖一样组成狂欢的队伍，他们身穿牧师服，手牵一头披着神职人员服装的驴”。此外，吕奥对位于法国北部的圣－德尼圣殿中数代法国国王的陵墓被毁一事感到痛心。“这是多么令人难过的时刻，”他写道，“不管是生者还是死者都饱受折磨和迫害”。[15]

罗莎莉·朱利安在宗教问题上作为一名卢梭主义者，和吕奥一样对近期的事件感到意外和不满。她写道：“最近的事件对每个人而言都是晴天霹雳，这场革命的洪水以不可阻挡之势冲刷了整个巴黎。和国民公会成员一样，我们都无比震惊。”然而朱利安本人在一定程度上并不自洽，因为这一系列对宗教的攻击似乎代表着人民——或者至少是那些当前主导辖区的

民众——的意愿，而人民是朱利安一直以来信任又尊敬的对象。也许，基督教的本质需要在伦理体系中找到凭依。和雅克・埃贝尔一样，朱利安开始怀疑：耶稣是否不应该被视为“‘无套裤汉’的精神领袖”。[16]

然而，吉塔尔、朱利安和吕奥的个人意见无法左右事态的发展。罗伯斯庇尔本人也对这种无神论言论的蔓延感到愤怒。和朱利安一样，罗伯斯庇尔一直关注卢梭对宗教更为精神化的解读，并曾公开谴责公会中的“去基督教化”氛围。在他看来，这是意图在温和天主教徒中煽动冲突的外国阴谋的一部分。随后，基于1789年和1793年的《人权宣言》，罗伯斯庇尔推动通过了一项支持宗教宽容的法令。[17]

从短期来看，罗伯斯庇尔的努力收效甚微。然而，在1794年春季巩固了自身的政治影响力后，罗伯斯庇尔主导了针对无信仰者肖梅特及不再担任圣职的巴黎主教的镇压。他率先推动建立了一套自然神论的宗教信仰——“最高主宰崇拜”，公开谴责无神论。6月初，为了纪念这个新 318
的宗教，罗伯斯庇尔在市中心举行了一场盛大的仪式。公会代表、艺术家雅克－路易・大卫在战神广场上曾经矗立共和国祭坛的地方竖立起一座象征性的山峰。朱利安描述道：“（这座）人造山宏伟壮观，如画一般迷人。”约有40万名男女出席了仪式，时任国民公会主席的罗伯斯庇尔站在一处演讲台上发表了中规中矩的讲话，随后戏剧性地点燃了一尊“无神论怪物”的塑像。之后，现场民众被邀请一齐为“最高主宰崇拜”高唱赞美诗。[18]

吕奥、朱利安和吉塔尔似乎极其热衷于这场盛大的六月庆典，并且准备接受这种更温和、更具说服力的“去基督教化”形式。但其他人的态度则更具批判性。一方面，在极左派当中，以比尤和科洛为代表的救 319
国委员会激进代表更情愿完全摆脱宗教。他们对罗伯斯庇尔在庆典中所扮演的类似“教皇”的角色，以及他所发表的关于“美德”的自以为是的言论感到非常愤怒。另一方面，在法国大部分地区，大规模的“去基督教化”运动无异于以暴力形式冒犯民众的虔诚信仰，甚至可以说，它是整个共和历第二年中最严厉也最不合理的行动。可以肯定的是，市镇中一些较为狂热的爱国者已经做好准备接受这些措施，并在地方推行新的革命文化——不论是以理性崇拜还是最高主宰崇拜的形式；然而，大众阶层的许多民众，包括那些拥护宪政教会的人，都因教区被关闭、教士被免职而感到震惊和愤慨。现在还有谁能够主持亲人们的临终圣礼？又有谁能够为人民的来世幸福做祷告？这种由少数城市武装分子推动的“革命”似乎正使他们的灵魂岌岌可危。

战事告捷

共和历第二年，尽管革命党人在改革国内文化信仰方面相对低效，但他们在与欧洲列强史诗般的战争中取得了巨大进展。截至1793年秋季，成千上万的法国年轻人表示他们已经蓄势待发，随时准备为新政权而战。可以肯定的是，相当一部分人在这个问题上并没有第二个选择。对军事指挥官而言，部下的擅离职守是一个始终存在的问题，而在法国部分地区，农民将坚持抗议征兵。[19]但是，如果绝大部分士兵不具备“不自由，毋宁死”的革命觉悟，法国军队将永远不可能取得接下来的成功。许多士兵此前曾加入过家乡的国民自卫军和流行社团；另一些更年轻的士兵，此前虽然无法加入这些组织，但仍积极地关注前线的消息，部分人甚至自发组建青年团或成为自卫军预备役。[20]当时机到来时，他们当中的很多人立刻加入了志愿军。到1794年初，法国军队的总人数已上升至约75万人。身处前线的新兵仍持续受到驻扎当地的城镇俱乐部和激进派报纸的影响——例如，军务部就曾免费向士兵们派发《迪歇纳神父报》。此外，
320 不少人高唱着《马赛曲》或《出征曲》奔赴战场：“共和国正在召唤，我

们要么胜利要么灭亡。法国人必须为她而生，法国人必须为她而死。”[21]

1793 年夏天，尽管爱国热情高涨，但法国革命军在欧洲列强联军面前却一度濒临崩溃。反攻战从 1793 年 3 月开始持续至 8 月末，其间法国各战线推进缓慢，士兵们不止一次地退回到自己的领土上。直到 1794 年 1 月，法国境内仍有数十个市镇和乡村被联军占领，如被奥地利或普鲁士军队占领的瓦朗谢讷、孔代、勒凯努瓦和阿格诺。[22]

虽然在 9 月和 10 月的进展十分缓慢，但到了冬天，共和国军队一改颓势，接连发起进攻。和过去一样，法军的胜利得益于大国之间的协调失败。普鲁士人派出大部分军队进入东欧以确保对波兰顺利进行二次瓜分；英国人也曾明确表示，他们对控制英吉利海峡港口的兴趣远高于与奥地利发起联合攻势。然而，法军胜利的关键是其内部的大规模动员。8 月由巴黎和省级激进分子极力促成的大规模动员，现在获得了国民公会和救国委员会的支持；到 1793 年底，为挽救革命而进行“全面战争”的呼吁开始迸发出巨大的能量。数量庞大的法国民众陆续抵达前线，整个国家的经济体系已经围绕战争运转起来，为前线军队源源不断地提供弹药及其他军需物资。[23]

救国委员会将全部精力投入到战争组织工作中，其中几名成员在事实上扮演着部长的角色，手握无限的权力。拉扎尔·卡诺总体统筹军队组织和战略；克劳德－安托万·普里厄负责弹药和军备补给工作；罗贝尔·兰代负责粮草供应；让邦－圣－安德烈，这位曾经的海军上校负责跟进海军重组工作。卡诺、普里厄和圣茹斯特曾多次和其他派驻代表一起前往前线部队，甚至参与实战行动。在同一时期，来自法国各地并被派往战地的国民公会代表积极招募士兵及征购马匹、马鞍、粮草和制造 321
枪炮所需的钢铁等。他们竭尽全力呼吁民众支持战争，同时监督地方俱乐部和出版物，推动举办民间节日庆典以宣传爱国主义。[24]

在一定程度上，当法国人采取新的战争策略以匹配他们急剧变革的军队组成结构时，战争本身也越来越具有革命色彩。在大多数情况下，共和国士兵不再需要进行严格的操练以保持整齐有序的列队动作，而这是旧政权时期应征入伍的新兵所必须进行的规训。这些被充分动员的法国青年在作战过程中不再依赖于谨慎的战术和有把握的围攻来实现推进，反而时常毫无章法地向地方阵线的某一点发起大规模攻击——他们以放任自我的攻势“恐吓”了对手。[25] 法国士兵基本上不再意图争取反对者的支持，相反地，他们强调不再对“奴隶军”有丝毫的宽容。“我们将不再像堂吉诃德一样战斗，”现归属平原派的布列塔尼代表艾蒂安·沙戎写道，“我们的新方法是给所有反对我们的人带来恐惧和恐怖。”基于此，国民公会甚至一度规定：战场上来自英国的任何一个敌方士兵都没有被俘虏的资格——虽然战场上的军事指挥官们似乎从未采取过此等严厉的措施。[26]

领导层面临的最棘手的问题之一是：当前法国军队缺乏一位有能力的总指挥官，尤其是在那么多军官出逃之后。拉法耶特和吕穆矣的背叛让国民公会始终对出身于贵族的军事将领保持戒心，即使是那些已经公开表示拥护共和国的贵族也概莫能外。对于将领而言，不管是丢掉一场小规模战役还是推进缓慢，都足以成为他们被捕的理由；甚至非常有能力的军事指挥官也会被送上断头台。然而，通过缓慢的反复观察，在决意不能再遭受背叛的国民公会代表们无数双眼睛的审视和监视下，新一代最有才华的军事将领最终被敲定。他们当中的大多数来自平民阶层或贵族阶层的最低级别——获得军事指挥权对他们来说曾经是遥不可及的幻想。数年后，这些新任军官中的许多人将成为拿破仑军队中的元帅，领导法国军队踏遍整个欧洲。[27]

不管是在巴黎还是在地方市镇，1793 年 12 月一连串振奋人心的胜利
322 在民众中激起了巨大的热情。在圣茹斯特的强硬施压下，奥地利部队最终被赶出了法国东北部的阿尔萨斯，英国部队也被迫撤出地中海沿岸的

土伦港——后者尤其让民众振奋不已。土伦领导人的背叛，即把整座城市拱手让给敌人的舰队，一直是爱国者眼中内部阴谋的象征。经过长时间的围城，年仅 24 岁的中尉波拿巴成功取得了对土伦上空的控制权，法军大炮随即开始轰炸英国舰队并迫使敌人迅速撤离。当这一胜利的消息传到巴黎，朋友之间、邻里之间，甚至是街上素不相识的陌生人之间都兴奋地奔走相告——“我们冲向彼此，热切地握手和拥抱。爱国者们不论在哪里碰面都会首先相互祝贺，分享彼此的喜悦。”包括朱利安在内的许多人赶忙来到国民公会表达他们的激动与欢乐。[28]

几乎在同一时间，另一个好消息传来：法国西部的农民叛乱被成功镇压。在此前的 10 月，来自旺代的约 3 万名武装分子，连同数量至少与之相当的妇女和儿童，浩浩荡荡地离开了家乡。按照计划，他们穿越了卢瓦尔河，北上前往诺曼底并希望到达海岸后与一支英国舰队和一部分逃亡军会合。起初，他们一路击败了所有试图阻拦他们的人，但最终没能在格朗维勒取得优势，也未能找到英国海军的所在。叛乱者的幻想就此破灭，他们也盼不到任何援军的到来，因而试图折返南部回到家园。这一次，迎接他们的则是与共和国军队的几次正面交锋，几轮恶战下来，形势不容乐观。最终当他们到达南特西部的卢瓦尔河沿岸时，由于没有足够的船只渡河，叛军遭遇了围剿。数千名叛乱者被俘，并在随后被无情地处决。在所有跋涉北上的叛军中，约 3/4 的人最终没能如愿回到故乡。[29]

次年 1 月，法国军队进入冬歇，但在开春之后又展开了新一轮攻势。6 月，在弗勒吕斯与奥地利人的交战中取得关键性胜利之后，法国人乘胜追击，横扫比利时，并很快再次攻下安特卫普，直逼荷兰边境。同样，法军在南部和东南战场与西班牙人和萨伏伊人的交战中也取得了实质性的进展。沙戎在给友人的每一封信中都提到法军将要占领的下一个城市，如他所说：“我们的足迹将遍布比利时的沙勒罗瓦、蒙斯、布鲁日、布鲁

塞尔和那慕尔；我们将去德国的兰道。”沙戎总结道：“它们不再是无足轻
323 重的胜利，而是一个个奇迹。”瓦迪耶同样对这一系列压倒性胜利大书特书：“布鲁塞尔现在是我们的了。奥地利人正在全面撤退。敌人的撤退就是当下的主旋律！”[30]

法军的胜利在全国各地引起了轰动，各地民众报之以一系列欢乐的庆祝活动。12 月末，巴黎城中组织了一场盛大的庆典以纪念各方战场的胜利，尤其是成功攻下土伦。在冬天的寒风中，吉塔尔站在巴黎城内的一座桥上，目睹了来自 14 支法国部队的代表或步行、或骑马列队经过，紧随其后的是一支军乐队以及数辆装饰精美的马车，车里坐着刚从前线归来的伤员、国民公会代表、公社代表以及各俱乐部成员。此外，还有一辆马车载着一尊自由女神像，围绕着它的是 100 名佩戴着红色自由之帽的“无套裤汉”。庞大的游行队伍从杜伊勒里花园出发，一路行进至战神广场。队伍中还有一群身穿白色礼服的年轻女性，她们手持象征胜利的月桂枝，因场合之庄重而略微颤抖。吉塔尔在日记中为这一场面绘制了一幅跨页速写：男人们骑着战马、高举着战旗行进。[31]

在比利时的大捷更将这种狂热的氛围推向高潮。6 月和 7 月，首都巴黎为纪念在比利时的胜利举行了一系列庆祝活动，其中一些吸引了数十万人参与。在一场夜间庆典上，公会代表让 – 巴蒂斯特·马拉贡携妻子和三个孩子观看了杜伊勒里花园的灯光表演并欣赏了乐团的演奏。马拉贡写道：“在现场，每个人都沉浸在一种难以言喻的美妙体验当中。”[32] 此外还有一系列纪念性野餐活动，尤其是在弗勒吕斯大捷之后，街坊邻里在街道上摆放桌椅，共进“兄弟般”的晚餐。6 月中旬，朱利安的家族和 100 位邻居在他们的公寓外举行了一次如上所述的晚宴，据朱利安所述：“穷人和富人并肩而立，以兄弟般的友爱方式相处，再也没有比这场晚餐更愉快的经历了。”他们举杯祝福共和国和国民公会，朱利安的丈夫一改往日沉闷的做派，起身带领现场的人们齐唱《马赛曲》。这样的团体

野餐也成为 1794 年庆祝攻占巴士底狱的标志性活动——在类似“百乐餐”的现场，每个人都尽己所能准备了各式食物。如吉塔尔所述，在圣叙尔比斯广场，“我们向身边的每个人举杯祝贺，即便我们互不相识。我们一起唱歌跳舞、开怀大笑”。所有的食物都被盛在几个相同的盘子里，甚至有人直接用手用餐，毕竟不是每个人都有叉子——“我们就像家人一样一起吃饭”。[33]

“革命吞噬了自己的儿女” 324

在革命的大部分时间里，狂热的兄弟情谊总是与不确定和不信任感混合在一起。这种焦虑的情绪在共和历第二年间达到了 1789 年以来的顶峰。即使在 1794 年 6 月和 7 月这段庆祝活动最为密集的时期里，怀疑的声音仍层出不穷，人们猜想：和他们热情分享食物的人里可能有阴谋者混杂其中，只不过戴上了爱国主义的面具而不为人所知。朱利安不禁发问：难道他们中没有假意支持、实则暗中策划阴谋的“恶魔”？同样，吉塔尔在歌颂迸发出真实热情的爱国庆典之余，也列出了数百名即将在断头台上终结生命的“阴谋者”的名字。[34]

这是因为，共和历第二年既有令人瞩目的战事大捷，也有不断前进的社会正义的理想，还有感人肺腑的深刻的兄弟情谊，更有令人窒息的恐怖氛围里不断增多的刀下亡魂。而最重要的是，为时数月的“恐怖”将不仅主宰这一时期民众的记忆，还将主宰由后代撰写的这一时期的历史。遭到敬重之人的背叛，被相互矛盾的阶级需求所牵制，始终为可能出现在革命者内部的敌人而惴惴不安……这些经历共同加剧了革命者对恐怖统治的狂热。这不仅带来了一系列针对革命敌人及潜在敌人的高压政策，同时也在统治集团内部驱动了自我毁灭的机制。虽然许多领导人十分确信他们对于曾经的伙伴和同事们的叛国指控属实，但政治言论将日益呈现出煽动人身攻击和装腔作势的面貌，成为政治斗争、生存斗争乃至复仇的工具。当中，处心积虑的人为操纵能力有时候甚至取代了爱国主义和政治才能，成为人们最为关注的部分。

1793 年 9 月 5 日之后的数周里，救国委员会完全接受了“恐怖即时代的新秩序”的概念，与负责逮捕和镇压工作的治安委员会建立起密切的联动关系。国民公会在 10 月和 12 月颁布的一系列法令中倾注了以战争为总体导向的革命政府的所有心血，两大委员会的权力范围之广囊括
325 了对部长和外交官的领导权、对军事指挥官的任免权以及对派驻地方各省代表的总领权。两大委员会还将成为庞大的监察和情报网络及军事法庭的幕后领导者，旨在消除隐藏的阴谋并惩罚那些公开背叛共和国的人。

尽管在法国大革命乃至此后 20 世纪所发生的一些革命中，从没有任何个体在当中起到绝对主导作用，但个性显著而人格缺陷明显的罗伯斯庇尔显然是这一恐怖政治中的核心人物。后世历史学家始终为罗伯斯庇尔的动机争论不休。毫无疑问，他怀有推广政治“美德”的真挚梦想，相信所有公民都将为祖国无私奉献，同时也笃信将所有公民连接在一起的“社会契约”。以上这些是罗伯斯庇尔于 1793 年 12 月 25 日和 1794 年 2 月 5 日在国民公会中发表的两次演讲的主题，一位历史学家将其描述为“民主历史上最著名的发言”之一。然而，我们并不清楚的是，这一时期的所有领导人是否都诚心接受这种对革命“道德”的严格规定和对美德的刻意强调。[35] 罗伯斯庇尔本人也始终摇摆不定：时而忙于将委员会中不同立场的成员团结在一起，时而竭力弱化恐怖统治中最为恶劣不堪的部分。在对此前 10 月被捕的 75 名同情吉伦特派的公会代表的处置问题上，罗伯斯庇尔数次亲自干预，与极力要求处决这些代表的激进武装分子周旋。然而，他也深信民众最早自 1791 年秋天就十分担心的“大阴谋”确实存在，由“数量庞大而踪迹难寻的外国间谍”在暗中策

划。[36] 随着时间的推移，罗伯斯庇尔对阴谋无处不在的可能性陷入了偏执，始终忙于应对或想象中的、或确实发生的针对其本人的暗杀计划，饱受疲惫和疾病的困扰。毫无疑问，罗伯斯庇尔是时代舞台上的重要角色，但绝对不是 1794 年夏天发生在巴黎的大规模政治清洗背后的唯一推手。[37]

在恐怖统治的最初阶段，许多镇压行动针对的仅仅是那些公开参加内战以反对国民公会的人。尽管在诺曼底、波尔多和马赛等地的联邦派叛乱被迅速镇压，但里昂和土伦的叛乱却经过了相对漫长的围城才被逐渐平息。在上述两个城市，公开自我标榜为保王派的人都加入了叛乱，因而镇压行动尤为激烈和残酷。大规模的清洗和处决不仅是一种展现公 326
正的手段，也不仅用于震慑任何胆敢动反革命心思的潜在敌人，更服务于爱国者自身复仇的欲望。爱国者们始终记得自己的伙伴在围攻中如何牺牲，也始终记得在法国人民当中潜藏着企图颠覆共和国的阴谋者——这在当时是极其普遍的看法。因而在内战平息之后，几乎没有人打算就此罢休并走向和解。仅在里昂一个城市，就有将近 1900 人被处决，其中一些人在城外的田野里被镇压部队以霰弹枪杀害。[38]

在法国西部的内战中，共和国领袖展现出了前所未有的严厉姿态。他们为如此多爱国者的丧命感到愤慨，并认为反革命势力与 1793 年 3 月奥地利的反攻行动系里应外合。革命者大多出身于城市，因而在极大程度上无法理解旺代农民的诉求，并由此对其产生了轻蔑。在爱国者看来，旺代的农民无知而愚蠢，被牧师们操纵却浑然不觉。即便是沙戎这位在国民公会中属于温和平原派的代表，也愤怒地将这些农民称为西部的“强盗”。和来自这一地区的许多其他代表一样，沙戎的家人也居住在受到起义侵扰的地区，因而他早已为家人的安全问题焦虑不已。几乎在每一封寄给南特友人的信中，沙戎均详细描述了内乱的最新细节和叛乱分子杀害爱国者的故事。他在 1793 年 11 月写道：“怎么会！这些强盗居然还如此猖獗，胆敢屠杀公民！我的朋友，你必须采取行动，就像趁热打铁一样，对这些可恨的强盗也必须斩草除根，自由的土地没有属于他们的丝毫立足之地。”[39] 内战带来的可怕阴影，以及对旺代叛乱者的妖魔化——后者此前也曾妖魔化爱国者，共同构成了大规模杀戮的背景。被屠杀的不仅有被捕的武装分子，还有那些被怀疑同情叛乱者的普通人。虽然各方的统计数据各有不同，但在西部的叛乱及随后而来的镇压中丧生的人数在 25 万至 30 万之间，其中包括约 10 万名爱国者，以及数量更为庞大的旺代士兵和平民。臭名昭著的派驻南特的代表让 – 巴蒂斯特·卡里耶，他本人至少与 1 万人的死有洗不清的关系。这些人有的被枪杀，有的则死于卢瓦尔河的大规模溺杀事件——被溺杀的囚犯中不仅有被怀疑参与叛乱的嫌犯，也有拒绝归顺革命党的牧师和修女。[40]

327 然而，爱国者们的屠杀并不止于对反革命分子的清洗，他们还将开始互相倾轧。不管是在革命爆发前还是革命爆发后，生活在 18 世纪的所有人都支持对叛国者处以死刑。因此，既然部分吉伦特派成员公开支持联邦派叛乱、与共和国对抗已是不争的事实，那么这些吉伦特派成员按律当斩。然而，正如我们所看到的，爱国者们对这些代表的审判完全没有遵循法律程序。在巴黎武装分子的强大压力下，法庭做出有罪判决；同时，被告人不再被视为单独的个体，而是被捆绑为一个“派系”，且法庭事先已经预设被告确实有罪。在审判之后的十个月内，革命党人继续追查其他支持联邦派叛乱、现在被宣布为“法外之徒”的吉伦特派成员或其同情者，一经逮捕将立即处决。11 月中旬，玛丽 – 简·罗兰，这位曾在家中接待过多位吉伦特派成员的罗兰夫人被送上断头台。得知妻子的死讯后，前大臣罗兰也随之自杀。12 月，新教牧师拉布·圣 – 艾蒂安在巴黎的藏身之处被发现，并被立即处决；数月之后，加代、沙勒、比罗多和巴巴卢在波尔多附近被抓获，并被即刻送上位于市内的断头台；佩蒂翁和比佐则在被追捕至一处田野时绝望自杀。长期藏身于首都附近的孔多塞在朝不保夕的逃亡时期完成了《人类精神进步史表纲要》(*The sketch of the progress of the Human Mind*),他在这本著作中以乐观的笔调详细论述了人类的进步历程。孔多塞于 1794 年 3 月被捕,之后在狱中服毒自杀。截至恐怖政权末期,在距离吉伦特派领导层最近的大约 60 人中,近 2/3 的人要么被杀,要么自裁;其余大多数人或出逃海外,或在巴黎的狱中度过了相当长的时日。[41]

同一时期,两大委员会和革命法庭也对许多早期的革命领袖穷追不舍。第一届国民议会的代表们因其在 1791 年曾支持君主立宪制而受到了尤为严苛的对待:大批代表一经逮捕便被扣上嫌犯的帽子,当中的一些人在共和历第二年被处决。此前,吉伦特派成员若被处决,法庭都会提出确凿的证据以证明他们的“叛国”罪行;但这次,充分而有力的证据却少之又少。巴纳夫、巴伊以及奥尔良公爵路易 – 菲利普二世均在 1793 年 11 月的屠杀中丧生;同一时期,前王后玛丽 – 安托瓦内特也被处决。列·霞白利、杜雷、杜瓦尔·德佩梅尼尔尽管政治立场截然不同,但在接下来 328
的 4 月他们一齐被送上了断头台。此外,第一届国民议会中的三名军事领袖屈斯蒂纳、比隆和博阿尔内也被处死,尽管他们是共和国的支持者。制宪议会成员中,88 人的生命走到了尽头,他们有的被处决,有的在狱中死亡,有的自杀,有的被谋杀。[42]

1794 年冬春之际,自我毁灭的政治机制以更为可怕的态势蔓延开来,一度坚不可摧的山岳派内部也开始分化。1794 年初,山岳派领导层已经分化成强硬派和温和派。温和派由被称为“放纵者”的成员组成,由乔治·丹东和卡米尔·德穆兰领导。此二人在恐怖政权的建立过程中均扮演着举足轻重的角色,但都日渐不满于大规模的逮捕和处决。德穆兰在 20 名吉伦特派成员被集体处决时感到震惊,他确信正是自己的早期出版物间接导致了布里索的死。一直以来较为温和的丹东,当在国民公会中任职的数名朋友被以腐败罪名逮捕时,变得极其不安。作为该时期出色的记者之一，德穆兰在1793年12月初开始出版《老科德利埃报》(*Vieux Cordeliers*)，以讽刺的笔法抨击恐怖政权，并越来越多地指责两大委员会的行动。[43]

另一阵营中，雅克·埃贝尔和他的追随者则要求更强硬的镇压行动。埃贝尔通过其名下极富影响力的《迪歇纳神父报》将自己定位为巴黎群众的代言人，尤其关注受到战争和法币持续通胀影响而日益艰难的经济状况。面对这样的困难，埃贝尔主张：革命军应当采取更强有力的举措，大力镇压粮食囤积者和逃避限价法令的商人，同时剿灭外国势力在法国的间谍以彻底清除他们对法国政局的影响力。此外，埃贝尔及其支持者也是“去基督教化”运动的忠实支持者。[44]

到1794年初，分别以丹东和埃贝尔为首的两个初具雏形的松散阵营不仅开始相互指责对方叛国，同时还开始抨击救国委员会。而委员会当然不会对这些攻击充耳不闻，在它看来，这是他们觊觎委员会权力和权威的体现。救国委员会对这些公然和其政策唱反调的人士感到不耐烦，并表示为了打败共和国的敌人，中央集权势在必行。罗伯斯庇尔在就革
329 命目标和恐怖政权目标的演说中对这两个派别提出了严厉警告，他提醒对方：若想获得战争胜利，过度“温和”和过度“极端”均绝无可能在革命中获得一席之地。

埃贝尔派在3月初出现了危机。在科德利埃俱乐部的一次会议中，埃贝尔直截了当地抨击救国委员会，并呼吁发起一场“神圣起义”。然而随后，原定召集巴黎48个辖区的代表到巴黎公社进行游行的计划最终只获得了两个辖区的支持，整个计划落空。这给两大委员会提供了对埃贝尔派采取行动的足够理由和合法性，后者长期以来的攻击和破坏行动彻底突破了委员会忍耐的极限。在3月13日夜间，埃贝尔和一群支持者被逮捕，随后，圣茹斯特在国民公会公开批评埃贝尔派的所作所为。很快，一场作秀般的审判被组织起来，委员会将埃贝尔派、

科德利埃俱乐部的部分领袖以及另外几名与前者并无关联的“眼中钉”捆绑为一个整体送上被告席，这与此前吉伦特派成员的命运如出一辙。被告中，除两人之外，其余所有人都被认定与外国势力共谋叛国，并于3月24日被处决。如果吉塔尔的叙述属实，那么埃贝尔派之死在当时几乎没有触动民众的情绪，因为处决的决定得到了大多数巴黎民众的认可和支持。吉塔尔本人和大约30万人一起目睹了行刑，围观者挤满了革命广场和杜伊勒里花园。当最后一个囚犯人头落地之后，所有的围观者都高喊“共和国万岁”并鼓掌喝彩，有些人将自己的帽子抛向空中以“表达内心的喜悦”。[45]

相比之下，两大委员会随后将矛头指向丹东及其支持者的缘由就显得不那么明确。罗伯斯庇尔一直试图保护他的朋友丹东和德穆兰，他曾于1月初在雅各宾俱乐部的会议中仗义执言，以防止旧日同窗德穆兰被赶下台。但当德穆兰对罗伯斯庇尔的批评日益尖锐并断然回绝其支持，丹东本人甚至更尖锐地要求委员会将权力交归国民公会并落实1793年通过的宪法时，此二人与罗伯斯庇尔的关系日渐疏远。后者甚至渴望证明政治的纯洁比过往的友谊要重要得多。[46]最终，3月29日晚出席委员会的成员无一例外悉数签署了对丹东、德穆兰和几位盟友的逮捕令。[47]这次逮捕同样是以死刑判决告终。类似地，这场审判也是作秀审判，丹东及其支持者和不相关的人士被捆绑成一伙站上了被告席。正如韦尼奥在此前10月所做的那样，丹东以非凡的言辞激情澎湃地为自己辩护，但就 330
在他的辩词即将说服众人时，审判戛然而止，被告仍被宣布有罪并被判处死刑。

没有什么比丹东之死更能给国民公会和整个巴黎带来更多的寒意。那些曾经大肆赞扬对埃贝尔派清洗的人们现在不约而同地保持缄默，在他们的书信中对事件的客观叙述也只有寥寥几句。[48]尽管一些山岳派成员提议——既然所有的阴谋已经被揭露，革命者大可以稍安勿躁，但巴黎的处决行动却丝毫没有消减之势，反而愈演愈烈。由于始终担心反革命阴谋可能渗透在各处，因而两大委员会连同革命法庭开始了一场名副其实的政治迫害。曾经支持雅各宾派和山岳派的吕奥对当下局势感到震惊，他写道：“革命吞噬了自己的儿女，它杀死了它的兄弟，它在撕咬自己的肠子，它已经成为最恶毒、最可怕的怪物。”[49]

在恐怖最盛之时，至少有 30 万名被捕的嫌疑人被关押在狱中或是家中等候审判。他们被指控犯有一系列罪行，但最常见的指控是各种形式的“煽动罪”。[50] 我们无法得知这一时期确切的死亡人数，一份较为详实的统计表明：经由司法流程被处以死刑的人数有近 17000 人；但这个数字里并不包括那些在监禁期间未经审判就被秘密处决的人。鉴于许多监狱内的情况十分混乱而糟糕，可以想见有相当大一部分人在出庭前就已丧命，因而这一时期的死亡总人数可能高达 4 万人以上。所有阶层无一例外都在这场处决浪潮中受到了震动：超过 1/4 的受害者是农民，近 1/3 是工匠或是工人；只有 8.5% 的受害者是贵族，6.5% 是神职人员。[51] 可以肯定的是，相当一部分仅仅是被怀疑的人士也在公开暴动中作为嫌犯被逮捕。截至此时，处决案数量最多的是受到旺代叛乱和联邦派叛乱波及的地区。到 1793 年末，随着大规模叛乱已成崩溃之势，残酷的镇压行动已经如狂风骤雨般来临，整个国家的死亡人数到达顶峰。而在其他地区，恐怖行动的影响在一定程度上取决于派驻当地的代表的态度。尽管特派代表都相当支持监察委员会的工作，在一些地区甚至协助建立地方革命法庭，但一些代表确实远不如另一些激进。此外，地区恐怖行
332 动的严重程度也取决于地方派系的分化程度，以及不同力量之间或相互合作、或相互仇恨的特定关系。据统计，有 6 个省份没有人员死亡，超过 1/3 的省份的死亡人数少于 10 人。[52]

在巴黎，最大规模的处决发生在 1794 年春夏之际，尽管在这一时期，地方各省的处决浪潮已经逐渐消减。导致这一处决的关键因素是 1794 年

6 月 10 日颁布的“牧月法令”，它简化了首都革命法庭的审判程序。这部法令由库东主笔，罗伯斯庇尔本人也投入了相当多的精力。库东在法令中直言其主张：“这部法令不是为了杀鸡儆猴，而是为了根除暴政的一切爪牙。”[53] 在法令中，最创新的部分是一组极具弹性的条款，用于定义何为“暴政爪牙”：任何攻击国民公会、背叛共和国、干涉物资供给、藏匿阴谋者、诋毁爱国主义、误导民众、传播虚假新闻、挑战道德底线、滥用公职以及危害祖国自由、统一和安全的人。此外，所有嫌疑人都没有资格请辩护律师，也不再举行初步听证会，法庭判决的结果只有两种——要么死刑，要么无罪。[54]

究竟是何原因导致巴黎的恐怖陡然猛增，我们不得而知；这就像恐怖行动在各省日渐消减、法军在前线一改颓势并接连获胜一样突然且近乎无迹可寻。许多革命党人认为正是恐怖政权下的高压政策带来了军事上的成功，因而如果他们现在要转而采取温和的措施，很可能面临与 1793 年 3 月类似的情形——新的背叛和阴谋触底反弹，并蚕食掉此前的所有成果。[55] 此外，“牧月法令”的通过也与席卷国民公会的恐慌浪潮有关。和 1792 年 5 月和 1793 年 3 月的恐慌不同，当前的恐慌最初是由一起刺杀未遂事件挑起的：5 月 20 日，一名男子和一名女子试图暗杀罗伯斯庇尔和科洛，但以失败告终。这一时期，威胁暗杀革命领袖的匿名小册子和海报持续出现在街头。既然暗杀已有先例——勒佩勒提耶和马拉，那么刺客将矛头对准罗伯斯庇尔和其他救国委员会成员也是可以预见的。而罗伯斯庇尔似乎已经深陷在他本人可能被暗杀这一设想当中。沙戎同样强调：时任英国首相的小威廉·皮特的势力已渗透到法国，并将暗杀设为“时代的新秩序”。[56] 与此同时，关于越狱计划的谣言迅速传播开来，被关押在狱中的犯人据称已经被收买，随时准备逃狱并推翻爱国者政权。
此类谣言与九月屠杀时期的谣言并无二致。在“牧月法令”颁布并开始 333
实施之时，治安委员会下令清空数个监狱，言下之意即处决大多数囚犯。

和 1792 年 9 月一样，许多普通罪犯被认定是遭收买了的“强盗”，是大阴谋中的一颗棋子，因而也被判处死刑。[57]

在某种程度上，“牧月法令”并非创举，它不过是将巴黎革命法庭数月以来的案件审理流程以合理、合法的形式规定了下来。在长达数月的时间里，革命法庭的法官和陪审团在审理案件时极少严格遵照法定诉讼程序；而此令一出，司法过程的简化显然直接导致了被执行死刑人数的进一步上升，也坐实了“恐怖统治”之名。6 月和 7 月，法令颁布后的 7 个星期内，在革命法庭被判以死刑的人数比此前 14 个月的总和还要多；[58] 而无罪释放的人数比例从此前稳定的五成陡然下降至两成。此外，相当数量的人并非因为犯有任何具体的罪行而被处决，而仅仅是因为他们在旧政权时期的立场。所有曾经负责农田和农作物税收的管理人员、在革命爆发前的巴黎最高法院任职的大批人员，以及出身于巴黎显赫贵族家庭的男男女女均在数周之内被成批杀死。原本仅占被送上断头台总人数 8% 的贵族人口，现在大幅攀升至总人数的 20%。[59] 由于处决的人数越来越多，6 月中旬，巴黎市政领导人决定将断头台移至城市的东部边缘，以更有效而便捷地清理血液和尸体。

相互猜疑和不信任，以及对被暗杀的恐惧共同构成了令人窒息的恐怖氛围，也是在这种高压环境下，许多领袖十分确信那些被处决的人的确犯下了他们被指控的罪行。然而，还是可以得出这样的结论：这一时期的处决浪潮至少一定程度上是被仇恨所驱动的——翻身做主的爱国者们现在要将旧政权时期的统治阶级，以及革命时期的逃亡贵族所加诸其身上的痛苦悉数奉还。在这一时期与罗伯斯庇尔派关系密切的罗莎莉 · 朱利安采取了与九月屠杀时期相类似的论调，她心中的怒火逐渐变得无法遏制，要求消灭“统治阶层的黑恶势力、牧师的血腥狂热以及贵族那不可一世的傲慢”；朱利安还说：“在我眼中，所有反对公共利益的人，都是敌人和怪物。”[60]

吕奥的视角却有所不同。吕奥相信，冬春之际，救国委员会在组建 14 支新军、在与整个欧洲对抗中取得了“许多了不起的成就”；但如今， 334
“它竟已经变得如此残暴，许多恐怖手段和大规模的处决实际上是完全没有必要的”。吕奥写道，自“牧月法令”颁布以来，每天都会有六至七辆满载犯人的囚车穿过巴黎，缓缓驶往断头台。谁能相信在启蒙运动中扮演重要角色的马尔泽布、伟大的科学家拉瓦西以及制宪议会主席杜雷等会是“暴政和奴隶制的忠实支持者”？同样，许多市政官员、税务人员和贵族，他们“高尚、富有而开明”，但“仍然被处死了”。紧接着，吕奥讲述了发生在自己身上的痛苦经历。当他结束了一项工作正要回家时，途中偶遇一辆囚车，车上载着他的老朋友阿尼松·杜佩隆——他曾是王室印刷厂负责人。吕奥非常震惊，以致无法站立，扶着一面墙哭了起来。他很清楚，有很多人像他一样，看到朋友、邻居和亲人们以这种方式被带走。吕奥担心最糟糕的后果是：人们永远不会原谅领导阶层的所作所为，因而很可能转而反对整个革命。[61]

热月政变

直到夏初，国民公会和整个巴黎都被一场黑暗的恐慌所笼罩。言论自由、新闻自由乃至宗教自由基本已经不复存在。警方密探活跃在巴黎城中的大街小巷，随时监听可疑的消息。同样，街坊邻里或是路人也可以向辖区内的监察委员会检举告发言行可疑之人。虽然代表们已经习惯隐藏自己的真实感受，但他们偶尔仍会表达出对当下局势的不确定感。1794 年春，山岳派成员皮埃尔·坎马写道：“现在，我们发现自己被焦虑裹挟，正处在一场无法言喻的危机之中。”坎马坦言，自己几乎不会向任何求助者伸出援手，倘若他帮了忙，抑或他的行为以任何方式为人所知，那么很可能“不出24小时，自己将不再存在于世上”。他的基本立场正如其高调宣称的那样，是“我什么都不知道，我什么也做不了；我必须什么也不做”。吕奥表达了几乎一样的焦虑：“死亡之剑悬在每个人的头顶。没有人能确保自己不是下一个死者，因为死亡无处不在。”[62]

没有人清楚地知道这一时期的政治斗争究竟因何而起、本质为何。
335 在丹东被处死之后的数周内，国民公会中的一众代表感到危险正在迫近，并在私底下举行秘密会谈，商讨推翻罗伯斯庇尔的行动计划。这些代表中，相当一部分人曾是丹东的密友或政治盟友，其余人员则因派驻地方履行职责时被罗伯斯庇尔批评“过于软弱”或“过于激进”。在他们的设想中——暂且不论这一设想正确与否，罗伯斯庇尔是威胁其生命的唯一人物。即便是像弗雷龙、迪布瓦-克朗塞、富歇、卡里耶、巴拉和塔里安等富有影响力的山岳派代表，也感到头顶高悬着死亡之剑，毕竟罗伯斯庇尔很可能通过与警方加强联系而获知他们在暗中商讨的“谋划”。[63]

但是，单凭恐惧并不能为恐怖政权画上句号。关键是两大委员会之间的分化日益加剧。[64]治安委员会的成员因救国委员会一直蚕食他们的权力，并将他们视为部下而感到不满。此外，救国委员会成员之间也渐生嫌隙：在处理战争及内部检举事务时，罗伯斯庇尔、库东及圣茹斯特宛若“三巨头”，凌驾于其他成员之上。激进的科洛和比尤则对罗伯斯庇尔鼓吹“最高主宰崇拜”、过分强调“美德”的行为尤为不耐烦。6月末，罗伯斯庇尔和委员会中的其他几位成员发生了严重的争吵，他夺门而出，并在此后一个多月里没再出席委员会。罗伯斯庇尔声称自己病了，精疲力竭；但也有证据表明，罗伯斯庇尔此时已经陷入了某种近乎“精神崩溃”的状态。他似乎失去了往日高超的政治技巧；他越来越相信，只有他一个人能够理解“美德”的含义，了解革命要想存续所必须采取的路线，也只有他一个人能够全面地感受到阴谋是如何扎根于共和国的心脏并一点点吞噬革命。尽管罗伯斯庇尔一直有意避开救国委员会，但他仍然坚持参加雅各宾派的会议——在那里，他仍受到众人的钦佩和追随。[65]

7月末，命运的车轮开始加速运转。罗伯斯庇尔决定与两大委员会决
裂，并寻求国民公会的支持。共和历热月第八天（即1794年7月26日），
罗伯斯庇尔在时隔六周之后再一次回到国民公会，并进行了一场冗长且
稍显混乱的演讲。演说的大部分内容都是对其声称所受诋毁的反驳；此
外，他还重申了自己的信念：世界是两极化的，由善和恶的公民构成。他
指出，当前有更多的阴谋者逍遥法外，尤其是那些潜藏在国民公会和两
大委员会内部的阴谋者。起初，没有人对此提出反对意见；但很快，受到 336
罗伯斯庇尔点名攻击的、来自蒙彼利埃的新教徒代表康朋起身为自己辩
护。凭着非凡的勇气，亦或是觉得自己没有什么不可失去，康朋公开抨
击罗伯斯庇尔。其他代表则更为谨慎，但他们要求罗伯斯庇尔明确点出
他口中的阴谋者到底有谁。罗伯斯庇尔则回应称，只有在必要的时候他
才会列出他所谴责的人的名字。最终，国民公会投票决定，将罗伯斯庇
尔的发言递交两大委员会审理，也就是罗伯斯庇尔在发言中大力抨击的
对象——这无疑是对罗伯斯庇尔的一记重创。[66]

当晚，罗伯斯庇尔在雅各宾俱乐部发表了相同的演说。由于早前在国民公会遭受到的对待让他感到愤怒，罗伯斯庇尔明确表示，如有必要，他将带头发起一场反对议会的起义。他在言语中暗示将对议会进行新一轮由昂里奥和国民自卫军领导的清洗，正如1793年6月2日所发生的那样。当科洛和比尤试图提出反对意见时，二人被指控为“共谋者”，并被粗暴地推出门外——当时，他们的衣服都被撕破了。在场的一名革命派法官甚至嘲笑二人：“明天，我们会在法庭再次相见。”[67]

此时，一众代表十分确信他们随时都会有生命危险，因而连夜四处奔走，商定从国民公会中除去罗伯斯庇尔的计划。两大委员会连夜召开紧急会议至凌晨五点，罗伯斯庇尔依然没有出席；在会上，科洛和比尤

怒气冲冲地讲述了他们在雅各宾俱乐部所遭受的粗暴对待。此外，据称有十数名公会代表在杜伊勒里花园与让－兰贝尔·塔里安会面，以制订具体的策略。次日早上，即 7 月 27 日（热月 9 日）上午，部分人开始行动，他们站在公会门厅，拦下每一位平原派代表并悄声要求得到他们的支持。[68] 按照原计划，圣茹斯特和罗伯斯庇尔都将在当天的会上发言。但在圣茹斯特刚说了三句话之后，塔里安起身打断了他，并开始了言语攻击。罗伯斯庇尔见状，试图回应这一系列的指责，但议会主席科洛没有给他说话的机会。之后，公会陷入了一段时间的混乱和喧哗，罗伯斯庇尔高声谴责整个公会都是“谋杀者”。随后，路易·卢谢，丹东的前牧师和崇拜者提出：罗伯斯庇尔应当被捕下狱。随之而来的是响彻整个会场的呼声：“暴君！暴君！”罗伯斯庇尔、库东和圣茹斯特均被判入
337 狱，罗伯斯庇尔的兄弟以及他的朋友菲利普·勒巴提出要与其同进退，因而这五名代表被宪兵一齐带走。休会前，代表们齐声喊出自革命爆发以来沿袭至今的誓言：“我们誓死保卫祖国，我们将在岗位上坚守至最后一刻。”[69]

起初，被捕的五人被分别关押在五个牢房，[70] 但巴黎公社——现主要由罗伯斯庇尔的支持者把持——要求释放五人并将他们转移至市政厅。午夜时分，五人都已到达，并暂时在市级议会附近避难。正如罗伯斯庇
338 尔此前所说，巴黎公社起义反对国民公会。昂里奥被派往公会大厅周围架设大炮；公社向巴黎各辖区发号施令，要求它们派兵前来护卫罗伯斯庇尔。和 6 月 2 日不同的是，这一次公会代表们的回应更为激烈。他们整夜不断地召开会议，首先确认昂里奥必须被逮捕，同时将所有支持五名代表的，以及支持起义的人都划为“法外之徒”——这意味着一经逮捕立即处死。此外，公会也向各辖区派出代表，以与巴黎公社对抗。

对于国民公会成员和所有巴黎民众来说，7 月 27 日的夜晚充满紧张而不确定的气氛。杜朗·德·迈兰写道：“在我的想象中，如果我的生命

将尽，此刻即是。”巴黎市内警钟响起，城门再次关闭。如吉塔尔所述，“每个人都处在可怕的恐惧和痛苦之中”。所有周边辖区都召开了紧急会议；很快，冲突双方的代表也到达各会场，争取辖区的支持。在吉塔尔所在辖区，七八名代表骑马而来，他们穿着全套制服，佩戴三色饰带，护卫他们的是手持火把的宪兵。代表们宣布巴黎正处在极度危险之中，并命令辖区派遣武装人员到国民公会，而非市政厅，以保护公会代表、保卫革命。“所有的一切都发生在夜晚，这让形势变得更加可怕，每个人都害怕被谋杀。”[71]

最后，只有几千人前往支援罗伯斯庇尔，大多数卫兵和群众都站在了国民公会一边。呈现出这样一边倒局势的原因并不明确。也许是因为一些最为激进的爱国青年已经离开城市，身在前线，而留下的人则对罗伯斯庇尔和救国委员会的经济政策深感不满。限价法令从来没有真正稳定过商品的价格；除了面包之外，几乎所有商品都处于供不应求的状态，且只有在黑市上以更高的价格才能买到。另一方面，冻结工资的政策则进行得太顺利了，以致许多工人满腔怒火，甚至有过罢工的计划。至于那些在前线大捷后曾参加过“百乐餐”的人，则同样满腹疑惑：为什么仍有这么多的牺牲是必要的？为什么仍有那么多人继续被处死？[72]

也许，如果罗伯斯庇尔和他的盟友在当时能够果断地揭竿而起，结 339
果将截然不同。国民公会代表让·迪塞斯事后回忆这一事件时表示，如果罗伯斯庇尔足够果决，那么“我们将一败涂地”。[73]但起义方的代表们却犹豫不决，始终未能做出决断。罗伯斯庇尔一直以来都很担心自己以独裁者的姿态出现在人前，因而最终他既没有鼓励巴黎公社采取行动，也没有迅速集结那些前来支持他的卫兵。他只是放任事态顺其自然地发展。到凌晨一两点时，国民公会命令起义者放弃抵抗，在迟迟未得到罗伯斯庇尔明确指示的情况下，起义者开始收起枪炮，准备返回各自辖区。随后，两组卫兵在莱昂纳尔·波登和保尔·巴拉这两位出身贵族的军官带领下，攻入了当时无人防备的市政厅。[74] 在随后发生的混战中，罗伯斯庇尔的弟弟跳窗逃亡，跌成重伤，坐在轮椅上的库东被推下楼梯，身受重伤，而罗伯斯庇尔和勒巴则受到枪击——另有说法称此二人自行持枪射伤了自己。最终的结果是：勒巴因枪伤不治身亡；罗伯斯庇尔的下巴和牙齿被击碎，倒在地上，痛苦地扭动着身体。

第二天下午，罗伯斯庇尔兄弟、圣茹斯特和库东被带到革命法庭，由于此前四人已经被划为“法外之徒”，因此连同昂里奥、巴黎市长以及巴黎公社内的16名支持者在内一齐被判有罪。这一次，轮到他们被囚车载着游街。据吉塔尔所述，囚车沿着圣-奥诺雷大街前行，囚犯们一路上都受到了民众的侮辱。当他们最终到达革命广场，即将赴死时，四名代表中仅有圣茹斯特能够独力踏上台阶，登上断头台；罗伯斯庇尔痛苦地尖叫着，因为用于固定其下颚骨的绷带被刽子手粗暴地扯开了。吕奥是围观群众之一，尽管他对罗伯斯庇尔并无任何好感，但他仍然描述了罗伯斯庇尔在生命的最后时刻表现出来的极大勇气：尽管肉体上承受着巨大的痛苦，但“他始终眼睛明亮，眼神犀利”。[75] 在罗伯斯庇尔短暂的政治生涯中，他曾畅想过一个全新的民主世界，那里有着社会正义，有着公民美德。不幸的是，他始终在自我怀疑和否定中拉扯，并最终葬送了自己的生命。并且，他还是恐怖统治的主要煽动者之一——虽然不是唯一一个。片刻之后，对罗伯斯庇尔而言，不管是肉体上的痛苦还是精神上的折磨都归零了。

结　语

结束一场革命很可能要难于开始一场革命 340

罗伯斯庇尔及其亲密战友的死并未能终结热月屠杀。三日之内，140名巴黎公社成员中，至少有87人被送上了断头台。而光是1794年7月29日这一天就有71人被处决，这个数字创下了单日被送上这台恐怖机器人数的最高纪录。这71位死者包括了很多小作坊工匠和小商贩，如鞋匠、木匠和假发制造商，也包括了大商人、作坊主和律师；既有来自人民的“无套裤汉”，也有长期以来代表着巴黎城中最激进政治立场的激进精英。这些人都被认为支持了反对国民公会的叛乱，并因此被判定为“歹徒”，在验明正身之后被立刻执行了死刑。吉塔尔·德·弗罗利拜恩在他的日记里为一队刑徒画了速写：他们排成长队，手被反绑，在断头台前等待死神的到来。[1]

在这之后，吉塔尔在此前数月详细记录的罪犯名单不再变长。最初，救国委员会里那些因参与了对同事的大清洗而活下来的成员，要求公会继续保持恐怖政策，以免再次发生此类事件。[2]然而，一场巨大的变革席卷了国民公会。在国民公会中，尽管更加温和的平原派代表已经被劝服，他们确实相信强大的中央集权对于打败共和国的敌人而言是必要的，并也因受到入狱的威胁和巴黎民众的恐吓而更加服帖。但是，这些持温和主张的代表毕竟占人数大多数。在热月党人为推翻罗伯斯庇尔而争取他们的支持之后，伴随着共和国军队在各个战线的不断推进，中间派代表
341 以积极的姿态控制了公会，并采取措施对抗恐怖统治。很多勉强死里逃生的山岳派铁杆拥护者，在感受到政治风向的变化之后，也背叛了他们的领导核心。在热月 11 日（7 月 29 日），国民公会颁布法令剥夺了救国委员会的部分权力，规定其成员将定期改选，每月改选 1/4。新近被处决的成员由丹东的两位原支持者和一位在 1793 年 1 月投票暂缓国王死刑的温和派成员接替。[3] 在 9 月前，巴雷尔以及另外两个极端激进分子科洛·德布瓦和比尤－瓦雷纳已被改选。国家事务被移交给 12 个执行委员会，救国委员会保持了其对战争和外交的管辖权，但失去了管理内政的权力。作为第二大委员会的治安委员会，同情罗伯斯庇尔的内部成员遭到清洗，其职权范围也大幅缩小。

那些在恐怖统治时期停止写作或对信件进行自我审查的公会成员，以及其他法国公民，现在又重拾笔杆，描绘热月政变及之后几周的境况。他们几乎毫无例外地抨击了委员会的暴政以及大规模的屠杀，并将他们的愤怒全部投向罗伯斯庇尔，将他描述成导致这一系列事件的“魔鬼”。很多为大恐怖时期的政策出谋划策的山岳派成员，很快也学会了类似的辞令，妖魔化这位“暴君”，并称他的几位亲密战友为替罪羊。[4] 尽管残暴的驻外省代表卡里耶和公诉人富基耶－坦维尔均被处决，但事实上很多残酷无情的人依然活了下来，并于未来多年中继续在政坛浮沉。[5]

342 然而，活过 1973 年和 1974 年的人，没有一个会毫发无伤。尤其在 1794 年 6 月和 7 月的几周中，巴黎城中弥漫着死亡气息，举目皆是诀别情景。尼古拉·吕奥几乎陷入崩溃，看着他熟识的清白之人被关入牢笼，穿过街道，押向断头台，他全身颤抖着流下了热泪。多米尼克·加拉熬过了持续数月的软禁，在等待革命法庭死亡传唤期间，他将他的情绪倾泻在了一本热月之后不久就出版的“回忆录”中。当提起自己幸存而很

多同事朋友均被处决的经历时，他表达了自己的负罪感："幸运和机缘似乎变成了……主宰人类命运的瞎眼神明。"在这段时期，他着迷于思索自己在即将到来的死亡中的死法："目睹了死亡降临在那么多无辜之人头上整整一年之后，一个人不可能不去思索自己走向死亡的道路。你不仅会思索自己如何走上断头台边，还会思索当生命走到尽头之时，灵魂如何震颤。"[6]

加拉、吕奥、梅西耶以及很多同时代的人，对最近发生的事件感到极其痛苦。为什么事情会沦落到如此歧途？为什么相当一部分称颂宽容、公平正义和人民主权的革命精英，会信奉国家暴力的政治文化呢？"纯金，"梅西耶援引民谚反问道，"怎么就变成了粗铅呢？"[7]诚然，共和国历史中大部分的处决都与内战和叛国的武装暴动有关，参与这些活动也的确触犯了叛国罪，应当被处以死刑。[8]然而，就算这一基本认识得到了广泛认同，那些被送上断头台、送到火枪队前没有经过任何公正审讯的一个个"无辜之人"，他们也绝对不能因被扣上如此罪名而被认为死有余辜。

从历史的后见之明来看，恐怖分子心态的出现明显不能归结为单一原因的作用。它不单受到旧制度文化的影响，也非仅仅出自几位历史人物的决定，更不仅是历史情境使然。恐怖统治，恰恰是由法国大革命本身进程中的一系列事件发展而致。毫无疑问，最初，紧张情绪、革命热忱与社会关切，让法国社会极其重要的一部分人接受了1787年之后涌现的新的革命价值。这些价值在1789年夏被写入了一份重要宣言。在这个时代，我们很容易忘记这些成就是多么新奇，多么耀眼，多么非比寻常。 343
不像现当代历史上的诸多革命，法国大革命并非基于一套已经存在且发展完善的意识形态，它并没有完全照搬启蒙思想的某个或某些理论学说。18世纪的思想家们创造了包罗宏富而又时相矛盾的一系列思想，这些思想为数不清的社会变革提供了可能，也为维持社会现状提供了理论依据。也许，启蒙时代最为重要的成果，是它不断带给世人的自信。它使人们相信，人类个体有能力运用他们的智慧与“理性”解决各类问题。大革命时期本身蕴含着无与伦比的创造力。旧制度的崩溃，给予了爱国者重整国家与社会秩序的可能性。这一进程开始于 1787 年，但在两年之后才逐渐显示了它的强大力量。在这之后，革命者们才根据民主自决、公民自由、人人平等以及废除特权等革命价值，即兴创作，临时拼凑出了某种“意识形态”。让这些成就得以实现的是无限的热忱，它指引着法国各地的男男女女为支持新政权而满怀激情地庄严宣誓，也指引着具有跨时代意义的“新人”横空出世：这是对自我身份认同的彻底改变。这一热忱的另一表现是在法国急剧高涨的强烈民族主义情绪，这一情绪使法国将自身视为它所向往的新世界的毫无疑问的领导者。

最初，很多爱国者倡导与那些难以接受和服从这些转变的人进行和解，这些人中很大一部分是旧贵族。然而，革命者不会接受旧制度的复辟，不会接受绝对专制和由血统决定社会地位的历史倒退。革命者的忍耐是有限度的，他们强烈的社会关切，很容易转变为对那些拒绝接受他们的宏伟蓝图之人，甚至是那些企图阻止这一蓝图实现之人的敌视。这种敌视并不来自启蒙话语体系的辞令陷阱，也不来自卢梭的影响，或是时常被人谈及的关于“美德”的抽象比对。它来自革命者对于他们概念中的社会革新的坚定信念：这一信念公平而又正义，值得革命者为保卫其不受反动势力影响而战。

344 事实上，的确很快就有一批有权有势的个人对革命表示反对。除了一小部分“自由派”贵族主动接受了 1789 年的新思想，相当一部分贵族对新政权充满了不满甚至是敌意。作为职业军人，很多贵族做好准备去为消灭新政权而奋战，不惜以生命为代价，其热情与试图保卫新政权的革命者相比毫不逊色。这种敌对情绪在国民议会“贵族”派系的言语之中见怪不怪，在极右派报纸的狂热反动文章中更是屡见不鲜。这种情绪也展现在了逃亡贵族中——数千名贵族离开了法国，他们中很多人加入了德意志地区的军队，公开宣布要推翻革命政权。

国民议会改革天主教会的尝试导致法国约半数神职人员拒绝效忠新宪法，之后情势变得更加复杂。革命者们几乎不了解神学的微妙之处，坚信这些“死脑筋的”神职人员加入了反革命运动。不难想象，这些神职人员会和留在国内的贵族势力一道，成为与境外势力相互勾结的第五纵队。不管真正的反革命阴谋是否普遍存在，爱国者们都日渐执迷于调查来自曾一直主导着法国政治和社会的两大等级的政治威胁。从 1793 年开始，由对宗教改革的反对引发的法国西部的大规模农民叛乱，以及起义势力对当地爱国者的大规模屠杀，使爱国者们心中的熊熊怒火逐渐失控。旺代省的叛军，被视为位于共和国腹地的阴险的反叛者，趁国家被外国军队入侵的时刻从背后捅了国家一刀。总体而言，这一时期，革命者更加执迷于镇压内部敌人，而不是反抗外敌入侵。

这种充满怀疑和不信任的政治氛围，随着国内政府机关的普遍崩溃而进一步加剧。在革命开始之后，由于许多行政和治安官员要么畏罪潜逃，要么被民众无视，许多旧政权机关迅速崩溃。因此产生的巨大权力真空一直持续到了 1791 年。在这一过渡时期，包括市政级别的国民自卫军、爱国社团和居委会组织在内的许多“平级机构”被创立，其中大多数机构在新的革命行政和司法结构被确立之后仍继续运转。与此同时， 345
自由和人民主权的思想引导着法国社会对传统等级制度提出质疑。工人行会、士兵群体、妇女组织、大部分农民，乃至加勒比地区的奴隶们，都开始反抗“暴君”，要求自由。

权力分散和社会动荡激起了各省政治精英之间的权力斗争，他们在新创立的各级政府机构中浮浮沉沉。在国民公会处决国王之后，这一举措所承载的终结父权制的强大形式意义，使局面变得更加动荡。人们越来越不确定谁在掌握局面，以及谁将为一己私利或作为革命政权的敌人操纵政治局势。这一离心倾向在 1793 年夏季达到顶峰，西部和南部的数个主要城市公开叛乱，反抗中央政府。这些“联邦派”的暴动动机复杂，但巴黎的革命党人很快坚信，暴动分子与外国入侵势力和旺代的反革命运动相勾结。

权力真空，再加上对于民主思想的推崇，使得巴黎平民阶层的政治影响力不断上升。这一时期，平民男女都展现出了对革命理想的极大热忱和誓死捍卫这一理想的决心。但是，首都的工匠、小商店主和劳工们也展现出了拥护暴力和仇杀文化的倾向，无论是在卡巴莱酒馆的舞蹈中、街头巷尾的约架扭打中，还是在有见证人参与的决斗中。1789 年 7 月的民众起义，复仇显然是一大诉求。起义民众杀害了数位政府官员，这一事件在当时让大多数革命精英感到惊恐。平民阶层将从他们与一小群来自革命精英的激进武装分子的事实联盟中，获得日益增长的政治影响。这些武装人员很快便开始吹捧和崇拜“无套裤汉”，之后他们自己也被民众这样称呼。“无套裤汉”被誉为自由平等运动之灵魂，数次在危急时刻挺身而出，拯救了革命成果。他们因此广受尊崇，甚至于他们的暴力行为都因他们数世纪来所受的压迫而变得合理化。武装分子是将平民阶层
346 引入政治斗争的重要推手，也因为这个原因，两个集团相互促进，相互影响，对全国政治施加了空前的影响。他们发展出一整套非暴力政策：向代表请愿，通过在国民议会的旁听席上发表言论，以及在巴黎的街道上，甚至在国民议会厅内举行盛大的游行来施压。然而，暴力与仇杀的倾向，以及让有罪之人获得报应的想法从未在“无套裤汉”中消失，这些思想也很快影响了激进武装分子。在 8 月 10 日针对国王的暴动中，这种思想达到了顶峰。数百名革命者，在被现代人认为是伏击的行动中被杀。“无套裤汉”的怒火和复仇欲望，混杂着四起的谣言以及对不断入侵的普鲁士军队和藏在暗处的阴谋家的恐惧，成为 1792 年 9 月血腥的监狱屠杀的重要原因。令人吃惊的是，这一屠杀竟被一大部分中产阶级认为是必要的。的确，在充满紧张和不安气氛的这一年以及之后两年，巴黎民众和

政治精英时常会产生一种相似的情绪。无论如何，巴黎民兵和“无套裤汉”的联盟，会对国民公会以及在法国共和历第二年初开始的救国委员会的镇压政策，产生重大政治影响。

保卫新的革命价值观的强烈意愿、活跃反革命势力的存在、政权崩溃的后果，以及武装人员和“无套裤汉”联盟的政治影响相互交织，导致了恐惧和不信任的政治文化的出现。实际上，从一开始，大革命非凡的成就所带来的极度欢欣与热忱就夹杂着紧张不安的情绪。这种紧张不安，来源于革命形势本身，来源于不断出现的巨变和始终伴随的不确定性，也来源于对失去权力和特权之人定会反扑以重获权力这一事实的认识。大革命所遭遇的强烈谴责，以及谣言的强大力量，进一步引发了恐惧。那些加剧了不确定性的谣言，很容易在平民阶层和中产阶级精英之间跨阶层传播。这些谣言和怀疑，被一系列引人注目的背叛所证实。路易十六、拉法耶特、米拉波和吕穆矣的表里不一让人确信：哪怕是曾经最受信任的革命支持者，也可能是披着“爱国者外衣”的阴谋家。激进派
们因未曾发现这些阴谋而深感羞愧，并发誓不会再让这种情况出现。最 347
终，人身威胁降临到革命者头上，例如 1793 年勒佩勒提耶和马拉遇刺身亡，以及 1794 年科洛·德布瓦和罗伯斯庇尔遭遇的未遂刺杀。

然而，在 1791 年冬季之前，甚至在法国被拖入战争之前，弥漫着的恐惧与怀疑气氛已经造成了许多革命者对揭发阴谋的执迷。他们认为，一个由国内外反动势力勾结制定的“巨大阴谋”是革命遭遇一切困难的根本原因。战争打响之后，这一执迷使得反革命政变即将来临的谣言四起，在巴黎引发了一系列恐慌。无论是在 1792 年 5 月、1793 年 3 月还是 1794 年 6 月，这些谣言都不仅在下层平民中传播，而且在上层政治精英中传播。1793 年春季的危机和恐慌引发的一系列举措，最终构成了恐怖统治的制度基础。一年之后，领导层内部的恐慌和恐惧，成为 1794 年夏季颁布牧月法令和实施恐怖统治的重要因素。

另外，恐惧和不信任的政治文化，也与激烈的派系斗争紧密相连。政治分歧反映在始于地方、展现于中央的派系斗争中，也反映在对具体政策——尤其是那些关于普通民众在政治过程中所处地位的政策——的不同观点中，还反映在几位极富魅力的政治领袖间的斗争中。不管分歧来源于何处，各个派系很快就自立门户，并以对其他派系的反对为理论基础来定义自己，例如：爱国者对抗贵族，雅各宾派对抗斐扬派，山岳派对抗吉伦特派。然而，并不是所有的革命者都赞同这样的派系分化。事实上，大部分代表试图保持中立。但是，在 1791 年之后的情绪化的氛围中，那些从前保持中立的代表很快加入各党派，并攻击他们的政敌，将其视为危险的阴谋家和叛国者。流毒甚广的派系之争是恐惧、不信任和求生欲的产物，也是造成 1793 年和 1794 年自我毁灭的糟糕政局的主要因素。

然而，革命的进程不是线性的。恐怖政权并非一日建成，它的出现经历了众多人物、派系和事件的相互作用。在这个过程中，战争和反革命运动的态势滋养着恐惧，理性反思和复杂的情绪也为恐惧提供了养分。
348 早在 1791 年 6 月国王试图逃跑，以及接下来 1792 年 8 月攻占杜伊勒里宫的时候，革命领袖已经对一系列镇压措施进行了试验，其中不少措施都应用在了共和历第二年。然而，哪怕是在 1793 年 3 月，在恐慌情绪中创造了恐怖统治的基本制度之后，山岳派也不敢大肆使用这些措施。最初，革命特别法庭遵循法律规范，因此犯人被处决的情况并不十分普遍。6 月 2 日，吉伦特派被逮捕之后，许多山岳派成员也试图缓和局势，他们既对武装群众的不断施压感到愤怒，又对发生在各省的清洗山岳派代表的行为感到恐惧。即便是库东、巴雷尔和圣茹斯特等未来的恐怖分子，最初也把对吉伦特派的拘留作为“权宜之计”，就像他们呼吁与叛乱的联邦派寻求和解一样。救国委员会彻底转为支持国家主导的暴力行为，要到 9 月才宣告开始。在 9 月，马拉已遇刺身亡；联邦派和旺代省拒绝和解，武装叛乱继续；罗伯斯庇尔进入了救国委员会；武装民兵重返国民公会。

这之后的局势，对恐怖统治的到来产生了重大影响。如果革命者当时没有一个心理转变，没有认为法国大革命的过程有一个悲剧性的内在逻辑，或者说，没有认为革命作为一种现象本身就有一个悲剧性的内在逻辑，大恐怖时期不会就此到来。当然，每一场革命都发生在特定的时间和地点，有其特定的发展节奏，也是特定的历史偶然性与个人选择及情绪相互作用的结果。但是，纵观历史上的重要革命，[9]很多都有恐怖时期，也都有对社会能够也必须革新的强烈信念，而这些信念很容易引向对反对者的敌视和打压。对所有的革命而言，那些利益和价值观念受到威胁的群体，都会成为反革命势力。对所有的革命而言，在无法避免的过渡时期，都会出现权力真空，也都会出现每一个权力机构均受到质疑的时刻：正如米拉波阐述过的，“所有旧的权力分界都被清除了”。对所有的革命而言，人民群众的影响足以将革命推向意料之外的轨道。另外，对所有的革命而言，也很可能都有执迷于揭穿阴谋、过度怀疑和缺乏信任的时期，都有充满不确定性以致难辨敌友，不知道谁是真正的革命者，谁是躲在革命誓言面具之下、披着羊皮的狼的时期。 349

热月政变处决了罗伯斯庇尔，清洗了他的盟友，但革命暴力并没有因此停止。事实上，结束一场革命很可能要难于开始一场革命。[10]截止到1794年秋天，在巴黎和外省活跃着的政治精英，很少有人没有经历过一次或多次政治清洗，也很少没有人被作为嫌疑犯逮捕入狱或软禁在家。在激进的山岳派恐怖统治被彻底扫除之后，一种“白色恐怖”在共和国各地爆发。那些曾被威胁和羞辱的人们，现在翻身做主，在“复仇和报复仇之仇的恶性循环”中试图复仇。[11]数百名雅各宾派和山岳派成员被投入监狱，甚至直接处决。1794年12月，幸存的吉伦特派代表被从监狱释放或从躲藏地归来，使热月政变之后的公会的政治立场进一步右倾。1795年5月，“无套裤汉”最后一次尝试发起暴动，之后共和国军队回到巴黎，镇压激进派成为其工作的重心。数位左翼代表被清洗，其中几位被送上断头台或在狱中自杀，其中就包括拒绝摒弃激进雅各宾派理想纲领的吉尔贝·罗默。这之后的数个政权——督政府、执政府和法兰西帝国——都将在试图维持这个因党争和内战而分裂的国家的内部稳定时，诉诸暴力镇压和任意处决。大革命的巨大阴影，以及社会革新和镇压叛乱、共和主义和独裁主义、乌托邦理想和保守派的恐惧等相互冲突的政治遗产，将继续分裂这个国家，直到 19 世纪和 20 世纪。

注 释

序 言

1. Dieuleveult，“La mort des Conventionnels,” 第 158—160 页。数据来源于：Kuscinski, *Dictionnaire des Conventionnels*。

2. Garat, *Mémoires sur la Révolution*，第六章。

3. 特别参见 Aulard, *L'histoire politique de la Révolution française*；Mathiez, *La Révolution française*；Lefebvre, *Le gouvernement révolutionnaire*；Soboul, *Histoire de la Révolution française*；以及 Vovelle, *La Révolution française*。

4. Hampson，*Prelude to Terror*，第 42 页。

5. 同上，第 5—7 页、第 42 页。同时参见 Schama, *Citizens*，第十五章；Furet and Ozouf，*A Critical Dictionary*。注意弗朗索瓦·傅勒本人的观点在前后发生了较大变化，关于这点参见 Israel, *Revolutionary Ideas*。

6. Mayer, *Furies*；Andress, *Terror*；Martin, *Violence et Révolution*；Sutherland, *Murder in Aubagne*；Edelstein, *Terror of Natural Right*；Linton, *Choosing Terror*. 此外，下列新近出版的研究亦与恐怖统治密切相关：Gueniffey, *La politique de la Terreur*；Gross, *Fair Shares for All*；Biard, *Missionnaires de la République*；Simonin, *Le déshonneur dans la République*；Walton, *Policing Public Opinion*；Baczko, *Politiques de la Révolution française*；Cowens, *To Speak for the People*；Jourdan，“*Discours de la Terreur*”；以及 Israel, *Revolutionary Ideas*. 此外，有相当数量的学者为恐怖统治时期的相关人物作传，例如：尼古拉·博苏特（Nicole Bossut）为肖梅特作传；米歇尔·比亚尔（Michel Biard）为德布瓦作传；斯特凡·莱姆尼

（Stefan Lemny）为卡拉作传；埃尔韦·勒维尔（Hervé Leuwers）为麦尔兰·德·杜艾作传；西德纳姆（M. J. Sydenham）为波登作传；以及彼得·麦克菲（Peter McPhee）为罗伯斯庇尔作传。

7. 尽管革命党人时常使用“恐怖”（terror）一词，但“恐怖统治”（the Terror）以及“恐怖分子”（terrorist）和“恐怖主义”（terrorism）的说法是在 1794 年 7 月热月政变、罗伯斯庇尔倒台后才出现的。

8. 转引自 Baczko, “Terror before the Terror”，第 30 页。

9. Tackett, *Becoming a Revolutionary*。同时参见 Tackett, *When the King Took Flight*。

10. 引自 Mathiot, *Pour vaincre*，第 255 页。

11. Hunt, *Politics*，第 176 页（第 153—176 页亦包含相关内容）。同时参见 Garrioch, *Bourgeoisie*，第 172—174 页；此外，关于省级及地方精英和统治者的情况参见 Edelstein, *Birth of Electoral Democracy*，第 243 页、第 245 页及第 278 页。

12. Brinton, *Jacobins*；Rose, *Making of the Sans-Culottes*，第 91—92 页。同时参见 Burstin, *L'invention du sans-culotte*。

13. Garrioch, *Bourgeoisie*，第 2—3 页。

14. Rosenwein, *Emotional Communities*, “Introduction.” 同时参见 Shula Sommers in Stearns and Stearns, *Emotion and Social Change*，第 24—25 页，关于“谣言”部分，参见本书第五章。

15. Lefebvre, *Great Fear of 1789*；Reddy, *Navigation of Feeling*；Wahnich, “De l'économie émotive de la Terreur.”

16. Hofstadter, *Paranoid Style in American Politics*；同时参见 Tackett, “Conspiracy Obsession in a Time of Revolution”。

17. 参考 Baczko, “Les peurs de la Terreur”；以及 Burstin, *L'invention du sans-culotte*，第 208 页。

18. 本书在此处着重参考了如下几位人物的回忆录：杜朗·德·迈兰、多米尼克 - 约瑟夫·加拉和勒内·雷瓦索。

19. 此处将雅克·皮内特和费里耶尔侯爵的回忆录与同时期的通信内容做了对照。

20. 参见 Tackett, “Etude sérielle de la psychologie révolutionnaire”。

21. 罗伯斯庇尔本人一直保有与他人频繁通信的习惯，但由于保存这些信件可能招致杀身之祸，大多数通信在后续革命中被销毁（引自 McPhee, *Robespierre*，第 80—81 页。）类似的情况也发生在其他倒台的领袖身上。本书在此处着重参考了如下几位人物的传记：布里索［埃勒维兹·埃勒雷（Eloise Ellery）著］；巴雷尔［里欧·格什（Leo Gershoy）著］；丹东（诺曼·汉普森著）；拉扎尔·卡诺［马塞尔·雷纳尔（Marcel Reinhard）著］；罗伯斯庇尔（麦克非著），罗兰夫妇［珊·雷诺兹（Sian Reynolds）著］。

22. 关于朱利安其人，参见 L. Parker，*Writing the Revolution*。此处感谢菲利普·布尔丹（Philippe Bourdin）在罗默的通信记录方面所提供的帮助。

23. 特别参见 Bonnet, *Louis-Sébastien Mercier*。

24. 据其他贵族成员的证词，大多数贵族反对革命。参见 Vaissière, *Lettres d'"Aristocrates"*。

25. 除普鲁多姆之外，其余人士在不同时期均担任代表一职。在 1792—1793 年间担任大臣一职的加拉出版了一部回忆录，系于革命时期著成。米拉波的一些文章实际上是由其合作团队代为操刀。

26. 本书主要参考了如下地区的研究文献：阿列日省、瓦兹省、厄尔省、克雷兹省、热尔省、谢尔省和安德尔－卢瓦尔省、圣洛地区、安省、阿基坦地区、上索恩省、图卢兹地区、卡昂和利摩日、特鲁瓦和兰斯、阿图瓦省、阿尔代什省、多尔多涅省、北海滨省、瓦尔省、维埃纳省、里昂。此处只是本书引用的革命时期数量庞大的区域研究的部分示例，具体细节，请参看参考文献。

27. 作者在此处所说的"主要革命"特指引发重大政治、社会和文化变革的事件，如 20 世纪发生在俄国、中国、古巴、伊朗等地的革命。在这些社会学家经常用于对比研究的革命事件中，18 世纪的北美革命事件尤为特殊——与其称它为社会革命，它更像是一场独立战争。因此，将法国大革命与其相比较意义不大。

第一章

1. 关于大革命"新政治阶级"的社会起源，参见 Hunt，*Politics, Culture, and Class*，第五章。有一小部分的未来革命者来自贵族或教士阶级，而不是"第三等级"的精英阶层。

2. 参见 Vergniaud, *Vergniaud, manuscrits, lettres*，卷 1 第 1—10 页；McPhee, *Robespierre*，第一章至第四章；Desmoulins, *Correspondance*，多处注释；Ellery, *Brissot de Warville*，第一章至第四章；Reinhard, *Carnot*，第 293—295 页。同时参见 Darnton, "High Enlightenment"。

3. 关于未来第一届国民议会代表的集体传记，参见 Tackett，*Becoming*，第一章。

4. Roche, *France in the Enlightenment*，第 430 页；Chartier, Compère, and Julia, *L'éducation en France*。

5. Mercier, *Tableau de Paris*，卷 1 第 254—256 页。

6. H. Parker, *Cult of Antiquity*，第 18—19 页。

7. Roche, *France in the Enlightenment*，第 431 页。

8. 1789 年，至少有 2/3 的第三等级代表和超过一半的立法议会和国民公会成员接受过法律训练。参见 Tackett，*Becoming*，第 36—37 页。Baguenier-Desormeaux, "Origines sociales, géographiques," 第 165—166 页、第 188—189 页。

9. Ruault, *Gazette d'un Parisien*，第 37 页、第 154 页（1784 年 1 月 10 日和 1789 年 7 月 16 日的信件）。同时参见 Mercier, *Tableau de Paris*，卷 1 第 256 页。与之有些许差异的观点，参见 Maza, *Myth of the French Bourgeoisie*。

10. Roche, *France in the Enlightenment*，第 434 页。

11. 同时参见 Darnton, "A Bourgeois Puts His World in Order," 收录于 *The Great Cat Massacre*，第 107—143 页。

12. Bien, "La réaction aristocratique."

13. 1789 年，至少有 58 名第三等级代表拥有贵族头衔，其中有少数是最近受封的。参见 Tackett, *Becoming*，第 44 页。

14. 同上，第 40—41 页。同时参见 Kwass, *Privilege and the Politics of Taxation*。

15. Tackett, "Paths to Revolution," 第 541—542 页。同时参见 Turley, "Channels of Influence"。

16. Tackett, *Becoming*，第 54—65 页。

17. 关于"融合的贵族阶层"（convergent elite）的理念，参见 Applewhite, *Political Alignment*，第 11 页；Doyle, *The Ancien Régime*，第 25—26 页；Bien, "La réaction aristocratique"。

18. Lezay-Marnésia, *Le bonheur*，第 46—47 页。同时参见 Chaussinand-Nogaret, *La no-blesse au XVIIIe siècle*，第 109 页；Tackett, *Becoming*，第 34—35 页。

19. 参见本书第四章及 Petitfils, "Les origines de la pensée contre-révolutionnaire" in Tulard, *La Contre-Révolution*，第 16—32 页。

20. Serna, "L'encre et le sang,"，Brioist et al.，*Croiser le fer*，第 306 页。

21. 引自 Serna, "L'encre et le sang," 第 308 页。同时参见尼古拉・吕奥对两位宫廷女性之间决斗的描述：Ruault, *Gazette d'un Parisien*，第 401 页（1772 年 1 月 23 日的信件）。

22. Serna, "L'encre et le sang," 第 365 页、第 410 页。

23. 参见 Serna, *Antonelle*。

24. 关于本段和后续段落，参见 Roche, *France in the Enlightenment*，第 322—332 页；以及 *People of Paris*，第二章。

25. 关于本段和后一段，参见 Nicolas, *La rébellion française*，特别是第一章。

26. Farge, *La vie fragile*，第 292 页。

27. Mercier, *Tableau de Paris*，卷 6 第 18 页。

28. 特别参见 Farge, *La vie fragile*，第 292 页；Brennan, *Public Drinking and Popular Culture*，第一章；Garrioch, *Neighbourhood and Community*，尤其是第 33 页和第 48 页；Roche, *Ménétra*，第 319 页。关于行会间的暴力活动，参见 Kaplan, *La fin des corporations*，第 294—295 页。关于农村的不和与争斗，参见 Le Goff and Sutherland, "Revolution and the Rural Community," 第 96—119 页。

29. Farge and Zysberg, "Les théâtres de la violence," 第 1008 页；Roche, *Ménétra*，第 319 页。本书有可能夸大了梅内特拉被卷入斗争的数量，但他的故事无疑反映了巴黎男性工匠生活的一个侧面。

30. Serna, "L'encre et le sang," 第 311—313 页，以及第 364 页。根据 *Ménétra* 的统计，在与梅内特拉有关的 50 起暴力事件中，6 件以正式决斗告终：*Ménétra*，第 319 页。

31. Galante Garrone, *Romme*，第二章；Tackett, *Becoming*，第 105 页；Mercier, *Tableau de Paris*，卷 1 第 41—42 页。

32. Mercier, *Tableau de Paris*，卷 2 第 297—303 页；以及 *Paris le jour, Paris la nuit*，第 125 页。

33. Faulcon, *Correspondance*，卷 1 第 159 页（1783 年 5 月 13 日的信件）; Colson, "Correspondance," 1789 年 5 月 3 日的信件；Ruault, *Gazette d'un Parisien*，第 34 页以及第 96—97 页（1783 年 12 月 21 日和 1787 年 8 月 25 日的信件）。

34. Ruault, *Gazette d'un Parisien*，第 153—154 页（1789 年 7 月 16 日的信件）。

35. 参见 Quéniart, *Culture et société urbaines*；Roche, *Le siècle des lumières en province*，多处注释；以及 Roche, *France in the Enlightenment*，尤其是第十三章。

36. Roche, *Le siècle des lumières en province*，卷 1 第 324—355 页、卷 2 第 295 页图片；Caradonna, "Prendre part au siècle des Lumières"；以及 Caradonna, *The Enlightenment in Practice*。

37. 关于致编辑的信件，参见 Andrews, "Between *Auteurs* et *Abonnés*"。

38. Erhard, "Un étudiant riomois à Paris," 卷 1 第 58 页、第 68 页，以及第 99—105 页。

39. Tackett, "Paths to Revolution."

40. Colson, “Correspondance,” 1786 年 6 月 20 日的信件；Faulcon, *Correspondance*，卷 1 第 180 页（1784 年 1 月 9 日的信件）、卷 1 第 200 页（1784 年 8 月 10 日来自选区的信件）；Vergniaud, *Vergniaud, manuscrits, lettres*，卷 1 第 90 页（1783 年 12 月 20 日的信件）。同时参见 Darnton, *Mesmerism*，第 18—22 页。

41. Ruault, *Gazette d'un Parisien*，第 19 页（1783 年 3 月 11 日的信件）；Faulcon, *Correspondance*，卷 1 第 93—94 页（1781 年年中的日志，未署明日期）、卷 1 第 173 页（1783 年 11 月 12 日的信件），以及卷 1 第 257 页（1787 年 1 月 20 日的信件）。

42. Faulcon, *Correspondance*，卷 1 第 93—94 页（1781 年年中的日志，未署明日期）、卷 1 第 217 页（1785 年 4 月 28 日的信件）；Garat, *Eloge de Bernard de Fontenelle*，第 82 页。

43. 参见 Quéniart, *Culture et société*；Furet, *Livre et société*，卷 1 第 3—32 页；Censer, *The French Press in the Age of Enlightenment*。

44. 参见 Furet, *Interpreting the French Revolution*；Baker, *Inventing the French Revolution*；Van Kley, *Religious Origins*；Reddy, *Navigation of Feeling*，尤其是第五章和第六章。

45. Roche, *France in the Enlightenment*，第 283 页。

46. Tackett, *Becoming*，第 63—65 页和第 74—76 页。参见梅西耶对所谓“公意”的讽刺。人人都声称自己了解“公意”，但其内容则因为人们立场的不同而有数十个版本：Mercier, *Tableau de Paris*，卷 6 第 185 页；以及 *Le nouveau Paris*，卷 2 第 50 页。

47. 参见 Furet, *Livre et société*；Quéniart, *Culture et société*；Hasegawa, “Constitution des bibliothèques privées de Poitiers”；Darnton, “A Bourgeois Puts His World in Order,” *The Great Cat Massacre*，第 107—143 页；以及 Berlanstein, *Barristers of Toulouse*，第 96—100 页。

48. 关于本段和后续段落，参见 Tackett, “Paths to Revolution”。

49. 关于朱利安，参见 “Correspondance”，尤其是 1785 年 9 月 29 日和 10 月 30 日的信件。法尔孔也写道，希望有朝一日能在天堂与他信仰新教的祖先们相会：*Correspondance*，卷 1 第 305 页（1787 年 12 月 20 日的信件）。

50. Tackett, “Paths to Revolution”。在韦尼奥藏书室的 227 本书籍中，约 40% 为法律书籍，30% 为文学作品：Vergniaud, “Bibliothèque de Vergniaud”。同时参见 Garat, *Mémoires*，第 210 页。关于朱利安一家，参见 Jullien, “Correspondance,” 1787 年 7 月 16 日的信件；关于罗默的“过于庞杂”，参见 Julia, “Gilbert Romme, gouverneur,” 第 225 页。

51. 参见 Mercier, *Tableau de Paris*，卷 8 第 161—163 页；以及 Ruault, *Gazette d'un Parisien*，

第 18 页（1783 年 2 月 26 日的信件）。

52. Berlanstein, *Barristers of Toulouse*，第 119 页。

53. 在一份 18 世纪的有关决斗者的巴黎司法记录中，105 名决斗者中，只有一名的职业显示其可能是中产阶级：一名“执达员”（Huissier），即低级法庭官员。其他决斗者绝大部分为贵族、士兵、工匠或店主：Serna, “L’encre et le sang,” 第 362—363 页。同时参见 Brennan, *Public Drinking and Popular Culture*，第 32—36 页。

54. Serna, “L’encre et le sang,” 第八章；Mercier, *Tableau de Paris*，卷 1 第 294 页。

55. Cuénin, *Le duel sous l’ancien régime*，第 293—294 页。在约 210 封第三等级的陈情书中，至少有 56 封对决斗表达了批评的态度。这些陈情书基本上由被派往凡尔赛宫的城市精英起草。

56. Serna, “Le duel durant la Révolution”；以及 Tackett, *Becoming*，第 137—138 页。关于荣誉文化，与之有些许差异的观点，参见 Walton, *Policing Public Opinion*。同时参见 Smith, *Nobility Reimagined*。

57. Mercier, *Tableau de Paris*，卷 1 第 69—71 页；Ruault, *Gazette d’un Parisien*，第 22—23 页（1783 年 6 月 8 日的信件）；Faulcon, *Correspondance*，卷 1 第 225 页（1785 年 8 月 4 日由特谢尔所写的信件），以及卷 2 第 2—4 页（1789 年 1 月 8 日来自选区的信件）。同时参见 Andress, “‘A Ferocious and Misled Multitude’”。

58. Colson, “Correspondance,” 1780 年 1 月 25 日的信件。同时参见 Faulcon, *Correspondance*，卷 2 第 4 页（1789 年 1 月 8 日来自选区的信件）。

59. Colson, “Correspondance,” 1789 年 5 月 3 日的信件；Boullé, AD Morbihan，第 163 页（1789 年 5 月 1 日的信件）；Tackett, *Becoming*，第 166 页。

60. 着重参见 Porret, “‘Effrayer le crime par la terreur,’” 第 60—62 页；Savey-Casard, *La peine de mort*，第 56—63 页；Muller, “Magistrats français,” 第 105 页；以及 Cossy, “Progrès et vio-lence dans l’oeuvre de Voltaire,” Cossy and Dawson，*Progrès et violence*，第 188 页。

61. Mercier, *Tableau de Paris*，卷 3 第 267 页；Ruault, *Gazette d’un Parisien*，第 73 页（1786 年 7 月 22 日的信件）。

62. Savey-Casard, *La peine de mort*，第 60 页。贝卡里亚的主要著作在 1766 年被译成法语，传入法国。

63. Faulcon, *Correspondance*，卷 1 第 80 页（1780 年 12 月 24 日的信件）；Farge, *La vie*

fragile，第 211—212 页；Desjardins, *Les cahiers des Etats Généraux*，第 48—50 页；Imbert, “La peine de mort,” 第 519 页；Savey-Casard, *La peine de mort*，第 58—60 页、第 62 页。关于马拉，参见 Simonin, *Le déshonneur dans la République*，第 236 页。

64. Savey-Casard, *La peine de mort*，第 58—62 页。

65. 具有广泛影响力的穆雅尔·德·沃格朗（Muyart de Vouglans）也支持类似的观点。参见 Porret, “‘Effrayer le crime par la terreur,’” 第 56—57 页；Muller, “Magistrats français,” 第 80—81 页。

66. 18 世纪 80 年代，巴黎高等法院的所有判决当中，约有 4% 到 8% 的判决是死刑。参见 Muller, “Magistrats français,” 第 88—90 页。

67. Colson, “Correspondance,” 1783 年 10 月 12 日和 1786 年 4 月 4 日的信件。同时参见 Porret, “‘Effrayer le crime par la terreur,’” 第 48 页和第 54 页。

68. Porret, “‘Effrayer le crime par la terreur,’” 第 56—57 页。同时参见旧政权法学家弗朗索瓦·萨普林（François Serpillon）的言论：“司法的主要目的不是惩罚罪犯，而是给公众……一个例子，给那些看惩罚罪犯的人带来恐怖……”：引自 Bastien, *L’exécution publique*，第 127 页。

69. 参见 Porret, “‘Effrayer le crime par la terreur,’” 第 60—62 页；Farge, *La vie fragile*，第 207 页；Bée, “Le spectacle de l’exécution,” 第 858—859 页；Bastien, *L’exécution publique*，着重参见第三章。

70. Colson, “Correspondance,” 1783年10月12日的信件；Farge, *La vie fragile*，第207—215页；Imbert, “La peine de mort,” 第 509 页；Andrews, “Between *Auteurs* et *Abonnés,*” 第 386—388 页；Bée, “Le spectacle de l’exécution,” 尤其是第 846—847 页。哈代（Siméon-Prosper Hardy）在他的“日志”中提到了 1765 至 1789 年间的 180 余次处决：Bastien, *L’exécution pub-lique*，第 132 页。同时参见 Roche, *Ménétra*，第 320 页。

71. 关于状词部分的数据来源于匹兹堡大学吉尔伯特·夏皮罗（Gilbert Shapiro）与约翰·马尔科夫（John Markoff）建立的数据库，同时参见 Desjardins, *Les cahiers des Etats Généraux*，第 52—53 页。

72. 参见 Savey-Casard, *La peine de mort*，第 70—75 页。

73. *AP*，卷 26 第 618—623 页、第 637—650 页、第 685—689 页（1791 年 5 月 30 日至 6 月 1 日）。代表屈斯蒂纳提议终结公开处决的“景观”，并在未来转为非公开行刑，然而这一提议被否决：同上，第 687—688 页。

74. 关于本段和后续段落，参见 Dawson, “Progrès et violence dans l’oeuvre de Voltaire,” Cossy and Dawson, *Progrès et violence*，第 201—203 页；Roosevelt, *Reading Rousseau*，第 53—54 页；Srinivas Aravamudan, “Progress through Violence or Progress from Violence?” Cossy and Dawson, *Progrès et violence*，第 266 页、第 271 页。

75. Mercier, *Tableau de Paris*，卷 3 第 258 页、第 263 页；Cossy and Dawson, *Progrès et violence*，尤其是第 187—204 页和第 259—280 页。

76. Faulcon, *Correspondance*，卷 1 第 305 页（1787 年 12 月 20 日的信件）；Colson, “Correspondance,” 尤其是 1779 年 8 月 8 日和 12 月 21 日的信件、1780 年 5 月 23 日和 9 月 3 日的信件，以及 1781 年 7 月 3 日和 11 月 27 日的信件；Ruault, *Gazette d’un Parisien*，第 18 页（1783 年 2 月 26 日的信件）、第 47 页（1784 年 12 月 1 日的信件）和第 104 页（1788 年 3 月 8 日的信件）。

第二章

1. 参见 Doyle, *Origins of the French Revolution*；Kaiser and Van Kley, *From Deficit to Deluge*；以及 Campbell, *Origins of the French Revolution*。

2. Colson, “Correspondance,” 1780 年 10 月 15 日的信件，以及 1783 年 1 月 5 日的信件；Vergniaud, *Vergniaud, manuscrits, lettres, et papiers*，卷 1 第 35 页（1781 年 1 月 13 日的信件）；Erhard, “Un étudiant riomois [Romme] à Paris,” 第 52 页；以及 Ruault, *Gazette d’un Parisien*，第 33 页、第 84 页（1783 年 12 月 21 日的信件、1787 年 7 月 8 日的信件）。同时参照 Dzimbowski, *Un nouveau patriotisme français*；以及 Bell, *Cult of the Nation*。

3. Bosher, *French Finances, 1770—1795*；Brewer, *Sinews of Power*；Bozenga, in Kaiser and Van Kley, *From Deficit to Deluge*，第 37—66 页；Félix, in Campbell, *Origins of the French Revolution*，第 35—62 页。

4. 此处及如下部分参见 Egret, *French Prerevolution*；Gruder, *Notables and the Nation*；以及 Hardman, *Overture to Revolution*。

5. Le Goff, “Le financement de la participation française à la guerre d’indépendance et ses conséquences”；此外，特别感谢勒戈夫为作者提供了其他相关研究资料。

6. 本段详情参见 Tackett, “Paths to Revolution”。

7. 参见 Egret, *French Prerevolution*；以及 Alpaugh, *Non-violence and the French Revolution*，

第一章。

8. Renouvin, *Les assemblées provinciales*；以及 Tackett, *Becoming*，第 81—82 页。

9. Tackett, *Becoming*，第 82—90 页；以及 Wick, *A Conspiracy of Well-Intentioned Men*。

10. 西耶斯神父所著的 *What Is the Third Estate* 面世伊始并未获得太多关注。代表蒙波蒂（Maupetit）曾在 2 月份读过此份出版物，但直到 6 月他才意识到它对正在发生的事件的巨大影响力。引自 Maupetit, "Lettres," 18（1902），第 157—160 页（1789 年 6 月 13 日的信件）。吉尔贝·罗默亦曾提及在 2 月读过西耶斯的这份作品，但他所持有的注解本已是再版三次后的著作，这表示在此书出版数周后，他才第一次详细阅读了它。引自 Romme, "Lettres," 1789 年 2 月 26 日的信件复印本；以及 Romme, "Correspondance," Museo del Risorgimento, dos. 70（此处特别感谢菲利普·布尔丹提供了相关书信记录）。

11. Colson, "Correspondance," 1789 年 2 月的信件，具体日期不详；Ruault, *Gazette d'un Parisien*，第 120 页（1788 年 10 月 3 日的信件）。

12. 参见 Tackett, *Becoming*，第 90—94 页。

13. 此处及其后数段引用出处同上，第 94—99 页以及第四章。

14. Ménard de La Groye, *Correspondance,* 5 月 5 日的信件。同时参见 Gaultier de Biauzat, Mège, 2：26（1789 年 5 月 4 日的信件）。

15. 此后数段参见 Tackett, *Becoming*，第四章。

16. Maillot, AC Toul, 1789 年 5 月 7 日的信件。

17. Ménard, *Correspondance,* 1789 年 12 月 22 日的信件。同时参考 Gaultier, Mège, 2：44（5 月 9 日的信件）；Boullé, Macé, 15（1889），116（9 月 8 日的信件，出版时误注为 9 月 28 日）；以及 Rabaut，第 116—117 页。

18. Romme, "Lettres," 1789 年 6 月 23 日的信件。

19. 关于路易十六动机的可能性参见 Caron, "La tentative de contrerévolution"；以及 Price, *Road from Versailles*，第 75—84 页。

20. Colson, "Correspondance," 8 月 10 日的信件；Jacob, "La Grande Peur," 第 127 页。

21. Barbier-Schroffenberg, "Extrait de la correspondance," 15（1966），71（1789 年 3 月 30 日的信件）。

22. Colson, "Correspondance," 1788 年 12 月 14 日的信件以及 1789 年 1 月的信件，多处注释；Romme, "Correspondance," 1788 年 12 月 21 日的信件；Faulcon, *Correspondance,* 2：4（1789

年 1 月 8 日的信件）; Mareux, *Une famille de la bourgeoisie,* 69（1789 年 1 月 12 日的信件）; *Journal de Paris,* 1788 年 12 月 23 日号，1789 年 1 月 6 日号、1 月 24 日号、1 月 25 日号、2 月 2 日号；Chaudron, *La grande peur*，第 53 页；Dubois, *Histoire de la Révolution*，卷 1 第 51—52 页；Armoogum–Ninat, "La Grande Peur de 1789," 第 122—123 页。

23. Colson, "Correspondance," 1788 年 12 月 7 日的信件。同时参见 1788 年末至 1789 年初 *Journal de Paris* 的多封读者来信；以及 Chaudron, *La grande peur*，第 60 页。

24. Colson, "Correspondance," 1789 年 4 月 7 日和 14 日的信件；Faulcon, *Correspondance*，卷 2 第 4 页（1789 年 1 月 8 日来自鲁昂选区的信件）; Markoff, *Abolition of Feudalism*，第 242—249 页。

25. Colson, "Correspondance," 1788 年 12 月 2 日和 14 日的信件。此处特别感谢泰德 · W. 马加丹特（Ted W. Margadant）提供了关于 1789 年司法制度的相关信息。

26. Markoff, *Abolition of Feudalism*，第 270 页。这一时期发生了众多"叛乱事件"，但从事件数量上看，动荡形势自 3 月往后有所缓和，但在 7 月至 8 月又攀升至整个革命时期的最高点。

27. 参见本书第一章；Farge, *Subversive Words* and *La vie fragile*，第 292—308 页；Brennan, *Public Drinking and Popular Culture*，第一章；以及 Garrioch, *Neighbourhood and Community*，第 33 页、第 48 页。

28. Rudé, *Crowd in the French Revolution*，第 34—44 页。同时参见 Colson, "Correspondance," 1789 年 5 月 3 日的信件；Boullé, Macé, 163（5 月 1 日的信件）; 以及 Tackett, *Becoming*，第 166 页。

29. Colson, "Correspondance," 1789 年 7 月 5 日的信件。

30. Romme, "Lettres," 1789 年 6 月 27 日的信件；以及 7 月 18 日罗默给杜布尔的信。同时参见 Ruault, *Gazette d'un Parisien*，第 153—155 页（7 月 16 日的信件）。吕奥时常在提及市政革命及公民民兵团体成立时使用"资产阶级"一词。参见 Godechot, *Taking of the Bastille*，第八章、第九章；以及 Alpaugh, "Politics of Escalation"。

31. 罗默所述引自 Galante Garrone, *Gilbert Romme*，第 524 页（1789 年 7 月 18 日的信件）; 以及 Colson, "Correspondance," 7 月 19 日的信件。

32. Godechot, *Taking of the Bastille*，第 229 页、第 244—245 页。

33. 罗默所述引自 Galante Garonne, *Gilbert Romme*，第 524 页（1789 年 7 月 18 日的信件）;

Colson, “Correspondance,” 7 月 19 日的信件；以及 Godechot, *Taking of the Bastille*，第 243—244 页。

34. Visme, “Journal des Etats-Généraux,” 1789 年 7 月 22 日的纪事；Faulcon, *Correspondance*, 第 91 页、第 104 页（7 月 22 日的日记和 7 月 28 日的信件）。

35. *Révolutions de Paris,* 1789 年 7 月 26 日号。

36. 本段参见 Lefebvre, *Great Fear*；Tackett, “Collective Panics”；以及“La grande peur de 1789”。

37. 罗默所述引自 Galante Garonne, *Gilbert Romme*，第 526 页（1789 年 7 月 23 日的信件）。此外参考 Lepoutre, *Député-paysan et fermière*，第 71 页（7 月 30 日的信件）。

38. Tackett，文章出处同注 36。

39. 本段参见 Kessel, *La nuit du 4 août*；Tackett, *Becoming*，第 169—175 页；以及 Fitzsimmons, *Night the Old Regime Ended*。

40. *Courrier de Provence,* no. 24（1789 年 8 月 7 日）。勒让德将 8 月 4 日晚间的事件比喻为“一场集体酗酒”，引自 AM Brest 2 D，第 16—18 页，8 月 5 日的信件。

41. *Révolutions de Paris,* 1789 年 8 月 9 日号；Gaultier, Mège，卷 2 第 224 页（8 月 4 日的信件）。

42. Jean-François Campmas, BM Albi, 7 月 18 日的信件；Delandine, *Mémorial historique*，卷 3 第 271 页（7 月 31 日）；Garat, *Mémoires*，第 211 页。同时参见 Boullé, Macé, 14（1889）, 114（7 月 21 日的信件）。

43. Brissot, *Patriote français,* 1789 年 8 月 6 日号；Prudhomme, *Révolutions de Paris,* 8 月 9 日号；Ruault, *Gazette d'un Parisien*，第 163 页（8 月 8 日的信件）；Garat, *Mémoires*，第 211 页；此处需比较皮埃尔－菲利浦·古迪（Pierre-Philippe Gudin）的论断：Barny, *Jean-Jacques Rousseau dans la Révolution*，第 15 页，与未来雅各宾派激进人士热罗姆·佩蒂翁的论断：*Avis aux Français*，第 226 页。关于“陈情书”与 8 月 4 日事件结果的比对参见 Taylor, “Revolutionary and Non-Revolutionary Content in the *Cahiers*”。

44. Vernier, “Lettres,”1789 年 8 月 6 日的信件。同时参见 Maupetit, “Lettres,” 19（1901）, 219（8 月 5 日的信件）。

45. 如：1789 年 8 月初由法国各地寄出的信件：AN, C 91；以及由位于里翁的杜布尔于 7 月 16 日写给罗默的信件，引自 Galante Garrone, *Gilbert Romme*，第 174 页。关于更广泛意义上的“宣誓”一词的定义和内涵，参见 Simonin, *Le déshonneur dans la République*，第 213—214 页。

46. Ruault, *Gazette d'un Parisien*，第 161 页，1789 年 7 月 30 日的信件；罗默所述引自 Galante Garrone, *Gilbert Romme*，第 529 页（9 月 8 日的信件）；同时参见克莱蒙 – 托内雷（Clermont-Tonnerre）的演讲，9 月 9 日：*AP,* 8：603；加拉所述引自 *Courrier de Provence*，第 21 期，7 月 31 日；德穆兰所述引自 de Baecque, "L'homme nouveau est arrivé," 第 177 页。另外，总体上请参考 de Baecque, *Le corps*，第 172—183 页。

47. Shapiro, *Revolutionary Justice*，第 20 页；Toulongeon, *Histoire de la France,* 卷 1 第 111 页；以及 A. C. Thibaudeau, *Biographie, Mémoires*，第 133 页。此外参见 Duquesnoy, *Journal,* 卷 1 第 138 页（1789 年 6 月 28 日的纪事）。

48. Colson, "Correspondance," 1789 年 3 月 17 日的信件。同时参见 Romme, "Lettres," 6 月 23 日的信件。

49. Ruault, *Gazette d'un Parisien*，第 163 页（1789 年 8 月 19 日的信件）；罗默所述引自 Galante Garrone, *Gilbert Romme*，第 524 页（7 月 18 日的信件）；Jullien, "Correspondance," 8 月 27 日的信件。

50. Lefebvre, *Great Fear*，第 198—199 页。

51. Ruault, *Gazette d'un Parisien*，第 166—167 页（1789 年 8 月 25 日、9 月 3 日的信件）；Colson, "Correspondance," 8 月 11 日、18 日、23 日、27 日、30 日，9 月 6 日、9 日、14 日的信件；*Révolutions de Paris,* 9 月 6 日号；Jullien, "Correspondance," 9 月 1 日的信件；Buchez and Roux, *Histoire parlementaire,* 卷 3 第 14 页（9 月 2 日的纪事）；同时参见代表让 – 弗朗索瓦 · 坎马的书信记录：BM Albi，8 月 8 日；以及 Lepoutre, *Députépaysan et fermière,* 8 月 29 日。

52. 此处及其后数段参见 Tackett, *Becoming*，第六章。

53. 尽管在理论上，由该时期的"制宪"议会通过的法令并不一定需要获得国王的批准才能施行，但事实上，无法获得国王的批准——尤其当这位国王仍为绝大部分民众所拥戴的时候——无异于是对议会合法性的极大削弱。

54. Colson, "Correspondance," 1789 年 10 月 5 日的信件；Mercier, *Le nouveau Paris*（1994），334；以及 *Patriote français*（1789 年 10 月 8 日号）。

55. 参见 *Le journal de Paris*（1789 年 10 月 8 日号）。

56. Jullien, "Correspondance," 1789 年 10 月 5 日午夜的信件。同时参见 Delandine, *Mémorial historique*，卷 6 第 3—4 页。

57. Goupilleau, "Lettres," 1789 年 10 月 9 日的信件；Brissot, *Patriote français*（1789 年 10 月 7 日号）；罗默所述引自 Galante Garrone, *Gilbert Romme*，第 178 页（10 月 6 日的信件）。同时参见 Merle, AC Mâcon, 10 月 13 日的信件。

58. Ménétra, "Mes réflexions," 第 69 页、第 102 页。另外，罗默所述引自 Galante Garrone, *Gilbert Romme*，第 181 页、第 529 页（1789 年 9 月 8 日和 12 月的信件）。

59. Faulcon, *Correspondance,* 卷 2 第 11 页（1789 年 2 月 27 日的信件）；以及 Tackett, "Paths to Revolution," 第 547 页。另外，罗默所述引自 Galante Garrone, *Gilbert Romme*，第 181 页（1789 年 12 月的信件）。对比参照胡波随后的论断：Roubaud, "Lettres," 第 184 页（1793 年 5 月 11 日的信件）。

60. 引自 Paumès, "La Grande Peur," 第 197 页（1789 年 8 月 2 日的纪事）。

61. Mège, "La grande peur," 第 141 页。

第三章

1. Judd, *Members of Parliament*，第 21 页；Galloway and Wise, *History of the House of Representatives*，第 22 页。

2. Tackett, *When the King Took Flight*，第 181—184 页。关于 1789 年夏末及秋季的书信记录参见 AN C，第 91—94 页。

3. *L'ami du peuple*，1789 年 12 月 22 日号。

4. Mousset, *Un témoin ignoré de la Révolution*，第 228 页；以及 Saint-Priest, *Mémoires*，卷 2 第 24—25 页。

5. 参见 Fréville, *L'intendance de Bretagne*，卷 3 第 292—297 页；以及 Cohen, "Les intendants au coeur de la crise," 第 101—109 页。

6. Ruault, *Gazette d'un Parisien*，第 161 页（1789 年 7 月 30 日的信件）。以下区域的行政长官逃离了所在岗位：卡昂、苏瓦松、亚眠、第戎、里翁、佩皮尼昂、奥尔良、贝藏松、布日尔。引自：Cohen, "Les intendants au coeur de la crise," 第 30—31 页；Mourlot, *La fin de l'ancien régime*，第 328—330 页；Vidal, *Histoire de la Révolution française*，第 57—62 页；Bart, *La Révolution française en Bourgogne*，第 139 页；Bruneau, *Les débuts de la Révolution*，第 88—89 页；Biard, *Missionnaires*，第 27—29 页，以及 *Les lilliputiens*，第五章。以下区域的行政长官据称坚持留在了岗位：里昂、图卢兹、欧什、蒙托邦、普瓦捷。引自

Jolivet, *La Révolution dans l'Ardèche*，第 156 页；Brégail, "Le Gers pendant la Révolution," 30(1929), 第 358 页；Godechot, *La Révolution française dans le Midi–Toulousain*, 第 82 页；Roux, *Révolution à Poitiers*, 第210—211 页；AN C 94, 1789 年9月20日来自拉沃尔的信件。

7. *Révolutions de Paris*，1789 年 7 月 26 日号；Bailly, *Mémoires*，卷 2 第 136 页（1789 年 7 月 26 日的纪事）；Vidal, *Histoire de la Révolution française*，第 60 页；Bruneau, *Les débuts de la Révolution*，第 90 页。

8. Caillet, *Les Français en 1789*，第 25—27 页、第 191—193 页。关于司法权威的崩溃，参见 Lafon, *La Révolution française*，第 35—50 页；Mourlot, *La fin de l'ancien régime*，第 330 页；Pommeret, *L'esprit politique*，第 69 页；Bruneau, *Les débuts de la Révolution*，第 90 页。此外请参考 Faulcon, *Correspondance*，卷 2 第 91 页（1789 年 7 月 23 日的纪事）；Colson, "Correspondance," 1789 年 7 月 14 日、21 日，10 月 20 日的信件，以及 1790 年 5 月 4 日、23 日、25 日的信件；Ruault, *Gazette d'un Parisien*，第 194 页（1790 年 4 月 10 日的信件）。少数仍保有一定程度权威的法庭包括宪兵队的法庭，宪兵队的影响力从 1789 年春天不断扩大，并与市级政府形成了紧密的合作关系、共同镇压民众暴力事件。但他们的司法权极为有限，也并不总受到尊敬。参见 Seligman, *La justice en France*，第 238 页；加丹特为此提供了研究文献，此处表示诚挚的谢意。有关革命开始时权力真空期的重要影响，参见 Martin, *Violence et Révolution*，第二章。

9. Mirabeau, *Dix–neuvième lettre…à ses commettans*；Duquesnoy, *Journal*，卷 1 第 231—232 页（7 月 18 日的纪事），此外请参考 Gilbert Riberolles in Mège, "Notes biographiques," 第 126—127 页（8 月 24 日的信件）。

10. Tackett, *Becoming*，第 235—236 页；此外，各省寄至国民议会的诸多书信中亦对这些代表的书信内容有所提及：AN C，第 91—94 页。

11. 参见 Hunt, "Committees and Communes"；Jolivet, *La Révolution dans l'Ardèche*，第 143—147 页、第 157 页；Brégail, "Le Gers pendant la Révolution," 30（1929），第 355 页、第 358 页；Fleury, *La ville et le district de Mamers*，卷 1 第 103—105 页；Arnaud, *Histoire de la Révolution*，第 113—115 页；Bart, *La Révolution française*，第 125 页、第 136—140 页；Forrest, *Revolution in Provincial France*，第 64—68 页；Roux, *Révolution à Poitiers*，第 220—226 页；Bruneau, *Les débuts de la Révolution*，第 67—74 页；Dorigny, *Autun*，卷 2 第 56 页；以及 Biard, *Missionnaires*，第 30 页。

12. AN C，第 93—94 页。此外参见 Seinguerlet, *Strasbourg*，第 16—29 页；Arnaud, *Histoire de la Révolution*，第 113 页；以及 Forrest, *Revolution in Provincial France*，第 63—64 页。本书第二章对此亦有所涉及。

13. 参见市级部门的来信：AN C，第 94 页（如：来自索米尔和蒙卢松的信件）。

14. 1793 年夏天之前，行政区的主要职能即选举，参见本书第十一章。

15. 参见 Jolivet, *La Révolution dans l'Ardèche*，第 174—191 页；Godechot, *La Révolution dans le Midi–Toulousain*，第 124—125 页；此外请参考 Margadant, *Urban rivalries*；以及 Ozouf–Marignier, *La formation des départements*。

16. 参见 Jolivet, *La Révolution dans l'Ardèche*，第 161—194 页；Fleury, *La ville et le district de Mamers*，卷 1 第 106—111 页；以及 Patrick, "Paper, Posters, and People"。

17. Baumont, *Le département de l'Oise*，第 35—36 页；Fleury, *La ville et le district de Mamers*，卷 1 第 115—118 页；以及 Jolivet, *La Révolution dans l'Ardèche*，第 281 页。本书第六章对此亦有所涉及。

18. Lefebvre, *La fuite du roi*，第 22—25 页。

19. 参见 Legendre, AM Brest 2 D，第 16—18 页，1791 年 6 月 13 日的信件。

20. 勒费弗尔称之为"权力下放"，出自 *La fuite du roi*，第 22 页。请参考 Jones, *Peasantry*，第 169 页；以及 Tocqueville, *Old Regime and the French Revolution*，第五章第二部分。

21. 参见本书第五章。

22. Ménétra, "Mes réflexions," BHVP Ms. 678，第 259 页。此外参见 Ruault, *Gazette d'un Parisien*，第 332 页（1793 年 4 月 30 日的信件）。巴黎国民自卫军领袖夏勒 – 亚历西斯 · 亚历山大将所有激进分子描述为"自由的朋友"（des amis de la liberté），引自 Alexandre, "Fragments des mémoires," 第 189 页。

23. P. M. Jones, *Peasantry*，第 168 页。此外参见 Woloch, *New Regime*，第 35—36 页、第 43 页；以及 Jessenne, *Pouvoir au village*，第二章。

24. 米拉波所述引自 *Courrier de Provence,* no. 26（1789 年 8 月 10 日号）。此外参见 Ruault, *Gazette d'un Parisien*，第 162 页（1789 年 8 月 8 日的信件）；以及 Jolivet, *La Révolution dans l'Ardèche*，第 185 页、第 208 页。

25. Labrosse and Rétat, *Naissance du journal révolutionnaire*，第 19 页、第 24 页、第 392—397 页。此外参见 Hesse, *Publishing and Cultural Politics*，第 167—168 页；Popkin, *Revolutionary*

News，第一章；Forrest, *Revolution in Provincial France*，第 93—96 页；以及 Godechot, *Révolution dans le Midi-Toulousain*，第 105—107 页。

26. 本段内容参见 Walton, *Policing Public Opinion*，第五章。关于激进派媒体，参见 Censer, *Prelude to Power*，第二章、第四章。

27. Labrosse and Rétat, *Naissance du journal révolutionnaire*，第 201—202 页；Ruault, *Gazette d'un Parisien*，第 192—193 页（1790 年 4 月 8 日的信件）。

28. Colson, "Correspondance," 1789 年 8 月 30 日的信件。

29. Colson, "Correspondance," 1789 年 8 月 30 日的信件；Guittard de Floriban, *Journal*，第 48 页、第 68 页（1791 年 4 月 27 日、7 月 5 日的纪事）；Jaffé, *Le mouvement ouvrier*，第 65—83 页；Rose, *Making of the Sans-Culottes*，第 108—109 页；Burstin, "Problèmes du travail," 第 652—655 页；Sewell, *Work and Revolution*， 第 95—98 页；Alpaugh, *Non-violence and the French Revolution*，附录。

30. Colson, "Correspondance," 1790 年 1 月 26 日、1791 年 8 月 16 日的信件；Sewell, *Work and Revolution*，第 97—98 页。

31. Noël, *Au temps des volontaires*，第 170 页（1792 年 6 月 22 日的信件）。同时参见 S. Scott, *Response of the Royal Army*，第 60—96 页；Carrot, *Révolution et maintien de l'ordre*，第 122—131 页；Forrest, *Soldiers of the French Revolution*，尤其是第 42 页、第 89—124 页；M. Kennedy, *The Jacobin Club*，卷 1 第 178—179 页。

32. Bertaud and Reichel, *Atlas*，第 15 页。

33. S. Scott, *Response of the Royal Army, 1787—93*， 第 92—95 页；Carrot, *Révolution et maintien de l'ordre*，第 132—134 页；M. Kennedy, *The Jacobin Club*，卷 1 第 181—183 页；Girardot, *Le département de la Haute-Saône*，卷 2 第 94—96 页；以及 Colson, "Correspondance," 1790 年 9 月 5 日、7 日、12 日和 21 日的信件。

34. Markoff, *Abolition of Feudalism*，特别是他的结论，第 562—569 页；以及 Boutier, *Campagnes en émoi*，第 33—35 页。

35. Roux, *Révolution à Poitiers*，第 244 页；Girardot, *Le département de la Haute-Saône*，卷 1 第 148 页；Dubois, *Histoire de la Révolution*，卷 1 第 101—107 页；Jolivet, *La Révolution dans l'Ardèche*，第 189 页；Sol, *La Révolution en Quercy*，卷 1 第 252—253 页。另外可参考 P. M. Jones, *Peasantry*，第 104—109 页。

36. 调查委员会收到了来自全国各地的抱怨信件，信中称有人闯入他们的私人林地进行狩猎和伐木：Caillet, *Les Français en 1789*，第 142—146 页。同时参见 *AHRF* 10（1933），第 167—169 页；AN C，第 94 页，1789 年 9 月 19 日来自索米尔的信件；La Rochefoucauld, *Lettres*，第 35 页（1791 年 2 月 10 日的信件）；Baumont, *Le département de l'Oise*，第 25—26 页、第 39 页、第 206—207 页；Dubois, *Histoire de la Révolution*，卷 1 第 336—338 页；Girardot, *Le département de la Haute-Saône*，卷 2 第 106—108 页；Bruneau, *Les débuts de la Révolution*，第 187 页。

37. Jones, *Peasantry*，第 181—184 页；Roux, *Révolution à Poitiers*，第 240—245 页；Jolivet, *La Révolution dans l'Ardèche*，第 157 页；Baumont, *Le département de l'Oise*，第 32—34 页；Bruneau, *Les débuts de la Révolution*，第 93—96 页。

38. 参见 Markoff, *Abolition of Feudalism*，第五章；Caillet, *Les Français en 1789*，第 28—118 页；Sée, "Les troubles agraires en Haute-Bretagne," 多处注释。

39. 参见 Boutier, *Campagnes en émoi*，多处注释。

40. 参见 Barbier-Schroffenberg, "Extrait de la correspondance," 15（1966），第 73—75 页（1789 年 8 月 14 日、21 日的信件）。

41. In Lucenay-les-Aix（Nièvre），1790 年 6 月：Caillet, *Les Français en 1789*，第 25—26 页。

42. Girardot, *Le département de la Haute-Saône*，卷 2 第 106 页；Ruault, *Gazette d'un Parisien*，第 162 页（1789 年 8 月 8 日的信件）。另请参阅：Dubois, *Histoire de la Révolution*，卷 1 第 105 页；Jolivet, *La Révolution dans l'Ardèche*，第 185 页；AN C，第 94 页。

43. 本段及下段内容参见 Bianchi and Dupuy，多处注释；Caillet, *Les Français en 1789*，第 25 页、第 27 页、第 191 页；Dupuy, *La garde nationale*，第 135—137 页、第 172—179 页，以及第 197—199 页；Roux, *Révolution à Poitiers*，第 226—233 页；Dubois, *Histoire de la Révolution*，卷 1 第 79、第 91 页、第 341 页；Jolivet, *La Révolution dans l'Ardèche*，第 147—151 页；Arnaud, *Histoire de la Révolution*，第 192—205 页；Brégail, "Le Gers pendant la Révolution," 30（1929），第 365 页；Sol, *La Révolution en Quercy*，第 240 页；以及 Pommeret, *L'esprit politique*，第 68 页。

44. 关于青年群体组建运动团体的努力，参见 Déplanche, "French Revolution and the Origins of Modern Youth Movements," 第三章。

45. Tackett, *When the King Took Flight*，第 13—14 页。

46. Caillet, *Les Français en 1789*，第 191 页。

47. Ruault, *Gazette d'un Parisien*，第 153—155 页、第 174—175 页（1789 年 7 月 16 日、12 月 28 日的信件）; Colson, "Correspondance," 1789 年 9 月 15 日的信件。同时参见 Carrot，多处注释。

48. Tackett, *When the King Took Flight*，第 44 页。同时参见 Legendre, AM Brest 2 D，第 16—18 页，1790 年 11 月 14 日的信件。

49. 本段及下段参见 Rose, *Making of the Sans-Culottes*，第 58—70 页。

50. 早在 1789 年 7 月，米拉波曾就各地方不断扩大的自主权表达过担忧: *Courrier de Provence*，第 21 期，1789 年 7 月 31 日。

51. Colson, "Correspondance," 1789 年 9 月 6 日的信件。

52. Rose, *Making of the Sans-Culottes*，第 69—80 页。

53. 同上，第 80—92 页。

54. Guittard de Floriban, *Journal*，第 101 页、第 117 页（1791 年 10 月 20 日、1792 年 1 月 13 日的信件）; 1791 年 12 月 4 日，福伊咖啡馆（the Café de Foy）向雅各宾俱乐部派出了一个代表团: Aulard, *Société des Jacobins*，卷 3 第 271 页。

55. 本段及下段参见 Boutier and Boutry, *Atlas*，第 9 页、第 16 页、第 102—103 页；以及 M. Kennedy, *The Jacobin Club*，卷 1 第 6—12 页、第 360 页。同时参见 Ruault, *Gazette d'un Parisien*，第 209—210 页（1790 年 9 月 10 日的信件）。

56. Boutier and Boutry, *Atlas*，第 63—64 页；Brinton, *Jacobins*，第三章；以及 M. Kennedy, *The Jacobin Club*，卷 1 第 371 页。

57. 参见 Tackett, *When the King Took Flight*，第 187 页；以及 Boutier and Boutry, *Atlas*，第 50—53 页。

58. AD Gironde, 12 L，第 20 页。

59. Boutier and Boutry, *Atlas*，第 10 页；M. Kennedy, *The Jacobin Club*，卷 1 第 32 页、第 41—45 页；以及 Brégail, "Le Gers pendant la Révolution," 31（1930），第 19—20 页。关于波尔多地方俱乐部的宣誓要求，参见: AD Gironde, 12 L，第 13 页（1791 年 4 月 17 日、5 月 19 日的纪事）。

60. M. Kennedy, *The Jacobin Club*，第 1 页、第十三章。

61. Baker, "Politics and Social Science"；以及 Olsen, "A Failure of Enlightened Politics"。

62. Boutier and Boutry, *Atlas*，第 10 页；Brégail, "Le Gers pendant la Révolution," 31（1930），

第 20 页；Ruault, *Gazette d'un Parisien*，第 218—219 页（1791 年 1 月 28 日的信件）；Colson, "Correspondance," 1791 年 1 月 30 日、2 月 6 日的信件；Gower, *Despatches*，第 53—55 页（1791 年 1 月 28 日、2 月 4 日的信件）。

63. Kates, *Cercle Social*，特别参见第二部分。同时参见 Ruault, *Gazette d'un Parisien*，第 209 页（1790 年 9 月 10 日的信件）。

64. Mathiez, *Le Club des Cordeliers*，特别参见第 8—24 页。

65. I. Bourdin, *Les sociétés populaires*，特别参见第 19—39 页、第 132—162 页；Mathiez, *Le Club des Cordeliers*，第 24 页、第 30—31 页；Rose, *Making of the Sans-Culottes*，第 98—105 页、第 110—112 页；以及 Miles, *Correspondence*，卷 1 第 220 页（1791 年 2 月 23 日、25 日的信件）。

66. Desan, " 'Constitutional Amazons,' " 第 13—14 页；以及 Miles, *Correspondence*，卷 1 第 246 页（1791 年 3 月 1 日的信件）；关于法国大革命中女性权益的问题，参见 Godineau, *Citoyennes et tricoteuses*，第四章、第五章；Hufton, *Women and the Limits of Citizenship*，第一章；Hunt, "Male Virtue and Republican Motherhood"；以及 *Inventing Human Rights*，第 167—175 页。另外可参考 Desan, *The Family on Trial*，序言及第二章。

67. Géraud, *Journal*，第 101 页（1791 年 4 月 30 日的信件）；以及 Jullien, "Correspondance," 1792 年 8 月 5 日的信件。

68. Jullien, "Correspondance," 1792 年 8 月 10 日的信件。同时参见 Parker, *Writing the Revolution*。

69. Hesse, *Other Enlightenment*，第二章。

70. Gouges, *La Déclaration des droits de la femme*。

71. I. Bourdin, *Les sociétés populaires*，第 224—234 页；以及 Mathiez, *Le Club des Cordeliers*，特别是第 27—34 页。

72. Colson, "Correspondance," 1790 年 2 月 8 日、9 日、14 日和 16 日的信件；Ruault, *Gazette d'un Parisien*，第 181 页（2 月 5 日的信件）；以及 Tackett, *Becoming*，第 275—277 页。庆典活动还包括大规模朝圣及在感恩节唱诵《感恩赞》。

73. AN C，第 94 页，拉沃尔的信件（1789 年 9 月 20 日）、圭亚那的信件（9 月 23 日），以及多菲内罗马人的信件（9 月 22 日）宣布与关堡联盟以维持秩序和确保税收的恢复。同时参见 Jolivet, *La Révolution dans l'Ardèche*，第 151—153 页；Arnaud, *Histoire de la Révolution*，第 120—121 页；Dubois, *Histoire de la Révolution*，卷 1 第 94 页；Bianchi 和

Dupuy, *La garde nationale*，第 168 页；以及 Alpaugh, “Les émotions collectives”。

74. 参见 Lefebvre, *La fuite du roi,* 112；Carrot, *Révolution et maintien de l'ordre*，第 125—126 页；Dubois, *Histoire de la Révolution*，卷 1 第 343 页；Fleury, *La ville et le district de Mamers*，卷 1 第 110—111 页；Sol, *La Révolution en Quercy*，卷 1 第 208—211 页；Brégail, “Le Gers pendant la Révolution,” 31（1930），第 15—18 页；以及 Corgne, *Pontivy*，第 55—65 页。

75. 参见关于加斯科涅地区欧什市结盟节活动的详细叙述：Brégail, “Le Gers pendant la Révolution,” 31（1930），第 17—18 页；Alpaugh, “Les émotions collectives,” 第 67 页。更宏观的情况，请同时参见 Ozouf, *Festivals and the French Revolution*，第 39—42 页。

76. 参见 Gorsas, *Courrier de Versailles,* 1790 年 6 月 20 日号。同时参考 Tackett, *Becoming*，第 292—293 页。

77. 参见弗朗索瓦－格扎维埃·兰特纳斯（François-Xavier Lantenas）的叙述：*Patriote français*，1790 年 6 月 21 日号和 23 日号。

78. Colson, “Correspondance,” 1790 年 7 月 6 日的信件。同时参考 Tackett, *Becoming*，第 298—299 页。

79. Ozouf, *Festivals*，第 54—55 页。

80. Colson, “Correspondance,” 1790 年 7 月 18 日的信件。

81. Mason, *Singing the French Revolution*，第 42—46 页。

82. Legendre, Extracts in “Correspondance,” 1790 年 7 月 21 日的信件；Sol, *La Révolution en Quercy*，卷 1 第 211—218 页；Baumont, *Le département de l'Oise*，第 28—31 页；Boivin-Champeaux, *Notices historiques*，卷 1 第 221—223 页；Jolivet, *La Révolution dans l'Ardèche*，第 194—195 页；Fleury, *La ville et le district de Mamers*，卷 1 第 113—114 页；以及 Dorigny, *Autun*，卷 2 第 59—60 页，同时参见 Ozouf, *Festivals*，第 52—53 页。

83. 参见 Baumont, *Le département de l'Oise*，第 31 页；以及 Fleury, *La ville et le district de Mamers*，卷 1 第 114 页。

84. Colson, “Correspondance,” 1790 年 6 月 27 日的信件。

第四章

1. 参见 Petitfils, “Les origines de la pensée contre-révolutionnaire”；McMahon, “Counter-Enlightenment”；*Enemies of the Enlightenment*，第一章；以及 Barny, “Les aristocrates et Jean-

Jacques Rousseau"。

2. Roux, *La Révolution à Poitiers*，第 128—129 页、第 164—165 页；Pimenova, "Cahiers de la No-blesse"；以及 Markoff, *Abolition of Feudalism*，尤其是第 190—198 页。

3. Tackett, *Becoming*，特别是第 132—138 页。

4. 胡波在书信中记叙了逃亡贵族的现状："自由的胜利即他们的折磨……他们永恒的折磨。" Roubaud, "Lettres," 第 153 页（1792 年 11 月 1 日的信件）；同时参见 Tulard, *La Contre-Révolution*，序言。

5. 本段及以下段落参见 Lefebvre, *La fuite du roi*，第 76—79 页、第 88—90 页；以及 Godechot, *La Contre-Révolution*，第 161—167 页。

6. 参见本书第五章。

7. 本段及以下数段参见 Tackett, *Becoming*，特别是第四至第六章。

8. Tackett, *Becoming*，第 158—159 页。

9. Irland, AD Deux-Sèvres, 1790 年 1 月 8 日的信件。

10. 以下段落参见 Tackett, *Becoming*，第 179—195 页。

11. Gauville, *Journal*，第 19—20 页。

12. Barbotin, *Lettres*，第 82 页（1790 年 1 月 6 日的信件）。请参阅 Boullé, AD Morbihan, 1 Mi，第 140 页，1789 年 12 月 15 日的信件；以及 T. Lindet, *Correspondance*，第 156 页（1790 年 5 月 8 日的信件）。

13. Ménard de La Groye, *Correspondance*，第 201 页（1790 年 4 月 16 日的信件）。

14. Tackett, *Religion, Revolution, and Regional Culture*，第 211—218 页。

15. Irland, AD Deux-Sèvres, 1790 年 4 月 16 日、20 日和 5 月 3 日的信件。

16. Gantheret，私人收藏，1790 年 6 月 21 日的信件；Ruault, *Gazette d'un Parisien*，第 203 页（6 月 22 日的信件）。

17. 参见 *AP*，卷 16 第 379—386 页；Gorsas, *Courrier de Versailles,* 1790 年 6 月 20 日号。

18.《巴黎公报》：关于示威抗议活动的报道从 1790 年 6 月 23 日开始，持续了一月有余。同时参见 Rabaut Saint-Etienne, *Précis historique*，第 265—267 页。

19. 本段及以下两段内容，参考 Popkin, *Right Wing Press in France*；Bertaud, *Les amis du roi*；Maspero-Clerc, *Un journaliste contrerévolutionniare*；Murray, *Right-Wing Press in the French Revolution*；Chisick, *Ami du Roi*；以及 Coudart, *La Gazette*。

20. 法米扬在《巴黎公报》上的言论，引自 Coudart, *La Gazette*，第 215 页。

21. Coudart, *La Gazette*，第 253 页、第 385 页。同时参见 Bertaud "La presse royaliste parisienne," 第 207—209 页。

22. 高缇耶所言出自 Bertaud, *Les amis du roi*，第 184 页。同时参见 Coudart, *La Gazette*，第 384 页。

23. 参见 Coudart, *La Gazette*，第 186—198 页；以及 *Révolutions de Paris*（1792 年 6 月 23 日至 30 日号）。

24. Ruault, *Gazette d'un Parisien*，第 177 页（1790 年 1 月 5 日的信件）。同时参见本书第五章。

25. Legendre, AM Brest 2 D，第 16—18 页，1791 年 1 月 29 日的信件。

26. Chaumié, *Le réseau d'Antraigues*，第 46—48 页；Doyon, *Un agent royaliste*，第 2—69 页；以及 Tulard, *La Contre Révolution*，第 51—52 页、第 168—178 页。

27. Lefebvre, *La fuite du roi*，第 79—80 页；以及 Jolivet, *La Révolution dans l'Ardèche*，第七章。

28. Moulinas, *Les massacres de la Glacière*；Lapied, *Le Comtat*，第四章。

29. 参见 McManners, *French Revolution*，第五章；以及 Aston, *Religion and Revolution*，特别是第七章。

30. Vernier, "Lettres," 1790 年 11 月 12 日的信件。同时参见 Legendre, AM Brest 2 D，第 16—18 页，11 月 21 日的信件。

31. 关于各地方的差异及造成差异的原因分析，参见 Tackett, *Religion, Revolution, and Regional Culture*。

32. 参见 Gaultier de Biauzat, BM Clermont-Ferrand, 1791 年 1 月 18 日的信件；以及 Bouchette, *Lettres*，第 622—623 页（8 月 2 日的信件）。同时参见 Legendre, AM Brest 2 D，第 16—18 页，2 月 2 日的信件。

33. AD Aisne, L 198, deliberations of the department directory；以及 AD Aisne, L 604, responses of the district of Vervins。

34. 关于地方行政区无法贯彻落实宗教宽容法令的情况，参见内政部报告 AN F19，第 311 页；以及 Tackett, *Religion, Revolution, and Regional Culture*，第 275—277 页。

35. Lisleroy, "Correspondance," 第 20 页（1789 年 7 月 25 日的信件）；Barbier-Schroffenberg, "Extrait de la Correspondance," 15（1966），第 80 页（1790 年 5 月 28 日的信件）。同时参见 Fougeret in Vaissière, *Lettres d' "Aristocrates,"* 第 401 页（1791 年 6 月 26 日的信件）。

36. 参见 Fougeret in Vaissière, *Lettres d'"Aristocrates,"* 第 416 页（1792 年 1 月 10 日的信件）；以及 Barbier-Schroffenberg, "Extrait de la correspondance," 15（1966），第 81 页（1790 年 5 月 28 日的信件）。

37. Gower, *Despatches*，第 47 页（1790 年 12 月 17 日的信件）；Coudart, *La Gazette*，第 381 页。

38. 关于连续不断的逃亡潮，参见 Greer, *Incidence of the Emigration*，第 20—28 页、第 114—115 页。关于 1791 年之后的逃亡潮，参见 S. Scott, *Response of the Royal Army*，第 105—106 页；以及 Bruneau, *Les débuts de la Révolution*，第 334 页；Vidal, *Histoire de la Révolution française*，第 209—210 页；Roux, *La Révolution à Poitiers*，第 453—458 页；以及 *Histoire de Lorraine*，第 535 页。

39. Greer, *Incidence of the Emigration*，第 26 页；Henwood and Monange, *Brest*，第 100 页。

40. La Tour du Pin, *Mémoires*，卷 1 第 266—267 页；A.-C. Thibaudeau, *Biographie, Mémoires*，第 133—134 页。同时参见 the count de Gamache：AN D XXIX bis 36（2）, dos. 373, 1791 年 6 月 26 日的信件。

41. Barbier-Schroffenberg, "Extrait de la correspondance," 16（1967—1968），第 74 页（1791 年 6 月 6 日的信件）；Médel, *Correspondance*，第 165 页（1791 年 9 月初的信件）。Ferrières, *Correspondance*，第 438 页（1791 年 10 月 18 日的信件），记述了梅德尔于 1791 年取道巴黎。同时参见 Audouyn de Pompery, *A mon cher cousin*，第 185—186 页（1791 年 10 月 17 日和 28 日的信件）。

42. 已知 18 个省份逃亡贵族的数量比逃亡神职人员的数量要多：阿列省、阿尔代什省、奥布省、谢尔省、科多尔省、吉伦特省、伊勒 - 维莱讷省、安德尔省、汝拉省、卢瓦尔 - 谢尔省、洛特省、默兹省、涅夫勒省、萨尔特省、塞纳省、德塞夫勒省、瓦尔省以及约讷省。引自 Greer, *Incidence of the Emigration*，第 109—111 页。

43. 引自一份包含了 48 名贵族人员名字的名单，这些名字以 A 或 B 开头，这些贵族之后的职业也为人所知：Lemay, *Dictionnaire des Constituants*。

44. Lemay, *Dictionnaire des Constituants*，第 465—466 页；Beauchet-Filleau, *Tableau des émigrés*，第 36 页、第 121 页。

45. 关于取道巴黎的逃亡人员数量，参见 A.-R.-H. Thibaudeau, *Correspondance*，第 196—197 页（8 月 21 日、29 日、30 日的信件）。

46. Saint-Priest, *Mémoires*，卷 2 第 24—25 页。本段及以下数段参见 Tackett, *When the King*

Took Flight，特别是第二章至第五章。

47. AN C，第 211—213 页；以及 Coudart, *La Gazette*，第 344—349 页、第 361 页。

48. Audouyn de Pompery, *A mon cher cousin*，第 165 页（1791 年 6 月末的信件，具体日期未标注）。

49. Gaultier de Biauzat in Mège, *Gaultier de Biauzat*，卷 2 第 384—385 页（1791 年 7 月 12 日的信件）。关于对国王的种种描述，参见 Duprat, *Le roi décapité*。

50. 本段及以下数段参见 Andress, *Massacre at the Champ de Mars*；以及 Tackett, *When the King Took Flight*，第五章。

51. 特别参考 *AP*，卷 28 第 380 页（1791 年 7 月 17 日的信件）；以及 Mathiez, *La Révolution française*，卷 1 第 203 页。奥拉尔用"一种恐怖"（une sorte de terreur）来指代这一时期：*Histoire politique*，第 154 页。

52. A.N. D XXIX BIS 34（dos. 350）（1791 年 8 月 23 日的信件）。

53. Basquiat, "Lettres," 1791 年 5 月 31 日的信件。同时参见 Michon, *Essai*，第 181—204 页。

54. 参见 Reinhard, *La chute de la royauté*，第 153—154 页；以及 M. Kennedy, *The Jacobin Club*，卷 1 第 281—296 页。

55. Basquiat, "Lettres," 1791 年 8 月 16 日的信件；Geoffroy，私人收藏，7 月 31 日的信件；Bouchette, *Lettres*，第 616—617 页（7 月 24 日的信件）；代表圣茹斯特等也宣称巴黎激进分子的活动实际上是由幕后的国外势力操纵的：Michon, *Essai*，第 261 页。关于雅各宾派内部的分化，参见 Michon, *Essai*，第 271—273 页；以及 Walter, *Histoire des Jacobins*，第 184—236 页。

56. 参见 Tackett, *When the King Took Flight*，第八章。

57. Levasseur, *Mémoires*，卷 1 第 33 页。

第五章

1. 关于地方行政人员及俱乐部的政治参与积极性，参见 Baumont, *Le département de l'Oise*，第 40—46 页；Kennedy, *Jacobin Club of Marseilles*，第 58—60 页；以及 Hugueney, *Les clubs dijonnais*，第 18 页、第 21、第 31、第 54—55 页。

2. Boullé, AD Morbihan, 1 Mi，第 140 页，1789 年 5 月 9 日的信件；Durand, AM Cahors，7 月 14 日的信件。同时参见 Basquiat de Mugriet, AC Bayonne, AA 51, 7 月 15 日的信件；以及

Tackett, *Becoming*，第 150—151 页。

3. Guittard, *Journal*，第 99 页（1791 年 10 月 12 日的纪事）; Jullien, "Correspondance," 1792 年 6 月 1 日的信件。

4. Virgil, *The Aeneid,* book IV，第 219—239 行。

5. Mercier, *Tableau de Paris*，卷 5 第 182 页；Colson, "Correspondance," 1780 年 12 月 17 日、1783 年 4 月 20 日、1786 年 8 月 8 日的信件。同时参见 Garrioch, *Neighbourhood and Community*，第 25—27 页，以及 *The Making of Revolutionary Paris*，第 25—26 页；Farge, *La vie fragile*，第 261 页、第 266 页、第 274—282 页；以及 Farge and Revel, *Logiques de la foule*，第 95—97 页。关于印刷物的流通情况参见 Darnton, "An Early Information Society," 第 9 页。

6. 本段及以下段落参见 Shibutani, *Improvised News*；DiFonzo and Bordia, *Rumor Psychology*；Allport and Postman, *Psychology of Rumor*；以及 Rosnow and Fine, *Rumor and Gossip*。

7. 那些"人们羞于承认的恐惧"：Shibutani, *Improvised News*，第 88 页。

8. Bloch, *Réflexions*，第 42 页。

9. 随着谣言传播，大环境情绪转变的详情，参见 Shibutani, *Improvised News*，第 95 页。

10. Roubaud, "Lettres," 第 152 页（1792 年 11 月 1 日的信件）; Mercier, *Le nouveau Paris*（1994），第 210—211 页。同时参见 Colson, "Correspondance," 1789 年 4 月 5 日的信件；Short, *The Papers of Thomas Jefferson*，卷 20 第 585 页（1791 年 6 月 29 日的信件）; *Révolutions de Paris*（1789 年 9 月 6 日至 13 日号）; Labrosse and Rétat, *Naissance du journal révolutionnaire*，第 74—79 页；Andress, *Massacre at the Champ de Mars*，第 177 页。

11. Colson, "Correspondance," 1787 年 12 月 16 日、1780 年 12 月 17 日，以及 1789 年 11 月 29 日的信件。此处可对比梅西耶对大众盲从的评论：*Tableau de Paris*，卷 2 第 297—303 页。

12. Colson, "Correspondance," 1787 年 1 月 23 日及 2 月 4 日的信件；Jullien, "Correspondance," 1789 年 9 月 22 日的信件；Garat, *Mémoires*，第 125 页。关于流言的重复频率与其可信度的关系，参见 DiFonzo and Bordia, *Rumor Psychology*，第 234 页。关于谣言对精英阶层的影响，请同时参见 Shibutani, *Improvised News*，第 95 页、第 110 页；以及 DiFonzo and Bordia, *Rumor Psychology*，第 232 页。

13. Miles, *Correspondence*，卷 1 第 240 页、第 254 页（1791 年 3 月 1 日和 12 日的信件）; *Courrier de Provence,* No. 21（1789 年 7 月 31 日号）。

14. Colson, "Correspondance," 1789 年 10 月 13 日和 18 日的信件。

15. Colson, "Correspondance," 1789 年 12 月 12 日和 22 日的信件；Ruault, *Gazette d'un Parisien*，第 173—174 页（1789 年 12 月 28 日的信件）。

16. Colson, "Correspondance," 1789 年 12 月 6 日、1790 年 5 月 4 日及 25 日、1791 年 1 月 23 日的信件。同时参见 Mercier, *Le nouveau Paris*（1994），第 214 页；以及 *Les Révolutions de Paris*，1792 年 3 月 3 日至 10 日号。

17. Alpaugh, *Non-violence and the French Revolution*，附录；以及 Colson, "Correspondance," 1790 年 5 月 4 日、23 日、25 日的信件。安德烈斯在作品中记述了 1791 年春天政治逮捕潮的兴起：*Massacre at the Champ de Mars*，第 137—138 页；同时参见 Reinhard, *La chute de la royauté*，第 38—39 页。

18. Tackett, *When the King Took Flight*，第六章；Lacroix, *Actes de la Commune de Paris,* 2e Série，卷 5 第 14 页、第 21 页、第 179 页（1791 年 6 月 21 日、26 日的纪事）；以及 *Chronique de Paris,* no. 174（6 月 23 日号）；此外，可参考 Andress, *Massacre at the Champ de Mars*，第 149 页。

19. De Baecque, *Le corps*，第 269 页。

20. De Baecque, *Le corps*，第 272—273 页；Lucas, "Denunciation," 第 26—27 页、第 29—30 页；以及 Labrosse and Rétat, *Naissance du journal révolutionnaire*，第 201 页。

21. De Baecque, *Le corps*，第 267 页；Lucas, "Denunciation," 第 30 页。

22. Labrosse and Rétat, *Naissance du journal révolutionnaire*，第 194—197 页、第 202 页；以及 De Baecque, *Le corps*，第 273 页、第 277 页、第 286 页。关于马拉，同时参见 Simenon, *Le déshonneur dans la République*，第 227—228 页。

23. Labrosse and Rétat, *Naissance du journal révolutionnaire*，第 201—202 页。参阅布里索的总结——"公开永远不能玷污真正的清白"，出自 Lucas, "Denunciation," 第 30 页。

24. Gaultier de Biauzat, BM Clermont-Ferrand, 1790 年 8 月 3 日的信件。同时参见 Walton, *Policing Public Opinion*，第 109—110 页及多处注释。

25. Lucas, "Denunciation," 第 25 页；De Baecque, *Le corps*，第 270 页、第 275—276 页；Legendre, AM Brest 2 D，第 16—18 页，1789 年 12 月 1 日的信件；Colson, "Correspondance," 1789 年 10 月 18 日的信件。

26. Kennedy, *Jacobin Club of Marseilles*，第 34 页、第 180 页；Labroue, *Le Club Jacobin de*

Toulon，第 6 页。同时参见 Dorigny, *Autun*，卷 2 第 106 页。

27. Mathiez, *Le Club des Cordeliers*，特别参见第 8—24 页。

28. Aulard, *Jacobins*，卷 2 第 468 页。

29. Aulard, *Jacobins*，卷 3 第 251—253 页、第 287 页（1791 年 11 月 16 日及 12 月 14 日的信件）。第戎雅各宾派的回应，参见 Hugueney, *Les clubs dijonnais*，第 129 页；同时参见 Miles, *Correspondence*，卷 1 第 207 页（1 月 30 日的信件）。

30. 以下数段内容及引语出自 AD Gironde，12 L，第 20 页。更全面的研究不日将出版。

31. Marat, *L'ami du peuple*（1789 年 11 月 5 日号）；Brissot, *Patriote français*（1790 年 2 月 20 日号），引自 Martin, *Contre-Révolution*，第 69 页。

32. *Révolutions de Paris*（1792 年 5 月 12 日至 19 日号），第 290 页。

33. Dulaure, *Thermomètre du jour*（1792 年 8 月 22 日号）。同时参见 De Baecque, *Le corps*，第 285—286 页；Lucas, "Denunciation," 第 37 页；以及两位市政领导人于 1792 年 8 月 26 日的演说：Dubois, *Histoire de la Révolution*，卷 3 第 6 页。

34. *Le patriote français*（1789 年 10 月 6 日号）。告发谴责的记录显然已经遗失。

35. Caillet, *Inventaire*，多处注释。

36. Baumont, *Le département de l'Oise*，第 24 页。同时参见 Walton, *Policing Public Opinion*，第 117 页。

37. AD Aisne, L 604；以及 Caillet, *Les Français en 1789*，第 192 页。雅各布（Jacob）认为"嫌疑犯"的概念最早是在宣誓行为的危机刺激下出现的：*Suspects*，第 14—18 页。

38. Caillet, *Les Français en 1789*，第 171—172 页。

39. *AP*，卷 30 第 698—699 页，"Loi sur la police de sûreté, la justice criminelle, et l'institution des jurés," 第六条；Simonin, *Le déshonneur dans la République*，第 216 页；以及由加丹特提供的相关信息；同时参见 Jaume, *Le discours Jacobin*，第 192—193 页。

40. 参见 Shapiro, *Revolutionary Justice*，特别是第一章及结语部分。

41. 参见埃纳省行政人员的信件（1791 年 5 月 28 日），部分引自 Caillet, *Les Français en 1789*，第 192 页；同时参见 Jacob, *Suspects*，第 18 页。

42. BHVP, Ms. 678, "Réflexions" of Ménétra，第 79 页；Mercier, *Le nouveau Paris*，第 452 页。

43. 参见本书第六章，以及 Mercier, *Le nouveau Paris*（1994），第 452—453 页。

44. 参见 Fitzpatrick and Gellately, *Accusatory Practices*，第 5—6 页。

45. 以下内容部分基于 Tackett, “Conspiracy Obsession”，以及 Tackett and Déplanche, “L'idée de complot”。

46. Hofstadter, *Paranoid Style*，第 3—40 页，关于法国大革命时期，参见 Campbell, Kaiser, and Linton, *Conspiracy in the French Revolution*；以及 Münch, “Le pouvoir de l'ombre”。

47. Kaplan, *Famine Plot*，第 1—2 页、第 62 页；同时参见 Farge and Revel, *Logiques de la foule*，第四章。

48. 参见 Marcus, *Paranoia within Reason*，序言部分；以及 Fine, Campion-Vincent, and Heath, *Rumor Mills*，第 103—122 页。

49. Cubitt, *Jesuit Myth*；以及 McMahon, *Enemies of the Enlightenment*，第一章。

50. Tackett, “Conspiracy Obsession,” 第 697 页；1776 年 6 月 10 日狄德罗给内克尔的信，引自 Roche, *France in the Enlightenment*，第 452 页。

51. Tackett, “Conspiracy Obsession,” 第 698 页。

52. 同上。此处所指仅为 1789 年最后的选举阶段中所使用的“总体”话术，尤其是那些代表们在凡尔赛宫发表的内容。

53. Marcus, *Paranoia within Reason*，第 5 页；Fine, Campion-Vincent and Heath, *Rumor Mills*，第 104—105 页；Delumeau, *La peur*，第 16 页；Delpierre, *La peur et l'être*，第 15 页，以及 Palmer, *Twelve Who Ruled*，第 64 页。

54. Colson, “Correspondance,” 1789 年 7 月 5 日的信件；Galante Garrone, *Gilbert Romme*，第 171—172 页；Ménard, *Correspondance*，第 55 页（6 月末的信件）；Ruault, *Gazette d'un Parisien*，第 155—158 页（7 月 22 日的信件）；*Révolutions de Paris*（8 月 2 日号）；*AP*，卷 8 第 293—295 页；同时参见 Gaultier, BM Clermont-Ferrand，卷 2 第 175 页，7 月 16 日的信件；Gantheret，私人收藏，7 月 26 日的信件。

55. *Révolutions de Paris*（1789 年 9 月 2 日号）；Colson, “Correspondance,” 12 月 12 日、22 日的信件；同时参见 Tackett, “Conspiracy Obsession”，以及 Tackett and Déplanche, “L'idée du ‘complot’ ”。

56. Ruault, *Gazette d'un Parisien*，第 173—174 页（1789 年 12 月 28 日的信件）；Colson, “Correspondance,” 1789 年 12 月 29 日的信件。

57. Gaultier de Biauzat, BM Clermont-Ferrand, 1790 年 12 月 23 日的信件；同时参见 Geoffroy，私人收藏，1791 年 6 月 19 日的信件；以及 Durand, AM Cahors, 1790 年 5 月

23 日的信件。

58. 参见 Lepoutre, *Député-paysan et fermière de Flandre*，第431页（1791年6月23日的信件）；以及 Gantheret，私人收藏，7 月 14 日的信件；同时参见 Dreyfus, "Le manifeste royal," 第 5—22 页。

59. 关于早期绑架国王的谣言：Colson, "Correspondance," 1789 年 12 月 29 日的信件；Ruault, *Gazette d'un Parisien*，第 183 页（1790 年 2 月 23 日的信件）。

60. Arnaud, *Histoire de la Révolution*，第 241 页；Legendre, AM Brest 2 D，第 16—18 页，1791 年 8 月 7 日的信件；同时参见 Reinhard, *La chute de la royauté*，第 37—39 页；Bruneau, *Les débuts de la Révolution*，第 331 页；以及 Tackett, *When the King Took Flight*，第五章。

61. *Antony and Cleopatra*，第 I 页、第 iii 页、第 12 行；以及 Sternberg and Sternberg, *Nature of Hate*，特别参考第三章及第四章。

62. Jullien, "Correspondance," 1790 年 4 月 14 日的信件；Fricaud，私人收藏，1791 年 4 月 15 日的信件；De Baecque, *Le corps*，第 284 页；Kennedy, *Jacobin Club of Marseilles*，第 183—184 页。

63. Lepoutre, *Député-paysan et fermière de Flandre*，第 505 页（1791 年 8 月 23 日的信件）；Gaultier, B. M. Clermont-Ferrand, 2 月 24 日的信件；Corbel, "Correspondance," 12 月 3 日的信件；同时参见 Basquiat, AC Saint-Sever，4 月 9 日的信件；Géraud, *Journal d'un étudiant*，第 222 页（10 月 21 日的信件），以及 Dorigny, *Autun*，卷 2 第 127 页。

64. Bertaud, "La presse royaliste parisienne," 第 206 页，以及 Coudart, *La Gazette de Paris*，第 315—316 页、第 381 页。

第六章

1. Colson, "Correspondance," 1791 年 9 月 18 日的信件；Guittard, *Journal*，第 94—95 页，9 月 25 日、26 日和 30 日的纪事；Du Petit in AD Ille-et-Villaine，L，第 294 页，10 月 1 日的信件；Rabusson-Lamothe, "Lettres sur l'Assemblée législative," 第 232—233 页（10 月 4 日的信件）；同时参见代表马丁致马赛市政府的信件，AC Marseille, 4 D，第 43 页，10 月 23 日的信件。

2. Roubaud, "Lettres," 第 76—77 页（1792 年 2 月 8 日的信件）；同时参见 Colson, "Correspondance," 1791 年 11 月 29 日的信件。

3. Markoff, *Abolition of Feudalism*，第 271 页。参见 Brégail, "Le Gers pendant la Révolution," 第 251 页；Dubois, *Histoire*，卷 2 第 282 页；Boutier, *Campagnes en émoi*，第 133—134 页，以及 Reinhard, *La chute de la royauté*，第十三章。

4. 参见 Baumont, *Le département de l'Oise*，第 123—155 页；Dubois, *Histoire*，卷 2 第 295—298 页；以及 Girardot, *Le département de la Haute-Saône*，卷 2 第 108—110 页。

5. Colson, "Correspondance," 1792 年 1 月 3 日和 25 日的信件，以及 Harris, *Assignats*，第 171—175 页（以及第 121—122 页的表格）；Roux, *Révolution à Poitiers*，第 490 页；Dubois, *Histoire*，卷 2 第 285—290 页；Poupé, "Le département du Var," 第 153 页；以及 Boutier, *Campagnes en émoi*，第 135—136 页。

6. Markoff, *Abolition of Feudalism*，第 283—286 页。同时参见 Poupé, "Le département du Var," 第 146—147 页。

7. Brégail, "Le Gers pendant la Révolution," 32（1931），第 31—34 页；Dubois, *Histoire*，卷 2 第 437—438 页；Bruneau, *Les débuts de la Révolution*，第 334 页；以及 Roux, *Révolution à Poitiers*，第 454—455 页。

8. Le Coz, *Correspondance*，卷 1 第 20 页（1791 年 10 月 26 日的信件）；Ruault, *Gazette d'un Parisien*，第 262—265 页（10 月 20 日和 11 月 6 日的信件）。以及 Colson, "Correspondance," 10 月 12 日的信件。

9. Roux, *Révolution à Poitiers*，第 429—448 页。

10. Ramel, "Lettres," 1791 年 10 月 29 日的信件。

11. Poupé, "Le département du Var," 第 149 页。

12. Markoff, *Abolition of Feudalism*，第 276—279 页。

13. 特别参见 P. Jones, *Politics and Rural Society*；以及 Tackett, "Women and Men in Counterrevolution"。

14. 关于影响城市派系形成的众多复杂变量，参见 Sutherland, *Murder in Aubagne*，尤其是第一章。

15. 关于派系的形成，亦可参见 Garrioch, *Formation of the Parisian Bourgeoisie*，第 166 页。

16. 各区被描述为"各省与人民之间的纽带""国家和民众的主要联系渠道"：Woloch, *New Regime*，第 39 页。

17. 参见 Hunt, *Politics*，第 153—155 页，以及第 160—163 页。

18. Azéma in "Correspondance des députés de l'Aude," 30（1896），第 163 页（1792 年 7 月 13 日的信件）。同时参见 Pinet, "Correspondance," 1792 年 6 月 22 日的信件；Cambon, "Lettres," 1791 年 10 月 21 日的信件；以及 Barbaroux, *Correspondance et mémoires*，第 184 页（1792 年 6 月 21 日的信件）。

19. Legendre, AM Brest 2 D，第 16—18 页，1791 年 6 月 13 日的信件。同时参见 Wahl, *Les premières années*，第 373—380 页。

20. 在一个市镇当中，只有一个俱乐部可以成为巴黎雅各宾俱乐部的官方分部，这类俱乐部的相互斗争因此激化：Kennedy, *Jacobin Clubs in the French Revolution*，卷 2 第 46—54 页。

21. 特别参见 Boutier and Boutry, *Atlas*，第 55 页；以及 Brégail, "Le Gers pendant la Révolution," 31（1930），第 20 页。

22. Labroue, *Le club jacobin*，第 16 页；Poupé, "Le département du Var," 第 145—147 页；Hugueney, *Les clubs dijonnais*，第 43—44 页；Hanson, *Provincial Politics*，第 54—63 页；Brégail, "Le Gers pendant la Révolution," 31（1930），第 20 页；以及 Kennedy, *Jacobin Clubs in the French Revolution*，卷 2 第 57—59 页。

23. Arnaud, *Histoire de la Révolution*，第 192—205 页、第 212—213 页。拉布・圣 – 艾蒂安以及其他来自加尔省的选民也干预了尼姆的本地政治：Rouvière, *Histoire de la Révolution française*，卷 2 第 62—65 页。

24. Kennedy, *Jacobin Clubs in the French Revolution*，卷 1 第 281—296 页。

25. 例如，北部滨海省、阿尔代什省、热尔省和维埃纳省：Roux, *La Révolution à Poitiers*，第 472 页；Pommeret, *L'esprit politique*，第 144 页；Jolivet, *La Révolution dans l'Ardèche*，第 321 页；Brégail, "Le Gers pendant la Révolution," 32（1931），第 106—107 页。通常最能引发矛盾的问题，是各区为获得尽可能多的代表数量而进行的竞争：Girardot, *Le département de la Haute-Saône*，卷 2 第 102 页。与之有些许差异的观点，参见 Dendena, " 'Nos places maudites,' " 第 27 页。关于 1791 年立法议会选举的大体情况，参见 M. Edelstein, *Birth of Electoral Democracy*，第八章和第九章。

26. 例如，安省、阿列日省、奥布省、卡尔瓦多斯省、谢尔省、罗讷河口省、科雷兹省、科多尔省、多尔多涅省、曼恩 – 卢瓦尔省、诺尔省，以及瓦尔省：Kennedy, *Jacobin Clubs in the French Revolution*，卷 1 第 222—223 页；Reinhard, *Chute de la royauté*，第 197 页；Dubois, *Histoire de la Révolution dans l'Ain*，卷 2 第 276—279 页；Arnaud, *Histoire de la*

Révolution，第 331—332 页；Babeau, *Histoire de Troyes*，第 455—459 页；Bruneau, *Les débuts de la Révolution*，第 167—172 页；Poupé, "Le département du Var," 第 112—113 页；Labroue, *L'esprit public en Dordogne*，第 29—36 页；以及 Rouvière, *Histoire de la Révolution française*，卷 2 第 62—65 页。

27. Arnaud, *Histoire de la Révolution*，第 192—205 页、第 212—213 页。相比之下，在奥尔良，国王出逃是促使城镇分裂为"斐扬派"和"民主派"的关键事件：Lefebvre, *Etudes orléanises*，卷 2 第 59 页。

28. 参见 Shapiro, "Self-Sacrifice, Self-Interest, or Self-Defence"。唯一直接连任的是第一届国民议会的 35 位候补代表，他们现在被选入了立法议会。他们中的许多人曾在旁听席上参加了国民议会的会议。

29. 对于本段，参见 Baguenier-Desormeaux，多处注释；Tackett, "Les députés de l'Assemblée législative," 第 139—144 页；Lemay, *Dictionnaire des Législateurs*；以及 Lemay, "Les législateurs de la France révolutionnaire," 第 3—28 页。

30. 关于他们缺乏实践经验的传闻，参见 Mitchell, *French Legislative Assembly*，第 43—44 页。

31. 代表中有 57 名前贵族和 26 名教士（其中 10 名为教区主教，另有 16 名神父），这 83 位代表占据了所有代表人数的 11%：基于 Lemay, *Dictionnaire des Législateurs*。

32. 截至 1791 年秋天，代表们已经频繁提及"右派"和"左派"。参见 *AP*，卷 34 第 540 页；以及卷 35 第 111—112 页和第 124 页。

33. 雅各宾派成员身份的确认，是基于这本书的各类名单和索引：Aulard, *Société des Jacobins*，6 卷本；补充自 Lemay, *Dictionnaire des Législateurs*，第 788—790 页；以及 Mitchell, *French Legislative Assembly*。在一份附录（第 301—319 页）中，米切尔（Mitchell）展示了从 1792 年 2 月到 8 月，所有代表在七次已知点名表决中的表决记录。很显然，在所有的表决中，雅各宾派强烈支持投赞成票，而斐扬派则强烈支持投反对票。由奥拉尔和勒梅（Lemay）编纂的一份雅各宾派目录，后来通过将以下人移除得到了修正——一是那些后来注册成为斐扬派的，二是在 1792 年的点名表决中总是投反对票的。这次修改将雅各宾派的人数确定为 122 人。然而这份名单毫无疑问是不完善的，很大一部分总是投赞成票的其他代表也应该被加入这份名单。91 名未被列入名单的代表至少参加了七场点名表决中的五场，并总是投赞成票。在这 91 位代表中，有许多人被从其他渠道获悉成了雅各宾派。例如普里厄、兰代、迪凯努瓦是众所周知的雅各宾派；皮内特、马拉西斯和卡维利都在自己的通信中声称自己是雅各宾派。到 1792 年，至少有 210 名代表要么是雅各宾派成员，要么强烈同情雅各宾派，并总是在表决中支持他们。

34. 或许有约 100 名代表在 10 月和 11 月于黎塞留酒店的会面中结成了松散组织：Hua, *Mémoires d'un avocat*，第 74 页。关于议会主席的选举，参见 AN C 84（819）（1792 年 2 月）。10 月，代表们提出的议会主席人选涵盖了一大串名字。然而，到了 11 月，他们开始聚焦在几位候选人身上，甚至早在第一轮投票时就已经如此。

35. 对斐扬派俱乐部起源时间的确定，参见 Mitchell, "Political Divisions," 第 377 页。

36. Dendena, " 'Nos places maudites,' " 第 89—92 页和第 215—216 页。该研究的严谨分析将斐扬派的成员人数确定在了 175 人。然而，另有 74 名代表在七次表决中的五次都投了反对票，并因此被认为支持斐扬派。2 月末，密切关注政治局势的记者普鲁多姆，声称"国王的阵营"（le côté du roi）有"超过 250 名"代表：*Révolution de Paris*（1792 年 2 月 18 日至 25 日号），第 348 页。关于斐扬派公开活动的中断，参见 Michon, *Essai*，第 284 页，以及 Louis–Jérôme Gohier in AD Ille–et–Vilaine, L 294（1）, 1791 年 12 月 28 日的信件。

37. Lemay, *Dictionnaire des Législateurs*，第 755—756 页；以及 *AP*，卷 34 至卷 50，多处注释均有票数统计记录。2 月之后，雅各宾派代表在几次独立投票中都仅处于微弱劣势。直到君主制崩溃之后，才有代表成功当选议会主席。

38. *AP*，卷 47 第 523—524 页；以及 *Révolutions de Paris*（1792 年 2 月 18 日至 25 日号）。雅各宾派成员雅克·布里瓦尔（Jacques Brival）甚至指责右派代表的选票塞满了投票箱：*AP*，卷 45 第 117 页（1792 年 6 月 12 日）。

39. Rabusson–Lamothe, "Lettres sur l'Assemblée législative," 第 318—319 页（1792 年 3 月 10 日的信件）；Roubaud, "Lettres," 第 80 页（1792 年 2 月 8 日的信件）；以及 Hua, *Mémoires d'un avocat*，第 74 页和第 166—167 页。

40. 参见 Mitchell, "Political Divisions"。

41. Gohier in AD Ille–et–Vilaine, L 294（1）, 1791 年 12 月 28 日的信件。同时参见 Aubert–Dubayet, "Aubert–Dubayet," 第 129 页（1792 年 3 月 6 日的信件）。关于托马斯·里布德（Thomas Riboud）所感受到的压力，参见 Dubois, *Histoire de la Révolution*，卷 2 第 510—511 页。

42. Azéma in "Correspondance des députés de l'Aude," 30（1896），第 163 页（1792 年 7 月 13 日的信件）。

43. Demée, “Lettres,” 1792 年 6 月 20 日和 8 月 3 日的信件。同时参见 Codet, AD Ille-et-Vilaine, L 294, 1791 年 10 月 11 日的信件。

44. Michon, *Essai*，第 283 页。拉比松·拉莫特将宪法描述为我们的“罗盘”和“福音”：“Lettres sur l’Assemblée législative,” 第 309 页、第 318—319 页（1792 年 2 月 25 日和 3 月 10 日的信件）。同时参见 Demée, “Lettres,” 6 月 20 日的信件。

45. Romme, “Correspondance,” 1791 年 11 月 24 日的信件；以及 Ellery, *Brissot de Warville*，第 253 页。同时参见 Condorcet, *Chronique de Paris*（1791 年 11 月 26 日号）；“Correspondance des députés de l’Aude”（1896），第 84 页（1791 年 11 月 1 日的信件）。同时参见 Aulard, *Histoire politique*，第 171 页；以及 Lefebvre, *La chute du roi*，第 2—3 页。

46. 例如，参见斐扬派成员克劳德·多里齐（Claude Dorizy）关于旧制度下特权的声明：*Souvenirs*，第 438 页；以及斐扬派支持者拉比松·拉莫特对国王的怀疑：“Lettres sur l’Assemblée législative,” 第 231 页和第 264 页（1791 年 10 月 1 日和 12 月 15 日的信件）。

47. 柯尔贝认为，关于逃亡贵族法律的表决“几乎是全体一致通过的”：“Correspondance,” 1791 年 12 月 3 日的信件。保守派议员华（Hua）认为针对反动教士的法律的表决结果是“压倒性多数的”支持：*Mémoires d’un avocat*，第 94 页；这一表述也得到了斐扬派支持者拉比松·拉莫特的强烈支持：“Lettres sur l’Assemblée législative,” 第 251 页（1791 年 11 月 22 日的信件）。关于解放有色人种法令的几乎所有条款都被全体一致通过：Malassis and Cavellier, “Correspondance,” 1792 年 3 月 26 日的信件。关于宣战宣言的文本：*AP*，卷 42 第 210 页。

48. 参见 Baguenier-Desormeaux，多处注释。两个派系的平均年龄均在 41 岁左右。关于他们的社会阶层，39% 的雅各宾派和 32% 的斐扬派成员都在 1789 年从事过自由职业，其中律师的数量首屈一指。两派最重要的区别是他们家乡的规模：45% 的雅各宾派成员居住的城镇，居民数量超过一万人；而仅有 28% 的斐扬派成员来自同等人口规模的城镇。

49. 总体而言，46% 的斐扬派和仅 30% 的雅各宾派成员曾在省级政府任职，而 25% 的斐扬派和 30% 的雅各宾派成员曾任职于区级和市镇政府。关于代表们被选入立法议会时的行政级别，参见 Kuscinski, *Les députés à l’Assemblée législative*。

50. Romme, “Correspondance,” 1791 年 9 月 24 日的信件；Couthon, *Correspondance inédite*，第 28 页（9 月 29 日的信件）。

51. 特别参见 Aulard, *L’ éloquence parlementaire*，卷 1 第 80—83 页；以及 Dendena, “ ‘Nos

places maudites,'" 第 648—649 页。根据一份未出版的关于代表在立法议会表现情况的分析，那些被米切尔定义为"投反对票者"（no-voters）的右派代表，发言总计 4154 次；而被其定义为"投赞成票者"（yes-voters）的左派代表，发言总计 6338 次：*AP*，卷 51（卷 34—50 的索引，涵盖了立法议会时期的内容）。

52. 参见 Ellery, *Brissot de Warville*，尤其是第 1—4 章；以及 Kates, *Cercle Social*，第 5—6 页。

53. 参见布里索在 1793 年受审时的证词：Walter, *Actes du Tribunal révolutionnaire*，第 302 页。

54. Roland, *Lettres*，卷 2 第 429 页（1792 年 7 月 31 日的信件）；Dumont, *Souvenirs sur Mirabeau*，第 201 页、第 207 页；Garat, *Mémoires sur la Révolution*，第 64—65 页；以及 Ellery, *Brissot de Warville*，第 425—427 页。关于吉伦特派的定期集会，参见 Sydenham, *Girondins*，尤其是第四章；以及 Reynolds, *Marriage and Revolution*，第 137—147 页。

55. 关于布里索和布里索派的发展，参见 Münch, "Le pouvoir de l'ombre," 例如第 265 页、第 336 页，以及第 710—711 页。

56. Dumont, *Souvenirs sur Mirabeau*，第 203 页；同时参见 Ellery, *Brissot de Warville*，尤其是第 256—257 页和第 261—265 页。

57. 关于本段，参见 Tackett, "Conspiracy Obsession in a Time of Revolution"；以及 Tackett and Déplanche, "L'idée de complot"。

58. Romme, "Correspondance," 1792 年 1 月 1 日的信件；Basire, *AP*，卷 35 第 361 页（1791 年 11 月 25 日的信件）。同时参见 Condorcet，引自 Delsaux, *Condorcet journaliste*，第 183 页；以及 Couthon, *Correspondance inédite*，第 49—50 页（1791 年 11 月 26 日的信件）。

59. Codet：AD Ille-et-Vilaine, L 294（1），1791 年 10 月 29 日的信件；Roubaud, "Lettres," 第 91 页（1792 年 3 月 24 日的信件）；Aubert-Dubayet, "Aubert-Dubayet," 第 132 页（1792 年 3 月 17 日的信件）。总体而言，*AP* 中关于内部和外部阴谋相互勾结的记录，1790 年 4 月是 0 条，1791 年 7 月增加到平均每星期 2 条，1792 年 1 月增加到平均每星期 4 条，1792 年 6 月增加到平均每星期 12 条：参见 Tackett and Déplanche, "L'idée de complot"。

60. Cambon, "Lettres," 1791 年 12 月 25 日的信件；以及 Causse in "Correspondance des députés de l'Aude"，30（1896），第 81—82 页（10 月 28 日的信件）。

61. 拉梅特所述引自 Galante Garrone, *Gilbert Romme*，第 273 页。同时参见 Demée, "Lettres," 1792 年 6 月 20 日的信件。

62. Levasseur, *Mémoires*，卷 1 第 57 页；Garat, *Mémoires sur la Révolution*，第 51—58 页。同

时参见对一位英国警察间谍的描述：Miles, *Correspondence*，卷 1 第 245 页（1791 年 3 月 1 日的信件）。

63. 关于布里索和罗伯斯庇尔冲突的根源，特别参见 Walter, *Robespierre*，卷 1, 2e，第三章；Goetz-Bernstein, *La diplomatie de la Gironde*，第 87—93 页；以及 McPhee, *Robespierre*，第 114—120 页。

64. Goetz-Bernstein, *La diplomatie de la Gironde*，第 182—183 页；McPhee, *Robespierre*，第八章。

65. Dumont, *Souvenirs sur Mirabeau*，第 200 页；Brissot, *Patriote français*（1792 年 5 月 18 日号）；Hugues Destrem in "Correspondance des députés de l'Aude," 第 159 页（1792 年 6 月 20 日的信件）；以及 Ellery, *Brissot de Warville*，第 277—278 页。

66. Walter, *Robespierre*，卷 1 第 306—307 页和第 331—335 页；Ellery, *Brissot de Warville*，第 266—271 页；Basire, "Lettres," 第 106 页（1792 年 3 月 29 日的信件）。罗伯斯庇尔告诉加拉，他毫不怀疑地认为吉伦特派无一不是"反革命分子"：Garat, *Mémoires sur la Révolution*，第 53 页。另外可比较罗伯斯庇尔的支持者普鲁多姆对布里索的指责：*Révolutions de Paris*（5 月 12 日至 19 日号），第 290—296 页。同时参见 Linton, "Fatal Friendships"。

67. Dumont, *Souvenirs sur Mirabeau*，第 207 页。

68. Garat, *Mémoires sur la Révolution*，第 5—6 页和第 76 页。

69. Cambon, "Lettres," 1791 年 10 月 13 日的信件。同时参见 Le Coz and Codet in AD Ille-et-Vilaine, L 294, 10 月 11 日的信件。关于作为斐扬派基本方针的反雅各宾主义，同时参见 Dendena, " 'Nos places maudites,' " 第 223 页、第 377 页，以及第 425 页。

70. 关于复仇在大革命中的作用，参见 Mayer, *Furies*，尤其是第五章。

71. Malassis and Cavellier, "Correspondance," 1792 年 5 月 19 日的信件。关于在立法议会中"黑人"一词的使用，同时参见 Romme, "Correspondance," 1791 年 9 月 24 日的信件；Pinet, "Correspondance," 1792 年 6 月 12 日的信件；以及 Barbaroux, *Correspondance et mémoires*，第 61 页（1792 年 2 月 20 日的信件）。

72. Tackett, "Conspiracy Obsession in a Time of Revolution."

73. 参见罗伯特·达恩顿（Robert Darnton）在"The High Enlightenment and the Low-Life of Literature"中对这些潦倒文人的分析。

74. 吕奥似乎在科德利埃俱乐部还只是一个社区组织之时，便参与其中：Ruault, *Gazette*

d'un Parisien，第 197 页（1790 年 4 月 18 日的信件）。关于俱乐部的总体情况，参见 Mathiez, *Le Club des Cordeliers*；以及 De Cock, *Les Cordeliers dans la Révolution*。

75. Rose, *Making of the Sans-Culottes*，尤其是第 60—65 页；Vovelle, *Mentalité* révolutionnaire，第 111—112 页。同时参见 Kaplan, *Fin des corporations*，第 582 页。只有约 1% 的积极公民是带薪员工。另外，只有 8% 到 9% 的积极公民定期参加派系集会：Vovelle, *Mentalité révolutionnaire*，第 111 页。

76. Jullien, "Correspondance," 1792 年 4 月 3 日、8 月 5 日和 8 月 18 日的信件。同时参见 Burstin, *L'invention*，第 141 页。

77. Lefebvre, *Gouvernement révolutionnaire*，第 128 页；Burstin, *L' invention*，尤其是第一和第二章。同时参见 Rosanvallon, *Le peuple introuvable*，第一章以及 Sewell, "Sans-Culotte Rhetoric," 第 251—252 页。

78. Cobb, *Police and the People*，第 62 页。

79. 关于派系俱乐部，特别参见 Rose, *Making of the Sans-Culottes*，第 146—147 页。

80. 关于巴黎咖啡馆内的政治生活，参见 Guittard, *Journal*，例如第 117 页（1792 年 1 月 13 日的纪事）。同时参见 Brennan, *Public Drinking and Popular Culture*。

81. 引自 Burstin, *L'invention*，第 116—117 页。关于卖报郎，参见本书第五章。

82. Soubrany, *Dix-neuf lettres*，第 7 页（1792 年 6 月 20 日的信件）；*Révolutions de Paris*（3 月 10 日至 17 日号、9 月 1 日至 8 日号）；以及 Jullien, "Correspondance," 7 月 10 日和 8 月 18 日的信件。同时参见 Galante Garrone, *Gilbert Romme*，第 273 页（3 月 6 日的信件）。

83. 参见本书第一章和第五章。

84. Ruault, *Gazette d'un Parisien*，第 280 页（1792 年 3 月 20 日的信件）；Guittard, *Journal*，第 130—131 页（3 月 18 日的纪事）；Géraud, *Journal d'un étudiant*，第 265 页（3 月 20 日的信件）；*Révolutions de Paris*（3 月 17 日至 24 日号）。

85. Malassis, "Correspondance," 1792 年 6 月 20 日的信件；Corbel, "Correspondance," 6 月 20 日的信件。同时参见 Jullien, "Correspondance," 6 月 21 日的信件；Colson, "Correspondance," 8 月 1 日的信件；以及 Ozouf, *La fête révolutionnaire*，第 280—316 页。

86. 梅西耶曾形容大革命前的巴黎："这里的居民对枪炮的陌生程度，和北京居民差不多。" Mercier, *Tableau de Paris*，卷 5 第 64 页。

87. Couthon, *Correspondance inédite*，第 85 页和第 95 页（1792 年 2 月 14 日和 25 日的信件）。

同时参见 *Révolutions de Paris*（2 月 11 日至 18 日号）；Romme, "Correspondance," 5 月 3 日的信件；以及 Lefebvre, *La chute du roi*，第 128—130 页。同时参见 Dorigny, *Autun*，卷 2 第 154 页。

88. *Révolutions de Paris*（1792 年 4 月 7 日至 14 日号）。这一文本也对 1792 年 7 月 26 日的宴会进行了生动的描述：1792 年 7 月 21 日至 28 日号。可对比 1790 年 6 月废除贵族制两天之后在布洛涅森林组织的宴会：*Le patriote français*（1790 年 6 月 23 日号）。

89. Corbel, "Correspondance," 1792 年 1 月 11 日的信件；Viénot de Vaublanc, *Mémoires*，第 215 页。约有三万人在 1790 年 9 月对南锡事件进行辩论期间走出家门：Gaultier, BM Clermont-Ferrand, 1790 年 9 月 4 日的信件。

90. 同时参见 Alpaugh, *Non-violence and the French Revolution*。

91. Tackett, *When the King Took Flight*，第 105—107 页、第 111—113 页和第 143—147 页。同时参见 Alpaugh, *Non-violence and the French Revolution*，附录以及图片描述。

92. 参见 Jullien, "Correspondance" 中的长篇描述，1792 年 4 月 16 日的信件；Malassis and Cavellier, "Correspondance," 4 月 9 日的信件；Couthon, *Correspondance inédite*，第 116—117 页和第 119—120 页（4 月 10 日和 17 日的信件）；以及 Géraud, *Journal d'un étudiant*，第 275—277 页（4 月 15 日的信件）。同时参见 Ozouf, *Festivals*，第三章；Burstin, *Une Révolution*，第 347 页；以及 Langlois, "L'invention de la liberté"。

93. Couthon, *Correspondance inédite*，第 116—117 页（1792 年 4 月 10 日的信件）。

94. Colson, "Correspondance," 1789 年 11 月 3 日的信件。

95. Tackett, *Becoming*，第 222 页；Blanning, *Origins*，第 49 页。

96. 参见 Gaultier, BM Clermont-Ferrand, Ms.，第 788 页，1791 年 4 月 12 日的信件；同时参见 Tackett, "Constituent Assembly in the Second Year of the French Revolution," 第 162—169 页。

97. Tackett, *When the King Took Flight*，尤其是第六章。

98. 正是此时，法军首次正式采用三色旗作为军旗：Reinhard, *La chute de la royauté*，第 161 页。

99. Bagot in Tempier, "Correspondance des députés," 28（1890），第 76—77 页（1791 年 10 月 31 日的信件）。同时参见 Le Maillaud, "Correspondance," 10 月 5 日的信件；以及 Clauzel, "Documents inédits," 第 115 页（10 月 10 日的信件）。

100. Jaurès, *Histoire socialiste*，卷 3 第 72 页。关于战争的到来，参见 Goetz-Bernstein, *La diplomatie de la Gironde*，尤其是第 44—72 页；Reinhard, *La chute de la royauté*，第十二章；以及 Blanning, *Origins of the French Revolutionary Wars*。

101. Ellery, *Brissot de Warville*，第 227 页；*AP*，卷 34 第 309—317 页（1791 年 10 月 20 日）；Couthon, *Correspondance inédite*，第 53 页（1791 年 11 月 29 日的信件）。

102. 参见 Bell, *Cult of the Nation*。

103. Colson, "Correspondance," 1789 年 11 月 3 日的信件；以及 *Les Révolutions de Paris*（1792 年 9 月 8 日至 15 日号）。

104. Le Maillaud, "Correspondance," 1791 年 10 月 5 日的信件。同时参见 Codet in AD Ille-et-Vilaine, L 294（1）, 10 月 3 日的信件；以及 Colson, "Correspondance," 10 月 4 日的信件。

105. Tardiveau in Tempier，"Correspondance des députés," 28（1890），第 92—93 页（1791 年 11 月 28 日的信件）。同时参见 Raymond Gaston, *AP*，卷 34 第 318—319 页（10 月 20 日的演讲）；以及 E. Rubat, "Lettres," 12 月 18 日的信件。

106. 布里索在 *Patriote français* 中的叙述（1791 年 12 月 15 日号）；以及其在雅各宾俱乐部发表的内容，12 月 30 日，引自 Goetz-Bernstein, *La diplomatie de la Gironde*，第 44—45 页以及第 61 页。

107. *AP*，卷 37 第 412—413 页和第 491 页；以及 Colson, "Correspondance," 1 月 18 日的信件。同时参见 Codet in AD Ille-et-Vilaine，L 294（2）, 1 月 16 日的信件。

108. *AP*，卷 37 第 650 页；以及 Cahen, *Condorcet et la Révolution française*，第 301 页。

109. 关于大国关系和战争的到来，特别参见 Goetz-Bernstein, *La diplomatie de la Gironde*；以及 Blanning, *Origins of the French Revolutionary Wars* and *French Revolutionary Wars*。

110. 引自 Blanning, *French Revolutionary Wars*，第 58 页。

111. Blanning, *French Revolutionary Wars*，第 58—59 页。

112. Ramel, "Lettres," 1792 年 2 月 11 日的信件；同时参见 Reinhard, *La chute de la royauté*，第 246—247 页；以及 Goetz-Bernstein, *La diplomatie de la Gironde*，第 128—133 页。

113. Michon, *Essai*，第 349—357 页；以及 Price, *Road from Versailles*，尤其是第十一章。

114. A. Rubat, "Lettres," 1791 年 12 月 18 日的信件。同时参见 Gohier in AD Ille-et-Vilaine，L 294（1）, 12 月 17 日的信件。

115. Walter, *Robespierre*，卷 1 第 263 页。同时参见 *Révolutions de Paris,* no. 145（1792 年 4

月 14 日至 21 日号）。

116. *AP*，卷 37 第 491 页。

117. Couthon, *Correspondance inédite*，第 57 页（1791 年 12 月 17 日的信件）；以及 Rabusson–Lamothe, “Lettres,” 第 277—278 页（1792 年 1 月 10 日的信件）。同时参见 Le Coz, AD Ille–et–Vilaine, L 294（2）, 1792 年 1 月 9 日的信件。

118. Duval, AD Ille–et–Vienne, L 294（2）, 1792 年 1 月 17 日的信件。

119. *AP*，卷 42 第 210 页。

120. Blanning, *French Revolutionary Wars*，第 64 页。

121. 参见韦尼奥对马拉松战役的借用：*AP*，卷 37 第 490 页（1792 年 1 月 18 日）。

122. Pinet, “Correspondance,” 1792 年 5 月 1 日的信件；Couthon, *Correspondance inédite*，第 122 页和第 124 页（4 月 21 日和 24 日的信件）；以及 *AP*，卷 37 第 547 页。同时参见 Malassis and Cavellier, “Correspondance,” 4 月 22 日的信件。

第七章

1. 关于“爱国捐款”的部分名单，可参见 *AP*，卷 42 第 783 页和卷 43 第 759 页。

2. 特别参见 Jullien, “Correspondance,” 1792 年 4 月 30 日的信件。

3. Lefebvre, *La chute du roi*，第 163—164 页。

4. Rabusson–Lamothe, “Lettres,” 第 341 页（1792 年 5 月 10 日的信件）；Couthon, *Correspondance inédite*，第 146—147 页（5 月 29 日的信件）。

5. Jullien, “Correspondance,” 1792 年 4 月 30 日、5 月 16 日和 6 月 1 日的信件。同时参见 Malassis and Cavellier, “Correspondance,” 5 月 14 日的信件；Vergniaud, *Vergniaud, manuscrits, lettres, et papiers*，卷 1 第 164 页（1792 年 5 月的信件，日期未注明）；卡拉在 *Annales patriotiques* 中的叙述，引自 Buchez and Roux, *Histoire parlementaire*，卷 14 第 278 页（5 月 15 日）。库东特地将这一形势与 1789 年 7 月份的形势进行了比较：*Correspondance inédite*，第 147 页（5 月 29 日的信件）。

6. Pinet, “Correspondance,” 5 月 8 日的信件。同时参见 Jullien, “Correspondance,” 1792 年 5 月 10 日的信件。

7. 可参见 Vergniaud, *Vergniaud, manuscrits, lettres, et papiers*，卷 1 第 164 页（1792 年 5 月的信件，日期未注明）。

8. *AP*，卷 44 第 33—43 页。

9. Jullien, "Correspondance," 1792 年 5 月 23 日的信件；Rabusson-Lamothe, "Lettres," 第 349—350 页（5 月 29 日的信件）。同时参见 Couthon, *Correspondance inédite*, 第 143 页（5 月 24 日的信件）；Feuillants Viénot-Vaublanc，*AP*，卷 44 第 44 页；以及 Hué，*AP*，卷 44 第 65 页。

10. Ruault, *Gazette d'un Parisien*，第 285 页（1792 年 5 月 24 日的信件）。同时参见 *AP*，卷 44 第 194—196 页和第 478 页；Buchez and Roux, *Histoire parlementaire*，卷 14 第 305 页（5 月 29 日）；Sébire in AD Ille-et-Vilaine，L 294（2），5 月 28 日的信件；Codet，同上，5 月 30 日的信件（错写为 4 月 30 日）；Le Coz，同上，6 月 4 日的信件；Géraud, *Journal d'un étudiant*, 第 297 页（5 月 30 日的信件）；Rabusson-Lamothe, "Lettres," 第 349—350 页（5 月 29 日的信件）；Jullien, "Correspondance," 日期未注明，1792 年五旬节（Pentacost）。

11. Couthon, *Correspondance inédite*，第 146—147 页（1792 年 5 月 29 日的信件）；Corbel, "Correspondance," 5 月 30 日的信件。

12. Mitchell, *French Legislative Assembly*，第 114—115 页。

13. Demée, "Lettres," 1792 年 6 月 20 日的信件。关于针对顽固分子的辩论，参见 *AP*，卷 43 第 435—445 页以及卷 44 第 56—72 页。

14. 内政部长罗兰宣称有 47 个省份采取了这类措施：Lefebvre, *La chute du roi*，第 131 页。同时参见 Tackett, *Religion, Revolution, and Regional Culture*，第 275—282 页。

15. Romme, "Correspondance," 1792 年 4 月 10 日的信件。同时参见 Barbaroux, *Correspondance et mémoires*，第 186—187 页（6 月 21 日的信件）；Poupé, "Le département du Var," 第 158—169 页；Boutier, *Campagnes en émoi*，第 130—131 页；Pommeret, *L'esprit politique*，第 155—157 页；Brégail, "Le Gers pendant la Révolution," 32（1931），第 37 页。

16. Colson, "Correspondance," 1792 年 6 月 15 日的信件；Roubaud, "Lettres," 第 117 页（6 月 19 日的信件）；Ruault, *Gazette d'un Parisien*，第 289 页（6 月 24 日的信件）。同时参见 Corbel, "Correspondance," 6 月 20 日的信件；Jullien, "Correspondance," 6 月 16 日的信件；以及 Couthon, *Correspondance inédite*，第 157—158 页（6 月 21 日的信件）。

17. 关于本段和后续段落，特别参见 Lefebvre, *La chute du roi*，第 180—190 页；以及 Alpaugh, "Making of the Parisian Political Demonstration"。

18. *AP*，卷 45 第 417—419 页；Ruault, *Gazette d'un Parisien*，第 289—290 页（6 月 24 日的信

件）; Rabusson-Lamothe, “Lettres,” 第 364—365 页（1792 年 6 月 21 日的信件）; Couthon, *Correspondance inédite*，第 157—158 页（6 月 21 日的信件）; Jullien, “Correspondance,” 6 月 20 日的信件。

19. Soubrany, *Dix-neuf lettres*，第 7 页（1792 年 6 月 20 日的信件）。

20. Jullien, “Correspondance,” 1792 年 6 月 20 日的信件；Pinet, “Correspondance,” 6 月 22 日的信件；Hugues Destrem in “Correspondance des députés de l'Aude”，第 161 页（6 月 21 日的信件）; Hua, *Mémoires d'un avocat*，第 132 页；Verneilh-Puyraseau, *Mémoires historiques*，第 235—238 页；Alexandre, “Fragments des mémoires,” 第 176 页。

21. 可参见 *AP*，卷 45 第 412 页；Le Coz，AD Ille-et-Vilaine, L 294（2）, 1792 年 6 月 23 日的信件；以及 Verneilh-Puyraseau, *Mémoires historiques*，第 235—238 页。

22. Ruault, *Gazette d'un Parisien*，第 290—291 页（1792 年 6 月 24 日的信件）。同时参见 the duchesse of La Rochefoucauld［对她兄弟查尔斯（Charles）进行了详细的观察］, *Lettres*，第 103—105 页（6 月 21 日的信件）。

23. 关于本段和后续段落，参见 Ruault, *Gazette d'un Parisien*，第 290—291 页（1792 年 6 月 24 日的信件）; La Rochefoucauld, *Lettres*，第 103—105 页（6 月 21 日的信件）; Guittard, *Journal*，第 154—155 页（6 月 20 日的纪事）; Pinet, “Correspondance,” 6 月 22 日的信件；Couthon, *Correspondance inédite*，第 157—158 页（6 月 21 日的信件）; Dubrueil, *Lettres parisiennes*，第 47 页（6 月 21 日的信件）; Corbel, “Correspondance,” 6 月 22 日的信件；Roubaud, “Lettres,” 第 120 页（6 月 26 日的信件）; Le Coz in AD Ille-et-Vilaine, L 294(2), 6 月 23 日的信件；Soubrany, *Dix-neuf lettres*，第 7—9 页（6 月 20 日的信件）。

24. 可参见 Codet in AD Ile-et-Vilaine 中的叙述，L 294（2）, 1792 年 7 月 2 日的信件。关于从周边国家寄入的信件，参见 Reinhard, *La chute de la royauté*，第 338 页和第 545 页（地图）; Dendera, “ ‘Nos places maudites,’ ” 第 97 页；以及 *Révolutions de Paris*（6 月 16 日至 23 日号）; Ruault, *Gazette d'un Parisien*，第 293 页（6 月 26 日的信件）; 以及 Jullien, “Correspondance,” 6 月 24 日和 26 日的信件。有传闻称有 34 个省份提交了投诉，但实际上只有几个区域有此动作。

25. Guittard, *Journal*，第 155 页（1792 年 6 月 20 日的纪事）。

26. Couthon, *Correspondance inédite*，第 157—158 页（1792 年 6 月 21 日的信件）; Roubaud, “Lettres,” 第 120 页（6 月 26 日的信件）。此外可对比参考山岳派成员皮内特的描述：

Pinet，“Correspondance,” 6 月 22 日的信件；Soubrany, *Dix-neuf lettres*，第 7 页（6 月 6 日的信件）；以及保守派议员勒考茨的描述：Le Coz：AD Ille-et-Vilaine, L 294（2）, 6 月 23 日的信件。

27. Pinet, “Correspondance,” 1792 年 8 月 7 日的信件。同时参见 Jullien, “Correspondance,” 6 月 26 日的信件；以及 Jagot in Dubois，*Histoire*，卷 2 第 334—337 页。

28. Pinet, “Correspondance,” 1792 年 7 月 8 日的信件。同时参见 Destrem in “Correspondance des députés de l'Aude”, 30（1896），第 161—162 页（7 月 12 日的信件）；R. Lindet, “Lettres,” 第 43—44 页（7 月 13 日的信件）；以及 Choudieu, *Mémoires et notes*，第 159 页。

29. Rabusson-Lamothe, “Lettres,” 第 367—368 页和第 373—374 页（1792 年 6 月 26 日和 7 月 12 日的信件）；以及 Roubaud, “Lettres,” 第 132—133 页（7 月 31 日的信件）。同时参见 Demée, “Lettres,” 7 月 23 日的信件；以及 Michon, *Essai*，第 408—414 页。通过所谓的“会议俱乐部”（*club de la réunion*），一些旨在使代表们达成一致的尝试也得以进行，参见 Reinhard, *La chute de la royauté*，第 350—352 页。

30. Vergniaud, *Vergniaud, manuscrits, lettres, et papiers*，卷 2 第 123—124 页（1792 年 7 月 29 日的信件）。

31. Ellery, *Brissot de Warville*，第 284—290 页；以及 Pinet, “Correspondance,” 1792 年 7 月 31 日的信件。

32. 这场演讲实际上重复了拉法耶特在两个星期前致代表们的公开信的大部分内容。那时，一些激进分子对信件的真实性进行了质疑，但这时已能确定这封信出自拉法耶特之手。参见 *AP*，卷 45 第 653 页；Gower, *Despatches*，第 195 页（1792 年 6 月 22 日的信件）；Jullien, “Correspondance,” 6 月 19 日的信件；Viénot de Vaublanc, *Mémoires*，第 203 页。

33. Pinet, “Correspondance,” 1792 年 7 月 6 日的信件。同时参见 Couthon, *Correspondance inédite*，第 152 页和第 163 页（6 月 9 日和 30 日的信件）；以及 Jullien, “Correspondance,” 6 月 6 日的信件。一些激进派记者在 1790 年夏天的南锡事件之后转而反对拉法耶特：Censer, *Prelude to Power*，第 110 页。

34. Vergniaud, *Vergniaud, manuscrits, lettres, et papiers*，卷 1 第 165 页（1792 年 7 月 21 日的信件）和卷 2 第 122—123 页（7 月 29 日的信件）；Dubreuil-Chambardel, *Lettres*，第 43 页（7 月 7 日的信件）；Pinet, “Correspondance,” 7 月 25 日的信件。

35. *AP*，卷 46 第 342—344 页。同时参见 Couthon, *Correspondance inédite*，第 169 页（1792 年

7 月 12 日的信件）; Pinet, “Correspondance,” 7 月 13 日的信件; Barbaroux, *Correspondance et mémoires*，第 209—210 页（7 月 12 日的信件）; Corbel, “Correspondance,” 7 月 13 日的信件; Bancal, *Le conventionnel Bancal*，第 220 页（7 月 12 日的信件）。

36. Guittard, *Journal*，第 163 页（1792 年 7 月 22 日的纪事）; 以及 Colson, “Correspondance,” 7 月 24 日的信件。

37. Ruault, *Gazette d'un Parisien*，第 294 页（1792 年 6 月 26 日的信件）。

38. Pinet, “Correspondance,” 1792 年 7 月 13 日的信件。关于结盟节，参见 Demée, “Lettres,” 7 月 15 日的信件; Colson, “Correspondance,” 7 月 15 日的信件; Guittard, *Journal*，第 160—161 页（7 月 14 日的纪事）; Mareux, *Une famille de la bourgeoisie*，第 273—274 页（7 月 16 日的信件）; Pinet, “Correspondance,” 7 月 14 日和 15 日的信件; Etienne Rubat, “Lettres,” 7 月 16 日的信件; Ruault, *Gazette d'un Parisien*，第 296 页（7 月 17 日的信件）; Bancal, *Le conventionnel Bancal*，第 221 页（7 月 17 日的信件）; Couthon, *Correspondance inédite*，第 172—174 页（7 月 17 日的信件）。

39. Sagnac, *La chute*，第 37—39 页; Aulard, *Société des Jacobins*，卷 4 第 228—229 页和第 243 页（1792 年 8 月 20 日和 27 日）; Pinet, “Correspondance,” 7 月 24 日和 8 月 18 日的信件。

40. Sagnac, *La chute*，第 33—36 页。关于胡子的外观，参见 Ruault, *Gazette d'un Parisien*，第 297 页，1792 年 7 月 27 日的信件。

41. Sagnac, *La chute*，第 34—36 页、第 43—45 页和第 49—50 页。

42. Corbel, “Correspondance,” 1792 年 7 月 28 日的信件。

43. Lefebvre, *La chute du roi*，第 207 页; Vovelle in Baratier, *Histoire de Marseille*，第 274—276 页; 以及 Pinet, “Correspondance,” 1792 年 7 月 31 日的信件。

44. Corbel, “Correspondance,” 1792 年 7 月 28 日的信件; Bancal, *Le conventionnel Bancal*，第 227 页（7 月 31 日的信件）; Ruault, *Gazette d'un Parisien*，第 297 页（7 月 27 日的信件）; Colson, “Correspondance,” 8 月 1 日的信件; 以及 Guittard, *Journal*，第 164—165 页（7 月 30 日和 8 月 3 日的纪事）。同时参见 Reinhard, *Chute de la royauté*，第 304—307 页。

45. *AP*，卷 47 第 400—401 页; Sagnac, *La chute*，第 81—95 页。

46. *AP*，卷 47 第 425—427 页; Jullien, “Correspondance,” 1792 年 8 月 5 日的信件; Corbel, “Correspondance,” 8 月 4 日的信件; Pinet, “Correspondance,” 8 月 5 日的信件; Rivoallan in “Correspondance des députés des Côtes-du-Nord”，第 129 页（8 月 4 日的信件）。同时

参见 Sagnac, *La chute*，第 57—58 页；以及 Labroue, *L'esprit public en Dordogne*，第 39—40 页。

47. Ruault, *Gazette d'un Parisien*，第 301 页（1792 年 8 月 3 日的信件）。同时参见 Pinet, "Correspondance," 8 月 5 日的信件；以及 Alexandre, "Fragments des mémoires," 第 205 页。

48. *AP*，卷 27 第 524—527 页；Rose, *Making of the Sans-Culottes*，第 160 页；Pinet, "Correspondance," 1792 年 8 月 7 日的信件。同时参见 Sagnac, *La chute*，第 122—124 页。

49. Corbel, "Correspondance," 1792 年 7 月 28 日的信件；以及 Codet, AD Ille-et-Vilaine, L 294（2），7 月 30 日的信件。

50. Ruault, *Gazette d'un Parisien*，第 298 页（7 月 27 日的信件）。

51. Colson, "Correspondance," 1792 年 8 月 10 日的信件；以及 *AP*，卷 47 第 598—605 页。同时参见 Géraud, *Journal d'un étudiant*，第 317 页（8 月 9 日的信件）；Pinet, "Correspondance," 8 月 10 日的信件；Corbel, "Correspondance," 8 月 11 日的信件；Jullien, "Correspondance," 8 月 8 日的信件；Bancal, *Le conventionnel Bancal*，第 230 页（8 月 9 日的信件）；Viénot de Vaublanc, *Mémoires*，第 214 页。

52. Michon, *Essai*，第 416—417 页、第 422 页和第 427—428 页；Reinhard, *La chute de la royauté*，第 309—310 页。

53. 参见 Michon, *Essai*，第 416—417 页和第 422—423 页。前代表克莱蒙 - 托内雷、拉里 - 特伦达尔（Lally-Tollendal）和马鲁耶，以及前部长蒙特莫林（Montmorin）和伯特兰 · 德 · 莫勒维勒（Bertrand de Molleville）均为国王的秘密顾问。

54. 国王对将要到来的对抗有充分的了解：参见 Ruault, *Gazette d'un Parisien*，第 302—303 页（1792 年 8 月 14 日的信件）；以及 Sagnac, *La chute*，第 201 页："没有什么比 8 月 10 日革命更在预料之中了。"

55. Sagnac, *La chute*，第 223—225 页；以及 Mitchell, *French Legislative Assembly*，第 127—132 页。

56. Alexandre, "Fragments des mémoires," 第 208 页。

57. *AP*，卷 47 第 400—401 页。

58. Jullien, "Correspondance," 1792 年 7 月 26 日的信件。同时参见 Ruault, *Gazette d'un Parisien*，第 296—297 页（7 月 17 日的信件）；以及 Roubaud, "Lettres," 第 125 页（7 月 10 日的信件）。

59. Sagnac, *La chute*，第 64—81 页。

60. Jullien, “Correspondance,” 1792 年 8 月 9 日和 10 日的信件；Ruault, *Gazette d’un Parisien*，第 302 页（8 月 14 日的信件）。

61. Sagnac, *La chute*，第 221—222 页和第 252—253 页；A. Rubat, “Lettres,” 1792 年 8 月 10 日的信件。

62. 以下描述主要基于 Sagnac, *La chute*，第 277—303 页；Barbaroux, *Correspondance et mémoires*，第 222—223 页（1792 年 8 月 10 日的信件）；Pinet, “Correspondance,” 8 月 10 日的信件；Géraud, *Journal d’un étudiant*，第 322—325 页（8 月 11 日的信件）；以及 A. Rubat, “Lettres,” 8 月 10 日的信件。

63. 一位结盟军成员宣称，40 名瑞士人在城堡内的守卫者开火时，已放弃职责并加入了结盟军队伍：*AP*，卷 47 第 645 页。同时参见一位被质询的瑞士人的证词：*AP*，卷 47 第 648 页和 *Thermomètre du jour*（1792 年 8 月 11 日号）。

64. Colson, “Correspondance,” 1792 年 8 月 10 日的信件。

65. Sagnac, *La chute*，第 299—300 页；Rose, *Making of the Sans-Culottes*，第 104—106 页。

66. Géraud, *Journal d’un étudiant*，第 322—325 页（8 月 11 日的信件）；Guittard, *Journal*，第 168—169 页（1792 年 8 月 10 日的纪事）；Ruault, *Gazette d’un Parisien*，第 302—303 页（8 月 14 日的信件）；*AP*，卷 47 第 675 页。

67. Jullien, “Correspondance,” 1792 年 8 月 10 日的信件；Alexandre, “Fragments des mémoires,” 第 221 页。

68. Monnard, *Les souvenirs*，第 43—45 页；Alexandre, “Fragments des mémoires,” 第 218 页；Mareux, *Une famille de la bourgeoisie*，第 290—297 页（1792 年 8 月 19 日的信件）；Pinet, “Correspondance,” 8 月 10 日的信件。同时参见 Jullien, “Correspondance,” 8 月 10 日和 15 日的信件。

69. Bancal, *Le conventionnel Bancal*，第 232—234 页（8 月 14 日的信件）。

第八章

1. Colson, “Correspondance,” 1792 年 8 月 17 日的信件；Ruault, *Gazette d’un Parisien*，第 303 页（8 月 28 日的信件）；以及 Braesch, *La commune*，第 335 页。同时参见 Corbel, “Correspondance,” 9 月 24 日的信件；以及 *Révolutions de Paris*（8 月 18 日至 25 日号）。

2. Digaultray in “Correspondance des députés des Côtes-du-Nord”，28（1890），第 152 页

（1792 年 8 月 25 日的信件）；以及 Ruault, *Gazette d'un Parisien*，第 303 页（8 月 14 日和 28 日的信件）。同时参见 Guittard, *Journal*，第 169 页（8 月 10 日的纪事）；以及 Pinet, "Correspondance," 8 月 13 日和 14 日的信件。普鲁多姆称国王为"路易 – 尼禄"（Louis-Nero）和"叛国者路易"（Louis-le-Traître），并竭力主张立即处决他：*Révolutions de Paris*（8 月 11 日至 18 日号）。

3. Ruault, *Gazette d'un Parisien*，第 303 页（1792 年 8 月 28 日的信件）；以及 Alexandre, "Fragments des mémoires," 第 225 页。同时参见勒巴的描述，引自 Buchez and Roux, *Histoire parlementaire*，卷 35 第 325—326 页（8 月 12 日的信件）。
4. 参见 Lefebvre, *La première Terreur*。
5. Pinet, "Correspondance," 1792 年 8 月 11 日和 18 日的信件；以及 *AP*，尤其是卷 47 第 639—646 页的内容。
6. 可以参见 *AP*，卷 47 第 598—605 页（1792 年 8 月 9 日）。
7. Rivoallan in "Correspondance des députés des Côtes-du-Nord"， 第 136 页（1792 年 8 月 13 日的信件）；以及 Le Bronsart in AM Brest，2 D 21, 9 月 8 日的信件。同时参见 Demée, "Lettres," 8 月 13 日的信件；以及 Viénot de Vaublanc, *Mémoires*，第 219 页。只有 284 名代表于 8 月 10 日晚上出席了选举执行委员会的会议；只有 323 名代表在 8 月 19 日选举议会主席的会议中投票；而仅有 257 位代表在 9 月 2 日的选举中投票：*AP*，卷 47 第 660 页、卷 48 第 376 页、卷 49 第 199 页。同时参见 Reinhard, *La chute de la royauté*，第 239 页。
8. *AP*，卷 48 第 182—184 页（1792 年 8 月 15 日）和第 185—197 页（这些文件的影印版被批量印送至法国各地）。同时参见 Pinet, "Correspondance," 8 月 18 日的信件；以及 "Adresse de l'Assemblée nationale aux français" of Aug. 19 in Condorcet, *Oeuvres*，卷 10 第 567—568 页。
9. Aubert in "Aubert-Dubayet：Législateur"，第 139 页；Rabusson-Lamothe, "Lettres," 第 377—378 页（1792 年 8 月 16 日的信件）。同时参见库东与之前形同陌路的同僚拉比松 – 拉莫特的和解：*Correspondance inédite*，第 185 页（8 月 30 日的信件）；以及两位前斐扬派成员的叙述，Dupont-Grandjardin, "Correspondance," 第 358—359 页（9 月 17 日的信件）；以及 Aristide Rubat, "Lettres," 8 月 21 日的信件。
10. 此后，立法议会在很大程度上被吉伦特派主导的十二人委员会控制：参见 *AP*，卷 45 第 326—327 页；Lefebvre, *La chute du roi*，第 178 页；以及 *La première Terreur*，第 29—30 页。7 月中旬之后，吉伦特派领导人布里索、让索内、加代、拉素斯、孔多塞侯爵和韦尼奥均成为该委员会成员。

11. 参见 Reynolds, *Marriage and Revolution*，第十九章和第二十章。

12. 值得注意的是，执行委员会惯常在丹东的司法部集会。参见 Lefebvre, *La première Terreur*，第 29—36 页；以及 Aulard, *Histoire politique*，第 219 页。

13. “普选权”继续将妇女和奴仆，以及那些在前一年更换居住地的人排除在外。参见 M. Edelstein, *Birth of Electoral Democracy*，尤其是第 259—260 页。关于新的离婚法，参见 Desan, *Family on Trial*，尤其是第 62—63 页。

14. Pinet, “Correspondance,” 1792 年 8 月 10 日的信件。以及 Neufchâteau, “Recherches sur la vie,” 第 217 页（8 月 11 日的信件）；Colson, “Correspondance,” 8 月 12 日的信件；Ménétra, “Mes réflexions,” BHVP, Ms. 678，第 102 页。

15. 罗伯斯庇尔辞去了他在巴黎刑事法庭的职务。关于早期巴黎公社和它的成员组成，参见 Sagnac, *La chute*，第 221—222 页；以及 Braesch, *La commune*，第三章。那些已知职业的公社成员，占比例最高的群体是商人、工匠和小商店主。

16. 公社在 8 月 10 日已经对此产生了抱怨：*AP*，卷 47 第 651 页。

17. *AP*，卷 48 第 298 页；以及 Jullien, “Correspondance,” 1792 年 8 月 26 日的信件。同时参见弗朗索瓦 - 保罗 · 安东尼（François-Paul Anthoine）于 8 月 12 日在雅各宾俱乐部的演讲：Aulard, *Société des Jacobins*，卷 4 第 196 页；以及 Braesch, *La commune*，第 416—420 页。

18. Braesch, *La commune*，第 334 页和第 364—383 页；以及 Caron, *La première Terreur*，第一章和第二章。

19. 关于此段和后续段落，参见 Braesch, *La commune*，第 323—327 页、第 422—425 页；以及 Lefebvre, *La première Terreur*，第 64—79 页。

20. 关于对戏剧的审查，参见 *Thermomètre du jour*（1792 年 8 月 21 日号）。

21. 英国、荷兰和威尼斯的大使都抱怨称，由于当地机关拒绝为其签发通行许可，他们无法离开巴黎：Gower, *Despatches*，第 209 页、第 211 页、第 218 页（1792 年 8 月 17 日、23 日和 28 日的信件）。

22. 从旧体制的 60 个独立营到 48 个辖区每区一个营的新安排，需要花费时间去布署。参见 Braesch, *La commune*，第 329—331 页；以及 Mitchell, *French Legislative Assembly*，第 123—125 页。

23. *Annales patriotiques*（1792 年 7 月 21 日号）。同时参见 Lefebvre, *La première Terreur*，第 139 页；以及 Lemny, *Jean–Louis Carra*，第 245—246 页。

24. Jullien, "Correspondance," 1792 年 9 月 1 日的信件。同时参见她 8 月 26 日的信件。

25. Robespierre, *Correspondance*，卷 1 第 152 页（1792 年 8 月 20 日的信件）。同时参见佩蒂翁早先在 1792 年 4 月的和解尝试：Walter, *Jacobins*，第 249 页。

26. Reynolds, *Marriage and Revolution*，第 195 页。同时参见 *Thermomètre du jour*（1792 年 9 月 5 日号）。

27. Géraud, *Journal d'un étudiant*，第 357 页（1792 年 9 月 18 日的信件）。同时参见 Condorcet, *Oeuvres*，卷 10 第 581—582 页，"Adresse de l'Assemblée nationale aux français"，9 月 19 日；以及 Cahen, *Condorcet et la Révolution française*，第 430 页。

28. William Lindsay in Gower，*Despatches*，第 213 页（1792 年 8 月 27 日的信件）；以及 Ruault, *Gazette d'un Parisien*，第 311 页（9 月 14 日的信件）。

29. Jullien, "Correspondance," 1792 年 8 月 18 日的信件。以及 Pinet, "Correspondance," 8 月 11 日的信件；Mareux, *Une famille de la bourgeosie parisienne*，第 283 页（8 月 19 日的信件）；Aulard, *Jacobins*，卷 4 第 217 页（8 月 17 日）；以及 Braesch, *La commune*，第 349 页、第 360 页。

30. Lefebvre, *La première Terreur*，第 75 页。

31. Pinet, "Correspondance," 1792年8月11日的信件；Ruault, *Gazette d'un Parisien*，第303页（8月14日的信件）；Guittard, *Journal*，第169页（8月10日的纪事）；Colson, "Correspondance," 8 月 17 日的信件；Jullien, "Correspondance," 8 月 18 日的信件；A. Rubat, "Lettres," 8 月 21 日的信件；以及 *Révolutions de Paris*（8 月 4 日至 11 日号）。立法议会也通过了一项法令，允许并鼓励捣毁所有的王室雕像：*AP*，卷 48 第 2 页（8 月 11 日）。

32. *Thermomètre du jour*（1792 年 8 月 25 日号）；以及 Braesch, *La commune*，第 341 页。

33. Ruault, *Gazette d'un Parisien*，第 304 页（1792 年 8 月 28 日的信件）。同时参见 Guittard, *Journal*，第 169 页（8 月 10 日的纪事）。

34. Marat, *L'Ami du peuple*（1792 年 8 月 19 日号）。同时参见 Gorsas, *Le Courrier des 83 départements*（8 月 17 日号）；Fréron, *L'orateur du peuple*（8 月 17 日号）；以及 Carra, *Annales patriotiques et littéraires*（8 月 13 日号）。

35. A. Rubat, "Lettres," 1792年8月21日的信件；Bancal, *Le conventionnel Bancal*，第236页（8

月 18 日的信件）；以及 *Thermomètre du jour*（8 月 20 日号）；以及 Braesch, *La commune*，第 474 页。

36. Jullien, “Correspondance,” 1792 年 8 月 26 日的信件。同时参见 Digaultray in “Correspondance des députés des Côtes–du–Nord”，28（1890），第 160 页（8 月 26 日的信件）；Guittard, *Journal*，第 172 页（8 月 26 日的纪事）；*Révolutions de Paris*（8 月 25 日至 9 月 1 日号）；以及 *Thermomètre du jour*（8 月 26 日号）。

37. Lefebvre, *La première Terreur*，第 21 页、第 71 页、第 94 页；Caron, *Massacres de septembre*，第 428—445 页；以及 Braesch, *La commune*，第 347—349 页。

38. Braesch, *La commune*，尤其是第 335 页、第 364—373 页；Lefebvre, *La première Terreur*，第 75 页。关于 8 月 11 日立法议会给予市镇机关全权以调查和揭发针对一般安全的阴谋：*AP*，卷 48 第 41—42 页。

39. Pinet, “Correspondance,” 1792 年 8 月 18 日的信件。同时参见 Colson, “Correspondance,” 8 月 17 日的信件；Rivoallan in “Correspondance des députés des Côtes–du–Nord”，28（1890），第 135 页（8 月 13 日的信件）；以及 Braesch, *La commune*，第 328—331 页和第 351—354 页。

40. 关于监禁人数，参见 Caron, *Massacres de septembre*，第 24—26 页。

41. 参见 Choudieu, *Mémoires et notes*，第 171 页；以及 Colson, “Correspondance,” 1792 年 8 月 19 日的信件。

42. *AP*，卷 48 第 180—181 页。Lefebvre, *La première Terreur*，第 99 页。同时参见 Jullien, “Correspondance,” 1792 年 8 月 23 日的信件。

43. Mareux, *Une famille de la bourgeoisie*，第 308 页（1792 年 9 月 6 日的信件）。同时参见 Guittard, *Journal*，第 172—173 页（8 月 25 日和 27 日的纪事）；以及 *Thermomètre du jour*（8 月 25 日和 27 日号）。

44. 特别参见 Baumont, *Le département de l'Oise*，第 175 页。

45. Codet, AD Ille–et–Vilaine, L 294（2），1792 年 8 月 19 日的信件。同时参见 Azéma in “Correspondance des députés de l'Aude”，30（1896），第 166 页（8 月 12 日的信件）；Clauzel, “Documents inédits,” 第 125 页（8 月 18 日的信件）；以及 Digaultray in “Correspondance des députés des Côtes–du–Nord”，28（1890），第 165 页（9 月 8 日的信件）。

46. Noël, *Au temps des volontaires*，第 238—240 页（1792 年 8 月 17 日的信件）; and Lefebvre, *La première Terreur*，第 15—19 页。

47. 参见 Boivin-Champeaux, *Notices historiques*，卷 1 第 394—398 页；Raymond Nicolas, *L'esprit public*，第 77—79 页；Lefebvre, *La première Terreur*，第 13—14 页。

48. Jullien, "Correspondance," 1792 年 8 月 21 日的信件。同时参见 Codet in AD Ille-et-Vilaine, L 294（2）, 8 月 21 日的信件；Pinet, "Correspondance," 8 月 18 日的信件；以及 Géraud, *Journal d'un étudiant*，第 331 页（8 月 27 日的信件）。一些省份在接受 8 月 10 日事件方面，比其他省份花了更长的时间：参见 R. Nicolas, *L'esprit public*，第 71 页；Pommeret, *L'esprit politique*，第 185—187 页；Dubois, *Histoire*，卷 3 第 13—18 页；Brégail, "Le Gers pendant la Révolution," 32（1931），第 255 页；Jolivet, *La Révolution dans l'Ardèche*，第 376 页、第 382—383 页；Corgne, *Pontivy et son district pendant*，第 291 页；以及 Poupé, "Le département du Var," 第 182—183 页。

49. Arnaud, *Histoire de la Révolution*，第 335—336 页。

50. 此处的数据和分析基本上基于：Caron, *Les massacres de septembre*，第 370—391 页、第 396—410 页。这些数据都是不完整的。

51. Caron, *Les massacres de septembre*，第 401—402 页。同时参见波卡勒对他途经家乡前往巴黎时听到的针对蒙塔基流言的描述：Bancal, *Le conventionnel Bancal*，第 237 页（1792 年 9 月 18 日的流言）。

52. Lefebvre, *La première Terreur*，第 94 页。

53. Baumont, *Le département de l'Oise*，第 180—182 页、第 198 页。关于志愿军在阿列日省的恐怖行径，参见 Arnaud, *Histoire de la Révolution*，第 300—306 页。

54. 恰德鲁伊（Chaudrue）从拉罗谢尔寄来的信件：Géraud, *Journal d'un étudiant*，第 331 页（1792 年 8 月 27 日）。

55. Lefebvre, *La première Terreur*，第 103 页；Caron, *Les massacres de septembre*，第 397—399 页。同时参见 Sutherland, "Justice and Murder：Massacres in the Provinces"。

56. Caron, *Les massacres de septembre*，第 375 页；Mortimer-Ternaux, *Histoire de la Terreur*，卷 3 第 348—351 页。同时参见皮埃尔 - 弗朗索瓦 · 帕洛伊（Pierre-Franois Palloy）整顿他统帅之下的巴黎志愿军的努力，但是他没能阻止志愿兵在沙隆谋杀两名"可疑分子"：Palloy, *Livre de raison*，第 182—184 页。

57. Lefebvre, *La première Terreur*，第 108—109 页、第 114 页。

58. 英国大使高尔伯爵以及代办 W. 林赛：Gower, *Despatches*，第 201 页、第 214 页（1792 年 7 月 20 日、8 月 23 日的信件）。

59. Lefebvre, *La première Terreur*，第 108—110 页；Blanning, *French Revolutionary Wars*，第 74 页；Connelly, *Wars of the French Revolution and Napoleon*，第 27 页。

60. Lefebvre, *La première Terreur*，第 110—111 页、第 115—117 页。

61. Dugaultray in "Correspondance des députés des Côtes-du-Nord"，28（1890），第 158 页（1792 年 8 月 26 日的信件）；Guittard, *Journal*，第 176 页（9 月 2 日的纪事）。同时参见 Corbel, "Correspondance," 9 月 1 日的信件；Couthon, *Correspondance inédite*，第 186—187 页（9 月 1 日的信件）；以及 Tardiveau in AD Ille-et-Vilaine，L 294（2）, 8 月 29 日的信件。

62. 引自 Lefebvre, *La première Terreur*，第 124 页、第 126 页。同时参见 Reynolds, *Marriage and Revolution*，第 194 页。

63. Guittard, *Journal*，第 174 页（1792 年 8 月 29 日的纪事）；以及 Jullien, "Correspondance," 8 月 29 日的信件。同时参见 *Thermomètre du jour*（8 月 30 日号）；以及 Gohier in AD Ille-et-Vilaine，L 294（2），9 月 1 日的信件。

64. 参见 Caron, *Massacres de septembre*，第 3—4 页；以及 Porret, " 'Effrayer le crime par la terreur,' " 第 48 页、第 54 页。

65. Colson, "Correspondance," 1789 年 10 月 13 日的信件；Lacroix, *Actes de la Commune de Paris,* 2e 系列，卷 5 第 14 页、第 179 页（1791 年 6 月 21 日和 26 日的纪事）；*Chronique de Paris,* no. 174（1791 年 6 月 23 日号）。同时参见 Andress, *Massacre at the Champ de Mars*，第 149 页；以及 Reinhard, *La chute de la royauté*，第 37—39 页。

66. Guittard, *Journal*，第 120 页（1792 年 1 月 21 日的纪事）；Colson, "Correspondance," 1 月 25 日的信件。同时参见 Rabusson-Lamothe, "Lettres," 第 288 页（1 月 21 日的信件）；以及 Duval in AD Ille-et-Vilaine, L 294，1 月 23 日的信件。

67. *AP*，卷 45 第 417 页。

68. Braesch, *La commune*，第 353—354 页。

69. Codet in AD Ille-et-Vilaine, L 294（2），1792 年 8 月 19 日的信件；Jullien, "Correspondance," 8 月 15 日的信件。同时参见 Mareux, *Une famille de la bourgeoisie*，第 290—297 页（8 月

19 日的信件）；以及 Monnard, *Les souvenirs*，第 46 页。

70. Braesch, *La commune*，第 484—485 页、第 488 页。不幸的是，很多辖区的讨论不再审慎和镇定。

71. 此段和后续段落的首要信息来源是 Caron, *Massacres de septembre*。同时参见 *Thermomètre du jour*（1792 年 9 月 3 日至 6 日号）中的描述。

72. Caron, *Massacres de septembre*，第 221—231 页。

73. Braesch, *La commune*，第 482 页。

74. Caron, *Massacres de septembre*，第 296 页、第 305 页。

75. 同上，第 27—43 页。

76. 同上，尤其是第 49—70 页。

77. 引自 Caron, *Massacres de septembre*，第 111 页；Monro in Gower，*Despatches*，第 227 页（1792 年 9 月 4 日的信件）。门罗声称，在屠杀之后的几天内，大部分马赛人依然在巴黎城内：Monro in Gower，*Despatches*，第 237 页（9 月 8 日的信件）。同时参见 Caron, *Massacres de septembre*，尤其是第 106—109 页；以及由代表弗朗索瓦·格拉内（François Granet）所做的发往马赛的报告：AC Marseille, 4 D 43, 8 月 20 日的信件。

78. Ruault, *Gazette d'un Parisien*，第 311 页（1792 年 9 月 8 日的信件）。

79. Caron, *Massacres de septembre*，第 121—153 页。可与吉伦特派同情者雅克·杜劳尔在 *Thermomètre du jour* 中的言论（1792 年 9 月 4 日号）相比较，他总结道，"人民必须进行自卫"；普鲁多姆强烈支持和赞扬了九月屠杀：*Révolutions de Paris*（9 月 1 日至 8 日号）。

80. Dubreuil-Chambardel, *Lettres parisiennes*，第 64 页（1792 年 9 月 15 日的信件）；Guittard, *Journal*，第 175 页（9 月 2 日的纪事）；以及 Jullien, "Correspondance," 9 月 2 日的信件。参见库东的类似言论：*Correspondance inédite*，第 191 页（9 月 6 日的信件）；Ramel, "Lettres," 9 月 5 日的信件；Pinet, "Correspondance," 9 月 8 日的信件；Géraud, *Journal d'un étudiant*，第 350—352 页（9 月 4 日的信件）；以及 Monnard, *Les souvenirs*，第 46 页。同时参见 Dorigny, "Les Girondins et les Massacres de septembre," 第 105—115 页。

81. Ruault, *Gazette d'un Parisien*，第 306—311 页（1792 年 9 月 8 日的信件）；巴吉尔所述，转引自 Mathiez，"Recherches sur la famille et la vie privée du conventionnel Basire," 第 187 页（1792 年 9 月初的信件）。关于不断提升的罗兰夫妇的地位，参见 Reynolds, *Marriage and Revolution*，第 194—201 页。

82. 经历过九月屠杀的 20 位见证者，对这一事件的第一反应是：4 位立刻进行了谴责，2 位没有提及这些事件，14 位接受了这些事件并认为它们是值得进行的和 / 或不得不进行的必要步骤。这里采用的文献是巴吉尔、夏波、科尔森、柯尔贝、库东、狄梅、迪高特雷、迪布勒伊、戈伊尔、热罗、吉塔尔、罗莎莉·朱利安、罗贝尔·兰代、阿德莱德·玛鲁、皮内特、拉梅尔、玛丽 - 简·罗兰、吕奥、索邦尼等人的信件、日记和演讲。

83. Caron, *Massacres de septembre*，第 278—279 页。

84. 同上，第 277 页。

85. Pinet, "Correspondance," 9 月 18 日的信件；Mareux, *Une famille de la bourgeoisie*，第 308—309 页（9 月 6 日的信件）；以及 *Révolutions de Paris*（9 月 8 日至 15 日号）。同时参见 Gohier in AD Ille-et-Vilaine，L 294（2）, 1792 年 9 月 17 日的信件；Colson, "Correspondance," 9 月 6 日、9 日和 19 日的信件；Dubreuil-Chambardel, *Lettres parisiennes*，第 67 页（1792 年 9 月 22 日的信件）；以及 Bancal, *Le conventionnel Bancal*，第 237 页（1792 年 9 月 18 日的信件）。

86. Colson, "Correspondance," 1792 年 9 月 6 日、9 日、11 日和 19 日的信件；Boivin-Champeaux, *Notices historiques*，卷 1 第 418—419 页；以及 Roubaud, "Lettres," 第 142—144 页（9 月 25 日的信件）。科尔森在这时第一次认真考虑要离开巴黎。

87. Markoff, *Abolition of Feudalism*，第 271 页、第 276—279 页；Caron, *Massacres de septembre*，第 365—391 页；以及 Alpaugh, *Non-violence and the French Revolution,* "附录"。

88. Dubreuil-Chambardel, *Lettres parisiennes*，第 80 页（1792 年 11 月 17 日的信件）；以及 Mareux, *Une famille de la bourgeoisie*，第 330 页（12 月 18 日的信件）。同时参见 Blad, "Correspondance," 11 月 14 日的信件；以及 Palasne in "Correspondance des députés des Côtes-du-Nord"，30（1892），第 116 页（10 月 1 日的信件）。

第九章

1. Le Bronsart in AM Brest，2 D 21，1792 年 9 月 8 日的信件。

2. Gohier in AD Ille-et-Vilaine，L 294（2）, 1792 年 9 月 3 日的信件；Corbel, "Correspondance," 9 月 3 日的信件。同时参见来自布雷斯堡的代表托马斯·里布德的叙述，引自 Caron, *Massacres de septembre*，第 125—126 页（9 月 3 日的信件）；以及 Soubrany, *Dix-neuf lettres*，第 14 页（9 月 6 日的信件）。

3. Gillet, “Lettres du conventionnel,” 第 242 页（1792 年 9 月 24 日的信件）。同时参见从埃夫勒镇寄给罗贝尔・兰代的信件：Lindet, *Correspondance*，第 374 页（8 月 28 日的信件）。

4. Colson, “Correspondance,” 1792 年 9 月 6 日的信件。同时参见 Guittard, *Journal,* 183（9 月 23 日的纪事）; Jullien, “Correspondance,” 9 月 5 日和 6 日的信件；以及 Pinet, “Correspondance,” 9 月 8 日的信件。

5. Etienne–Français Mireur in Lombard，*Un volontaire*，第 133—134 页（1792 年 8 月 28 日的信件）; Brault in Picard，*Au service de la nation*，第 118 页（10 月 2 日的信件）。同时参见 Bricard, *Journal du cannonier*，第 1—3 页（9 月 5 日的纪事）; 以及 François, *Journal du capitaine*，第 4 页（9 月 5 日的信件）。

6. Colson, “Correspondance,” 1792 年 9 月 4 日的信件；Guittard, *Journal*，第 183 页（9 月 23 日的纪事）; Jullien, “Correspondance,” 9 月 2 日的信件；Géraud, *Journal d’un étudiant*，第 353 页（9 月 4 日的信件）; George Monro in Gower, *Despatches*，第 225 页（9 月 4 日的信件）; Braesch, *La commune*，第 466—470 页。

7. 关于 1792 年对法国的入侵以及瓦尔密战役，特别参见 Bertaud, *Valmy*；以及 Blanning, *French Revolutionary Wars*，第 73—82 页。

8. Goethe, *Campaign,* 1792 年 9 月 4 日的纪事；Noël, *Au temps des volontaires*，第 245 页（8 月 22 日的信件）。

9. Goethe，*Campaign*，第 116—119 页（1792 年 9 月 20 日、21 日的纪事）; 以及 Bertaud, *Valmy*，第 26—40 页。

10. Noël, *Au temps des volontaires*，第 274 页（1792 年 9 月 26 日的信件）; 以及 Goethe, *Campaign*，第 117—119 页（9 月 20 日和 21 日的纪事）。

11. Sorel, *L’Europe et la Révolution*，卷 3 第 50—66 页；Goethe, *Campaign*，第 127—132 页（1792 年 9 月 25 至 29 日的纪事）; 以及 Lefebvre, *Convention*，卷 1 第 118—121 页。

12. Goethe, *Campaign*，第 154—160 页（1792 年 10 月 11 日、12 日的纪事）; Noël, *Au temps des volontaires*，第 280—281 页（10 月 17 日的信件）。

13. Blanning, *French Revolutionary Wars*，第 82 页。希腊人康斯坦丁・史坦马替将法军的境况比作古希腊人在马拉松和温泉关战役前夜的境况：Stamaty, *Correspondances*，第 95—96 页（1792 年 7 月 25 日的信件）。

14. Belot, *Journal d’un volontaire*，第 78 页（1792 年 10 月 14 日的信件）。

15. Sorel, *L'Europe et la Révolution*，卷 3 第 114—117 页。

16. Bancal, *Le conventionnel Bancal*，第 244 页（1792 年 10 月 16 日的信件）。同时参见 Blad, "Correspondance," 10 月 13 日的信件；以及 Sorel, *L'Europe et la Révolution*，卷 3 第 149 页。

17. 参见 François，*Journal du capitaine*，第 11—12 页（1792 年 10 月 26 日的信件）；以及 Noël, *Au temps des volontaires*，第 297 页（12 月 4 日的信件）。同时参见 Sorel, *L'Europe et la Révolution*，卷 3 第 159—169 页。

18. Blad, "Correspondance," 1792 年 11 月 9 日的信件；Boyer-Fonfrède, AD Gironde, 11 月 22 日的信件；Louchet, "Lettres," 11 月 10 日的信件；Géraud, *Journal d'un étudiant*，第 375 页（11 月 21 日的信件）。同时参见 Pinet, "Correspondance," 11 月 11 日的信件。

19. Guittard, *Journal*，第 189 页（1792 年 10 月 14 日的纪事）；Blad, "Correspondance," 12 月 3 日的信件；Lefebvre, *Convention*，卷 1 第 148 页；Sol, *La Révolution en Quercy*，卷 2 第 436—438 页；Nicolas, *L'esprit public*，第 87 页；以及 Bertaud, *Valmy*，第 42—46 页。

20. 布里索和丹东会有如此动作：Lefebvre, *Convention*，卷 1 第 154—158 页。

21. Ruault, *Gazette d'un Parisien*，第 317—318 页（1792 年 10 月 18 日的信件）；Roubaud, "Lettres," 第 147 页、第 150 页（10 月 9 日、25 日的信件）；Pinet, "Correspondance," 10 月 26 日的信件。

22. Corgne, *Pontivy*，第 210 页；Jolivet, *La Révolution dans l'Ardèche*，第 378 页；Pommeret, *L'esprit politique*，第 175 页；Dubois, *Histoire*，卷 3 第 5 页；Boivin-Champeaux, *Notices historiques*，卷 1 第 392—393 页；R. Nicolas, *L'esprit public*，第 83—84 页。同时参见 Patrick, *First French Republic*，第六章；以及 M. Edelstein, *French Revolution and the Birth of Electoral Democracy*，第十章。Patrick, *First French Republic*，第 180 页，认为除了巴黎和几个省份外，很少有排除保守派的实际行动。

23. Patrick, *First French Republic*，第 307—311 页。

24. 职业为记者的其他代表有罗伯斯庇尔、巴雷尔、布里索、孔多塞侯爵、卢韦、塔里安、梅西耶、奥杜安、杜劳尔、罗贝尔等。

25. 参见 Pinet，"Correspondance," 1792 年 9 月 22 日的信件；以及 Corbel，"Correspondance," 1792 年 9 月 22 日的信件。

26. *AP*，卷 52 第 72—74 页；以及 Pinet, "Correspondance," 1792 年 9 月 22 日的信件。同时

参见 Louchet, "Lettres," 9 月 30 日的信件。

27. 宣布建立共和国之前的法令：*AP*，卷 52 第 72 页（1792 年 9 月 21 日的信件）。

28. Jacob, *Suspects*，第 28 页；Braesch, *La commune*，第 589 页和第 596—598 页；Lefebvre, *Convention*，卷 1 第 50—51 页、第 57 页和第 83—85 页；Barbaroux, *Correspondance et mémoires*，第 247 页（1792 年 10 月 13 日的信件）；Louchet, "Lettres," 10 月 26 日的信件；以及 Guyomar in "Correspondance des députés des Côtes-du-Nord"，30（1892），第 130 页（10 月 27 日的信件）。

29. Dubois, *Histoire*，卷 3 第 47 页；Reynolds, *Marriage and Revolution*，第 206—210 页；Walton, *Policing Public Opinion*，第 206—216 页。同时参见 Biard, *Missionnaires*，第 39—42 页。

30. Jeanbon in *RF*, 29（1895），第 66 页（1792 年 10 月 3 日的信件）。同时参见 Ramel, "Lettres," 9 月 23 日的信件；Couthon, *Correspondance inédite*，第 198 页（9 月 27 日的信件）；Blad, "Correspondance," 10 月 10 日的信件；Colson, "Correspondance," 9 月 26 日的信件；Gillet, "Lettres du conventionnel," 第 248 页（10 月 2 日的信件）；Dubreuil-Chambardel, *Lettres parisiennes*，第 73 页（10 月 6 日的信件）；Louchet, "Lettres," 10 月 4 日的信件。

31. Saint-Martin, "L'année 1792," 第 50 页（1792 年 10 月 10 日的信件）。同时参见 Dubreuil-Chambardel, *Lettres parisiennes*，第 74 页（1792 年 10 月 6 日的信件）；Ruault, *Gazette d'un Parisien*，第 317 页（10 月 18 日的信件）；以及 Jeanbon，*RF*，29（1895），第 65 页（10 月 3 日的信件）。

32. Lefebvre, *Convention*，卷 1 第 148 页；Guittard, *Journal*，第 193 页（1792 年 10 月 26 日的纪事）。

33. Bancal, *Le conventionnel Bancal*，第 250—251 页（1792 年 11 月 29 日的信件）；*AP*，卷 53 第 145—147 页、第 506—509 页。同时参见 Pinet, "Correspondance," 11 月 25 日的信件；Couthon, *Correspondance inédite*，第 203 页（11 月 3 日的信件）。

34. 勒巴所述引自 Buchez and Roux，*Histoire parlementaire*，卷 35 第 325 页（1792 年 10 月 26 日的信件），同时参见 Barthélemy Albouys in Sol，*La Révolution en Quercy*，卷 2 第 430 页（10 月 21 日的信件）；Louchet, "Lettres," 11 月 10 日的信件；Dubreuil-Chambardel, *Lettres parisiennes*，第 77—78 页（11 月 10 日的信件）；以及 Gillet, "Lettres du conventionnel," 第 249 页（11 月 24 日的信件）。

35. Brissot, *Correspondance et papiers*，第 316—317 页（1792 年 11 月 28 日的信件）；*Révolutions*

de Paris, 1792（9 月 8 日至 15 日号）。

36. *AP*，卷 53 第 331 页（1792 年 11 月 3 日）。同时参见 Bancal, *Le conventionnel Bancal*，第 243 页（10 月 16 日的信件）；Pinet, "Correspondance," 11 月 11 日的信件；以及 Brissot, *Correspondance et papiers*，第 313 页（11 月 26 日的信件）。

37. *AP*，卷 55 第 70—73 页（1792 年 12 月 15 日）；以及 Pinet, "Correspondance," 12 月 16 日的信件。同时参见 Sorel, *L'Europe et la Révolution*，卷 3 第 234—236 页。

38. *Les Révolutions de Paris*（1792 年 9 月 15 日至 22 日号）。同时参见 Bancal, *Le con-ventionnel Bancal*，第 239 页（9 月 25 日的信件）。

39. Vinet, "Lettres du conventionnel," 第 63 页（1793 年 1 月 22 日的信件）。可与吉莱的预估进行对比：公会成员中约有 50 名活跃的山岳派成员：Gillet, "Lettres du conventionnel," 第 257 页（1792 年 12 月 10 日的信件）。西德纳姆认为存在一个由 60 名吉伦特派成员组成的"核心集团"：Sydenham, *Girondins*，第 228—229 页。

40. 吉伦特派的其他重要支持者有曾经的雅各宾派制宪议会成员郎热内、拉布・圣 – 艾蒂安和沙勒；以及四名新从吉伦特省提拔的成员迪科、丰腓德、格朗日讷夫和伯格皮恩（Bergoeing）。

41. 罗兰曾被选入国民公会，但他选择辞去这一职位以留住政府公职。参见 Reynolds, *Marriage and Revolution*，第 202 页和第 223—229 页。

42. Jullien, "Correspondance," 1792 年 10 月 24 日和 12 月 28 日的信件。吉伦特派支持者梅西耶也用过几乎一致的言辞描述山岳派：Mercier, *Le nouveau Paris*（1994），第 72 页。

43. 参见 Pinet，"Correspondance," 1793 年 1 月 11 日的信件。

44. Aulard, *Société des Jacobins*，卷 4 第 219 页（1792 年 8 月 19 日）；Patrick, *First French Republic*，第 288 页；Ruault, *Gazette d'un Parisien*，第 317 页（10 月 18 日的信件）。吕奥明确指出，他和罗伯斯庇尔是少数仍拒绝戴上帽子的人。

45. 这两大阵营从成立之日起，便被拿来相互比较，具体的时间段约为 1793 年初。在这个时期之前，派别隶属关系存在巨大的流动性。总体而言，吉伦特派的领导层比山岳派的要年轻一些。数据基本来源于 Patrick, *First French Republic*，第 193—194 页、第 249—250 页、第 259 页、第 286—287 页和第 292—293 页；以及 Baguenier-Desormeaux, "Origines sociales," 第 568—569 页、第 572 页、第 578—579 页和第 582—584 页。

46. 特别参见 Lefebvre，*Convention*，卷 1 第 10—17 页。

47. Pinet, "Correspondance," 1793 年 1 月 11 日的信件。同时参见 Monestier, "Lettres," 1792 年 12 月 28 日的信件；以及马克 – 安东尼·朱利安致他儿子的信件，"Correspondance," 12 月 15 日的信件。

48. Lefebvre, *Convention*，卷 1 第 23—25 页；Cahen, *Condorcet*，第 429 页；同时参见吉伦特派代表弗罗莱（Fleury）的描述：Tempier，"Correspondance des députés"（1892），第 132 页（1792 年 10 月 30 日的信件）。

49. 关于下述段落，特别参见 *AP*，卷 52 第 109 页（1792 年 9 月 23 日）；第 124—127 页（9 月 24 日）和第 130—142 页（9 月 25 日）；以及 Lefebvre, *Convention*，卷 1 第 58—62 页。同时参见 Brissot, *Correspondance et papiers*，第 320 页（12 月 9 日的信件）；以及 Corbel, "Correspondance," 12 月 28 日的信件。

50. *AP*，卷 52 第 131 页。

51. 参见布里索在 1792 年 10 月 24 日的演说 *A tous les républicains de France*；Reynolds, *Marriage and Revolution*，第 234—245 页；Walton, *Policing Public Opinion*，第 206—209 页。

52. *AP*，卷 53 第 147—148 页；Lefebvre, *Convention*，卷 1 第 73 页。同时参见 Blad, "Correspondance," 11 月 2 日的信件；Boivin–Champeaux, *Notices historiques*，卷 1 第 431；以及罗兰对马赛的赞许：AC Marseille, 4 D 44, 11 月 21 日的信件。

53. Braesch, *La commune*，第 913 页；Walter, *Histoire des Jacobins*，第 257 页；Lefebvre, *Convention*，卷 1 第 35 页、第 203 页；Ruault, *Gazette d'un Parisien*，第 315 页（1792 年 9 月 25 日的信件）。关于吉伦特派自发与雅各宾派划清界限的行为，参见 Géraud, *Journal d'un étudiant*，第 360 页（10 月 4 日的信件）。

54. 特别参见 Soubrany, *Dix–neuf lettres*，第 18—19 页（1793 年 1 月 15 日的信件）；Lebas in Buchez and Roux，*Histoire parlementaire*，卷 35 第 335 页（2 月 19 日的信件）。

55. Thompson, *French Revolution*，第 353 页。同时参见 Gillet, "Lettres du conventionnel," 第 245—246 页（1792 年 9 月 25 日的信件）；以及 Corbel, "Correspondance," 12 月 28 日的信件。卢韦已经在 1792 年春天关于战争的辩论中野蛮地攻击过罗伯斯庇尔了。参见 Linton, *Choosing Terror*，第 120 页。

56. 罗伯斯庇尔致自己选区的第一封信收录于 Lefebvre, *Convention*，卷 1 第 63 页；以及 Pinet, "Correspondance," 1792 年 12 月 23 日的信件。同时参见 Jullien, "Correspondance," 12 月 24 日的信件。

57. 参见 Couppé in “Correspondance des députés des Côtes-du-Nord”, 30（1892），第 117 页（1792 年 10 月 2 日的信件）；Corbel, “Correspondance,” 1793 年 1 月 6 日的信件；Jullien, “Correspondance,” 1793 年 1 月 8 日的信件。

58. Durand de Maillane, *Histoire*，第 37 页；以及 Pinet, “Correspondance,” 1793 年 1 月 8 日的信件。

59. 从 25 名通信得以留存至今的国民公会成员的信件中，可以发现，19 名成员最初反对罗伯斯庇尔和山岳派（其中 8 人未来将成为吉伦特派成员，8 人将成为山岳派成员，3 人来自平原派），2 名支持他们（都来自山岳派），以及 3 人保持了相对中立（1 人来自平原派，2 人来自山岳派）。派系构成参照 Patrick, *First French Republic*，附录 4，第 340—358 页。

60. 截止到 1793 年 1 月的国民公会成员名单还原自 *AP*，卷 52—56。在第一届制宪委员会的 9 名成员当中，6 名来自吉伦特派“核心集团”[布里索、佩蒂翁、韦尼奥、让索内、孔多塞和潘恩（Paine）]，只有丹东来自山岳派。其他两名成员，巴雷尔和西耶斯神父尚未加入以上两个派别。

61. 未能辨别身份的代表于 1792 年 10 月 31 日的发言，引自 Buchez and Roux，*Histoire parlementaire*，卷 19 第 458 页。同时参见 Gillet, “Lettres du conventionnel,” 第 256—257 页（12 月 10 日）；以及 Dubreuil-Chambardel, *Lettres parisiennes*，第 85 页（12 月 21 的信件）。

62. Vinet, “Lettres du conventionnel,” 第 63 页（1793 年 1 月 22 日的信件）；Badinter in Furet and Ozouf, *La Gironde*，第 358—360 页；Condorcet, *Chronique de Paris*（1 月 2 日和 8 日号）；Durand de Maillane, *Histoire de la Convention nationale*，第 37—38 页。

63. Brissot, *Correspondance et papiers*，第 314 页（1792 年 11 月 28 日的信件）。

64. 特别参见 Jordan, *King's Trial*，第 79—100 页。

65. 在高缇耶的信件中，国王第一次被提到是在 1792 年 10 月 17 日 [参见 Tempier, “Correspondance des deputes”（1892），第 124 页]；同时参考 Pinet, “Correspondance,” 1792 年 10 月 23 日的信件。

66. *AP*，卷 53 第 275—282 页。

67. 关于本段和后续段落，参见 *AP*，卷 54 第 88—337 页；Patrick, *First French Republic*，第 39—54 页；以及 D. Edelstein, *Terror of Natural Right*，尤其是第 146—155 页。

68. Pinet, “Correspondance,” 1792 年 11 月 21 日的信件。

69. 一个有些许区别的分析，参见 D. Edelstein, *Terror of Natural Right*，尤其是第 146—154 页。

70. Guittard, *Journal*，第 204 页（1792 年 12 月 7 日的纪事）。“啊，这种诚实在地球上是罕见的”，卢谢神父哀叹道，见 “Lettres,” 11 月 30 日的信件。同时参见 Blad, “Correspondance,” 12 月 8 日的信件。

71. Blad, “Correspondance,” 1792 年 12 月 8 日的信件。同时参见 Blad, 11 月 24 日的信件；Couthon, *Correspondance inédite*，第 208 页（11 月 24 日的信件）；以及 Monestier, “Lettres,” 12 月 28 日的信件。

72. *AP*，卷 52 第 89 页、第 161 页、第 205 页。

73. 在 12 月准备和发表的 102 场演讲中，“魔鬼”（monster）一词的使用次数，是根据对电子版 *AP* 的内容检索得出的：*AP*，卷 54 第 88—337 页。值得一提的是，“法外之徒”（*hors-la-loi*）一词在这些演说中仅被使用了一次。

74. 根据圣 - 马丁的说法，最后一次投票是全体通过的：“L’année 1792,” 第 49 页（1792 年 12 月 3 日的信件，错记为 10 月 3 日）。同时参见 Patrick, *First French Republic*，第 47—54 页。

75. 参见 *AP*，卷 54 第 740—747 页、卷 55 第 7—15 页、卷 57 第 377 页；Jordan, *King's Trial*，第 106—115 页。

76. Blad, “Correspondance,” 1792 年 12 月 12 日的信件；Monestier, “Lettres,” 12 月 13 日的信件；Couthon, *Correspondance inédite*，第 210 页（12 月 13 日的信件）；Roubaud, “Lettres,” 第 156（12 月 13 日的信件）。同时参见 Pinet, “Correspondance,” 12 月 12 日的信件。

77. *AP*，卷 55 第 15 页；以及 Blad, “Correspondance,” 1792 年 12 月 12 日的信件。

78. 特别参见 Jordan, *King's Trial*，第 126—140 页。

79. *AP*，卷 52 第 526 页以及 Jordan, *King's Trial*，第 144 页。这一提议在迈勒于 1792 年 11 月 7 日的报告中被提到，但被否决。同时参见吉伦特派同情者阿尔布伊（Albouys）于 12 月 3 日的演讲：*AP*，卷 53 第 281 页和卷 54 第 88—90 页。

80. 自 12 月 27 日至 1 月 2 日，好几位吉伦特派对“由人民来审判”表示支持。卢韦、加代和朗热内还在 1 月 7 日前后出版了小册子来支持这一诉求：参见 *AP*，卷 55 第 713—722 页、卷 56 多处注释，以及卷 57 第 77 页。另外，关于本段和后续段落，参见 Patrick, *First French Republic*，第 55—65 页；以及 Jordan, *King's Trial*，第 144—160 页。

81. 反对这一提案的演讲在 12 月 27 日和 1 月 4 日发表：*AP*，卷 55 第 706—710 页；以及卷 56 多处注释。马拉反对这一提案的演讲稿被发表，但没有公开讲演：*AP*，卷 56 第 490—498 页。同时参见 Patrick, *First French Republic*，第 62—63 页；Pinet, "Correspondance," 1792 年 12 月 30 日的信件；Jeanbon, *RH,* 30（1896），第 462—463 页（1793 年 1 月 2 日的信件）；Monestier, "Lettres," 1 月 3 日的信件；Couthon, *Correspondance inédite*，第 212 页（1 月 5 日的信件）；以及 Soubrany, *Dix-neuf lettres*，第 20 页（1 月 15 日的信件）。

82. *AP*，卷 55 第 724—725 页；Gaultier in "Correspondance des députés des Côtes-du-Nord"，30（1892），第 149—151 页（1792 年 12 月 4 日和 8 日的信件）；Monestier, "Lettres," 1792 年 12 月 28 日的信件；以及 Dubreuil-Chambardel, *Lettres parisiennes*，第 91 页（1793 年 1 月 15 日的信件）。同时参见 Saint-Prix in Humbert de Soubeyran de Saint-Prix，"Hector de Soubeyran," 第 66 页（1792 年 12 月 3 日的信件）。关于持枪械的代表们，参见 Blad, "Correspondance," 1793 年 1 月 23 日的信件；以及 Vergniaud, *Vergniaud, manuscrits, lettres, et papiers*，卷 1 第 167 页（1793 年 1 月末的信件）。

83. *AP*，卷 56 第 168—170 页、第 181—186 页；Lefebvre, *Convention*，卷 1 第 198 页；Patrick, *First French Republic*，第 61 页；Monestier, "Correspondance," 1 月 8 日的信件。吉伦特派的同情者迈兰相信他们潜在有保留君主制的想法：Durand de Maillane, *Histoire de la Convention nationale*，第 45 页。

84. Stamaty, *Lettres*（1872）, 1793 年 1 月 3 日的信件；Mareux, *Une famille de la bourgeoisie*，第 329 页（1792 年 12 月 18 日的信件）。同时参见 Colson, "Correspondance," 1793 年 1 月 16 日和 18 日的信件。

85. *AP*，卷 56 第 72—73 页。

86. Dubreuil-Chambardel, *Lettres parisiennes*，第 88 页（1792 年 12 月 29 日的信件）。同时参见 Blad, "Correspondance," 1793 年 1 月早期未注明日期的信件。

87. Monestier, "Correspondance," 1793 年 1 月 8 日的信件；Cavaignac in Sol，*La Révolution en Quercy*，卷 2 第 392 页（1 月未注明日期的信件）；以及 Patrick, *First French Republic*，第 89 页。

88. Pinet, "Correspondance," 1793 年 1 月 16 日的信件；*AP*，卷 57 第 106—112 页；Patrick, *First French Republic*，第 99 页；Jordan, *King's Trial*，第 168—177 页。下书中被作者划分吉伦特派的代表中，有近 3/4 的代表会赞成这一措施，但少于 2% 的山岳派代表会投

赞成票：Patrick, *First French Republic*，第 93 页。

89. 特别参见 *AP* 里白纸黑字写明的观点：卷 57 第 112—326 页和第 342—407 页。

90. 在 721 位代表宣告主张和阐述理由的过程中，"魔鬼"一词仅被提到了 14 次。"法外之徒"一词从未被使用；"人民的权利"（droit des gens）被 6 名代表使用了 10 次：对电子版 *AP* 的内容检索，卷 57 第 112—326 页和第 342—407 页。另外请比较参考 D. Edelstein, *Terror of Natural Right*，尤其是第三章。

91. *AP*，卷 57 第 366 页、第 378 页、第 391 页和第 406 页。

92. *AP*，卷 57 第 342 页和第 384 页；Lebas in Stefane-Pol, *Autour de Robespierre*，第 47 页（1793 年 1 月 21 日的信件）；Mercier, *Le nouveau Paris,*（1994），第 319 页。同时参见 Boyer-Fontfrède, AD Gironde, 1 月 19 日的信件；以及 Saint-Martin, "L'année 1792," 第 35 页（1 月 24 日的信件）。

93. Patrick, *First French Republic*， 第 101—105 页；Jordan, *King's Trial*， 第 239—248 页；*AP*，卷 57 第 415 页和第 428 页。

94. 关于处决，可参见 Guittard, *Journal*，第 219 页（1793 年 1 月 21 日的纪事）；Jordan, *King's Trial*，第 208—221 页；以及 Vaissière, *Mort du roi*，第 103—129 页。

95. 特别参见 Vaissière, *Mort du roi*，第 118—126 页；Mercier, *Le nouveau Paris*（1994），第 323—325 页；Monestier, "Correspondance," 1793 年 1 月 29 日的信件。

96. Mercier, *Le nouveau Paris*（1994），第 323—324 页；Stamaty, *Lettres*, 1793 年 1 月 20 日和 24 日的信件；Colson, "Correspondance," 1 月 23 日的信件。同时参见 Guittard, *Journal*，第 219 页（1 月 21 日的纪事）；以及 Roubaud, "Lettres," 第 164 页（1 月 22 日的信件）。

97. Roubaud, "Lettres," 第 159 页（1792 年 12 月 29 日的信件）。比较参考 Colson, "Correspondance," 12 月 30 日的信件。

98. Hunt, *Family Romance*，尤其是第二章和第三章。

99. *AP*，卷 57 第 384 页；Farge, *La vie fragile*，第 209 页。同时参见 Hunt, *Family Romance*，尤其是第 53—64 页。

100. Mercier, *Le nouveau Paris,*（1994），第 326 页。同时参见 Saint-Prix in Humbert de Soubeyran de Saint-Prix, "Hector de Soubeyran de Saint-Prix," 第 67 页（1793 年 1 月 21 日的信件）；以及 D. Edelstein, *Terror of Natural Right*，尤其是第 17—25 页和第 140—142 页。

101. *AP*，卷 57 第 516 页和第 527 页；以及 Guittard, *Journal*，第 220 页（1 月 24 日的纪事）。

102. *AP*，卷 57 第 519—520 页；Condorcet in *Chronique de Paris*（1793 年 1 月 23 日号）。同时参见 Saint–Prix in Humbert de Soubeyran de Saint–Prix，“Hector de Soubeyran de Saint–Prix,” 第 66 页（12 月 3 日的信件）；Blad, “Correspondance,” 12 月 10 日的信件；以及 Patrick, *First French Republic*，第 98 页。

103. Guittard, *Journal*，第 220 页（1793 年 1 月 24 日的纪事）；*Révolutions de Paris*（1 月 19 日至 26 日号）；Couthon, *Correspondance inédite*，第 213 页（1 月 26 日的信件）。同时参见 Monestier, “Correspondance,” 1 月 29 日的信件；以及 Blad, “Correspondance,” 1 月 26 日的信件。

104. *AP*，卷 57 第 516 页；Lebas in Stefane–Pol，*Autour de Robespierre*，卷 35 第 333 页（1 月 21 日的信件）。同时参见 Louchet, “Lettres,” 1 月 22 日的信件；以及 Durand de Maillane, *Histoire*，第 56 页。

第十章

1. Vinet, “Lettres du conventionnel,” 第 66 页（1793 年 2 月 25 日的信件）；Lebas in Stefane–Pol，*Autour de Robespierre*，第 52 页（1793 年 4 月 21 日的信件）；P.–J.–L. Campmas, “Un conventionnel régicide,” 第 213 页和第 247 页（1792 年 11 月 21 日和 1793 年 3 月 23 日的信件）；以及 Romme in Galante–Garrone，*Gilbert Romme*，第 444 页（1793 年 2 月 28 日的信件）。

2. Brissot, *Patriote français*（1789 年 10 月 7 日号）；P.–J.–L. Campmas, “Un conventionnel régicide,” 第 247 页（1792 年 12 月 23 日的信件）；Ruault, *Gazette d'un Parisien*，第 317 页（1792 年 10 月 18 日的信件）。

3. Aulard, *Etudes*，卷 3 第 25—33 页；Soboul, *Les sans–culottes*，第 655—657 页；McPhee, *Robespierre*，第 161 页；M. Robespierre, *Oeuvres*，卷 1 第 160 页（1793 年 2 月 15 日的信件）；以及 *AP*，卷 59 第 277 页和卷 65 第 492 页。在 11 月 12 日致朋友的信件中，沙戎第一次将称呼从“您”改为了“你”。“你”这一称呼几乎从未在制宪议会中使用过。

4. Ruault, *Gazette d'un Parisien*，第 324 页（1793 年 2 月 6 日的信件）。同时参见 Jullien, “Correspondance,” 3 月 14 日的信件。

5. 可参见 Mercier, *Le nouveau Paris*（1994），第 326—327 页；以及 Bancal, *Le conventionnel Bancal*，第 273—274 页（1793 年 3 月 30 日的信件）。

6. *AP*，卷 57—61，多处注释。这一时期，总共有 15 名山岳派成员被提拔为公会官员，而只有 7 名吉伦特派成员和 2 名平原派成员被提拔。

7. 可参见 *Révolutions de Paris*（1793 年 2 月 16 日至 23 日号）；Pinet, "Correspondance," 2 月 20 日的信件；Blad, "Correspondance," 2 月末未注明日期的信件。

8. Jullien, "Correspondance," 1793 年 2 月 2 日的信件。同时参见 Ruault, *Gazette d'un Parisien*，第 327 页（2 月 6 日的信件）；以及 Monestier, BN, 2 月 2 日的信件。

9. Blanning, *Origins of the French Revolutionary Wars*，第 131—163 页；Sorel, *L'Europe et la Révolution*，卷 3 第 271—276 页；Lefebvre, *Convention*，卷 1 第 225—227 页。

10. *AP*，卷 56 第 114—116 页；卷 57 第 23—24 页。

11. *AP*，卷 58 第 112—114 页、第 119—122 页。被认为是侮辱了共和国的行为，对于宣战决定的最后做出有重要影响，参见 Pinet, "Correspondance," 1793 年 2 月 1 日的信件。

12. Couthon, *Correspondance inédite*，第 218 页和第 223 页（1793 年 2 月 7 日和 3 月 5 日的信件）；Bancal, *Le conventionnel Bancal*，第 259 页（2 月 21 日的信件）；Boyer-Fonfrède, AD Gironde, 1 月 19 日和 2 月 2 日的信件。同时参见 Monestier, BN, 2 月 7 日的信件；Dubreuil-Chambardel, *Lettres parisiennes*，第 95 页（3 月 5 日的信件）；以及 Blad, "Correspondance," 3 月 2 日的信件。在军事改革的辩论中，雅各宾派成员迪布瓦 – 克朗塞和吉伦特派成员伊斯纳尔都认同建立"无敌的法国军队"的观点：*AP*，卷 59 第 66 页。在山岳派领导层中，罗伯斯庇尔、科洛、丹东和卡诺也都表示强烈赞同：Lefebvre, *Convention*，卷 1 第 239—242 页。

13. 可参见 *AP*，卷 59 第 570—571 页、第 602—603 页和第 648—649 页；以及 Sorel, *L'Europe et la Révolution*，卷 3 第 312 页。

14. Pinet, "Correspondance," 1793 年 3 月 2 日的信件；以及 Monestier, "Correspondance," 3 月 2 日的信件。同时参见 Couthon, *Correspondance inédite*，第 222 页（3 月 5 日的信件）。

15. *AP*，卷 59 第 686—691 页。

16. Pinet, "Correspondance," 1793 年 2 月 24 日的信件。

17. Blad, "Correspondance," 1793 年 2 月 20 日的信件；*Les Révolutions de Paris*（2 月 16 日至 23 日号）。同时参见 Vinet, "Lettres du conventionnel," 第 66 页（2 月 25 日的信件）。

18. Burstin, *Une Révolution*，第 510 页。

19. 关于本段和后续段落，特别参见 Burstin, *L'invention du sansculotte*；以及 *Une Révolution*，

第 510 页、第 514 页、第 522 页、第 527 页、第 545 页和第 585 页。关于八字胡，参见 Slavin, *Insurrection*，第 115 页；Sutherland, *Murder in Aubagne*，第 146 页；以及 Baumont, *Le département de l'Oise*，第 302 页。

20. Jullien, "Correspondance," 1793 年 4 月 29 日的信件。可与她丈夫的信件做对照，Marc-Antoine Jullien, "Correspondance," 致其子的信件，1792 年 12 月 15 日。同时参见罗伯斯庇尔于 5 月 8 日进行的演讲，引自 Lefebvre, *Convention*，卷 2 第 140 页。

21. 引自 Burstin, *Une Révolution*，第 576 页。同时参见肖梅特于 2 月 27 日进行的演讲，引自 Lefebvre, *Convention*，卷 1 第 288 页。

22. Guittard, *Journal*，第 235 页（1793 年 3 月 17 日的纪事）。

23. 关于法国大革命中妇女权利的总体争论，参见本书第三章，注释第 66。

24. Guittard, *Journal*，第 228—229 页（1793 年 2 月 25 日的纪事）。以及 Rudé, *Crowd*，第 114—117 页；Lefebvre, *Convention*，卷 1 第 283—287 页；Burstin, *Une Révolution*，第 531—533 页；Godineau, *Citoyennes et tricoteuses*，第 126—127 页。

25. Godineau, *Citoyennes et tricoteuses*，第 129 页；Burstin, *Une Révolution*，第 564 页和第 566 页；Garrioch, *Bourgeosie*，第 179—181 页。

26. Guittard, *Journal*，第 251 页和第 262 页（1793 年 5 月 28 日和 7 月 4 日的纪事）；Godineau, *Citoyennes et tricoteuses*，第 129—135 页。

27. Jullien, "Correspondance," 1793 年 5 月 2 日的信件。关于朱利安在 1793—1794 年间活动的全部论述，参见 L. Parker, *Writing the Revolution*，尤其是第五章。

28. Jullien, "Correspondance," 1793 年 4 月 29 日的信件。

29. *AP*，卷 52 第 209 页［1792 年 9 月 28 日的"处置"（Règlement）］；以及卷 58 第 113 页；Monestier, "Correspondance," 1793 年 2 月 2 日的信件。

30. Blad, "Correspondance," 1793 年 4 月 15 日的信件。同时参见 Jullien, "Correspondance," 5 月 2 日的信件。

31. Blad, "Correspondance," 1793 年 5 月 10 日的信件；Jullien, "Correspondance," 5 月 14 日的信件；Godineau, *Citoyennes et tricoteuses*，第 134—135 页。同时参见 *AP*，卷 64 第 614—615 页。

32. Jullien, "Correspondance," 1793 年 5 月 2 日、6 月 11 日的信件。

33. 例如，Jullien, "Correspondance," 3 月 14 日的信件；以及 Colson, "Correspondance," 1793

年 3 月 30 日的信件。关于在公会大厅内的游行集会，可参见 *AP*，卷 60 第 5—8 页。

34. Ruault, *Gazette d'un Parisien*，第 332 页（1793 年 5 月 16 日的信件）；Jullien, "Correspondance," 3 月 10 日、5 月 5 日和 5 月 9 日的信件；以及 *AP*，卷 60 第 1—3 页。

35. 可参见 Markoff, *Abolition of Feudalism*，第 276 页；Jolivet, *La Révolution dans l'Ardèche*，第 395 页；Fleury, *La ville et le district de Mamers*，卷 1 第 158—164 页；Arnaud, *Histoire de la Révolution*，第 362—366 页。

36. 可参见 Pommeret, *L'esprit politique*，第 188—189 页；Jolivet, *La Révolution dans l'Ardèche*，第 397—401 页；Girardot, *Le département de la Haute-Saône*，卷 2 第 202 页。关于管理人员采取的单方面措施的地区分布，参见 Tackett, *Religion*，第 277 页；以及 "The West in France," 第 740—743 页。

37. Dupuy, *Garde nationale*，第 197—217 页。

38. Chassin, *Préparation*，卷 3 第 213 页（1793 年 1 月 24 日的信件）。

39. 参见 Markoff, *Abolition of Feudalism*，第 286 页和第 300 页：作者没有将征兵暴动单独划为一类，而是将其划为"反革命事件"（第 256—258 页）。整个 1793 年春季，尤其是在 3 月，此类事件的发生频率达到了大革命前五年的最高值。

40. Bertaud, *Army of the Revolution*，第 94—96 页；Forrest, *Conscripts*，第 23—25 页；Sol, *La Révolution en Quercy*，卷 2 第 442 页。

41. Blad, "Correspondance," 1793 年 3 月 25 日的信件。同时参见 Arnaud, *Histoire de la Révolution*，第 388—389 页、第 409—416 页；Baumont, *Le département de l'Oise*，第 232—234 页；Boutier, *Campagnes en émoi*，第 212—213 页；Pommeret, *L'esprit politique*，第 165—168 页；Girardot, *Le département de la Haute-Saône*，卷 2 第 206 页和第 214 页。

42. Chassin, *Vendée patriote*，第 17 页［乔利（Jolly）的来信，1793 年 3 月 24 日］。历史学家保罗·博伊斯（Paul Bois）曾写过长期积累下来的悲恸和愤怒的"价值"：引自 Martin, *Vendée*，第 77 页。

43. 特别参见 *AP*，卷 60 第 335—704 页，多处注释。同时参见 Chassin, *Préparation*，卷 3 第 378 页和第 387 页；Lefebvre, *Convention*，卷 1 第 258—259 页；Martin, *Vendée*，第 28 页、第 45—46 页和 *Contre-Révolution*，第 160—161 页。

44. 特别参见 *AP*，卷 60 第 558—560 页和第 590—594 页。以及 Chassin, *Préparation*，卷 3 第 387 页。

45. Lefebvre, *Convention*，卷 2 第 53 页。

46. 关于本段和后续段落，参见 Lefebvre, *Convention*，卷 2 第 49 页；Martin, *La Vendée*，第 164 页；Sutherland, *Chouans*；以及 Tackett, "The West in France"。

47. 关于马歇神父，参见 Lebrun, *Parole de Dieu et Révolution*；同时参见弗朗索瓦·谢瓦里神父的回忆录，引自 Chassin, *Préparation*，卷 3 第 333—335 页。

48. Chassin, *Préparation*，第 358 页；Lebrun, *Parole de Dieu et Révolution*，第 105—106 页；Martin, *Vendée*，第 73 页和第 82—84 页；Tackett, "The West in France"。

49. Chassin, *Vendée patriote*，第 17 页。

50. Chassin, *Préparation*，卷 3 第 333—334 页，以及作为扩展阅读的第 315—318 页、第 340—345 页和第 350 页；Chassin, *Vendée patriote*，第 5 页和第 15 页；Lefebvre, *Convention*，卷 2 第 58—60 页；Martin, *Vendée*，第 34 页。

51. 关于斗争双方社会关系的崩溃，参见 Petitfrère, *Blancs et bleus d'Anjou*，尤其是第 1352—1353 页。

52. 可参见 Chassin, *Préparation*，卷 3 第 359—360 页和第 504—506 页；以及 *Vendée patriote*，第 16—17 页。

53. Chassin, *Vendée patriote*，第 28 页。

54. Chassin, *Préparation*，卷 3 第 334 页和第 386 页。

55. 参见 *AP*，卷 60 第 719—720 页（临时执行委员会于 1793 年 3 月 30 日发布的声明）；Martin, *Vendée*，第 43—46 页；Corbel, "Correspondance," 3 月 30 日的信件；以及 Chaillon, "Correspondance," 3 月 25 日的信件。

56. 特别参见 Martin, *Vendée*，第一章。

57. Sorel, *L'Europe et la Révolution*，卷 3 第 282—287 页；以及 Lefebvre, *Convention*，卷 1 第 143—146 页、第 159—175 页、第 244 页、第 251—252 页和第 316 页。

58. Sorel, *L'Europe et la Révolution*，卷 3 第 337—339 页和第 347—349 页；Lefebvre, *Convention*，卷 1 第 290—293 页、第 326—327 页和第 353—354 页；以及 Blanning, *French Revolutionary Wars*，第 88—106 页。

59. 特别参见 Blad, "Correspondance," 1793 年 3 月 9 日的信件；以及 *AP*，卷 59 第 621—623 页、第 634—635 页、第 667 页、第 673 页、第 677 页和第 686—691 页。

60. Pinet, "Correspondance," 1793 年 3 月 10 日的信件；以及 Boyer-Fonfrède, AD Gironde, 3

月 9 日的信件。同时参见 Monestier, “Correspondance,” 3 月 9 日的信件。

61. *AP*，卷 60 第 294—295 页。

62. Chaillon, “Correspondance,” 1793 年 3 月 26 日的信件；Dubreuil-Chambardel, *Lettres parisiennes*，第 110 页（5 月 18 日的信件）；P.-J.-L. Campmas, “Un conventionnel régicide,” 第 251 页（5 月 12 日的信件）。同时参见 Guittard, *Journal*，第 236—337 页（3 月 19 日的纪事）；Pinet, “Correspondance,” 3 月 29 日的信件；以及 Louchet, “Lettres,” 5 月 14 日的信件。

63. 参见 Pinet, “Correspondance,” 1793 年 3 月 20 日的信件；Bancal, *Le conventionnel Bancal*，第 268 页（3 月 19 日的信件）。

64. Pinet, “Correspondance,” 1793 年 3 月 13 日的信件；以及 Gillet, “Lettres du conventionnel,” 第 531—533 页（3 月 18 日的信件）。同时参见 Bancal, *Le conventionnel Bancal*，第 261 页（3 月 13 日的信件）；Boyer-Fonfrède AD Gironde, 3 月 19 日的信件；以及 *Révolutions de Paris*（3 月 16 日至 23 日号）。

65. Pinet, “Correspondance,” 1793 年 3 月 13 日的信件。同时参见 *AP*，卷 60 第 122 页；Bancal, *Le conventionnel Bancal*，第 264 页（3 月 14 日的信件）；Dyzèz, “Lettres,” 第 211—212 页（3 月 26 日的信件）；以及 Vergniaud，*AP*，卷 60 第 162 页（3 月 13 日）。

66. Pinet, “Correspondance,” 1793 年 3 月 29 日的信件；以及 Lefebvre, *Convention*，卷 1 第 316—317 页和第 346—353 页。

67. Blad, “Correspondance,” 约为 1793 年 4 月 3 日的信件，具体日期未注明；以及 Pinet, “Correspondance,” 4 月 3 日的信件。同时参见 Dubreuil-Chambardel, *Lettres parisiennes*，第 103 页（4 月 6 日的信件）；以及 Louchet, “Lettres,” 4 月 2 日的信件。

68. Colson, “Correspondance,” 1793 年 4 月 3 日的信件；以及 *Révolutions de Paris*（3 月 23 日至 30 日号）。同时参见 Guittard, *Journal*，第 238 页（3 月 28 日的纪事）；Blad, “Correspondance,” 3 月 29 日的信件；以及 Pinet, “Correspondance,” 3 月 29 日的信件。

69. Biard, *Missionnaires*，第 32—47 页和第 248—249 页；以及 *AP*，卷 60 第 9—10 页和卷 61 第 306 页。

70. Biard, *Missionnaires*，第 48—54 页。两位来自克莱蒙—费朗的山岳派成员对派出大量“自己党派”的成员是否明智存在不同看法：参见 Monestier, “Correspondance,” 1793 年 2 月 23 日的信件；以及 Couthon, *Correspondance inédite*，第 222 页（2 月 26 日的信件）。

71. 特别参见 Pinet, “Correspondance,” 1793 年 3 月 10 日的信件；Guittard, *Journal*，第 233 页（3

月 8 日的纪事）；Jullien, "Correspondance," 3 月 10 日的信件；*AP*，卷 59 第 718—722 页，卷 60 第 1—5 页、第 62—70 页和第 95—96 页。同时参见 Wahnich, *La liberté ou la mort*，第 59—63 页。

72. *AP*，卷 60 第 290—298 页。

73. Louchet, "Lettres," 1793 年 3 月 19 日的信件。同时参见 Bancal, *Le conventionnel Bancal*，第 269 页（3 月 19 日的信件）；Pinet, "Correspondance," 3 月 24 日的信件；Gillet, "Lettres du conventionnel," 第 531—533 页（3 月 18 日的信件）；以及 *Révolutions de Paris* 中的叙述（3 月 16 日至 23 日号）。

74. *AP*，卷 60 第 386—390 页；Burstin, *Une Révolution*，第 546—548 页。同时参见 Boyer-Fonfrède, AD Gironde, 1793 年 3 月 19 日的信件；Bancal, *Le conventionnel Bancal*，第 270 页（3 月 21 日的信件）；以及 Serge Aberdam in Pingué and Rothiot，*Les comités de surveillance*，第 13—26 页。

75. *AP*，卷 61 第 63 页。同时参见 Dubreuil-Chambardel, *Lettres parisiennes*，第 105 页（1793 年 4 月 15 日的信件）；以及 Dyzèz, "Lettres," 第 214 页（4 月 23 日的信件）。

76. Bancal, *Le conventionnel Bancal*，第 262 页（1793 年 3 月 13 日的信件）；*AP*，卷 60 第 290 页；Lefebvre, *Convention*，卷 1 第 305 页和第 331—333 页。

77. Gillet, "Lettres du conventionnel," 第 149—150 页（1793 年 4 月 7 日的信件）；以及 *AP*，卷 61 第 378 页和第 396—397 页；Lefebvre, *Convention*，卷 1 第 359—360 页。

78. *AP*，卷 61 第 271—275 页；Lefebvre, *Convention*，卷 1 第 357 页、卷 2 第 3 页和第 6—9 页。同时参见 Augustin Robespierre in *Oeuvres de Maximilien Robespierre*，卷 1 第 163—165 页（1793 年 4 月 10 日和 22 日的信件）；Couthon, *Correspondance inédite*，第 232—233 页（5 月 18 日的信件）；Levasseur, *Mémoires*，卷 1 第 250 页；以及 Jullien, "Correspondance," 3 月 12 日和 4 月 16 日的信件。

79. *AP*，卷 61 第 63 页和第 549 页。

80. 参见 *AP*，卷 62—64，多处注释。于 3 月中旬派驻外地的山岳派成员大多数将会在 4 月末被召回，但在 5 月才会回到公会：参见 Biard, *Missionnaires*，第 45 页和第 404—407 页。

81. Louchet, "Lettres," 1793 年 5 月 6 日的信件。同时参见勒巴的叙述，引自 Buchez and Roux, *Histoire parlementaire*，卷 35 第 338 页（4 月 21 日的信件）；以及 Jullien, "Correspondance," 5 月 23 日的信件。

82. Lefebvre, *Convention*，卷 2 第 135 页。同时参见 Boyer-Fonfrède, AD Gironde, 1793 年 5 月 7 日和 15 日寄往波尔多的信件。

83. Slavin, *Insurrection*，第 15—16 页。

84. *Patriote français*（1793 年 5 月 10 日和 16 日号）。

85. 据说，起诉书的表决被安排在一个突然召集的夜间会议中，许多身在巴黎的山岳派成员都未能出席：Pinet, "Correspondance," 1793 年 4 月 17 日的信件；以及 Gillet, "Lettres du conventionnel," 第 166—167 页（4 月 28 日的信件）。

86. 特别参见 Gillet, "Lettres du conventionnel," 第 164 页（1793 年 4 月 26 日的信件）；Jullien, "Correspondance," 4 月 25 日的信件；Pinet, "Correspondance," 4 月 28 日的信件；以及 Ruault, *Gazette d'un Parisien*，第 331 页（4 月 30 日的信件）。

87. Ruault, *Gazette d'un Parisien*，第 330 页（1793 年 4 月 30 日的信件）；以及 Dubreuil-Chambardel, *Lettres parisiennes*，第 107 页（4 月 22 日的信件）。同时参见 Louchet, "Lettres," 5 月 6 日的信件；以及 *AP*，卷 64 第 152—153 页。

88. Lefebvre, *Convention*，卷 1 第 206 页；Burstin, *Une Révolution*，第 545—546 页。同时参见 Barbaroux, *Correspondance et mémoires*，第 347—348 页（1793 年 3 月 14 日的信件）；以及 Blad, "Correspondance," 4 月 10 日的信件。

89. Gillet, "Lettres du conventionnel," 第 172 页（1793 年 5 月 4 日的信件）；Guittard, *Journal*，第 243—244 页（4 月 18 日的纪事）；*Révolutions de Paris*（5 月 6 日至 13 日号）；Burstin, *Une Révolution*，第 565—566 页；以及 Godineau, *Citoyennes et tricoteuses*，第 134 页。

90. 只有 325 名代表在委员会成员的选举中投了票：*AP*，卷 65 第 138 页。同时参见 Monestier, 1793 年 5 月 29 日的信件；Louchet, "Lettres," 5 月 28 日的信件；Jullien, "Correspondance," 5 月 28 日的信件；Burstin, *Une Révolution*，第 570 页；以及 Godineau, *Citoyennes et tricoteuses*，第 136—137 页。

91. *AP*，卷 65 第 320 页。

92. Ruault, *Gazette d'un Parisien*，第 336 页（1793 年 5 月 30 日的信件）。同时参见 Guittard, *Journal*，第 251—252 页（5 月 28 日的纪事）；Jullien, "Correspondance," 5 月 28 日的信件；以及 Blad, "Correspondance," 5 月 29 日的信件。

93. Slavin, *Insurrection*，第 68—89 页；Lefebvre, *Convention*，卷 2 第 147—150 页和第 171—181 页；Burstin, *Une Révolution*，第 570—572 页；Godineau, *Citoyennes et tricoteuses*，第

137—138 页。

94. 参见 Jullien, "Correspondance," 1793 年 6 月 2 日的信件；以及 Garat, *Mémoires sur la Révolution*，第 112—113 页。

95. 关于本段和后续段落，参见 Lefebvre, *Convention*，卷 2 第 184—207 页，以及 Slavin, *Insurrection*，第 90—105 页。同时参见 Monestier, BN, 1793 年 5 月 29 日的信件；Jullien, "Correspondance," 6 月 2 日的信件；Ruault, *Gazette d'un Parisien*，第 336—337 页（6 月 5 日的信件）；Blad, "Correspondance," 6 月 1 日的信件；以及 *AP*，卷 65 第 638—658 页，尽管官方会议记录一定是有残缺的。

96. Guittard, *Journal*，第 253 页（1793 年 5 月 31 日的纪事）。同时参见 Dubreuil-Chambardel, *Lettres parisiennes*，第 111—112 页（6 月 1 日的信件）。

97. Blad, "Correspondance," 1793 年 6 月 1 日的信件。同时参见 Guittard, *Journal*，第 254 页（6 月 1 日的纪事）。

98. Wallon, *La révolution du 31 mai*，第 279 页；Lefebvre, *Convention*，卷 2 第 221 页；Slavin, *Insurrection*，第 111—112 页；Godineau, *Citoyennes et tricoteuses*，第 138 页。在吉伦特派领导层，已知的只有伊斯纳尔、兰瑟纳斯、朗热内、巴巴卢、丰腓德和韦尼奥出席：*AP*，卷 65 第 690—708 页。

99. 关于本段和后续内容，特别参见 Wallon, *La révolution du 31 mai*，第 278—287 页；Lefebvre, *Convention*，卷 2 第 216—229 页；Slavin, *Insurrection*，第 110—116 页；*Thermomètre du jour*（1793 年 6 月 4 日号）。*AP* 中的会议记录有较大程度的残缺。

100. Slavin, *Insurrection*，第 114 页；Boissy d'Anglas in Jolivet，*La Révolution dans l'Ardèche*，第 428 页（1793 年 6 月 3 日的信件）；以及 Garat, *Mémoires sur la Révolution*，第 141 页。

101. 最可靠的描述来自那些亲历了这一事件的人们：代表雅克・杜劳尔在 *Thermomètre du Jour* 中的叙述（1793 年 6 月 4 日号）；以及代表萨拉当和雅克・布里瓦尔的叙述：Buchez et Roux，*Histoire parlementaire*，卷 28 第 30—54 页和第 60—67 页。

102. Saladin in Buchez and Roux，*Histoire parlementaire*，卷 28 第 45 页。

103. Colson, "Correspondance," 1793 年 6 月 5 日的信件。

104. *Thermomètre du Jour*（1793 年 6 月 5 日号）；以及 Lefebvre, *Convention*，卷 2 第 228—229 页。同时参见 Pinet, "Correspondance," 6 月 5 日的信件；以及 Monestier, "Correspondance," 6 月 11 日的信件。

105. Mercier, *Le nouveau Paris*（1994），第 327 页。

106. Couthon, *Correspondance inédite*，第 227—228 页（1793 年 5 月 9 日的信件）；Petit, 5 月 27 日的信件，引自 Lefebvre, *Convention*，卷 2 第 32—33 页；Dubreuil–Chambardel, *Lettres parisiennes*，第 103 页（4 月 6 日的信件）。类似的论断，见 Monestier，"Correspondance," 2 月 26 日的信件；Pinet, "Correspondance," 3 月 29 日的信件；Boyer–Fonfrède, AD Gironde, 3 月 19 日的信件；以及 Louchet, "Lettres," 4 月 6 日的信件。

107. D. Edelstein，尤其是第 132—133 页。这里给出的"死亡恐怖"的一个根源和埃德尔斯坦所认为的根源有很大差异。

108. Monestier, "Correspondance," 1793 年 2 月 26 日的信件；Boyer–Fonfrède, AD Gironde, 3 月 28 日的信件；Corbel, "Correspondance," 3 月 17 日的信件；Carnot, 3 月 18 日的信件，引自 Lefebvre, *Convention*，卷 2 第 86 页。同时参见 Blad, "Correspondance," 4 月 1 日的信件。

109. *Révolutions de Paris*（1793 年 3 月 23 日至 30 日号）。可对照参考普鲁多姆出版于 1797 年的 *Histoire générale*。

第十一章

1. Dubreuil–Chambardel, *Lettres parisiennes*，第 114 页（1793 年 6 月 8 日的信件）。同时参见 Jullien, "Correspondance," 6 月 20 日的信件；以及 Pinet, "Correspondance," 6 月 14 日的信件。

2. Soboul, *Les san–sculottes*，第 60 页；Godineau, *Citoyennes et tricoteuses*，第 140—141 页；Couthon, *Correspondance inédite*，第 242 页（1793 年 6 月 27 日的信件）。

3. 可参见 Sutherland, *Murder in Aubagne*，第 148—150 页；Edmonds, " 'Federalism,' " 第 28—30 页和第 46 页；以及 Lucas, *Structure of the Terror*，第 48—50 页。

4. *AP*，卷 60 第 708—712 页（关于沙勒的报告）；Barbaroux, *Correspondance et mémoires*，例如第 364 页（1793 年 5 月 21 日的信件）；Vergniaud, *Vergniaud, manuscrits, lettres, et papiers*，卷 2 第 153 页（5 月 5 日的信件）；Forrest, *Revolutionary Bordeaux*，第 98—105 页；Hanson, *Jacobin Republic*，第 66—68 页。

5. Edmonds, *Jacobinism and the Revolt of Lyon*，第 187—190 页；Lucas, *Structure of the Terror*，第 36—38 页；W. Scott, *Revolutionary Marseilles*；Dubois, *Histoire*，卷 3 第 205—208 页。

6. Hanson, *Jacobin Republic*，第 63—65 页。同时参见 Lefebvre, *Gouvernement révolutionnaire*，第 26—42 页；以及 Edmonds, "'Federalism,'" 第 23—25 页和第 51 页。

7. Baumont, *Le département de l'Oise*，第 253—255 页；Brégail, "Le Gers pendant la Révolution," 32（1931），第 261—264 页；Dubois, *Histoire*，卷 3 第 198—201 页和第 282—283 页；Fleury, *La ville et le district de Mamers*，卷 1 第 186 页；Girardot, *Le département de la Haute-Saône*，卷 2 第 229—230 页；以及 Jolivet, *La Révolution dans l'Ardèche*，第 428—438 页。同时参见 Garat, *Mémoires*，第 144—145 页。

8. 关于逮捕出使各地代表的情况，参见 Forrest, *Revolutionary Bordeaux*，第 112—113 页；Biard, *Siège de Lyon*，第 10 页和第 19 页；以及 Hanson, *Jacobin Republic*，第 69 页。

9. Hanson, *Jacobin Republic*，第 74—76 页、第 87—89 页和第 93—95 页；以及 Garat, *Mémoires*，第 156—157 页。

10. Hanson, *Jacobin Republic*，第 68—72 页；*Provincial Politics*，第 115—156 页；以及 Corgne, *Pontivy*，第 301—304 页。

11. Forrest, *Revolutionary Bordeaux*，第 145—146 页。

12. 可参见 Jullien, "Correspondance," 1793 年 5 月 26 日的信件。

13. Forrest, *Revolutionary Bordeaux*，第 118—119 页、第 145—146 页以及第 167 页；Hanson, *Jacobin Republic*，第 71—72 页、第 76 页、第 88 页、第 90 页和第 95 页；Corgne, *Pontivy*，第 303—304 页；Dubois, *Histoire*，卷 3 第 209 页；Lucas, *Structure of the Terror*，第 38 页；以及 Sutherland, *Murder in Aubagne*，第 165—167 页。同时参见 Lefebvre, *Gouvernement révolutionnaire*，第 31—32 页和第 43 页。

14. Hanson, *Jacobin Republic*，第 68—72 页；以及 Forrest, *Revolutionary Bordeaux*，第 145—157 页。

15. Edmonds, *Revolt in Lyon*，尤其是结论部分，以及 "'Federalism' and Urban Revolt," 第 22—53 页。同时参见 W. Scott, *Revolutionary Marseilles*，第五章；以及 Crook, *Journées révolutionnaires*，第 71—82 页。

16. Jullien, "Correspondance," 1793 年 7 月 8 日的信件；以及 *AP*，卷 66 第 537 页。关于这场抵制活动，参见丰腓德于 6 月 2 日发布的声明：*AP*，卷 66 第 8 页。继 6 月 5 日写出他曾写过的篇幅最短的一封信之后，从 6 月 5 日到 7 月 20 日，布拉德没有写一封信。7 月 20 日，他宣告"再次拿起笔来写信"，才恢复了通信。75 名抗议者的名单详见 *AP*，卷 75 第 521 页。同时参见 Saint-Martin, “Journal,” 1794 年 8 月 2 日的纪事。

17. 参见 *AP*，卷 66—77，多处注释。从 1793 年 6 月至 9 月，通过选举担任主席的有丹东、罗伯斯庇尔、德布瓦、图里奥、塞舍尔、让邦以及比尤。从 1793 年 6 月 13 日至 10 月 22 日，29 名秘书中有 26 名来自山岳派，其余 3 名来自平原派。7 月 25 日的选举，是这段时间唯一一次所有人的投票情况均被记录下来的选举，参见 *AP*，卷 69 第 523—524 页。关于代表们的派系归属，参见 Patrick, *First French Republic*，第 340—357 页。

18. 参见 Gershoy, *Bertrand Barère*，尤其是第 113—115 页；以及 Palmer, *Twelve Who Ruled*，尤其是第 31 页。关于山岳派对 6 月 2 日事件的负面态度，参见 Levasseur, *Mémoires*，卷 1 第 266 页。

19. *AP*，卷 66 第 109—112 页。同时参见 Garat, *Mémoires*，第 141 页。据巴雷尔称，做人质的想法是丹东首先提出的：Barère, *Mémoires*，卷 2 第 94—96 页。

20. *AP*，卷 66 第 172 页。同时参见 Durand de Maillane, *Histoire*，第 131 页。

21. *AP*，卷 66 第 7 页；以及 Perroud, *La proscription*，第 43—44 页。同时参见 Dubreuil-Chambardel, *Lettres parisiennes*，第 114 页（1793 年 6 月 8 日的信件）；Saint-Martin, “Journal,” 1794 年 8 月 2 日的纪事；以及 Garat, *Mémoires*，第 142 页。

22. Couthon, *Correspondance inédite*，第 236 页和第 246 页（1793 年 6 月 20 日和 27 日的信件）。同时参见 Jullien, “Correspondance,” 7 月 16 日的信件；Garat, *Mémoires*，第 149 页；以及 Lefebvre, *Gouvernement révolutionnaire*，第 35—36 页。

23. Dubreuil-Chambardel, *Lettres parisiennes*，第 117 页（1793 年 6 月 15 日的信件）。同时参见 Soubrany, *Dix-neuf lettres*，第 21 页（7 月 9 日的信件）。

24. 1793 年宪法的正式印发版本只有 5 页半，而 1791 年宪法有 15 页：*AP*，卷 30 第 151—168 页；以及卷 67 第 143—150 页。

25. Taveau, “Lettres,” 1793 年 6 月 14 日的信件；Vinet, “Lettres du conventionnel,” 第 67—68 页（6 月 18 日的信件）；以及 Barbaroux, *Correspondance et mémoires*，第 375 页（6 月 13 日的信件）。同时参见非雅各宾派同情者和山岳派的关系：Besson, “Lettres inédites,” 第 144—145 页（6 月 12 日的信件）；以及弗朗索瓦 – 马里 · 莫罗（François-Marie Moreau）的叙述，引自 Lefebvre, *Gouvernement révolutionnaire*，第 8 页（6 月 4 日的信件）。

26. 帕特里克发现 95 名并不隶属于山岳派的代表在各委员会任职，以及另外 37 名非山岳派成员被派驻到外地。只有 119 名平原派代表从未担任过上述两类职务：*First French*

Republic，第 345—351 页。

27. Perroud, *La proscription*，第 58 页；以及 Mazeau, *Le bain de l'histoire*，第 38 页。

28. Hanson, *Jacobin Republic*，第 69—70 页和第 77—78 页；以及 Biard, *Le siège de Lyon*，第 16—17 页。

29. Dubreuil–Chambardel, *Lettres parisiennes*，第 121 页（1793 年 6 月 27 日的信件）。同时参见 Dyzèz, "Lettres," 第 217 页（6 月 13 日的信件）；Couthon, *Correspondance inédite*，第 241 页（6 月 25 日的信件）；Jullien, "Correspondance," 6 月 25 日和 30 日的信件；Ruault, *Gazette d'un Parisien*，第 339—340 页（6 月 11 日和 7 月 8 日的信件）；以及 Garat, *Mémoires*，第 146 页。

30. Mazeau, *Le bain de l'histoire*，尤其是第 214—223 页；Walter, *Tribunal révolutionnaire*，第 37—81 页。

31. Ruault, *Gazette d'un Parisien*，第 341—342 页（1793 年 7 月 26 日的信件）；以及 Mazeau, *Le bain de l'histoire*，第 82 页、第 88—89 页、第 94—95 页和第 104—108 页。

32. *AP*，卷 68 第 710 页和第 715—718 页；以及 Pinet, "Correspondance," 1793 年 7 月 14 日的信件。

33. *AP*，卷 69 第 20 页；Mazeau, *Le bain de l' histoire*，第 140—142 页；以及 Guittard, *Journal*，第 266 页和第 268 页（7 月 16 日和 28 日的纪事）。同时参见 Guilhaumou, *La mort de Marat*。

34. *AP*，卷 68 第 722—723 页以及卷 69 第 21—31 页。同时参见 Pinet, "Correspondance," 1793 年 7 月 17 日的信件；Jullien, "Correspondance," 7 月 16 日的信件；以及 Mazeau, *Le bain de l' histoire*，第 102—103 页、第 109 页、第 112—114 页和第 119 页。

35. *AP*，卷 69 第 631 页；以及 Mazeau, *Le bain de l'histoire*，第 38 页和第 106 页。

36. Reinhard, *Carnot*，第 376 页和第 382 页。

37. Pinet, "Correspondance," 1793 年 7 月 31 日、8 月 18 日的信件；以及 Couthon, *Correspondance inédite*，第 255 页（8 月 1 日的信件）。同时参见 Jullien, "Correspondance," 7 月 26 日和 28 日的信件。

38. *AP*，卷 68 第 513—514 页和第 521 页。

39. M. Robespierre in *Papiers inédits*，卷 2 第 14 页；Garat, *Mémoires*，第 53 页、第 56—58 页和第 154 页；以及 Barère, *Mémoires*，卷 2 第 115—116 页。关于罗伯斯庇尔笔记写成

的时间，参见 Lefebvre, *Gouvernement révolutionnaire*，第 81 页。同时参见罗伯斯庇尔在 8 月 12 日发表的演讲：*AP*，卷 72 第 103 页。

40. *AP*，卷 79 第 91—103 页。

41. Jullien, "Correspondance," 1793 年 6 月 20 日的信件；以及 *AP*，卷 73 第 411 页。同时参见 Burstin, *Une Révolution à l'oeuvre*，第 600—601 页以及第 610 页；以及 Palmer, *Twelve Who Ruled*，第 64—65 页。

42. Blad, "Correspondance," 1793 年 7 月 24 日的信件；Couthon, *Correspondance inédite*，第 254—255 页（7 月 25 日和 8 月 1 日的信件）；*AP*，卷 70 第 109 页；以及 Lefebvre, *Gouvernement révolutionnaire*，第 86 页。同时参见 Garat, *Mémoires*，第 156 页。

43. Mathiez, *La vie chère*，卷 1 第 239 页和第 266—269 页；Soboul, *Les sans-culottes*，第 92—101 页；Burstin, *Une Révolution*，第 610 页；以及 Mazeau, *Le bain de l'histoire*，第 138—139 页。

44. Godineau, *Citoyennes et tricoteuses*，第 147 页、第 154—159 页；以及 Soboul, *Les sans-culottes*，第 93—94 页、第 144 页、第 153—154 页以及第 226—228 页。

45. *AP*，卷 72 第 674 页；以及 Aberdam, "L'élargissement du droit de vote," 第 109 页。同时参见 Desan, *Family on Trial*，第 64—67 页。

46. Jullien, "Correspondance," 1793 年 7 月 7 日、21 日、26 日和 9 月 16 日的信件。同时参见 L. Parker, *Writing the Revolution*，第 103 页。

47. Burstin, *Une Révolution*，第 605 页。同时参见 Mathiez, *La vie chère*，卷 1 第 239 页和第 270—271 页；Lefebvre, *Gouvernement révolutionnaire*，第 21—22 页；Soboul, *Les sans-culottes*，第 58—64 页、第 92—103 页和第 225 页。

48. Aberdam, "Un aspect du référendum," 第 213—214 页。同时参见 M. Edelstein, *Birth of Electoral Democracy*，第 289—309 页。

49. *AP*，卷 67 第 557 页；Baticle, "Le plébisite," 57（1909）第 496—499 页、第 504 页；Woloch, *New Regime*，第 89 页；Aberdam, "Un aspect du référendum," 第 213—214 页。一小部分行政区的确对公会发表了"联合"批判：Baticle, "Le plébisite," 58（1910），第 195—196 页。同时参见 M. Edelstein, *Birth of Electoral Democracy*，第 298 页。

50. Baticle, "Le plébisite," 58（1910），第 27—30 页。关于在格勒诺布尔的庆祝活动，参见 Jullien, "Correspondance," 1793 年 7 月 21 日的信件。

51. Jullien, “Correspondance,” 1793 年 7 月 7 日和 8 日的信件。同时参见 Guittard, *Journal*, 第 262 页（7 月 4 日的纪事）; 以及 Pinet, “Correspondance,” 7 月 7 日的信件。

52. Mathiez, *La vie chère*，卷 1 第 293 页；Burstin, *Une Révolution*，第 597 页；Aberdam, “Un aspect du référendum,” 第 219—220 页；以及 Jullien, “Correspondance,” 1793 年 7 月 28 日的信件。

53. Pinet, “Correspondance,” 1793 年 8 月 11 日的信件；Blad, “Correspondance,” 8 月 12 日的信件；Guittard, *Journal*，第 271 页（8 月 10 日的纪事）; Aberdam, “Un aspect du référendum,” 第 214—215 页；以及 Ozouf, *La fête révolutionnaire*，第 99—100 页。

54. *AP*，卷 72 第 160 页和第 675 页。同时参见 Blad, “Correspondance,” 1793 年 8 月 17 日的信件；以及 Aberdam, “Un aspect du référendum,” 第 223 页。

55. 其中的一些代表在 8 月末还会访问公会：Blad, “Correspondance,” 1793 年 8 月 26 日的信件；以及 Aberdam, “Un aspect du référendum,” 第 220 页和第 223 页。

56. *AP*，卷 72 第 101 页；以及 Mathiez, *La vie chère*，卷 1 第 293—294 页。同时参见 Bertaud, *Army*，第 102—104 页。

57. *AP*，卷 72 第 674—680 页；Barère, *Mémoires*，第 106—107 页；Gershoy, *Bertrand Barère*，第 176—178 页；Soboul, *Les sans-culottes*，第 112—115 页；以及 Bell, *Total War*，第 148 页。

58. *AP*，卷 72 第 101 页；Mathiez, *La vie chère*，卷 1 第 307—308 页；Soboul, *Les sans-culottes*，第 159—163 页；Cobb, *Armées révolutionnaires*，第 55 页；以及 Jourdan, “Discours de la terreur,” 第 63 页。

59. Alpaugh, *Non-violence and the French Revolution*，附录部分。

60. *AP*，卷 73 第 341—342 页；Cobb, *Armées révolutionnaires*，第 55 页；以及 Soboul, *Les sans-culottes*，第 161—162 页。同时参见 Crook, *Journées révolutionnaires à Toulon*，第 71—82 页。

61. 参见 *AP*，卷 73 第 395 页；Mathiez, *La vie chère*，卷 1 第 312—315 页；Soboul, *Les sans-culottes*，第 165—170 页；Cobb, *Armées révolutionnaires*，第 56—57 页；以及 Burstin, *Une Révolution*，第 618 页。

62. 关于本段和后续两个段落，特别参见 *AP*，卷 73 第 413—423 页和第 418—419 页；Mathiez, *La vie chère*，卷 1 第 321—326 页；Lefebvre, *Gouvernement révolutionnaire*，第 107—108 页。

63. *AP*，卷 73 第 423—428 页；Gershoy, *Bertrand Barère*，第 180—181 页；以及 Simonin, *Le déshonneur*，第 284—293 页。

64. Kuscinski, *Dictionnaire des Conventionnels*, “Barère”。其中 9 位成员出席了会议：塞舍尔、皮埃尔 – 路易 · 普里厄、克劳德 – 安托万 · 普里厄、卡诺、图里奥、罗伯斯庇尔、巴雷尔、安德烈 · 让邦 – 圣 – 安德烈，以及圣茹斯特，见 Aulard, *Recueil des actes*，卷 6 第 282—284 页。

65. Garat, *Mémoires*，第 114 页；M. Robespierre, *Papiers inédits*，卷 2 第 15 页。

66. 他们也邀请了丹东，但他拒绝加入委员会，并在一月之内多次公开宣称自己永远不会担任这样一个职位。

67. Lefebvre, *Gouvernement révolutionnaire*，第 119—120 页；Soboul, *Les sans–culottes*，第 221—229 页；以及 Godineau，第 163—177 页。国民公会借此机会废除了所有的女性俱乐部。参见本书第十二章。

68. *AP*，卷 73 第 415 页；Lefebvre, *Gouvernement révolutionnaire*，第 109 页；Soboul, *Les sans–culottes*，第 183—188 页。

69. 在 1793 年的前三个季度，至少发生了 104 起集体游行示威活动，但从 10 月到 12 月只发生了 3 起：Alpaugh, *Non–violence and the French Revolution*，附录部分。

70. Lefebvre, *Gouvernement révolutionnaire*，第 108 页；Palmer, *Twelve Who Ruled*，第 53—56 页；Gershoy, *Bertrand Barère*，第 182 页。同时参见 Martin, *Violence et révolution*，第 186—193 页；以及 Jourdan, “Les discours de la Terreur”。

71. *AP*，卷 73 第 599 页。

72. Cobb, *Armées révolutionnaires*，第 40—48 页和第 57 页。类似的准“军队”也很快在法国其他地区成立。

73. *AP*，卷 74 第 303—304 页。

74. Jullien, “Correspondance,” 1793 年 10 月 2 日的信件。以及 *AP*，卷 74 第 303—304 页；Lefebvre, *Gouvernement révolutionnaire*，第 113—114 页、第 118 页、第 131 页；以及 Burstin, *Une Révolution*，第 602—603 页。

75. 关于巴黎囚犯的人数：*AP*，卷 72 第 603 页（1793 年 8 月 21 日）和卷 77 第 692 页（10 月 27 日）、在这两个日期之间，巴黎囚犯的人数从 1634 人上升至 3098 人。同时参见 Godfrey, *Revolutionary Justice*，第 59 页。

76. 可参见 1793 年 8 月 11 日罗伯斯庇尔向雅各宾派人员的抱怨：Aulard, *Société des Jacobins*，卷 5 第 341 页。

77. Godfrey, *Revolutionary Justice*，第 137 页和第 142—143 页；Greer, *Incidence of the Terror*，第 113 页。根据 *Revolutionary Justice* 中的表 1 和表 2，从 4 月至 9 月的 7 个月间，审理的 289 起案件中，只有 70 起（24%）判处了死刑；而从 10 月到 1794 年 2 月的 5 个月间，审理的 743 起案件中有 322 起（42%）判处了死刑。然而，需要注意的是，有大量案件中的被告因证据不足被宣判无罪，或案件被撤销。

78. *AP*，卷 75 第 123 页、第 131—132 页和第 134—135 页；Lefebvre, *Gouvernemet révolutionnaire*，第 123—124 页；以及 Palmer, *Twelve Who Ruled*，第 71—72 页。

79. *AP*，卷 74 第 52 页、第 106 页和第 109 页；Palmer, *Twelve Who Ruled*，第 65—66 页；以及 Godfrey, *Revolutionary Justice*，第 58—59 页。

80. *AP*，卷 70 第 104—105 页。

81. *AP*，卷 76 第 313—317 页；Palmer, *Twelve Who Ruled*，第 74—75 页；以及 Soboul, *Les sans-culottes*，第 238—239 页。

82. Jullien, "Correspondance," 1793 年 7 月 28 日的信件；以及 Dubreuil-Chambardel, *Lettres parisiennes*，第 126 页（9 月 11 日的信件）。

83. Garat, *Mémoires*，第 131 页，记述了埃贝尔被委员会逮捕之后希望复仇的怒火。同时参见 Soboul, *Les sans-culottes*，第 215—216 页；埃贝尔的证词，出自 Walter, *Actes du Tribunal révolutionnaire*，第 268 页。

84. Jullien, "Correspondance," 1793 年 6 月 30 日的信件。同时参见 Perroud, *La proscription*，第 69—70 页。

85. *AP*，卷 67 第 105 页、卷 69 第 631 页和卷 70 第 134 页；Couthon, *Correspondance inédite*，第 247 页（1793 年 7 月 9 日的信件）；Blad, "Correspondance," 7 月 20 日的信件；Mazeau, *Le bain de l'histoire*，第 38 页。夏天结束前，约 60 名吉伦特派同情者被下令逮捕，但有超过半数的人成功逃脱：Perroud, *La proscription*，第 87 页。

86. Perroud, *La proscription*，第 118 页。

87. *AP*，卷 75 第 399 页；Perroud, *La proscription*，第 94—95 页；以及 Soboul, *Les sans-culottes*，第 235 页。

88. Perroud, *La proscription*，第 102 页和第 120 页。

89. *AP*，卷 75 第 522—534 页。

90. 显然，这 75 人中的 17 人从未被找到：Perroud, *La proscription*，第 108 页、第 111—112

页、第 116—117 页、第 141 页、第 143 页和第 149 页。当布拉德于 10 月 2 日最后一次往自己的选区写信时，他对即将被逮捕这件事情毫不知情。同时参见 Durand, *Histoire*, 第 127—128 页和第 170—172 页；Dyzèz, "Lettres," 第 224 页（1793 年 10 月 5 日的信件）；以及 Jullien, "Correspondance," 10 月 5 日的信件。

91. Jullien, "Correspondance," 1793 年 11 月 1 日的信件。关于法官和陪审团，参见 Walter, *Actes du Tribunal révolutionnaire*, 第 236 页；以及 Godfrey, *Revolutionary Justice*, 第二章。

92. Jullien, "Correspondance," 1793 年 10 月 26 日的信件。

93. 关于本段和后续段落，特别参见 Walter, *Actes du Tribunal révolutionnaire*, 第 236—350 页。

94. Jullien, "Correspondance," 1793 年 11 月 1 日的信件。

95. Walter, *Actes du Tribunal révolutionnaire*，第 256—257 页和第 272—275 页。

96. *AP*，卷 78 第 26—27 页；以及 Walter, *Actes du Tribunal révolutionnaire*，第 324—325 页。

97. Walter, *Actes du Tribunal révolutionnaire*，第 342 页。

98. Jullien, "Correspondance," 1793 年 11 月 1 日的信件；以及 Walter, *Actes du Tribunal révolutionnaire*，第 338—339 页。

99. 参见 1792 年 12 月 16 日的法令：*AP*，卷 55 第 79 页。

100. Jullien, "Corrcspondance," 1793 年 11 月 1 日的信件。

101. Walter, *Actes du Tribunal révolutionnaire*, 第 347—349 页。同时参见 Jullien, "Correspondance," 1793 年 11 月 4 日的信件；以及 Guittard, *Journal*，第 290 页（10 月 31 日的纪事）。

第十二章

1. 参见 Blad, "Correspondance," 1793 年 7 月 20 日信件；Vinet, "Lettres du conventionnel," 第 68 页（6 月 18 日的信件）；以及 Chaillon, "Correspondance," 9 月 30 日的信件。关于个人信件的销毁，参见圣 – 马丁的日记，"Journal," 共和历第二年热月 15 日（1794 年 8 月 2 日）的纪事。

2. Ruault, *Gazette d'un Parisien*，第 347 页（1794 年 1 月 16 日信末附言）；以及 Jullien, "Correspondance," 2 月 24 日的信件。布瓦西 · 丹格拉斯有时候会将私密的个人见解写在政府法律简报的页边空白处并交给一位朋友，详情参见 Jolivet, *La Révolution dans l'Ardèche*，第 428 页。

3. Woloch, *New Regime*，尤其参考第五章至第八章；Lefebvre, *Gouvernement révolu tionnaire*,

第 252—259 页；以及 Marragon, “Lettres,” 1793 年 12 月 28 日和 1794 年 5 月 20 日的信件。

4. 朱利安深受圣茹斯特思想的震撼——“不幸是这个星球上最强大的力量”：Jullien, “Correspondance,” 1794 年 5 月 31 日的信件。

5. Guittard, *Journal*，第 318 页和第 320—321 页（1794 年 2 月 4 日及 18 日的纪事）。

6. Desan, *Family on Trial*，特别参见第三章。

7. 关于女性团体被镇压的情况参见 Guittard, *Journal*，第 289—290 页（1793 年 10 月 31 日的纪事）；Godineau, *Citoyennes et tricoteuses*，第 169—174 页；以及 Burstin, *Une Révolution*，第 564 页、第 624—625 页。关于女性群体在 10 月之后的政治参与情况，特别参见 Godineau, *Citoyennes et tricoteuses*，第 174—196 页；Jullien, “Correspondance,” 1793 年 11 月至 1794 年夏天的信件；以及 L. Parker, *Writing the Revolution*，特别参见第 89—104 页。

8. Gross, *Fair Shares for All*，特别参见第 32 页，以及第二章、第三章；Galante Garonne, *Gilbert Romme*，第 341—346 页；以及 Biard, *Missionnaires*，特别参见第 282—285 页。

9. 此处及其后内容可参见 McManners, *French Revolution and the Church*，第十章；以及 Vovelle, *Révolution contre l'église*。

10. Colson, “Correspondance,” 1792 年 12 月 25 日的信件；Guittard, *Journal*，第 252 页（1793 年 5 月 30 日的信件）；Schmidt, *Tableaux de la Révolution française*，第 350—351 页（关于 5 月 30 日的见闻）；以及 Lefebvre, *Convention*，卷 2 第 176 页。

11. Baczko, *Lumières de l'utopie*，第 211—232 页；Jullien “Correspondance,” 朱利安首次在信件中使用新历法是在 1793 年 11 月 1 日，她写道：“周一（一周十天中的第一天），雾月 11 日，共和历第二年。”

12. 参见 Bossut, *Chaumette*，第十一章。

13. Guittard, *Journal*，第 294—295 页、第 297 页，以及第 300 页（1793 年 10 月 11 日、13 日，11 月 10 日、20 日，以及 12 月 10 日的纪事）。

14. Guittard, *Journal*，第 337 页（1794 年 4 月 13 日的纪事）。

15. Ruault, *Gazette d'un Parisien*，第 343—345 页，1793 年 12 月 1 日的信件及该月一封未标注日期的信件。

16. Jullien, “Correspondance,” 1793 年 11 月 18 日的信件。另见 Menozzi, *Interprétations politiques de Jésus*。

17. 参见罗伯斯庇尔的演讲：*AP*，卷 80 第 712—713 页；国民公会法令，卷 81 第 30 页；

Jullien, “Correspondance,” 12 月 4 日、7 日、18 日的信件；以及 Ruault, *Gazette d'un Parisien*，第 344—345 页（1793 年 12 月的信件）。

18. Jullien, “Correspondance,” 1794 年 6 月 9 日的信件；Guittard, *Journal*，第 388—390 页（6 月 8 日和 12 日的纪事）；Ruault, *Gazette d'un Parisien*，第 351 页（6 月 21 日的信件）。关于法国各地举行的“最高主宰崇拜”庆典，参见 Smyth, “Public Experience,” 第 155—176 页。

19. 特别参见 Forrest, *Conscripts and Deserters*。

20. 参见 Déplanche, “French Revolution and the Origins of Modern Youth Movements”。

21. 合唱曲目《出征曲》由艾蒂安 - 尼古拉斯·梅于尔（Etienne-Nicolas Méhul）和玛丽 - 约瑟夫·舍尼埃（Marie-Joseph Chénier）于 1794 年所作。参见 Lefebvre, *Gouvernement révolutionnaire*，第 302—303 页；Berthaud, *Révolution armée*，特别是第二部分；Forrest, *Soldiers of the French Revolution*，尤其第六章。

22. McPhee, *Robespierre*，第 180 页。

23. Lefebvre, *Gouvernement révolutionnaire*，第 306—307 页；Berthaud, *Révolution armée*，特别是第二部分、第一章和第二章；以及 Blanning, *French Revolutionary Wars*，第 107—127 页。

24. 特别参见 Palmer, *Twelve Who Ruled*，第四章；Biard, *Missionnaires*，第 286—321 页。

25. 参见 Lefebvre, *Gouvernement révolutionnaire*，第 193 页；Bertaud and Reichel, *Atlas*，第 46—47 页。

26. Chaillon, “Correspondance,” 法国共和历第二年雪月 27 日、雨月 16 日，以及牧月 8 日（1 月 16 日、2 月 4 日以及 5 月 27 日）的信件；Lefebvre, *Gouvernement révolutionnaire*，第 277 页。

27. Sorel, *L'Europe et la Révolution*，卷 3 第 538 页；Palmer, *Twelve Who Ruled*，第 96—97 页。

28. Jullien, “Correspondance,” 1793 年 12 月 24 日的信件；Guittard, *Journal*，第 305 页（12 月 25 日的纪事）。

29. Martin, *La Vendée et la France*，第 167—184 页。

30. Chaillon, “Correspondance,” 共和历第二年获月 16 日、18 日、15 日、30 日和热月 3 日（1794 年 7 月 4 日至 20 日）的信件；以及 Vadier, in Albert Tournier, *Vadier*，第 210 页（7 月 13 日的信件）。

31. Guittard, *Journal*，第 306—308 页（1793 年 12 月 30 日的纪事）。

32. Marragon, "Lettres," 1794 年 6 月 9 日的信件。同时参见 Guittard, *Journal*，第 396 页（6 月 29 日的纪事）；以及 Spang, *Invention of the Restaurant*，第 109—112 页。

33. Jullien, "Correspondance," 1794 年 7 月 2 日、15 日的信件；以及 Guittard, *Journal*，第 410—412 页（7 月 14 日和 15 日的纪事）。同时参见 Spang, *Invention of the Restaurant*，第 112—118 页。

34. Jullien, "Correspondance," 1794 年 7 月 15 日的信件；以及 Guittard, *Journal*，第 343—437 页（4 月末至 7 月初的纪事）。

35. Palmer, *Twelve Who Ruled*，第 275 页；以及 McPhee, *Robespierre*，第 185—186 页。对比参考 Marisa Linton, *Choosing Terror*，尤其第九章。

36. Palmer, *Twelve Who Ruled*，第 266 页。

37. McPhee, *Robespierre*，尤其第十至十二章；以及 Palmer, *Twelve Who Ruled*，第 264—266 页，以及第 275 页。

38. Biard, *Missionnaires*，第 333—335 页；以及 *Le siège de Lyon*，第三章。

39. Chaillon, "Correspondance," 共和历第二年雾月至雪月（1793 年 10 月至 1794 年 1 月）的信件；特别参考雪月 24 日、30 日（1794 年 1 月 13 日和 19 日）的信件。沙戎的两个儿子在战争中丧生。

40. Palmer, *Twelve Who Ruled*，第 220—224 页；Biard, *Missionnaires*，第 330—333 页；Martin, *La Vendée et la France*，第六章。

41. Patrick, *First French Republic*，第 340—341 页，书中明确了所谓的"内部 60 人"（实为 59 人），详情参见 Kuscinski, *Dictionnaire des Conventionnels*。59 人中有 34 人（58%）或被处决，或自杀。另外，179 名吉伦特派成员或吉伦特派支持者（参见 Patrick, *First French Republic*，第 340—344 页）中，41 人（23%）在恐怖政权时期丧生；66 人（37%）被关押，随后被释放；27 人（15%）在追捕中侥幸逃脱；仅有 45 人（25%）未被追究责任，仍在国民公会任职。另见 Perroud, *La proscription*，第 126—138 页。

42. Tackett, "Constituent Assembly and the Terror," 第 39 页。

43. 关于丹东，参见 Lefebvre, *La Première Terreur*，第 36—53 页。关于德穆兰，参见 Linton, "Friends, Enemies, and the Role of the Individual"。

44. 此处及以下内容参见：Palmer, *Twelve Who Ruled*，第 287—303 页；以及 Lefebvre,

Gouvernement révolutionnaire，第八章、第十一章。

45. Guittard, *Journal*，第 328—330 页（1794 年 3 月 24 日的纪事）。在国民公会代表中，诸如沙戎和迪布勒伊等以往习惯在个人信件中避免谈及政治的人，此时也都自发地为被处决人士定下了叛国罪；迪塞斯所为亦类似，详情参见 Chaillon, "Correspondance," 共和历第二年风月 30 日、芽月 3 日（1794 年 3 月 20 日和 23 日）的信件；Dubreuil-Chambardel, *Lettres parisiennes*，第 134 页（3 月 25 日的信件）；以及 Dyzèz, "Lettres," 第 509 页（3 月 15 日的信件）。另外可参考 Slavin, *Hébertistes to the Guillotine*，第四章至第八章。

46. 特别参见 Linton, "Fatal Friendships"。

47. Lefebvre, *Gouvernement révolutionnaire*，第 241 页；以及 Palmer, *Twelve Who Ruled*，第 297—298 页。对丹东派的逮捕极有可能是由委员会内部的激进人士——如科洛和比尤促成的，此二位始终对前盟友埃贝尔被处决耿耿于怀。

48. 沙戎、迪塞斯和吉塔尔曾谈及审判及处决，但此时均保持了沉默。迪布勒伊也一样。即便是一向支持罗伯斯庇尔的朱利安，此时也流露出幻想破灭的情绪。详情参见 Chaillon, "Correspondance," 共和历第二年芽月 12 日和 17 日（1794 年 4 月 1 日和 6 日）的信件；Dyzèz, "Lettres," 第 513 页（4 月 1 日的信件）；Guittard, *Journal*，第 334—335 页（4 月 5 日的纪事）；以及 Jullien, "Correspondance," 4 月 8 日的信件。

49. Ruault, *Gazette d'un Parisien*，第 347—349 页（1794 年 4 月 2 日的信件）。

50. Greer, *Incidence of the Terror*，第 153 页。

51. 同上，第 26—37 页、第 118 页以及第 153 页。

52. 同上，第 39 页、第 43 页、第 113 页。

53. Lefebvre, *Gouvernement révolutionnaire*，第 285 页。

54. Palmer, *Twelve Who Ruled*，第 366 页；以及 Godfrey, *Revolutionary Justice*，第 21 页、第 131—135 页。

55. 参见 Ruault, *Gazette d'un Parisien*，第 347 页（1794 年 1 月 16 日的信件）；Vadier in Albert Tournier, *Vadier*，第 204 页（5 月 2 日的信件）；以及 Marragon, "Lettres," 7 月 3 日的信件。

56. Wallon, *Tribunal révolutionnaire*，卷 4 第 1—11 页、第 80—83 页；Chaillon, "Correspondance," 共和历第二年牧月 8 日（1794 年 5 月 27 日）的信件。同时参见 Jullien, "Correspondance," 5 月 27 日的信件；以及 Linton, "Stuff of Nightmares," 第 204—205 页。

57. Palmer, *Twelve Who Ruled*，第 366—367 页；Wallon, *Tribunal révolutionnaire*，卷 4 第 262—280 页、第 405—454 页，以及卷 5 第 78—91 页；Lefebvre, *Gouvernement révolutionnaire*，第 274—275 页、第 278—279 页，以及第 286—288 页。同时参见 Baczko, "Terror before the Terror," 第 31 页。

58. Greer, *Incidence of the Terror*，第 119 页。

59. 同上，第 118 页；Godfrey, *Revolutionary Justice*，第 133—135 页；Palmer, *Twelve Who Ruled*，第 366 页；以及 Simonin, *Le déshonneur*，第 296 页、第 300—301 页。

60. Jullien, "Correspondance," 1794 年 5 月 27 日的信件；以及 Godfrey, *Revolutionary Justice*，第 63 页、第 145—146 页。乔治·勒费弗尔称严苛的牧月法令为"消灭贵族的工具"，参见 Lefebvre, *Gouvernement révolutionnaire*，第 289 页。

61. Ruault, *Gazette d'un Parisien*，第 352—353 页（1794 年 6 月 21 日的信件）。关于将断头台转移到城市边缘的相关事宜，参见 Guittard, *Journal*，第 389 页（6 月 9 日的纪事）。

62. P.-J.-L. Campmas, "Un conventionnel régicide," 第 246 页、第 328 页（1794 年的信件，一封的日期标注为"受难节"，另一封标注为"春天"）；以及 Ruault, *Gazette d'un Parisien*，第 348—349 页（4 月 2 日的信件）。同时参见 Fairfax-Cholmeley, "Defense, Collaboration, Counter-Attack"。

63. Walter, *Neuf Thermidor*，第 87—93 页。关于塔里安，参见 Harder, "Reacting to Revolution"。

64. 以下内容，参见 Palmer, *Twelve Who Ruled*，第十五章；Lefebvre, *Gouvernement révolutionnaire*，第 315—326 页；Walter, *Neuf Thermidor*，特别是第 96—101 页；Simonin, *Le déshonneur*，第 249—250 页；以及 McPhee, *Robespierre*，特别是第 206—214 页。

65. 参见 McPhee, *Robespierre*，第 206—216 页。

66. Walter, *Neuf Thermidor*，第 101 页、第 110—118 页；*AP*，卷 93 第 530—535 页；Lefebvre, *Gouvernement révolutionnaire*，第 325—326 页。

67. Walter, *Neuf Thermidor*，第 121—124 页。

68. Walter, *Neuf Thermidor*，第 104 页；Ruault, *Gazette d'un Parisien*，第 359 页（1794 年 7 月 31 日的信件）；以及 Durand de Maillane, *Histoire*，第 199—200 页。

69. Walter, *Neuf Thermidor*，第 127—132 页；*AP*，卷 93 第 541—543 页、第 550—558 页；以及 Louchet, "Lettres," 1794 年 7 月 29 日的信件。

70. 此处及以下内容参见：Palmer, *Twelve Who Ruled*，第 375—381 页；Lefebvre, *Gouvernement*

révolutionnaire，第 329—332 页；Walter, *Neuf Thermidor*，第 140—159 页；以及 McPhee, *Robespierre*，第 217—221 页。

71. Guittard, *Journal*，第 434—435 页（1794 年 7 月 27 日的纪事）；以及 Durand de Maillane, *Histoire*，第 201 页。同时参见 Chaillon, "Correspondance," 共和历第二年热月 11 日（7 月 29 日）的信件；Dubreuil-Chambardel, *Lettres parisiennes*，第 137 页、第 140 页（7 月 29 日、8 月 26 日的信件）；以及 Marragon, "Lettres," 8 月 6 日的信件。

72. 同时参见 C. Jones, "Overthrow of Maximilien Robespierre"。

73. Dyzèz, "Lettres," 第 519—520 页（1794 年 7 月 29 日的信件）。同时参见 Saint-Martin, "Journal," 共和历第二年热月 15 日（8 月 2 日）的纪事。

74. Sydenham, *Léonard Bourdon*，第 238—243 页。

75. Guittard, *Journal*，第 437—439 页（1794 年 7 月 28 日的纪事）；Ruault, *Gazette d'un Parisien*，第 361 页（7 月 31 日的信件）；同时参见 Louchet, "Lettres," 7 月 29 日的信件。

结　语

1. Guittard, *Journal*，第 437—441 页（7 月 27 日至 30 日的纪事）。

2. 参见巴雷尔于 1794 年 7 月 29 日（共和历第二年热月 11 日）所做的演说：*AP*，卷 93 第 636 页。关于热月之后数周的变化概况，参见：Lefebvre, *Les Thermidoriens*，第二章。

3. 此处指丹东的两名同情者：图里奥和布瑞德（Bréard），以及特莱拉（Treilhard），后者曾反对处死路易十六。

4. 参见 Chaillon, "Correspondance," 共和历第二年热月 11 日（1794 年 7 月 29 日）的信件；Louchet, "Lettres," 7 月 29 日的信件；Saint-Martin, "Journal," 热月 15 日（8 月 2 日）的纪事；Dubreuil, *Lettres parisiennes*，第 140 页［果月 9 日（8 月 26 日）的信件］。此外可参考 Baczko, *Ending the Terror*；Luzzatto, *Mémoire de la Terreur*；以及 Steinberg, "Trauma before Trauma"。

5. 参见 Serna, *La république des girouettes*。

6. 参见 Garat, *Mémoires*，第 205 页、第 218 页。此部回忆录于 1795 年 3 月出版，加拉以此来回应国民公会中诸多对他的批评声音。然而书中的证据表明：加拉所表达的思想和观点系由作于热月结束之后，甚至是热月之前的笔记整理而成。

7. Mercier, *Le nouveau Paris*（1994），第 72 页。

8. Greer, *Incidence of the Terror*，第 120—121 页。

9. 关于将法国大革命与美国独立战争相比较的不科学之处，参见本书序言及注 27。

10. 参见 H. Brown, *Ending the French Revolution*。

11. Mayer, *The Furies*，第 171 页。

参考书目

此处所列书目仅为本书明确引用或参考的资料和二手文献。国民议会代表的更多通信资料，参见作者的著作 *Becoming a Revolutionary*（Princeton, NJ, 1996; and University Park, PA, 2006）的参考书目；立法议会和国民公会代表的更多通信资料，参见作者的文章 *Etude sérielle de la psychologie révolutionnaire: La Correspondance des députés des Assemblées Nationales*（*1789–1794*），收录于 *Archives épistolaire et histoire*, edited by Mireille Bossis and Lucia Bergamasco（Paris, 2007），第 171—188 页。

通信、日记和回忆录

此处整合了已出版的相关资料和手稿，以便查阅。

文集

AN C 91–94: letters addressed to the National Assembly from throughout France.

AN D XXIX bis 31–38: letters received by the Committee on Research.

"Correspondance des députés de l'Aude pendant la Révolution de 1791–1793." Edited by Camille Bloch. *La Révolution française* 27 (1894): 170–182; and 30 (1896): 76–86, 156–174.

"Correspondance des députés des Côtes-du-Nord à l'Assemblée législative." Edited by D. Tempier. *Société d'émulation des Côtes-du-Nord, Bulletins et mémoires* 28 (1890): 61–169.

"Correspondance des députés des Côtes-du-Nord à la Convention nationale." Edited by D. Tempier. *Société d'émulation des Côtes-du-Nord, Bulletins et mémoires* 30 (1892): 110–172.

Correspondence of deputies of Ille-et-Vilaine: AD Ille-et-Vilaine, L 294 (1–2).

Correspondence of deputies of Marseille: AC Marseille, 4 D 43–44.

Sol, Eugène. *La Révolution en Quercy*. 4 vols. Paris, 1926.

Vaissière, Pierre de, editor. *Lettres d'"Aristocrates": La Révolution racontée par des correspondances privées, 1789–1794*. Paris, 1907.

专著

Alexandre, Charles-Alexis. "Fragments des mémoires de Charles-Alexis Alexandre sur les journées révolutionnaires de 1791 et 1792." Edited by Jacques Godechot. *AHRF* 24 (1952): 113–251.

Aubert-Dubayet, Jean-Baptiste-Annibal. "Aubert-Dubayet: Législateur (1791–1792)." Edited by F. Vermale. *Bulletin de l'Académie delphinale,* 6e série, 9–10 (1938–1939): 115–141.

Audouyn de Pompery, Anne-Marie. *A mon cher cousin: Une femme en Bretagne à la fin du XVIIIe siècle; Correspondance de Mme de Pompery avec son cousin Kergus.* Edited by Marie-Claire Mussat and Michel Maréchal. Paris, 2008.

Bailly, Jean-Sylvain. *Mémoires d'un témoin de la Révolution.* Edited by Berville and Barrière. 3 vols. Paris, 1821–1822.

Bancal des Issarts, Henri. *Le conventionnel Bancal des Issarts: Etude biographique suivie des lettres inédites.* Edited by Francisque Mège. Paris, 1887: 209–274.

Barbaroux, Charles-Jean-Marie. *Correspondance et mémoires de Barbaroux.* Edited by Claude Perroud and Alfred Chabaud. Paris, 1923.

Barbier-Schroffenberg, Marie-Anne, baronne de. "Extrait de la correspondance de la Baronne de Barbier pendant la Révolution avec ses fils et son frére, le prince de Schroffenberg." Edited by M. de Reinach. *Société d'histoire et du Musée de la ville et du canton d'Huningue.* Bulletin 15 (1966): 58–89; 16 (1967–1968): 53–92; 17 (1969): 53–84; 18 (1970): 33–75.

Barbotin, Emmanuel. *Lettres de l'Abbé Barbotin.* Edited by Alphonse Aulard. Paris, 1910.

Barère, Bertrand. *Mémoires.* Edited by Hippolyte Carnot. 4 vols. Paris, 1842–1844.

Barnave, Antoine. *Marie-Antoinette et Barnave: Correspondance secrète (juillet 1791–janvier 1792).* Edited by Alma Söderhjelm. Paris, 1934.

Basire, Claude. "Lettres inédites de Basire à un correspondant de Dijon." *AHRF* 63 (1991), 105–111.

Basquiat de Mugriet, Alexis (sometimes jointly with Pierre-Joseph Lamarque), "Correspondance." AC Bayonne, AA 51.

Basquiat de Mugriet, Alexis. "Lettres": AC Saint-Sever, II D 31.

Belot, Denis. *Journal d'un volontaire de 1791.* Edited by Louis Bonneville de Marsangy. Paris, 1888.

Besson, Alexandre. "Lettres inédites du conventionnel Besson." Edited by Albert Mathiez. *AR* 14 (1922): 139–149.

Blad, Claude-Antoine-Augustin. "Correspondance": AM Brest, 2 D 23.

Bouchette, François-Joseph. *Lettres de François-Joseph Bouchette (1735–1810).* Edited by Camille Looten. Lille, 1909.

Boullé, Jean-Pierre: AD Morbihan, 1 Mi 140. Reproduced through Oct. 30, 1789 in *Revue de la Révolution: Documents inédits.* Edited by Albert Macé. Vols. 10–16 (1887–89): passim.

Boyer-Fonfrède, Jean-Baptiste. "Lettres": AD Gironde, 12 L 17 (in 2 Mi 8425).

Bricard, Louis-Joseph. *Journal du cannonier Bricard, 1792–1802.* Edited by Alfred and Jules Bricard. Paris, 1891.

Brissot, Jacques-Pierre. *Correspondance et papiers.* Edited by Claude Perroud. Paris, 1912.

Cambon, Pierre-Joseph. "Lettres": AD Hérault, L 531.

Campmas, Jean-François: BM Albi, ms. 177.

Campmas, Pierre-Jean-Louis. "Un conventionnel régicide: Pierre-Jean-Louis Campmas." Edited by Emile Appolis. *La revue du Tarn,* nouv. sér., 9 (1943): 141–152; 244–254; 10 (1944): 326–335.

Cavellier, Blaise, and Romain-Nicolas Malassis. "Correspondance": AM Brest, 2 D 21.

Chaillon, Etienne. "Correspondance": BM Nantes, Fonds Dugast-Matifeux. Tome 1, vol. 44 (Mic B 48/44).

Choudieu, Pierre-René. *Mémoires et notes de Choudieu, représentant du peuple à l'Assemblée législative, à la Convention et aux armées.* Edited by V. Barrucand. Paris, 1897.

Clauzel, Jean-Baptiste. "Documents inédits sur Jean-Baptiste Clauzel, député de l'Ariège à l'Assemblée législative." Edited by G. Arnaud. *Bulletin de la Société ariègeoise des sciences, lettres, et arts* 6 (1897–1898): 115–128.

Colson, Adrien-Joseph. "Correspondance": AD Indre, 2J 10–12; excerpts in *Lettres d'un bourgeois de Paris à un ami de province, 1788–1793.* Edited by Chantal Plantier-Sanson. Paris, 1993.

Corbel du Squirio, Vincent-Claude. "Correspondance": AD Morbihan, 1 Mi 141 (R1).

Couthon, Georges. *Correspondance inédite de Georges Couthon, 1791–94.* Edited by Francisque Mège. Paris, 1872.

Delandine, Antoine-François. *Mémorial historique des Etats généraux.* 5 vols. N.p., 1789.

Demée, Louis-Michel. "Lettres": AD Orne 17 J 2 (Fonds Cochon).

Desmoulins, Camille. *Correspondance inédite de Camille Desmoulins, député de la Convention.* Edited by M. Matton. Paris, 1836.

Dorizy, Claude. "Les souvenirs inédits de Claude Dorizy, député à l'Assemblée législative de 1791." Edited by E. Jovy. *RF* 47 (1904): 436–458.

Dubreuil-Chambardel, Pierre. *Lettres parisiennes d'un révolutionnaire poitevin.* Tours, 1994.

Dumont, Etienne. *Souvenirs sur Mirabeau et sur les deux premières assemblées législatives.* Paris, 1951.

Dupont-Grandjardin, Jacob-Louis. "Correspondance de Dupont-Grandjardin avec son fils (1791–1793)." Edited by Emile Queruau-Lamerie. *Bulletin de la Commission historique et archéologique de la Mayenne* 30 (1914): 343–371.

Duquesnoy, Adrien-Cyprien. *Journal d'Adrien Duquesnoy.* Edited by R. de Crèvecoeur. 2 vols. Paris, 1894.

Durand, Antoine. "Lettres": AM Cahors, unclassed, held in B. M. Cahors.

Durand de Maillane, Pierre-Toussaint. *Histoire de la Convention nationale.* Paris, 1825.

Dyzèz, Jean. "Lettres d'un conventionnel (1793-an III)." Edited by C. Vergnol. *La revue de France* no. 6 (Nov.–Dec. 1926): 201–232, 503–527, 672–693.

Faulcon, Félix. *Correspondance de Félix Faulcon. Tome 1, 1770–89.* Edited by G. Debien. Poitiers, 1939; and *Correspondance de Félix Faulcon. Tome 2, 1789–91.* Edited by G. Debien. Poitiers, 1953.

Ferrières, Charles-Elie, marquis de. *Correspondance inédite.* Edited by Henri Carré. Paris, 1932.

Fougeret, M. de. In Pierre de Vaissière. *Lettres d'"Aristocrates": La Révolution racontée par des correspondances privées, 1789–1794.* Paris, 1907: 393–444.

François, Charles. *Journal du capitaine François, 1792–1830.* Edited by Charles Grolleau. 2 vols. Paris, 1984.

Fricaud, Claude: private collection of Dr. Robert Favre.

Gantheret, Claude: private collection of Françoise Misserey.

Garat, Dominique-Joseph. *Mémoires sur la Révolution ou exposé de ma conduite dans les affaires et dans les fonctions publiques.* Paris, 1795.

Gaultier de Biauzat, Jean-François: BM Clermont-Ferrand, Mss. 788–789; and AD Puy-de-Dôme, F 140–141. Published in part in *Gaultier de Biauzat, député du Tiers état aux Etats généraux de 1789: Sa vie et sa correspondance.* Edited by Francisque Mège. 2 vols. Clermont-Ferrand, 1890.

Gauville, Louis-Henri-Charles, baron de. *Journal du Baron de Gauville.* Edited by Edouard de Barthélemy. Paris, 1864.

Geoffroy, Claude-Jean-Baptiste: private collection of Dr. Robert Favre.

Géraud, Edmond. *Journal d'un étudiant pendant la Révolution (1789–1793).* Edited by Gaston Maugras. 2nd edition. Paris, 1890.

Gillet, Pierre-Mathurin. "Lettres du conventionnel Gillet aux administrateurs du département du Morbihan." *RF* 61 (1911): 240–268, 354–373, 435–441, 522–535; 62 (1912): 69–76, 148–174.

Goethe, Johann Wolfgang von. *Campaign in France, 1792.* In *Miscellaneous Travels of J. W. Goethe.* Edited by L. Dora Schmitz. London, 1882.

Goupilleau, Jean-François-Marie. "Lettres": BM Nantes, Fonds Dugast-Matifeux, no. 98.

Gower, Earl George Granville Leveson. *The Despatches of Earl Gower, English Ambassador at Paris, from June 1790 to August 1792.* Edited by Oscar Browning. Cambridge, 1885.

Guittard de Floriban, Nicolas-Célestin. *Journal de Nicolas-Célestin Guittard de Floriban, bourgeois de Paris sous la Révolution, 1791–1796.* Edited by Raymond Aubert. Paris, 1974.

Hua, Eustache-Antoine. *Mémoires d'un avocat au parlement de Paris, député à l'Assemblée législative.* Edited by E.-M. François Saint-Maur. Paris, 1871.

Irland de Bazôges, Pierre-Marie: AD Deux-Sèvres, Fonds Beauchet-Filleau, non-classed register of "lettres politiques, 1788–90."

Jeanbon-Saint-André, André. "Lettres de Jeanbon Saint-André et de Cavaignac à la municipalité de Montauban." *RF* 21 (1891): 338–373; 24 (1893): 156–161; 29 (1895): 63–86; 30 (1896): 461–466.

Jullien, Rosalie Ducrollay. "Correspondance": AN 39 AP; and transcription available from the Société des Amis de Rosalie et Marc-Antoine Jullien de Romans. Edited by Jean Sauvageon; abridged and incomplete excerpts in *Journal d'une bourgeoise pendant la Révolution, 1791–93.* Edited by Edouard Lockroy. Paris, 1881.

Koch, Christophe-Guillaume. "Lettres." In *L'Alsace pendant la Révolution française.* Edited by Rodolphe Reuss. 2 vols. Paris, 1880–1894: 2:242–348, passim.

La Rochefoucauld, Alexandrine-Charlotte-Sophie, duchesse de. *Lettres de la duchesse de La Rochefoucauld à William Short.* Edited by Doina Pasca Harsanyi. Paris, 2001.

La Tour du Pin, Henriette-Lucie Dillon, marquise de. *Mémoires de la marquise de La Tour du Pin: Journal d'une femme de cinquante ans, 1778–1815.* Paris, 1979.

Lebas, Philippe-François-Joseph. In Stefane-Pol, *Autour de Robespierre: Le Conventionnel Le Bas d'après des documents inédits et les mémoires de sa veuve.* Paris, 1901; and in Buchez and Roux, 35:318–365.

Le Coz, Claude. *Correspondance de Le Coz, évêque constitutionnel de l'Ille-et-Vilaine.* Edited by Abbé Roussel. Paris, 1900.

Legendre, Laurent-François: AM Brest 2 D 16–18. Extracts in "Correspondance de Legendre, député du Tiers de la sénéchaussée de Brest aux Etats généraux et l'Assemblée constituante (1789–1791)." *RF* 39 (1900): 515–558; 40 (1901): 46–78.

Le Maillaud, Jean-François. "Correspondance": AC Vannes, 262 ES.

Lepoutre, Pierre-François. *Député-paysan et fermière de Flandre en 1789: La Correspondance des Lepoutre.* Edited by Jean-Pierre Jessenne and Edna Hindie Lemay. Villeneuve d'Ascq, 1998.

Levasseur, René. *Mémoires de R. Levasseur (de la Sarthe), ex-conventionnel.* 4 vols. Paris, 1829–1831.

Lindet, Robert. "Lettres." Unpublished typescript of letters kindly given to me by François Pascal.

Lindet, Thomas. *Correspondance de Thomas Lindet pendant la Constituante et la Législative (1789–92).* Edited by Amand Montier. Paris, 1899.

Lisleroy, Marie-Alexandrine-Euphémie de. "Correspondance de Madame Auguste de Lisleroy (1789–1792)." Edited by Abbé P. Arnaud. *Revue du Vivarais* 55 (1951): 18–33, 79–92.

Lombard, Jean. *Un volontaire de 1792*. Paris, 1903.

Louchet, Louis. "Lettres": BM Rodez, from a typescript kindly given me by Peter Jones.

Maillot, Claude-Pierre: AC Toul, JJ 7.

Malassis, Romain-Nicolas. See Cavellier.

Mareux, Toussaint, et al. *Une famille de la bourgeosie parisienne pendant la Révolution d'après leur correspondance inédite*. Edited by Louis de Launay. Paris, 1921.

Marragon, Jean-Baptiste. "Lettres": BN Nouv Acq. Fr. 11822.

Maupetit, Michel-René. "Lettres de Michel-René Maupetit, député à l'Assemblée nationale constituante, 1789–91." Edited by Queruau-Lamerie. *Bulletin de la Commission historique et archéologique de la Mayenne,* 2ème sér., 17 (1901): 302–327, 439–454; 18 (1902): 133–163, 321–333, 447–475; 19 (1903): 205–250, 348–378; 20 (1904): 88–125, 176–203, 358–377, 446–472; 21 (1905): 93–124, 204–223, 325–363, 365–388; 22 (1906): 67–95, 213–239, 349–384, 454–493; 23 (1907): 87–115.

Médel, Angélique-Séraphine de. *Correspondance de Madame de Médel, 1770–1789.* Edited by Henri Carré. In *Archives historiques du Poitou* 47 (1931): 1–166.

Ménard de La Groye, François-René-Pierre. *Correspondance (1789–1791).* Edited by Florence Mirouse. Le Mans, 1989.

Ménétra, Jacques-Louis. *Journal de ma vie: Jacques-Louis Ménétra, compagnon vitrier au 18e siècle.* Edited by Daniel Roche. Paris, 1982.

———. "Mes réflexions sur la révolution": BHVP, Ms. 678, 2e partie.

Mercier, Louis-Sébastien. *Le nouveau Paris.* Edited by Jean-Claude Bonnet. Paris, 1994.

———. *Paris le jour, Paris la nuit.* Edited by Michel Delon. Paris, 1990.

———. *Paris pendant la Révolution (1789–1798) ou le Nouveau Paris.* Nouv. ed. 2 vols. Paris, 1862.

———. *Tableau de Paris.* 12 vols. Amsterdam, 1782–1788.

Merle, André-Marie: AC Mâcon, D (2) 13, carton 21 bis.

Miles, William Augustus. *The Correspondence of William Augustus Miles on the French Revolution, 1789–1817.* Edited by Charles Popham Miles. 2 vols. London, 1890.

Monestier, Jean-Baptiste-Benoît. "Correspondance": BN, Nouv. Acq. Fr., 6902.

———. "Lettres": BM Clermont-Ferrand, ms. 350.

Monnard, Marie-Victoire. *Les souvenirs d'une femme du peuple: Marie-Victoire Monnard de Creil, 1777–1802.* Edited by O. Boutanquoi. Senlis, 1929.

Neufchâteau, François de. "Recherches sur la vie de François de Neufchâteau, à propos de ses lettres à son ami Poullain-Grandprey." Edited by Pierre Marot. *Annales de la Société d'émulation du département des Vosges* 136–141 (1960–65): 207–217.

Noël, Joseph-Louis-Gabriel. *Au temps des volontaires, 1792: Lettres d'un voluntaire de 1792.* Edited by G. Noël. Paris, 1912.

Palloy, Pierre-François. *Livre de raison du patriote Palloy.* Edited by Romi. Paris, 1956.

Picard, Ernest. *Au service de la nation.* Paris, 1914.

Pinet, Jacques. "Correspondance": AM Bergerac, 3 B 43 (1–2). Extracts in "Lettres, du 10 au 14 août 1792." Edited by Etienne Charavay. *RF* 3 (1882): 97–109.

Rabusson-Lamothe, Antoine. "Lettres sur l'Assemblée législative adressées à la municipalité de Clermont-Ferrand par Antoine Rabusson-Lamothe." Edited by Francisque Mège. *Mémoires de l'Académie des sciences, belles-lettres et arts de Clermont-Ferrand* 11 (1869): 193–382.

Ramel, Pierre. "Lettres": AC Cahors, Unclassed box of deputy letters.

Robespierre, Augustin. In *Oeuvres de Maximilien Robespierre. T. 3. Correspondance de Maximilien et Augustin Robespierre.* Edited by Georges Michon. 2 vols. Paris, 1926–1941.

Robespierre, Maximilien. *Oeuvres de Maximilien Robespierre. T. 3. Correspondance de Maximilien et Augustin Robespierre.* Edited by Georges Michon. 2 vols. Paris, 1926 and 1941.

Roland, Marie-Jeanne. *Lettres de Madame Roland.* Edited by Claude Perroud. 2 vols. Paris, 1900–1902; and *Lettres de Madame Roland, Nouvelle série.* Edited by Claude Perroud. 2 vols. and supplement. Paris, 1913–1915.

Romme, Gilbert. "Correspondance": Museo del Risorgimento, Milan, Dos. 22–23; extracts of many letters reproduced in Alessandro Galante Garrone, *Gilbert Romme: Histoire d'un révolutionnaire, 1750–1795.* Paris, 1971.

———. "Lettres": BN Nouv. Acq. Fr., 4789, folios 71–90.

Roubaud, François-Yves. "Lettres de François-Yves Roubaud, député du Var à l'Assemblée législative." Edited by Edmond Poupé. *Bulletin de la Société d'études scientifiques et archéologiques de Draguignan* 36 (1926–27): 3–218.

Ruault, Nicolas. *Gazette d'un Parisien sous la Révolution: Lettres à son frère, 1783–96.* Edited by Christiane Rimbaud and Anne Vassal. Paris, 1976.

Rubat, Aristide. "Lettres": AD Ain, 1 L 114 (Ancien).

Rubat, Etienne. "Lettres": AC Mâcon, D(2) 13, carton 21 bis.

Saint-Martin, François-Jérôme Riffard de. "Journal": AN 139 AP 6 (43).

———. "L'année 1792 vue et vécue par M. Riffard de Saint-Martin, député de l'Ardèche à l'Assemblée législative et à la Convention." *La revue universelle des faits et des idées* no. 169 (1992): 47–52.

Saint-Priest, François-Emmanuel Guignard, comte de. *Mémoires: Règnes de Louis XV et de Louis XVI.* Edited by the baron de Barante. 2 vols. Paris, 1929.

Saint-Prix, Hector de Soubeyran de. In Humbert de Soubeyran de Saint-Prix, "Hector de Soubeyran de Saint-Prix, député de l'Ardèche à la Convention." *Revue historique, archéologique, littéraire et pittoresque du Vivarais* 12 (1904): 52–75, 112–124.

Short, William. In *The Papers of Thomas Jefferson.* Edited by Julian P. Boyd and John Catanzariti. Vols. 19–23. Princeton, NJ, 1982–1990.

Soubrany, Pierre-Amable. *Dix-neuf lettres de Soubrany, représentant du peuple à la Convention nationale.* Edited by Henry Doniol. Clermont-Ferrand, 1867.

Stamaty, Constantin. *Correspondances de Paris, Vienne, Berlin, Varsovie, Constantinople.* Edited and translated by Jules Lair and Emile Legrand. Paris, 1871.

———. *Lettres de Constantin Stamaty à Panagiotis Kodrikas sur la Révolution française* [in Greek]. Edited by Emile Legrand. Paris, 1872. Ms. translation from the Greek by Hervé Kergall.

Taveau, Louis-Jacques-Narcisse. "Lettres": AM Honfleur D* 17.

Thibaudeau, Antoine-Claire. *Biographie, Mémoires, 1765–92.* Paris, 1875.

Thibaudeau, Antoine-René-Hyacinthe. *Correspondance inédite.* Edited by H. Carré and Pierre Boissonnade. Paris, 1898.

Toulongeon, François-Emmanuel. *Histoire de la France depuis la Révolution.* 7 vols. Paris, 1801.

Vadier, Marc-Guillaume. In Albert Tournier, *Vadier, président du Comité de sûreté générale.* Paris, 1900: 193–212.

Vergniaud, Pierre-Victurnien. "Bibliothèque de Vergniaud": BM Bordeaux, ms. 860, 263–277.

———. *Vergniaud, manuscrits, lettres, et papiers: Recherches historiques sur les Girondins.* Edited by C. Vatel. 2 vols. Paris, 1873.

Verneilh-Puyraseau, Jean-Joseph de. *Mémoires historiques sur la France et la Révolution.* Paris, 1830.

Vernier, Théodore. "Lettres de Vernier": AC Bletterans (non-classé), in AD Jura.

Viénot de Vaublanc, Vincent-Marie. *Mémoires de M. le comte de Vaublanc.* Edited by François Barrière. Paris, 1857.

Vinet, Pierre. "Lettres du conventionnel P. Vinet." Edited by P. R. Clouet. *AHRF* 7 (1930): 63–70.

Visme, Laurent de. "Journal des Etats-Généraux": BN Nouv Acq. Fr. 12938.

报纸

Annales patriotiques et littéraires (Jean-Louis Carra and Louis-Sébastien Mercier)

Courrier de Provence (Count Mirabeau)

La chronique de Paris (Marquis de Condorcet)

L'ami du peuple (Jean-Paul Marat)

Le courrier de Versailles à Paris et de Paris à Versailles (Antoine-Joseph Gorsas)

Le courrier des 83 départements (Antoine-Joseph Gorsas)

Le journal de Paris (Dominique Garat)

L'orateur du peuple (Stanislas Fréron)

Patriote français (Jacques-Pierre Brissot)

Père Duchesne (Jacques Hébert)

Révolutions de Paris (Louis-Marie Prudhomme and Elisée Loustalot)

Thermomètre du jour (Jacques Dulaure)

其他已出版资料

Actes de la Commune de Paris pendant la Révolution. Edited by Sigismond Lacroix et al. 19 vols. Paris, 1894–1955.

Archives parlementaires de 1787 à 1860, recueil complet des débats législatifs et politiques des chambres françaises. Première série (1787–1799). Edited by Jérôme Mavidal, Emile Laurent, et al. 82 vols. Paris, 1867–1913.

Brissot, Jacques-Pierre. *A tous les républicains de France*. Paris, 1792.

Buchez, Philippe-Joseph-Benjamin, and Abbé Pierre-Célestin Roux. *Histoire parlementaire de la Révolution française, ou journal des assemblées nationales depuis 1789 jusqu'en 1815*. 40 vols. Paris, 1834–1838.

Chassin, Charles-Louis, editor. *La préparation de la guerre de Vendée*. 3 vols. Paris, 1892.

———, editor. *La Vendée patriote*. 4 vols. Paris, 1893.

Condorcet, Marquis de. "Fragment de justification (juillet 1793)." In *Oeuvres*. Paris, 1847: 1:574–605.

Garat, Dominique-Joseph. *Eloge de Bernard de Fontenelle*. Paris, 1778.

Gouges, Olympe de. *La déclaration des droits de la femme et de la citoyenne*. Paris, 1791.

Lezay-Marnésia, Claude-François-Adrien, comte de. *Le bonheur*. Paris, 1785.

Mirabeau, Gabriel-Jean-Honoré, *Dix-neuvième lettre . . . à ses commettans*. Paris, 1789.

Mortimer-Ternaux. *Histoire de la Terreur, 1792–1794*. 8 vols. Paris, 1862–1881.

Papiers inédits trouvés chez Robespierre, Saint-Just, Payan, etc., supprimés ou omis par Courtois. 3 vols. Paris, 1828.

Pétion, Jérôme. *Avis aux Français sur le salut de la patrie*. Paris, 1789.

Prudhomme, Louis-Marie. *Histoire générale et impartiale des erreurs, des fautes et des crimes commis pendant la Révolution française*. 6 vols. Paris, 1796–1797.

Rabaut Saint-Etienne, Jean-Paul. *Précis historique de la Révolution française*. Paris, 1807.

Recueil des actes du Comité de salut public, avec la correspondance officielle des représentants en mission et le registre du Conseil exécutif provisoire. Edited by Alphonse Aulard et al. 28 vols. plus tables and supplements. Paris, 1899–1971.

Société des Jacobins: Recueil de documents pour l'histoire du club des Jacobins de Paris. Edited by Alphonse Aulard. 6 vols. Paris, 1889–1897.

Tableaux de la Révolution française, publiés sur les papiers inédits du département et de la police secrète de Paris. Edited by Wilhelm Adolf Schmidt. 3 vols. Leipzig, 1867–1870.

二手文献

Aberdam, Serge. "L'élargissement du droit de vote entre 1792 et 1795." *AHRF* 74, no. 1 (2002): 106–118.

———. "Un aspect du référendum de 1793: Les envoyés du souverain face aux représentant du peuple." In *Révolution et République: L'exception française.* Paris, 1994: 213–224.

———, editor. *Voter et élir.* Paris, 1999.

Allport, Gordon W., and L. J. Postman. *The Psychology of Rumor.* New York, 1947.

Alpaugh, Micah. "Les émotions collectives et le mouvement des fédérations." *AHRF* 85, no. 2 (2013): 49–80.

———. "The Making of the Parisian Political Demonstration: A Case Study of 20 June 1792." *Proceedings of the Western Society for French History* 34 (2006): 115–133.

———. *Non-violence and the French Revolution: Political Demonstrations in Paris, 1787–1795.* Cambridge, 2015.

———. "The Politics of Escalation in French Revolutionary Protest: Political Demonstrations, Nonviolence, and Violence in the *Grandes journées* of 1789." *French History* 23 (2009): 336–359.

Andress, David. "'A Ferocious and Misled Multitude': Elite Perceptions of Popular Action from Rousseau to Robespierre." In *Enlightenment and Revolution: Essays in Honour of Norman Hampson.* Edited by Malcolm Crook, William Doyle, and Alan Forrest. Aldershot, 2004.

———. *Massacre at the Champ de Mars: Popular Dissent and Political Culture in the French Revolution.* Woodbridge, England, 2000.

———. *The Terror: The Merciless War for Freedom in Revolutionary France.* New York, 2005.

Andrews, Elizabeth. "Between *Auteurs* et *Abonnés:* Reading the *Journal de Paris,* 1787–1789." *Proceedings of the Western Society for French History* 37 (2009), online at http://quod.lib.umich.edu/w/wsfh/.

Applewhite, Harriet. *Political Alignment in the French National Assembly, 1789–1791.* Baton Rouge, LA, 1993.

Armoogum-Ninat, Marie-Christiane. "La Grande Peur de 1789 à Sainte-Sévère (Indre)." *AHRF* 29 (1957): 122–123.

Arnaud, Gaston. *Histoire de la Révolution dans le département de l'Ariège, 1789–1795.* Toulouse, 1904.

Aston, Nigel. *Religion and Revolution in France, 1780–1804.* Washington, DC, 2000.

Aulard, Alphonse. *L'éloquence parlementaire pendant la Révolution française: Les orateurs de la Législative et de la Convention.* 2 vols. Paris, 1885.

———. *Etudes et leçons sur la Révolution française.* 9 vols. Paris, 1898–1924.

———. *L'histoire politique de la Révolution française.* 5e édition. Paris, 1913.

Babeau, Albert. *Histoire de Troyes pendant la Révolution.* 2 vols. Paris, 1873.

Baczko, Bronislaw. *Ending the Terror: The French Revolution after Robespierre.* Cambridge, 1994.

———. *Lumières de l'utopie.* Paris, 1978.

———. "Les peurs de la Terreur." In *La peur aux XVIIIe siècle: Discours, représentations, pratiques.* Edited by Jacques Berchtold and Michel Porret. Geneva, 1994.

———. *Politiques de la Révolution française.* Paris, 2008.

———. "The Terror before the Terror? Conditions of Possibility, Logic of Realization." In *FRCMPC* 4:19–38.

Baecque, Antoine de. *Le corps de l'histoire: Métaphore et politique, 1770–1800.* Paris, 1993.

———. "L'homme nouveau est arrivé: La régénération du français en 1789." *Dix-huitième siècle* 20 (1988): 193–208.

Baguenier-Desormeaux, Marie Breguet. "Origines sociales, géographiques et formations intellectuelles et professionnelles des députés des assemblées révolutionnaires." Thèse de doctorat, Université de Paris IV, 1993.

Baker, Keith Michael. *Inventing the French Revolution.* Cambridge, 1990.

———. "Politics and Social Science in 18th Century France: The Société de 1789." In *French Government and Society, 1500–1850.* Edited by J. F. Bosher. London, 1973: 208–250.

Baratier, Edouard, editor. *Histoire de Marseille.* Toulouse, 1973.

Barny, Roger. "Les aristocrates et Jean-Jacques Rousseau dans la Révolution." *AHRF* 50 (1978): 534–568.

Bart, Jean. *La Révolution française en Bourgogne.* Clermont-Ferrand, 1996.

Bastien, Pascal. *L'exécution publique à Paris au XVIIIe siècle: Une histoire des rituels judiciaires.* Seyssel, 2006.

Baticle, René. "Le plébisite sur la Constitution de 1793." *RF* 57 (1909): 496–524; 58 (1910): 5–30, 117–155, 193–237, 327–341, 385–410.

Baumont, Henri. *Le département de l'Oise pendant la Révolution (1790–1795).* Paris, 1906–1909.

Beauchet-Filleau, Henri. *Tableau des émigrés du Poitou aux armées des princes et de Condé.* Poitiers, 1845.

Bée, Michel. "Le spectacle de l'exécution dans la France de l'Ancien Régime." *Annales E.S.C.* 38 (1983): 843–862.

Bell, David Avrom. *The Cult of the Nation in France: Inventing Nationalism, 1680–1800.* Cambridge, MA, 2001.

———. *The First Total War: Napoleon's Europe and the Birth of Warfare as We Know It.* Boston, 2007.

Berchtold, Jacques, and Michel Porret, editors. *La peur aux XVIIIe siècle: Discours, représentations, pratiques.* Geneva, 1994.

Berlanstein, Lenard R. *The Barristers of Toulouse in the Eighteenth Century (1740–1793).* Baltimore, MD, 1975.

Bertaud, Jean-Paul. *Les amis du roi.* Paris, 1984.

———. *The Army of the Revolution: From Citizen Soldiers to Instrument of Power.* Princeton, NJ, 1988.

———. *Camille et Lucile Desmoulins: Un couple dans la tourmente.* Paris, 1985.

———. "La presse royaliste parisienne: L'idée de la guerre et la guerre, 1789–1792." In *Résistances à la Révolution.* Edited by Roger Dupuy and François Lebrun. Paris, 1987.

———. *Valmy, la démocratie en armes.* Paris, 1970.

Bertaud, Jean-Paul, and Daniel Reichel, editors. *Atlas de la Révolution française. Vol. 3. L'armée et la guerre.* Paris, 1989.

Bianchi, Serge. *La Révolution et la première République au village: pouvoirs, votes et politisation dans les campagnes d'Ile-de-France.* Paris, 2003.

Bianchi, Serge, and Roger Dupuy, editors. *La garde nationale entre nation et peuple en armes, mythes et réalités, 1789–1871.* Rennes, 2006.

Biard, Michel. *1793: Le siège de Lyon: Entre mythes et réalités.* Clermont-Ferrand, 2013.

———. *Jean-Marie Collot d'Herbois, homme de théâtre et homme de pouvoir (1749–1796).* Lyons, 1995.

———. *Les lilliputiens de la centralization: Des intendants aux préfets, les hésitations d'un 'modèle français.'* Seyssel, 2007.

———. *Missionnaires de la République: Les représentants du peuple en mission (1793–1795).* Paris, 2002.

Bien, David. "La réaction aristocratique avant 1789: L'exemple de l'armée." *Annales E.S.C.* 29 (1974): 23–48, 505–534.

Blackman, Robert H. "Representation without Revolution: Political Representation as Defined in the General *Cahiers de doléances* of 1789." *FHS* 25 (2001): 159–185.

Blanning, T. C. W. *The French Revolutionary Wars, 1787–1802.* London, 1996.

———. *The Origins of the French Revolutionary Wars.* New York, 1986.

Bloch, Marc. *Réflexions d'un historien sur les fausses nouvelles de guerre.* Paris, 1999.

Boivin-Champeaux, L. *Notices historiques sur la Révolution dans le département de l'Eure.* 2 vols. Evreux, 1893–1894.

Bonnet, Jean-Claude, editor. *Louis-Sébastien Mercier, 1740–1815: Un hérétique en littérature.* Paris, 1995.

Bosher, J. F. *French Finances, 1770–1795: From Business to Bureaucracy.* Cambridge, 1970.

Bossut, Nicole. *Chaumette, porte-parole des sans-culottes.* Paris, 1998.

Bourdin, Isabelle. *Les sociétés populaires à Paris pendant la Révolution.* Paris, 1937.

Bourdin, Philippe. "Bancal des Issarts, militant, député et notable: De l'utopie politique à l'ordre moral." *RH* 302 (2000): 895–938.

———. "Jean-François Gaultier de Biauzat (1739–1815): Hortensius ou nouveau Robespierre." *AHRF* 68 (1997): 31–60.

Boutier, Jean. *Campagnes en émoi: Révoltes et Révolution en Bas-Limousin, 1789–1800.* Les Treignac, 1987.

Boutier, Jean, and Philippe Boutry. *Atlas de la Révolution française. Tome 6, Les sociétés politiques.* Paris, 1992.

———. "Les sociétés politiques en France de 1789 à l'an III: Une 'machine?'" *RHMC* 36 (1989): 29–67.

Bowers, Claude G. *Pierre Vergniaud: Voice of the French Revolution.* New York, 1950.

Bozenga, Gail. "Financial Origins of the French Revolution." In *From Deficit to Deluge.* Edited by Thomas E. Kaiser and Dale K. Van Kley. Stanford, 2006: 37–66.

Braesch, Frédéric. *La commune du dix août 1792: Etude sur l'histoire de Paris du 20 janvier au 2 décembre 1792.* Paris, 1911.

Brégail, Gilbert. "Le Gers pendant la Révolution." *Bulletin de la Société d'histoire et d'archéologie du Gers* 29 (1928): 346–366; 30 (1929): 89–120, 224–258, 354–377; 31 (1930): 15–22, 97–108, 248–272; 32 (1931): 28–44, 161–172, 255–296; 33 (1932): 51–71, 138–147, 187–203, 320–339; 34 (1933): 68–83, 179–225.

Brennan, Thomas. *Public Drinking and Popular Culture in Eighteenth-Century Paris.* Princeton, NJ, 1988.

Brewer, John. *The Sinews of Power: War, Money, and the English State, 1688–1783.* New York, 1988.

Brinton, Crane. *The Jacobins: An Essay in the New History.* New York, 1930.

Brown, Howard G. *Ending the French Revolution: Violence, Justice, and Repression from the Terror to Napoleon.* Charlottesville, VA, 2006.

———. *War, Revolution, and the Bureaucratic State: Politics and Army Administration in France, 1791–1799.* Oxford, 1995.

Bruley, Georges. *Prudent-Jean Bruley.* Angers, 1901.

Bruneau, Marcel. *Les débuts de la Révolution dans les départements du Cher et de l'Indre.* Paris, 1902.

Brunel, Françoise. "Les députés montagnards." In *Actes du colloque Girondins et Montagnards.* Edited by Albert Soboul. Paris, 1980: 343–361.

Brunot, Ferdinand. *Histoire de la langue française des origines à nos jours. Tome 9, La Révolution et l'Empire.* Paris, 1967.

Burrows, Simon. *Blackmail, Scandal, and Revolution. London's French Libellists, 1758–1792.* Manchester, 2006.

Burstin, Haim. *L'invention du sans-culotte.* Paris, 2005.

———. "Problèmes du travail à Paris sous la Révolution." *RHMC* 44 (1997): 650–682.

———. *Une Révolution à l'oeuvre: Le faubourg Saint-Marcel (1789–1794).* Paris, 2005.

Cahen, Léon. *Condorcet et la Révolution française.* Paris, 1904.

Caillet, Pierre. *Les Français en 1789, d'après les papiers du Comité des recherches de l'assemblée constituante (1789–1791).* Paris, 1991.

———. *Inventaire analytique de la sous-série D XXIX bis.* Paris, 1993.

Campbell, Peter R., editor. *Origins of the French Revolution.* Basingstoke, Eng., 2006.

Campbell, Peter R., Thomas E. Kaiser, and Marisa Linton, editors. *Conspiracy in the French Revolution.* Manchester, 2007.

Caradonna, Jeremy L. *The Enlightenment in Practice: Academic Prize Contests and Intellectual Culture in France, 1670–1794.* Ithaca, NY, 2012.

———. "Prendre part au siècle des Lumières: Le concours académique et la culture intellectuelle au XVIIIe siècle." *Annales H.S.S.* 64 (2009): 633–662.

Caron, Pierre. *Les Massacres de septembre.* Paris, 1935.

———. *La première Terreur: Les mission du Conseil exécutif provisoire et de la Commune de Paris.* Paris, 1950.

———. "La tentative de contrerévolution de juin-juillet 1789." *Revue d'histoire moderne* 7 (1906–1907): 5–34, 649–678.

Carrot, Georges. *Révolution et maintien de l'ordre (1789–1799).* Paris, 1995.

Censer, Jack R. *The French Press in the Age of Enlightenment.* London, 1994.

———. *Prelude to Power: The Parisian Radical Press, 1789–1791.* Baltimore, 1976.

Chappey, Jean-Luc. "La Révolution française dans l'ère du soupçon." *Cahiers d'histoire: Revue d'histoire critique,* no. 65 (1996): 63–76.

Chartier, Roger, Marie-Madeleine Compère, and Dominique Julia. *L'éducation en France du XVIe au XVIIIe siècle.* Paris, 1976.

Chaudron, Emile. *La grande peur en Champagne méridionale.* Paris, 1924.

Chaumié, Jacqueline. *Le réseau d'Antraigues et la Contre-Révolution, 1791–1793.* Paris, 1968.

Chaussinand-Nogaret, Guy. *La noblesse au XVIIIe siècle: De la féodalité aux Lumières.* Paris, 1976.

Chisick, Harvey. *The Ami du Roi of the Abbé Royou.* Philadelphia, 1992.

Chopelin, Paul. *Ville patriote et ville martyr: Lyon, l'Eglise, et la Révolution, 1788–1805.* Paris, 2010.

Cobb, Richard. *Les armées révolutionnaires: Instrument de la Terreur dans les départements, Avril 1793–Floréal an II.* Paris, 1961.

———. *The Police and the People: French Popular Protest, 1789–1820.* Oxford, 1970.

Cock, Jacques de. *Les Cordeliers dans la Révolution française: Textes et documents.* Lyon, 2002.

Cohen, Alain. "Les intendants au coeur de la crise de l'Ancien Régime: 1783–1791." *AHRF* 82, no. 4 (2010): 101–109.

Connelly, Owen. *Wars of the French Revolution and Napoleon, 1792–1815.* London, 2006.

Constant, J. "Voltaire et la réforme des lois pénales." *Revue de droit pénal et de criminologie* 39 (1958): 535–546.

Corgne, Eugène. *Pontivy et son district pendant la Révolution (1789-Germinal an V).* Rennes, 1938.

Cossy, Valérie, and Deidre Dawson, editors. *Progrès et violence au XVIIIe siècle.* Paris, 2001.

Coudart, Louise. *La Gazette de Paris.* Paris, 1995.

Cousin, Bernard, editor. *Les fédéralismes: Réalités et représentations (1789–1874).* Aix-en-Provence, 1995.

Cowans, Jon. *To Speak for the People: Public Opinion and the Problem of Legitimacy in the French Revolution.* New York, 2001.

Crépin, Annie. *Révolution et armée nouvelle en Seine-et-Marne (1791–1797).* Paris, 2008.
Crook, Malcolm. *Journées révolutionnaires à Toulon.* Nîmes, 1989.
———. *Toulon in War and Revolution: From the Ancien Régime to the Restoration, 1750–1820.* Manchester, 1991.
Cubitt, Geoffrey. *The Jesuit Myth: Conspiracy Theory and Politics in Nineteenth-Century France.* Oxford, 1993.
Cuénin, Michel. *Le duel sous l'Ancien régime.* Paris, 1982.
Darnton, Robert. "An Early Information Society: News and the Media in Eighteenth-Century France." *AHR* 105 (2000): 1–35.
———. *The Great Cat Massacre and Other Episodes in French Cultural History.* New York, 1984.
———. "The High Enlightenment and the Low-Life of Literature in Pre-Revolutionary France." *Past and Present* no. 51 (May 1971): 81–115.
———. *Mesmerism and the End of the Enlightenment.* Cambridge, MA, 1968.
Delpierre, Guy. *La peur et l'être.* Toulouse, 1974.
Delsaux, Hélène. *Condorcet journaliste (1790–94).* Paris, 1931.
Delumeau, Jean. *La peur en Occident.* Paris, 1978.
Dendena, Francesco. "'Nos places maudites': Le mouvement feuillant entre la fuite de Varennes et la chute de la monarchie (1791–92)." Thèse de doctorat, Ecole des hautes études en sciences sociales and University of Milan, 2010.
Déplanche, Nicolas. "The French Revolution and the Origins of Modern Youth Movements, 1789–1790." Ph.D. dissertation, University of California, Irvine, 2012.
Deries, Madeleine. *Le district de Saint-Lô pendant la Révolution, 1787-an IV.* Paris, 1922.
Desan, Suzanne. "'Constitutional Amazons': Jacobin Women's Clubs in the French Revolution." In *Re-Creating Authority in Revolutionary France.* Edited by Bryant T. Ragan, Jr., and Elizabeth A. Williams. New Brunswick, NJ, 1992.
———. *The Family on Trial in Revolutionary France.* Berkeley, 2004.
Desjardins, Albert. *Les cahiers des Etats Généraux en 1789 et la législation criminelle.* Paris, 1893.
Dieuleveult, Alain de. "La mort des Conventionnels." *AHRF* 55 (1983): 157–166.
DiFonzo, Nicholas, and Prashant Bordia. *Rumor Psychology: Social and Organizational Approaches.* Washington, DC, 2007.
Dorigny, Marcel. *Autun dans la Révolution française. Vol. 2. L'événement révolutionnaire: Du bastion royaliste à la Montagne du département (1789–1795).* Le Mée-sur-Seine, 1989.
———. "Violence et Révolution: Les Girondins et les Massacres de septembre." In *Girondins et Montagnards.* Edited by Albert Soboul. Paris, 1980: 103–120.
Doyle, William. *The Ancien Régime.* Atlantic Highlands, NJ, 1986.
———. *The Origins of the French Revolution.* Oxford, 1988.
———. *The Oxford History of the French Revolution.* Oxford, 1989.

Doyon, André. *Un agent royaliste pendant la Révolution: Pierre-Jacques Le Maître (1790–1795).* Paris, 1969.

Dreyfus, Jean. "Le manifeste royal du 20 juin 1791." *RF* 54 (1908): 5–22.

Dubois, Eugène. *Histoire de la Révolution dans l'Ain.* 4 vols. Bourg-en-Bresse, 1931–1934.

Dubreuil, Leon. *La Révolution dans le département des Côtes-du-Nord.* Paris, 1909.

Duport, Anne-Marie. *Terreur et Révolution: Nîmes en l'an II.* Paris, 1987.

Duprat, Annie. *Le roi décapité: Essai sur les imaginaires politiques.* Paris, 1992.

Dupuy, Roger. *La garde nationale et les débuts de la Révolution en Ille-et-Vilaine (1789-mars 1793).* Paris, 1972.

Dupuy, Roger, and François Lebrun, editors. *Résistances à la Révolution.* Paris, 1987.

Dzimbowski, Edmond. *Un nouveau patriotisme français, 1750–1770: La France face à la puissance anglaise.* Oxford, 1998.

Edelstein, Dan. *The Terror of Natural Right: Republicanism, the Cult of Nature, and the French Revolution.* Chicago, 2009.

Edelstein, Melvin. *The French Revolution and the Birth of Electoral Democracy.* Farnham, U.K., 2014.

Edmonds, William D. " 'Federalism' and Urban Revolt in France in 1793." *JMH* 55 (1983): 22–53.

———. *Jacobinism and the Revolt of Lyon, 1789–1793.* Oxford, 1990.

Egret, Jean. *The French Prerevolution, 1787–1788.* Chicago, 1977.

Ehrard, Jean, and Albert Soboul, editors. *Gilbert Romme (1750–1795) et son temps.* Paris, 1966.

Ellery, Eloise. *Brissot de Warville: A Study in the History of the French Revolution.* Boston, 1915.

Erhard, Jean. "Un étudiant riomois à Paris." In *Gilbert Romme, Correspondance, 1774–1779.* Edited by Anne-Marie Bourdin et al. 2 vols. Clermont-Ferrand, 2006: 1:41–73 and 99–105.

Fairfax-Cholmeley, Alex. "Defence, Collaboration, Counter-Attack: The Role and Exploitation of the Printed Word by Victims of the Terror, 1793–1794." In *Experiencing the French Revolution.* Edited by David Andress. Oxford, 2013: 137–154.

Farge, Arlette. *Subversive Words: Public Opinion in Eighteenth-Century France.* Pennsylvania Park, 1994.

———. *La vie fragile: Violence, pouvoirs et solidarités à Paris au XVIIIe siècle.* Paris, 1986.

Farge, Arlette, and Jacques Revel. *Logiques de la foule: L'affaire des enlèvements d'enfants, Paris 1750.* Paris, 1988.

Farge, Arlette, and André Zysberg. "Les théâtres de la violence à Paris au XVIIIe siècle." *Annales. E.S.C.* 34 (1979): 984–1015.

Fauchois, Yann. *Chronologie politique de la Révolution, 1789–1799.* Paris, 1989.

Félix, Joël. "Financial Origins of the French Revolution." In *Origins of the French Revolution.* Edited by Peter Cambell. Basingstoke, 2006: 35–62.

Figeac, Michael. *Destins de la noblesse bordelaise (1770–1830).* 2 vols. Bordeaux, 1996.

Fine, Gary Alan, Véronique Campion-Vincent, and Chip Heath, editors. *Rumor Mills: The Social Impact of Rumor and Legend.* New Brunswick, NJ, 2005.

Fitzpatrick, Sheila, and Robert Gellately. *Accusatory Practices.* Chicago, 1997.

Fitzsimmons, Michael. *The Night the Old Regime Ended: August 4, 1789 and the French Revolution.* University Park, PA, 2003.

Fleury, Gabriel. *La ville et le district de Mamers durant la Révolution (1789–1804).* 3 vols. Mamers, 1909–1911.

Flottes, Pierre. "Le club des Jacobins de Bordeaux et la monarchie constitutionnelle, 1790–1792." *RF* 69 (1916): 337–362.

Forrest, Alan. *Conscripts and Deserters: The Army and French Society during the Revoltion and Empire.* Oxford, 1989.

———. "The Local Politics of Repression." In *FRCMPC* 4:81–98.

———. *Paris, the Provinces, and the French Revolution.* London, 2004.

———. *The Revolution in Provincial France: Aquitaine, 1789–1799.* Oxford, 1996.

———. *Society and Politics in Revolutionary Bordeaux.* Oxford, 1975.

———. *Soldiers of the French Revolution.* Durham, NC, 1990.

Fréville, Henri. *L'intendance de Bretagne, 1689 à 1790.* 3 vols. Rennes, 1953.

Furet, François. *Interpreting the French Revolution.* Trans. Elborg Forster. Cambridge, 1981.

———, editor. *Livre et société.* 2 vols. Paris, 1965–1970.

Furet, François, and Mona Ozouf, editors. *A Critical Dictionary of the French Revolution.* Cambridge, MA, 1989.

———, editors. *La Gironde et les Girondins.* Paris, 1991.

Galante Garrone, Alessandro. *Gilbert Romme: Histoire d'un révolutionnaire, 1750–1795.* Trans. Anne and Claude Manceron. Paris, 1971.

Galloway, George B., and Sidney Wise. *History of the House of Representatives.* New York, 1976.

Garrioch, David. *The Formation of the Parisian Bourgeoisie, 1690–1830.* Cambridge, MA, 1996.

———. *The Making of Revolutionary Paris.* Berkeley, 2002.

———. *Neighbourhood and Community in Paris, 1740–1790.* Cambridge, 1986.

Genty, Maurice. *Paris, 1789–1795: L'apprentissage de la citoyenneté.* Paris, 1987.

Gershoy, Leo. *Bertrand Barère, A Reluctant Terrorist.* Princeton, NJ, 1962.

Girardot, Jean. *Le département de la Haute-Saône pendant la Révolution.* 3 vols. Vesoul, 1973.

Godechot, Jacques. *La Révolution française dans le Midi-Toulousain.* Toulouse, 1986.

———. *The Taking of the Bastille.* London, 1970.

Godfrey, James Logan. *Revolutionary Justice: A Study in the Organization and Procedures of the Paris Tribunal (1793–95).* Chapel Hill, 1951.

Godineau, Dominique. *Citoyennes et tricoteuses: Les femmes du peuple à Paris pendant la Révolution française.* Paris, 1988.

Goetz-Bernstein, H. A. *La diplomatie de la Gironde: Jacques-Pierre Brissot.* Paris, 1912.

Goldstein, Jan. *The Post-Revolutionary Self: Politics and Psyche in France, 1750–1850.* Cambridge, MA, 2008.

Gough, Hugh. *The Newspaper Press in the French Revolution.* London, 1988.

Greer, Donald. *The Incidence of the Emigration during the French Revolution.* Cambridge, MA, 1951.

———. *The Incidence of the Terror during the French Revolution: A Statistical Interpretation.* Cambridge, MA, 1935.

Gross, Jean-Pierre. *Fair Shares for All: Jacobin Egalitarianism in Practice.* Cambridge, 1997.

Gruder, Vivian. *The Notables and the Nation: The Political Schooling of the French, 1787–1788.* Cambridge, MA, 2007.

Gueniffey, Patrice. *La politique de la Terreur: Essai sur la violence révolutionnaire, 1789–1794.* Paris, 2000.

Guilhaumou, Jacques. *L'avènement des portes-parole de la République (1789–1792): Essai de synthèse sur les langages de la Révolution française.* Villeneuve d'Asq, 1998.

———. *La mort de Marat.* Brussels, 1989.

Hampson, Norman. *Danton.* London, 1978.

———. *Prelude to Terror: The Constituent Assembly and the Failure of Consensus, 1789–1791.* Oxford, 1989.

Hanson, Paul R. *The Jacobin Republic under Fire: The Federalist Revolt in the French Revolution.* University Park, PA, 2003.

———. *Provincial Politics in the French Revolution: Caen and Limoges, 1789–1794.* Baton Rouge, LA, 1989.

Harder, Mette. "Reacting to Revolution: The Political Career(s) of J.-L. Tallien." In *Experiencing the French Revolution.* Edited by David Andress. Oxford, 2013: 87–112.

Hardman, John. *Overture to Revolution: The 1787 Assembly of Notables and the Crisis of France's Old Regime.* Oxford, 2010.

Harris, Seymour Edwin. *The Assignats.* Cambridge, MA, 1930.

Hasegawa, Teruo. "Constitution des bibliothèques privées de Poitiers à la fin du XVIIIe siècle." Thèse de 3e cycle, Université de Paris IV, 1971.

Henwood, Philippe, and Edmond Monange. *Brest: Un port en Révolution, 1789–1799.* N.p., 1789.

Hesse, Carla. *The Other Enlightenment: How French Women Became Modern.* Princeton, NJ, 2001.

———. *Publishing and Cultural Politics in Revolutionary Paris, 1789–1810.* Berkeley, 1991.

Histoire de Lorraine. Nancy, 1939.

Hofstadter, Richard. *The Paranoid Style in American Politics.* Chicago, 1965.

Horn, Jeff. *Qui parle pour la nation? Les élections et les élus de la Champagne méridionale, 1765–1830.* Paris, 2004.

Hufton, Olwen H. *Women and the Limits of Citizenship in the French Revolution.* Toronto, 1992.

Hugueney, Louis. *Les clubs dijonnais sous la Révolution.* Dijon, 1905.

Hunt, Lynn A. "Committees and Communes: Local Politics and National Revolution in 1789." *Comparative Studies in Society and History* 18 (1976): 321–346.

———. *The Family Romance of the French Revolution.* Berkeley, 1992.

———. "Male Virtue and Republican Motherhood." In *FRCMPC* 4:195–208.

———. *Inventing Human Rights: A History.* New York, 2007.

———. *Politics, Culture, and Class in the French Revolution.* Berkeley, 1984.

———. *Revolution and Urban Politics in Provincial France: Troyes and Reims, 1786–1790.* Stanford, CA, 1978.

Imbert, Jean. "La peine de mort et l'opinion au XVIII siècle." *Revue de science criminelle* (1964): 509–525.

Israel, Jonathan. *Revolutionary Ideas: An Intellectual History of the French Revolution from the Rights of Man to Robespierre.* Princeton, NJ, 2014.

Jacob, Louis. "La Grande Peur en Artois." *AHRF* 13 (1936): 123–148.

———. *Les suspects pendant la Révolution, 1789–1794.* Paris, 1952.

Jaffé, G. M. *Le mouvement ouvrier à Paris pendant la Révolution française.* Paris, 1924.

Jaume, Lucien. *Le discours Jacobin et la démocratie.* Paris, 1989.

Jaurès, Jean. *Histoire socialiste de la Révolution française.* Rev. ed. 8 vols. Paris, 1922–1927.

Jessenne, Jean-Pierre. *Pouvoir au village en Révolution: Artois, 1760–1848.* Lille, 1987.

Jolivet, Charles. *La Révolution dans l'Ardèche (1788–1795).* L'Argentière, 1930.

Jones, Colin. *The Great Nation: France from Louis XV to Napoleon, 1715–99.* London, 2006.

———. "The Overthrow of Maximilien Robespierre and the 'Indifference of the People.'" *AHR* 119 (2014): 689–713.

Jones, Peter. *The Peasantry in the French Revolution.* Cambridge, 1988.

———. *Politics and Rural Society: The Southern Massif Central, c. 1750–1880.* Cambridge, 1985.

Jordan, David P. *The King's Trial: Louis XVI vs. the French Revolution.* Berkeley, 1979.

Jourdan, Annie. "Les discours de la Terreur à l'époque révolutionnaire (1776–1798): Etude comparative sur une notion ambiguë." *FHS* 36 (2013): 51–81.

Judd, Gerrit P. *Members of Parliament, 1734–1832.* New Haven, CT, 1955.

Julia, Dominique. "Gilbert Romme, gouverneur (1779–1790)." *AHRF* 68 (1996): 221–256.

Kaiser, Thomas E., and Dale Van Kley, editors. *From Deficit to Deluge: The Origins of the French Revolution.* Stanford, 2011.

Kaplan, Steven L. *The Famine Plot Persuasion in Eighteenth-Century France.* Philadelphia, 1982.

———. *La fin des corporations.* Paris, 2001.

Kates, Gary. *The Cercle Social, the Girondins, and the French Revolution.* Princeton, NJ, 1985.

Kennedy, Emmet. *A Cultural History of the French Revolution.* New Haven, CT, 1989.

Kennedy, Michael L. *The Jacobin Clubs in the French Revolution.* 3 vols. Princeton, NJ, 1982–1988; New York, 2000.

———. *The Jacobin Clubs of Marseille, 1790–1794.* Ithaca, NY, 1973.

Kessel, Patrice. *La nuit du 4 août 1789.* Paris, 1969.

Kuscinski, Auguste. *Dictionnaire des Conventionnels.* Paris, 1917.

———. *Les députés à l'Assemblée législative de 1791.* Paris, 1900.

Kwass, Michael. *Privilege and the Politics of Taxation in Eighteenth Century France.* Cambridge, 2000.

Labrosse, Claude, and Pierre Rétat. *Naissance du journal révolutionnaire: 1789.* Lyon, 1989.

Labroue, Henri. *Le club jacobin de Toulon.* Paris, 1907.

———. *Le conventionnel Pinet d'après ses mémoires inédits.* Paris, 1907.

———. *L'esprit public en Dordogne pendant la Révolution.* Paris, 1911.

Lafon, Jacqueline-Lucienne. *La Révolution française face au système judiciaire d'Ancien régime.* Paris, 2001.

Langlois, Claude. "Les dérives vendéennes de l'imaginaire révolutionnaire." *Annales ESC* (1988): 771–797.

———. "L'invention de la liberté: le programme iconographique de la fête parisienne des suisses de Châteauvieux (15 avril 1792)." In *Iconographie et image de la Révolution française.* Montréal, 1990: 110–128.

Lapied, Martine. *Le Comtat et la Révolution française: Naissance des options collectives.* Aix-en-Provence, 1996.

Lebrun, François. *Parole de Dieu et Révolution: Les sermons d'un curé angevin [Yves-Michel Marchais] avant et pendant la guerre de Vendée.* Toulouse, 1979.

Lefebvre, Georges. *Etudes orléanaises.* 2 vols. Paris, 1962–1963.

———. *Le gouvernement révolutionnaire (2 juin 1793–9 thermidor an II).* "Cour professé à l'Ecole normale supérieure de Sèvres." Paris, 1952.

———. *The Great Fear of 1789.* New York, 1973.

———. *La Révolution française: La chute du roi.* Series "Les cours de Sorbonne." Paris, [1940].

———. *La Révolution française: La Convention.* Series "Les cours de Sorbonne." 2 vols. Paris, [1943].

———. *La Révolution française: La fuite du roi.* Series "Les cours de Sorbonne." 4 fasc. Paris, [1939].

———. *La Révolution française: La révolution aristocratique.* Series "Les cours de Sorbonne." Paris, [1937].

———. *La Révolution française: La première Terreur.* Series "Les cours de Sorbonne." Paris, [1942].

———. *Les Thermidoriens.* Paris, 1937.

Le Goff, T. J. A. "Le financement de la participation française à la guerre d'indépendance et ses conséquences: L'état et la conjoncture financière des années 1780." In *Les marines de la guerre d'indépendance américaine (1763–1783). I. L'instrument naval.* Edited by Olivier Chaline et al. Paris, 2013: 335–361.

Le Goff, T. J. A., and D. M. G. Sutherland. "The Revolution and the Rural Community in Eighteenth-Century Brittany." *Past and Present* 62 (Feb. 1974): 96–119.

Lemay, Edna Hindie, editor. *Dictionnaire des Constituants, 1789–1791.* 2 vols. Paris, 1991.

———, editor. *Dictionnaire des Législateurs, 1791–1792.* 2 vols. Ferney-Voltaire, 2006.

———. "Les législateurs de la France révolutionnaire (1791–92)." *AHRF* 79, no. 1 (2007): 3–28.

Lemny, Stefan. *Jean-Louis Carra (1742–1793): Parcours d'un révolutionnaire.* Paris, 2000.

Leuwers, Hervé. *Merlin de Douai (1754–1838): Un juriste en politique.* Arras, 1996.

Linton, Marisa. *Choosing Terror: Virtue, Friendship, and Authenticity in the French Revolution.* Oxford, 2013.

———. "Fatal Friendships: The Politics of Jacobin Friendship." *FHS* 31 (2008): 51–76.

———. "Friends, Enemies, and the Role of the Individual." In *Companion to the History of the French Revolution.* Edited by Peter McPhee. London, 2014: 261–277.

———. "The Stuff of Nightmares: Plots, Assassinations and Duplicity in the Mental World of the Jacobin Leaders, 1793–1794." In *Experiencing the French Revolution.* Edited by David Andress. Oxford, 2013: 201–217.

Lucas, Colin. "Revolutionary Violence, the People, and the Terror." In *FRCMPC* 4:57–79.

———. *The Structure of the Terror: The Example of Javogues and the Loire.* Oxford, 1973.

———. "The Theory and Practice of Denunciation in the French Revolution." In *Accusatory Practices.* Edited by Sheila Fitzpatrick and Robert Gellately. Chicago, 1997: 22–39.

Luzzatto, Sergio. *Mémoire de la Terreur: Vieux montagnards et jeunes républicains au XIXe siècle.* Lyon, 1991.

Marcus, George, editor. *Paranoia within Reason: A Casebook on Conspiracy as Explanation.* Chicago, 1999.

Margadant, Ted W. *Urban Rivalries in the French Revolution.* Princeton, NJ, 1992.

Markoff, John. *The Abolition of Feudalism: Peasants, Lords, and Legislators in the French Revolution.* University Park, PA, 1996.

Martin, Jean-Clément. *Contre-Révolution, Révolution et Nation en France, 1789–1799.* Paris, 1998.

———. *Nouvelle histoire de la Révolution française.* Paris, 2012.

———. *La Vendée et la France.* Paris, 1987.

———. *Violence et Révolution: Essai sur la naissance d'un mythe national.* Paris, 2006.

Mason, Laura. *Singing the French Revolution: Popular Culture and Politics, 1787–1799.* Ithaca, NY, 1996.

Maspero-Clerc, Hélène. *Un journaliste contrerévolutionnaire: Jean-Gabriel Peltier, 1760–1825.* Paris, 1973.

Mathiez, Albert. *Le club des Cordeliers pendant la crise de Varennes.* Paris, 1910.

———. "Etude critique sur les Journées des 5 et 6 octobre 1789." *RH* 67 (1898): 241–281; 68 (1898): 258–294; 69 (1899): 41–66.

———. *Etude d'histoire révolutionnaire: Girondins et Montagnards.* Paris, 1930.

———. "Recherches sur la famille et la vie privée du conventionnel Basire." *AR* 13 (1921): 1–22, 177–206.

———. *La Révolution française.* 3 vols. Paris, 1985 (orig. 1922–1927).

———. *La vie chère et le mouvement social sous la Terreur.* 2 vols. Paris, 1973 (orig. 1927).

Mathiot, Charles-Eugène. *Pour vaincre: Vie, opinions, et pensées de Lazare Carnot.* Paris, 1916.

Mayer, Arno. *The Furies: Violence and Terror in the French and Russian Revolutions.* Princeton, NJ, 2000.

Maza, Sarah. *The Myth of the French Bourgeoisie: An Essay on the Social Imaginary, 1750–1850.* Cambridge, MA, 2003.

Mazeau, Guillaume. *Le bain de l'histoire: Charlotte Corday et l'attentat contre Marat, 1793–2009.* Seyssel, 2009.

McMahon, Darrin M. "The Counter-Enlightenment and the Low-Life of Literature in Pre-Revolutionary France." *Past and Present* no. 159 (May 1998): 77–112.

———. *Enemies of the Enlightenment: The French Counter-Enlightenment and the Making of Modernity.* Oxford, 2001.

McManners, John. *The French Revolution and the Church.* London, 1969.

McPhee, Peter. *A Companion to the French Revolution.* Chichester, U.K., 2014.

———. *The French Revolution, 1789–1799.* Oxford, 2002.

———. *Robespierre: A Revolutionary Life.* New Haven, CT, 2012.

Mège, Francisque. "La grande peur [en Auvergne]." *Bulletin historique et scientifique de l'Auvergne,* 2e sér. (1900): 140–171, 175–240.

———. "Notes biographiques sur les députés de la Basse-Auvergne." *Mémoires de l'Académies des sciences, belles-lettres et arts de Clermont-Ferrand* 7 (1865): 437–468; 10 (1868): 81–102, 339–404.

Menozzi, Daniele. *Les interprétations politiques de Jésus de l'Ancien régime à la Révolution.* Paris, 1983.

Michon, Georges. *Essai sur l'histoire du parti Feuillant: Adrien Duport.* Paris, 1924.

Mitchell, C. J. *The French Legislative Assembly of 1791.* Leiden, 1988.

———. "Political Divisions within the Legislative Assembly of 1791." *FHS* 13 (1983–1984): 356–389.

Monnier, Raymonde. *Le Faubourg Saint-Antoine, 1789–1815.* Paris, 1981.

Montier, Amand. *Robert Lindet, député à l'Assemblée législative et à la Convention.* Paris, 1899.

Moulinas, René. *Les massacres de la Glacière.* Aix-en-Provence, 2003.

Mourlot, Félix. *La fin de l'Ancien régime et les débuts de la Révolution dans la généralité de Caen.* Paris, 1913.

Mousset, A. *Un témoin ignoré de la Révolution, le comte de Fernan Nuñez, ambassadeur d'Espagne à Paris, 1787–1791.* Paris, 1924.

Muller, D. "Magistrats français et peine de mort au XVIIIe siècle." *XVIIIe siècle* 4 (1972): 79–107.

Münch, Philippe. "Le pouvoir de l'ombre: L'imaginaire du complot durant la Révolution française (1789–1801)." Doctoral thesis, University of Laval, 2008.

Murray, Willaim James. *The Right-Wing Press in the French Revolution: 1789–92.* Woodbridge, U.K., 1986.

Nicolas, Jean. *La rébellion française: Mouvements populaires et conscience sociale (1661–1789).* Paris, 2002.

Nicolas, Raymond. *L'esprit public et les élections dans le département de la Marne de 1790 à l'an VIII: Essai sur la Révolution française en province.* Châlons-sur-Marne, 1909.

Olsen, Mark. "A Failure of Enlightened Politics in the French Revolution: The Société de 1789." *French History* 6 (1992): 303–334.

Ozouf, Mona. *Festivals and the French Revolution.* Trans. Alan Sheridan. Cambridge, MA, 1988.

Ozouf-Marignier, Marie-Vic. *La formation des départements: La représentation du territoire français à la fin du 18e siècle.* Paris, 1989.

Palmer, Robert R. *Twelve Who Ruled: The Year of the Terror in the French Revolution.* Princeton, NJ, 1941.

Parker, Harold. *The Cult of Antiquity and the French Revolution.* Chicago, 1937.

Parker, Lindsay A. H. *Writing the Revolution: A French Woman's History in Letters.* New York, 2013.

Patrick, Alison. *The Men of the First French Republic: Political Alignments in the National Convention of 1792*. Baltimore, 1972.

———. "Paper, Posters, and People: Official Communication in France, 1789–94." *Historical Studies* 18 (1978): 1–23.

Paumès, Benjamin. "La Grande Peur en Quercy et en Rouergue: Notes et documents." *Bulletin de la Société des études littéraires, scientifiques, et artistiques du Lot* 37 (1912): 29–44, 103–117, 181–200, 229–245.

Perroud, Claude. *La proscription des Girondins, 1793–1795*. Paris, 1917.

Petitfils, Jean-Christian. "Les origines de la pensée contre-révolutionnaire." In *La Contre-Révolution*. Edited by Jean Tulard. Paris, 1990: 16–32.

Petitfrère, Claude. *Blancs et bleus d'Anjou (1789–1793)*. Lille, 1979.

Peyrard, Christine. *Les Jacobins de l'Ouest*. Paris, 1996.

Pimenova, Ludmila. "Analyse des cahiers de doléances: L'exemple des cahiers de la Noblesse." *Mélanges de l'Ecole de Rome* 103 (1991): 85–101.

Pingué, Danièle, and Jean-Paul Rothiot, editors. *Les comités de surveillance: D'une création citoyenne à une institution révolutionnaire*. Paris, 2012.

Pommeret, Hervé. *L'esprit politique dans le département des Côtes-du-Nord pendant la Révolution: 1789–99*. Saint-Brieuc, 1921.

Popkin, Jeremy. *Revolutionary News: The Press in France, 1789–1799*. Durham, NC, 1990.

———. *The Right Wing Press in France, 1792–1800*. Chapel Hill, 1980.

Porret, Michel. "'Effrayer le crime par la terreur des châtiments': La pédagogie de l'effroi chez quelques criminalistes du XVIIIe siècle." In *La peur aux XVIIIe siècle: Discours, représentations, pratiques*. Edited by Jacques Berchtold and Michel Porret. Geneva, 1994: 46–67.

Poupé, Edmond. "Le département du Var, 1790-an VIII." *Bulletin de la Société d'études scientifiques et archéologiques de Draguignan* 40 (1934–1935): 1–553.

Price, Munro. *The Road from Versailles: Louis XVI, Marie-Antoinette, and the Fall of the French Monarchy*. New York, 2002.

Quéniart, Jean. *Culture et société urbaines dans la France de l'Ouest au XVIII siècle*. Paris, 1978.

Reddy, William M. *The Navigation of Feeling: A Framework for the History of Emotions*. Cambridge, 2001.

Reinhard, Marcel. *La chute de la royauté*. Paris, 1969.

———. *Le grand Carnot*. 2 vols. Paris, 1959.

———. *Nouvelle histoire de Paris. La Révolution*. Paris, 1971.

Renouvin, Pierre. *Les assemblées provinciales de 1787*. Paris, 1921.

Rétat, Pierre. "Formes et discours d'un journal révolutionnaire: Les *Révolutions de Paris* en 1789." In *L'instrument périodique: La fonction de la presse au XVIIIe siècle*. Lyon, 1985: 139–178.

Reynolds, Sian. *Marriage and Revolution: Monsieur and Madame Roland*. Oxford, 2012.

Roche, Daniel. *France in the Enlightenment.* Cambridge, MA, 2000.
———. *The People of Paris: An Essay in Popular Culture in the 18th Century.* Trans. Marie Evans. Berkeley, 1987.
———. *Le siècle des Lumières en province: Académies et académiciens provinciaux, 1680–1789.* Paris, 1978.
Roosevelt, Grace G. *Reading Rousseau in the Nuclear Age.* Philadelphia, 1990.
Rosanvallon, Pierre. *Le peuple introuvable: Histoire de la représentation démocratique en France.* Paris, 1998.
Rose, R. Barrie. *The Making of the Sans-Culottes: Democratic Ideas and Institutions in Paris, 1789–92.* Manchester, 1983.
Rosenwein, Barbara H. *Emotional Communities in the Early Middle Ages.* Ithaca, NY, 2006.
Rosnow, Ralph L., and Gary Alan Fine. *Rumor and Gossip: The Social Psychology of Hearsay.* New York, 1976.
Rouvière, François. *Histoire de la Révolution française dans le départment du Gard.* Nîmes, 1887.
Roux, Marie de. *Histoire religieuse de la Révolution à Poitiers et dans la Vienne.* Lyon, 1952.
———. *La Révolution à Poitiers et dans la Vienne.* Paris, 1910.
Rudé, George. *The Crowd in the French Revolution.* New York, 1959.
Sagnac, Philippe. *La chute de la royauté.* Paris, 1909.
Savey-Casard, P. *La peine de mort, esquisse historique et juridique.* Geneva, 1968.
Schama, Simon. *Citizens: A Chronique of the French Revolution.* New York, 1989.
Scott, Samuel F. *The Response of the Royal Army to the French Revolution: The Role and Development of the Line Army, 1787–93.* Oxford, 1978.
Scott, William. *Terror and Repression in Revolutionary Marseilles.* London, 1973.
Sée, Henri. "Les troubles agraires en Haute-Bretagne (1790–1791)." *Bulletin d'histoire économique de la Révolution* (1920–1921): 231–373.
Seinguerlet, Eugène. *Strasbourg pendant la Révolution.* Paris, 1881.
Seligman, Edmond. *La justice en France pendant la Révolution (1789–1792).* Paris, 1901.
Sepinwall, Alyssa Goldstein. *The Abbé Grégoire and the French Revolution: The Making of Modern Universalism.* Berkeley, 2005.
Serna, Pierre. *Antonelle: Aristocrate révolutionnaire.* Paris, 1997.
———. "Le duel durant la Révolution: De la joute archaïque au combat politique." *Historical Reflections* 29 (2003): 409–431.
———. "L'encre et le sang." In *Croiser le fer: Violence et culture de l'épée dans la France moderne (XVIe–XVIIIe siècle).* Edited by Pascal Brioist, Hervé Drévillon, and Pierre Serna. Seyssel, 2002.
———. *La république des girouettes, 1789–1815.* Seyssel, France, 2005.
Sewell, William. "The Sans-Culotte Rhetoric of Subsistence." In *FRCMPC,* 4:249–269.

———. *Work and Revolution: The Language of Labor from the Old Regime to 1848.* Cambridge, 1980.

Shapiro, Barry M. *Revolutionary Justice in Paris, 1789–1790.* Cambridge, 1993.

———. "Self-Sacrifice, Self-Interest, or Self-Defence? The Constituent Assembly and the 'Self-Denying Ordinance' of May 1791." *FHS* 25 (2002): 625–656.

Shibutani, Tamotsu. *Improvised News: A Sociological Study of Rumor.* New York, 1966.

Shovlin, John. *The Political Economy of Virtue: Luxury, Patriotism, and the Origins of the French Revolution.* Ithaca, NY, 2006.

Simonin, Anne. *Le déshonneur dans la République: Une histoire de l'indignité, 1791–1958.* Paris, 2008.

Slavin, Morris. *The Hébertistes to the Guillotine. Anatomy of a "Conspiracy" in Revolutionary France.* Baton Rouge, LA, 1994.

———. *The Making of an Insurrection: Parisian Sections and the Gironde.* Cambridge, MA, 1986.

Smith, Jay M. *Nobility Reimagined: The Patriotic Nation in Eighteenth Century France.* Ithaca, NY, 2005.

Smyth, Jonathan. "Public Experience of the Revolution: The National Reaction to the Proclamation of the *Fête de l'Etre suprême.*" In *Experiencing the French Revolution.* Edited by David Andress. Oxford, 2013: 155–176.

Soboul, Albert. *Histoire de la Révolution française.* 2 vols. Paris, 1962.

———. *Les sans-culottes parisiens en l'an II: Mouvement populaire et gouvernement révolutionnaire, 2 juin 1793–9 thermidor an II.* Paris, 1962.

Sol, Eugène. *La Révolution en Quercy.* 4 vols. Paris, 1926.

Sonenscher, Michael. *Sans-culottes: An Eighteenth Century Emblem in the French Revolution.* Princeton, NJ, 2008.

Sorel, Albert. *L'Europe et la Révolution française.* 9 vols. Paris, 1885–1911.

Spang, Rebecca L. *The Invention of the Restaurant: Paris and Modern Gastronomic Culture.* Cambridge, MA, 2000.

———. "Paradigms and Paranoia: How Modern is the French Revolution?" *AHR* 108 (2003): 119–147.

Stearns, Carol Z., and Peter N. Stearns. *Emotion and Social Change: Toward a New Psychohistory.* New York, 1988.

Steinberg, Ronen. "Trauma before Trauma: Imagining the Effects of the Terror in Post-Revolutionary France." In *Experiencing the French Revolution.* Edited by David Andress. Oxford, 2013: 177–199.

Sternberg, Robert J., and Karin Sternberg. *The Nature of Hate.* Cambridge, 2008.

Sutherland, D. M. G. *The Chouans: The Social Origins of Popular Counterrevolution in Upper Brittany.* Oxford, 1982.

———. "Justice and Murder: Massacres in the Provinces, Versailles, Meaux, and Reims in 1792." *Past and Present* 222 (Feb. 2014): 129–162.

———. *Murder in Aubagne: Lynching, Law, and Justice during the French Revolution.* Cambridge, 2009.

———. "The Vendée: Unique or Emblematic?" In *FRCMPC*, 4:99–114.

Sydenham, M. J. *The Girondins.* London, 1961.

———. *Léonard Bourdon: The Career of a Revolutionary.* Waterloo, Ont., 1999.

Tackett, Timothy. *Becoming a Revolutionary: The Deputies of the French National Assembly and the Emergence of a Revolutionary Culture (1789–1790).* Princeton, NJ, 1996.

———. "Collective Panics in the Early French Revolution, 1789–1791: A Comparative Perspective." *French History* 17 (2003): 149–171.

———. "Conspiracy Obsession in a Time of Revolution: French Elites and the Origins of the Terror: 1789–1792." *AHR* 105 (2000): 691–713.

———. "The Constituent Assembly and the Terror." In *FRCMPC* [1994], 4:39–54.

———. "The Constituent Assembly in the Second Year of the French Revolution." In *Revolution, Society, and the Politics of Memory: Proceedings of the 10th George Rudé Seminar.* Melbourne, 1996: 162–169.

———. "Les députés de l'Assemblée législative, 1791–92." In *Pour la Révolution française: En hommage à Claude Mazauric.* Rouen, 1998: 139–144.

———. "La grande peur de 1789 et la thèse du complot aristocratique." *AHRF* 76, no. 1 (2004): 51–17.

———. "Paths to Revolution: The Old Regime Correspondence of Five Future Revolutionaries." *FHS* 32 (2009): 531–554.

———. *Religion, Revolution, and Regional Culture in Eighteenth-Century France.* Princeton, NJ, 1986.

———. "The West in France in 1789: The Religious Factor in the Origins of the Counterrevolution." *JMH* 54 (1982): 715–745.

———. *When the King Took Flight.* Cambridge, MA, 2003.

———. "Women and Men in Counterrevolution: The Sommières Riot of 1791." *JMH* 59 (1987): 680–704.

Tackett, Timothy, and Nicolas Déplanche. "L'idée du 'complot' dans l'oeuvre de Georges Lefebvre: Remise en cause à partir d'une nouvelle source." Online article at www.ihrf.com.

Taylor, George V. "Revolutionary and Non-Revolutionary Content in the *Cahiers* of 1789: An Interim Report." *FHS* 7 (1971–1972): 479–502.

Thompson, J. M. *The French Revolution.* New York, 1966 (orig. 1943).

Tocqueville, Alexis de. *The Old Regime and the French Revolution.* Trans. Stuart Gilbert. New York, 1955.

Tulard, Jean, editor. *La Contre-Révolution.* Paris, 1990.

Turley, Katherine M. "Channels of Influence: Patronage, Power and Politics in Poitou from Louis XIV to the Revolution." Ph.D. dissertation, University of California, Irvine, 1997.

Vaissière, Pierre de. *La mort du roi (21 janvier 1793).* Paris, 1910.

Van Kley, Dale, editor. *The French Idea of Freedom: The Old Regime and the Declaration of Rights of 1789.* Stanford, CA, 1994.

———. *The Religious Origins of the French Revolution: From Calvin to the Civil Constitution, 1560–1791.* New Haven, CT, 1996.

Vidal, Pierre. *Histoire de la Révolution française dans le département des Pyrénées-Orientales.* 3 vols. Perpignan, 1885–1888.

Vovelle, Michel. *La mentalité révolutionnaire: Société et mentalités sous la Révolution française.* Paris, 1985.

———. *La Révolution contre l'église: De la raison à l'être suprème.* Brussels, 1988.

———. *La Révolution française, 1789–1799.* Paris, 1992.

Wahl, Maurice. *Les premières années de la Révolution à Lyon, 1788–1792.* Paris, 1894.

Wahnich, Sophie. "De l'économie émotive de la Terreur." *Annales E.S.C.* 57 (2002): 889–913.

———. *La liberté ou la mort: Essai sur la Terreur et le terrorisme.* Paris, 2003.

Wallon, Henri. *Histoire du Tribunal révolutionnaire de Paris.* 6 vols. Paris, 1880–1882.

———. *La révolution du 31 mai et le fédéralisme en 1793.* 2 vols. Paris, 1886.

Walter, Gérard. *Actes du Tribunal révolutionnaire.* Paris, 1968.

———. *La conjuration du Neuf Thermidor.* Paris, 1974.

———. *Histoire des Jacobins.* Paris, 1946.

———. *Robespierre.* 2 vols. Paris, 1961.

Walton, G. Charles. *Policing Public Opinion in the French Revolution: The Culture of Calumny and the Problem of Free Speech.* Oxford, 2009.

Wick, Daniel L. *A Conspiracy of Well-Intentioned Men: The Society of Thirty and the French Revolution.* New York, 1987.

Woloch, Isser. *The New Regime: Transformations of the French Civic Order, 1789–1820s.* New York, 1994.

致 谢

为本书所做的研究开始于 1996 年。尽管这项研究曾因其他项目的推进而数次中断，我却借其造访了法国各地的几十所档案馆和图书馆。在研究过程中，我获得了加州大学校长奖学金、加州大学尔湾分校数个夏季旅行补助、国家人文科学中心的奖学金、墨尔本大学的 Miegunyah 杰出访问学者奖金和东京专修大学的一项研究奖金等一系列资金支持。

在进行此项研究的数年中，许多朋友和学者为我提供了巨大的帮助，恕我无法一一列出。Jack Censer、David Garrioch、Lynn Hunt、Ted Margadant、Peter McCormick、Peter McPhee、Joyce Seltzer 和 Donald Sutherland 都阅读过本书的完整初稿。我十分感谢他们为我提出的意见和建议，尽管我有时未能将他们所有的真知灼见加以整合。我也想向其他来自世界各地的朋友和同事表达我的感激之情，他们与我分享了他们的想法，提供了许多建议，有时甚至向我分享他们未发表的论文底稿，还会帮助我联系当地的档案馆。他们是：Frank Bean、Mireille Bossis、Philippe Bourdin、Carolyn Boyd、Peter Campbell、Harvey Chisick、Charles Chubb、Ian Coller、Francesco Dendena、Brian Joseph Distelberg、Marc Du Pouget、Dan Edelstein、Sarah Farmer、Yann Fauchois、Gao Yi、Jan Goldstein、Carla Hesse、Peter Jones、Dominique Julia、Thomas Kaiser、Hervé Kergall、Mary Kergall、Yan Laborie、Claude Langlois、Lui Kan、Edna Hindie Lemay、Marisa Linton、Joby Margadant、Jean–Clément Martin、Charles Mitchell、

Allison Okuda、Siân Reynolds、Pierre Serna、William Sewell、Tanis Thorne 和 Michel Vovelle。

我的很多学生，也热忱地向我提供了很多帮助。他们有的是我的研究助理，有的则向我分享了他们自己的研究和学术作品。他们是：Micah Alpaugh、Elizabeth Andrews-Bond、Robert Blackman、Cynthia Cardona、Nicolas Déplanche、Adam Guerin、Lindsay Holowach Parker、Kenneth Loiselle、Kathryn Marsden、Morag Martin、Courtney Nguyen、Laura Sextro 和 Katherine Turley Jacobson。

我也想向位于维济伊的法国大革命博物馆的 Véronique Despine 和 Philip Schwartzburg 表达我的谢意。

与本书相关的论文，曾在下列研讨会和学会的多个学术会议中进行展示和讨论：George Rudé 研讨会、法国史研究学会（the Society for French Historical Studies，SFHS）、华盛顿 - 巴尔的摩旧制度研究会（the Washington-Baltimore Old Regime Group）和美国历史学会 (the American Historical Association，AHA）等。其他一些论文则是我在斯坦福大学、巴黎第一大学（索邦大学）、法国国家档案馆、芝加哥大学（巴黎和北京校区）、哥伦比亚大学、墨尔本大学、莫纳什大学、阿德莱德大学、北京大学、乔治敦大学、伦敦大学历史研究学院和巴黎高等师范学院进行特邀讲座时阐述的内容。在这些会议中，我得到了许多有益的意见，其中的一些来自未曾相识的陌生人。

最后，我想对 Helen Harden Chenut 和 Nicolas Tachett 致以特别的感谢。我们一家人都是历史学家，能够生活在这样的家庭中，我深感荣幸。对于他们给我的支持，我的感激之情，无以言表。

索 引

（索引页码为英文原版页码）

A

Abbaye prison 修道院监狱，211, 214, 272, 276

Absolute monarchy 君主专制，76, 343

Academies 教育机构，27

Acquittals 宣判无罪，333

Actes des apôtres《使徒行传》，102

Active citizens 积极公民，74–75, 83, 159, 186

Administrators 行政人员：royal 王室的，24, 72–74, 91；of Revolution 革命派的，55, 74–76, 94, 100, 109, 122, 134–135, 139, 145, 166, 205, 260, 267, 305, 344, 349；of departments 省级的，74–76, 100, 107, 116, 146, 178, 184, 204–205, 224, 257, 282–284；of districts 区域的，74–76, 100, 116, 134, 146–147, 178, 183, 257, 283–284, 298；of municipalities 市政的，43, 73, 74–76, 83, 92, 116, 146–147, 196, 178, 183, 257；of Paris 巴黎的，55, 57, 64, 84–85, 88, 78, 85, 92, 94；accused of treason 被谴责为叛国者的，292

Aisne, department 埃纳省，110, 134

Aix-la-Chapelle 亚琛，262–263

Albi 阿尔比，264

Alembert, Jean Le Rond d' 让·勒朗·达朗贝尔，30

Alexandre, Charles-Alexis 夏勒－亚历西斯·亚历山大，185, 188, 190, 193

Alps 阿尔卑斯，222–223, 280

Alsace 阿尔萨斯，52, 82, 105, 108, 110, 258, 322

Altar of the fatherland 祖国的祭坛，297, 318

Amar, Jean-Pierre-André 让－皮埃尔－安德烈·阿马尔，244, 307

Ambush 伏击：in Paris 在巴黎，55–56, 188, 190–191, 197, 200, 346；in the Vendée 在旺代，261

American Revolution 美国革命，37, 40

B

Bagot, Jean-Louis 让－路易·巴戈特，167

Bailly, Jean-Sylvain 让·西尔万·巴伊，50–51, 117, 200, 327

Bancal des Issarts, Jean-Henri 让－亨利·波卡勒·德·依扎尔，191, 226, 249

Banquets, communal 集体宴会，92, 122, 139, 163, 165

Barbaroux, Charles 夏勒·巴巴卢，228, 230, 232, 238, 282–283, 288, 291, 327

Barbier-Schroffenberg, Marie-Anne baronne de 巴比耶－施洛芬伯格男爵夫人，10, 111–112

Barère, Bertrand 伯特兰·巴雷尔，7, 16, 50, 238, 249, 254, 268, 275, 286–287, 292, 294, 297–298, 301–306, 341, 348

Barnave, Antoine 安托万·巴纳夫，8, 14, 44, 49–50, 70, 86, 119, 152, 169, 202, 327

Barras, Paul 保尔·巴拉，7, 335, 339

Barricades 路障，55, 58

Barruel, abbé Augustin 巴里埃尔神父，136, 97, 103

Barry, Madame du 巴里夫人，202

Basire, Claude 克劳德·巴吉尔，150, 154, 214, 229, 231, 275

Basquiat de Mugriet, Alexis 巴斯奇亚·德·穆格里耶，119

Bastille 巴士底狱，55–57, 71, 91, 98, 121, 123, 164, 181; Place de la 巴士底广场，182, 297

Bayard, Pierre Terrail, chevalier de 贝亚德爵士，103

Beauharnais, Alexandre de 亚历山大·德·博阿尔内，328

Beccaria, Cesare 切萨雷·贝卡里亚，35

Belgium 比利时，173, 222–223, 226, 242, 249, 262–263, 280, 322

Belot, Denis 德尼·贝罗，221

Bergerac 贝尔热拉克，181–182

Berry 贝里，53

Berthier de Sauvigny, Louis-Bénigne-François 路易－贝尼涅－弗朗索瓦·贝蒂埃·德·索维尼，57, 72

Besançon 贝桑松，82, 182

Betrayal 背叛，139–140, 172–173, 175, 180, 209, 239, 265, 268, 279, 285, 291, 321, 324, 346

Billaud-Varenne, Jacques-Nicolas 雅克－尼古拉·比尤－瓦雷纳，228, 231, 291, 197, 302, 319, 335–336, 341

Biron, Armand-Louis duc de 阿尔芒－路易（比隆公爵），204, 328

Birotteau, Jean-Bonaventure 让－波那旺杜尔·比罗多，270, 289, 327

Bishops 主教，19, 77, 100, 107, 110; of Paris 巴黎的，316–317; palace of (Paris)（巴黎）王室的，273

Blacks 黑人，100–101, 158, 231

Blad, Claude-Antoine 克劳德－安托万·布拉德，10, 222, 235–236, 240, 250, 255, 258,

C

Crime 罪行，34–37, 127–128, 140, 215, 242, 289, 293, 309, 311

Criminal code 刑法，235

Criminal tribunals 仲裁机构，203

Crusade 圣战，97, 103, 110, 168

Cultural revolution 文化革命，319

Currency, paper 纸币。See *Assignats* 参见“指券”词条

Custine, Adam–Philippe de 亚当 – 菲利普 · 屈斯蒂纳，328

D

Danton, Georges 乔治 · 丹东, 8, 88, 163, 195, 228, 230–231, 263, 267, 270, 275, 286–287, 292, 294, 302, 305, 328–330, 334–336, 341

Dauphin（son of Louis XVI）法国太子（路易十六之子），178, 184, 233, 264, 299

Dauphiné, 多菲内省，44, 59, 65

David, Jacques–Louis 雅克 – 路易 · 大卫，50, 243, 266–267, 291, 297, 318

Debry, Jean 让 · 德布里，240, 243

Decadi 旬，316

Decentralization 下放，76, 96, 256, 267, 345

Dechristianization 去基督教化, 303, 315–317, 328

Declaration of duties 义务宣言，98

Declaration of the Rights of Man and the Citizen 人权宣言, 39, 60–62, 65, 67–68, 76, 88, 92, 98, 100, 151, 164, 177, 200, 234, 240, 287, 297, 303, 310, 313, 317, 342

Declaration of the Rights of Women 妇女权利宣言, 89, 254

Deism 自然神论，319

Delacroix, Charles–François 夏尔 – 弗朗索瓦 · 德拉克罗瓦，263, 275, 292

Delegates 代表：of primary assemblies (1793) 基层议会（1793 年），297–299；Central committee of 中央委员会，298。*See also* Cantonal assemblies 参见“县区议会”词条

Demagoguery 煽动，157, 324

Demée, Louis–Michel 路易 – 米歇尔 · 狄梅，151, 175

Democracy 民主，73, 76, 84, 86–87, 96, 122, 129, 144, 159, 161, 196, 325, 339, 345；direct 直接的，85, 296

Demonization 妖魔化，139–141, 158–159, 179, 205, 231, 326, 347

Demonstrations 示威游行, 43, 78, 85, 89, 117–118, 164–165, 176–179, 184, 215, 252–254, 272–273, 299–300, 302, 346

Denunciations 告发，128–135, 139, 141, 150, 202, 206, 210, 268, 272, 294, 346

Department 省。*See* Administrators 参见“行政人员”词条

Deperret, Charles–Romain Lauze 夏勒 – 罗曼 · 洛兹 · 德佩雷，291, 307

Deportation 驱逐出境，175, 196, 257

E

F

G

Gaultier de Biauzat, Jean–François让–弗朗索瓦·高缇耶·德·比奥扎，10, 16–17, 25, 44, 60, 109, 117, 130, 138, 140
Gautier de Syonnet, Jacques–Louis 雅克–路易·高缇耶·德·西欧奈，103
Gauville, Louis–Henri–Charles, baron de 路易–亨利–夏勒·戈维尔男爵，100
Gendarmes 宪兵，185, 188, 287, 337–338
Geneva 日内瓦，221
Gensonné, Armand 阿尔芒·让索内，17, 153, 174, 180, 228, 238, 282, 287, 289, 307–308, 311
Géraud, Edmond 埃德蒙·热罗，9–10, 190, 222
Germany 德意志，99, 105, 113, 123, 138, 145, 167–168, 173, 221, 242, 262, 280, 322, 344
Gerrymandering 不公正的选区划分，85
Gillet, Pierre 皮埃尔·吉莱，217, 270
Girondins 吉伦特派，11, 132, 151, 157, 168, 170, 174, 179–180, 194, 198–199, 213, 220, 223–224, 227, 228–234, 237–241, 243–244, 247–249, 253, 255–256, 264, 268, 270–278, 281–283, 285–289, 291–292, 306–309, 312, 327–329, 347–349; contradictory positions of~ 矛盾的观点，153, 239; ministry of~ 的部长，153, 157, 176–177, 181, 220; as royalists~ 作为保王党，239; flight of~ 的逃亡，288–289, 306; 75 sympathizers arrested 75 名～的同情者被逮捕，307, 325; trial of 对～的审判，306–311, 327
Gisors 吉索尔，207
Gobelins 戈博兰区，173
Godinot 高迪诺，295
Goethe, Johann Wolfgang von 约翰·沃尔夫冈·冯·歌德，220–221
Gohier, Louis–Jérôme 路易–热罗姆·戈伊尔，217
Gorsas, Antoine–Joseph 安托万–约瑟夫·戈尔萨，213, 224, 228, 282, 283, 306
Gossip 闲言，30, 123–125
Gouges, Olympe de 奥兰普·德古热，89, 254
Goupilleau, Jean–François–Marie 让–弗朗索瓦–玛丽·古皮鲁，68
Gower, Earl 高尔伯爵，111
Grain 谷物：supply of～的供应，65, 67, 91, 144, 202, 281, 295, 303; price of~ 的价格，154, 253; trade in~ 交易，41, 92。*See also* Bread 参见“面包”词条
Grand conspiracy 大阴谋，139, 154, 264–265, 276–277, 292, 325, 347
Grangeneuve, Jean–Antoine Lafargue de 格朗日讷夫，282
Granville 格朗维勒，322
Grasse 格拉斯，223
Great Britain 大不列颠。*See* England 参见“英格兰”词条
Great Fear 大恐慌，58–59, 64, 69, 73, 91, 125,

H

I

J

259, 277, 296, 346, 348；February 1793, riots of 1793 年 2 月的叛乱，253, 268；June 2, 1793 1793 年 6 月 2 日，274–276, 282, 286, 336, 338, 348；September 5, 1793 1793年9月5日，300, 307, 324
Jousse, Daniel 丹尼尔・尤斯，35
Judge 法官。*See* Magistrates 参见“地方执法官”词条
Judicial system 司法系统，70
Judiciary, of Revolution 革命的司法制度，344
Jullien, Rosalie罗莎莉・朱利安，9–10, 16, 20, 31, 64–65, 68, 89, 123, 126, 140, 160–161, 174, 176, 187, 190, 197, 204, 209–211, 213, 228, 247, 252, 254–255, 256, 286, 295, 297, 303–306, 308–312, 314, 317–318, 322–324, 333；Marc–Antoine père 马克 – 安托万（父），9, 31；Marc–Antoine fils 马克 – 安托万（子），9, 312
Jurors 陪审员，304, 308–309, 341

K

Kant, Emmanuel 伊曼努尔・康德，33
Kaunitz, Wenzel Anton, prince of 考尼茨亲王，169
Kellermann, François–Christophe de 弗朗索瓦 – 克里斯托弗・德・盖勒曼，220
Kéralio, Louise 路易斯・盖拉里奥，89, 117–118, 246
Kersaint, Armand 阿尔芒・盖尚，248
Kings 国王，227, 233–234, 236, 242；foreign 外国的，278。*See also* Louis XVI 同时参见“路易十六”词条

L

Labor protests 劳工示威，64–65, 78
Lacombe, Claire 克莱尔・拉孔布，294–295
Lafayette, Marie–Joseph, marquis of 马利 – 约瑟夫・拉法耶特侯爵，22, 63, 65–66, 84–85, 87, 96, 152, 169, 173, 180, 184–185, 195, 200, 204, 209, 219, 234, 264–265, 277, 291, 321, 346
La Fontaine, Jean de 让・德・拉・方丹，32, 179
La Gallissonnière, count of 拉・加利桑尼亚伯爵，34
La Glacière, Massacre of 格拉谢尔屠杀，107
Lamartine, Alphonse de 阿尔方斯・德・拉马丁，2
Lambertye, count of 蓝伯提伯爵，33
Lameth, Alexandre de 亚历山大・德・拉梅特，7, 22, 70, 86, 96, 119, 152, 169
Lameth, Charles de 夏尔・德・拉梅特，22, 33, 86, 96, 152
Lameth, Thédore de 西奥多・德・拉梅特，155
Landau 兰道，322
Land redistribution 土地再分配，313–314
Language 语言，3, 23–24, 87, 101；seditious 煽动性的，118；conspiratorial 阴谋论的，

M

N

O

military officers 军官的～，111–112；on Thermidor 热月～，337
October Days 十月事件，66–68, 71, 91, 103, 127, 161, 253, 297
Officers, military 军官，21, 78–79, 111–112, 118, 144, 173, 207, 291, 321
Officials 官员。*See* Administrators 参见“行政人员”词条
Oise, department 瓦兹省，134, 206
Orléans 奥尔良，64, 205, 215, 258, 264
Orléans, Philippe, duke d' 菲利普·奥尔良公爵，270, 327
Outlaws 法外之徒，240, 291, 327, 338–340

P

Pacifism 和平主义，37
Paimboeuf 潘伯夫，263
Palais Royal 王宫，44, 65–66, 88, 202, 218, 243, 294
Pamiers 帕米耶，147–148
Pamphlets, flood of in 1788–1789 政治宣传册 1788–1789 年的发放潮，44, 46–47
Panic 恐惧，53, 58, 64, 99, 117, 122, 127–128, 206, 209, 166, 217, 221–222, 258, 260–261, 265, 276, 294；of May 1792 1792 年 5 月的～, 347；of March 1793 1793 年 3 月的～，302, 347；of June 1794 1794 年 6 月的～，332–333, 347
Parallel powers 平级机构，82, 90, 118, 196, 198, 344
Paranoid politics 多疑的政治风格，7, 136–137, 155
Paris, department of 巴黎省，177, 188, 207
Parish clergy 堂区神职人员，46, 48, 59, 77, 82, 90, 107–109, 196, 259
Parisian Basin 巴黎盆地，109
Parlement 议会，41–43, 72；of Paris 巴黎的～，35, 41, 45, 54, 72, 97, 333
Parliamentary immunity 议员豁免权，49, 269–271, 277
Parthenay 帕尔特奈，264
Passage of infamy 游街示众，36–37, 311, 339
Passive citizens 消极公民，74, 85, 163, 186, 196, 198, 224
Passports 护照，198, 268
Pastoret, Emmanuel 伊曼纽尔·巴斯托雷，17, 35
Patrie 故乡。*See* Fatherland 参见“祖国”词条
Patriotic societies 爱国团体。*See* Clubs 参见“俱乐部”词条
Patriotism 爱国主义，119, 133, 163, 169, 181, 198, 217, 219, 320, 324
Patriot party 爱国派，45, 57, 59, 69, 151, 344, 347
Patriots 爱国者，44, 109, 116, 118, 120, 128, 130, 132, 135–136, 140–141, 145, 168, 242–243, 250, 256, 260–261, 290, 292,

Q

R

S

T

Tribunals 军事法庭，135, 162–163, 205；in early Revolution 革命早期的 ~，74–75, 82；during September Massacres 九月屠杀期间的 ~，212；of August 17 8 月 17 日的 ~，203, 225, 267。*See also* Revolutionary Tribunal 同时参见“革命法庭”词条

Triumvirate 三巨头，119, 152, 335

Tronchet, François–Denis 特龙谢，236

Troyes 特鲁瓦，148

Tuileries Gardens 杜伊勒里花园，142, 190, 202, 275, 323, 329, 336

Tuileries Palace 杜伊勒里宫，67, 84, 105, 113, 115, 145, 175, 177–179, 183, 185–191, 194, 200, 202, 224, 255, 259, 297；assault on 猛攻 ~，203, 205, 213, 235, 348；ministerial files found in~ 内找到的部长级文件，195, 203；king's safe in~ 内国王的安全 234–236

Tulle 蒂勒，148

Turenne, Henri, vicount de 蒂雷纳，103

U

Uncertainty 不确定感，6, 39, 69, 76, 90, 95, 122–124, 137, 139, 159, 170, 192, 205, 262, 265, 294, 345–346, 348

Unity 统一，332；law on 关于 ~ 的法令，311

V

Vadier, Marc–Alexis 马克 – 亚历克西 · 瓦迪耶，139, 147–148, 323

Valence 瓦朗斯，91, 284

Valenciennes 瓦朗谢讷，280, 291, 320

Valmy, Battle of 瓦尔密战役，220–222, 224, 265, 270, 280

Var, department 瓦尔省，146

Varennes 瓦雷纳，83；king's flight to 国王出逃至 ~，90, 115, 119–120, 140, 159, 161, 165–166, 168–169, 183, 242, 265, 277, 300

Varlet, Jean–François 让 – 弗朗索瓦 · 瓦尔列，302

Vauban, Sébastien Le Prestre de 沃邦，208

Venality of office 政权腐败，60

Vendée, department 旺代省，257

Vendée rebellion 旺代叛乱，257–261, 271, 274, 279–282, 284–285, 291–292, 296–297, 307, 322, 326, 330, 344–345, 348

Vendetta 宿怨，25, 345

Ventôse decrees 风月法令，313

Verdun 凡尔登，208, 211, 219–221

Vergennes, Charles Gravier, count of 夏勒 · 格拉维耶 · 韦尔热讷伯爵，41

Vergniaud, Pierre–Victurnien 皮埃尔 – 韦鸠尼昂 · 韦尼奥，8, 10, 13, 17, 20, 27, 31, 40, 153, 168, 170, 179–180, 193, 227–228, 230, 238, 270, 282, 287, 289, 307–309, 311, 329

Vernier, Théodore 泰奥多尔 · 韦尼耶，10, 17, 62, 108

Versailles 凡尔赛宫，19, 36, 46–51, 54, 57, 59,

W

Y

图书在版编目（CIP）数据

暴力与反暴力：法国大革命中的恐怖政治 /（美）谭旋著；黄丹璐译 .—太原：山西人民出版社，2019.3
ISBN 978-7-203-10656-2
Ⅰ. ①暴… Ⅱ. ①谭… ②黄… Ⅲ. ①法国大革命－研究 Ⅳ. ①K565.41
中国版本图书馆CIP数据核字(2018)第282724号

著作权合同登记号：图字04—2015—040

暴力与反暴力：法国大革命中的恐怖政治

著　　者：（美）谭　旋
译　　者：黄丹璐
责任编辑：王新斐
复　　审：贾　娟
终　　审：李广洁
选题策划：北京汉唐阳光

出 版 者：山西出版传媒集团·山西人民出版社
地　　址：太原市建设南路21号
邮　　编：030012
发行营销：010—62142290
　　　　　0351—4922220　4955996　4956039
　　　　　0351—4922127（传真）　4956038（邮购）
天猫官网：http://sxrmcbs.tmall.com　电话：0351—4922159
E－mail：sxskcb@163.com（发行部）
　　　　　sxskcb@163.com（总编室）
网　　址：www.sxskcb.com

经 销 商：山西出版传媒集团·山西人民出版社
承 印 厂：北京汇林印务有限公司

开　　本：655mm×965mm　1/16
印　　张：34.5
字　　数：450千字
版　　次：2019年3月　第1版
印　　次：2019年3月　第1次印刷
书　　号：ISBN 978-7-203-10656-2
定　　价：128.00元